Günther · Denken vom Staat her

Ordnungssysteme
Studien
zur Ideengeschichte
der Neuzeit

Herausgegeben von
Dietrich Beyrau,
Anselm Doering-Manteuffel
und Lutz Raphael
Band 15

R. Oldenbourg Verlag München 2004

Frieder Günther

Denken vom Staat her

Die bundesdeutsche Staatsrechtslehre zwischen Dezision und Integration 1949–1970

R. Oldenbourg Verlag München 2004

Gedruckt mit Unterstützung der ZEIT-Stiftung Ebelin und Gerd Bucerius

Bibliographische Information Der Deutschen Bibliothek
Die Deutsche Bibliothek verzeichnet diese Publikation in der Deutschen Nationalbibliographie; detaillierte bibliographische Daten sind im Internet über <http://dnb.ddb.de> abrufbar.

1. Nachdruck 2013

Rosenheimer Straße 145, D-81671 München
Internet: http://www.oldenbourg-verlag.de

Umschlaggestaltung: Dieter Vollendorf
Gedruckt auf säurefreiem, alterungsbeständigem Papier (chlorfrei gebleicht).
Gesamtherstellung: Books on Demand GmbH, Norderstedt

ISBN 3-486-56818-3
ISBN 978-3-486-56818-3
eISBN 978-3-486-59628-1

Inhalt

„Der Staat während meiner Schulzeit war eben da. Er war eine Tatsache.“
(Werner von Simson, 1983)

I. Einleitung

1. Thema und Untersuchungsperspektive

Auf der Jahrestagung der „Vereinigung der Deutschen Staatsrechtslehrer“ von 1960 meldete sich der renommierte Grundgesetz-Kommentator Günter Dürig (1920–1996) zu Wort:

> Nachdem wir aber gestern dem Bundesstaat mit föderativem Gefüge den Garaus gemacht haben und heute dem Fiskus, wollen wir das vielleicht nicht auch noch dem Staatsbegriff antun.[1])

Dies war eine Entgegnung auf den Vorschlag des Österreichers Gustav E. Kafka, beim soeben diskutierten Thema über die Schranken nichthoheitlicher Gewalt das Staatsverständnis genauer in den Blick zu nehmen. Dürig wollte sich hierauf nicht einlassen. Er plädierte mit seiner Wortmeldung dafür, generell am Staatsbegriff festzuhalten. Damit blitzte an dieser Stelle der Debatte kurz eine der zentralen Fragen auf, die die bundesdeutsche Staatsrechtslehre der fünfziger und sechziger Jahre auf Dauer beschäftigte. Der Staat hatte Generationen von Staatsrechtslehrern als Ausgangspunkt ihres Denkens gedient, doch nun wurde diese Kategorie sowohl von der sich wandelnden politischen Wirklichkeit als auch von einer nachwachsenden Generation mehr und mehr in Zweifel gezogen. Das traditionelle Denken vom Staat her sah sich einer zunehmenden Kritik ausgesetzt, die darin ein autoritär-obrigkeitliches Relikt vergangener Zeiten erblickte. Dürigs Stellungnahme war somit Ausdruck für die tiefe Verunsicherung, von der die bundesdeutsche Staatsrechtslehre aufgrund der Infragestellung altbewährter Ordnungsmuster mehr und mehr erfaßt wurde. Auf diese Problematik ging auf der Staatsrechtslehrertagung kein weiterer Redner mehr direkt ein, das Problem, das Dürigs Wortmeldung zugrunde lag, blieb aber in der Diskussion ebenso wie in zukünftigen Debatten virulent.

In welcher Weise veränderte sich das Staatsverständnis der bundesdeutschen Staatsrechtslehre[2]) im Zeitraum von 1949 bis 1970? Diese hier im einzelnen zu beantwortende Frage betrifft weit mehr als eine bloße konkrete Bestimmung des Begriffs „Staat“ in den Schriften der Staatsrechtslehrer. Vielmehr ist unter

[1]) Günter *Dürig*, in: VVDStRL 19 (1961), S. 248.

[2]) In Anlehnung an das Selbstverständnis der „Vereinigung der Deutschen Staatsrechtslehrer“ meint der Begriff Staatsrechtslehre hier allgemein die Gruppe aller habilitierten Dozenten für Verfassungs- und Verwaltungsrecht, die an einer bundesdeutschen Hochschule lehren. Entsprechend wird das Adjektiv „staatsrechtlich“ verwendet. Hiervon zu unterscheiden ist der Begriff des Staatsrechts, der das Verwaltungsrecht nicht miteinschließt, sondern weitgehend als Synonym für das Verfassungsrecht in einem materiellen Sinne zu verstehen ist.

dem Staatsverständnis[3]) das staats- und zugleich verfassungstheoretische Vorverständnis zusammenzufassen, das der Normkonkretisierung im juristischen Interpretationsverfahren jeweils zugrunde liegt[4]) und das dann in konkreten verfassungs- und verwaltungsrechtlichen Argumentationsfiguren zum Ausdruck kommt. Zudem manifestiert sich das Staatsverständnis in einem wie auch immer gearteten politischen Verhalten der Staatsrechtslehrer als Wissenschaftler und Juristen, das es gleichfalls zu untersuchen gilt.

In der Frage des Staatsverständnisses standen sich innerhalb der Staatsrechtslehre während der fünfziger und sechziger Jahre zwei Schulen[5]) gegenüber, die sich um die Lehrer Carl Schmitt bzw. Rudolf Smend gruppierten und für deren Denken entweder das Konzept der Dezision oder das der Integration von zentraler Bedeutung war. Während die Schmitt-Schule in diesem Zeitraum ihr Bemühen daransetzte, den Staat gegen aktuelle Infragestellungen zu verteidigen, trat bei der Smend-Schule der Etatismus allmählich in den Hintergrund und wurde durch ein dezidiert pluralistisches Denken ersetzt, bei dem das politische Gemeinwesen und die Gesellschaft im Mittelpunkt standen. Aufgrund solcher Gegensätze waren scharfe inhaltliche Auseinandersetzungen zwischen beiden Schulen nicht nur in staatstheoretischen Fragen, sondern auch in Fragen zu konkreten staatsrechtlichen Konzeptionen, die aus staatstheoretischen Vorüberlegungen abgeleitet wurden, vorprogrammiert und unvermeidlich. Diese Debatten entfalteten während der fünfziger und sechziger Jahre eine solche Wirkung, daß sich zahlreiche andere Staatsrechtslehrer, die einer der beiden

[3]) Das Staatsverständnis stellt bisher im allgemeinen einen ausgesprochen unspezifischen Untersuchungsgegenstand dar. Vgl. hierzu z.B. die Beiträge in: *Hättich*, Zum Staatsverständnis der Gegenwart. Des weiteren: *Ruck*, Korpsgeist und Staatsbewußtsein; Klaus *Weinhauer*, „Staatsbürger mit Sehnsucht nach Harmonie" – Gesellschaftsbild und Staatsverständnis in der westdeutschen Polizei, in: *Schildt*, Dynamische Zeiten, S. 444–470.

[4]) Vgl. hierzu *Müller*, Normstruktur und Normativität, S. 54 und 199f.; *Lerche*, Stil, Methode, Ansicht, S. 690. Möllers weist zu Recht darauf hin, daß das Staatsverständnis nicht zwangsläufig für die wissenschaftliche Praxis Relevanz besitzt. (*Möllers*, Staat als Argument, insbesondere: S. 2f.) Für den hier untersuchten Zeitraum ist aber davon auszugehen, daß dem Staatsverständnis diese Relevanz für die Praxis insofern zukommt, als der Meinungsstreit um konkrete wissenschaftliche Konzeptionen z.T. bereits in den fünfziger Jahren und ganz überwiegend dann in den sechziger Jahren als eine Auseinandersetzung um das richtige Staatsverständnis geführt wurde.

[5]) Der Begriff der Schule wird hier trotz seiner Problematik (vgl. hierzu *Wiggershaus*, Die Frankfurter Schule, S. 9–15) Verwendung finden, da er bereits in den fünfziger und sechziger Jahren benutzt wurde, um die Gruppierungen um Schmitt und Smend zu charakterisieren. Er ist hier weitgehend Synonym für Ludwik Flecks Begriff des Denkkollektivs (siehe Kapitel I.2) und bezieht sich auf die innerdisziplinäre Ebene der Staatsrechtslehre. Wissenschaftliche Schulen beruhen im Gegensatz zur *scientific community* auf einer Lehrer/Schüler-Beziehung und sind folglich geprägt von einer hierarchischen Grundstruktur. Zum Schule-Begriff allgemein: *Stichweh*, Zur Soziologie wissenschaftlicher Schulen. Zum Verständnis des Kreises um Carl Schmitt als Schule: van *Laak*, Gespräche in der Sicherheit des Schweigens, S. 231–239.

Schulen nicht unmittelbar angehörten, gezwungen sahen, auf die ein oder andere Weise hierzu Stellung zu beziehen. Die gesamte Wissenschaftsdisziplin hatte darüber zu entscheiden, ob die Schmitt- oder die Smend-Richtung den Vorzug erhalten und die ideelle Grundausrichtung des Fachs längerfristig prägen sollte.

Diese Entwicklungen vollzogen sich nicht hinter verschlossenen Türen, sondern waren eingebunden in einen Transformationsprozeß, welcher in der Nachkriegszeit das gesamte bundesdeutsche Gemeinwesen erfaßte. Die Staatsrechtslehre agierte in einem politischen und sozialen Umfeld, dem sie selbst angehörte und dessen Entwicklung sie gleichzeitig wissenschaftsintern zu verarbeiten hatte. Besonders markante Umbrüche erfolgten sogleich im Rahmen des „Wirtschaftswunders" auf dem wirtschaftlich-technischen Sektor. Sie bewirkten wenig später andere, nicht weniger einschneidende Veränderungen – etwa in Gesellschaft und Politik. Auf diese Weise wandelte sich das gesamte Erscheinungsbild der jungen Bundesrepublik. Sie entsprach mehr und mehr einer modern gestalteten und pluralistisch strukturierten Industriegesellschaft nach westlichem Muster. Bereits mit der Politik der US-amerikanischen Besatzungsmacht, mit der Westdeutschland von 1946 an ideell und kulturell fest im westlichen Bündnis verankert werden sollte, war ein Prozeß der Amerikanisierung eingeleitet worden. So fanden US-amerikanische Gebräuche, Verhaltensmuster und Lebensstile schon in diesen frühen Jahren Eingang in die bundesdeutsche Gesellschaft. Aber auch nachdem die Amerikaner ihren direkten Einfluß nach der Teilstaatsgründung mehr und mehr zurücknahmen, setzte sich dieser Prozeß fort. Anschaulichstes Beispiel für seine umfassende Wirkungsweise ist die weitreichende Amerikanisierung der bundesdeutschen Alltagskultur bereits in den fünfziger Jahren.[6]) Begleitet wurde diese Entwicklung von der politischen Westorientierung, welche von der Bundesregierung unter Konrad Adenauer nach 1949 zielstrebig vorangetrieben wurde. Der Beitritt zur NATO und die Mitgliedschaft in den Europäischen Gemeinschaften in den fünfziger Jahren stellen in diesem Zusammenhang entscheidende Etappenziele dar.

Doch hierbei blieb es nicht. Intellektuelle Debatten erhielten mehr und mehr eine prowestliche Prägung. Zeitlich versetzt, aber zugleich eng verflochten mit der Amerikanisierung und der politischen Westbindung vollzog sich ein Prozeß politisch-ideeller Westorientierung im Sinne von „Westernisierung"[7]).

[6]) Zur US-amerikanischen Besatzungspolitik und zur Amerikanisierung der Alltagskultur allgemein: *Willett*, The Americanization of Germany; *Maase*, BRAVO Amerika; *Duignan* und *Gann*, The Rebirth of the West; *Rupieper*, Die Wurzeln der westdeutschen Nachkriegsdemokratie; *Diefendorf*, American Policy and the Reconstruction of West Germany; *Lüdtke*, Amerikanisierung; *Pells*, Not Like Us; *Jarausch* und *Siegrist*, Amerikanisierung und Sowjetisierung in Deutschland 1945–1970; *Bude* und *Greiner*, Westbindungen.

[7]) Hierzu grundlegend: *Doering-Manteuffel*, Wie westlich sind die Deutschen?; Dietrich *Beyrau* u.a., Vorwort der Herausgeber, in: *Hochgeschwender*, Freiheit in der Offensive?,

Ordnungsvorstellungen aus dem westeuropäisch-atlantischen Kontext fanden verstärkt seit Ende der fünfziger Jahre in bundesdeutschen Intellektuellenkreisen Anklang und beeinflußten von dorther das geistige Klima Westdeutschlands. Hierbei wirkten der Kalte Krieg und der Antikommunismus als Katalysatoren, da angesichts der als existentiell wahrgenommenen Bedrohung durch den Ostblock neben der politischen auch eine enge ideelle Anbindung an den Westen als überlebensnotwendig erschien.

Die westlichen Ideen, die auf die bundesdeutsche Gesellschaft einwirkten, wurden in der Nachkriegszeit aufgrund der hegemonialen Stellung der USA im westlichen Bündnis deutlich von US-amerikanischen Ordnungsvorstellungen dominiert. Hierbei entfaltete vor allem der „consensus liberalism" in Westdeutschland Wirkung, welcher in den USA während der Zwischenkriegszeit im Kontext des „New Deal" entstanden war. In diesem Ideologieangebot verband sich der traditionell staatsferne angelsächsische Liberalismus mit den gemäßigt staatsinterventionistischen und gesellschaftsplanenden Tendenzen der Roosevelt-Ära.[8]) Dennoch wäre es verfehlt, hier von Amerikanisierung im Sinne eines nur in eine Richtung verlaufenden Kulturaustauschs zu sprechen. Der von den USA ausgehende Ideentransfer in der Nachkriegszeit beruhte seinerseits auf seit dem 19. Jahrhundert bestehenden interkulturellen Transferbeziehungen[9]) zwischen verschiedenen Ländern diesseits und jenseits des Nordatlantiks, auf einem kontinuierlichen und dynamischen transnationalen Austausch, bei dem sich allmählich eine weitgehend homogene und zugleich ständigen Wandlungen unterworfene gemeinwestliche Wertordnung herauskristallisiert hatte. Ihr Einwirken auf die westdeutsche Nachkriegsgesellschaft wurde dadurch möglich, daß die „Ideen von 1914", die als bewußter Gegenentwurf zu den liberalen „Ideen von 1789" entstanden waren, nach 1945 mehr und mehr in Mißkredit gerieten. Es kam daraufhin zu einer Selbstverständigung innerhalb der bundesdeutschen Gesellschaft über eigene ideelle Traditionsbestände, die auch weiterhin bewahrt und mit den von außen kommenden Ordnungsvorstel-

S. 9–13; Anselm *Doering-Manteuffel*, Westernisierung. Politisch-ideeller und gesellschaftlicher Wandel in der Bundesrepublik bis zum Ende der 60er Jahre, in: *Schildt*, Dynamische Zeiten, S. 311–341; *Angster*, Vom Klassenkampf zur Tarifpartnerschaft; *Görtemaker*, Geschichte der Bundesrepublik Deutschland, S. 253–258; Alfons *Söllner*, Normative Verwestlichung. Der Einfluß der Remigranten auf die politische Kultur der frühen Bundesrepublik, in: *Bude* und *Greiner*, Westbindungen, S. 72–92, insbesondere: S. 89–92; Claus-Dieter *Krohn*, Emigranten und die „Westernisierung" der deutschen Gesellschaft nach 1945. Einleitung, in: ders. und *Schumacher*, Exil und Neuordnung, S. 9–31. Kritisch: *Gassert*, Die Bundesrepublik, Europa und der Westen. Vgl. zudem die ersten Detailstudien zum Westernisierungsphänomen: *Hochgeschwender*, Freiheit in der Offensive?; *Sauer*, Westorientierung im deutschen Protestantismus?; *Kruip*, Das „Welt"-„Bild" des Axel Springer Verlags; *Angster*, Konsenskapitalismus und Sozialdemokratie.

[8]) Vgl. *Hochgeschwender*, Freiheit in der Offensive?, S. 68–86.

[9]) Zur Analyse des interkulturellen Transfers in der Neueren Geschichte allgemein: *Paulmann*, Internationaler Vergleich und interkultureller Transfer.

lungen verschmolzen werden sollten. Das Resultat war nicht bloße Amerikanisierung, sondern die Herausbildung einer nationalen Mischkultur, welche dann wiederum auf den westeuropäisch-atlantischen Kontext zurückwirkte und dort zu einer Weiterentwicklung gemeinwestlicher Werthaltungen beitrug.

Die Frage nach ideeller Westlichkeit erscheint somit als ein Schlüssel zum näheren Verständnis der Debatten über das Staatsverständnis in der bundesdeutschen Staatsrechtslehre. Völlig zu Recht ist bisher der unmittelbare Einfluß anglo-amerikanischen Rechtsdenkens auf den Wandel konkreter staatsrechtlicher Konzeptionen als äußerst gering bewertet worden.[10]) Hier dürfte sich die grundsätzliche Verschiedenheit der angelsächsischen und kontinentalen Rechtssysteme als wesentliches Hindernis für unmittelbare Rezeptionsvorgänge ausgewirkt haben. Speziell die am „case law"-System orientierte US-amerikanische Verfassungsrechtswissenschaft mit ihrer pragmatischen und dezidiert politischen Ausrichtung steht in deutlichem Kontrast zur dogmatisch-normativistischen Rechtstradition in Deutschland.[11])

Zu einem ganz anderen Ergebnis gelangt man hingegen, wenn man die Westernisierungseinflüsse auf das Staatsverständnis in den Blick nimmt. Das konsensliberale Ideologieangebot wirkte sich insofern auf die bundesdeutsche Staatsrechtslehre während der fünfziger und sechziger Jahre aus, als allmählich obrigkeitliche und etatistische Traditionen in den Hintergrund traten und durch ein pluralistisches Staatsverständnis im liberal-demokratischen Sinne ersetzt wurden. Dies war die Folie, vor welcher der erwähnte Konflikt zwischen der Schmitt- und der Smend-Schule um Dezision oder Integration ausgetragen wurde, wobei – vereinfacht ausgedrückt – die Schmitt-Schule einem traditionellen Staatsverständnis verhaftet blieb, wohingegen in der Smend-Schule bereits während der fünfziger Jahre Westernisierungstendenzen zu finden sind. Beide Grundhaltungen schließen sich gegenseitig aus. Bei dem aus der deutschen Tradition des späten 19. Jahrhunderts abgeleiteten Staatsverständnis wird der Staat als eine neutrale, souveräne und substanzhafte Einheit angesehen, die den gesellschaftlichen Interessen und dem einzelnen übergeordnet ist. Der Staat wird auf die Funktionen Regierung und Verwaltung hin gedacht. Das pluralistische Denken westeuropäisch-atlantischer Provenienz ist hingegen gesellschaftsbezogen und sieht im Staat – im Sinne des Begriffs „government" – primär ein funktionales Gebilde, das ein vom Volk ausgehendes, geordnetes politisches Entscheidungsverfahren sicherstellt. Weniger der Staat an sich als

[10]) Zum US-amerikanischen Einfluß allgemein: *Stürner*, Die Rezeption U.S.-amerikanischen Rechts in der Bundesrepublik Deutschland. Vgl. auch den Vergleich der Verfassungssysteme: *Brugger*, Der moderne Verfassungsstaat aus Sicht der amerikanischen Verfassung und des Grundgesetzes.

[11]) Abgesehen von einzelnen unmittelbaren Übernahmen aus dem US-amerikanischen Verfassungsrecht im Grundgesetz dürfte die Methodendebatte der sechziger Jahre der einzige Bereich sein, in dem sich unmittelbare Einflüsse US-amerikanischen Rechtsdenkens nachweisen lassen.

vielmehr der einzelne Bürger mit seinen in der Verfassung festgeschriebenen politischen Freiheiten und Verfahrensrechten im Sinne der „rule of law“ steht im Mittelpunkt dieses Denkens. Hinsichtlich des politischen Systems entspricht allein die komplexe Organisation der politischen Willensbildung im Rahmen der parlamentarisch-repräsentativen Demokratie dieser Denkweise, wobei es als unerläßlich angesehen wird, daß politische Entscheidungen des Gemeinwesens im pluralistischen Verfahren unter maßgeblicher Beteiligung von politischen Parteien und Interessenverbänden getroffen werden. Ökonomisch zielt das konsensliberale Ideologieangebot primär auf den Schutz des Eigentums im Rahmen einer marktwirtschaftlichen Ordnung, indes gelten gemäßigt reformorientierte interventionistische und gesellschaftsplanende Handlungen des Staates als systemkonform.[12])

Es wird zu zeigen sein, daß sich der Westernisierungsprozeß in der Staatsrechtslehre – abgesehen von der Smend-Schule – als ein rezeptiver bzw. reaktiver Vorgang vollzog, wobei die Mehrheit der Staatsrechtslehrer etwa ab Mitte der sechziger Jahre auf einen sich immer weiter ausbreitenden gesellschaftlichen Trend reagierte. Damit unterschied sich diese Wissenschaftsdisziplin von anderen wissenschaftlichen und gesellschaftlichen Gruppierungen, so beispielsweise von der in den fünfziger Jahren ins Leben gerufenen Politikwissenschaft[13]) oder von antimarxistisch-reformistischen Teilen der westdeutschen Arbeiterbewegung[14]), die jeweils schon in der frühen Nachkriegszeit in finanzieller und ideeller Hinsicht auf eine enge Kooperation mit den USA zurückgreifen konnten. Deshalb erscheint aber eine genauere Untersuchung der bundesdeutschen Staatsrechtslehre unter dem Westernisierungsblickwinkel nicht weniger reizvoll. Es gilt zu zeigen, daß die Staatsrechtslehrer, die noch in der Weimarer Republik aufgrund ihrer antiparlamentarischen und antiwestlichen Grundhaltung als ein wesentlicher Belastungsfaktor für das politische System in Erscheinung getreten waren[15]) und die bis heute als mehrheitlich konservativ gelten[16]), im Verlauf der sechziger Jahre, nachdem sie sich zuvor noch auf ganz traditionsbezogene Weise mit dem Grundgesetz arrangiert hatten, einen weitreichenden Bruch mit ihrer Wissenschaftstradition vollzogen. Die sechziger Jahre markieren folglich eine Umbruchphase, die den Zeitraum seit der Jahrhundertwende deutlich von der dann folgenden Zeit trennt und deren Auswirkungen bis in die Gegenwart hinein erkennbar sind.

[12]) Zum Vergleich von US-amerikanischen und deutschen politischen Denktraditionen allgemein: *Münch*, Die Kultur der Moderne, S. 255–459 und 683–846.

[13]) Vgl. *Bleek*, Geschichte der Politikwissenschaft in Deutschland, S. 258f. und 275–278.

[14]) Vgl. *Angster*, Konsenskapitalismus und Sozialdemokratie.

[15]) Vgl. z.B. *Bracher*, Die Auflösung der Weimarer Republik, insbesondere: S. 37–44; *Sontheimer*, Antidemokratisches Denken in der Weimarer Republik, insbesondere: S. 63–92; *Wirsching*, Die Weimarer Republik, S. 86.

[16]) Vgl. *Stolleis*, Die Vereinigung der Deutschen Staatsrechtslehrer, S. 356; *Ipsen*, Die Verhandlungen von 1949 (Heidelberg) bis 1971 (Regensburg), S. 391.

2. Theoretischer Rahmen

Wissensproduktion im Bereich der Rechtswissenschaft ist nicht schlicht das Ergebnis „richtiger“ Subsumptionen, die aus vorgegebenen Rechtstexten abgeleitet werden und anschließend nur noch zu systematisieren sind. Vielmehr handelt es sich um das Resultat eines überaus komplexen Prozesses, für dessen Beschreibung auf fachspezifische, individuumsbezogene und allgemein soziale Aspekte zurückgegriffen werden muß. An dieser Stelle soll auf die Wissenschaftstheorie von Ludwik Fleck[17]) näher eingegangen werden, da sie einen geeigneten theoretischen Rahmen bietet, mit dessen Hilfe solche Aspekte in den Blick geraten.

Fleck geht davon aus, daß Wissenschaft grundsätzlich eine soziale Tätigkeit darstellt. Die Produktion von Wissen ist an ein *Denkkollektiv*, als eine homogene Gemeinschaft mit jeweils eigenen Regeln, und an einen *Denkstil*, als ein gemeinsames ideelles Ordnungssystem, gebunden. Ohne beide Komponenten wäre Wissenschaft nicht vorstellbar, da wissenschaftliche Wahrheit wiederum keine objektive Größe, sondern ebenfalls ein Produkt sozialer Beziehungen darstellt. Wahrheit beruht aus dieser Perspektive vor allem auf erfolgreicher Kommunikation und hat damit eine ideelle und persönliche Grundübereinstimmung zur Voraussetzung. Es ist grundsätzlich nicht zu überprüfen, ob Aussagen über die Realität die Realität treffen, sondern ob sich auf ihrer Grundlage die Kommunikation bewährt und diese somit innerhalb eines Denkkollektivs fortgesetzt werden kann.[18]) Nach Fleck zeichnet sich demnach jeder Denkstil durch eine eigene umfassende Betrachtungsweise von Wirklichkeit aus. Zudem ist er jeweils an einer einheitlichen Begrifflichkeit sowie an der homogenen Verwendung von Bildern und Metaphern zu erkennen. Ein solcher Denkstil ermöglicht dem Forscher das „gerichtete Gestaltsehen“ im Gegensatz zum anfänglichen unklaren Wahrnehmen eines Sachverhalts. Nur innerhalb eines Denkkollektivs können unvermeidliche Widersprüche ausgeblendet und harmonisiert werden, welche sich vor allem aus der Integration neuer „Entdeckungen“ in das bisherige Wissenschaftssystem ergeben. Jede Gemeinschaft schafft sich somit gewissermaßen ihre eigene Wahrheit, die allerdings kommunikativ immer mit anderen Gemeinschaften verhandelt werden muß.

Zudem ist aus Flecks Sicht ein gleichgesinntes soziales Umfeld unverzichtbar, damit eine neue Wahrheit in einer Wissenschaftsdisziplin überhaupt Verbreitung finden kann. Nur im Rahmen des Denkkollektivs ist es möglich, daß

[17]) *Fleck*, Entstehung und Entwicklung einer wissenschaftlichen Tatsache. Der polnische Mediziner Fleck (1896–1961) entwickelte seine Theorie im Jahre 1935 anhand der Entstehung des Syphilisbegriffs und der Entdeckung der Wassermann-Reaktion.

[18]) Vgl. hierzu *Luhmann*, Die Wissenschaft der Gesellschaft, S. 167–189; *Etzemüller*, Sozialgeschichte als politische Geschichte, S. 8–11; *Daniel*, Kompendium Kulturgeschichte, insbesondere: S. 381–400.

neue Problemstellungen aus der außerwissenschaftlichen Welt einheitlich wahrgenommen und dann auf verständliche Weise in das bestehende wissenschaftliche Denksystem integriert werden. Dies führt dazu, daß der einzelne Wissenschaftler grundsätzlich gezwungen ist, sich an die etablierten Spielregeln zu halten, will er denn Erfolg haben. Nur wenn er die gruppeninternen Mechanismen und Regeln einhält und nicht gegen die gemeinschaftsspezifische Weltsicht verstößt, können seine neuen Ideen hier Anklang und Verbreitung finden. Gehören Wissenschaftler hingegen unterschiedlichen Denkkollektiven an, so stehen einer erfolgreichen Kommunikation wesentliche Hindernisse im Wege. Neue Erkenntnisse können schlichtweg nicht vermittelt werden, ein grundsätzliches Mißverstehen ist vorprogrammiert:

> Man kann nie sagen, derselbe Gedanke sei für A wahr und für B falsch. Gehören A und B demselben Denkkollektive an, dann ist der Gedanke für beide entweder wahr oder falsch. Gehören sie aber verschiedenen Denkkollektiven an, so ist es eben *nicht derselbe* Gedanke, da er für einen von ihnen unklar sein muß oder von ihm anders verstanden wird.[19])

Flecks Wissenschaftstheorie zeichnet sich dadurch aus, daß er einer objektiven Bewertung von Veränderungen innerhalb der Wissenschaft als linearen Fortschritt eine grundsätzliche Absage erteilt. Neue Wissenschaftsentwicklungen sind nur möglich durch Ergänzungen und Erweiterungen innerhalb eines kontinuierlich fortbestehenden Denkstils oder aber durch Ablösung eines bestehenden Denkstils durch einen vollständig neuen. Das Wissen verändert sich jeweils aufgrund von sozialen Wandlungsprozessen, objektive Kriterien für eine Verbesserung des Wissensstandes kann es aber aufgrund von dessen Denkstilgebundenheit nicht geben. Revolutionäre wissenschaftliche Paradigmenwechsel[20]), die die Wissenschaft auf eine höhere Stufe bringen, sind somit ausgeschlossen.

Aus Flecks Wissenschaftstheorie ergibt sich, daß sich diese Studie nicht darauf beschränken kann, staatsrechtliche Debatten aufzuarbeiten, sondern daß sie gleichzeitig auch die Staatsrechtslehre als Institution und als personelles Netzwerk in den Blick zu nehmen hat. Es soll damit an neuere Arbeiten zur Wissenschaftsgeschichte angeknüpft werden, die jeweils die Beziehungsgeflechte, die Kommunikationsstrukturen und die Forschungspraxis der Akteure einer Wissenschaftsdisziplin in den Mittelpunkt gestellt und so die grundsätzliche Bedeutung der Institutionalisierung von Wissensproduktion herausgearbeitet haben.[21]) Dieser Ansatz schließt mit ein, daß ein besonderes Augenmerk auch auf

[19]) *Fleck*, Entstehung und Entwicklung einer wissenschaftlichen Tatsache, S. 131 (Hervorhebung im Original).

[20]) Vgl. hierzu *Kuhn*, Die Struktur wissenschaftlicher Revolutionen. Auf Kuhns Wissenschaftstheorie wird hier auch deshalb nicht zurückgegriffen, da er den Paradigmenwechsel allein als wissenschaftsinternes Ereignis versteht und den außerwissenschaftlichen Bereich weitgehend ausblendet.

[21]) Z.B. *Wiggershaus*, Die Frankfurter Schule; *Raphael*, Die Erben von Bloch und Febvre; *Etzemüller*, Sozialgeschichte als politische Geschichte.

das strategische Handeln der Staatsrechtslehrer zu richten ist, das angewandt wird, um die eigene Wahrheit im wissenschaftlichen Feld durchzusetzen. Erfolg bei der wissenschaftlichen Überzeugungsarbeit beruht nur zu einem Teil auf Diskussion und Argumenten. Erfolg setzt ebenso voraus, daß der Akteur bei der Propagierung seiner Ideen die richtige Position innehat und die richtige Technik anwendet. Im Sinne von Pierre Bourdieu[22]) ist davon auszugehen, daß die legitimen Mittel im Kampf um wissenschaftliche Anerkennung von allen Akteuren geteilt werden. Das strategische Handeln, das jeweils notwendig ist, um Aussagen Gehör und Gewicht zu verschaffen und um in der Hierarchie möglichst weit nach oben – am besten in die Position des autorisierten Sprechers – zu gelangen, erfolgt nach Bourdieu größtenteils automatisiert. Es ist durch den Habitus gesteuert, es bestimmt das Verhalten meist auf unbewußte Weise, und es erscheint sowohl dem Akteur als auch Dritten wie selbstverständlich.

Bei der Analyse von institutionellen Mechanismen ist zwischen drei verschiedenen Ebenen zu unterscheiden: *Zum ersten* wird der Blick auf die Staatsrechtslehre allgemein als ein in sich geschlossenes Denkkollektiv gerichtet. Sie verfügt über einen eigenen fachspezifischen Denkstil, der die Staatsrechtslehrer von der Alltagswelt und von anderen Wissenschaftsdisziplinen abgrenzt und damit eine wissenschaftsinterne Kommunikation ermöglicht. Mit der Zielsetzung, den eigenen Ideen eine möglichst starke Wirkung im interdisziplinären und außerwissenschaftlich-politischen Bereich zu verschaffen, sind die Staatsrechtslehrer grundsätzlich darauf bedacht, das Renommee ihres Faches zu wahren bzw. zu stärken. Sie greifen auf Ab- und Ausgrenzungstaktiken zurück, um den eigenen Exklusivitätsanspruch gegenüber dem Konkurrenzdruck durch andere Wissenschaftsdisziplinen (z.B. Politikwissenschaft und andere Teildisziplinen der Rechtswissenschaft) und durch politische Institutionen (z.B. Bundesverfassungsgericht) zu verteidigen.

Zum zweiten existieren innerhalb der Staatsrechtslehre verschiedene gruppenspezifische Denkstile nebeneinanderher. Jedes Denkkollektiv ist jeweils bemüht, das wissenschaftliche Feld durch strategisches Handeln zu dominieren, um so dem eigenen Denkstil allgemeine Anerkennung zu verschaffen. Aufgrund ihrer Bedeutung für die übergeordnete Fragestellung nach dem Staatsverständnis wird hier der Blick insbesondere auf die Schmitt- und die Smend-Schule gerichtet. Eine solche Perspektive bietet sich an, weil die Schmitt- und die Smend-Schule in den fünfziger und sechziger Jahren es fast immer vermochten, den staatsrechtlichen Debatten ihren jeweiligen Stempel aufzudrükken.[23]) Indem der Fokus auf diese beiden Schulen und auf ihre direkten Ausein-

[22]) Vgl. *Bourdieu*, Die feinen Unterschiede, insbesondere: S. 277–399. Vgl. zudem Bourdieus aufschlußreiche Untersuchung der universitären Welt Frankreichs: ders., Homo academicus.

[23]) Vgl. *Gosewinkel*, Adolf Arndt, S. 531; van *Laak*, Gespräche in der Sicherheit des Schweigens, S. 164, 183 und 191; *Korioth*, Integration und Bundesstaat, S. 291–295; Dian

andersetzungen gerichtet wird, ist es möglich, zentrale Entwicklungslinien der bundesdeutschen Staatsrechtslehre insgesamt zu erfassen. Auch sei bereits an dieser Stelle darauf hingewiesen, daß eine größere Zahl von Staatsrechtslehrern den beiden Schulen zugeordnet wird, als das allein aufgrund des akademischen Werdegangs der einzelnen Wissenschaftler zu vermuten wäre. Dies ist erforderlich, da hier allgemein die Ideenlandschaft der Staatsrechtslehre erfaßt werden soll, was die Notwendigkeit mit einschließt, individuelle Denkweisen, soweit möglich, dominierenden und übergreifenden ideellen Trends zuzuordnen.

Zum dritten soll aber auch die Ebene individuellen Denkens und Handelns nicht vernachlässigt werden. In Abgrenzung von der Wissenschaftstheorie von Ludwik Fleck, für den allein das Denkkollektiv als Träger der Wissenschaft fungieren kann, wird hier davon ausgegangen, daß der einzelne Staatsrechtslehrer nicht völlig in dem Denkkollektiv aufgeht, dem er angehört, sondern als Person in Erscheinung tritt, die den Denkstil den eigenen Prägungen und den jeweiligen wissenschaftlichen und politischen Bedürfnissen entsprechend anwendet bzw. eventuell verändert. Somit basiert diese Studie insgesamt auf der Vorstellung einer engen Verflechtung zwischen ideengeschichtlichen Entwicklungen, kollektiven Praktiken, institutionellen Prozessen und den konkreten Biographien einzelner Akteure. Im Sinne einer sozialgeschichtlich fundierten Ideengeschichte geht es also um den einzelnen Staatsrechtslehrer, seine wissenschaftliche Entwicklung und sein jeweiliges Handeln. Mit Hilfe der Analyse seiner individuellen Prägung und seiner wissenschaftlichen Sozialisation sollen insbesondere Erklärungsansätze für die Entwicklung seines Denkens und für sein spezielles Engagement in der Staatsrechtslehre herausgearbeitet werden.

Diese Ausführungen zum theoretischen Rahmen beruhen auf einem Rechtsverständnis, bei dem die juristische Gesetzesauslegung generell als ein kreativer und schöpferischer Akt angesehen wird. Dem Interpreten steht hierbei grundsätzlich ein gewisser Beurteilungs- und Entscheidungsspielraum zur Verfügung. Insbesondere dem Vorverständnis, mit dem der Interpret an einen Gesetzestext herantritt und welches zwangsläufig auf vorpositiven Wertungen beruht, kommt bei der juristischen Entscheidungsfindung eine maßgebliche Bedeutung zu.[24]) Es beruht auf einem Denkstil, der wiederum das Resultat individueller Prägungen, juristischer Sozialisation und allgemeiner gesellschaftlicher Einflüsse ist. Über das Vorverständnis finden Wertvorstellungen – wie

Schefold, Geisteswissenschaften und Staatsrechtslehre zwischen Weimar und Bonn, in: *Acham*, Erkenntnisgewinne, Erkenntnisverluste, S. 567–599; *Möllers*, Staat als Argument, S. 230–245.

[24]) Vgl. *Esser*, Vorverständnis und Methodenwahl in der Rechtsfindung; *Gadamer*, Wahrheit und Methode, insbesondere: S. 307–323 und 488 f.; Horst *Ehmke*, Prinzipien der Verfassungsinterpretation, in: VVDStRL 20 (1963), S. 53–102; F. *Müller*, Normstruktur und Normativität. In diesem Sinne auch *Kriele*, Theorie der Rechtsgewinnung, insbesondere: S. 243–309.

beispielsweise das Staatsverständnis – sowie politische Grundhaltungen des Rechtsanwenders in den Interpretationsprozeß Eingang.[25]) Josef Esser, einer der Hauptvertreter dieses methodischen Ansatzes aus dem Kontext der Topik-Debatte, geht allerdings unter Hinweis auf die Zweck-, Vernunft-, Verantwortungs-, Konsens- und Gerechtigkeitsorientierung juristischer Entscheidungsfindung davon aus, es könne ganz vermieden werden, daß jeweils ideologische oder schulspezifische Einflüsse über das Vorverständnis zur Anwendung kämen.[26]) Auch wenn hier keinesfalls die Meinung vertreten werden soll, daß die juristische Interpretation an sich beliebig oder gar willkürlich wäre, so ist diese umfassende Zurücknahme der zuvor von Esser entwickelten Sichtweise des Vorverständnisses schon anhand des empirischen Befunds der Meinungsvielfalt in der Rechtswissenschaft und Rechtspraxis nicht nachzuvollziehen. Esser hält letztlich an einer objektivistischen Einheitskonzeption in der Methodenfrage fest, die sich vor allem im Bereich des Verfassungsrechts nicht rational begründen läßt. Bezeichnenderweise hält er auch seine Theorie im Bereich des Verfassungsrechts für nicht anwendbar.[27]) Abzugrenzen ist das in dieser Studie vertretene Rechtsverständnis zudem gegen einen verabsolutierten technisch-normativistischen Methodenansatz, wie er etwa von Hans Kelsen[28]), Niklas Luhmann[29]) oder auch von Ernst Forsthoff[30]) vertreten wird. Doch damit sind wir bereits teilweise in einer Debatte angelangt, deren historische Analyse erst im Laufe der weiteren Untersuchung erfolgen soll.

3. Forschungsstand und Quellen

Im Gegensatz zur rechtsgeschichtlichen Auseinandersetzung mit der Weimarer Staatsrechtslehre, welche sich aufgrund der zentralen Bedeutung der Staatsrechtslehrer für die politische Verfassungskultur dieses Zeitabschnitts mittlerweile fast zu einer eigenständigen Teildisziplin entwickelt hat und als Ganzes

[25]) Brun-Otto Bryde hat dies hinsichtlich der Rechtsprechung des Bundesverfassungsgerichts auf überzeugende Weise nachgewiesen: *Bryde*, Verfassungsentwicklung, S. 177–189.

[26]) *Esser*, Vorverständnis und Methodenwahl in der Rechtsfindung, insbesondere: S. 193–196. Erheblich differenzierter: F. *Müller*, Normstruktur und Normativität; *Kriele*, Theorie der Rechtsgewinnung.

[27]) *Esser*, Vorverständnis und Methodenwahl in der Rechtsfindung, S. 196–199.

[28]) Z.B. *Kelsen*, Hauptprobleme der Staatsrechtslehre, entwickelt aus der Lehre vom Rechtssatze.

[29]) *Luhmann*, Legitimation durch Verfahren; ders., Das Recht der Gesellschaft, insbesondere: S. 507–538.

[30]) Ernst *Forsthoff*, Die Umbildung des Verfassungsgesetzes, in: *Barion*, Festschrift für Carl Schmitt, S. 35–62; *Forsthoff*, Zur Problematik der Verfassungsauslegung; ders., Der introvertierte Rechtsstaat und seine Verortung; ders., Der Staat der Industriegesellschaft, S. 134–157. Forsthoff vertritt einen solchen Ansatz allerdings nur hinsichtlich des Verfassungsrechts, nicht aber hinsichtlich des Verwaltungsrechts.

kaum mehr zu überblicken ist[31]), steckt die historische Aufarbeitung der bundesdeutschen Staatsrechtslehre noch ganz in den Anfängen. Dennoch kann sich diese Studie auf einige bereits erschienene Vorarbeiten stützen.

Zunächst wurde die historische Entwicklung der bundesdeutschen Staatsrechtslehre vor allem unter der Perspektive der Restauration betrachtet. Bei allen Wandlungen, die der Topos im Lauf der Zeit erfahren hat, stellt Restauration generell ein Interpretament zur Erfassung der ersten Jahre der westdeutschen Nachkriegsgeschichte dar, wobei der Blick auf personelle, ideelle, politische und vor allem sozioökonomische Kontinuitäten bei der westdeutschen Neuordnung gerichtet wird. Publizisten und Wissenschaftler, die auf den Restaurationstopos zurückgreifen, gehen davon aus, daß Ende der vierziger Jahre eine realistische Chance zu alternativen Entwicklungen in Richtung eines antikapitalistischen und radikaldemokratischen Dritten Weges zwischen Ost und West bestanden habe.[32])

Zeitgenössische, politisch links stehende Staatsrechtslehrer – wie Wolfgang Abendroth und Helmut Ridder[33]) – wiesen in den fünfziger und sechziger Jahren auf restaurative Tendenzen in ihrer Wissenschaft hin, um damit ihre Enttäuschung über die nicht erfolgte sozialistische Neuordnung und gleichzeitig ihre Distanz und ihr Unbehagen gegenüber der eigenen Zunft zum Ausdruck zu bringen. Hieran knüpften jüngere Wissenschaftler während der siebziger und achtziger Jahre an. Im Rahmen einer grundsätzlichen Kritik an dem von der Justiz und der Rechtswissenschaft in der frühen Bundesrepublik verhinderten Neuanfang rückten sie mit Hilfe des Restaurationstopos die personellen, aber auch ideellen Kontinuitäten in der Staatsrechtslehre gegenüber der Zeit des Nationalsozialismus in den Vordergrund.[34])

Auch wenn sich die Diskussion mittlerweile vom Restaurationstopos losgelöst hat, wird in einer Reihe von Arbeiten weiterhin der natürlich nicht zu bestreitende und kritisch zu beurteilende Befund personeller Kontinuitäten über das Jahr 1945 hinaus hervorgehoben. Hieraus wird zum Teil der Vorwurf einer mehrheitlich konservativen Ausrichtung der bundesdeutschen Staatsrechtslehre abgeleitet, was wiederum anhand einzelner ideeller Traditionslinien von

[31]) Neueste Darstellungen hierzu: *Gusy*, Demokratisches Denken in der Weimarer Republik; *Caldwell*, Popular Sovereignty and the Crisis of German Constitutional Law; *Stolleis*, Geschichte des öffentlichen Rechts in Deutschland, 3. Band, S. 74–245.

[32]) Zum Restaurationstopos allgemein: *Doering-Manteuffel*, Die Bundesrepublik Deutschland in der Ära Adenauer, S. 9–14; *Morsey*, Die Bundesrepublik Deutschland, S. 145–148.

[33]) Z.B. *Abendroth*, Ein Leben in der Arbeiterbewegung, S. 212–214 und 236; *Ridder*, Epirrhosis, insbesondere: S. 318 und 328f. In diesem Sinne z.B. auch ders., Zur Verfassungsdoktrin des NS-Staates, insbesondere: S. 221f. Vgl. des weiteren *Schultes*, Staatslehre und Politik in Deutschland.

[34]) Z.B. *Fangmann*, Die Restauration der herrschenden Staatsrechtswissenschaft nach 1945; *Perels*, Die Restauration der Rechtslehre nach 1945; I. *Müller*, Furchtbare Juristen, S. 203–299; *Wieland*, Personelle Kontinuitäten in der Staatsrechtslehre.

der Zeit des Nationalsozialismus bis in die fünfziger Jahre hinein veranschaulicht wird.[35]) Die neueste Arbeit in diesem Kontext stammt von Birgit von Bülow.[36]) Sie versucht, Zusammenhänge zwischen der Haltung von Staatsrechtslehrern gegenüber dem Nationalsozialismus und deren wissenschaftlichen Nachkriegsbeiträgen herzustellen. Vor allem von Bülows Parameter, mit denen sie durch ein primär textimmanentes Verfahren pro- und antinationalsozialistische Haltungen zu erfassen sucht, vermögen methodisch aber nicht zu überzeugen. Zum bisherigen Diskussionsverlauf ist kritisch anzumerken, daß nicht in ausreichendem Maße zwischen dem Fortbestehen von einerseits konservativen und andererseits völkisch-nationalsozialistischen Grundhaltungen über das Jahr 1945 hinweg unterschieden wurde, auch wenn es selbstverständlich zahlreiche prominente Beispiele dafür gibt, daß konservative und nationalsozialistische Positionen nach 1933 zumindest partiell zur Deckung kamen. Vor diesem Hintergrund fehlt es bis heute an einer systematischen und vor allem differenzierten Analyse dieser langfristigen ideellen Kontinuitätsstränge. Indem diese Arbeit nach dem Staatsverständnis in einem weiten Sinne fragt, treten selbstverständlich auch Brüche und Kontinuitäten staatsrechtlichen Denkens in den Vordergrund. Allerdings wird sich herausstellen, daß es nur zum Teil die Kontinuitäten gegenüber der Zeit des Nationalsozialismus und statt dessen in einem weit größeren Ausmaß die gegenüber der Weimarer Staatsrechtslehre sind, die das Fach bis in die sechziger Jahre hinein prägten.[37]) Deren Überwindung bzw. Relativierung stellt eines der wichtigsten Kriterien dar für den Nachweis von Westernisierung.

Seit Mitte der neunziger Jahre sind mehrere Studien erschienen, die sich einzelnen Aspekten oder allgemein der Entwicklung der Staatsrechtslehre in der Nachkriegszeit zuwenden[38]), ohne allerdings die Kontinuitätsfrage in den Vor-

[35]) *Diestelkamp*, Kontinuität und Wandel in der Rechtsordnung, 1945 bis 1955, insbesondere: S. 97f.; Bernd *Rüthers*, Die Ideologie des Nationalsozialismus in der Entwicklung des deutschen Rechts von 1933 bis 1945, in: *Säcker*, Recht und Rechtslehre im Nationalsozialismus, S. 17–36, hier: S. 17–20; Robert *Alexy*, Fortwirkung nationalsozialistischer Denkweisen in Rechtslehre und Rechtsprechung nach 1945, in: ebda., S. 219–226; Hubert *Rottleuthner*, Kontinuität und Identität. Justizwesen und Rechtslehrer vor und nach 1945, in: ebda., S. 241–254.

[36]) Von *Bülow*, Die Staatsrechtslehre der Nachkriegszeit (1945–1952), insbesondere: S. 147–188.

[37]) Bereits angedeutet bei *Diestelkamp*, Kontinuität und Wandel der Rechtsordnung, 1945 bis 1955, S. 97f.; von *Bülow*, Die Staatsrechtslehre der Nachkriegszeit (1945–1952), insbesondere: S. 32; Dian *Schefold*, Geisteswissenschaften und Staatsrechtslehre zwischen Weimar und Bonn, in: *Acham*, Erkenntnisgewinne, Erkenntnisverluste, S. 567–599; *Caldwell*, Popular Sovereignty and the Crisis of German Constitutional Law, S. 1f.; *Stolleis*, Geschichte des öffentlichen Rechts in Deutschland, 3. Band, S. 200 und 413f.

[38]) Frühe Skizzen zur Entwicklung der Staatsrechtslehre allgemein: *Schwarz*, Die Ära Adenauer. Die Gründerjahre der Republik, S. 439–445; *Ipsen*, Die Verhandlungen von 1949 (Heidelberg) bis 1971 (Regensburg).

dergrund zu stellen. Abgesehen von einschlägigen staatsrechtlichen Arbeiten, deren Erkenntnisinteresse nicht primär historisch ist, die aber dennoch historische Entwicklungslinien einzelner Konzeptionen der Staatsrechtslehre berücksichtigen[39]), kann somit vor allem an die Ergebnisse von ersten Studien zum Staatsverständnis[40]), zur Entwicklung der Verwaltungsrechtswissenschaft[41]), zur Schmitt-[42]) bzw. zur Smend-Schule[43]) und zum Einfluß der geisteswissenschaftlichen Richtung auf die Nachkriegsentwicklung[44]) angeknüpft werden. Zudem liegen bereits einige Darstellungen zum Leben und Werk einzelner Staatsrechtslehrer vor[45]), auf deren Resultate hier ebenfalls zurückgegriffen wird.

Als Quelle werden primär die publizierten Protokolle der jährlich stattfindenden Verbandstagungen der Staatsrechtslehrervereinigung, die „Veröffentlichungen der Vereinigung der Deutschen Staatsrechtslehrer", verwendet. Hier finden sich jeweils die wissenschaftlichen Diskussionen zu zwei Verhandlungsgegenständen, normalerweise ein erster über das Verfassungsrecht und ein zweiter über das Verwaltungsrecht. Zu jedem Verhandlungsgegenstand werden neben den beiden einführenden Referaten immer auch die einzelnen Wortmeldungen der anschließenden Diskussion abgedruckt. Zwar hat Hans Peter Ipsen recht, wenn er bezweifelt, daß die Verhandlungen ein Spiegelbild der deutschen Staatsrechtswissenschaft lieferten[46]), dafür haben die Themen der Referate, die Auswahl der Referenten und die einzelnen Wortmeldungen

[39]) Z.B. *Isensee* und *Kirchhof*, Handbuch des Staatsrechts der Bundesrepublik Deutschland, Band 1–7; *Stern*, Das Staatsrecht der Bundesrepublik Deutschland, Band I–III/2.

[40]) Juristische Arbeiten: von *Bülow*, Die Staatsrechtslehre der Nachkriegszeit (1945–1952), S. 17–146; *Möllers*, Staat als Argument, S. 129–191 und 228–271; *Uhlenbrock*, Der Staat als juristische Person, S. 144–171. Die politisch einseitige, aber dennoch aufschlußreiche politikwissenschaftliche Arbeit von Helga Grebing beschränkt sich nicht allein auf die Staatsrechtslehre: *Grebing*, Konservative gegen die Demokratie. Die soziologische Studie von Peter Hammans ist eher mit Vorsicht zu betrachten, da hier die unterschiedlichen Ansichten in der Staatsrechtslehre dem Begriff Konservativismus auf allzu pauschale und statische Weise zugeordnet werden: *Hammans*, Das politische Denken der neueren Staatslehre in der Bundesrepublik.

[41]) Michael *Stolleis*, Verwaltungsrechtswissenschaft in der Bundesrepublik Deutschland, in: *Simon*, Rechtswissenschaft in der Bonner Republik, S. 227–258.

[42]) Van *Laak*, Gespräche in der Sicherheit des Schweigens, insbesondere: S. 153–170 und 200–213.

[43]) *Korioth*, Integration und Bundesstaat, S. 228–308.

[44]) Dian *Schefold*, Geisteswissenschaften und Staatsrechtslehre zwischen Weimar und Bonn, in: *Acham*, Erkenntnisgewinne, Erkenntnisverluste, S. 567–599, hier: S. 583–598.

[45]) Z.B. *Storost*, Staat und Verfassung bei Ernst Forsthoff; *Rohlfs*, Hermann von Mangoldt. Zu Richard Thoma: *Rath*, Positivismus und Demokratie. Zu Gerhard Leibholz: *Wiegandt*, Norm und Wirklichkeit. Zum Werk Ernst Rudolf Hubers: *Walkenhaus*, Konservatives Staatsdenken. Zum Werk Ernst-Wolfgang Böckenfördes: *Manterfeld*, Die Grenzen der Verfassung.

[46]) *Ipsen*, Die Verhandlungen von 1949 (Heidelberg) bis 1971 (Regensburg), S. 375f. und 413.

sicherlich einen allzu zufälligen Charakter. Dennoch zeichnen sich diese Texte durch einige für die historische Analyse vielversprechende Wesensmerkmale aus: Der Vorstand der Staatsrechtslehrervereinigung ist jeweils daran interessiert, daß möglichst grundsätzliche Themen mit aktueller Relevanz behandelt werden. Die vom Vorstand ausgewählten Referenten sind dann bestrebt, grundlegende und gehaltvolle Gedanken zum jeweiligen Thema zu äußern, da die Qualität des Vortrags für die Stellung des Referenten im Fachkreis und damit auch für seinen weiteren beruflichen Werdegang von entscheidender Bedeutung sein kann. Welchen Stellenwert ein Referat für den einzelnen Referenten hat, läßt sich beispielsweise daran ermessen, daß Roman Schnur von mindestens sieben Kollegen Ratschläge erhielt, wie er seinen Vortrag zur Pressefreiheit im Jahr 1963 am besten zu gestalten habe[47]). Auch die Wortmeldungen bei der anschließenden Debatte sind aufschlußreich, um einen grundsätzlichen Eindruck vom Denken des jeweiligen Staatsrechtslehrers zu gewinnen. Selbstverständlich müssen diese Texte quellenkritisch betrachtet werden. So ist die Häufigkeit von Wortbeiträgen bei den Diskussionen nicht zwangsläufig Ausdruck für die Stellung des einzelnen Staatsrechtslehrers in der Wissenschaft. Wilhelm Merk und Heinrich Herrfahrdt nahmen beispielsweise regelmäßig an den Verbandstagungen teil und meldeten sich dann bei fast jedem Thema zu Wort, beide waren jedoch ausgesprochene Außenseiter. Von Konrad Hesse ist hingegen über den Zeitraum von 13 Jahren – abgesehen von seinem Referat im Jahre 1958 – keine einzige Stellungnahme überliefert, obwohl er zweifellos zu den Meinungsführern in der Staatsrechtslehre zu zählen ist. Den Diskussionsbeiträgen fehlt es zudem an Unmittelbarkeit. So werden die auf der Staatsrechtslehrertagung protokollierten Stellungnahmen den einzelnen Staatsrechtslehrern vor dem Abdruck noch einmal zur Korrektur zugesandt. Es besteht dann die Möglichkeit, zumindest formale Änderungen am Text vorzunehmen und vor allem Schärfen abzumildern.[48]) Unmittelbare Rückschlüsse auf strate-

[47]) Von Hans Ulrich Scupin, Ernst-Wolfgang Böckenförde, Helmut Quaritsch, Martin Bullinger, Joseph H. Kaiser, Carl Schmitt und Ernst Forsthoff: Nachlaß *Schnur*, Nr. 5 (Böckenförde an Schnur vom 15. 2. 1963, 26. 2. 1963 und 6. 3. 1963), 6 (Quaritsch an Schnur vom 22. 9. 1963), 7 (Bullinger an Schnur vom 24. 7. 1963), 8 (Quaritsch an Schnur vom 12. 2. 1963 und 15. 2. 1963), 72 (Kaiser an Schnur vom 22. 4. 1963 und 30. 5. 1963) und 126 (Abschrift eines Briefes von Schmitt an Schnur vom 25. 9. 1963); Nachlaß *Schmitt*, Nr. 14378 (Schnur an Schmitt vom 24. 9. 1963).

[48]) Hier ist z. B. Ulrich Scheuners scharfe Kritik an Werner Webers Referat zum Staatskirchenrecht aus dem Jahr 1952 zu nennen. An entscheidenden Punkten entschärfte Scheuner im nachhinein seinen Redebeitrag. So fehlt folgender Satz in der gedruckten Version vollständig: „Daß sie [die Suche nach einem übergeordneten Staat] uns Deutschen im Blute liegt, nun darüber brauchen wir hier nicht zu sprechen, wir sind wohl nicht ganz mit Unrecht in der Welt als obrigkeitsfromm verschrieen." Zudem entfernte er aus dem Text sein eigenes Staatsbild, das er Webers Staatsverständnis entgegenstellte, den Staat nämlich als „eine sittliche und ethisch verpflichtende Aufgabe" zu verstehen, „die auch dann besteht, wenn sie

gische Verhaltensweisen bei den Tagungen lassen die Protokolle der Verhandlungen somit nur selten zu. Dies alles spricht aber nicht grundsätzlich dagegen, die „Veröffentlichungen der Vereinigung der Deutschen Staatsrechtslehrer“ heranzuziehen, vor allem da sich diese Studie nicht darauf beschränkt, allein diese Texte auszuwerten, sondern die Quellenbasis durch die Auswertung weiterer schriftlicher Zeugnisse ergänzt wird.

So werden zentrale Publikationen von einzelnen Staatsrechtslehrern ebenfalls berücksichtigt. Insbesondere wird auf solche Arbeiten von Meinungsprotagonisten zurückgegriffen, die von anderen Staatsrechtslehrern im untersuchten Zeitraum immer wieder zitiert und von Rezensenten in maßgeblichen staatsrechtlichen Zeitschriften als bedeutungsvoll bewertet werden. Eine herausgehobene Bedeutung für die Fragestellung nach dem Staatsverständnis kommt hierbei vor allem Debattenbeiträgen zum Thema Grundrechtsdogmatik, zum Problem der Gesetzesbindung der Verwaltung, zum Thema staatliche Wirtschaftsintervention, zur Frage der Stellung von Parlament, politischen Parteien und Interessenverbänden im Verfassungssystem und zum Problem des Verhältnisses von Staat und Gesellschaft zu. Ein erstes Kriterium, einen Zeitschriftenaufsatz oder eine selbständige Publikation eines Autors zu berücksichtigen, ist seine Zugehörigkeit zur bundesdeutschen Staatsrechtslehre. Diese ergibt sich wiederum aus seiner Mitgliedschaft in der „Vereinigung der Deutschen Staatsrechtslehrer“, der fast alle an einer deutschsprachigen Hochschule lehrenden habilitierten Dozenten für Staats- und Verwaltungsrecht angehören.[49])

Die Staatsrechtslehre agiert als Wissenschaftsdisziplin selbstverständlich nicht im luftleeren Raum, sondern ist in einen allgemeinen politischen, gesellschaftlichen und interdisziplinären Kontext eingebunden, der hier immer wieder darzustellen ist. Vor allem mit der Etablierung der Politikwissenschaft in den fünfziger Jahren entwickelte sich allmählich ein gefährlicher Konkurrent, der seit den sechziger Jahren heftige Angriffe gegen die als reaktionär angesehenen Staatsrechtslehrer führte. Es werden also auch solche fachfremden – teilweise aus dem Ausland stammenden – Debattenbeiträge berücksichtigt, die auf die Diskussionsprozesse unter den eigentlichen Staatsrechtslehrern Einfluß ausüben sollten und die gleichzeitig in diesem Kreis zur Kenntnis genommen wurden.

Das interne Archiv der Staatsrechtslehrervereinigung wurde für diese Studie nicht zugänglich gemacht.[50]) Dies bedeutet allerdings insofern kein zentrales

zeitweilig nur unvollkommen und schwach erfüllt ist [...].“ Siehe Nachlaß *Abendroth*, Nr. 566g im Vergleich zu VVDStRL 11 (1954), S. 225–229, hier: S. 227.

49) Die Publikationen und Redebeiträge der österreichischen und schweizerischen Mitglieder der Staatsrechtslehrervereinigung bleiben weitgehend unberücksichtigt.

50) Das Archiv befindet sich in Heidelberg und wird dort z.Z. von Prof. Dr. Reinhard Mußgnug verwaltet.

Hindernis, da wesentliche Informationen zu institutionellen Prozessen in der Staatsrechtslehre, zu deren politischem Selbstverständnis und zu den Biographien einzelner Staatsrechtslehrer aus den bereits zugänglichen Nachlässen verstorbener Staatsrechtslehrer bzw. aus dem Depositum Horst Ehmke gezogen werden konnten.[51]) Da im Nachlaß Wolfgang Abendroth die Niederschriften der Mitgliederversammlungen und die Rundschreiben des Vorstandes der Staatsrechtslehrervereinigung fast vollständig erhalten sind, konnten die institutionellen Prozesse in der Staatsrechtslehrervereinigung vor allem mit seiner Hilfe näher analysiert werden.[52]) Aber genau wie die Protokolle der wissenschaftlichen Debatten in der Staatsrechtslehrervereinigung bringen auch diese Texte nicht alles zur Sprache. So findet die Auseinandersetzung um die Mitgliedschaft von Otto Koellreutter und Ernst Rudolf Huber im Zeitraum von 1952 bis 1954 dort keine Erwähnung, obwohl diese Frage einzelne Mitglieder und vor allem den Vorstand kontinuierlich beschäftigte.[53])

Weiterführende Archivstudien machten es zudem möglich, interne Vorgänge, die sich zwischen den Herausgebern, der Redaktion und dem Verlag der führenden staatsrechtlichen Zeitschrift „Archiv des öffentlichen Rechts" bzw. der erst 1962 gegründeten Zeitschrift „Der Staat" abspielten, aufzuarbeiten.[54]) „Der Staat" ist zwar inhaltlich nicht auf das Gebiet des Verfassungs- und Verwaltungsrechts begrenzt, sondern widmet sich ebenso der Staatslehre und der Verfassungsgeschichte, die Schmitt-Schule betrieb aber seine Gründung, um so vor allem auf dem Gebiet des Öffentlichen Rechts ein Konkurrenzorgan zum „AöR" zu etablieren, welches bis dahin die Wissenschaftslandschaft dominiert hatte. Aus dieser Konstellation ergibt sich die Bedeutung des „Staates" für die Fragestellung dieser Studie.

Nicht zuletzt wurde eine Reihe von Zeitzeugenbefragungen mit einzelnen Staatsrechtslehrern durchgeführt, wenn auch nicht im Sinne systematisch betriebener „oral history". Die Befragungen ergaben Hinweise und Anregungen, die anhand weiterer Quellenstudien zu überprüfen waren. Im Mittelpunkt stand

[51]) Da hier der Blick speziell auf die Schmitt- und die Smend-Schule gerichtet wird, spielten bei den Nachforschungen vor allem der Nachlaß Carl Schmitt, das Depositum Horst Ehmke und der Nachlaß Roman Schnur eine zentrale Rolle. Systematisch ausgewertet wurden bei jedem Nachlaß jeweils die Briefwechsel innerhalb des jeweiligen Denkkollektivs und die Korrespondenzen mit anderen Staatsrechtslehrern.

[52]) Nachlaß *Abendroth*, Nr. 566 und 567. Die Vorgänge im Vorstand aus dem Zeitraum von 1949 bis 1955 sind mit Hilfe des Nachlasses Walter Jellinek, des Nachlasses Wolfgang Abendroth und des Nachlasses Hermann Jahrreiß zu rekonstruieren, wesentliche Ereignisse aus den Jahren 1962 und 1963 lassen sich mit Hilfe des Nachlasses Herbert Krüger nachvollziehen: Nachlaß *Jellinek*, Nr. 61–65; Nachlaß *Abendroth*, Nr. 566d-f; Nachlaß *Jahrreiß*, Nr. 14; Nachlaß *Krüger*.

[53]) Vgl. Nachlaß *Abendroth*, Nr. 566 f, e, d und c.

[54]) Zum „Archiv des öffentlichen Rechts": Depositum *Ehmke*, insbesondere: Nr. 501–504 und 209–211; Archiv des Verlages Mohr Siebeck, insbesondere: Nr. 512–515, 532, 590–593 und 616. Zum „Staat": Nachlaß *Schnur*, insbesondere: Nr. 1–10 und 70.

jeweils der Interviewte, seine individuellen Erinnerungen im Beziehungsgeflecht der Staatsrechtslehrer und seine Einschätzung zur Wissenschaftsentwicklung während des hier untersuchten Zeitraums. Es ging weniger um konkrete Ereignisse als vielmehr darum, einen atmosphärischen Eindruck von der vergangenen Zeit zu erhalten.

4. Vorgehensweise

Diese Studie ist unterteilt in drei Hauptkapitel, die jeweils die zentralen Thesen zum Ausdruck bringen. Im ersten Hauptkapitel geht es um die fünfziger Jahre als eine Zeit des Wiederaufbaus der Staatsrechtslehre und des Rückgriffs vor allem auf die Weimarer Wissenschaftstradition, das zweite behandelt die erste Hälfte der sechziger Jahre als eine Umbruchphase, in der erstmals auf der Grundlage eines gewandelten Staatsverständnisses innovative Ideen in die Diskussionsprozesse eingebracht wurden, und schließlich thematisiert das dritte die zweite Hälfte der sechziger Jahre als einen Abschnitt, in dem sich das neue Denken auf gemäßigte Weise bei der Mehrheit der Staatsrechtslehrer durchsetzte. Mit diesen drei Teilen schreitet die Darstellung linear voran. Die zeitliche Einteilung der Hauptkapitel darf allerdings nicht allzu schematisch verstanden werden. Wandlungsprozesse im Denken hängen von der konkreten Disposition des einzelnen Individuums ab und erstrecken sich bereits auf dieser Ebene meist über einen längeren Zeitraum. Betrachtet man größere Gruppen, so ist grundsätzlich davon auszugehen, daß sich hier ideelle Wandlungsprozesse zwangsläufig über einen längeren Zeitraum vollziehen. Herkömmliche geschichtliche Epocheneinschnitte verlieren auf diese Weise ihre klare Kontur. So machten sich beispielsweise in der Staatsrechtslehre neue Ideen bereits in der zweiten Hälfte der fünfziger Jahre bemerkbar, während sich das von Weimar geprägte Denken bei manchen Akteuren bis weit in die sechziger Jahre hinein fortsetzte.

Innerhalb eines jeden Hauptkapitels wird das Geschehen während des behandelten Zeitraums nach thematischen Gesichtspunkten zusammengefaßt. Folglich sind hier Vor- und Rückblenden unvermeidlich. Zunächst wird der Blick jeweils auf die institutionellen Prozesse in der Staatsrechtslehre gelenkt, dann werden die beiden führenden Denkkollektive, die Schmitt- und die Smend-Schule mitsamt ihren inhaltlichen und persönlichen Konflikten, dargestellt, und zum dritten wird ein Überblick über die Grundtendenzen der allgemeinen Wissenschaftsentwicklung gegeben.

Daß das „Denken vom Staat her" kein Produkt der bundesdeutschen Nachkriegszeit darstellte, sondern traditionell in der Staatsrechtslehre tief verwurzelt war, soll im nun folgenden einführenden Kapitel im einzelnen herausgearbeitet werden. Es geht hier zunächst um die Vorgeschichte des eigentlichen Untersuchungszeitraums. Der Blick richtet sich auf den allgemeinen politischen, fachlichen und zum Teil auch persönlichen Erfahrungshintergrund[55]) der Staatsrechtslehrer nach Kriegsende 1945, um hieraus später Erklärungsansätze für die Nachkriegsentwicklung der Staatsrechtswissenschaft abzuleiten. Überwiegend wird dabei auf bereits vorliegende Forschungsergebnisse zur Geschichte der Staatsrechtslehre zurückgegriffen, auch wenn die einschlägigen Studien, was die grundlegende Bewertung der Wissenschaftsgeschichte angeht, zum Teil weitreichende Unterschiede aufweisen.

[55]) Grundlegend zum Erfahrungsbegriff: *Berger* und *Luckmann*, Die gesellschaftliche Konstruktion der Wirklichkeit, insbesondere: S. 72–76.

II. Staatsrechtslehre und Staat vor 1945

1. Traditionen deutschen staatsrechtlichen Denkens seit dem 19. Jahrhundert

Die deutsche Staatsrechtslehre entwickelte sich im 19. Jahrhundert zunehmend zu einer Wissenschaftsdisziplin, in der etatistisches und obrigkeitsorientiertes Denken weitverbreitet war. Auch wenn selbstverständlich immer wieder einzelne Staatsrechtslehrer ausländische Ideen rezipierten[1]), bildete sich in der Staatsrechtslehre doch insgesamt allmählich ein Eigenbewußtsein in bewußter Abgrenzung von den nationalen Verfassungssystemen im westeuropäisch-atlantischen Kontext heraus, wobei etwa die Rechte des Individuums eine erheblich geringere Rolle spielten oder das Parlament eine weniger zentrale Stellung einnahm als in den nationalen Debatten des westlichen Auslandes. Es soll hier darum gehen, die Herausbildung und die weitere Entwicklung dieses spezifisch deutschen Denkens bis in die Weimarer Zeit hinein zu skizzieren.

Entscheidende Bedeutung für die besondere Ausrichtung der deutschen Staatsrechtslehre kommt der Rechtsphilosophie von Georg Wilhelm Friedrich Hegel[2]) (1770–1831) von 1820/21 zu, die in wesentlichen Punkten einen überaus etatistischen und zugleich antiliberalen Charakter besitzt. Hier findet die Grundhaltung ihren Ausgang, Staat und Gesellschaft als voneinander getrennte Bereiche zu betrachten und die Staatssphäre der Gesellschaft überzuordnen:

> Nicht Befreiung der Wirtschaftsgesellschaft von spätabsolutistischer Bevormundung, wie es sich die Liberalen vorstellten, war also hier das Ziel, sondern die Emanzipation des mit Hoheitsattributen versehenen Staates von der Gesellschaft.[3])

Der Staat wird hierbei als eine souveräne und substantielle Einheit und gleichzeitig als Repräsentant von Vernunft und Sittlichkeit angesehen. Seine Aufgabe ist es, Ordnung in der Gesellschaft durchzusetzen, indem er vorhandene Antagonismen versöhnt und Konsens herstellt. Allein der Staat ist zudem die Institution, in der die Freiheit des Individuums aufgehoben ist. In Hegels Staatsverständnis kommt der Exekutive – und hierbei vor allem dem Monarchen – eine zentrale Bedeutung zu. Er repräsentiert das einheitliche Ganze, er übt die Staatsmacht aus, allein ihm dient die Bürokratie. Ein Mitwirkungsrecht der Ge-

[1]) Ein Text mit paradigmatischer Bedeutung aus der Weimarer Zeit: *Isay*, Die Isolierung des deutschen Rechtsdenkens. Als Ausnahmen wäre etwa auf die Rezeption des englischen Verfassungs- und Verwaltungsdenkens durch Rudolf von Gneist (1816–1895) und des französischen Verwaltungsrechts durch Otto Mayer (1846–1924) zu verweisen. Zur Abkoppelung des deutschen „Monarchiediskurses“ von der westeuropäischen Debatte um 1830: *Reinhard*, Geschichte der Staatsgewalt, S. 426–431, hier: S. 429f.

[2]) *Hegel*, Grundlinien der Philosophie des Rechts.

[3]) *Stolleis*, Geschichte des öffentlichen Rechts in Deutschland, 2. Band, S. 135.

sellschaft besteht nur über ein korporativ vorgefiltertes Parlament mit äußerst eng gefaßten Befugnissen, von politischer Partizipation an sich ist bei Hegel keine Rede. Die Gewaltenteilung bezweckt nicht Machtkontrolle oder Machtbalance, sondern ist allein als Modus staatlicher Aufgabenverteilung zu verstehen. Nicht zuletzt bringt die Formel: „Der Staat ist göttlicher Wille als gegenwärtiger, sich zur wirklichen Gestalt und *Organisation einer Welt entfaltender* Geist.“[4]) deutlich Hegels Tendenz zur Mystifizierung der Staatsidee zum Ausdruck.[5])

Nach dem Scheitern der Revolution von 1848 entwickelte sich allmählich auch im Bereich des Öffentlichen Rechts der Rechtspositivismus heraus, der dann nach der Gründung des Deutschen Kaiserreichs von 1871 mehrheitlich zum Durchbruch kam und bis zur Jahrhundertwende als allgemein etabliert anzusehen ist. Dies führte nach der politischen Polarisierung im Vormärz und in der nachrevolutionären Zeit, wie Michael Stolleis hervorhebt, deutlich zu einer Entpolitisierung, Versachlichung und Verwissenschaftlichung der staatsrechtlichen Debatten.[6]) Ganz im Gegensatz zum Glauben an das Naturrecht und zur historischen oder politischen Rechtsbetrachtung wurde nunmehr pure Wissenschaftlichkeit und juristische Methodenreinheit angestrebt mit dem erklärten Ziel, auf diese Weise ein größeres Maß an Rechtssicherheit zu erreichen. Die beiden Hauptvertreter dieser Richtung waren Carl Friedrich von Gerber (1823–1891) und Paul Laband (1838–1918). Im Mittelpunkt ihrer rechtswissenschaftlichen Arbeit standen die rein formal verstandenen Rechtsbegriffe und deren dogmatische Systematisierung. Die Rechtsordnung galt hierbei als lückenlos, und man erhob den Anspruch, sie mit Hilfe logischer Rechtsregeln systematisch durchdringen zu können. Dennoch wäre es unzutreffend anzunehmen, der Rechtspositivismus sei hinsichtlich seiner ideologischen Grundausrichtung neutral und überparteilich gewesen. Ganz im Gegenteil, hinter dem Anspruch auf reine Wissenschaftlichkeit verbarg sich ein klares politisches Weltbild, das die bestehenden politischen und sozialen Verhältnisse des Kaiserreichs vor allem im Sinne des Konservatismus zu bewahren suchte.[7]) Im Mit-

[4]) *Hegel*, Grundlinien der Philosophie des Rechts, S. 222 (Hervorhebung im Original).

[5]) Vgl. *Stolleis*, Geschichte des öffentlichen Rechts in Deutschland, 2. Band, S. 133–138; *Friedrich*, Geschichte der deutschen Staatsrechtswissenschaft, S. 158–163; *Scheuner*, Hegel und die deutsche Staatslehre des 19. und 20. Jahrhunderts; *Gamm*, Der Deutsche Idealismus, S. 167–178; *Münch*, Die Kultur der Moderne, S. 686–846.

[6]) *Stolleis*, Geschichte des öffentlichen Rechts in Deutschland, 2. Band, insbesondere: S. 277 und 282.

[7]) Besonders hervorgehoben bei: *Caldwell*, Popular Sovereignty and the Crisis of German Constitutional Law, insbesondere: S. 13f. und 29f.; Ulrich *Scheuner*, Das Wesen des Staates und der Begriff des Politischen in der neueren Staatslehre, in: *Hesse*, Staatsverfassung und Kirchenordnung, S. 225–260, hier: S. 226–229; von *Oertzen*, Die soziale Funktion des staatsrechtlichen Positivismus, insbesondere: S. 249–344; *Hofmann*, Legitimität gegen Legalität, S. 29; Th. *Nipperdey*, Deutsche Geschichte 1866–1918, Band 1, S. 656. Friedrich bejaht es zwar grundsätzlich, daß in Texten der rechtspositivistischen Richtung eine politi-

telpunkt dieses Gedankengebäudes stand die Einheit des Staates als eines souveränen monolithischen Herrschaftssubjekts und die Einheit der Staatsgewalt, verkörpert allein vom Monarchen. Trotz der dualistischen Verfassungsstruktur sollte nach Gerber und Laband nicht der Wille des Parlaments, sondern allein der des Monarchen als Wille des Staates gelten. Zwar erkannte die rechtspositivistische Richtung auch die Volksvertretung als Staatsorgan an, sie unterließ es aber letztlich, das Parlament in den Innenbereich des Staates einzubeziehen. Seine Beschlüsse richtete es allein an den Landesherrn, der daraufhin erst die für die Untertanen unmittelbar wirksamen Regierungsakte erließ.[8]) Für den Staat insgesamt, der primär als ein Machtstaat angesehen wurde, entwickelte die Staatsrechtslehre nunmehr die Formel der „juristischen Person" als einer fiktiven Persönlichkeit mit Willensmacht. Der Staatsbürger war demgegenüber Untertan, er hatte zu gehorchen. Vorstaatliche Grundrechte hatten hier keinen Platz, sondern wurden durch die Konzeption subjektiver öffentlicher Rechte, die dem Staatswillen untergeordnet waren und von der Rechtsordnung durch Gesetz gewährt wurden, ersetzt. Damit war auch die rechtspositivistische Richtung in der Staatsrechtslehre trotz ihrer formalistischen Grundhaltung im Ganzen wesentlich etatistisch geprägt und einseitig auf den Monarchen bzw. auf die gesamte Exekutive ausgerichtet.[9]) Indem sie sich zugleich auf eine spezifisch deutsche Form des Konstitutionalismus berief[10]), rückte sie weniger die bestehenden Gemeinsamkeiten, als vielmehr die Unterschiede gegenüber den Verfassungen des Auslandes in den Vordergrund. Angesichts eines solchen Denkens, welches der antiliberalen politischen Wende seit der „Zweiten

sche Haltung zum Ausdruck kommt, hält aber deren Charakterisierung als konservativ für irreführend: *Friedrich*, Geschichte der deutschen Staatsrechtswissenschaft, S. 249–252. Stolleis und Kriele betonen hingegen eher den politisch zurückhaltenden und damit gleichzeitig affirmativen Charakter des Rechtspositivismus: *Stolleis*, Geschichte des öffentlichen Rechts in Deutschland, 2. Band, S. 344 und 347 (allein in bezug auf Paul Laband); *Kriele*, Theorie der Rechtsgewinnung, S. 39–43. Korioth plädiert sogar dafür, auf den Vorwurf der konservativen Staatsauffassung ganz zu verzichten: *Korioth*, Integration und Bundesstaat, S. 87–91.

[8]) Vgl. *Gerber*, Grundzüge eines Systems des deutschen Staatsrechts, S. 73–75, 120–125 und 143–146; *Laband*, Staatsrecht, S. 327–329.

[9]) Vgl. *Stolleis*, Geschichte des öffentlichen Rechts in Deutschland, 2. Band, insbesondere: S. 276–278 und 330–378; *Caldwell*, Popular Sovereignty and the Crisis of German Constitutional Law, S. 13–39; Th. *Nipperdey*, Deutsche Geschichte 1866–1918, Band 1, S. 658–662; *Uhlenbrock*, Der Staat als juristische Person, S. 63–103; *Schönberger*, Das Parlament im Anstaltsstaat, S. 21–182; *Friedrich*, Geschichte der deutschen Staatsrechtswissenschaft, S. 222–260 und 295–298; *Rennert*, Die „geisteswissenschaftliche Richtung" in der Staatsrechtslehre der Weimarer Republik, S. 23–35; Ulrich *Scheuner*, Das Wesen des Staates und der Begriff des Politischen in der neueren Staatslehre, in: *Hesse*, Staatsverfassung und Kirchenordnung, S. 225–260, hier: S. 226–234; *Böckenförde*, Gesetz und gesetzgebende Gewalt, S. 211–220 und 226–242.

[10]) Hierzu *Kirsch*, Monarch und Parlament im 19. Jahrhundert, S. 69–80; *Boldt*, Deutsche Verfassungsgeschichte, Band 2, S. 194–205.

Reichsgründung" entsprach, gerieten traditionell liberale Positionen – wie sie noch von Albert Hänel (1833–1918) und Otto von Gierke (1841–1921) vertreten wurden – unvermeidlich in die Defensive.

Zwischen dem vom Rechtspositivismus transportierten Weltbild und der politischen und sozialen Wirklichkeit bestand aber schon in der Zeit des Kaiserreichs eine Kluft, die sich im Lauf der Zeit kontinuierlich vertiefte. So ging die rechtspositivistische Richtung der Staatsrechtslehre von einer Trennung der Bereiche von Staat und Gesellschaft aus[11]), obwohl dieses hermetische Trennungsdenken in der Praxis den Blick auf die Realität des sich herausbildenden und expandierenden Interventions- und Verwaltungsstaates zunehmend verstellte. Infolge der Industrialisierung sah sich der Staat seit Ende der 1870er Jahre mehr und mehr gezwungen, auf sozialstaatliche Weise tätig zu werden, in den ökonomischen Bereich zu intervenieren und sich so mit der Gesellschaft zu verflechten und zu verzahnen. Das Kriegswirtschaftssystem während des Ersten Weltkriegs stellte dann eine neue Stufe dieser bereits seit Jahrzehnten eingeleiteten Entwicklung dar, in deren Rahmen sich der Staat immer weiter vom liberalen Bild des Nachtwächterstaates entfernt und sich statt dessen einem etatistisch-bürokratischen Ideal angenähert hatte. Aber diese Veränderungen vor allem in Richtung einer Leistungsverwaltung vollzogen sich – verstärkt aufgrund der umfassenden Wirkung des verwaltungsrechtlichen Werkes Otto Mayers[12]) (1846–1920) – weitgehend unbeachtet von der Staatsrechtslehre, die dem Denken im Sinne des liberalen und formalisierten Rechtsstaates verhaftet blieb. Zudem wurde die einseitige Fixierung des Rechtspositivismus auf das monarchische Prinzip durch die allmähliche Bedeutungssteigerung von Parlament und Parteien im Regierungssystem mehr und mehr in Frage gestellt. Die Vorstellung von einem einheitlichen Staatswillen entsprach immer weniger der Realität des politischen Willensbildungsprozesses, auf den in wachsendem Maße auch politische Parteien und Interessenverbände Einfluß auszuüben versuchten. Es sollte sich für die Staatsrechtslehre bis in die fünfziger Jahre des 20. Jahrhunderts hinein als charakteristisch erweisen, daß ihr der politische Wille und teilweise auch das Werkzeug fehlte, um diese neuen Akteure im politischen Bereich erfassen zu können.[13])

Erste Anzeichen einer inneren Unruhe des Fachs und eines Unbehagens an der dominierenden rechtspositivistischen Wissenschaftsrichtung machten sich

[11]) Horst Ehmke sieht im Positivismus geradezu ein Zerfallsprodukt der von der idealistischen Staatstheorie vorgenommenen Trennung von Staat und Gesellschaft: Horst *Ehmke*, „Staat" und „Gesellschaft" als verfassungstheoretisches Problem, in: *Hesse*, Staatsverfassung und Kirchenordnung, S. 23–49, hier: S. 41 f. Vgl. auch *Ehmke*, Grenzen der Verfassungsänderung, S. 13–15 und 19–27.

[12]) Vor allem: O. *Mayer*, Deutsches Verwaltungsrecht.

[13]) Hierzu grundlegend: *Stolleis*, Die Entstehung des Interventionsstaates und das öffentliche Recht; ders., Geschichte des öffentlichen Rechts in Deutschland, 2. Band, insbesondere: S. 455–459.

seit der Jahrhundertwende bemerkbar. Eine junge Generation von Staatsrechtlern dachte nunmehr entschieden politischer, versuchte sozialwissenschaftliche Aspekte in die juristische Betrachtung mit einzubeziehen und wandte sich verstärkt methodischen und staatstheoretischen Grundlagenproblemen des Fachs zu. Diese zentrifugale Bewegung führte dann unvermeidlich in den Methodenstreit der zwanziger Jahre hinein. Auch wenn erst im nächsten Abschnitt auf zentrale Positionen der neuen antipositivistischen Richtung eingegangen werden soll, so sei bereits hier darauf hingewiesen, daß es selbst dieser Gruppierung nach dem Epocheneinschnitt in den Jahren 1918/19 keinesfalls leichter gefallen ist, sich von den Denktraditionen des monarchischen Obrigkeitsstaates zu lösen. Ganz im Gegenteil, prorepublikanische, liberale Haltungen waren eher bei den „Positivisten", wie Gerhard Anschütz (1867–1948), Richard Thoma (1874–1957) oder Hans Nawiasky (1880–1961), zu finden. Abgesehen von solchen Ausnahmen stand die Mehrheit der Staatsrechtslehre in der Weimarer Zeit politisch rechts und fühlte sich dem nationalkonservativen Lager zugehörig. Dementsprechend war ihre Grundhaltung entschieden etatistisch, antiparlamentarisch und antipluralistisch. Die Staatsrechtslehre stellte damit, wie die historische Forschung wiederholt herausgearbeitet hat[14]), aufgrund ihrer zentralen Bedeutung für die politische Verfassungskultur einen der wesentlichen Belastungsfaktoren der ersten deutschen Republik dar. Bestimmend wurde mehr und mehr ein neues ganzheitliches Denken, das der bedrohlich erscheinenden politischen Realität vage visionäre Zukunftsentwürfe im Sinne einer „wahren Wirklichkeit" entgegenstellte. Der Staat wurde hierbei als eine über dem tagespolitischen Interessenkampf stehende überzeitliche Einheit angesehen. Exekutive und Bürokratie verkörperten diesen Staat, wohingegen der Parteienkampf aus dieser Sicht die Homogenität des Volkes in Frage stellte.[15])

[14]) Siehe die Titel S. 14, Fn. 15 dieser Arbeit.

[15]) Zur Weimarer Staatsrechtslehre allgemein: *Stolleis*, Geschichte des öffentlichen Rechts in Deutschland, 3. Band, S. 74–245, hier insbesondere: S. 199–202; ders., Der Methodenstreit der Weimarer Staatsrechtslehre; *Friedrich*, Geschichte der deutschen Staatsrechtswissenschaft, S. 320–398, hier insbesondere: S. 333–336; ders., Der Methoden- und Richtungsstreit; *Caldwell*, Popular Sovereignty and the Crisis of German Constitutional Law, S. 63–144; *Gusy*, Die Lehre vom Parteienstaat in der Weimarer Republik; ders., Demokratisches Denken in der Weimarer Republik; *Lepsius*, Die gegensatzaufhebende Begriffsbildung; *Rennert*, Die „geisteswissenschaftliche Richtung" in der Staatsrechtslehre der Weimarer Republik, insbesondere: S. 51–65; *Heun*, Der staatsrechtliche Positivismus in der Weimarer Republik; *Graner*, Die Staatsrechtslehre in der politischen Auseinandersetzung der Weimarer Republik.

2. Die Herausbildung der Denkansätze von Carl Schmitt und Rudolf Smend in den zwanziger Jahren

Die auf Carl Schmitt und Rudolf Smend zurückgehenden Denkstile, die in der bundesdeutschen Staatsrechtslehre eine entscheidende Rolle spielten, erfuhren ihre Grundausrichtung im Kontext des Methodenstreites während der zwanziger Jahre. Beide Staatsrechtslehrer reagierten auf eine spezifische Weise auf die allgemeine Orientierungslosigkeit und Instabilität der Zeit und stellten dieser in einem antimodernistischen Sinne grundlegende Ideen und objektive Werte, die Halt und Ordnung bieten sollten, entgegen. Schmitt und Smend fühlten sich zunächst – als Bundesgenossen im Kampf gegen die vorherrschende positivistische Richtung – der gleichen Fraktion in der Staatsrechtslehre zugehörig, seit Ende der zwanziger Jahre traten aber zwischen beiden zunehmend inhaltliche und persönliche Differenzen in den Vordergrund, so daß ihre Beziehung von nun an bis zum Lebensende vor allem von persönlicher Konkurrenz geprägt war.[16]) Ihr Weltbild stimmte insofern überein, als ihr Denken zumindest in der Weimarer Zeit wesentlich antiliberal ausgerichtet war. Der Liberalismus fungierte als feindliches Ideengebäude, von dem man sich mit aller Kraft absetzen wollte. Der Staat als homogene Einheit stellte hingegen bei beiden eine zentrale Kategorie des Denkens dar. Eine historische Einordnung besonders von Smend wird insofern bis heute erschwert, als in der Zeit nach 1945 vorwiegend seine Schüler eine Reihe generell zustimmender Interpretationen verfaßten, mit denen sie versuchten, Smends staats- und verfassungstheoretischen Ansatz für aktuelle Problemstellungen fruchtbar zu machen.[17]) So avancierte Smend gleichsam zum Vordenker der Wertordnung des Grundgesetzes. Neuere Studien bewerten seine Theorie hinsichtlich ihrer parlamentarisch-demokratischen Ausrichtung hingegen erheblich kritischer.[18])

[16]) 1926 planten Schmitt und Smend noch das gemeinsame Vorgehen auf der Staatsrechtslehrertagung in Münster. Ab 1928 verschlechterte sich die Atmosphäre zwischen beiden hingegen merklich. Die Briefe beschränken sich von nun an weitgehend auf den Austausch von Höflichkeiten. Für den Zeitraum 1929 bis 1931 und 1933 bis 1938 ist kein Brief überliefert. Vgl. Nachlaß *Schmitt*, Nr. 15210–15224.

[17]) Z.B. Ulrich *Scheuner*, Rudolf Smend. Leben und Werk, in: Rechtsprobleme in Staat und Kirche, S. 433–443, insbesondere: S. 438–441; *Ehmke*, Grenzen der Verfassungsänderung, insbesondere: S. 61 f.; *Hesse*, In memoriam Rudolf Smend, S. 338–340; von *Campenhausen*, Zum Tode von Rudolf Smend, S. 622 f.; *Hennis*, Integration durch Verfassung? Als Beispiel für eine positive Bewertung der Integrationslehre durch einen Staatsrechtslehrer, der seiner Schule nicht angehört: *Badura*, Staat, Recht und Verfassung in der Integrationslehre. Vgl. zudem den politikwissenschaftlichen Beitrag: *Mols*, Allgemeine Staatslehre oder politische Theorie?

[18]) Z.B. *Korioth*, Integration und Bundesstaat; *Stolleis*, Geschichte des öffentlichen Rechts in Deutschland, 3. Band, insbesondere: S. 102 f. und 174 f.; Roland *Lhotta*, Rudolf Smend und die Weimarer Demokratiediskussion: Integration als Philosophie des „Als-ob“, in: *Gusy*, Demokratisches Denken in der Weimarer Republik, S. 286–325; Hans *Vorländer*,

An Schmitts Werk, dessen Wirkung und Ausstrahlung in den letzten zwanzig Jahren noch weiter zugenommen hat, scheiden sich bis heute die Geister, auch wenn eine jüngere Wissenschaftlergeneration verstärkt mit dem Anspruch antritt, Schmitt auf gerechtere Weise beurteilen zu wollen, als dies in früheren Zeiten der Fall war.

Schmitt und Smend vertraten zwei gegensätzliche Denkansätze innerhalb der Staatsrechtslehre, deren Unvereinbarkeit die zunehmende persönliche Distanz zwischen beiden als zwangsläufig erscheinen läßt. Hier ging es um Dezisionismus, dort um Harmonismus als fundamentale Lebenshaltung. Wo Schmitt versuchte, seine wissenschaftlichen Theoreme durch polemische Zuspitzung auf politische Extremsituationen – speziell auf den Bürgerkrieg und den Ausnahmezustand – zu gewinnen, hatte Smends Denken die Vision eines friedlichen und von allgemeiner Harmonie geprägten Normalzustandes zum Ausgangspunkt, welche er scharf vom polarisierenden politischen Meinungskampf der Weimarer Zeit abgrenzte. Überspitzt könnte man formulieren, daß es Schmitt grundsätzlich um die Verschärfung von Konflikten ging, wohingegen Smend deren Auflösung anstrebte.

Carl Schmitt wurde 1888 in Plettenberg im Sauerland geboren. Aus katholisch-kleinbürgerlichen Verhältnissen stammend, nutzte er die Universitätslaufbahn zum gesellschaftlichen Aufstieg. Zunächst lehrte Schmitt nach Kriegsende an der Handelshochschule in München, 1921 erfolgte ein Ruf auf ein Ordinariat nach Greifswald, im darauffolgenden Jahr wechselte er nach Bonn, ab 1928 lehrte er an der Handelshochschule in Berlin und 1932 nahm er einen Ruf nach Köln an, um dann als Protegé des neuen Regimes 1933 in Berlin einen Lehrstuhl der renommierten Friedrich-Wilhelms-Universität zu übernehmen. Schmitt gehörte ins Umfeld der „Konservativen Revolution“[19]) und entwickelte sich zu einem der scharfsinnigsten und sprachgewandtesten Kritiker der Weimarer Verfassungsordnung. Im Jahre 1932 vertrat er das Reich nach dem „Preußenschlag“ vor dem Staatsgerichtshof und beriet die Präsidialkabinette Papen und Schleicher bei deren Staatsstreichplanungen.[20]) Schmitt war

Integration durch Verfassung? Die symbolische Bedeutung der Verfassung im politischen Integrationsprozess, in: ders., Integration durch Verfassung, S. 9–40, hier: S. 15f.; Detlef *Lehnert*, Desintegration durch Verfassung? – oder wie die Verfassung der Nationalversammlung von 1919 als Desintegrationsfaktor interpretiert wurde, in: ebda., S. 237–265, hier: S. 240–244 und 256f.

[19]) Siehe hierzu S. 89 und 114 dieser Arbeit.

[20]) Hierbei sollte unter Berufung auf den Staatsnotstand ein Verfassungswandel *contra legem* in Gang gesetzt werden, der das funktionsunfähig gewordene Parlament aus dem politischen Entscheidungsprozeß ausschloß. Vgl. hierzu Ernst Rudolf *Huber*, Carl Schmitt in der Reichskrise der Weimarer Endzeit, in: *Quaritsch*, Complexio Oppositorum, S. 33–70 (mit Aussprache); *Pyta* und *Seiberth*, Die Staatskrise der Weimarer Republik im Spiegel des Tagebuchs von Carl Schmitt; *Berthold*, Carl Schmitt und der Staatsnotstandsplan am Ende der Weimarer Republik; *Seiberth*, Anwalt des Reiches.

tief geprägt vom Katholizismus[21]), er war Idealist, Nationalist, und sein Denken war schon in der Weimarer Zeit zumindest latent antisemitisch[22]). Vor allen Dingen aber war er Etatist, der Staat war als höchste politische Einheit Ausgangs- und Endpunkt seines Denkens. Bereits in seiner Habilitationsschrift „Der Wert des Staates und die Bedeutung des Einzelnen“[23]) von 1914, die nicht nur von stark antiindividualistischen Tendenzen geprägt war, sondern gleichzeitig methodisch noch dem Neukantianismus nahestand, sah er im Staat eine faktische Machtorganisation und eine sittliche Wirkungseinheit, welche das Recht in der realen Welt zu vollstrecken und damit zwischen den Bereichen von Sein und Sollen zu vermitteln habe. Daß Schmitt später, seit Beginn der vierziger Jahre, erklärte, die Epoche der Staatlichkeit gehe zu Ende[24]), steht mit dieser etatistischen Grundhaltung nicht im Widerspruch, sondern drückt vielmehr aus, welche zentrale Bedeutung der Kategorie Staat in seiner Weltsicht zukam.

Der Staat stand für Schmitt zunächst in enger Wechselbeziehung mit dem Bereich des Politischen, er definierte den Staat konkret als die politische Einheit eines Volkes[25]). Indem er sein Bild des Staates aus dem 19. Jahrhundert sodann zum Ideal stilisierte, mußten ihm die Weimarer Zustände als das Resultat eines kontinuierlichen Zerfallsprozesses erscheinen, durch den die politische Durchsetzungskraft des Staates mehr und mehr geschwächt wurde. Ausgehend von Hegels Staatsverständnis[26]) sah er die staatliche Neutralität durch das zunehmende Eindringen der Gesellschaft in den Bereich des Politischen fundamental in Frage gestellt. Besonders Parlament, Parteien und Verbände, in denen für ihn der gesellschaftliche Interessenpluralismus institutionell zum Ausdruck kam, galten als Fremdkörper in einer weitgehend auf Regierung und Verwaltung ausgerichteten Staatssphäre.[27]) Nur wenn der Staat auch weiterhin zur Dezision – d. h. zur rechtlich ungebundenen politischen Entscheidung in Extremsituationen – fähig blieb, bewahrte er für Schmitt seine grundsätzliche politische Handlungsfähigkeit und damit letztlich seine Existenzgrundlage.[28])

[21]) Vgl. hierzu *Dahlheimer*, Carl Schmitt und der deutsche Katholizismus.

[22]) Vgl. hierzu *Gross*, Carl Schmitt und die Juden.

[23]) *Schmitt*, Der Wert des Staates und die Bedeutung des Einzelnen. Vgl. hierzu *Hofmann*, Legitimität gegen Legalität, S. 44–56; *Stolleis*, Geschichte des öffentlichen Rechts in Deutschland, 2. Band, S. 449; *Möllers*, Staat als Argument, S. 59 f.; *Caldwell*, Popular Sovereignty and the Crisis of German Constitutional Law, S. 53 f.

[24]) Z. B. *Schmitt*, Der Begriff des Politischen, S. 10.

[25]) Z. B. *Schmitt*, Verfassungslehre, S. 3.

[26]) Zum Einfluß von Hegels Ideen auf Schmitts Denken allgemein: *Mehring*, Pathetisches Denken.

[27]) Vgl. hierzu *Schmitt*, Der Hüter der Verfassung, S. 71–94.

[28]) Zu Schmitts Staatsverständnis: *Möllers*, Staat als Argument, S. 58–83; *Caldwell*, Popular Sovereignty and the Crisis of German Constitutional Law, S. 97 f. und 112–118;

Abgesehen von diesen relativen Konstanten seines Denkens, die zum Teil allerdings in der Zeit des Nationalsozialismus in den Hintergrund traten, besitzt Schmitts Werk nur in einem sehr begrenzten Maße einen geschlossenen Charakter. Wie Hasso Hofmann schon 1964 systematisch herausgearbeitet hat[29]), wird dem Gesamtwerk nur eine entwicklungsgeschichtliche Darstellungsweise gerecht. Schmitts Denken ist geprägt von einschneidenden Brüchen, die Ausdruck für seine extreme Anpassungsfähigkeit an die politischen Machthaber und die jeweiligen Zeitumstände sind. Schmitts Werk läßt sich in drei Zeitabschnitte unterteilen, wobei seine Arbeiten aus der späteren Weimarer Zeit der Periode des Dezisionismus zuzurechnen sind. Schmitts Zielrichtung ist immer eine polemische gewesen, es ging ihm eher um polarisierende aphorismenhafte Begriffsbildungen als um in sich schlüssige, logisch stringente Argumentationen. Insofern folgen die Arbeiten seiner Tendenz zum politischen Okkasionalismus, sie sind von Widersprüchlichkeit, von Irrationalität und bei einer vertiefenden Lektüre nicht zuletzt von einer fundamentalen Unverständlichkeit geprägt.[30]) Hinzu kommt, daß für Schmitts Theoreme eine fast vollständige Sinnentleerung und Inhaltslosigkeit kennzeichnend sind. Dies zeigt sich schon darin, daß die verwendeten Begriffe häufig in ein und demselben Text zwischen verschiedenen Bedeutungen oszillieren. Seine Texte erscheinen auf den ersten Blick als ein Sprachspiel im Kampf um die Definitionsmacht von Begriffen. Dies trifft besonders auf Schmitts Freund-Feind-Unterscheidung als zentrales Wesensmerkmal des Politischen zu.[31]) Die Freund-Feind-Unterscheidung ist, genau wie der Krieg als ihre radikale Zuspitzung, allein ein Selbstzweck zur Herstellung der politischen Einheit des Volkes und damit zur Konstituierung des Staates. Nach Schmitt ist es somit völlig gleichgültig, wer aus einem menschlichen Verband ausgeschieden wird, wichtig ist allein, *daß* ausgeschieden wird, aus welchen Motiven auch immer. Sinn und Substanz erhalten Schmitts Konzeptionen erst, wenn man sie vor dem Hintergrund der konkreten politischen Situation sieht, in der sie entstanden sind. So wandte sich Schmitt mit seiner Schrift „Der Begriff des Politischen" (1927/1932) dagegen, daß sich der Weimarer Staat außenpolitisch mit der Versailler Friedensordnung abfinde und den Ernstfall der konkreten Kriegsführung aus den Augen verliere, bzw. innenpolitisch sich vom gesellschaftlichen Pluralismus der liberalen Demokratie in Frage stellen lasse.[32])

Quaritsch, Positionen und Begriffe Carl Schmitts, S. 35–56; *Pilch*, System des transzendentalen Etatismus, S. 45–102.

[29]) *Hofmann*, Legitimität gegen Legalität, insbesondere: S. 13–16 und 22f.

[30]) Angedeutet bei *Hofmann*, Legitimität gegen Legalität, S. XI. Zur Unverständlichkeit als ein Konstituens moderner – auch nicht-literarischer – Texte grundsätzlich: *Baßler*, Historismus und literarische Moderne.

[31]) *Schmitt*, Der Begriff des Politischen, S. 20–78.

[32]) Vgl. *Hofmann*, Legitimität gegen Legalität, S. 101–124; *Lepsius*, Die gegensatzaufhebende Begriffsbildung, S. 208f.

Trotz dieser Eigenheiten haben Schmitts Texte[33]), und vor allem die darin enthaltenen prägnanten Formulierungen, eine große Wirkung entfaltet. So beeinflußt sein Plädoyer aus der „Verfassungslehre“ (1928), die Weimarer Verfassungsordnung systematisch im Sinne des bürgerlich-liberalen Rechtsstaates zu interpretieren, die Grundrechtsdebatte bis in unsere Tage hinein: Einerseits hat der Staat gemäß dem rechtsstaatlichen Verteilungsprinzip die prinzipiell als unbegrenzt gedachte Freiheit des einzelnen, die in den Grundrechten ihren verfassungsrechtlichen Ausdruck findet, zu achten, andererseits ist gemäß dem rechtsstaatlichen Organisationsprinzip die somit grundsätzlich begrenzte staatliche Macht zwischen verschiedenen Instanzen im Sinne der Gewaltenteilung aufzugliedern. Der Rechtsstaat tendiert grundsätzlich dazu, alles staatliche Handeln der richterlichen Kontrolle zu unterwerfen und sich damit in Richtung eines entscheidungsunfähigen und neutralisierten Justizstaates zu entwikkeln.[34]) Diese rechtsstaatliche Verfassungskonzeption steht nach Schmitt in deutlichem Kontrast zu den politischen und dynamischen Komponenten der Verfassung als „grundlegende Entscheidungen über die konkrete politische Existenzform des deutschen Volkes“[35]). Dieser Unterscheidung zwischen rechtsstaatlichen und politischen Bestandteilen der Verfassung entspricht dann auch tendenziell die Entgegensetzung von Verfassung und Verfassungsgesetz. Die Verfassung ist die Gesamtentscheidung über die Art und Form der politischen Einheit des Volkes, wohingegen unter Verfassungsgesetz schlichtweg der geschriebene Verfassungstext, unabhängig von seinem jeweiligen Inhalt, verstanden wird. Schmitts Verfassungsbegriff ist insofern schillernd[36]), als er einerseits grundsätzlich die rechtliche Normierung durch das Verfassungsgesetz erst begründet und dieser damit übergeordnet ist, andererseits aber zum Teil auch mit dieser zusammenfällt, nämlich dort, wo im Verfassungstext die Substanz der Verfassung zum Ausdruck kommt.[37]) Bei seinen Ausführungen zum repräsentativen Prinzip konstruiert Schmitt einen Gegensatz zwischen den

[33]) Zu Schmitts Arbeiten aus der Weimarer Zeit allgemein: *Stolleis*, Geschichte des öffentlichen Rechts in Deutschland, 3. Band, insbesondere: S. 178–181; *Hofmann*, Legitimität gegen Legalität, S. 56–176; *Caldwell*, Popular Sovereignty and the Crisis of German Constitutional Law, S. 96–119; *Möllers*, Staat als Argument, S. 60–77; *Friedrich*, Geschichte der deutschen Staatsrechtswissenschaft, S. 359–369; *Dyzenhaus*, Legality and Legitimacy, S. 38–84; *Niethammer*, Kollektive Identität, S. 77–107.

[34]) Vgl. *Schmitt*, Verfassungslehre, S. 125–138.

[35]) *Schmitt*, Verfassungslehre, S. 28.

[36]) Vgl. hierzu *Hofmann*, Legitimität gegen Legalität, S. 133–135.

[37]) Vgl. *Schmitt*, Verfassungslehre, S. 3–41. Hinsichtlich der Weimarer Verfassungsordnung beinhalten diese Ausführungen einen unaufhebbaren Widerspruch. Einerseits ist die Weimarer Verfassung zwangsläufig politische Gesamtentscheidung der verfassunggebenden Gewalt, andererseits stellt sie als eine bewußte Entscheidung für den bürgerlich-liberalen Rechtsstaat eine unpolitische und damit sozusagen eine antidezisionistische Entscheidung dar. Vgl. *Ehmke*, Grenzen der Verfassungsänderung, S. 51; *Hofmann*, Legitimität gegen Legalität, S. 127f.

identitären und repräsentativen Komponenten der Verfassungsordnung. Demokratie definiert er unter Bezugnahme auf Rousseau als Identität von Herrschern und Beherrschten mit der Folge, daß bei ihm das repräsentative Prinzip im Kern als undemokratisch erscheint. Zudem stellt er die repräsentative Funktion des Parlaments dadurch in Frage, daß er das Repräsentationsprinzip auf die aus seiner Sicht nicht mehr realisierten Grundsätze von Diskussion und Öffentlichkeit zurückführt.[38]) Viel beachtet wurde auch Schmitts Versuch, die Grundrechtsordnung der Weimarer Verfassung auf systematische Weise zu erfassen. Hierbei unterscheidet er zwischen den klassischen individualistischen Freiheitsrechten, demokratischen Staatsbürgerrechten, sozialen Teilhaberechten, institutionellen Garantien und Institutsgarantien[39]) und bestimmt von dort aus jeweils die Grenzen für staatliche Eingriffe.[40]) Schmitt ist grundsätzlich bestrebt, die Kompetenzen des Gesetzgebers einzuschränken, indem er den Gesetzesbegriff im Sinne des Rechtsstaates auf bestimmte Qualitäten, wie Gerechtigkeit, Vernünftigkeit, Allgemeinheit und Abstraktion, festlegt und dann Maßnahmegesetze, die diese Kriterien nicht erfüllen und etwa bei der Enteignung Anwendung finden, für verfassungswidrig erklärt.[41])

Ganz anders *Rudolf Smend*. Er wurde 1882 in Basel geboren und stammte aus einem bildungsbürgerlichen, protestantisch-calvinistischen Elternhaus, sein Vater war Professor für Altes Testament und orientalische Sprachen. Nach dem Studium der Rechtswissenschaft in Göttingen und der Habilitation mit einer Arbeit über das Reichskammergericht bei dem liberalen Kieler Staatsrechtslehrer Albert Hänel, der in deutlicher Distanz zur herrschenden rechtspositivistischen Richtung stand, lehrte Smend zunächst ab 1911 in Greifswald, Tübingen und Bonn. Im Jahre 1922 erhielt er einen Ruf nach Berlin an die Friedrich-Wilhelms-Universität und blieb dort, bis er 1935 auf politischen Druck hin nach Göttingen wechseln mußte.

Nachdem er sich zunächst vor allem rechtshistorischen Themen gewidmet hatte, wurden in seinem Beitrag für die Festschrift für Otto Mayer über „Ungeschriebenes Verfassungsrecht im monarchischen Bundesstaat“[42]) aus dem Jahr 1916 erstmals die Grundzüge seines verfassungsrechtlichen Denkens erkennbar. In deutlicher Abgrenzung vom rechtspositivistischen Ansatz bejahte er die Existenz von ungeschriebenem Verfassungsrecht, das zwischen den

[38]) Vgl. *Schmitt*, Verfassungslehre, S. 204–220 und S. 316–319; ders., Die geistesgeschichtliche Lage des heutigen Parlamentarismus, S. 41–63.

[39]) Institutionelle Garantien gewährleisten den Bestand von Einrichtungen des öffentlichen Rechts, Institutsgarantien von Einrichtungen des Privatrechts.

[40]) Vgl. *Schmitt*, Verfassungslehre, S. 157–182; ders., Freiheitsrechte und institutionelle Garantien der Reichsverfassung; ders., Grundrechte und Grundpflichten.

[41]) Vgl. *Schmitt*, Verfassungslehre, S. 138–157.

[42]) *Smend*, Ungeschriebenes Verfassungsrecht im monarchischen Bundesstaat. Vgl. hierzu *Korioth*, Integration und Bundesstaat, S. 16–91; *Friedrich*, Rudolf Smend 1882–1975, S. 3–5; E. R. *Huber*, Rudolf Smend, S. 105 f.

politischen Wertvorstellungen und der geschriebenen Verfassung zu vermitteln habe, und entwickelte hieraus die Konzeption der Bundestreue als einer gegenseitigen Pflicht, Einvernehmen zwischen dem Gesamtstaat und den föderalen Gliedstaaten herzustellen. Damit findet sich hier erstmals Smends Gedanke, die herkömmliche Entgegensetzung von Norm und Wirklichkeit aufzulösen und so die dynamische politische Verfassungsfortbildung anstelle der Statik des Verfassungstextes ins Zentrum der Betrachtung zu rücken. Smend war von seiner politischen Grundhaltung her konservativ. Folglich stand er dem Zusammenbruch der Monarchie im Jahre 1918 und dem neuen Weimarer Verfassungssystem mit kritischer Distanz gegenüber, was schon darin seinen Ausdruck fand, daß er der DNVP bis 1930, als der radikaloppositionelle Parteikurs unter Alfred Hugenberg immer deutlicher hervortrat, als Mitglied angehörte.[43])

Im Mittelpunkt seiner verfassungsrechtlichen Arbeiten im Zeitraum der Weimarer Republik[44]) stand die Integrationslehre, die er dann in seinem Hauptwerk „Verfassung und Verfassungsrecht"[45]) (1928) vollständig entwikkelte, auch wenn dieser Text vor allem aufgrund des kryptischen Sprachstils wesentliche Unklarheiten seiner Theorie nicht beseitigen kann. In Anlehnung an die Erkenntnistheorie und Gesellschaftskonzeption von Theodor Litt (1880–1962) ist der Staat als eine auf die konkrete Wirklichkeit bezogene geistige Lebensgemeinschaft von Menschen, als ein „realer Willensverband"[46]), zu verstehen. Der Staat konstituiert sich erst durch die geistige Integration des einzelnen in diesen Staat bzw. im Sinne von Ernest Renan durch ein tagtäglich sich wiederholendes virtuelles Plebiszit, wobei das Erlebnis des Staates als geistiger Gesamtzusammenhang durch den einzelnen im Mittelpunkt steht:

[43]) Vgl. *Friedrich*, Rudolf Smend 1882–1975, S. 16. Vgl. hierzu auch die kritischen Töne gegenüber dem Parlamentarismus, in: *Smend*, Verfassung und Verfassungsrecht, S. 152–154 und 218–223.

[44]) Zu Smends Schriften aus der Weimarer Zeit allgemein: *Korioth*, Integration und Bundesstaat, S. 92–227; *Stolleis*, Geschichte des öffentlichen Rechts in Deutschland, 3. Band, insbesondere: S. 102f., 111f. und 174f.; Roland *Lhotta*, Rudolf Smend und die Weimarer Demokratiediskussion: Integration als Philosophie des „Als-ob", in: *Gusy*, Demokratisches Denken in der Weimarer Republik, S. 286–325; *Friedrich*, Rudolf Smend 1882–1975, S. 5–18; ders., Geschichte der deutschen Staatsrechtswissenschaft, S. 353–359, E. R. *Huber*, Rudolf Smend, S. 105–113; *Möllers*, Staat als Argument, S. 100–115; *Lepsius*, Die gegensatzaufhebende Begriffsbildung, S. 195–203 und 354–356; *Caldwell*, Popular Sovereignty and the Crisis of German Constitutional Law, S. 121–126, 133–137 und 141–144; *Rennert*, Die „geisteswissenschaftliche Richtung" in der Staatsrechtslehre der Weimarer Republik, S. 141–157, 214–259 und 299–318; *Badura*, Staat, Recht und Verfassung in der Integrationslehre; Detlef *Lehnert*, Desintegration durch Verfassung? – oder wie die Verfassung der Nationalversammlung von 1919 als Desintegrationsfaktor der Weimarer Republik interpretiert wurde, in: *Vorländer*, Integration durch Verfassung, S. 237–265, hier: S. 240–244 und 256f.

[45]) *Smend*, Verfassung und Verfassungsrecht.

[46]) Z.B. *Smend*, Verfassung und Verfassungsrecht, S. 127.

> Der Staat ist nur, weil und sofern er sich dauernd integriert, in und aus den Einzelnen aufbaut – dieser dauernde Vorgang ist sein Wesen als geistig-soziale Wirklichkeit.[47])

Die Integrationslehre beinhaltet zugleich eine Verpflichtung für Staatsbürger und Staatsorgane, sich so zu verhalten, daß der Prozeß der staatlichen Einheitsbildung gelingen kann – sie müssen integrierend wirken. Zusätzlich zu einem allein realitätsbezogenen Verständnis, und dies ist zu betonen, ist der Staat damit aus einer dialektischen Grundhaltung heraus bei Smend aber auch ein überempirisch-zeitloser Sinnzusammenhang. Integration ist folglich sowohl ein aufgegebener als auch ein sich zwangsläufig vollziehender Vorgang, bei dem der einzelne automatisch und zwingend einbezogen wird.[48])

Neben persönlichen (z.B. Führer oder Monarch), funktionellen (z.B. parlamentarische Verhandlungen) und sachlichen (z.B. politische Symbole) Integrationsfaktoren stellt vor allem die Verfassung eine funktionale Ordnung dar, mit deren Hilfe der Integrationsprozeß erreicht werden soll. Sie ist die – allerdings nicht vollständige – rechtliche Ordnung einzelner Seiten des Integrationsprozesses:

> Die Verfassung ist die Rechtsordnung des Staats, genauer des Lebens, in dem der Staat seine Lebenswirklichkeit hat, nämlich seines Integrationsprozesses. Der Sinn dieses Prozesses ist die immer neue Herstellung der Lebenstotalität des Staates, und die Verfassung ist die gesetzliche Normierung einzelner Seiten dieses Prozesses.[49])

Smends Blickwinkel auf die Verfassung ist dadurch geprägt, daß er diese dem Integrationsprozeß unterordnet. Das Spannungsverhältnis zwischen Norm und Wirklichkeit löst er eindeutig zugunsten der zweiten Komponente. Die Verfassung zeichnet sich im Gegensatz zur übrigen Rechtsordnung durch ihre Dynamik und Elastizität aus. Sie unterliegt aufgrund des Verfassungslebens einem permanenten Wandel oder, in den Worten Smends, einer „fließenden Geltungsfortbildung“[50]). Dies macht es aus der Sicht Smends auch notwendig, bei der Verfassungsauslegung einer ganzheitlichen Methodik zu folgen. Der einzelne Artikel soll nicht isoliert vom verfassungsrechtlichen Kontext interpretiert, sondern die gesamte Verfassung soll als Einheit und als Sinntotalität aufgefaßt werden.[51])

Smends Integrationslehre besitzt gewisse Implikationen, auf die nun einzugehen ist. Ein Aspekt, auf den vor allem Ernst Rudolf Huber hinweist, ist die extreme Anpassungsfähigkeit dieser Theorie. In den verschiedenen Schriften Smends aus der Weimarer Zeit sieht Huber jeweils verschiedene Integrationsträger im Mittelpunkt stehen, die somit einen fundamentalen Wandel der poli-

47) *Smend*, Verfassung und Verfassungsrecht, S. 138.

48) Vgl. *Smend*, Verfassung und Verfassungsrecht, insbesondere: S. 138f. und 171. Vgl. hierzu ders., Integrationslehre, S. 480; *Korioth*, Integration und Bundesstaat, S. 130–134.

49) *Smend*, Verfassung und Verfassungsrecht, S. 189.

50) *Smend*, Verfassung und Verfassungsrecht, S. 242.

51) Vgl. *Smend*, Verfassung und Verfassungsrecht, S. 233–242.

tischen Grundorientierung bereits in diesem Zeitraum vermuten lassen: zum einen die eigenständige Regierungsgewalt, zum zweiten die Verfassungskräfte des parlamentarisch-demokratischen Systems und zuletzt das konkrete Verfassungserleben durch den einzelnen Bürger.[52]) Mit diesem Problem eng verflochten ist die vieldiskutierte Frage, wie die Integrationslehre politisch zu bewerten ist. Der zeitgenössische Vorwurf von Hans Kelsen (1881–1973), dem Hauptvertreter der „Wiener Schule" und deren allein normlogisch argumentierender Reinen Rechtslehre, es handele sich bei der Integrationslehre im Grunde um eine antiparlamentarische Kampftheorie gegen die Weimarer Reichsverfassung, die letztlich auf eine Diktatur abziele[53]), steht ganz im Gegensatz zu Smends nachträglicher Rechtfertigung, er habe das republikanische Verfassungssystem gerade über die Weimarer Krisenjahre hinweg bewahren wollen:

> Die Integrationslehre bewertete ihn [den Verfall der Weimarer Verfassung] in unmittelbarer juristischer Kritik als Folge verfassungswidrigen Verhaltens und stellte diesem Verhalten die Forderung integrierenden, einheitsstiftenden Verständnisses der Verfassung und entsprechender Haltung aller verantwortlichen Faktoren entgegen.[54])

Es kommt auch nicht von ungefähr, daß Smend überhaupt zum Verfassungstheoretiker des Grundgesetzes *avant la lettre*[55]) avancieren konnte. Hier scheint eine grundsätzliche Unentschiedenheit seiner primär auf Ausgleich bedachten Persönlichkeit zum Ausdruck zu kommen, welche sich auch in der Struktur seiner Texte und im persönlichen Umgang[56]) widerspiegelt.

Hiermit in engem Zusammenhang steht der harmonistische und konsensorientierte Grundcharakter von Smends Denkansatz. Konflikte beim politischen Willensbildungsprozeß existieren nicht. Politische Parteien, Interessenverbände und sogar der gesamte gesellschaftliche Bereich als solcher spielen schlichtweg keine Rolle. Die staatliche Gemeinschaft erreicht ihre Wesensbestimmung, wenn sie es schafft, einen übergreifenden Grundkonsens und vollständige Homogenität herzustellen. Vor diesem Hintergrund ist es angemessen, Smends Denkansatz, ebenso wie den von Carl Schmitt, im Kern als antipluralistisch zu charakterisieren.[57]) Dieser harmonistischen Grundtendenz

[52]) E. R. *Huber*, Rudolf Smend, insbesondere: S. 118.

[53]) *Kelsen*, Der Staat als Integration. Siehe auch die zeitgenössische Kritik von Han(n)s *Mayer*, Die Krisis der deutschen Staatslehre und die Staatsauffassung Rudolf Smends. In diesem Sinne auch *Caldwell*, Popular Sovereignty and the Crisis of German Constitutional Law, S. 126.

[54]) *Smend*, Integrationslehre, S. 479.

[55]) So Christoph *Schönberger*, Demokratisches Denken in der Weimarer Republik: Anfang und Abschied, in: *Gusy*, Demokratisches Denken in der Weimarer Republik, S. 664–669, hier: S. 666.

[56]) Nach Informationen von Hans *Schneider* war Smends mangelnde Entscheidungsfreudigkeit unter seinen Kollegen schon fast sprichwörtlich.

[57]) So bleibt Pluralismus für Smend bis in die bundesdeutsche Nachkriegszeit hinein ein negativ konnotierter Begriff, den er seinem Konzept von Integration entgegenstellt. Vgl.

entspricht im übrigen auch Smends Grundrechtstheorie, die er erstmals in einem stark polarisierend wirkenden Referat auf der Staatsrechtslehrertagung in München im Jahre 1927 entwickelte[58]). Die nicht als vorstaatlich gedachten Grundrechte sichern nach Smend weniger individuelle Freiheitsbereiche vor dem staatlichen Eingriff, sondern sie konstituieren vielmehr in einem überindividuellen Sinne eine Wertordnung, die das Staatsbewußtsein der Bürger aktiviert und damit den Integrationsprozeß des Staates verstärkt:

> [E]r [der Grundrechtskatalog] will eine sachliche Reihe von einer gewissen Geschlossenheit, d.h. ein Wert- oder Güter-, ein Kultursystem normieren, und er normiert es als nationales, als das System gerade der Deutschen, das allgemeinere Werte national positiviert, eben dadurch aber den Angehörigen dieser Staatsnation etwas gibt, einen materialen Status, durch den sie sachlich ein Volk, untereinander und im Gegensatz gegen andere, sein sollen.[59])

Von diesem wertbezogenen bzw. institutionellen Verständnis her erhalten die Grundrechte – und hierbei speziell solche Grundrechte, die als Kulturwerte für den Integrationsprozeß eine besondere Bedeutung besitzen – eine herausgehobene Stellung beim Abwägungsprozeß zwischen unterschiedlichen in der Verfassung enthaltenen Rechtsgütern. In Anlehnung an das eidgenossenschaftlich-reformierte Denken, bei dem die Bezogenheit des einzelnen auf die bürgerschaftliche Gemeinschaft herausgestellt wird, geht das Menschenbild, das bei Smend zum Ausdruck kommt, folglich nicht von dem auf individuelle Sicherung gegenüber dem Staat bedachten „Bourgeois", sondern von dem dem politischen Gemeinwesen zugewandten politisierten „Staatsbürger" aus[60]).

Als besonders entwicklungsfähig für die Schülergeneration sollte sich Smends Staatsverständnis erweisen. Er unterscheidet sich von der Mehrzahl der Staatsrechtslehrer der Weimarer Zeit dadurch, daß er den Staat in der Integrationslehre als wirklichkeitsbezogen und vom einzelnen Individuum her auffaßt. Der Staat ist die verpflichtende Selbstgestaltung der ihm angehörenden Staatsbürger und damit gleichzeitig das Ergebnis des konkreten politischen Willensbildungsprozesses. Der Staat erscheint, so die Formulierung Smends, als ein „aufgegebene[s] Wesen"[61]) bzw. als „Beruf"[62]). Insgesamt nimmt der Staat in Smends Denken sicherlich einen geringeren Stellenwert ein, als dies beispielsweise bei Carl Schmitt der Fall ist. Andererseits besitzt sein Denken während der Weimarer Zeit aber auch keinen spezifisch gesellschaftsbezoge-

z.B. *Smend*, Bürger und Bourgeois im deutschen Staatsrecht, S. 323; ders., in: VVDStRL 11 (1954), S. 240; ders., Das Problem der Institutionen und der Staat, S. 516.

58) Vgl. Rudolf *Smend*, Das Recht der freien Meinungsäußerung, in: VVDStRL 4 (1928), S. 44–74. Vgl. zudem ders., Verfassung und Verfassungsrecht, S. 240f. und 260–268; ders., Bürger und Bourgeois im deutschen Staatsrecht. Vgl. des weiteren ders., Integration, S. 486.

59) *Smend*, Verfassung und Verfassungsrecht, S. 264.

60) Vgl. *Smend*, Bürger und Bourgeois im deutschen Staatsrecht.

61) Z.B. *Smend*, Verfassung und Verfassungsrecht, S. 139.

62) Z.B. *Smend*, Das Problem der Institutionen und der Staat.

nen Charakter.[63]) Zwar überwindet Smend durch die Herausarbeitung des kontraktuellen Momentes die Trennung von Staat und Gesellschaft[64]), er löst die Spannung zwischen beiden Bereichen aber eindeutig zugunsten des Staates auf. Wie wir bereits bezüglich Smends Grundrechtstheorie gesehen haben, ist der gesellschaftliche Bereich keine freiheitliche, staatsferne Ebene, sondern er ist grundsätzlich politisiert und damit auf den Staat bezogen. Der später erhobene Vorwurf, Smends Integrationslehre habe einen freiheitsgefährdenden Charakter[65]), ist folglich nicht ganz von der Hand zu weisen.

Carl Schmitt und Rudolf Smend waren nicht die einzigen Vertreter der antipositivistischen bzw. geisteswissenschaftlichen Richtung in der Staatsrechtslehre. Der ebenfalls nationalkonservativ gesinnte und zusätzlich zum Staatsrecht auch als Völkerrechtler hervortretende *Heinrich Triepel*[66]) (1868–1946) stand dem Denkansatz von Smend, mit dem er zusammen in Berlin an der Friedrich-Wilhelms-Universität lehrte, sicherlich am nächsten.[67]) Ursprünglich vom Positivismus herkommend, betonte er seit der Jahrhundertwende immer stärker den unvermeidlich politischen Charakter des Verfassungsrechts und bekannte sich zunehmend zu einer teleologischen und wertbezogenen Interpretationsmethode.[68]) Eine deutlich antiparlamentarische Zielrichtung hatte sein Eintreten für die Bedeutungssteigerung der Grundrechte[69]) und speziell für die Bindung des Gesetzgebers an den Gleichheitssatz im Sinne eines Willkürverbots[70]). In den Parteien sah er Kräfte, die letztlich den Staatsorganismus zer-

[63]) Deutlich herausgearbeitet in E. R. *Huber*, Rudolf Smend, S. 108f.; *Leibholz*, Rudolf Smend, S. 26–30. In diesem Sinne auch Depositum *Ehmke*, Nr. 210 (Scheuner an Ehmke vom 20. 10. 1952: „Die Integrationstheorie ist eigentlich nämlich entstanden aus einer Sozialtheorie des Staates, einer soziologischen Erklärung des Staatseins. Ihr Kern ist daher die Frage, wie ein Staat als soziales histor. Phänomen lebt und fortdauert."). Mols betont hingegen den bürger- und gemeinschaftsbezogenen Aspekt der Integrationslehre: *Mols*, Allgemeine Staatslehre oder politische Theorie?, S. 286–294.

[64]) Vgl. *Möllers*, Staat als Argument, S. 102; *Caldwell*, Popular Sovereignty and the Crisis of German Constitutional Law, S. 124; *Mols*, Allgemeine Staatslehre oder politische Theorie?, S. 293f.

[65]) Dies ist der Vorwurf der Schmitt-Schule gegen die auf Smend zurückgehende wertorientierte Grundrechtstheorie. Vgl. z. B. *Forsthoff*, Zur Problematik der Verfassungsauslegung, insbesondere: S. 21 und 28f.; ders., Der introvertierte Rechtsstaat und seine Verortung, S. 388f.; *Böckenförde*, Grundrechtstheorie und Grundrechtsinterpretation, S. 1534f.

[66]) Zu Triepels Werk allgemein: *Hollerbach*, Zu Leben und Werk Heinrich Triepels; *Gassner*, Heinrich Triepel; *Stolleis*, Geschichte des öffentlichen Rechts in Deutschland, 3. Band, insbesondere: S. 172; *Friedrich*, Geschichte der deutschen Staatsrechtswissenschaft, S. 345–348; *Caldwell*, Popular Sovereignty and the Crisis of German Constitutional Law, S. 148–153; *Becker*, „Schritte auf einer abschüssigen Bahn", S. 60f.

[67]) Siehe hierzu vor allem Smends Würdigung: Rudolf *Smend*, Heinrich Triepel, in: *Bracher*, Die moderne Demokratie und ihr Recht, 2. Band, S. 107–120.

[68]) Vgl. hierzu *Triepel*, Staatsrecht und Politik.

[69]) Vgl. *Triepel*, in: VVDStRL 4 (1928), S. 89f.

[70]) Vgl. *Triepel*, Goldbilanzenverordnung und Vorzugsaktien, insbesondere: S. 28–30.

setzten.[71]) Triepels Schriften aus der Weimarer Zeit besitzen insgesamt einen stark fragmentarischen Charakter. Ähnliches läßt sich auch hinsichtlich der Arbeiten von *Erich Kaufmann*[72]) (1880–1972) sagen, was hier wohl mit der von Kaufmann seit 1923 ausgeübten außerwissenschaftlichen Tätigkeit als Berater und Prozeßvertreter des Auswärtigen Amtes zu erklären ist. Kaufmann war Protestant jüdischer Abstammung, und er war dezidierter Hegelianer. Philosophisch verband er einen idealistischen Naturrechtsansatz mit nationalistischem Machtstaatsdenken. In seiner Kampfschrift von 1921 gegen den Neukantianismus bzw. die Reine Rechtslehre und in seinem provozierenden Referat über den Gleichheitssatz auf der Staatsrechtslehrertagung 1926 in Münster forderte er, daß sich die Staatsrechtslehre nunmehr der empirischen Wirklichkeit, den überpositiven Gerechtigkeitsprinzipien und konkret den in den Grundrechten enthaltenen Wertauffassungen, die auch für den Gesetzgeber bindend und von der Richterschaft zu überprüfen seien, zuwenden müsse.[73]) Triepel und Kaufmann haben im Gegensatz zu Schmitt und Smend keine Richtung begründet, die in der Zeit nach 1945 im Rahmen eines Denkkollektivs weiterwirkte. Beiden fehlte es offensichtlich an einer schlagkräftigen karriereorientierten Schülerschaft[74]) und an einem in ausreichender Weise in sich geschlossenen Denkgebäude.

Ähnlich verhielt es sich auch mit dem Denkansatz von *Hermann Heller*[75]) (1891–1933), jedenfalls hinsichtlich seiner Wirkung in der Staatsrechtslehre.

[71]) Vgl. *Triepel*, Die Staatsverfassung und die politischen Parteien, insbesondere: S. 29–31 und 34.

[72]) Zu Kaufmanns Weimarer Arbeiten allgemein: *Stolleis*, Geschichte des öffentlichen Rechts in Deutschland, 3. Band, insbesondere: S. 175–177 und 190f.; *Friedrich*, Geschichte der deutschen Staatsrechtswissenchaft, S. 348–353; *Rennert*, Die „geisteswissenschaftliche Richtung“ in der Staatsrechtslehre der Weimarer Republik, S. 97–121, 160–196 und 260–286; *Lepsius*, Die gegensatzaufhebende Begriffsbildung, S. 164–174 und 344–354; Peter *Lerche*, Erich Kaufmann – Gelehrter und Patriot, in: *Landau* und *Nehlsen*, Große jüdische Gelehrte an der Münchener Juristischen Fakultät, S. 20–31, hier: S. 23–27; Rudolf *Smend*, Zu Erich Kaufmanns wissenschaftlichem Werk, in: Um Recht und Gerechtigkeit, S. 391–400; Detlef *Lehnert*, Desintegration durch Verfassung? – oder wie die Verfassung der Nationalversammlung von 1919 als Desintegrationsfaktor der Weimarer Republik interpretiert wurde, in: *Vorländer*, Integration durch Verfassung, S. 237–265, hier: S. 245–263.

[73]) *Kaufmann*, Kritik der neukantischen Rechtsphilosophie; ders., Die Gleichheit vor dem Gesetz im Sinne des Art. 103 der Reichsverfassung, in: VVDStRL 3 (1927), S. 2–24.

[74]) Als Schüler Triepels gehörten in der Nachkriegszeit allein Gerhard Leibholz und Ulrich Scheuner – die sich dann allerdings deutlich dem Denkstil der Smend-Schule annäherten – dem Kreis der Staatsrechtslehrer an, als Schüler Kaufmanns allein Friedrich August Freiherr von der Heydte.

[75]) Zu Hellers Werk allgemein: *Stolleis*, Geschichte des öffentlichen Rechts in Deutschland, 3. Band, insbesondere: S. 183–185; *Möllers*, Staat als Argument, S. 84–99; *Lepsius*, Die gegensatzaufhebende Begriffsbildung, S. 179–195; *Fiedler*, Das Bild Hermann Hellers in der deutschen Staatsrechtswissenschaft; *Caldwell*, Popular Sovereignty and the Crisis of German Constitutional Law, S. 127–133 und 137–144; *Friedrich*, Geschichte der deutschen Staatsrechtswissenschaft, S. 370–373; Dian *Schefold*, Gesellschaftliche und staatliche

Heller war überzeugter Sozialdemokrat, und er war jüdischer Abstammung. Damit ist es wohl zu erklären, daß er von seinen Kollegen in der Staatsrechtslehre in die Rolle des Außenseiters gedrängt wurde, zumal er sich der geisteswissenschaftlichen Richtung nicht eindeutig zuordnen ließ. Zudem war Heller Nationalist und Hegelianer, was ihn trotz aller politischen Differenzen ideell in die Nähe von Carl Schmitt brachte und ihn andererseits als einen der schärfsten Kritiker von Kelsens Reiner Rechtslehre hervortreten ließ. In den zwanziger Jahren engagierte er sich neben seiner wissenschaftlichen Tätigkeit auch im Bereich der politischen Volks- und Arbeiterbildung. Erst im Jahr 1928 erhielt er eine Professur in Berlin an der Friedrich-Wilhelms-Universität, lehrte in diesem Zeitraum gleichzeitig auch an der Deutschen Hochschule für Politik, um dann 1932 für ein Jahr auf ein Ordinariat nach Frankfurt am Main zu wechseln. 1933 sah er sich gezwungen, nach Madrid zu emigrieren, wo er noch im selben Jahr verstarb. Seine Staatslehre[76]) erschien posthum als Fragment. Weder normlogisch noch empirisch oder geisteswissenschaftlich, sondern mit Hilfe der Sozialwissenschaften wollte er die Wirklichkeit des Staates erfassen. Das Volk verstand er in einem pluralistischen Sinne nicht als Einheit, sondern als von politischen Interessengegensätzen geprägte Vielheit. Individuen und Gruppen sollten den Staat durch die Schaffung einer gemeinsamen Norm- und Wertebene hervorbringen, gleichzeitig sollte aber der Staat als eine auf die Wirklichkeit bezogene organisierte menschliche und zugleich souveräne Entscheidungs- und Wirkungseinheit[77]) vor allem mit Hilfe des Rechts das gesellschaftliche Zusammenleben steuern. Von den Denkansätzen Carl Schmitts und Rudolf Smends grenzte sich Heller nicht nur dadurch ab, daß er den Dezisionismus und die Integrationslehre für eine adäquate wirklichkeitswissenschaftliche Erfassung des Staates als ungeeignet ansah, sondern indem er zudem beiden vorwarf, den normativen Aspekt der Verfassung zuwenig in den Mittelpunkt ihrer Betrachtungen zu rücken[78]). Des weiteren unterschied sich Heller von der überwiegenden Mehrheit der Staatsrechtslehre dadurch, daß der Gesetzesbegriff, den er verwendete, keinen Zweifel ließ am politischen Vorrang des Parlaments vor den übrigen Gewalten:

Demokratietheorie. Bemerkungen zu Hermann Heller, in: *Gusy*, Demokratisches Denken in der Weimarer Republik, S. 256–285; *Bleek*, Geschichte der Politikwissenschaft in Deutschland, S. 216–221; *Dyzenhaus*, Legality and Legitimacy, S. 161–217; C. *Müller* und *Staff*, Staatslehre in der Weimarer Republik; *Albrecht*, Hermann Hellers Staats- und Demokratieauffassung; *Robbers*, Hermann Heller; *Schluchter*, Entscheidung für den sozialen Rechtsstaat.

[76]) *Heller*, Staatslehre.

[77]) *Heller*, Staatslehre, S. 228–237.

[78]) Z.B. *Heller*, Staatslehre, S. 194 und 264 f.

Der auf dem Boden des klassischen Rechtsstaatsgedankens erwachsene Gesetzesbegriff bezeichnet nichts anderes als die obersten von der Volkslegislative (wenigstens mit-)gesetzten Rechtssätze, an die möglichst alle Staatstätigkeit gebunden sein soll.[79])

Nicht zuletzt forderte Heller die Umgestaltung des formalen Rechtsstaats in einen materiellen, demokratischen und sozialen Rechtsstaat, in dem die bestehenden Klassenstrukturen zu überwinden seien.[80]) Sein Versuch, eine materiale Staatstheorie zu entwerfen, ist, wie Michael Stolleis hervorhebt, „der wohl bedeutendste Versuch dieser Art in der Weimarer Republik."[81]) Teile von Hellers Staatsverständnis muten, trotz mancher Unklarheiten, auch aus einem heutigen Blickwinkel geradezu modern und westlich an, vor allem wenn man sie im Kontrast zu anderen zeitgenössischen Ansätzen in der Staatsrechtslehre betrachtet.[82]) Insofern ist es überraschend, daß Hellers Staatslehre in der bundesdeutschen Staatsrechtslehre bis in die sechziger Jahre hinein – ganz im Gegensatz zur Politikwissenschaft, wo er bis heute als Gründungsvater angesehen wird[83]) – kaum rezipiert wurde. Die Gründe hierfür gilt es an späterer Stelle herauszuarbeiten.

3. Staatskrise, Rechtsunsicherheit und Interventionsstaat als Erfahrungshintergrund für die Nachkriegszeit

Die Mehrheit der westdeutschen Staatsrechtslehrer der Nachkriegszeit war bemüht, die Zeit des Nationalsozialismus möglichst in den Hintergrund zu drängen und eine Brücke zur Wissenschaftsentwicklung in den zwanziger Jahren zu schlagen, indem sie sich als direkten Nachfolger der Weimarer Staatsrechtslehre verstand. Der Zeitraum von 1933 bis 1945 erschien hierbei als eine böse und finstere Zeit, die aus der geschichtlichen Erinnerung weitgehend eliminiert wurde.[84]) An diese Grundtendenz, die Zeit des Nationalsozialismus deutlich von der staatsrechtlichen Nachkriegsentwicklung abzugrenzen, knüpft heute beispielsweise Hartmut Maurer an, wenn er in seinem Lehrbuch ausführt, „daß die nationalsozialistische Zeit keinen, aber auch wirklich keinen positiven An-

79) *Heller*, Der Begriff des Gesetzes in der Reichsverfassung, in: VVDStRL 4 (1928), S. 98–135, hier: S. 134.

80) Vgl. *Heller*, Rechtsstaat oder Diktatur?

81) *Stolleis*, Geschichte des öffentlichen Rechts in Deutschland, 3. Band, S. 183.

82) Neuerdings sind allerdings auch die fraglos unmodernen Komponenten in Hellers Denken herausgestellt worden: Gerhard *Nitz*, Diskussionsbericht, in: *Gusy*, Demokratisches Denken in der Weimarer Republik, S. 670–680, hier: S. 676.

83) Z.B. *Bleek*, Geschichte der Politikwissenschaft in Deutschland, S. 220f.

84) Z.B. Richard *Thoma*, Eröffnung, in: VVDStRL 8 (1950), S. 1f.; Herausgeber und Verlag, Zum neuen Jahrgang, in: AöR 74 (1948), S. 1f. Vgl. hierzu auch *Stolleis*, Geschichte des öffentlichen Rechts in Deutschland, 3. Band, S. 200 und 414.; *Schlink*, Die Unfähigkeit der Staatsrechtswissenschaft zu trauern, insbesondere: S. 130–135.

knüpfungspunkt für die verfassungsrechtliche Entwicklung hervorgebracht hat [...]"[85]), nachdem er zuvor auf die unrühmliche Rolle von einzelnen Staatsrechtslehrern während des Nationalsozialismus eingegangen ist. An dieser Stelle soll im Gegensatz dazu die Staatsrechtslehre der dreißiger und vierziger Jahre aus einem anderen Blickwinkel betrachtet werden. Es gilt zu zeigen, daß der Erfahrungswandel in diesem Zeitraum einen so einschneidenden Charakter besaß, daß ein bruchloses Anknüpfen an die „goldenen zwanziger Jahre" nach 1949 schlichtweg ausgeschlossen war. Die Zeit des Nationalsozialismus war an den Staatsrechtslehrern nicht spurlos vorübergegangen, sondern hatte ihr Denken verändert, wenn auch in geringerem Ausmaß, als die Vertreter der Restaurationsthese in den siebziger und achtziger Jahren glauben machen wollten. Aus der Selbstwahrnehmung der bundesdeutschen Staatsrechtslehre, die Weimarer Tradition unmittelbar fortzusetzen, resultierte also ein Geschichtsbild, welches historisch so nicht haltbar ist.

Es ist an dieser Stelle darauf hinzuweisen, daß diejenigen Staatsrechtslehrer, die in der Zeit des Nationalsozialismus nicht aus rassischen oder politischen Gründen verfolgt wurden[86]) oder nicht aus eigenem Antrieb auf ihre Lehrtätigkeit verzichteten[87]), nach 1933 zwangsläufig zur kooperierenden Funktionselite im nationalsozialistischen System zählten.[88]) Es soll hier jedoch auch gezeigt werden, daß – abgesehen von den dezidierten Nationalsozialisten unter den Professoren wie etwa Reinhard Höhn (geb. 1904), Paul Ritterbusch (1900–1945) oder Otto Koellreutter (1883–1972) – die überwiegende Mehrheit der Staatsrechtslehrer aus einer nationalkonservativen Grundhaltung eine gewisse Distanz zum Nationalsozialismus wahrte, auch wenn Affinitäten bestanden und zudem erhebliche graduelle Unterschiede zu erkennen sind, inwieweit sich der einzelne der nationalsozialistischen Ideologie annäherte.[89]) Die Frage, wie sich diese konservative und weniger völkisch-nationalsozialistische

[85]) *Maurer*, Staatsrecht, S. 74.

[86]) Als Verfolgte sind z. B. von den Älteren Hans Kelsen, Erich Kaufmann, Hermann Heller, Gerhard Leibholz, Walter Jellinek, Herbert Kraus und Hans Nawiasky sowie von den Jüngeren, die noch keine Professur besaßen, Otto Kirchheimer, Ernst Fraenkel, Wolfgang Abendroth, Martin Drath und Karl Loewenstein zu nennen.

[87]) So Gerhard Anschütz und Heinrich Triepel. Willibald Apelt und Erwin Jacobi wurden 1933 von ihrer Professur verdrängt.

[88]) Vgl. *Stolleis*, Geschichte des öffentlichen Rechts in Deutschland, 3. Band, S. 407–410; ders., Furchtbare Juristen, in: *François* und *Schulze*, Deutsche Erinnerungsorte II, S. 535–548, insbesondere: S. 542 f. und 547.

[89]) Die hier vertretene Deutung steht teilweise im Widerspruch zur Interpretation von Oliver Lepsius, der ausführt, daß das Spezifische der nationalsozialistischen Ideologie gerade in ihrer Offenheit und damit in ihrer Anpassungsfähigkeit gegenüber konservativen und ständischen Positionen bestanden habe. (*Lepsius*, Die gegensatzaufhebende Begriffsbildung, insbesondere: S. 101–125.) Im Hinblick auf die Staatsrechtslehre trifft dies sicher auf die ersten Jahre nach der Machtergreifung zu. In den darauffolgenden Jahren gewann aber die Abgrenzung nationalkonservativer Autoren gegenüber entschiedenen Parteipositionen zunehmend an Gewicht.

Grundeinstellung konkret äußerte, soll in den nun folgenden Abschnitten im Mittelpunkt stehen.

Die in der Staatsrechtslehre weitverbreiteten Ressentiments gegen das parlamentarische Regierungssystem verstärkten sich noch einmal in der Schlußphase der Weimarer Republik. Die allgemeine Staatskrise wurde vor allem dem Reichstag und den darin vertretenen Parteien angelastet, die sich seit 1930 selbst aus dem politischen Entscheidungsprozeß ausgeschaltet hatten und deren Kompetenzen dann weitgehend durch die Installierung eines Präsidialsystems aufgefangen wurden. Die Regierungskabinette waren nunmehr faktisch allein vom Vertrauen des Reichspräsidenten abhängig, und die Gesetzgebung erfolgte über das Notverordnungsverfahren des Art. 48 II WRV. Parlamentarismus und Parteienstaat hatten damit aus Sicht der Staatsrechtslehre restlos abgewirtschaftet, und man traute es ihnen schlichtweg nicht zu, einen Weg aus der als existentiell wahrgenommenen Krisensituation weisen zu können. Allein die Exekutive, und hierbei insbesondere den überparteilichen Reichspräsidenten bzw. die auf das Gemeinwohl verpflichtete Bürokratie, sah man noch in der Lage, den Staat vor dem Zusammenbruch zu bewahren. Auch wenn man vor einer endgültigen und vollständigen Abkehr vom Weimarer Verfassungssystem zurückschreckte, waren autoritäre Lösungen, wie der „Preußenschlag" oder die Verhängung des Staatsnotstandes, bei der konservativen Mehrheit der Staatsrechtslehrer populär, da solche Maßnahmen, wie es schien, in der gegenwärtigen bürgerkriegsartigen Situation eine weitere Eskalation der politischen Zustände verhinderten. Diese Erfahrung der Staatskrise, so läßt sich insgesamt sagen, ist für die weitere Entwicklung der Staatsrechtslehre von gar nicht zu überschätzender Bedeutung. Wer die Schlußphase der Weimarer Republik erlebt hatte, der hatte nunmehr ein konkretes Bild einer existentiellen Krisensituation des parlamentarischen Regierungssystems vor Augen, die es in aller Zukunft zu vermeiden galt, und der tendierte dazu, Überlegungen anzustellen, wie sich ein solcher Auflösungsprozeß – natürlich auch vor dem Hintergrund des ab 1933 eingeschlagenen Weges in „die deutsche Katastrophe" (Friedrich Meinecke) – verhindern ließ. Das Jahr 1932 wurde aus dem Rückblick zum Schicksalsjahr, in dem sich einerseits Bürgerkrieg bzw. Revolution anbahnten und andererseits die Optionen zur Verhinderung der nationalsozialistischen Machtergreifung vergeben wurden.[90]) Konkret bewirkte die Erfahrung der Kri-

[90]) Dies ist eine typische Argumentationsfigur der Schmitt-Schule, wobei Carl Schmitt und Ernst Rudolf Huber ja selbst an den konservativen Staatsstreichplanungen beteiligt waren. Diese Argumentation findet sich teilweise aber auch bei Angehörigen anderer Denkrichtungen: Z.B. Nachlaß *Schmitt*, Nr. 6280 und 6283 (E. R. Huber an Schmitt vom 7. 2. 1950 und vom 15. 12. 1950: „Wir wußten uns damals [im Jahre 1932] alle an einem Abgrund; daß wir uns in gemeinsamen Hoffnungen bemühten, zum Schlagen einer Brücke beizutragen, um die Gefahr des Absturzes zu bannen, wird uns immer als ein gutes Wagnis erscheinen."), Nr. 9251 (Maunz an Schmitt vom 29. 12. 1970), Nr. 12449 (Scheuner an Schmitt vom 9. 12. 1978).

senanfälligkeit der parlamentarischen Demokratie und des Parteiensystems in den ersten Nachkriegsjahren, daß die meisten Staatsrechtslehrer zunächst der Stabilität der neuen liberalen Verfassungsordnungen auf Länder- und Bundesebene mit äußerster Skepsis gegenüberstanden.[91])

Die Mehrheit der Staatsrechtslehrer verband dann mit der nationalsozilistischen Machtergreifung die Hoffnung, nach Jahren des Chaos und der existentiellen Unsicherheit nunmehr wieder zu geordneten Zuständen zurückzukehren. Obwohl man vor dem 30. Januar 1933 noch in deutlicher Distanz zum Nationalsozialismus gestanden hatte, begrüßten vor allem die Jüngeren[92]) das neue Regime und die als nationale Revolution in Erscheinung tretende Beseitigung des Weimarer Verfassungssystems. Selbst der fünfundsechzigjährige Heinrich Triepel bekannte nunmehr:

> Gott allein weiß, wie sauer es vielen von uns [den Mitgliedern der Staatsrechtslehrervereinigung] geworden ist, uns vor vierzehn Jahren in eine Verfassung hineinzudenken, deren Geist wir innerlich ablehnten.[93])

Lang gehegte Einheitssehnsüchte, Hoffnungen auf einen „nationalen Rechtsstaat" und auf eine im Gegensatz zum Parteienzwist stehende homogene Volksgemeinschaft, die die herkömmliche, als liberalistisch angesehene Trennung von Staat und Gesellschaft überwand, schienen sich nun zu erfüllen. Die Texte aus der ersten Veröffentlichungsflut zeichneten sich vor allem durch euphori-

[91]) Hierzu grundlegend: Hans *Mommsen*, Von Weimar nach Bonn. Zum Demokratieverständnis der Deutschen, in: *Schildt* und *Sywottek*, Modernisierung im Wiederaufbau, S. 745–758; *Mommsen*, Der lange Schatten der untergehenden Republik. Vgl. zur zunehmenden Distanz der Staatsrechtslehre gegenüber der Weimarer Verfassungsordnung zudem *Stolleis*, Geschichte des öffentlichen Rechts in Deutschland, 3. Band, insbesondere: S. 109, 114–116, 120–124 und 199–201; *Caldwell*, Popular Sovereignty and the Crisis of German Constitutional Law, S. 171–177; *Friedrich*, Geschichte der deutschen Staatsrechtswissenschaft, S. 393–398; *Gusy*, Die Weimarer Reichsverfassung, S. 447–458; Stefan *Korioth*, Rettung oder Überwindung der Demokratie – Die Weimarer Staatsrechtslehre im Verfassungsnotstand 1932/33, in: *Gusy*, Demokratisches Denken in der Weimarer Republik, S. 505–531; Horst *Dreier*, Die deutsche Staatsrechtslehre in der Zeit des Nationalsozialismus, in: VVDStRL 60 (2001), S. 9–72, hier: S. 12–15 und 141 f. Vgl. des weiteren die beiden Erfahrungsberichte: Ernst Rudolf *Huber*, Carl Schmitt in der Reichskrise der Weimarer Endzeit, in: *Quaritsch*, Complexio Oppositorum, S. 33–70 (mit Aussprache); *Glum*, Zwischen Wissenschaft, Wirtschaft und Politik, S. 381–432.

[92]) Z.B. *Herrfahrdt*, Werden und Gestalt des Dritten Reiches; *Menzel*, Grundlagen des neuen Staatsdenkens; *Wolff*, Die neue Regierungsform des Deutschen Reiches; *Forsthoff*, Der totale Staat; E. R. *Huber*, Wesen und Inhalt der politischen Verfassung; *Küchenhoff*, Nationaler Gemeinschaftsstaat, Volksrecht und Volksrechtsprechung; *Tatarin-Tarnheyden*, Werdendes Staatsrecht; *Scheuner*, Die nationale Revolution; *Krüger*, Führer und Führung; Friedrich *Glum*, Die geistige Auseinandersetzung mit der nationalsozialistischen Revolution, in: Berliner Börsen-Zeitung vom 4. 10. 1933 (Morgenausgabe), S. 1–3. Weitere Titel bei *Stolleis*, Geschichte des öffentlichen Rechts in Deutschland, 3. Band, S. 320, Anm. 28.

[93]) Triepel an Koellreutter vom 18. 4. 1933. Zitiert nach *Becker*, „Schritte auf einer abschüssigen Bahn", S. 70–72, hier: S. 71.

sche Irrationalität und gleichzeitig durch wissenschaftliche Unbestimmtheit aus. Die von der antipositivistisch-geisteswissenschaftlichen Richtung seit der Weimarer Zeit eingeschlagene Weg einer „gegensatzaufhebenden Begriffsbildung“ (Oliver Lepsius) erwies sich hierbei als verhängnisvoll, da ihre unbestimmten Begriffe sowie ihre offene Methodik den antinormativen Erfordernissen eines spezifisch nationalsozialistischen Rechtes weit entgegenkam.

Es sollte sich aber bald herausstellen, daß das neue Regime den eingeschlagenen Weg in Richtung einer systematischen Beseitigung traditioneller Ordnungsstrukturen konsequent verfolgte und keineswegs gewillt war, wie von konservativen Juristen mehrheitlich gefordert, zu einem festeren Verfassungszustand überzugehen und damit wie früher allgemeine Rechtssicherheit zu gewährleisten. Als das erkannt wurde, zog sich die Mehrheit rasch wieder von der politischen Bühne zurück und versuchte, die politischen Vorgaben auf vergleichsweise moderate Weise in das bestehende Wissenschaftssystem einzubauen. Nur eine Minderheit[94]) rang auf Dauer um die Meinungsführerschaft bei der Gestaltung der nationalsozialistischen Herrschaft. Im Gegensatz dazu genossen das Verwaltungsrecht, das Staatskirchenrecht und die Verfassungsgeschichte als eher unpolitisch angesehene Disziplinen unter den Staatsrechtslehrern große Popularität. Hier konnte man noch weitgehend unbeobachtet von der Aufsicht durch die Partei publizieren, zumal Bedeutung und Einfluß des gesamten Fachs ohnehin stetig abnahmen. Das nationalsozialistische Regime war, so läßt sich allgemein sagen, an einer systematischen juristischen Erfassung des unberechenbaren dynamischen Führerstaates schlichtweg nicht interessiert.[95])

Der allgemeine Trend einer Hinwendung zur Verwaltung und zum Verwaltungsrecht hatte aber nicht nur pragmatische Gründe, um so dem ideologisch brisanten Feld des Verfassungsrechts aus dem Weg zu gehen, sondern hier kommt auch eine eindeutig politische und ideelle Option zum Ausdruck. Nach-

[94]) Etwa Carl Schmitt, Otto Koellreutter, Ernst Rudolf Huber, Johannes Heckel, Theodor Maunz und Reinhard Höhn.

[95]) Vgl. *Stolleis*, Geschichte des öffentlichen Rechts in Deutschland, 3. Band, insbesondere: S. 246–256 und 316–322; Walter *Pauly*, Die deutsche Staatsrechtslehre in der Zeit des Nationalsozialismus, in: VVDStRL 60 (2001), S. 73–105, hier: S. 87f.; *Nolte*, Die Ordnung der deutschen Gesellschaft, S. 198f. Zur Staatsrechtslehre in der Zeit des Nationalsozialismus allgemein: *Stolleis*, Geschichte des öffentlichen Rechts in Deutschland, 3. Band, S. 246–414; ders., Im Bauch des Leviathan – Staatsrechtslehre im Nationalsozialismus, in: ders., Recht im Unrecht, S. 126–146, hier: S. 137–144; ders., Verwaltungsrechtswissenschaft im Nationalsozialismus, in: ebda., S. 147–170; *Friedrich*, Geschichte der deutschen Staatsrechtswissenschaft, S. 399–409; *Böckenförde*,, Staatsrecht und Staatsrechtslehre im Dritten Reich; *Meinck*, Weimarer Staatslehre und Nationalsozialismus; *Majer*, Grundlagen des nationalsozialistischen Rechtssystems; *Anderbrügge*, Völkisches Rechtsdenken; *Laux*, Führung und Verwaltung in der Rechtslehre des Nationalsozialismus; Horst *Dreier* und Walter *Pauly*, Die deutsche Staatsrechtslehre in der Zeit des Nationalsozialismus, in: VVDStRL 60 (2001), S. 9–147 (mit Aussprache).

dem die erste Euphorie über die nationalsozialistische Machtergreifung verflogen war, zeigte sich, daß auf den Staat als scheinbar zuverlässigsten Ordnungsgaranten nicht verzichtet werden durfte. Die Staatsrechtslehre sah seine Existenz, ähnlich wie schon in der Endphase der Weimarer Republik, nun mehr und mehr bedroht. In Hitlers Weltanschauung war der Staat nicht ein übergeordneter Selbstzweck, sondern lediglich „eine der Organisationsformen völkischen Lebens."[96]) In einer solchen völkischen Lebens- und Kampfgemeinschaft mußte aber eine herkömmliche Bürokratie, die sich zudem auf die sittlichen Zwecke eines neutral verstandenen Staates verpflichtet fühlte, als Fremdkörper erscheinen. Ganz im Gegensatz zum dynamischen Selbstverständnis der Partei als Bewegung behinderte die normative Gebundenheit von Justiz und Verwaltung eine schrankenlose Machtausübung, ihr bürokratischer Aufbau hemmte eine unter weltanschaulichen Vorzeichen agierende Führung. Vor diesem Hintergrund wurde es mehr und mehr zu einem anachronistischen Unterfangen, sich mit Strukturen und Handlungsformen von Verwaltung zu beschäftigen und auf diese Weise ein Bild staatlicher Ordnung und Regelhaftigkeit dem allgemeinen Auflösungsprozeß entgegenzustellen. Die akademischen Debatten im Bereich des Verwaltungsrechts wurden somit von den nationalkonservativen Autoren[97]) dafür genutzt, um in einem traditionellen Sinne eher den etatistischen, normgebundenen und technischen Aspekt der Verwaltung in deutlicher Abgrenzung von der politischen Führung und der Partei zu betonen. Sie tendierten dazu, auf das Konzept des Rechtsstaates, des subjektiv-öffentlichen Rechts, der Gesetzesbindung und auf die Frage nach den Rechtsformen nicht gänzlich zu verzichten. Ebenso befürworteten sie auch weiterhin grundsätzlich die Existenz der Verwaltungsgerichtsbarkeit oder plädierten generell dafür, am Staat festzuhalten, anstatt ihn durch Formeln wie Gemeinschaft oder das Reich zu ersetzen.[98]) In diesem Sinne läßt sich beispielsweise das Werk von Ernst Forsthoff[99]) (1902–1974) im Zeitraum zwischen 1935 und etwa

[96]) *Diehl-Thiele*, Partei und Staat im Dritten Reich, S. 20. Vgl. hierzu des weiteren von *Hehl*, Nationalsozialistische Herrschaft, insbesondere: S. 10–18; *Rebentisch*, Führerstaat und Verwaltung im Zweiten Weltkrieg, insbesondere: S. 29–46; Horst *Dreier*, Die deutsche Staatsrechtslehre in der Zeit des Nationalsozialismus, in: VVDStRL 60 (2001), S. 9–72, hier: S. 32–62.

[97]) So beispielsweise Hans Peters, Werner Weber, Ernst Forsthoff, Arnold Köttgen, Ulrich Scheuner, Wilhelm Merk, Wilhelm Laforet, Franz Wilhelm Jerusalem, Hans Julius Wolff, Hermann von Mangoldt, Ludwig von Köhler, Hans Helfritz, Bodo Dennewitz, Eberhard Freiherr von Scheurl und Gustav Wacke.

[98]) Vgl. *Stolleis*, Geschichte des öffentlichen Rechts in Deutschland, 3. Band, insbesondere: S. 325–338, 351–366 und 369f.; ders., Verwaltungsrechtswissenschaft im Nationalsozialismus, in: ders., Recht im Unrecht, S. 147–170, hier: S. 147–151 und 154–160. Zur vielschichtigen Debatte über den Rechtsstaat: *Hilger*: Rechtsstaatsbegriffe im Dritten Reich.

[99]) Forsthoff stammte aus einem protestantischen Pfarrhaus, war Schüler von Carl Schmitt, gehörte zu Beginn der dreißiger Jahre dem Umfeld der „Konservativen Revolution" an und veröffentlichte noch im Jahr 1933 seine bekannte Schrift „Der totale Staat", in der er den

1940 interpretieren. Nachdem er zuvor bereits die Bedeutung einer gestaltenden und zusätzlich aber berechenbaren Verwaltung auch im nationalsozialistischen Staat betont hatte[100]), ging es ihm nun darum, sein Bild einer regelgeleiteten etatistischen Verwaltung gegen Machtansprüche der Partei zu verteidigen[101]). Er hatte erkannt, welche Gefahren von der Dynamisierung und Politisierung des Rechts für die Rechtssicherheit und für die Stabilität des gesamten Systems ausgingen, und verwies statt dessen auf den Staat als ein zwar autoritäres, aber gleichzeitig zumindest tendenziell rechtsstaatlich und sittlich gebundenes Gebilde.[102])

Entscheidend für die weitere Entwicklung der Staatsrechtslehre ist es nun, daß sich in der Zeit des Nationalsozialismus ein Bild des Staates verfestigte, das wesentlich mit der Verwaltung identifiziert wurde. Nachdem Carl Schmitt bereits im Jahre 1932 die Wendung vom Gesetzgebungsstaat zum Verwaltungsstaat betont hatte[103]), erkannten viele nach 1933, daß die Verwaltung zu *der* zentralen Funktion im modernen Staat geworden war. Staatsdenken war für diese Staatsrechtslehrer nunmehr ein Denken von der Verwaltung her. Eine grundsätzlich rechtsgebundene, gleichzeitig aber von übermäßigen gesetzlichen Vorgaben möglichst unabhängig und damit schöpferisch agierende Verwaltung wurde als ein Hort von Sicherheit und Ordnung angesehen, die sich dem allgemeinen staatlichen Auflösungsprozeß und dem immer unübersehbarer werdenden Chaos entgegenstellte und so die Funktionsfähigkeit des Staates auch in Krisenzeiten bewahrte. Auf die Nachkriegsentwicklung der Staats-

neuen Staat als ein autoritäres, totales und antiliberalistisch ausgerichtetes, aber eben nicht als ein totalitäres Gebilde begrüßte. In diesem Sinne war die zeitgenössische Kritik führender NS-Ideologen durchaus berechtigt. (Vgl. *Storost*, Staat und Verfassung bei Ernst Forsthoff, S. 54–80; *Stolleis*, Geschichte des öffentlichen Rechts in Deutschland, 3. Band, S. 332f.; *Reinhard*, Geschichte der Staatsgewalt, S. 469–472; Hans H. *Klein*, „Der totale Staat". Betrachtungen zu Ernst Forsthoffs gleichnamiger Schrift von 1933, in: *Blümel*, Ernst Forsthoff, S. 21–39.) Der Titel dieser Schrift und ihr antisemitischer Gehalt brachten ihren Autor in der Nachkriegszeit immer wieder in Mißkredit. Forsthoff erhielt 1933 seinen ersten Ruf nach Frankfurt am Main, wechselte aber bereits 1935 nach Hamburg. 1936 wurde er auf Druck der Partei hin zwangsweise nach Königsberg versetzt, aber auch auf seiner nächsten Station in Wien ab 1941 stieß er auf den Widerstand der Partei, weswegen er 1943 noch einmal nach Heidelberg wechselte. Zu Forsthoffs Biographie: van *Laak*, Gespräche in der Sicherheit des Schweigens, S. 240–246; Karl *Doehring*, Ernst Forsthoff, in: Juristen im Porträt, S. 341–349.

100) *Forsthoff*, Der totale Staat, S. 35–38; ders., Das neue Gesicht der Verwaltung und die Verwaltungsrechtswissenschaft; ders., Von den Aufgaben der Verwaltungsrechtswissenschaft.

101) Z.B. *Forsthoff*, Die Verwaltung als Leistungsträger, insbesondere: S. 46 und 49f.

102) Vgl. *Stolleis*, Geschichte des öffentlichen Rechts in Deutschland, 3. Band, S. 321, 332f., 344, 352f., 362f. und 374f.; *Storost*, Staat und Verfassung bei Ernst Forsthoff, insbesondere: S. 80–99; *Staff*, Die Wahrung staatlicher Ordnung, S. 151f.; Horst *Dreier*, Die deutsche Staatsrechtslehre in der Zeit des Nationalsozialismus, in: VVDStRL 60 (2001), S. 9–72, hier: S. 17, Fn. 39; Walter *Pauly*, in: ebda., S. 73–105, hier: S. 80–82.

103) *Schmitt*, Legalität und Legitimität, S. 7–19 und 70–87.

rechtslehre wirkte sich auch aus, daß jüngere Juristen, die zum Teil erst später eine Professur für Öffentliches Recht übernehmen sollten, in der Zeit des Nationalsozialismus als Beamte in der Verwaltung tätig gewesen waren.[104]) Ihre Erfahrung vor Ort entsprach weitgehend der der Verwaltungsrechtler an den Universitäten. Hier war man ebenfalls bemüht, – bei aller Fragwürdigkeit dieses Unterfangens – in deutlicher Abgrenzung von der Partei die totalitäre Herrschaft auf unterer Ebene zu zügeln und den staatlichen Apparat im Sinne von Verläßlichkeit und Regelhaftigkeit funktionsfähig zu halten.[105])

Begleitet wurde die Wendung zur Verwaltung von einem deutlichen Innovationsschub auf dem Gebiet des Verwaltungsrechts.[106]) Das Ende des Verwaltungsrechts individualistisch-liberaler Prägung erlaubte es, den Blick auf Phänomene zu richten, die sich in der Verwaltungspraxis zwar schon länger angebahnt hatten, die nun aber – auch vor dem Hintergrund eines verstärkt auf die Wirklichkeit bezogenen Methodenverständnisses – in den Mittelpunkt des Interesses rückten. Aspekte der immer weiter voranschreitenden Verflechtung von Staat und Gesellschaft wurden jetzt systematisch erfaßt und hierbei in ihrer Grundtendenz auch ideell unterstützt. Bereits in der Schlußphase der Weimarer Republik konstatierte Ernst Rudolf Huber[107]) (1903–1990) in deutlicher Anlehnung an seinen Lehrer Carl Schmitt aus der Erfahrung des immer weiter in den Wirtschaftsprozeß intervenierenden Staates die generelle Umgestaltung des Reichs in einen Wirtschaftsstaat[108]), um dann in seiner Habilitationsschrift über das Wirtschaftsverwaltungsrecht[109]) zu versuchen, die vielfältigen Formen hoheitlicher Einflußnahme auf die Wirtschaft erstmals systematisch zu erfassen. 1934 sah er seine Vision eines zur Führung fähigen, autoritären Staates

[104]) Z.B. Otto Bachof, Hans Julius Wolff, Friedrich Klein und Werner Weber. Von den Älteren, die bereits eine Professur besaßen, sind z.B. Hans Peter Ipsen und Arnold Köttgen zu nennen.

[105]) So vor allem das eigene Selbstbild nach 1945. Vgl. z.B. *Pünder*, Der Weg zum Rechtsstaat. Auf diesen Aspekt wies im übrigen auch Otto *Bachof* im Gespräch besonders hin.

[106]) Vgl. hierzu allgemein *Stolleis*, Geschichte des öffentlichen Rechts in Deutschland, 3. Band, S. 366–369; ders., Verwaltungsrechtswissenschaft im Nationalsozialismus, in: ders., Recht im Unrecht, S. 147–170, hier: S. 160–164; *Meyer-Hesemann*, Modernisierungstendenzen in der nationalsozialistischen Verwaltungsrechtswissenschaft.

[107]) Der Hegelianer und Protestant Huber war genauso wie Ernst Forsthoff Schüler von Carl Schmitt und stammte ebenfalls aus dem Umfeld der „Konservativen Revolution". Als einer der Protagonisten der „Kieler Schule" profilierte er sich ab 1933 durch eine dem Nationalsozialismus nahestehende Grundhaltung, hielt aber gleichzeitig am Staat als zentralem Ausgangspunkt seines Denkens fest. 1937 wechselte er nach Leipzig und 1941 nach Straßburg. Ende der dreißiger Jahre erfolgte dann auch eine Hinwendung einerseits zum Reich, ohne daß er gleichzeitig auf den Begriff des Staates verzichtete, und andererseits zur Verfassungsgeschichte, die ihn von da an bis zum Ende seines Lebens beschäftigte. Zu Huber allgemein: *Walkenhaus*, Konservatives Staatsdenken; H. *Klein*, Zum Gedenken an Ernst Rudolf Huber (1903 bis 1990).

[108]) E. R. *Huber*, Das Deutsche Reich als Wirtschaftsstaat.

[109]) E. R. *Huber*, Wirtschaftsverwaltungsrecht.

in der Realität verwirklicht und leitete daraus sein Konzept des „deutschen Sozialismus“ ab, das sich von Bolschewismus und Kapitalismus dadurch unterschied, daß es auf korporative Selbstverwaltung bei gleichzeitiger Gemeinschaftsbindung setzte. Hubers Idealbild war ein starker Staat, der zu Neutralisierungen fähig war und das wirtschaftliche Chaos und den Eigennutz durch Eingriffe bändigen konnte, ohne gleichzeitig die kapitalistische Wirtschaftsweise im Kern anzutasten.[110]) In eine ähnliche Richtung ging auch Ernst Forsthoffs im Jahre 1938 entwickeltes Konzept der Daseinsvorsorge. In der Realität war die Verwaltungstätigkeit, so konstatierte Forsthoff, immer weniger vom Eingriff und statt dessen immer mehr von sozialer Leistung gegenüber dem gesellschaftlichen Bereich geprägt. Folglich bestehe die Notwendigkeit, den einzelnen an staatlichen Leistungen kontinuierlich teilhaben zu lassen, das Verhältnis des einzelnen zum Staat aufgrund seiner unvermeidlichen Abhängigkeit neu zu bestimmen und vor allem die verwaltungsrechtliche Dogmatik dieser Realität anzupassen.[111]) Der Totalitätsanspruch der nationalsozialistischen Herrschaft rückte nicht zuletzt Plan und Planung erstmals ins Bewußtsein[112]), mit deren Hilfe das nationalsozialistische Regime längerfristige Prozesse vor allem während des Krieges gestalten und steuern wollte. Ansätze in Richtung eines Planungsrechts wurden zunächst im Bereich der Wirtschafts-, Stadt- und Landesplanung entwickelt.

Im Zusammenhang mit diesem Innovationsschub veränderte sich das Staatsbild der Staatsrechtslehre um einen weiteren Aspekt. Nachdem die Staatsrechtslehre aufgrund ihrer etatistischen Orientierung schon zuvor interventionistischen Tendenzen aufgeschlossen gegenübergestanden hatte, war es von nun an unübersehbar, daß das liberale Staatsverständnis des 19. Jahrhunderts, wonach dem Staat primär die Aufgabe zukam, Sicherheit und Ordnung zu gewährleisten, auf keinen Fall mehr mit der aktuellen Wirklichkeit zu vereinbaren war, sondern daß der Staat der Zukunft ein starker Staat sein mußte, der in Gesellschaft und Wirtschaft auf extensive Weise zu intervenieren hatte, wollte er nicht das Wohl der Bevölkerung grundsätzlich in Frage stellen. Diese neue Erfahrung hatte einen so fundamentalen und einschneidenden Charakter, daß sie Teile der Staatsrechtslehre bis weit in die sechziger Jahre hinein prägen sollte. Zusammenfassend läßt sich also sagen, daß die Schlußphase der Weima-

[110]) E. R. *Huber*, Die Gestalt des deutschen Sozialismus. Vgl. hierzu des weiteren *Stolleis*, Geschichte des öffentlichen Rechts in Deutschland, 3. Band, S. 228–230; *Walkenhaus*, Konservatives Staatsdenken, S. 57–66, 75–77 und 194–208.

[111]) *Forsthoff*, Die Verwaltung als Leistungsträger. Vgl. hierzu auch *Köttgen*, Deutsche Verwaltung, S. 170–178. Vgl. zu Forsthoffs Konzept des weiteren *Storost*, Staat und Verfassung bei Ernst Forsthoff, insbesondere: S. 82–86, *Friedrich*, Geschichte der deutschen Staatsrechtswissenschaft, S. 407–409; Walter *Pauly*, Die deutsche Staatsrechtslehre in der Zeit des Nationalsozialismus, in: VVDStRL 60 (2001), S. 73–105, hier: S. 97–100.

[112]) Vgl. z.B. *Köttgen*, Deutsche Verwaltung, S. 159–165; *Forsthoff*, Die Verwaltung als Leistungsträger, S. 37.

rer Republik und vor allem die Zeit des Nationalsozialismus bei der nationalkonservativen Mehrheit in der Staatsrechtslehre bestehende antiparlamentarische, exekutivische und staatsinterventionistische Tendenzen zusätzlich forcierte.

Der Zweite Weltkrieg verschärfte noch einmal den polykratischen Charakter der nationalsozialistischen Herrschaft und verstärkte damit auch die im Regime angelegten Tendenzen hin zur Regellosigkeit und zum Verwaltungschaos.[113]) Die Vergeblichkeit rechtlicher Ordnungsversuche wurde vor diesem Hintergrund in der Staatsrechtslehre immer spürbarer.[114]) Nach dem Erscheinen des „staatsrechtliche[n] Hauptwerk[es] des Nationalsozialismus“[115]) im Jahre 1939, dem „Verfassungsrecht des Großdeutschen Reiches“ von Ernst Rudolf Huber[116]), verstummte die Staatsrechtslehre mehr und mehr. Von einer normativ verstandenen Verfassung konnte ohnehin keine Rede mehr sein. Nach einem Jahrzehnt permanenter Staatskrise, zu einem Zeitpunkt zudem, als das individuelle Erleben von Krieg, Zerstörung, Vernichtung und Vertreibung, ob an der Front oder an der Universität, das Leben des einzelnen auf existentielle Weise prägte, sehnte man sich, je näher die militärische Niederlage rückte, desto mehr nach geordneten, sicheren und vertrauten Zuständen zurück. Für den, der überlebt hatte, galt es jedoch im Mai 1945 zunächst, die persönliche Notsituation zu beheben und gleichzeitig den totalen Zusammenbruch des Deutschen Reiches und die vollständige moralische Diskreditierung der eigenen Nation individuell zu verarbeiten. Es war unklar, wie es vor diesem Hintergrund mit dem Staat als Gegenstand der eigenen Wissenschaft überhaupt weitergehen konnte. Insofern setzte sich die „Phase der Außer-Ordentlichkeit“ (Martin Broszat) aufs erste fort, bevor die Staatsrechtslehre in die Bahnen einer wohlgeordneten Wissenschaft zurückgelangte.

[113]) Hierzu allgemein: *Rebentisch*, Führerstaat und Verwaltung im Zweiten Weltkrieg.

[114]) In diesem Sinne Werner Webers Protest aus dem Jahr 1942 gegen die unzureichende Publikation von Rechtsvorschriften: *Weber*, Die Verkündung von Rechtsvorschriften.

[115]) *Stolleis*, Geschichte des öffentlichen Rechts in Deutschland, 3. Band, S. 349.

[116]) E. R. *Huber*, Verfassungsrecht des Großdeutschen Reiches.

III. Wiederaufbau der Staatsrechtslehre bis Ende der fünfziger Jahre

1. Initiativen der US-amerikanischen Besatzungsmacht

Nach der Übernahme der obersten Regierungsgewalt in Deutschland durch die vier alliierten Mächte hing der Wiederaufbau deutscher Staatlichkeit – und damit zwangsläufig auch die Wiedererrichtung des Wissenschaftssystems und die Durchsetzung von Rechtsstaatlichkeit – primär von ihrem politischen Willen ab. In den drei Westzonen erwies sich das Engagement der US-amerikanischen Besatzungsmacht als besonders wirkungsvoll, das folglich hier genauer behandelt werden soll. Unter der Bezeichnung von „reeducation" und später „reorientation" führten die USA zunächst in ihrer Besatzungszone und später in ganz Westdeutschland ein umfassendes Demokratisierungs- und Akkulturationsprogramm[1]) durch. Die Amerikaner wollten nicht zuletzt ein Bildungs- und Wissenschaftssystem etablieren, welches sowohl strukturell als auch inhaltlich den eigenen Vorstellungen von einer gelebten Demokratie entsprach. Ihre Einflußnahme erstreckte sich ab 1947 auch auf das Gebiet der Rechtswissenschaft und zielte hier letztlich auf eine partielle Amerikanisierung der Juristenausbildung.[2]) Nach den Erfahrungen in der Zeit des Nationalsozialismus wollte man auf diese Weise für die Zukunft das deutsche Rechtssystem gegenüber Pervertierungen immun machen, welche man vor allem der dogmatisch-formalistischen Rechtstradition in Deutschland anlastete. Nicht mehr allein der Gesetzesbuchstabe, sondern überpositive ethische Gerechtigkeitsgrundsätze sollten die juristische Entscheidungsfindung auf maßgebliche Weise bestimmen. Vor allem sollte der Rechtsgrundsatz der „rule of law" zum Grundprinzip der gesamten Rechtsordnung werden, und dementsprechend sollten Verfahrensrechte im Sinne des „due process of law" sowie Grundrechte im Sinne der

[1]) Hierzu allgemein *Rupieper*, Die Wurzeln der westdeutschen Nachkriegsdemokratie; *Kellermann*, Von Re-education zu Re-orientation; *Doering-Manteuffel*, Wie westlich sind die Deutschen?, S. 44–70; *Hentschke*, Demokratisierung als Ziel der amerikanischen Besatzungspolitik in Deutschland und Japan.

[2]) Vgl. z.B. den Bericht über eine Konferenz von Mitgliedern rechtswissenschaftlicher Fakultäten und Angehörigen der US-amerikanischen Militärregierung am 11. und 12. 12. 1947 in Wiesbaden: *Hallstein*, Juristische Fakultäten und amerikanische Militärregierung. Ebenso der Bericht über die Tätigkeit der US-Besatzungsmacht auf dem Gebiet der Juristenausbildung von *Loewenstein*, Reconstruction of the Administration of Justice in American-Occupied Germany, S. 458–466. Vgl. hierzu des weiteren *Rückert*, Abbau und Aufbau der Rechtswissenschaft nach 1945; *Waibel*, Von der wohlwollenden Despotie zur Herrschaft des Rechts, S. 279–285; *Kellermann*, Cultural Relations as an Instrument of U.S. Foreign Policy, insbesondere: S. 55 und 107f. Vgl. zudem den auf eine grundlegende Reform der Justizverwaltung abzielenden Artikel: *Zinn*, Administration of Justice in Germany.

„civil liberties" zentrale Geltung erlangen. Entsprechend dem US-amerikanischen „case law"-System war vorgesehen, die Rechtsstudenten durch einen Unterricht, welcher sich am konkreten Einzelfall orientierte, besonders auf die ethischen und sozialen Aspekte des Rechtes hinzuweisen. Zudem strebte die amerikanische Besatzungsmacht eine thematische Erweiterung des Rechtsstudiums an. Zum einen sollten die Studenten auch in politik-, sozialwissenschaftlichen und allgemeinbildenden Themen unterrichtet werden, zum anderen wollte man Rechtsphilosophie und Rechtsvergleichung als zentrale Studienfächer etablieren. Erreicht werden sollten diese Ziele, indem die Amerikaner vor allem auf die Lehrplangestaltung der juristischen Fakultäten und auf die personelle Zusammensetzung des Lehrkörpers im Sinne der Entnazifizierung Einfluß nahmen, aber auch indem sie juristische Bibliotheken mit Literatur aus dem westlichen Ausland versorgten und amerikanische Juristen auf Vortragsreisen an westdeutsche juristische Fakultäten schickten, um so den Studenten eine Vorstellung vom US-amerikanischen Vorbild zu vermitteln. Autoritären Grundeinstellungen der Juristen wollte man gegensteuern, indem man versuchte, eine kritische, verantwortungsbewußte und politisierte Grundhaltung der Studenten durch ein offenes und diskussionsfreudiges Klima in den Lehrveranstaltungen zu fördern.

Doch hiermit nicht genug. Die US-amerikanische Besatzungsmacht war zudem bestrebt, deutsche Institutionen und Gruppen zu unterstützen, die es sich zum Ziel machten, eine Grundhaltung zu fördern, die mit dem anglo-amerikanischen Rechtsdenken zumindest ansatzweise zu vereinbaren war. Ziel der Besatzungsmacht war es allgemein, das herkömmliche, den Deutschen angelastete Obrigkeitsdenken zu überwinden und im Sinne eines freiheitlichen Gemeinwesens Individualrechte gegenüber der Staatsmacht zu stärken. So unterstützte sie auf finanzielle und ideelle Weise beispielsweise den „Bund für Bürgerrechte"[3]), der nach dem Vorbild der linksliberalen „American Civil Liberties Union" 1949 in Frankfurt am Main gegründet wurde und es sich zum Ziel setzte, Öffentlichkeitsarbeit zur Verteidigung von staatsbürgerlichen Rechten gegen die Staatsgewalt zu betreiben. Die Grundrechte sollten als freiheitssichernde Fundamentalnormen im Rechtsbewußtsein der Bevölkerung verankert werden. Dementsprechend vertrat der „Bund für Bügerrechte" in Grundrechtsfragen Kläger vor Verwaltungsgerichten, führte Informationsveranstaltungen durch, versuchte Einfluß auf die Gesetzgebung zu nehmen und forderte mit Nachdruck die Einführung der Verfassungsbeschwerde vor dem noch zu errichtenden Bundesverfassungsgericht. Die Amerikaner unterstützten zudem das 1948 gegründete „Institut zur Förderung öffentlicher Angelegenheiten"[4]),

[3]) Vgl. hierzu *Rupieper*, Die Wurzeln der westdeutschen Nachkriegsdemokratie, S. 286–333; *Waibel*, Von der wohlwollenden Despotie zur Herrschaft des Rechts, S. 314f.

[4]) Vgl. hierzu *Rupieper*, Die Wurzeln der westdeutschen Nachkriegsdemokratie, S. 202–204.

das sich dem wissenschaftlichen Austausch über die Funktion der öffentlichen Verwaltung widmete und vor allem durch Tagungen und Publikationen hervortrat[5]), sowie die „Hochschule für Politische Wissenschaften" in München, eine im Jahre 1950 ins Leben gerufene außeruniversitäre Einrichtung für politische Erwachsenenbildung[6]).

In allen diesen Institutionen arbeiteten neben anderen bekannten Persönlichkeiten auch Staatsrechtslehrer in maßgeblicher Position mit, so beispielsweise *Ernst Friesenhahn* (1901–1984), der spätere Bundesverfassungsrichter, der sich 1934 deutlich von seinem früheren Lehrer Carl Schmitt distanziert hatte, ab 1938 in Bonn lehrte und dort erst 1946 zum Ordinarius ernannt worden war; *Hermann von Mangoldt* (1895–1953), der sich in den dreißiger Jahren besonders mit dem amerikanischen Verfassungsrecht auseinandergesetzt hatte und nach Stationen in Königsberg und Tübingen noch während des Krieges nach Kiel berufen worden war; *Wilhelm Grewe* (1911–2000), der 1947 ein Ordinariat in Freiburg übernommen hatte und in den fünfziger Jahren als Rechtsberater des Auswärtigen Amtes tätig war; *Hans Peters* (1896–1966), der dem „Kreisauer Kreis" angehört hatte und 1949 nach langjähriger Tätigkeit an der Humboldt-Universität in Ost-Berlin aus politischen Gründen auf einen Lehrstuhl nach Köln wechselte; *Erich Kaufmann*, der 1934 als einer der profiliertesten Staatsrechtslehrer der Weimarer Zeit aufgrund seiner jüdischen Abstammung zwangsemeritiert und 1939 zur Emigration gezwungen worden war, 1946 aber wieder ein Ordinariat in München übernommen hatte und während der fünfziger Jahre als Rechtsberater im Bundeskanzleramt und im Auswärtigen Amt tätig war; und *Walter Jellinek* (1885–1955), der 1935 ebenfalls aufgrund seiner jüdischen Abstammung aus seinem Amt gedrängt worden war und sich nach 1945 maßgeblich für den Wiederaufbau der Heidelberger Universität einsetzte. Nicht anders verhielt es sich an der „Hochschule für Politische Wissenschaften". Auch hier engagierten sich vor allem die in München lehrenden Staatsrechtslehrer Erich Kaufmann, *Willibald Apelt* (1878–1965), der 1933 aus seinem Professorenamt in Leipzig verdrängt worden war und ab 1946 wieder als Ordinarius in München lehrte, *Hans Nawiasky*, der bereits 1933 aufgrund seiner jüdischen Abstammung in die Schweiz emigriert, aber 1946 wieder auf seinen Münchener Lehrstuhl zurückgekehrt war und auf die bayerische Verfassungsgebung einen maßgeblichen Einfluß ausgeübt hatte, und *Friedrich Glum* (1891–1974), der 1937 seinen Posten als Generalsekretär der Kaiser-Wilhelms-Gesellschaft verloren hatte und nach 1945 als Rechtsberater bei der US-amerikanischen Militärregierung und später bei der Bayerischen Staatskanzlei tätig war.[7])

[5]) Vgl. z.B. den Tagungsbericht: Die Übertragung rechtsetzender Gewalt im Rechtsstaat. Hier traten die Staatsrechtler Ulrich Scheuner, Wilhelm Karl Geck, Helmut Ridder und Peter Schneider als Referenten auf.

[6]) Vgl. hierzu *Marsen*, Zwischen Reeducation und politischer Philosophie, S. 51–82.

[7]) Vgl. auch die in der Schriftenreihe der Hochschule für Politische Wissenschaften erschienenen Beiträge: *Kaufmann*, Grundtatsachen und Grundbegriffe der Demokratie; *Apelt*, Ge-

Wie ist es zu erklären, daß es zu einer solchen Zusammenarbeit zwischen der amerikanischer Besatzungsmacht und den deutschen Staatsrechtslehrern kommen konnte? Zunächst ist festzustellen, daß die Staatsrechtslehrer, die hier in Erscheinung traten, im Kreis der Professoren für Öffentliches Recht zweifellos zu den „Demokraten der ersten Stunde" zu zählen sind.[8]) Die meisten hatten aus rassischen oder weltanschaulichen Gründen in deutlicher Distanz zum Nationalsozialismus gestanden, teilweise waren sie verfolgt worden. Nach der Erfahrung des Nationalsozialismus gab es für sie nur eine Option, und dies war die Wiedererrichtung des Rechtsstaates. Aus pragmatischen Erwägungen heraus erkannte man, daß dies nur in enger Zusammenarbeit mit den Besatzungsbehörden erreicht werden konnte. Diese Zusammenarbeit schuf finanzielle Möglichkeiten, an die sonst nicht zu denken war. Das bedeutete aber nicht, daß eine vollständige ideelle Übereinstimmung zwischen den Zielen der USA und denen der deutschen Staatsrechtslehrer bestanden hätte. Dies zeigte sich bereits in der Haltung der Akteure zu Einzelfragen. Vom „Institut zur Förderung öffentlicher Angelegenheiten" erhofften sich die Amerikaner unter anderem ein Engagement für eine Reform des Berufsbeamtentums, was bei den deutschen Mitgliedern aber keinen Anklang fand.[9]) Gleichzeitig wurde auf Konferenzen des „Bundes für Bürgerrechte" von den deutschen Teilnehmern besonders der kollektive Aspekt von Freiheitsrechten in deutlicher Abgrenzung von dem als übersteigert angesehenen Individualismus in den anglo-amerikanischen Ländern hervorgehoben.[10]) Es handelte sich also allein um Zweckbündnisse, welche aus der politischen Konstellation der Zeit zu erklären sind.

Es überrascht vor diesem Hintergrund nicht, daß die meisten Initiativen der US-amerikanischen Besatzungsmacht wirkungslos verpufften. Ihre Reformansätze bei der Juristenausbildung blieben in den Anfängen stecken, die mit ihrer maßgeblichen finanziellen Unterstützung gegründeten Institutionen lösten sich rasch wieder auf, das „Institut zur Förderung öffentlicher Angelegenheiten" bereits 1952 und der „Bund für Bürgerrechte" Mitte der fünfziger Jahre, als sich die USA aus der Zusammenarbeit immer weiter zurückzogen. Es kam hier – entsprechend dem allgemeinen Trend der fünfziger Jahre – aufs

setzgebungstechnik; *Glum*, Krise der Demokratie; *Nawiasky*, Die Demokratie in der Schweiz.

[8]) Dieser Gruppe könnten neben den bereits genannten Staatsrechtslehrern aufgrund einzelner Publikationen auch Richard *Thoma* (vgl. z.B. ders., Über Wesen und Erscheinungsformen der modernen Demokratie), Ulrich *Scheuner* (vgl. z.B. ders., Grundfragen des modernen Staates) und Adolf *Schüle* (vgl. z.B. ders., Demokratie als politische Form und Lebensform, in: Rechtsprobleme in Staat und Kirche, S. 321–344) zugerechnet werden.

[9]) Vgl. *Rupieper*, Die Wurzeln der westdeutschen Nachkriegsdemokratie, S. 203.

[10]) Vgl. z.B. Protokoll über die vorbereitende Versammlung zur Gründung eines Bundes für Bürgerrechte am Mittwoch, den 21. September 1949 in Mannheim, Rosengarten, in: Nachlaß *Jellinek*, Nr. 71, insbesondere: S. 2 und 7.

erste zu einem Fortbestand der aus der deutschen Geschichte herrührenden Kontinuitäten.

Zu den wenigen Bereichen, in denen die Initiativen der Amerikaner auf fruchtbaren Boden fielen und die die weitere ideelle Entwicklung der bundesdeutschen Gesellschaft auf nicht zu unterschätzende Weise beeinflußten, sind die ab 1948 ins Leben gerufenen Austauschprogramme[11]) zu zählen, bei denen Deutsche die Möglichkeit erhielten, eine längere Zeit in den USA zu verbringen. Die USA zielten mit ihren auf breiter Basis organisierten Austauschprogrammen letztlich auf eine Verwestlichung der bundesdeutschen Gesellschaft insgesamt:

> [The] purpose [of the exchange program] was to help assist Germans in creating a new society modeled on western democratic concepts.[12])

Auch im Bereich der Rechtswissenschaft nahm eine Vielzahl von Studenten und Dozenten an solchen Austauschprogrammen teil und lernte vor Ort in den USA das fremde Rechtssystem kennen. In der Nachkriegszeit, die von allgemeiner Unsicherheit und Orientierungslosigkeit insbesondere der nachwachsenden Generation geprägt war, konnte das anglo-amerikanische Verfassungsdenken eine neue Grundorientierung bieten, von der dann auch konkrete staatsrechtliche Neuansätze abzuleiten waren. Teilnehmer an Austauschprogrammen traten, wie wir noch sehen werden, nach ihrem Auslandsaufenthalt häufig als Multiplikatoren eines westlichen Staatsverständnisses in Erscheinung und bereiteten damit langfristig den Boden für eine Westernisierung der Staatsrechtslehre in den sechziger Jahren.[13])

Ein weiterer Bereich, in dem die Initiativen der USA bereitwillig aufgenommen wurden, ist der Neuaufbau der Politikwissenschaft als Universitätsdisziplin während der fünfziger Jahre.[14]) Die Politikwissenschaft sollte aus Sicht

[11]) Vgl. hierzu *Pilgert*, The Exchange of Persons Program in Western Germany; *Rupieper*, Die Wurzeln der westdeutschen Nachkriegsdemokratie, S. 390–420; *Kellermann*, Cultural Relations as an Instrument of U.S. Foreign Policy; ders., Von Re-education zu Re-orientation, S. 97–100.

[12]) *Kellermann*, Cultural Relations as an Instrument of U.S. Foreign Policy, S. 4.

[13]) Siehe hierzu z.B. die drei insgesamt positiven Erfahrungsberichte: *Glum*, Zwischen Wissenschaft, Wirtschaft und Politik, S. 638–657 und 671–724; *Apelt*, Jurist im Wandel der Staatsformen, S. 300–314; Depositum *Ehmke*, Nr. 369 (zwei Manuskripte Ehmkes, „Rendezvous with America“ und ohne Titel, über seinen Studienaufenthalt in Princeton 1949/50).

[14]) Vgl. hierzu *Bleek*, Geschichte der Politikwissenschaft in Deutschland, S. 265–307; Günther C. *Behrmann*, Die Verselbständigung der Wissenschaft von der Politik. Gründung und Begründung einer neuen Fachdisziplin, in: *Acham*, Erkenntnisgewinne, Erkenntnisverluste, S. 443–478, hier: S. 443–457 und 465–468; *Marsen*, Zwischen Reeducation und politischer Philosophie, S. 13–37: *Mohr*, Politikwissenschaft als Alternative, S. 12–164; ders., Die Durchsetzung der Politikwissenschaft an deutschen Hochschulen und die Entwicklung der Deutschen Vereinigung für Politische Wissenschaft, S. 62–64; *Lietzmann*, Politikwissenschaft in der Bundesrepublik Deutschland, hier: S. 38–44; *Kastendiek*, Die Entwicklung der westdeutschen Politikwissenschaft, S. 152–237; Alfons *Söllner*, Die Gründung der west-

der Amerikaner einen maßgeblichen Beitrag dazu leisten, die Deutschen zur Demokratie zu erziehen. Erste Initiativen zur Etablierung des Fachs gingen von der amerikanischen Besatzungsmacht ab 1949 aus. Sie stellte finanzielle Mittel zur Verfügung, organisierte Konferenzen als erste Diskussionsforen für interessierte Wissenschaftler und versuchte hier, ihre konzeptionellen Vorstellungen für die neue Wissenschaftsdisziplin publik zu machen[15]). In dieser Anfangsphase engagierten sich auf deutscher Seite wiederum zahlreiche Personen, die in der Weimarer Zeit noch dem Fach des Öffentlichen Rechts zuzuordnen gewesen waren. So übernahm *Gerhard Leibholz* (1901–1982), der 1938 aufgrund seiner jüdischen Abstammung nach England emigriert war und 1951 zum Bundesverfassungsrichter gewählt wurde, 1947 in Göttingen eine Gastprofessur für „Öffentliches Recht und Politik". 1958 erhielt er den neugeschaffenen Lehrstuhl für „Politische Wissenschaft und Allgemeine Staatslehre". *Wolfgang Abendroth* (1906–1985), der wegen seiner dezidiert linken Grundhaltung während des Nationalsozialismus nur knapp mit dem Leben davongekommen war, erhielt 1951 in Marburg einen Lehrstuhl für „Wissenschaftliche Politik". Ebenso erlangte der SPD-Politiker *Carlo Schmid* (1896–1976) 1953 einen solchen Lehrstuhl in Frankfurt, nachdem er ab 1946 noch als Professor für Öffentliches Recht in Tübingen gelehrt hatte. Zudem übernahmen die beiden in die USA geflohenen Emigranten *Ernst Fraenkel* (1898–1975) und *Franz L. Neumann* (1900–1954), die in der Weimarer Zeit noch als junge Staatsrechtler in Erscheinung getreten waren, in den fünfziger Jahren als Politologen einen Lehrstuhl bzw. eine Gastprofessur in West-Berlin. Auf diese Weise erfolgte eine Abwanderung von früheren Staatsrechtlern in die Politikwissenschaft, was zur Folge hatte, daß der Staatsrechtslehre meist jüngere Wissenschaftler entzogen wurden, die aufgrund ihrer Emigration ins westliche Ausland und durch ihre politisch-ideelle Grundhaltung dafür prädestiniert gewesen wären, im Sinne einer Westernisierung des Faches aktiv zu werden. Die bereits erwähnte, eher konservativ ausgerichtete „Hochschule für Politische Wissenschaften" in München fällt hier weniger ins Gewicht, weil die Staatsrechtslehrer, die dort tätig waren, ihre Professur im Bereich des Öffentlichen Rechts behielten und sich damit auch weiterhin der Staatsrechtslehre zugehörig fühlten. Mit der Politikwissenschaft entstand hingegen eine Universitätsdisziplin, die sich zum Vorreiter des Westernisierungsprozesses entwickelte und die, je größeres Gewicht ihr im Wissenschaftssystem zukam, die traditionelle Orientierung in der Staatsrechtslehre mehr und mehr in Frage stellte. Aber dies war in

deutschen Politikwissenschaft – ein Reimport aus der Emigration, in: *Krohn* und von zur *Mühlen*, Rückkehr und Aufbau nach 1945, S. 253–274; Alfons *Söllner*, Normative Verwestlichung. Der Einfluß der Remigranten auf die politische Kultur der frühen Bundesrepublik, in: *Bude* und *Greiner*, Westbindungen, S. 72–92.

[15]) Vgl. z. B. den Vortrag auf der Gründungskonferenz im Odenwald-Schloß Waldleiningen im September 1949: *Loewenstein*, Über den Stand der politischen Wissenschaften in den USA.

den fünfziger Jahren noch Zukunftsmusik. Die Politikwissenschaft befand sich in diesem Zeitraum noch in einer Aufbauphase und brauchte folglich als westliche Demokratiewissenschaft von der Staatsrechtslehre noch kaum zur Kenntnis genommen zu werden. Hier herrschte weiterhin das elitäre Bewußtsein vor, daß der eigenen Disziplin im Kreis der politischen Wissenschaften gewissermaßen der Status der Königswissenschaft zukam.[16])

Als Fazit läßt sich dennoch sagen, daß – auch wenn die Mehrzahl der Reformansätze scheiterte – von der US-amerikanischen Besatzungsmacht doch die Basis für Entwicklungen gelegt wurde, die in der Staatsrechtslehre der sechziger Jahre einschneidende Veränderungen bewirken sollten.

2. „Bestimmend war die Absicht, schlicht und ohne große Worte wieder an die Arbeit zu gehen"[17])

Blickt man auf die personelle Zusammensetzung der Staatsrechtslehre der unmittelbaren Nachkriegszeit, so ist diese von weitgehender Kontinuität gegenüber der Zeit des Nationalsozialismus geprägt. Ein begrenzter Wechsel in der Zusammensetzung erfolgte zunächst einmal dadurch, daß unter dem Signum der von den Besatzungsmächten vorangetriebenen Entnazifizierung zahlreiche Staatsrechtslehrer, die aufgrund ihrer Tätigkeit als Universitätsdozent und Wissenschaftler in der Zeit nach 1933 als belastet galten, ihren Posten verloren. Dies traf vor allem die Vertreter einer völkisch-nationalsozialistischen bzw. eher nationalkonservativen Staatsrechtslehre, die versucht hatten, bei den wissenschaftlichen Debatten in der ersten Reihe zu stehen, so etwa *Reinhard Höhn*, *Otto Koellreutter*, *Carl Schmitt*, *Ernst Rudolf Huber*, *Johannes Heckel* (1889–1963), *Theodor Maunz* (1901–1993), *Ulrich Scheuner*[18]) (1903–1981), *Herbert Krüger* (1905–1989) und *Ernst Forsthoff*. Für sie, die auf diese Weise ihre sicher geglaubte Beamtenstellung verloren, waren damit die ersten Nachkriegsjahre eine „Interimszeit" der tiefsten Verunsicherung, eine Zeit des Ban-

[16]) Symptomatisch hierfür ist beispielsweise ein Konflikt zwischen dem SPD-Politiker Hermann L. Brill, der schon früh als aktiver Förderer der Politikwissenschaft hervortrat, und dem Vorstand der Staatsrechtslehrervereinigung. Brill wandte sich gegen die für die Staatsrechtslehrertagung im Jahr 1953 vorgesehene Themenstellung „Wesen und Begriff des sozialen Rechtsstaates", da „ein derartiges Thema mehr zum Forschungsgebiet der Wissenschaftlichen Politik als zu dem des Staatsrechtes gehört." Sowohl der Referent Ernst Forsthoff als auch Hans Peter Ipsen und Hans J. Wolff aus dem Vorstand reagierten hierauf mit völligem Unverständnis, allein Wolfgang Abendroth versuchte gegenüber seinem Bekannten Brill zu vermitteln. Vgl. Nachlaß *Abendroth*, Nr. 566d (Abschrift des Briefes von Brill an Ipsen vom 23. 2. 1953, Auszug aus einem Brief von Forsthoff an Ipsen vom 5. 3. 1953 und Abendroth an Wolff vom 19. 3. 1953).

[17]) Herausgeber und Verlag, Zum neuen Jahrgang, in: AöR 74 (1948), S. 1f., hier: S. 2.

[18]) Vgl. hierzu Scheuners Schilderung seines Lebenswegs von 1945 bis 1949, in: Nachlaß *Schmitt*, Nr. 12439 (Scheuner an Schmitt vom 14. 8. 1949).

gens und des Hoffens, den verlorenen sozialen Status trotz aller Widerstände wieder zu erlangen.[19]) Finanziell versuchten sie sich und ihre Familien mit Hilfe von Gelegenheitsveröffentlichungen, zum Teil unter Pseudonym, und durch Lehraufträge bzw. durch Beschäftigungen ganz anderer Art – Krüger etwa arbeitete als Geschäftsführer des Verbandes deutscher Reeder in Hamburg – durchzubringen.[20]) Gleichzeitig wurden alle Hebel in Bewegung gesetzt und insbesondere persönliche Kontakte genutzt, um bei den anstehenden Berufungsverfahren für einen Lehrstuhl trotz aller moralischen Anfeindungen auf einen der begehrten vorderen Plätze zu gelangen.[21]) Für Höhn, Koellreutter und Schmitt war aber alle Mühe vergebens. Sie erhielten nach 1945 keine Professur mehr und blieben auch aus dem Kreis der Staatsrechtslehrer ausgeschlossen. Vergleichsweise glimpflich verlief es bei Scheuner, der 1950 einen Ruf nach Bonn erhielt. Für die übrigen dauerte es teilweise bis weit in die fünfziger Jahre hinein, bis sie erneut eine Professur erlangten. Zu den letzten, die „nach einer gewissen Karenzzeit“[22]) wieder mit einem Lehrstuhl bedacht wurden, gehörten Heckel, der – nachdem sich besonders Hans Nawiasky für ihn eingesetzt hatte – 1952 wieder auf seinen früheren und mittlerweile vakanten Lehrstuhl in München berufen wurde[23]), Forsthoff, der im selben Jahr in Heidelberg unterkam, Maunz, der ebenfalls 1952 auf maßgebliches Betreiben seines Lehrers Hans Nawiasky trotz des Widerstands von Erich Kaufmann nach München berufen wurde[24]), Krüger, dem Rolf Stödter (1909–1993) und Hans Peter Ipsen in Hamburg nach zunächst gescheiterten Versuchen im Jahr 1955 einen Lehrstuhl verschaffen konnten[25]), und Huber, für den die Zeit der exi-

[19]) Vgl. z.B. Nachlaß *Schmitt*, Nr. 3762 und 3782 (Forsthoff an Schmitt vom 7. 7. 1948 und vom 25. 5. 1952).

[20]) Schmitt verfaßte im Zeitraum von 1948 bis 1950 ein „Juristisches Repetitorium“ (vgl. van *Laak*, Gespräche in der Sicherheit des Schweigens, S. 37), Forsthoff erhielt bereits 1950 einen Lehrauftrag in Heidelberg und Huber 1952 einen Lehrauftrag für Neuere Verfassungsgeschichte in Freiburg.

[21]) Siehe z.B. Forsthoffs Versuche im Zeitraum von 1948 bis 1952, in Köln, Frankfurt am Main, Göttingen, Kiel, Marburg, Münster oder Heidelberg einen Lehrstuhl zu erlangen, die immer wieder von Presseskandalen wegen seiner Vergangenheit begleitet waren. Vgl. Nachlaß *Schmitt*, Nr. 3762–3782 (Forsthoff an Schmitt vom 6. 7. 1948–25. 5. 1952). Zu dem erfolgreichen Versuch, Huber in Wilhelmshaven unterzubringen, und dem diesbezüglichen Presseskandal: *Grothe*, Eine „lautlose“ Angelegenheit?, S. 990–997.

[22]) In diesem Sinne der Vorstand der Staatsrechtslehrervereinigung im Rundschreiben vom 23. Mai 1950 zur Frage der Wiederaufnahme von früheren Nationalsozialisten. In: Nachlaß *Nawiasky*.

[23]) Vgl. Nachlaß *Nawiasky*, Heckel an Nawiasky vom 31. 12. 1951 und vom 29. 6. 1952.

[24]) Vgl. Nachlaß *Nawiasky*, Nawiasky an Maunz vom 2. 1. 1952, Maunz an Nawiasky vom 3. 1. 1952, vom 1. 7. 1952 und vom 6. 8. 1952; Nachlaß *Schmitt*, Nr. 18725 (Maunz an Schmitt vom 18. 8. 1952).

[25]) Vgl. *Stödter*, Ansprache auf Herbert Krüger, S. 164f.; Nachlaß *Schmitt*, Nr. 6408 und 6419 (Ipsen an Schmitt vom 7. 7. 1949 und vom 31. 1. 1954).

stentiellen Unsicherheit erst 1957 mit einer Professur an der Hochschule für Sozialwissenschaften in Wilhelmshaven endete[26]).

Ein begrenzter Wandel der Zusammensetzung der Staatsrechtslehre erfolgte auch durch diejenigen, die nach 1933 aus rassischen Gründen gezwungen gewesen waren zu emigrieren und nach 1945 die Möglichkeit zur Remigration nutzten[27]). *Erich Kaufmann* kehrte aus Holland an die Universität München zurück, *Hans Nawiasky* übernahm ebenfalls wieder seinen Lehrstuhl in München, blieb aber in St. Gallen ansässig, *Gerhard Leibholz* entschied sich auf Betreiben des damaligen Rektors Rudolf Smend, trotz anfänglichen Zögerns, im Jahr 1947 zunächst eine Gastprofessur in Göttingen zu übernehmen, orientierte sich dann aber deutlich in eine politikwissenschaftliche Richtung. Auch der Völkerrechtler *Hans-Jürgen Schlochauer* (1906–1989) kehrte aus seinem Exil in England zurück und holte 1946 seine Habilitation nach, um dann 1950 eine Professur in Köln und 1951 ein Ordinariat in Frankfurt am Main zu übernehmen. *Willibald Apelt* und *Walter Jellinek* waren zwar nach 1933, nach dem Verlust ihrer Professur, nicht emigriert, sie erhielten aber nach 1945 genauso wie die Remigranten wieder einen Lehrstuhl und engagierten sich dann besonders für den Wiederaufbau ihrer Universität in München bzw. Heidelberg.

Fragt man nach Kontinuitäten und Brüchen im Denken dieses Personenkreises, so ergibt sich ein äußerst ambivalentes Bild. Einzelne verfassungspolitische Rahmenbedingungen, denen man in der Weimarer Zeit noch eher kritisch gegenübergestanden hatte, wie z. B. die Existenz von politischen Parteien oder des parlamentarischen Regierungssystems an sich, wurden nunmehr erheblich positiver bewertet als zuvor. Damit trugen die Remigranten auf nicht zu unterschätzende Weise zur Etablierung und Durchsetzung des parlamentarischen Verfassungssystems des Grundgesetzes in der Gesellschaft allgemein und besonders in der Staatsrechtslehre bei. Abgesehen hiervon hatten sich allerdings auch bei den Remigranten Grundstrukturen des staatsrechtlichen Denkens kaum gewandelt, obwohl sie eine fremde, westliche Rechtsordnung vor Ort kennengelernt hatten. Sie hielten entsprechend dem allgemeinen Trend der Staatsrechtslehre in den fünfziger Jahren an zentralen Konzeptionen fest, die schon die Debatten während der Weimarer Republik bestimmt hatten.

Natürlich rückten auch Wissenschaftler, die einer jüngeren Generation angehörten und die in der Zeit des Nationalsozialismus noch über keine Professur

[26]) Vgl. hierzu allgemein *Grothe*, Eine „lautlose“ Angelegenheit?

[27]) Zur Emigration im Bereich der Rechtswissenschaft während der nationalsozialistischen Herrschaft allgemein: *Breunung*, Wissenschaftsgeschichte auf dem statistischen Prüfstand; dies., Rechtswissenschaft; *Stiefel*, Die deutsche juristische Emigration in den USA; *Stiefel* und *Mecklenberg*, Deutsche Juristen im amerikanischen Exil (1933–1950); *Lutter*, Der Einfluß deutscher Emigranten auf die Rechtsentwicklung in den USA und in Deutschland. Zum Beitrag von Emigranten auf die Nachkriegsentwicklung allgemein: *Schildt*, Reise zurück aus der Zukunft; *Krohn* und von zur *Mühlen*, Rückkehr und Aufbau nach 1945; *Krohn* und *Schumacher*, Exil und Neuordnung.

verfügt hatten, auf die neu zu besetzenden Professorenstellen nach und sorgten so für eine Verjüngung der Staatsrechtslehre. Zu den nachrückenden Staatsrechtslehrern, die in den fünfziger Jahren teilweise zum dominierenden Personenkreis aufstiegen, gehörten die drei Verwaltungsrechtler *Otto Bachof* (geb. 1914), ab 1951 in Erlangen und ab 1955 in Tübingen, *Carl Hermann Ule* (1907–1999), ab 1951 Honorarprofessor in Göttingen und ab 1955 Ordinarius in Speyer, *Werner Thieme* (geb. 1923), ab 1953 in Saarbrücken, zudem *Alfred Voigt* (geb. 1913), ab 1952 in Erlangen, *Karl Josef Partsch* (1914–1996), ab 1954 in Kiel, *Günter Dürig*, Schüler von Willibald Apelt, ab 1955 in Tübingen, der Carl Schmitt-Schüler *Joseph H. Kaiser* (1921–1998), ab 1954 in Freiburg, der Rudolf Smend-Schüler *Konrad Hesse* (geb. 1919), ab 1955 ebenfalls in Freiburg, *Eberhard Menzel* (1911–1973), ab 1955 in Kiel, und *Helmut Ridder* (geb. 1919), Schüler von Hans J. Wolff, ab 1952 in Frankfurt und im Jahre 1954 Gastprofessor in Washington, D.C. Unter den neuen Professoren waren auch Nachwuchskräfte, deren Karriere während der Zeit des Nationalsozialismus aus rassischen oder politischen Gründen unterbrochen war, so *Wolfgang Abendroth*; *Martin Drath* (1902–1976), der als früherer Sozialdemokrat im Jahr 1933 aus seiner Dozententätigkeit entlassen worden war, 1945 einen Lehrauftrag in Jena übernahm, ab 1949 als Ordinarius an der Freien Universität in Berlin lehrte und zusätzlich 1951 bis 1963 als Bundesverfassungsrichter tätig war; *Walter Mallmann* (1908–1982), dessen Habilitationsversuch 1937 aus politischen Gründen gescheitert war, der nach 1946 zunächst als Redakteur beim Verlag Mohr Siebeck, später zudem als Honorarprofessor in Tübingen arbeitete und 1957 ein Ordinariat in Frankfurt am Main übernahm; *Friedrich August Freiherr von der Heydte* (1907–1994), der als Schüler von Erich Kaufmann 1950 seine Habilitation nachholte, 1951 eine Professur in Mainz erhielt und bereits 1954 auf einen Lehrstuhl nach Würzburg wechselte; und *Adolf Schüle* (1901–1967), der 1938 in die Wirtschaft wechselte, da er mit einer Frau jüdischer Abstammung verheiratet war, und erst 1954 einen Lehrstuhl in Tübingen erhielt. Wieder andere kamen als Vertriebene aus den nunmehr polnisch bzw. sowjetisch verwalteten, ehemals deutschen Ostgebieten oder als Flüchtlinge aus der SBZ, weil sie dort die politischen und universitären Verhältnisse für nicht mehr erträglich hielten. Zu der Gruppe von Flüchtlingen aus der SBZ gehörte neben *Hans Peters*, *Martin Drath* und *Wolfgang Abendroth* auch der Carl Schmitt-Schüler *Werner Weber* (1904–1976), der ab 1942 Ordinarius in Leipzig gewesen war, 1949 aber nach Göttingen wechselte.

Trotz dieser Veränderungen in der Zusammensetzung sind für die Staatsrechtslehre insgesamt doch – entsprechend dem allgemeinen Trend zur Wiederverwendung von Funktionseliten aus der Zeit des Nationalsozialismus – die personellen Kontinuitäten über den politischen Systemumbruch von 1945 hinweg prägend. Viele Staatsrechtslehrer, die vor 1945 ihre Karriere begonnen hatten, setzten in der Nachkriegszeit ihre Laufbahn fort und wurden Protagonisten der bundesdeutschen Wissenschaftsentwicklung. Ihre Karrieren erhielten teilweise einen kurzen Knick entweder durch Flucht und Vertreibung oder aufgrund von Entnazifizierungsverfahren, die der einzelne zu durchlaufen hatte. Zu dieser Gruppe zählen neben den bereits Genannten beispielsweise *Hans Julius Wolff* (1898–1976), ab 1946 in Münster, zuvor Prag (1940); *Hans Ulrich Scupin* (1903–1990), ab 1952 ebenfalls in Münster, zuvor Posen (1941); *Hans Peter Ipsen*, ab 1940 in Hamburg; *Hans Schneider* (geb. 1912), ab 1955 in Heidelberg, zuvor in Breslau (1943) und Tübingen (1951); *Arnold Köttgen* (1902–1967), ab 1952 in Göttingen, zuvor Berlin (1943) und Speyer (1951); *Friedrich Klein* (1908–1974), nominell ab 1944 in Münster; *Hermann Jahrreiß* (1894–1992), ab 1937 in Köln; *Ernst von Hippel* (1895–1984), ab 1940 ebenfalls in Köln; *Heinrich Herrfahrdt* (1890–1969), ab 1933 in Marburg; *Hans Gerber* (1889–1981), ab 1941 in Freiburg; und *Hermann von Mangoldt*, nominell ab 1943 in Kiel. Der Eindruck personeller Kontinuitäten gegenüber der Zeit des Nationalsozialismus verstärkt sich noch, wenn man diejenigen in den Blick nimmt, die für eine wissenschaftliche Neuordnung nicht zur Verfügung standen. Zum einen kehrten einige Emigranten wie *Hans Kelsen*, *Otto Kirchheimer* (1905–1965) und *Karl Loewenstein* (1891–1973) nicht mehr aus der Emigration zurück, und zum anderen waren einige Staatsrechtslehrer, die die Weimarer staatsrechtlichen Debatten noch auf entscheidende Weise geprägt hatten, sich aber nach 1933 aus dem Wissenschaftssystem zurückgezogen hatten, zwischenzeitlich verstorben, wie etwa *Hermann Heller* und *Heinrich Triepel*.

Auch die Debatten um die Zusammensetzung der „Vereinigung der Deutschen Staatsrechtslehrer“ im Zusammenhang mit deren Wiedergründung im Jahr 1949 bestätigen den Eindruck starker personeller Kontinuitäten gegenüber der Zeit des Nationalsozialismus.[28]) Zunächst wollte der kommissarische Vorstand, der die erste Tagung in Heidelberg vorbereitete, bestehend aus Erich Kaufmann, Walter Jellinek, Willibald Apelt und Hans Helfritz (1877–1958), nur diejenigen einladen, die zum gegenwärtigen Zeitpunkt an einer Universität eine amtliche Stellung innehatten. Entsprechend wurde § 2 der vorläufigen Satzung gefaßt. Dies hätte bedeutet, daß alle belasteten Staatsrechtslehrer, die eine Professorenstelle noch nicht wiedererlangt hatten, von der Mitgliedschaft ausgeschlossen worden wären. Nachdem aber die Hamburger Staatsrechtslehrer, Hans Peter Ipsen, Rolf Stödter und Rudolf Laun (1882–1975), zudem Alfred Voigt und Wilhelm Grewe vor allem zugunsten von Ernst Forsthoff gefordert hatten, auch alle anderen früher „einwandfreien Kollegen“ einzuladen, und Forsthoff in einem Brief an Schmitt sogar die Gründung einer alternativen Staatsrechtslehrervereinigung ins Auge gefaßt hatte[29]), beugte man sich den

[28]) Hierzu grundlegend: *Stolleis*, Die Vereinigung der Deutschen Staatsrechtslehrer, S. 346–355. Vgl. des weiteren *Kempter*, Die Jellineks 1820–1955, S. 533–537.

[29]) Vgl. Nachlaß *Jellinek*, Nr. 61 (Stödter an Jellinek vom 8. 9. 1949); Nachlaß *Schmitt*, Nr. 3765 und 3769 (Forsthoff an Schmitt vom 30. 8. 1949 und vom 21. 9. 1949).

Protesten und weitete dementsprechend den Personenkreis aus. Dennoch blieben einige wenige Staatsrechtslehrer, die in der Zeit vor 1933 Mitglied waren, auch weiterhin ausgeschlossen: Carl Schmitt, Otto Koellreutter und aufs erste Ernst Rudolf Huber.

Hier spiegelt sich die Ambivalenz der ersten Nachkriegsjahre im Umgang mit der nationalsozialistischen Vergangenheit. Gegenüber belasteten Personen galt es, einen Zwischenweg zwischen Integration und Ausgrenzung zu finden.[30]) Gegenüber Staatsrechtslehrern, die anscheinend Zurückhaltung geübt, nicht in der ersten Reihe des nationalsozialistischen Wissenschaftssystems gestanden hatten und zudem womöglich bereit waren, sich für ihre Vergangenheit zu entschuldigen, war die Mehrheit bereit, zu verzeihen und zu vergessen.[31]) Man verwies nunmehr mit Nachdruck auf die ideellen Unterschiede zwischen einer nationalkonservativen Grundhaltung und der nationalsozialistischen Ideologie, versuchte ideelle Affinitäten bzw. die individuelle Kooperationsbereitschaft gegenüber dem NS-Regime zu verdrängen und zu vergessen und stilisierte sich auf diese Weise im nachhinein selbst zum Opfer der nationalsozialistischen Herrschaft. Dies entsprach dem geistigen Klima seit Ende der vierziger Jahre. Nach einer kurzen Phase der öffentlich artikulierten Abkehr von der jüngsten Vergangenheit kam es zu jenem von Hermann Lübbe beschriebenen „kommunikativen Beschweigen“, zu jener „gewissen Stille“ bei der öffentlichen Auseinandersetzung mit der nationalsozialistischen Vergangenheit.[32]) Die Mehrheit der Staatsrechtslehrer folgte dem allgemeinen Trend, die Frage nach der persönlichen Vergangenheit des Kollegen nicht zu stellen und als Gegenleistung hinsichtlich der eigenen Vergangenheit Nachsicht erwarten zu können. Gleichzeitig benötigte man Sündenböcke, denen man die Diskreditierung der eigenen Wissenschaft anlasten konnte, um so von der eigenen Mitschuld ablenken zu können. Diese wenigen hatten aus Sicht der Mehrheit durch ihre parteinahen Publikationen gegen die Regeln von Wissenschaft-

[30]) Zu dieser vergangenheitspolitischen Grenzmarkierung in den ersten Nachkriegsjahren grundsätzlich: *Frei*, Vergangenheitspolitik, insbesondere: S. 307–406; *Schlemmer*, Grenzen der Integration. Zur symbolischen Stigmatisierung Carl Schmitts: van *Laak*, Gespräche in der Sicherheit des Schweigens, insbesondere: S. 142–153.

[31]) So ist es beispielsweise zu erklären, daß Hans Nawiasky, der 1933 selbst zur Emigration gezwungen war, sich 1951 und 1952 generös für die Wiederberufung von Johannes Heckel nach München einsetzte, nachdem dieser Reue über seine Verfehlungen in der Vergangenheit gezeigt hatte. (Vgl. Nachlaß *Nawiasky*, Heckel an Nawiasky vom 31. 12. 1951 und vom 29. 6. 1952.) Zudem setzte Nawiasky dort im Jahr 1952 seinen belasteten Schüler Theodor Maunz als Nachfolger durch.

[32]) *Lübbe*, Der Nationalsozialismus im deutschen Nachkriegsbewußtsein. Zur Vergangenheitsbewältigung in den fünfziger Jahren allgemein: Detlef *Garbe*, Äußerliche Abkehr, Erinnerungsverweigerung und „Vergangenheitsbewältigung“: Der Umgang mit dem Nationalsozialismus in der frühen Bundesrepublik, in: *Schildt* und *Sywottek*, Modernisierung im Wiederaufbau, S. 693–716. Zum Umgang mit der jüngsten Vergangenheit in der Geschichtswissenschaft: *Etzemüller*, Sozialgeschichte als politische Geschichte, S. 213–223.

lichkeit verstoßen und damit die Staatsrechtslehre insgesamt in Verruf gebracht. Zudem hatten sie sich des Vergehens schuldig gemacht, die Institution Universität geringzuschätzen, indem sie versucht hatten, mit Hilfe des Regimes die Aufstiegsregeln der Zunft außer Kraft zu setzen und ihre Karriere auf ungebührliche Weise zu beschleunigen. So wurde ein klarer Trennstrich gezogen zwischen den anscheinend restlos korrumpierten ehemaligen Kollegen, die tabuisiert wurden und auch in Zukunft aus der wissenschaftlichen Auseinandersetzung ganz ausgeschlossen bleiben sollten, und der Mehrheit, die gewissermaßen erhobenen Hauptes die Wirren der nationalsozialistischen Zeit überstanden hatte. Mit einem solchen Verhalten vermied man es geschickt, sich differenzierter mit den Gründen für eine schuldhafte Verstrickung des einzelnen auseinandersetzen und verschiedene Schicksale von „Mitläufern" gegeneinander abwägen zu müssen.

In diesem Zusammenhang entwickelte sich nach 1949 hinsichtlich der Mitgliedschaft von Ernst Rudolf Huber und Otto Koellreutter in der Staatsrechtslehrervereinigung eine überaus lebhafte Debatte. So erhoben sich teilweise aufeinander abgestimmte Proteste, nachdem der neugewählte Vorstand, bestehend aus Erich Kaufmann, Walter Jellinek und Werner Weber, im Jahr 1950 der Vereinigung die Mitgliedschaft von Huber und Koellreutter in einem Rundschreiben vorgeschlagen hatte.[33]) Argumentiert wurde vor allem mit dem Bild, das die Staatsrechtslehrervereinigung vor der deutschen Öffentlichkeit und dem Ausland abgebe. Die Mitgliedschaft zweier ehemaliger Nationalsozialisten sei mit dem Auftrag der Staatsrechtslehrervereinigung zum Dienst an einem demokratischen Staatswesen nicht zu vereinbaren. Koellreutter erhielt Fürsprache von seinem Schüler Carl Hermann Ule[34]) und von Werner Weber[35]) im Vorstand, jedoch ließen beleidigende und verleumderische Briefe von Koellreutter an den Vorstand[36]) eine Aufnahme als untragbar erscheinen. Huber

[33]) Insgesamt gab es 17 Einsprüche gegen Huber und 15 gegen Koellreutter. Vgl. Nachlaß *Jellinek*, Nr. 62 (Peters an Jellinek vom 30. 5. 1950 und vom 2. 6. 1950, Wilhelm Laforet an Jellinek vom 1. 6. 1950, Schlochauer an Jellinek vom 3. 6. 1950, Hubert Armbruster an Kaufmann vom 27. 5. 1950, Brill an Kaufmann vom 30. 5. 1950, Ottmar Bühler an Kaufmann vom 11. 6. 1950, Drath an Kaufmann vom 1. 6. 1950, Godehard Ebers an Kaufmann vom 28. 5. 1950, von Mangoldt an Jellinek vom 14. 6. 1950, Adolf Julius Merkl an Jellinek vom 9. 7. 1950, Leibholz an Kaufmann vom 25. 6. 1950, F. Klein an Kaufmann vom 6. 6. 1950, Nawiasky an Kaufmann vom 26. 5. 1950, Abendroth an Kaufmann vom 6. 6. 1950, Hermann Mirbt wohl an Kaufmann o.D. und Walter Schätzel an Kaufmann vom 1. 6. 1950).

[34]) Nachlaß *Jellinek*, Nr. 62 (Abschrift von Briefen von Ule an Kaufmann vom 7. 8. 1950 und vom 17. 8. 1950).

[35]) Nachlaß *Jellinek*, Nr. 62 (Weber an Kaufmann und Jellinek vom 7. 8. 1950).

[36]) Vgl. z.B. Nachlaß *Jellinek*, Nr. 64 (Abschrift eines Briefes von Koellreutter an Kaufmann vom 14. 1. 1950 und Koellreutter an Jellinek vom 24. 1. 1950) und 62 (Abschrift von Briefen von Koellreutter an Kaufmann vom 20. 7. 1950, vom 6. 8. 1950 und vom 15. 8. 1950); Nachlaß *Abendroth*, Nr. 566d (Abschrift eines Briefes von Koellreutter an Ipsen vom 9. 11. 1953) und 566c (Abschrift eines Briefes von Koellreutter an Jahrreiß vom 7. 12. 1954); Nachlaß *Jahrreiß*, Nr. 14 (Koellreutter an Jahrreiß vom 9. 12. 1955).

zeigte hingegen nach außen kaum Interesse an einer Aufnahme und hielt sich aus den Debatten weitgehend heraus.[37]) Die Vorstände vermieden es nach den zahlreichen schriftlichen Protesten, nach der Diskussion über die Aufnahme auf den Mitgliederversammlungen der Jahre 1950 und 1951 und deren jeweiliger Vertagung, die Aufnahme der beiden erneut auf die Tagesordnung zu setzen.[38]) Erst 1955 war zumindest für Huber die Zeit gekommen, bei der Staatsrechtslehrervereinigung trotz einzelner wieder aufflammender Widerstände erneut Mitglied zu werden.[39]) Damit war auch für die große Mehrheit der Staatsrechtslehrer – entsprechend dem geistigen Klima der „stillen“ fünfziger Jahre – der Zeitpunkt erreicht, von dem ab die nationalsozialistische Vergangenheit vor dem Hintergrund des staatlichen Wiederaufbaus fast ganz in Vergessenheit geriet und sich folglich auch hier der „Schleier der Harmonie über Unauflösbares“[40]) ausbreiten konnte.

Dieser Tendenz zur Kontinuitätswahrung bei der personellen Zusammensetzung der Staatsrechtslehre über das Jahr 1945 hinaus entsprach gemäß der ideologischen Konfrontation im Kalten Krieg eine scharfe Abgrenzung gegenüber der ostdeutschen Staatsrechtswissenschaft. Einziges Mitglied in der Staatsrechtslehrervereinigung, das nach 1949 auch weiterhin in der DDR lehrte und bis in die fünfziger Jahre dennoch regelmäßig an den Verbandstagungen teilnahm, war *Erwin Jacobi* (1884–1965), ab 1920 Ordinarius in Leipzig. Als der an der Humboldt-Universität lehrende linientreue Parteijurist Peter Alfons Steiniger (1904–1980) von Hans Peters, Wolfgang Abendroth und Erwin Jacobi im Jahr 1949 als neues Mitglied vorgeschlagen wurde[41]), regte sich in der Staatsrechtslehrervereinigung vehementer Widerspruch, so daß die Angelegen-

[37]) Allein 1953 wandte er sich an Ipsen, mit der Bitte, auf eine Erörterung seiner Mitgliedschaft auf der nächsten Staatsrechtslehrertagung zu verzichten, da eine solche „möglicherweise Erwägungen auslöst, die seine Freiburger Stellung und Zukunft berühren könnten.“ Vgl. Nachlaß *Abendroth*, Nr. 566e (Ipsen an Wolff und Abendroth vom 13. 7. 1953). Vgl. zu Hubers Aufnahme in die Staatsrechtslehrervereinigung allgemein: *Grothe*, Eine „lautlose“ Angelegenheit?, S. 987–990.

[38]) Vgl. Nachlaß *Jellinek*, Nr. 63 und 64 (Niederschrift der Mitgliederversammlungen vom 19. 10. 1950 und vom 19. 10. 1951); Nachlaß *Abendroth*, Nr. 566f (Wolff an Ipsen und Abendroth vom 9. 4. 1952), Nr. 566e (Karte von Wolff an Abendroth vom 22. 8. 1952, Ipsen an Wolff und Abendroth vom 13. 7. 1953, Wolff an Ipsen und Abendroth vom 17. 7. 1953, Abendroth an Wolff und Ipsen vom 22. 7. 1953, Wolff an Ipsen und Abendroth vom 3. 8. 1953 und Wolff an Abendroth vom 15. 9. 1953).

[39]) Vgl. Nachlaß *Jahrreiß*, Nr. 14 (Niederschrift der Mitgliederversammlung am 13. und 14. 10. 1955).

[40]) Wendung von Edgar Tatarin-Tarnheyden (1882–1966), um der Staatsrechtslehrervereinigung seinen Dank für die Bereitschaft auszudrücken, ihn trotz seiner antisemitischen Schrift aus dem Jahr 1937 in die Staatsrechtslehrervereinigung wieder aufzunehmen. In: Nachlaß *Abendroth*, Nr. 566d (Abschrift eines Briefes von Tatarin-Tarnheyden an Jahrreiß vom 30. 10. 1954).

[41]) Nachlaß *Jellinek*, Nr. 62 (Abendroth, Jacobi und Peters an den Vorstand der Staatsrechtslehrervereinigung vom 20. 10. 1949).

heit letztlich im Sande verlief.[42]) Ebenso wurde ein Versuch des in Leipzig lehrenden „SED-Parteijuristen“ Karl Polak[43]) (1905–1963) aus dem Jahr 1951 vom Vorstand abgewehrt, eine gemeinsame Erklärung östlicher und westlicher Staatsrechtslehrer „gegen das Verbot der Volksbefragung durch die Adenauer-Regierung zur Frage der Wiederbewaffnung“ zu erreichen.[44]) Auch hinsichtlich einer Initiative von Steiniger und Arthur Baumgarten (1884–1966) von 1951, am Institut für Staats- und Rechtstheorie der Humboldt-Universität zu einem wissenschaftlichen Meinungs- und Erfahrungsaustausch über das Souveränitätsproblem zu gelangen, lehnte es der Vorstand von Grund auf ab, in irgendeiner Weise koodinierend zu wirken, „schon um den Anschein zu vermeiden, als würde hier in autoritärer Weise nach östlicher Manier gesteuert.“[45])

Betrachtet man die Umgangsformen innerhalb der Staatsrechtslehre der Nachkriegszeit bis zum Ende der fünfziger Jahre insgesamt, so drängt sich der Eindruck auf, daß diese von einem allgemeinen Streben nach Harmonie und Konsens geprägt waren. Schon allein sich mit der Vergangenheit seiner Kollegen in der Mitgliederversammlung der Staatsrechtslehrervereinigung auseinandersetzen zu müssen wurde – wie wir bereits im Zusammenhang mit der Aufnahme von Ernst Rudolf Huber und Otto Koellreutter gesehen haben – als überaus peinlich und unangenehm empfunden, so daß man solchen Aussprachen gern aus dem Weg ging. Ulrich Scheuner brachte die allgemeine Stimmung auf den Punkt, als er nach der wiederholten Aussprache zur Aufnahme von aus der Zeit vor 1945 belasteten Staatsrechtslehrern ausführte:

> Aber auch hier möchte ich meinen, die Wiederholung solcher Diskussionen und Scherbengerichte, wie wir sie zweimal erlebt haben, möchte nicht so wünschenswert sein.[46])

Alles, was im Sinne einer persönlichen Denunziation gedeutet werden konnte, sollte vermieden werden. Dementsprechend fand auch der Antrag von Hans Peter Ipsen auf der Mitgliederversammlung von 1953 nach der Aufnahme des bis 1945 in Wien lehrenden, damals eher nationalsozialistisch orientierten Helfried Pfeifer (1896–1970) eine Mehrheit, daß in Zukunft „in Aufnahmedebatten auf einzelne literarische Wendungen oder Stellungnahmen nationalsozialistischen Gehalts, Beschreibungen und dergl. des Kandidaten“ nicht mehr

[42]) Vgl. Nachlaß *Jellinek*, Nr. 62 und 64 (Protestschreiben von H. Schneider vom 16. 12. 1949, Walter Schoenborn vom 17. 12. 1949, Schüle vom 13. 12. 1949, Ule vom 13. 12. 1949, Helfritz vom 15. 11. 1949, Hermann Mirbt o.D. und Walter Schätzel vom 1. 6. 1950).

[43]) Vgl. hierzu *Howe*, Karl Polak.

[44]) Vgl. Nachlaß *Jellinek*, Nr. 64 (Jellinek an Kaufmann und Weber vom 11. 6. 1951, Weber an Jellinek vom 18. 6. 1951, Kaufmann an Jellinek vom 19. 6. 1951, Jellinek an Kaufmann und Weber vom 20. 6. 1951, Jellinek an Weber vom 21. 6. 1951, Weber an Jellinek vom 22. 6. 1951 und Jellinek an Weber und Kaufmann vom 30. 6. 1951).

[45]) Nachlaß *Abendroth*, Nr. 566f (Abendroth an Wolff und Ipsen vom 6. 2. 1952 und Steiniger und Baumgarten an Brill vom 29. 11. 1951). Die Anfrage wurde von Hermann Brill an den Vorstand weitergeleitet.

[46]) Nachlaß *Abendroth*, Nr. 566f (Scheuner an Ipsen vom 4. 1. 1952).

zurückgegriffen werden sollte.[47]) Ein rasches und pauschales Urteil sollte gefällt werden, eine differenzierte Auseinandersetzung mit den Publikationen und dem Schicksal des Kollegen wurde hingegen als störend empfunden.[48])

Es herrschte ein großer Druck zu harmonistischen Umgangsformen, wobei Ausgrenzungsmechanismen zur sozialen Disziplinierung wiederholt Anwendung fanden. Dieser Konformitätsdruck war bei der Auseinandersetzung mit der NS-Vergangenheit so wirksam, daß selbst Unbelastete, die die Nachkriegszeit zu einer umfassenden Auseinandersetzung mit der Vergangenheit nutzen wollten und die sich anfangs weigerten, die schuldhafte Verstrickung der zahlreichen „Mitläufer" auszublenden[49]), sich rasch dem Trend der Zeit beugten. So bekannte Hans Peters 1954 resigniert, bis dahin Vorkämpfer beim Engagement gegen die Rückkehr früherer Nazis in die Universitätslaufbahn, sich von nun an der Aufnahme von Huber und Koellreutter in die Staastsrechtslehrervereinigung nicht weiter widersetzen zu wollen.[50]) Ebenso verhielt sich Walter Jellinek, der sich anfangs heftig gegen eine Wiederberufung Ernst Forsthoffs nach Heidelberg zur Wehr gesetzt hatte. Bereits 1950 schwenkte er um und suchte sogar Forsthoff zu Hause auf, um sich für seine frühere unnachgiebige Haltung zu entschuldigen.[51]) Eine prominente Ausnahme war in diesem Zusammenhang Walter Mallmann, der zunächst als leitender Redakteur und später als geschäftsführender Herausgeber des „Archivs des öffentlichen Rechts" von 1953 an verhinderte, daß der von ihm als belastet angesehene Ernst Forsthoff, neben den auch sonst tabuisierten Otto Koellreutter und Carl Schmitt, hier publizierte[52]) – ein Umstand, der dann zu Beginn der sechziger Jahre dazu beitrug, daß die Carl Schmitt-Schule mit dem „Staat" eine eigene Zeitschrift ins Leben rief.

Allgemein erstrebenswert schien es in den fünfziger Jahren, eine rein wissenschaftliche Debatte zu führen, in der höfliche bzw. vordergründig tolerante Umgangsformen gewahrt wurden und persönliche Angriffe, sei es aus wissenschaftlichen oder persönlichen Motiven, tabuisiert waren. Differenzen wurden bei den fachlichen Diskussionen wenig akzentuiert, und auf polemische Auseinandersetzungen wurde weitgehend verzichtet. Personen, die eine politische Grundhaltung vertraten, die von der eher nationalkonservativ geprägten Mehr-

[47]) Nachlaß *Abendroth*, Nr. 566d (Niederschrift der Mitgliederversammlung am 15. und 16. 10. 1953).

[48]) Zur Wirksamkeit solcher Tabugrenzen bis in die Staatsrechtslehre unserer Tage: *Schlink*, Die Unfähigkeit der Staatsrechtswissenschaft zu trauern.

[49]) So z. B. Ernst *Friesenhahn*, in: ders., Staatsrechtslehrer und Verfassung, S. 5–7.

[50]) Nachlaß *Peters*, Nr. 41 (Peters an Heinz Guradze vom 30. 11. 1954).

[51]) Vgl. Nachlaß *Schmitt*, Nr. 3765 und 3775 (Forsthoff an Schmitt vom 30. 8. 1949 und vom 4. 6. 1950). Hierauf wies auch Martin *Forsthoff* im Gespräch hin. Vgl. zudem *Kempter*, Die Jellineks 1820–1955, S. 532–537.

[52]) Vgl. hierzu *Bachof*, Walter Mallmann, S. 3; Depositum *Ehmke*, Nr. 502 (Forsthoff an Ehmke vom 2. 10. 1964); Nachlaß *Schnur*, Nr. 70 (Forsthoff an Schnur vom 19. 1. 1961).

heit deutlich abwich, wurden akzeptiert, solange sie bereit waren, sich dem etablierten Verhaltenskodex unterzuordnen. So ist es beispielsweise zu erklären, daß der politisch weit links stehende Außenseiter Wolfgang Abendroth 1951 in den Vorstand der Staatsrechtslehrervereinigung gewählt wurde. Da er in der Zeit des Nationalsozialismus verfolgt worden war, fungierte er als idealer Repräsentant einer Vereinigung, in der seinem eigenen Eindruck nach „Staatsrechtslehrer, deren wissenschaftliche Laufbahn im Dritten Reich begonnen hat[te]", ein starkes Übergewicht besaßen[53]):

> Ich wurde in den Vorstand gewählt, weil man wußte, daß ich im Dritten Reich nicht dabeigewesen war, daß ich im Zuchthaus gesessen hatte. Man konnte mich also den Juristenvereinigungen im Ausland vorweisen. Dies war die einzige Konzession, zu der sich Hochschulen gegenüber demokratischem Denken veranlaßt sahen.[54])

Abendroths wissenschaftliche Ansichten wurden toleriert, auch wenn es kaum für nötig gehalten wurde, sich damit eingehender auseinanderzusetzen. So waren inhaltliche Rückmeldungen auf die Zusendung von Sonderdrucken seiner Publikationen die Ausnahme.[55]) Als er aber 1953 Interesse äußerte, zu dem Thema „Begriff und Wesen des sozialen Rechtsstaates" auf der diesjährigen Staatsrechtslehrertagung ein Referat zu übernehmen, wurde dieser Wunsch von seinen Vorstandskollegen Hans J. Wolff und Hans Peter Ipsen als Unhöflichkeit abgelehnt. Vorstandsmitglieder, so wurde argumentiert, hätten sich bei der Referatsvergabe zurückzuhalten, und dies, obwohl der vorige Vorstand während seiner Amtszeit ebenfalls selbst Referate übernommen hatte. Zudem sei jüngeren Mitgliedern der Vereinigung grundsätzlich der Vorzug zu geben. Entscheidend war es in dieser Situation, daß sich Abendroth – wie auch sonst während seiner zweijährigen Amtszeit – insgesamt im Vorstand eher passiv verhielt, sich diesen Einwänden ohne Gegenwehr beugte und somit dem von Harmonie geprägten Verhaltensideal der Zeit entsprach. Man einigte sich darauf, daß Abendroth anstelle eines Referats einen ersten, im voraus ausgearbeiteten Redebeitrag liefern und hierzu in der Sitzung schriftliche Leitsätze austeilen sollte.[56]) In seinem Beitrag präsentierte Abendroth dann eine unkon-

[53]) *Abendroth*, Ein Leben in der Arbeiterbewegung, S. 211.

[54]) *Abendroth*, Ein Leben in der Arbeiterbewegung, S. 213.

[55]) Immerhin gaben ihm Wolff, Scheuner und Hans Schneider, im Gegensatz beispielsweise zu Ipsen, Rückmeldung auf seine Arbeiten. Vgl. Nachlaß *Abendroth*, Nr. 5 (H. Schneider an Abendroth vom 20. 5. 1953), Nr. 83 (Scheuner an Abendroth vom 24. 2. 1957) und Nr. 566e (Ipsen an Abendroth vom 4. 11. 1952, Wolff an Abendroth vom 6. 11. 1952).

[56]) Vgl. Nachlaß *Abendroth*, Nr. 566e (Ipsen an Wolff und Abendroth vom 20. 10. 1952, Abendroth an Ipsen und Wolff vom 24. 10. 1952, Wolff an Ipsen und Abendroth vom 28. 10. 1952, Abendroth an Ipsen und Wolff vom 17. 12. 1952, Ipsen an Wolff und Abendroth vom 22. 12. 1952, Wolff an Abendroth vom 26. 12. 1952) und 566d (Abendroth an Ipsen vom 4. 1. 1953, Ipsen an Abendroth und Wolff vom 5. 2. 1953, Wolff an Ipsen und Abendroth vom 9. 2. 1953, Abendroth an Ipsen und Wolff vom 11. 2. 1953, Wolff an Ipsen und Abendroth vom 13. 2. 1953, Abendroth an Ipsen und Wolff vom 19. 2. 1953, Abendroth an Wolff und Ipsen vom 21. 2. 1953, Wolff an Ipsen und Abendroth vom 28. 2. 1953, Wolff an

ventionelle Deutung des Sozialstaatsprinzips. Er verstand diesen Grundsatz – in Verbindung mit dem Demokratieprinzip – als einen umfassenden Auftrag zur Umgestaltung der Gesellschaftsordnung. Aber durch die Art der Präsentation war Abendroths Beitrag seiner Wirkung beraubt. Er wurde bei der Diskussion weitgehend ignoriert und stieß aufgrund seiner unerwarteten Länge bei den Kollegen auf allgemeines Mißfallen.[57])

Eindeutig überschritten hatte Helmut Ridder den akzeptierten Rahmen des guten Tons auf dem Juristentag des Jahres 1953. Ridder war 34 Jahre alt und seit 1952 Professor in Frankfurt am Main. Politisch handelte es sich bei ihm im Grunde um einen linken Radikaldemokraten, der sich bereits zu Beginn der fünfziger Jahren deutlich am anglo-amerikanischen Verfassungsmodell orientierte.[58]) Er gehörte ebenfalls der linken Fraktion in der Staatsrechtslehre an und stand mit Abendroth in enger Verbindung. In der Auseinandersetzung um die Frage, inwieweit eine vollständige Selbstverwaltung von Gerichten verfassungsrechtlich zulässig sei, erstattete Ridder für den Deutschen Juristentag ein Gutachten, das auf allgemeinen Unwillen stieß. Er polemisierte scharf gegen die Praxis von Gerichten, sich gegen Kritik von Politikern an ihrer Spruchpraxis zur Wehr zu setzen, indem sie aus seiner Sicht auf ungerechtfertigte Weise auf ihr Selbstverwaltungsrecht verwiesen. Diese Querelen, so implizierte Ridders Gutachten, seien „auf Trotzalterserscheinungen der Verwaltungsgerichte zurückzuführen". Die Gerichtsbarkeit sollte, falls sie es für nötig hielt, nicht mit Hilfe von vorgetäuschten juristischen Argumenten, sondern durch publizistische Mittel ihre Unabhängigkeit verteidigen.[59]) Vor allem Ridders Angriffe gegen den Heidelberger Strafrichter Eberhard Schmidt (1891–1977) wurden als skandalös empfunden, so daß er sich noch auf dem Juristentag gezwungen sah, nachdem Ernst Friesenhahn zuvor bereits für die „Entgleisungen im Ausdruck" seines Kollegen um Verständnis gebeten hatte, eine Erklärung abzugeben, daß er zwar eine Argumentation in scharfer Antithetik zur herrschenden Meinung entwickeln, „die intellektuelle Redlichkeit von Personen" aber keinesfalls in Frage stellen wollte.[60]) Aber damit war die Angelegenheit noch nicht erledigt. Abendroth setzte sich in dieser Zeit dafür ein, daß Ridder vom alten Vorstand der Staatsrechtslehrervereinigung als Mitglied des neuen Vor-

Abendroth vom 10. 4. 1953, Abendroth an Wolff vom 14. 4. 1953, Abendroth an Ipsen und Wolff vom 14. 8. 1953). Vgl. auch *Abendroth*, Ein Leben in der Arbeiterbewegung, S. 213f.

[57]) Vgl. Wolfgang *Abendroth*, in: VVDStRL 12 (1954), S. 85–92. Als kritische Stellungnahme: Otto *Bachof*, in: ebda., S. 122.

[58]) Hierzu z. B. Helmut K. J. *Ridder*, Die Übertragung rechtsetzender Gewalt in Großbritannien, in: Die Übertragung rechtsetzender Gewalt, S. 295–324.

[59]) Helmut *Ridder*, Empfiehlt es sich, die vollständige Selbstverwaltung aller Gerichte im Rahmen des Grundgesetzes gesetzlich einzuführen? Gutachten für den 40. Deutschen Juristentag, in: Verhandlungen des 40. Deutschen Juristentages, Band 1, S. 91–134 (Zitat: S. 108).

[60]) Stellungnahme von Helmut *Ridder* und Ernst *Friesenhahn*, in: Verhandlungen des 40. Deutschen Juristentages, Band 2, S. C2–C4.

stands vorgeschlagen würde. Die Vorfälle auf dem Juristentag lieferten dann Abendroths Kollegen im Vorstand, Hans Peter Ipsen, der schon auf dem Juristentag zur Frage der Selbstverwaltung von Gerichten gegenüber Ridder den entgegengesetzten Standpunkt eingenommen hatte[61]), ein stichhaltiges Argument, mit deutlichen Worten gegen Ridder zu votieren:

> Herr Ridder wird zunächst für eine weitere Erörterung [über die Zusammensetzung des Vorstandes] ausfallen müssen. Sein dem Juristentag erstattetes Gutachten und eine Erklärung, die er dazu hier vor der öffentlich-rechtlichen Abteilung abgegeben hat, lassen mir es nicht geraten erscheinen, ihn zunächst weiter zu exponieren. Auch unsere Vereinigung muß sich aus gleichem Grunde zurückhalten.[62])

Auch Ridders früherer Lehrer Hans J. Wolff stimmte Ipsens Bedenken zu wegen des im Gutachten „angeschlagenen Ton[s], der auch m.E. (Ridder ist ein lieber Freund von mir) recht unangemessen scharf, aggressiv und überheblich war.“[63]) Vor dem Hintergrund solcher Argumente, die zu einer deutlichen Mißstimmung zwischen Ipsen und Abendroth führten, war es Abendroth nicht mehr möglich, an Ridder als seinem persönlichen Favoriten für den künftigen Vorstand festzuhalten.[64]) Solche Ausgrenzungsmechanismen gegenüber Ridder sollten sich auch in Zukunft fortsetzen. Da Ridder in seinen Publikationen immer offener für linke politische Standpunkte eintrat, wandte sich im Jahre 1962 Friedrich August Freiherr von der Heydte als Vertreter des rechtskonservativen katholischen Lagers an Hans Peters mit der Drohung, sollte Ridder für das Staatslexikon der Görres-Gesellschaft weiterhin Artikel schreiben, so würde er selbst dort seine Mitarbeit beenden. Als Peters dies daraufhin gegenüber Ridder zur Sprache brachte, folgte dessen Austritt aus der Görres-Gesellschaft auf dem Fuße.[65])

Welche Bedeutung der äußeren Etikette in den fünfziger Jahren im Rahmen der harmonistischen Grundatmosphäre zukam, läßt sich zuletzt anhand eines verhängnisvollen persönlichen Eklats illustrieren. Helmut Rumpf (1915–1986), Carl Schmitt-Schüler und seit 1950 im Auswärtigen Amt tätig, referierte als Zweitberichterstatter auf der Staatsrechtslehrertagung 1955 in Hamburg zum Thema „Verwaltung und Verwaltungsrechtsprechung“. Rumpf hatte allerdings bei seinem Vortrag nicht beachtet, daß es sich aus Sicht der älteren Generation gehörte, wenn man sich auf die Meinung anderer Staatsrechtslehrer berief und diese beim Namen nannte, das „Herr“ dem jeweiligen Namen voranzustellen. Folglich meldete sich der allseits anerkannte Göttinger Ordinarius Werner

[61]) *Ipsen*, in: Verhandlungen des 40. Deutschen Juristentages, Band 2, S. C5–C40 und C125–C129.

[62]) Nachlaß *Abendroth*, Nr. 566d (Ipsen an Wolff und Abendroth vom 14. 9. 1953). Vgl. des weiteren ebda. (Ipsen an Wolff und Abendroth vom 17. 9. 1953).

[63]) Nachlaß *Abendroth*, Nr. 566d (Wolff an Abendroth vom 16. 9. 1953).

[64]) Vgl. Nachlaß *Abendroth*, Nr. 566d (Abendroth an Wolff und Ipsen vom 21. 9. 1953).

[65]) Vgl. Nachlaß *Peters*, Nr. 45 (von der Heydte an Peters vom 28. 5. 1962) und 75 (Ridder an Peters vom 2. 12. 1962).

Weber in der anschließenden Debatte zu Wort und begann seine Ausführungen mit: „Herr Forsthoff, oder, wie Herr Rumpf zu sagen pflegt, ‚Forsthoff' [...].“ Welche Bedeutung Webers vernichtendem Beitrag allgemein beigemessen wurde, zeigt sich darin, daß Helmut Quaritsch (geb. 1930) seinen befreundeten Kollegen Roman Schnur (1927–1996) noch acht Jahre später auf dieses Vorkommnis hinwies und zu besonderer Vorsicht bei dessen Referat vor der Staatsrechtslehrervereinigung mahnte.[66]) Für Rumpfs weitere Karriere wirkte sich dieser überaus peinliche Zwischenfall wohl nicht gerade förderlich aus. So scheiterte bereits im darauffolgenden Jahr seine Bewerbung um eine Professur in Würzburg, und in der Staatsrechtslehrervereinigung blieb er ein Außenseiter.[67])

Wie lassen sich diese für die bundesdeutsche Staatsrechtslehre der ersten Nachkriegszeit charakteristischen Tendenzen deuten? Es ging primär darum, nach Zeiten der existentiellen Verunsicherung und des Chaos, die für manche bis in die fünfziger Jahre hinein andauerten, in die geordneten Bahnen einer vertrauten Wissenschaftsdisziplin zurückzukehren. Diese primäre Zielsetzung brachte Begleiterscheinungen mit sich, die – so beispielsweise das hohe Maß personeller Kontinuität gegenüber der Zeit des Nationalsozialismus – den einen mehr und den anderen weniger gelegen kamen, die aber in jedem Fall allseits in Kauf genommen wurden. Dies bedeutete aber auch, daß die Staatsrechtslehre versuchte, ihre Arbeit fortzusetzen, indem sie nicht einen radikalen Neuanfang anstrebte, sondern auf eher unprätentiöse Weise an die vergangenen Zeiten anknüpfte. Die renommierten Zeitschriften, wie das „Jahrbuch des öffentlichen Rechts“ oder das „Archiv des öffentliches Rechts“, wurden – allerdings mit veränderter Herausgeberschaft – wieder ins Leben gerufen. Nur zum Teil sah man sich zu Neugründungen oder Umbenennungen veranlaßt. Wie vor allem noch anhand der ideellen Entwicklung der Staatsrechtslehre in den fünfziger Jahren zu zeigen sein wird, bot sich in dieser Situation besonders ein Brückenschlag zur Weimarer Wissenschaftstradition an, was bereits in der Wiedergründung der Staatsrechtslehrervereinigung, dem Schauplatz des vielbeachteten Weimarer Methodenstreites, seinen institutionellen Ausdruck fand. In den ersten Vorstand wurden dann auch – abgesehen von dem jüngeren Werner Weber – Erich Kaufmann und Walter Jellinek gewählt, die als „große alte Männer“ die Kontinuität gegenüber der Weimarer Tradition auf signifikante Weise symbolisierten.

Mit ihrer harmonistischen Grundhaltung entsprach die Staatsrechtslehre dem vorherrschenden Klima der fünfziger Jahre.[68]) In einer Periode des Wie-

[66]) Nachlaß *Schnur*, Nr. 6 (Quaritsch an Schnur vom 22. 9. 1963).

[67]) Vgl. Nachlaß *Schmitt*, Nr. 11906 und 11913 (Rumpf an Schmitt vom 14. 1. 1962 und 11. 4. 1962).

[68]) Vgl. z.B. *Kleßmann*, Zwei Staaten, eine Nation, S. 44–62; *Doering-Manteuffel*, Die Bundesrepublik Deutschland in der Ära Adenauer, insbesondere: S. 206–211; ders., Strukturmerkmale der Kanzlerdemokratie, S. 11–14; *Görtemaker*, Geschichte der Bundesrepublik

deraufbaus und der Modernisierung, die gängigerweise mit dem Begriff des „Wirtschaftswunders" charakterisiert wird, war die Sehnsucht nach sicheren und vertrauten gesellschaftlichen Rahmenbedingungen weitverbreitet. Aufgrund der gerade zurückliegenden Erfahrung von fundamentaler Unsicherheit und aufgrund des rasant voranschreitenden Wandels der Umwelt bestand eine allgemeine Sehnsucht nach Ruhe und Ordnung, nach Sicherheit und Stabilität. Die autoritäre Fixierung auf die Führungspersönlichkeit des Bundeskanzlers Konrad Adenauer im Rahmen der Kanzlerdemokratie entsprach exakt diesem Grundanliegen. Durch den Wahlkampfslogan der CDU von 1957 „Keine Experimente" wurde das Bedürfnis noch einmal auf sinnfällige Weise aufgegriffen. Im persönlichen Umgang strebte die Mehrheit der bundesdeutschen Bevölkerung nach Verhaltensformen, die sich an einem sozialharmonischen Idealbild orientierten, das man insbesondere in der Vergangenheit verwirklicht gesehen hatte. Manieren, Anstand, Gehorsam und Ehrerbietung sollten den „guten Ton" bestimmen. Auch die Staatsrechtslehre folgte diesem Trend. In ihren Reihen setzten sich fürs erste hierarchisch-antipluralistische Handlungsprinzipien und Ordnungsmuster fort, deren Ursprünge weitgehend noch aus dem Kontext des Kaiserreichs stammten und die sowohl die Zeit der Weimarer Republik als auch die des Nationalsozialismus überdauert hatten. Es bedurfte in den sechziger Jahren einer neuen Generation, um hier einen grundlegenden Wandel herbeizuführen.

3. Wiederherstellung des Rechtsstaates. Verfassungsgebung und die Arbeit mit dem Grundgesetz

Nachdem sich die westdeutsche Staatsrechtslehre im Zeitraum von 1945 bis 1949 aus den Planungen für die politische Neuordnung des besetzten Deutschland weitgehend herausgehalten hatte und eher durch religiös motivierte Bekenntnisse zu Demokratie und Menschenrechten sowie durch skeptische Töne gegenüber dem parlamentarischen Regierungssystem als durch eine lebhafte wissenschaftliche Debatte in Erscheinung getreten war[69]), stellte die Verabschiedung des Grundgesetzes, an dessen Ausarbeitung wiederum nur einzelne Staatsrechtslehrer beteiligt gewesen waren[70]), zwangsläufig einen entscheiden-

Deutschland, S. 199–270; Ulrich *Herbert*, Liberalisierung als Lernprozeß. Die Bundesrepublik in der deutschen Geschichte – eine Skizze, in: ders., Wandlungsprozesse in Westdeutschland, S. 7–49, insbesondere: S. 35–40. Vgl. auch allgemein *Schildt* und *Sywottek*, Modernisierung im Wiederaufbau.

[69]) Hierzu grundlegend: von *Bülow*, Die Staatsrechtslehre der Nachkriegszeit (1945–1952), S. 17–33.

[70]) Hans Nawiasky war bayerischer Vertreter im Verfassungskonvent von Herrenchiemsee, Theodor Maunz war dort als Gehilfe tätig. Mitglieder des Parlamentarischen Rates waren Hermann von Mangoldt und Carlo Schmid.

den Einschnitt für ihre weitere Entwicklung dar. Um diesen Prozeß nach 1949 angemessen erfassen zu können, ist es an dieser Stelle notwendig, auf das Grundgesetz als fundamentalen Basistext der Verfassungswissenschaft, der zusätzlich auch die Verwaltungsrechtslehre auf maßgebliche Weise beeinflussen mußte, näher einzugehen, um dann anschließend darzustellen, wie die Staatsrechtslehre auf seine Inkraftsetzung reagierte.

Es werden bis heute zwei diametral entgegengesetzte Positionen bei der grundsätzlichen Deutung der ideellen Genese des Grundgesetzes vertreten. Bei dem einen, eher von Juristen und zeitgenössischen Staatsrechtslehrern eingenommenen Standpunkt wird davon ausgegangen, daß sich Westdeutschland, obwohl direkte alliierte Einflußnahmen vom Parlamentarischen Rat erfolgreich abgewehrt wurden, mit dem Grundgesetz eine Verfassungsordnung dezidiert westlich-liberaler Prägung gegeben und damit den spätestens mit der Gründung des Kaiserreiches eingeschlagenen deutschen Sonderweg verlassen habe.[71]) Bei der anderen Position wird hingegen davon ausgegangen, daß – überspitzt formuliert – das Grundgesetz allein das Werk von Deutschen gewesen sei, daß hier folglich primär Denken in der Tradition der spezifisch deutschen Verfassungsentwicklung Eingang gefunden habe und daß damit die Verwestlichung der bundesdeutschen politischen Kultur das Resultat eines längeren Prozesses gewesen sei, der gewissermaßen gegen den Geist der Verfassung allmählich durchgesetzt werden mußte.[72])

Die in dieser Studie vertretene Deutung nimmt eine mittlere Position zwischen beiden Extremstandpunkten ein. Die Verfassungsgebung des westlichen Teilstaats[73]) war das Ergebnis eines komplexen Wechselspiels zwischen westlichen Besatzungsmächten und deutschen Instanzen. Die Westalliierten setzten Grundstrukturen der künftigen Verfassungsordnung fest, wie die Schaffung eines starken Föderalismus oder den Schutz individueller Rechte und Freihei-

[71]) In diesem Sinne z.B. *Pieroth*, Amerikanischer Verfassungsexport nach Deutschland; *Wilms*, Ausländische Einwirkungen auf die Entstehung des Grundgesetztes; *Spevack*, Allied Control and German Freedom; *Dreier*, Kontexte des Grundgesetzes, insbesondere: S. 668f.; Gutachten von Professor Dr. *Smend*, Göttingen, vom 6. Juni nebst der ergänzenden Äußerungen vom 4. November und vom 18. November 1952, in: Der Kampf um den Wehrbeitrag, 2. Halbband, S. 559–580, hier: S. 561; Gerhard *Leibholz*, in: VVDStRL 29 (1971), S. 103–106; Martin *Kriele*, Das demokratische Prinzip im Grundgesetz, in: VVDStRL 29 (1971), S. 45–84, hier: S. 47–49 und 106f.; ders., Einführung in die Staatslehre, insbesondere: S. 11–13.

[72]) In diesem Sinne z.B. *Safran*, The Influence of American Constitutionalism in Postwar Europe, S. 101–107. In bezug auf die Institution des Bundesverfassungsgerichts: *Beyme*, Vorbild Amerika?, S. 125–128. Vgl. zudem Arnold *Sywottek*, Wege in die 50er Jahre, in: *Schildt* und *Sywottek*, Modernisierung im Wiederaufbau, S. 13–39, hier: S. 15f.

[73]) Vgl. hierzu allgemein *Feldkamp*, Der Parlamentarische Rat 1948–1949; *Niclauß*, Der Weg zum Grundgesetz; *Spevack*, Allied Control and German Freedom; *Görtemaker*, Geschichte der Bundesrepublik Deutschland, S. 44–83.

ten[74]), in deren Rahmen die Deutschen weitgehend freie und unbeeinflußte Entscheidungen treffen konnten. So ist es denn auch zu erklären, daß sich im Grundgesetz Bestimmungen finden, die in westlichen Verfassungsordnungen kein Vorbild haben, sondern allein aus der deutschen politischen Tradition herzuleiten sind, wie beispielsweise die Festschreibung des Sozialstaatsprinzips in Art. 20 I und 28 I 1, die Garantie des Berufsbeamtentums in Art. 33 IV und V und die Schaffung eines Bundesrates, in den entgegen dem US-amerikanischen Senatsprinzip keine direkt gewählten Vertreter der Bundesländer, sondern Mitglieder der Landesregierungen nach einem verfassungsrechtlich festgesetzten Verteilungsschlüssel entsandt werden.

Der sich verschärfende Kalte Krieg bewirkte im Parlamentarischen Rat eine antitotalitäre Frontstellung, wobei man sich nunmehr nicht allein scharf von der nationalsozialistischen Vergangenheit, sondern in gleicher Weise auch vom sowjetischen Herrschaftssystem abgrenzen wollte. Westliches Verfassungsdenken und nicht etwa die weitverbreitete antiliberale und antiwestliche Grundhaltung der ersten Nachkriegsjahre erschien in dieser historischen Konstellation als die einzig mögliche Basis für den Aufbau eines politischen Gemeinwesens. Westlich-parlamentarische Verfassungskonzeptionen mußten dem Parlamentarischen Rat von den Westmächten also gar nicht aufgezwungen werden, sondern sie ergaben sich zwangsläufig aus der seit 1947 sich zuspitzenden weltpolitischen Blockbildung. Für die Schaffung einer Verfassungsordnung nach westlichem Vorbild wirkte sich zudem die personelle Zusammensetzung des Parlamentarischen Rates förderlich aus. Hier waren größtenteils Politiker vertreten, die aufgrund ihres individuellen Schicksals gegenüber der anglo-amerikanischen Welt politisch eher aufgeschlossen waren.[75]) Insbesondere mit Hermann von Mangoldt befand sich ein Experte für US-amerikanisches Verfassungsrecht unter ihnen, der in den Debatten entsprechende Impulse geben konnte.[76])

So ist es zu erklären, daß sich im Grundgesetz zahlreiche Bestimmungen finden, die besonders dem US-amerikanischen Verfassungsdenken auf mustergültige Weise entsprechen. Dazu gehört die Aufnahme eines klassisch-liberalen Grundrechtskatalogs, die Festschreibung der unmittelbaren Geltung der Grundrechte für die gesamte Staatsgewalt in Art. 1 III, die Verankerung einer parlamentarischen Regierung, die von der Mehrheit im Parlament abhängig ist,

[74]) Vgl. z.B. die Frankfurter Dokumente vom 1. 7. 1948, in: von *Münch*, Dokumente des geteilten Deuschland, S. 88–91.

[75]) Vgl. hierzu *Feldkamp*, Der Parlamentarische Rat 1948–1949, S. 35–48; Edmund *Spevack*, Amerikanische Einflüsse auf das Grundgesetz. Die Mitglieder des Parlamentarischen Rates und ihre Beziehungen zu den USA, in: *Bude* und *Greiner*, Westbindungen, S. 55–71; ders., Allied Control and German Freedom, S. 290–312.

[76]) Hierzu grundlegend: *Payk*, Hermann v. Mangoldt im Parlamentarischen Rat 1948/49. Vgl. zudem *Rohlfs*, Hermann von Mangoldt, S. 83–125; *Starck*, Hermann von Mangoldt (1895–1953), S. 441–444.

die herausgehobene Stellung von politischen Parteien im Verfassungssystem in Art. 21 und die Schaffung einer Verfassungsgerichtsbarkeit mit umfassenden Kompetenzen.[77]) Diese Regelungen stellen keinen amerikanischen Oktroi dar, sondern sind das Resultat interner Willensbildungsprozesse unter den deutschen Vertretern im Parlamentarischen Rat, die damit auf die politische und ideologische Konstellation der Herausbildung einer bipolaren Welt im Kontext des Kalten Krieges reagierten. Dem entsprach auch das Selbstverständnis der Akteure: Der gerade erwähnte Hermann von Mangoldt bestand beispielsweise auf der Staatsrechtslehrertagung von 1951 darauf, daß der Parlamentarische Rat größtenteils erfolgreich die Einflüsse der Besatzungsmächte abgewehrt habe.[78])

Der Parlamentarische Rat näherte sich dem westlich-parlamentarischen Verfassungsdenken demzufolge nicht allein über konkrete Studien der ausländischen Verfassungssysteme, sondern in weit größerem Maße über die deutsche Verfassungsgeschichte. Dies war dadurch möglich, daß bei den Beratungen ganz im Gegensatz zur Perspektive der Angloamerikaner die obrigkeitsstaatlichen, nicht-demokratischen Traditionen in der deutschen Geschichte – und speziell während des deutschen Kaiserreichs von 1871 – weitgehend ausgeklammert und tabuisiert wurden. Es erfolgte allein eine ausgiebige Auseinandersetzung mit den demokratischen Traditionen von der Frankfurter Paulskirche 1848/49 bis zur Weimarer Reichsverfassung. Die zentrale Fragestellung hinsichtlich der deutschen Geschichte war, wie – ausgehend von der Endphase der Weimarer Republik – eine totalitäre Machtergreifung im Rahmen eines an sich auch gegenüber Feinden toleranten demokratisch-parlamentarischen Verfassungssystems verhindert werden konnte, nicht aber, welche weiter zurückreichenden historischen Belastungsfaktoren zu dieser verhängnisvollen Entwicklung beigetragen hatten. Dieser Blickwinkel führte dann zur spezifischen Ausformung des Demokratieprinzips im Sinne eines streitbaren und wehrhaften Konzepts[79]) und ermöglichte gleichzeitig das bereits erwähnte Anknüpfen an Konzeptionen, die der deutschen Tradition entsprachen, wie an das Berufsbeamtentum, gegen das besonders die Amerikaner starke Vorbehalte äußerten[80]).

[77]) Vgl. von *Unruh*, Nordamerikanische Einflüsse auf die deutsche Verfassungsentwicklung, S. 463; *Steinberger*, 200 Jahre amerikanische Bundesverfassung, S. 32–38; *Stürner*, Die Rezeption U.S.-amerikanischen Rechts in der Bundesrepublik Deutschland, S. 848f.; *Safran*, The Influence of American Constitutionalism in Postwar Europe, S. 101–103; *Brünneck*, Verfassungsgerichtsbarkeit in den westlichen Demokratien; *Wilms*, Ausländische Einwirkungen auf die Entstehung des Grundgesetzes, insbesondere: S. 188–192; *Görtemaker*, Geschichte der Bundesrepublik Deutschland, S. 109–114.

[78]) Hermann von *Mangoldt*, in: VVDStRL 10 (1952), S. 56f.

[79]) Vgl. *Doering-Manteuffel*, Wie westlich sind die Deutschen?, S. 53–56.

[80]) Vgl. hierzu *Rupieper*, Die Wurzeln der westdeutschen Nachkriegsdemokratie, S. 173–199.

Eine Gesamtbeurteilung des ideellen Gehaltes des Grundgesetzes muß also ambivalent ausfallen. Es finden sich hier sowohl Elemente, die sich allein aus der deutschen Verfassungsentwicklung herleiteten, als auch solche, die dem westlich-liberalen Verfassungsdenken entsprachen. Dieser Umstand eröffnet dem Interpreten einen weiten Spielraum, den Verfassungstext, der an sich in seiner grundsätzlichen ideellen Ausrichtung nicht eindeutig ist, auf eine den eigenen Prägungen und Intentionen gemäße Weise zu füllen. Blickt man auf die fundamental unterschiedlichen Antworten, die in den fünfziger und sechziger Jahren auf entsprechende verfassungsrechtliche Fragen gefunden wurden, so bestätigt sich dieser Befund. Schon allein, daß es möglich war, das Amt des Regierungschefs auf so unterschiedliche Weise wie einerseits Konrad Adenauer und andererseits Willy Brandt auszufüllen, weist auf eine grundsätzliche diesbezügliche Offenheit der Verfassungsordnung des Grundgesetzes hin. Im Rahmen der Kanzlerdemokratie wußte Konrad Adenauer die Verfassungsbestimmungen – ähnlich wie das aufgrund des Besatzungsstatuts bestehende staatliche Souveränitätsdefizit – so für seine Zwecke zu nutzen, daß er das gesamte politische Geschehen auf eine autoritäre und patriarchalische Weise dominieren konnte, wohingegen Willy Brandt einen kollegialen Führungsstil pflegte und zunächst Herrschaftsstrukturen entwickelte, um im Sinne eines pluralistischen Demokratiekonzepts auf umfassende Weise gesellschaftliche Gruppen in politische Entscheidungsprozesse einzubeziehen.[81]) Infolgedessen erscheint es angemessen, in diesem Zusammenhang von einem Modernisierungspotential des Grundgesetzes zu sprechen. Der Text des Grundgesetzes war so offen gestaltet, daß er ein Anknüpfen beispielsweise an die Weimarer Verfassungstradition ermöglichte, aber auch zuließ, daß auf seiner Grundlage später Interpretationsansätze auf der Basis dezidiert pluralistischer Grundhaltungen entwickelt werden konnten, ohne daß größere Änderungen erfolgen mußten.

Mit dem Inkrafttreten des Grundgesetzes setzte in der Staatsrechtslehre ein Anpassungsprozeß an die neue Verfassungsordnung ein.[82]) Schon im Zusammenhang mit der Aufnahme von Otto Koellreutter und Ernst Rudolf Huber haben wir gesehen, wie die Verpflichtung der Staatsrechtslehre zur Mitarbeit am Aufbau des demokratischen Staates als Argument gegen die Aufnahme von Staatsrechtslehrern verwendet wurde, denen eine allzu große Nähe zum nationalsozialistischen Regime und seiner Ideologie attestiert wurde. Die Mehrheit fühlte sich zum Dienst am neu geschaffenen parlamentarisch-demokratisch verfaßten Staat in einem solchem Maß verpflichtet, daß sie aus einem pädagogischen Impetus heraus die Notwendigkeit sah, sich allein auf konstruktive

[81]) Vgl. *Doering-Manteuffel*, Strukturmerkmale der Kanzlerdemokratie; *Görtemaker*, Geschichte der Bundesrepublik Deutschland, S. 106–109 und 501–519.

[82]) Vgl. hierzu von *Bülow*, Die Staatsrechtslehre der Nachkriegszeit (1945–1952), S. 135–146.

Weise mit dem Inhalt des Verfassungstextes auseinanderzusetzen und dementsprechend auf grundsätzliche Kritik zu verzichten. Es galt gleichsam als Sakrileg, die Verfassung als Ganzes in Frage zu stellen. Ernst Friesenhahn ging sogar soweit, in seiner Rektoratsrede von 1950 in Bonn[83]) aus Art. 5 III GG eine verfassungsrechtliche Verpflichtung der Staatsrechtslehre auf die Gesamtentscheidung des Verfassungsgebers und eine dementsprechende Beschränkung der Lehrfreiheit abzuleiten. Es ging ihm darum, in Abgrenzung von „gewissen Staatsrechtslehrern vor 1933", womit wohl vor allem sein früherer Lehrer Carl Schmitt gemeint war, die wissenschaftliche Auseinandersetzung mit der Verfassungsordnung unter das Gebot der Verantwortlichkeit zu stellen.

Gleichzeitig sahen die Staatsrechtslehrer durchaus die Schwachstellen der Verfassung, doch die Mehrheit vermied es, diese besonders herauszustellen. So gaben die ersten Abhandlungen über das Grundgesetz, die sich an ein breites Publikum wandten, dessen Inhalt auf eine zurückhaltende Weise wieder und betonten die zukünftige Entwicklungsfähigkeit der einzelnen Bestimmungen durch die Verfassungspraxis.[84]) Kritische Töne fehlten nicht in Hans Nawiaskys bereits 1950 erschienener Abhandlung über „Die Grundgedanken des Grundgesetzes"[85]). Aufgrund seiner positiven Erfahrung mit der schweizer Demokratie kritisierte er, daß einerseits die plebiszitären Elemente im Grundgesetz zu wenig berücksichtigt und andererseits das föderale System zu kompliziert geregelt worden seien. Zudem sei zu bemängeln, daß in den Grundrechten Angehörige anderer Staaten mit Deutschen nicht durchweg gleichgestellt worden seien und daß hier eine befriedigende Systematik fehle. Dennoch überwog auch bei Nawiasky der wohlwollende und betont konstruktive Impetus: Wenn alle Seiten zur vertrauensvollen Zusammenarbeit bereit wären, könnten diese Mängel durch kluge Praxis ausgeglichen werden.

Auf der ersten Staatsrechtslehrertagung nach Kriegsende im Jahr 1949 entschied sich der Vorstand für das Thema „Kabinettsfrage und Regierungsnotstand"[86]). Auch hier fehlte es nicht an kritischen Äußerungen. Vor dem Erfahrungshintergrund der Staatskrise in der Endphase der Weimarer Republik

[83]) *Friesenhahn*, Staatsrechtslehrer und Verfassung. Vgl. hierzu van *Laak*, Gespräche in der Sicherheit des Schweigens, S. 154f.

[84]) Vgl. z.B. *Giese*, Grundgesetz für die Bundesrepublik Deutschland vom 23. Mai 1949; *Maunz*, Deutsches Staatsrecht; *Scheuner*, Grundfragen des modernen Staates. Diese positiv gehaltene Abhandlung hebt sich deutlich ab von Scheuners heftiger Kritik am Grundgesetz als einer „angepaßte[n] Repristinierung der Weimarer Verfassung" in einem Brief an Carl Schmitt. In: Nachlaß *Schmitt*, Nr. 12439 (Scheuner an Schmitt vom 14. 8. 1949).

[85]) *Nawiasky*, Die Grundgedanken des Grundgesetzes für die Bundesrepublik Deutschland.

[86]) Walter *Jellinek* und Hans *Schneider*, Kabinettsfrage und Regierungsnotstand nach dem Bonner Grundgesetz, in: VVDStRL 8 (1950), S. 3–66 (mit Aussprache). Vgl. auch die diesbezüglich kritischen Töne in: Erich *Kaufmann*, in: VVDStRL 9 (1952), S. 130; Nachlaß *Schmitt*, Nr. 12439 (Scheuner an Schmitt vom 14. 8. 1949: „Die Bonner Verfassung hat – mit ganz unzulänglichen Überlegungen – versucht, stabile Elemente in die Verfassung einzuführen.").

rechnete die überwiegende Mehrheit mit einer baldigen Regierungskrise des parlamentarischen Systems und sah den neugeschaffenen Staat nicht in ausreichendem Maße für solche Krisensituationen gerüstet. Die Bundesregierung hätte, so der Grundtenor in der Diskussion, gegenüber dem Parlament mit mehr Kompetenzen ausgestattet werden müssen, um im Notfall angemessen agieren zu können. Dennoch hielten sich die Redner auch hier aufgrund ihres Selbstverständnisses als „Hüter der Verfassung“[87]) mit offener Kritik auffallend zurück. Es blieb bei Andeutungen.

Einen deutlichen Eindruck von dem bereits zu Beginn der fünfziger Jahre einsetzenden Zwang zum Verfassungskonsens gibt ein Brief von Herbert Krüger an Ulrich Scheuner[88]), den er diesem im Zusammenhang mit seinen Bemühungen um einen Ruf nach Göttingen zuschickte. Auch Staatsrechtslehrer, die der Weimarer Reichsverfassung nur mit Verachtung gegenübergestanden hatten und zum Teil aus dem Umfeld der „Konservativen Revolution“ stammten, sahen sich häufig schon unmittelbar nach der westlichen Teilstaatsgründung moralisch verpflichtet und durch das allgemeine Klima gezwungen, sich mit grundsätzlicher Kritik am Grundgesetz zurückzuhalten. Der Anlaß für Krügers Brief war, daß Scheuner ihn – wohl auf Veranlassung der Göttinger juristischen Fakultät – um eine grundsätzliche Stellungnahme hinsichtlich seiner Haltung zur neuen Verfassungsordnung gebeten hatte, da in Göttingen Bedenken bestanden, im Falle einer Berufung Krügers „einen neuen Werner Weber nach Göttingen zu bekommen“. Hierauf antwortete Krüger zunächst mit einer Klarstellung:

> Ich kann auch nicht entdecken, daß meine Publikationen seit 1945 sich durch ihre kritische Haltung ausgezeichnet hätten. Ich habe hier vielmehr [...] auch deswegen insbesondere von Kritik abgesehen, weil man sie womöglich als Ressentiment gedeutet hätte.

Seine Haltung vor der nationalsozialistischen Machtergreifung erschien ihm im Rückblick als Fehler. Er sei zu dem Ergebnis gekommen,

> daß ich mich weniger nach 1933 als vorher unrichtig verhalten habe. Ich habe Kritik geübt am Weimarer System ohne rechte Kenntnis der Dinge und vor allem der Schwierigkeiten, die jeder politischen Gestaltung von Natur aus innewohnen. Insbesondere habe ich in meiner damaligen Jugendlichkeit den Maßstab der Vollkommenheit (d. h. dessen, was ich damals für vollkommen hielt) an das Objekt meiner Kritik angelegt, ohne zu bedenken, daß es gerade im politischen Bereich niemals etwas Vollkommenes geben kann.

Heute halte er hingegen höchstens konstruktive Kritik am Grundgesetz für angebracht:

> Aber [...] [ich] glaube von meiner Natur sagen zu können, daß sie durchaus auf Verstehen und Erhalten eingestellt ist, und daß ich zu Kritik, Opposition oder gar Revolution keinerlei Veranlassung habe, vor allem nicht unter perfektionistischen Maßstäben. [...] Ich halte da-

87) So Adolf Julius *Merkl*, in: VVDStRL 8 (1950), S. 60.
88) Nachlaß *Krüger*, Krüger an Scheuner vom 8. 11. 1951.

her jede grundsätzliche Kritik heute auf jeden Fall noch für verfrüht, selbst wenn sie begründet wäre. Da es meiner Auffassung nach weniger auf die geschriebene Norm des Grundgesetzes als auf die tatsächliche Entwicklung ankommt, so sollte man sich noch geraume Zeit mit grundsätzlicher Kritik, wenn man sie überhaupt für nützlich hält, zurückhalten, und wenn man im einzelnen Kritik übt, sie wenigstens im Sinne einer Geburtshilfe üben.

Dagegen profilierte sich eine kleine Gruppe von Staatsrechtslehrern aus dem Umkreis von Carl Schmitt[89]) – von Ernst Forsthoff selbstbewußt als „die aktiven Feinde des Grundgesetzes" verstanden[90]) – mit deutlich kritischeren Tönen. Der erste, der sogleich mit der in seiner Göttinger Antrittsvorlesung im Jahre 1949 geäußerten Kritik einen regelrechten Skandal unter den Staatsrechtslehrern provozierte, war Werner Weber.[91]) Er zielte auf den sich bereits vollziehenden Anpassungsprozeß an das Grundgesetz unter seinen Kollegen, indem er die Bestimmungen des Grundgesetzes gegen die nunmehr in den Mittelpunkt gestellten Vorteile der Weimarer Reichsverfassung ausspielte. Der Parlamentarische Rat habe es sich zu leicht gemacht, indem er allein der Weimarer Reichsverfassung die Schuld an der jüngsten Vergangenheit gegeben habe. Weber kritisierte vor allem, daß das Grundgesetz nicht durch eine souveräne Entscheidung des Volkes, sondern durch einen „excès de pouvoir" des Parlamentarischen Rates, bestehend aus Vertretern der politischen Parteien, zustande gekommen sei. Aber auch für die Zukunft hätten sich die politischen Parteien das Monopol der politischen Entscheidungsgewalt gesichert, indem sie das Volk im Grundgesetz vollständig mediatisiert hätten. Im Gegensatz zur Weimarer Verfassung sei nun die Exekutive entmachtet, das Beamtentum „als parteipolitisch neutralisierender Wahrer staatlicher Konsistenz" ausgeschaltet und besonders der Bundespräsident nicht ausreichend mit Ausnahmebefugnissen ausgestattet worden. Aufgrund der umfassenden Befugnisse des Bundesverfassungsgerichts bestehe zudem die Gefahr einer grundsätzlichen Juridizierung des politischen Bereichs. Webers Kritikpunkte waren, verglichen mit Carl Schmitts Ausführungen zum Weimarer Verfassungssystem, zwar wenig originell, durch die Grundsätzlichkeit und Vehemenz seiner Kritik hatte er aber den von seinen Kollegen tolerierten Rahmen überschritten. So sahen sich die anderen Staatsrechtslehrer immer wieder gezwungen, sich von Webers deutlicher Kritik abzugrenzen.[92]) Erst vor diesem Hintergrund wird zudem der heftige Widerspruch verständlich, auf den Webers Referat auf der Staatsrechtslehrer-

[89]) Carl Schmitt selbst äußerte sich ebenfalls äußerst kritisch zum Grundgesetz. Vgl. z.B. Depositum *Ehmke*, Nr. 210 (Schmitt an Ehmke vom 2. 5. 1954).

[90]) Vgl. Nachlaß *Schmitt*, Nr. 3770 (Forsthoff an Schmitt vom 3. 12. 1949).

[91]) *Weber*, Weimarer Verfassung und Bonner Grundgesetz.

[92]) Vgl. z.B. Nachlaß *Schmitt*, Nr. 12439 (Scheuner an Schmitt vom 14. 8. 1949: „Ob man es [das Bonner Grundgesetz] dabei so herbe kritisieren muß, wie es Werner Weber getan hat, ist mir etwas zweifelhaft."); Nachlaß *Krüger*, Krüger an Scheuner vom 8. 11. 1951. Vgl. zudem *Krüger*, Rezension zu Werner Weber, Spannungen und Kräfte im westdeutschen Verfassungssystem.

tagung im Jahr 1952 über „Die Gegenwartslage des Staatskirchenrechts"[93]) stieß. Da Weber hier seine Befürchtung nur andeutete, daß die Gefahr bestehe, daß der bundesdeutsche Staat aufgrund des Einflusses von Parteien, Verbänden und Kirchen zu einer ständestaatlichen Ordnung verformt werde, ist es aus seiner Sicht durchaus nachzuvollziehen, daß er sich von Ulrich Scheuner, Rudolf Smend, Gerhard Leibholz und Wolfgang Abendroth gänzlich mißverstanden fühlte[94]). Nur ging es diesen Kritikern weniger um Webers soeben gehaltenes Referat, als vielmehr um seine gegen das Grundgesetz gerichtete Grundhaltung, die vor allem in seinen Ausführungen aus dem Jahre 1949 zum Ausdruck gekommen war. Die Smend-Schule, sekundiert von Wolfgang Abendroth, führte einen ersten Angriff gegen Webers Versuch, an die von Carl Schmitt in der Weimarer Zeit entwickelten Konzeptionen im allgemeinen und an das Bild eines über den gesellschaftlichen Interessen schwebenden, autoritären Staates im speziellen anzuknüpfen. Insbesondere Scheuner stellte Webers Staatsverständnis erstmals das angelsächsische Denken entgegen und forderte die endgültige Abkehr von einem Demokratieverständnis, das auf der Vorstellung einer „volonté générale" im Sinne von Rousseau beruhte. Nach der Tagung schrieb Scheuner sogleich an Horst Ehmke, um dieser Sichtweise nochmals Nachdruck zu verleihen:

> Jedenfalls habe ich neben Leibholz eben auf der Marburger Staatsrechtslehrertagung Werner Weber in seiner Deutung der pluralistischen Kräfte [...] widersprochen, weil er ausgeht von einem substanziellen [sic!] übergeordneten Staatsbegriff der alten Zeit: Staat als außerhalb der Gegensätze stehende Instanz. Während doch wohl das Entscheidende der Demokratie heute ist, daß hier der Staat selbst aus dem Gleichgewicht, dem Zusammenwirken der sozialen Gruppen sich ergibt.[95])

Dezentere, aber deshalb nicht weniger grundsätzliche Kritik als Weber übte der Hamburger Ordinarius Hans Peter Ipsen in einem Vortrag, den er ebenfalls noch im Jahre 1949 hielt.[96]) Es ging ihm vor allem darum, vor dem Hintergrund der Fortexistenz des deutschen Gesamtstaates und der Hoffnung auf Wiedervereinigung den provisorischen, von der aktuellen Besatzungslage bestimmten Charakter des Grundgesetzes herauszustellen. Dieser werde insbesondere durch die Ewigkeitsgarantie des Art. 79 III GG verschleiert. Ipsen kritisierte aber auch andere Regelungen des Grundgesetzes, so die Entscheidung des Parlamentarischen Rates zur Wiederherstellung umfassender Rechtsstaatlichkeit, die zu einer Schwächung der Exekutive und zu einer Überforderung der Verwaltungsgerichtsbarkeit führe. Genauso könne die voreilige Entscheidung für die Monopolstellung der Parteien bei der politischen Willensbildung

[93]) Werner *Weber*, Die Gegenwartslage des Staatskirchenrechts, in: VVDStRL 11 (1954), S. 153–176.

[94]) Vgl. VVDStRL 11 (1954), S. 215–260 (Aussprache).

[95]) Depositum *Ehmke*, Nr. 210 (Scheuner an Ehmke vom 20. 10. 1952).

[96]) *Ipsen*, Über das Grundgesetz.

nur eine vorläufige sein. Ipsen bemängelte zudem, daß das Grundgesetz in Bereichen, wo es dringend einer Regelung bedurft hätte, geprägt sei von Nichtentscheidungen. Beispielsweise sei auf Regelungen im Bereich der Sozial- und der Wirtschaftsverfassung völlig verzichtetet worden, so daß die Realisierung der Sozialstaatlichkeit allein der künftigen Gesetzgebung überantwortet sei. Ipsens Ausführungen waren also – trotz seines Bekenntnisses, er wolle zu einer Popularisierung des Grundgesetzes beitragen – insgesamt nicht weniger kritisch als die von Weber[97]), er argumentierte aber erheblich mehr auf der Grundlage des konkreten Verfassungstextes und hatte daher mit weniger Widerspruch seiner Kollegen zu rechnen. Zudem stimmte seine politische Zielrichtung, die Rechtslage Deutschlands offen zu halten, um so eine rasche Wiedervereinigung zu ermöglichen, weit eher mit der Grundhaltung der meisten Staatsrechtslehrer überein als Webers Versuch, auf wenig verhüllte Weise an das Denken Carl Schmitts aus der Weimarer Zeit anzuknüpfen.[98])

Als Dritter im Bunde der „aktiven Feinde des Grundgesetzes" ist noch Ernst Forsthoff selbst zu nennen. Allein das Vorwort seines im Jahre 1949 erschienen Lehrbuchs des Verwaltungsrechts war eine gezielte Provokation gegenüber dem in Art. 1 III und 20 III GG zum Ausdruck kommenden Anspruch des Grundgesetzes, auch auf das Verwaltungsrecht eine maßgebliche Wirkung auszuüben. Im Sinne des Diktums von Otto Mayer, „Verfassungsrecht vergeht, Verwaltungsrecht besteht", behauptete Forsthoff die grundsätzliche Kontinuität des Verwaltungsrechts – und damit seines eigenen juristischen Denkens überhaupt – über die tiefgreifenden Verfassungsumwälzungen der vierziger Jahre hinweg:

> Der Plan des vorliegenden Bandes und die wesentlichen Grundgedanken, nach denen er ausgeführt werden sollte, lagen bereits vor Kriegsausbruch fest [...]. Nahezu die Hälfte des Buches wurde während des Krieges niedergeschrieben. Nach der Kapitulation stellte es sich bald heraus, daß an der Gesamtkonzeption nichts geändert zu werden brauchte. Die Notwendigkeiten und die Fragestellungen, wie sie sich bei einer realistischen und nicht ideologischen Betrachtung ergeben, waren die gleichen geblieben. So konnte das Buch in den folgenden Jahren zu Ende geführt werden.[99])

In einem Brief an Carl Schmitt drückte er aus, wie sehr er mit einer baldigen Verfassungskrise rechnete:

> Daß sich das Verfassungsleben schneller als erwartet in eine Serie von Verfassungsstreitigkeiten auflösen wird, und wenn wir erst das Verfassungsgericht haben, wird das Tribunal schnell zur Szene werden [sic!]. Früher als gedacht wird dann der „Hüter der Verfassung" eine besondere Aktualität gewinnen, und wenn die Weimarer Verfassung an der Untreue zu-

[97]) Vgl. hierzu auch die äußerst positive Besprechung: *Ipsen*, Rezension zu Werner Weber, Weimarer Verfassung und Bonner Grundgesetz.

[98]) Vgl. hierzu z.B. Hans Schneiders Zustimmung zu Ipsens Text, in: Depositum *Ehmke*, Nr. 210 (H. Schneider an Ehmke vom 22. 10. 1952),

[99]) *Forsthoff*, Lehrbuch des Verwaltungsrechts, S. VI.

grunde ging (was man ja heute behauptet), so hat das Grundgesetz alle Aussicht, an der Verfassungstreue zu sterben.[100])

Ganz im Sinne von Carl Schmitt hielt sich Forsthoff mit offener Kritik am Grundgesetz aber zurück und verbarg seine kritische Grundhaltung, indem er die untersuchten Begriffe auf ihren ideengeschichtlichen Ursprung zurückführte und dann eine Diskrepanz zwischen ihrer ursprünglichen Bedeutung und ihrer gegenwärtigen Anwendung herausarbeitete. So konstruierte er beispielsweise im Jahr 1950[101]) in enger Anlehnung an Schmitts Repräsentationsverständnis einen Gegensatz zwischen dem klassischen Verständnis von Parlamentarismus und dem auf Art. 21 GG basierenden Parteiensystem im Sinne einer modernen Massendemokratie. Da im Parlament durch die Parteien nicht mehr Meinungen, sondern Interessen zum Ausdruck kämen, könne hier nicht mehr von Repräsentation in einem klassischen Sinn gesprochen werden. Dennoch knüpfe das Grundgesetz an solche Repräsentationsvorstellungen an, indem es in Art. 38 I 2 am freien Mandat festhalte und somit die Unabhängigkeit des Abgeordneten von der Fraktionsdisziplin ermögliche.

Größeren Aufruhr verursachte Forsthoffs Referat auf der Staatsrechtslehrertagung von 1953 in Bonn über „Begriff und Wesen des sozialen Rechtsstaates“[102]), bei dem er „vom sozialen Rechtsstaat auf der Ebene der Verfassung nichts mehr übrig [ließ].“[103]) Dies war eine bewußte Provokation, da Forsthoff damit die Normativität der Verfassung im zentralen Punkt einer Staatszielbestimmung in Frage stellte. Er rechnete folglich auch mit heftigem Widerspruch in der Diskussion:

Gewiß wird es lebhaften Widerspruch geben, und der irenische Scheuner wird schließlich die complexio oppositorum vollziehen.[104])

Scheuner war bei der Tagung dann aber gar nicht anwesend und fiel somit als Forsthoffs Kontrahent aus. Forsthoffs Referat war eine Reaktion auf das Referat von Hans Peter Ipsen über „Enteignung und Sozialisierung“ aus dem vorletzten Jahr, bei dem dieser dem Sozialstaatsprinzip eine zentrale Bedeutung für die gesamte Verfassungsordnung beigemessen und insbesondere die Eingrenzung von Grundrechten auf dessen Grundlage für notwendig erachtet hatte.[105]) Demgegenüber konstatierte Forsthoff die Unvereinbarkeit von Rechtsstaat und Sozialstaat auf der Ebene des Verfassungsrechts. Hier entfalte allein der in einem technischen Sinne verstandene Rechtsstaat seine Wirkung,

[100]) Nachlaß *Schmitt*, Nr. 3770 (Forsthoff an Schmitt vom 3. 12. 1949).
[101]) *Forsthoff*, Die politischen Parteien im Verfassungsrecht, S. 5–24.
[102]) Ernst *Forsthoff*, Begriff und Wesen des sozialen Rechtsstaates (Bericht), in: VVDStRL 12 (1954), S. 8–36.
[103]) Nachlaß *Schmitt*, Nr. 3790 (Forsthoff an Schmitt vom 20. 9. 1953).
[104]) Nachlaß *Schmitt*, Nr. 3790 (Forsthoff an Schmitt vom 20. 9. 1953).
[105]) Vgl. *Forsthoff*, Von der Staatsrechtswissenschaft zur Rechtsstaatswissenschaft, S. 696f.

was gleichzeitig bedeute, daß der Sozialstaat nicht als Rechtsbegriff zu verstehen und seine Konkretisierung dem Gesetzgeber und der Verwaltung nach eigenem Ermessen überlassen sei. Es ging Forsthoff mit seinem Vortrag letztlich darum, sein Bild eines souveränen und hinreichend flexiblen Staates zu verwirklichen, welcher gegenüber sozialpolitischen Sachzwängen möglichst rechtlich ungebunden agieren konnte und somit in der Lage war, den Ausnahmezustand zu meistern.[106]) In der anschließenden Debatte ließ der Widerspruch nicht lange auf sich warten. So findet sich fast in jedem Redebeitrag der anwesenden Staatsrechtslehrer ein Passus, in dem sie sich von Forsthoffs Meinung abgrenzten, indem sie auf den aus ihrer Sicht unzweifelhaft normativen Charakter des Sozialstaatsprinzips hinwiesen.[107]) Auch jüngere Staatsrechtler, wie Günter Dürig, die sich noch nicht habilitiert hatten, waren empört, als sie von Forsthoffs Vortrag hörten:

> Die Hoffnung auf Forsthoff [...] ist m.E. auf der Bonner Staatsrechtslehrertagung nicht erfüllt worden (noch nicht). Forsthoff hat verfassungsrechtlich von dem kleinen Wörtchen „sozial“ nicht mehr viel übrig gelassen. So geht das m.E. auch nicht.[108])

Wenn ein Staatsrechtslehrer in Zukunft eine Abhandlung über das Sozialstaatsprinzip schrieb, so gehörte es zum guten Ton, sich von Forsthoffs Meinung deutlich abzugrenzen.[109]) Neben Forsthoff selbst hielten allein Werner Weber[110]), Arnold Köttgen[111]) und später Ernst-Wolfgang Böckenförde[112]) – allerdings in abgeschwächter Form – an diesem Deutungsansatz fest.

Aber auch solche grundsätzlich kritischen Stimmen zum Grundgesetz fanden im Laufe der fünfziger Jahre immer weniger Gehör und verstummten mehr und mehr.[113]) Das „Experiment Bundesrepublik“ mit seiner parlamentarisch-demokratischen Verfassungsordnung erwies sich als stabiler und vor allem auch in wirtschaftlicher und außenpolitischer Hinsicht als erfolgreicher, als man noch im Jahre 1949 zu hoffen gewagt hatte. Die Verfassungskrise, die

106) Vgl. hierzu *Forsthoff*, Der Staat der Industriegesellschaft, S. 77–81.

107) So Wolfgang *Abendroth*, Hans Carl *Nipperdey*, Wilhelm *Merk*, Adolf *Schüle*, Friedrich August Freiherr von der *Heydte*, Herbert *Krüger*, Helfried *Pfeifer*, Richard *Naumann*, Viktor *Böhmert*, Walter *Jellinek*, Hans Peter *Ipsen* und Otto *Bachof*, in: VVDStRL 12 (1954), S. 39–41 und 85–125.

108) Nachlaß *Schmitt*, Nr. 3048 (Dürig an Schmitt vom 18. 12. 1953).

109) So z.B. E. R. *Huber*, Der Streit um das Wirtschaftsverfassungsrecht, S. 200, Fn. 54; *Scheuner*, Die neuere Entwicklung des Rechtsstaats in Deutschland, S. 261, Fn. 149; *Ridder*, Zur verfassungsrechtlichen Stellung der Gewerkschaften im Sozialstaat nach dem Grundgesetz, S. 3.

110) *Weber*, Die verfassungsrechtlichen Grenzen sozialstaatlicher Forderungen, insbesondere: S. 431 f.

111) *Köttgen*, Der soziale Bundesstaat, S. 28.

112) *Böckenförde*, Entstehung und Wandel des Rechtsstaatsbegriffs, S. 66–72.

113) Als ein weiterer Aufsatz eines Carl Schmitt-Schülers, der unter Rückgriff auf Schmitts Dezisionismus im Jahre 1954 mit grundsätzlicher Kritik am Grundgesetz nicht sparte, wäre beispielsweise zu nennen: *Krauss*, Die Verfassung Deutschlands 1945–1954.

zahlreiche Staatsrechtslehrer als unvermeidlich angesehen hatten, blieb aus, und es gab handfeste Anzeichen einer inneren Konsolidierung des westlichen Teilstaates. Vor diesem Hintergrund wurden die kritischen Töne in den verfassungsrechtlichen Abhandlungen auch von Ipsen und Weber immer zurückhaltender. Auch diese beiden arrangierten sich mehr und mehr mit den bundesdeutschen Rahmenbedingungen. Die Neigung zum Verfassungskonformismus[114]) griff fast überall um sich. Hier findet sich insgesamt das bestätigt, was Thomas Nipperdey mit dem Begriff der „Einhausung“ bezeichnet hat. Konservative, die teilweise aus dem Umfeld der „Konservativen Revolution“ stammten, arrangierten sich nach 1949 allmählich – bei gleichzeitiger Suche nach Ordnung und Stabilität bei den „haltenden Mächten“ (Hans Freyer) – mit den modernen Zuständen, gewöhnten sich damit zugleich an die liberale politische Ordnung des Grundgesetzes und erkannten, daß diese, verglichen mit dem Nationalsozialismus, schlichtweg das kleinere Übel darstellte.[115]) Als eine Art Katalysator dieses Prozesses fungierte der Antitotalitarismus, die Integrationsideologie des westlichen deutschen Teilstaates. Der Gegensatz zwischen der Demokratie und jeglicher Form von Diktatur galten dem Gros der Bevölkerung als ein Fundamentalkonflikt. Unter den Bedingungen des Kalten Krieges gewann dieser Konsens allerdings eine einseitige Ausprägung in eine primär antikommunistische Richtung. An erster Stelle fühlte man sich von der Sowjetunion und ihrer Ideologie existentiell bedroht. Diese Perspektive half zum einen, der Vergangenheit einen Sinn zu geben, denn man entnahm ihr die Mission, den Kampf gegen den Osten nun als Vorposten der Freiheit an der Seite des Westens fortzusetzen, und sie ließ zum anderen eine inhaltliche Auseinandersetzung mit dem Nationalsozialismus als sekundär erscheinen und in den Hintergrund treten. Vor allem aber verschaffte der Antikommunismus der vom Grundgesetz geschaffenen parlamentarischen Demokratie zusätzliche Legitimität: Diese schien den westlichen deutschen Teilstaat auch ideologisch fest im westlichen Bündnis zu verankern und galt von daher als einzig realistische und zugleich wirkungsvolle Alternative zu den als akut wahrgenommenen totalitären Bestrebungen der Zeit.

Der Prozeß der Eingewöhnung fiel denen leichter, deren Rechtsverständnis dogmatisch-normativistisch oder praxisorientiert ausgerichtet war, und denen schwerer, deren Denken eher von ideologisch aufgeladenen Begriffen wie Staat, Gesellschaft, Verfassung oder Repräsentation bestimmt war. Hier wäre etwa eine Grenze zwischen Ipsen und Weber zu ziehen. Ipsen tat sich im Jahre

114) Vgl. *Schwarz*, Die Ära Adenauer. Die Gründerjahre der Republik, S. 445; van *Laak*, Gespräche in der Sicherheit des Schweigens, S. 174.

115) Vgl. hierzu grundsätzlich: *Etzemüller*, Sozialgeschichte als politische Geschichte, insbesondere: S. 280–282; *Plichta*, Reich – Europa – Abendland, S. 64–68; *Schildt*, Konservativismus in Deutschland, insbesondere: S. 236–238; *Muller*, The Other God That Failed, insbesondere: S. 316–360.

1951 durch ein Referat vor der Staatsrechtslehrervereinigung hervor[116]), mit dem er sich weite Anerkennung verschaffte[117]). Auf der Grundlage einer streng dogmatischen Argumentation strich er die zentrale Bedeutung des Sozialstaatsprinzips für die gesamte Verfassungsordnung heraus und hob gleichzeitig hervor, daß dieses Prinzip auch die Neugestaltung der bestehenden Eigentumsordnung impliziere. Wie weit seine Interpretation zu seiner politischen Überzeugung im Widerspruch stand, zeigte sich darin, daß er es als nötig erachtete, gleichsam entschuldigend darauf hinzuweisen, wie fern ihm eine Deutung des Art. 15 GG als „legalisierten Klassenkampferfolg" liege[118]). Eine solche Diskrepanz zwischen innerer politischer Überzeugung und juristischer Argumentation wäre bei Weber unvorstellbar. Es ging diesem weit eher als Ipsen um die Bewahrung von zentralen Kategorien seines Denkens unter gewandelten verfassungsrechtlichen Rahmenbedingungen. Insofern war sein Anpassungsprozeß an die Verfassungsordnung des Grundgesetzes ein sehr viel langsamerer und womöglich schmerzhafterer. Auch er mußte sich Mitte der fünfziger Jahre eingestehen, daß sich die Bundesrepublik unter der Führung Konrad Adenauers als stabiler erwiesen hatte, als er dies ursprünglich für möglich gehalten hatte, aber er hielt dennoch daran fest, mit deutlichen Worten Schwachstellen der Verfassungsordnung zu benennen, auch wenn diese ihren absolut destruktiven Charakter verloren hatten und eine Wendung zur institutionellen Festigkeit des obrigkeitlichen Staates zumindest im Bereich des Möglichen lag.[119]) Webers ideologisch-kritische Grundhaltung brachte es mit sich, daß einzelne seiner Äußerungen auch später Aufsehen erregten[120]) und daß sein Denken ganz im Gegensatz zu dem von Ipsen, wie wir noch sehen werden, bereits in den sechziger Jahren und dann vor allem in den siebziger Jahren immer mehr als veraltet und unzeitgemäß wahrgenommen wurde.

Es gab zwar weiterhin vereinzelt grundsätzliche Kritiker des Grundgesetzes, die nicht verstummen wollten. Doch wer sich auf diese Weise im Kreis der

[116]) Hans Peter *Ipsen*, Enteignung und Sozialisierung, in: VVDStRL 10 (1952), S. 74–123.

[117]) So sprach Ipsen gar davon, sein Referat habe „eine zu gute Presse gefunden". In: Nachlaß *Schmitt*, Nr. 6419 (Ipsen an Schmitt vom 31. 1. 1954).

[118]) Hans Peter *Ipsen*, Enteignung und Sozialisierung, in: VVDStRL 10 (1952), S. 74–123, hier: S. 104.

[119]) *Weber*, Die Verfassung der Bundesrepublik in der Bewährung; ders., Gewaltenteilung als Gegenwartsproblem, in: *Barion*, Festschrift für Carl Schmitt, S. 253–272. Vgl. auch ders., Die Bundesrepublik und ihre Verfassung an der Schwelle des dritten Jahrzehnts, insbesondere: S. 419.

[120]) So sprach beispielsweise Weber 1960 als Vorsitzender der Freiherr-vom-Stein-Gesellschaft von der Unvollkommenheit des Grundgsetzes und von der mangelnden Eignung der Staatsrechtslehrervereinigung für eine wirklich wissenschaftliche Aussprache, was dann zu einem Protestschreiben von Ulrich Scheuner als Vorsitzendem der Staatsrechtslehrervereinigung führte. Vgl. Nachlaß *Peters*, Nr. 39 (Scheuner an die Freiherr-vom-Stein-Gesellschaft vom 6. 3. 1960).

Staatsrechtslehrer profilierte, mußte sich seit Mitte der fünfziger Jahre mit der Rolle des isolierten Außenseiters begnügen, dem ein umfassendes Wirkungsfeld verschlossen blieb. In diesem Sinne prominentester Provokateur blieb Ernst Forsthoff[121]), der durch seine Publikationen auch weiterhin immer wieder regelrechte Skandale in der Staatsrechtslehre provozierte, der sich aber andererseits seiner „traurigen" und „unzeitgemäßen" Rolle als Einzelgänger und „absolutem Außenseiter" vollauf bewußt war[122]). Als weiterer Gegner der Verfassungsordnung des Grundgesetzes profilierte sich auf den Staatsrechtslehrertagungen wiederholt Heinrich Herrfahrdt, Ordinarius in Marburg, der ursprünglich aus dem Umfeld der „Konservativen Revolution" stammte. Er blieb auch über das Jahr 1949 hinaus in wesentlichen Punkten seinem früheren Denken treu und propagierte ein autoritär-obrigkeitliches Verfassungsmodell als Alternative zum Grundgesetz. Es ging ihm darum, auch in der gegenwärtigen Lage einen Repräsentanten des ganzen Volkes zu finden. Hier kam an erster Stelle der Bundespräsident oder sogar ein Monarch in Betracht. An zweiter Stelle sollte die Bürokratie bzw. das Militär stehen, die beide im Gegensatz zum Parlament noch in der Lage seien, die divergierenden Interessen auszugleichen.[123]) Die Mitglieder der Staatsrechtslehrervereinigung reagierten auf den Tagungen, indem sie Herrfahrdts Redebeiträge schlichtweg ignorierten. Herrfahrdt meldete sich regelmäßig zu Wort, doch keiner seiner Kollegen bezog Stellung zu seinen Ausführungen. Der Umstand, daß ein solcher Exot wie Herrfahrdt ignoriert wurde, verdeutlicht noch einmal die weite Diskrepanz zwischen der Kontinuität seines Denkens einerseits und der enormen Anpassungsfähigkeit der Mehrheit der Staatsrechtslehrer gegenüber den verfassungsrechtlichen Systembrüchen in der ersten Hälfte des 20. Jahrhunderts andererseits.

Dennoch gab es einen Begriff, der die Staatsrechtslehrer – auch die Außenseiter – einte, und dies war der Begriff des Rechtsstaates. Der Rechtsstaat avancierte bereits nach dem staatlichen Zusammenbruch von 1945 und dann noch einmal verstärkt nach dem Inkrafttreten des Grundgesetzes zur umfassenden Konsensvokabel in der westdeutschen Staatsrechtslehre. Es gehörte von nun an zum guten Ton, sich immer wieder auf den freiheitlichen Charakter des Rechtsstaates zu berufen, ihn als zentralen Begriff des Grundgesetzes zu deuten und

[121]) Bereits angedeutet bei *Häberle*, Lebende Verwaltung trotz überlebter Verfassung?, S. 688.

[122]) Vgl. z.B. Nachlaß *Schmitt*, Nr. 3751, 3834, 3861, 3873 und 3881 (Forsthoff an Schmitt o.D., vom 2. 1. 1960, vom 9. 5. 1963, vom 27. 4. 1965 und vom 31. 12. 1965); Nachlaß *Schnur*, Nr. 64 (Forsthoff an Schnur vom 8. 7. 1960).

[123]) Vgl. z.B. Heinrich *Herrfahrdt*, Tragweite der Generalklausel in Art. 19 Abs. 4 des Bonner Grundgesetzes, in: VVDStRL 8 (1950), S. 126–148; ders., in: VVDStRL 10 (1952), S. 55f.; 19 (1961), S. 242; 23 (1966), S. 105f. und 273f.; 24 (1966), S. 116–118; 25 (1967), S. 225f. und 247.

seine Propagierung zur ersten Aufgabe der Staatsrechtslehre zu erklären.[124]) Nach der einschneidenden Erfahrung der völligen Rechtsunsicherheit und des Verwaltungschaos während der Zeit des Nationalsozialismus erschien die Rückkehr zum Rechtsstaat als ein erster Schritt, um wieder in die Bahnen einer Staatsordnung zurückzukehren, in der Recht und Ordnung etwas zählten und in der somit auch der Rechtswissenschaft eine grundsätzliche Bedeutung zukam. Bereits in der Zeit zwischen 1933 und 1945 war heftig darüber debattiert worden, ob der nationalsozialistische Staat weiterhin als Rechtsstaat bezeichnet werden konnte. Einigkeit herrschte allein darüber, daß er zumindest in seiner bürgerlich-liberalen Ausprägung an sein Ende gelangt war. Bei dieser Debatte hatten unter anderem nationalkonservativ geprägte Staatsrechtslehrer aus einer ordnungsbewahrenden Grundhaltung heraus dafür plädiert, auf den Rechtsstaatsbegriff nicht gänzlich zu verzichten.[125]) So bot es sich regelrecht an, an diese Tradition scheinbarer Resistenz nach 1945 anzuknüpfen. Der Rechtsstaat diente nun als Scharnierbegriff, auf den sich alle Strömungen der Staatsrechtslehre ohne Vorbehalt berufen konnten, da er aufgrund seines die Freiheitsrechte des einzelnen sichernden Gehalts eine deutliche Abgrenzung nicht nur von der nationalsozialistischen Diktatur, sondern auch von der Einparteienherrschaft sowjetischer Prägung in der SBZ und später in der DDR ermöglichte. Dabei blieb die inhaltliche Füllung des Rechtsstaatsbegriffs durchaus umstritten, denn es boten sich aufgrund seiner Offenheit verschiedene ideelle Anknüpfungspunkte an.[126]) Zum einen war dies der bürgerlich-liberale Rechtsstaat der zweiten Hälfte des 19. Jahrhunderts, als dieser im Zusammenhang mit der Dominanz der rechtspositivistischen Richtung allein eine technisch-formale Deutung erfahren hatte. Zum zweiten war dies der Rechtsstaat in einem materiellen Sinne, der mit inhaltlichen Kriterien wie Gerechtigkeit, Gewaltenteilung und Verhältnismäßigkeit verknüpft wurde und dessen Konzept von der geisteswissenschaftlichen Richtung in der Weimarer Zeit vorgedacht worden war. Zum dritten aber bot es sich an, aufgrund der von den Besatzungsmächten vorangetriebenen politischen Verortung der Bundesrepublik in den westlichen Demokratien den Rechtsstaatsbegriff in Anlehnung an die „rule of law" im Sinne des anglo-amerikanischen Verfassungsrechts zu deuten, was dann ein

[124]) Vgl. z.B. *Schmid*, Unteilbarkeit der Rechtsordnung, S. 207; Herausgeber und Verlag, Zum neuen Jahrgang, in: AöR 74 (1948), S. 1f., hier: S. 2; *Pünder*, Der Weg zum Rechtsstaat; Richard *Thoma*, Eröffnung, in: VVDStRL 8 (1950), S. 1f.; Friedrich *Klein*, Tragweite der Generalklausel in Art. 19 Abs. 4 des Grundgesetzes, in: ebda., S. 67–125, hier: S. 77f.; ders., Bonner Grundgesetz und Rechtsstaat; Nachlaß *Abendroth*, Nr. 566e (Wolff an Abendroth vom 6. 11. 1952: „Vor allem aber empfinde ich nicht den Begriff der Demokratie, sondern den des Rechtsstaates, und zwar des materiellen Rechtsstaates als den zentralen Begriff des Grundgesetzes."); *Smend*, Festvortrag zur Feier des zehnjährigen Bestehens des Bundesverfassungsgerichts, S. 582.

[125]) Vgl. *Stolleis*, Geschichte des öffentlichen Rechts in Deutschland, 3. Band, S. 330–338.

[126]) Zur Geschichte des Rechtsstaats allgemein: *Scheuner*, Die neuere Entwicklung des Rechtsstaats in Deutschland; *Böckenförde*, Entstehung und Wandel des Rechtsstaatsbegriffs.

eher prozessuales, aber auch materielles Grundverständnis mit sich brachte.[127]) Abgesehen von solchen Differenzen und Unschärfen herrschte auch keine Einigkeit hinsichtlich der Wechselwirkung zwischen Rechtsstaats- und Sozialstaatsprinzip, wie wir bereits im Zusammenhang mit den Ideen Ernst Forsthoffs gesehen haben.

Zusammenfassend läßt sich sagen, daß aufgrund der starken Wertorientierung der fünfziger Jahre die breite Mehrheit der Staatsrechtslehre, inklusive der Smend-Schule, eine materielle und auch soziale Ausprägung des Rechtsstaatsbegriffs propagierte, wohingegen nur eine Minderheit, angeführt von der Schmitt-Schule, zu seiner formal-technischen Deutung des 19. Jahrhunderts zurückkehren wollte.[128]) Doch trotz aller Differenzen und trotz aller Kritik an übertriebenen Kontrollbefugnissen der richterlichen Gewalt war es unter den Staatsrechtslehrern, von wenigen Ausnahmen abgesehen, unbestritten, daß es für das Grundgesetz von höchster Bedeutung war, daß dieses, wie schon zuvor die Verfassungsordnungen der Länder in den westlichen Besatzungszonen, den Rechtsstaat – und nicht etwa die Demokratie, den Bundesstaat oder den Sozialstaat – auf umfassende Weise wieder etabliert hatte. Freiheitlichkeit und Verfahrensgerechtigkeit anstelle von Gleichheit, auf die sich die DDR vor allem berief, sollten aus Sicht der Staatsrechtslehrer der Verfassungsordnung des westlichen Teilstaates den Stempel aufdrücken.

4. Fraktionen in der Staatsrechtslehre und das Arrangement mit dem Bundesverfassungsgericht

Abgesehen von der Schmitt- und der Smend-Schule, auf die erst im folgenden Abschnitt eingegangen werden soll, bildeten sich rasch nach 1949 zwei weitere Gruppierungen in der Staatsrechtslehre heraus, die sich mit jeweils unterschiedlichen ideellen Ausrichtungen und Zielsetzungen als personelle Netzwerke zusammenfanden. Zudem entstand im Jahre 1951 mit dem Bundesverfassungsgericht ein Verfassungsorgan, das das bis dahin bestehende weitgehende Deutungsmonopol der Staatsrechtslehre in Verfassungsfragen überwand und von Anfang an mit dem Anspruch auftrat, im bundesdeutschen Regierungssystem einen einflußreichen Machtfaktor darzustellen. Für die Staatsrechtslehre bedeutete dies, sich mit dieser Institution auf die ein oder andere

[127]) Vgl. hierzu *Fraenkel*, „Rule of Law“ in einer sich wandelnden Welt; *Loewenstein*, Reconstruction of the Administration of Justice in American-Occupied Germany, S. 420 und 444; *Leibholz*, Staat und Gesellschaft in England, S. 119–123 und 127 f.; *Neumann*, The Concept of Political Freedom. Vgl. des weiteren *Waibel*, Von der wohlwollenden Despotie zur Herrschaft des Rechts, S. 7–35.

[128]) Vgl. z. B. Ernst *Forsthoff* und Otto *Bachof*, Begriff und Wesen des sozialen Rechtsstaates, in: VVDStRL 12 (1954), S. 8–128 (mit Aussprache).

Weise arrangieren zu müssen. Beide Punkte sollen hier kurz näher beleuchtet werden, um so einen Eindruck vom institutionellen und personellen Rahmen für die beiden sich dann anschließenden Abschnitte zu vermitteln.

Als ein Denkkollektiv, das das Bild der Staatsrechtslehre der fünfziger Jahre prägte und von dem auch bereits im Zusammenhang mit Ausgrenzungsmechanismen in der Staatsrechtslehre die Rede war, trat zunächst die linke Gruppierung in Erscheinung. Zu ihr gehörten Wolfgang Abendroth als Protagonist und interne Integrationsfigur, Helmut Ridder, Martin Drath und Hermann L. Brill (1895–1959), ab 1947 Honorarprofessor in Frankfurt am Main und ab 1953 in Speyer. Alle bis auf Ridder waren SPD-Mitglieder. Es handelte sich hierbei um einen relativ kleinen Kreis, der aber dafür besonders eng zusammenarbeitete, um unter den Staatsrechtslehrern einen möglichst großen Einfluß zu gewinnen.

Mit ihrem Denkstil grenzte sie sich von der nationalkonservativ geprägten Mehrheit vor allem dadurch ab, daß sie nicht den Begriff des Rechtsstaates, sondern den der sozialen Demokratie bzw. den des Sozialstaats als Zentralbegriff des Grundgesetzes deutete. Insbesondere Abendroth[129]) und Ridder[130]) versuchten damit, das bundesdeutsche Verfassungssystem für grundlegende Veränderungen in Richtung einer sozialistischen Gesellschaftsordnung offenzuhalten. Das Demokratieprinzip, das primär in einem plebiszitären Sinne gedeutet wurde, ermöglichte und bezweckte aus ihrer Sicht eine fundamentale Umgestaltung, sollten sich die Mehrheitsverhältnisse in der Bevölkerung wandeln. Das Sozialstaatsprinzip harrte hingegen seiner Verwirklichung in Richtung einer umfassenden sozialen Umverteilung durch den Gesetzgeber. Mit diesem Interpretationsansatz ist auch der Rückgriff auf den Restaurationstopos zu erklären. Das Grundgesetz sei aus einer gesellschaftlichen Konstellation entstanden, in der konservative Strömungen noch nicht die Oberhand gewonnen hatten, und sei folglich in sozialer Hinsicht von Fortschrittlichkeit bzw. zumindest von Unentschiedenheit geprägt, welche die restaurativen Kräfte in den fünfziger Jahren rückgängig zu machen versuchten. Es galt also vor allem bei der Grundgesetzinterpretation, die Entscheidungen des Verfassungsgebers für

[129]) Bei Abendroth steht das Demokratieprinzip im Mittelpunkt: Wolfgang *Abendroth*, in: VVDStRL 8 (1950), S. 50 und 161f.; ders., in: ebda., 9 (1952), S. 126f.; 12 (1954), S. 85–92; ders., Zum Begriff des demokratischen und sozialen Rechtsstaates im Grundgesetz der Bundesrepublik Deutschland; ders., Das Grundgesetz, insbesondere: S. 62–68 und 77–88. Vgl. hierzu und zum verfassungsrechtlichen Werk Abendroths allgemein die Beiträge von Peter *Römer*, Jürgen *Seifert*, Helmut *Ridder*, Karl-Heinz *Schöneburg* und Norman *Paech*, in: *Balzer*, Wolfgang Abendroth, S. 49–122. Auch Martin Drath spricht vom Grundgesetz als einer „freiheitlich demokratischen Verfassung", in: *Drath*, Die Grenzen der Verfassungsgerichtsbarkeit, in: VVDStRL 9 (1952), S. 17–116.

[130]) Bei Ridder steht eher das Sozialstaatsprinzip im Mittelpunkt: *Ridder*, Enteignung und Sozialisierung, in: VVDStRL 10 (1952), S. 124–149, insbesondere: S. 128f.; ders., Zur verfassungsrechtlichen Stellung der Gewerkschaften im Sozialstaat nach dem Grundgesetz. Zu Ridder allgemein: *Stein* und *Faber*, Zueignung.

künftige – auf der Grundlage des Demokratieprinzips zu erfolgende – sozialstaatliche bzw. sozialistische Veränderungen offenzuhalten. Zumindest bei Abendroth war dieser Denkansatz verbunden mit einer klaren Freund-Feind-Einteilung seiner Kollegen. Die Mehrheit der Staatsrechtslehrer wurde als konservative politische Gegnerschaft angesehen, so waren beispielsweise Kaufmann, Ipsen und Scheuner für ihn keine Demokraten, Forsthoff und Huber galten als autoritär und als bewußte Gegner der Demokratie. Leibholz, Grewe und Peters nahm Abendroth hingegen partiell als Verbündete wahr.[131])

Im Sinne der sozialistischen Theorie beurteilte die linke Fraktion das Verhältnis von Staat und Gesellschaft nicht im Sinne zweier hermetisch getrennter Bereiche, sondern sie waren aufgrund des Demokratie- und Sozialstaatsprinzips eng miteinander zu verzahnen. Eine Umgestaltung des Gemeinwesens konnte nur von demokratisch verfaßten gesellschaftlichen Gruppen ausgehen, die versuchen mußten, Einfluß auf die Staatsgestaltung zu gewinnen. Abendroth und Ridder gingen hierbei soweit, den Gewerkschaften einen öffentlichen Status bzw. eine Gemeinwohlorientierung zuzusprechen.[132])

Indem die Bedeutung der demokratischen und sozialen Komponente der Verfassungsordnung betont und gleichzeitig ihre Offenheit hervorgehoben wurde, wird bereits deutlich, daß die linke Fraktion bemüht war, an das Werk Hermann Hellers anzuknüpfen.[133]) In diesem Sinne setzte sich insbesondere Hellers früherer Assistent Martin Drath das Ziel, auf sozialwissenschaftlicher Grundlage – gewissermaßen als Fortführung von Hellers Staatslehre – eine moderne Staats- und Verfassungstheorie mit Wirklichkeitsbezug zu entwickeln.[134]) In seiner Skizze aus dem Jahr 1966 hob er beispielsweise in Anlehnung an Heller hervor, welche zentrale Bedeutung dem Erfolg einer sozialen Ordnung für die Legitimität der staatlichen Herrschaft zukomme.

Der Denkstil der linken Fraktion stieß bei der nationalkonservativen Mehrheit der Staatsrechtslehrer auf allgemeines Unverständnis. Die Mehrheit grenzte aus, indem sie dem entgegengesetzten Denkstil die Wissenschaftlichkeit absprach. Aus Sicht der Mehrheit sprengte die linke Fraktion den Rahmen zulässiger juristischer Argumentation. Symptomatisch hierfür ist ein Kommen-

[131]) Nachlaß *Abendroth*, Nr. 13 (Abendroth an Schultes vom 10. 3. 1955 und vom 14. 3. 1955). Vgl. hierzu auch den Aufsatz von Karl Schultes, den dieser auf die Hinweise von Abendroth hin erarbeitete: *Schultes*, Staatslehre und Politik in Deutschland.

[132]) *Abendroth*, Die deutschen Gewerkschaften, S. 100f.; *Ridder*, Zur verfassungsrechtlichen Stellung der Gewerkschaften im Sozialstaat nach dem Grundgesetz, S. 3 und 29–32.

[133]) Vgl. hierzu Ingeborg *Maus*, Hermann Heller und die Staatsrechtslehre der Bundesrepublik, in: C. *Müller* und *Staff*, Staatslehre in der Weimarer Republik, S. 194–220, hier: S. 207–211; *Maus*, Die Rezeption Hermann Hellers in der Bundesrepublik Deutschland; *Robbers*, Hermann Heller, S. 106–126.

[134]) Martin *Drath*, Zur Soziallehre und Rechtslehre vom Staat, ihren Gebieten und Methoden, in: Rechtsprobleme in Staat und Kirche, S. 41–58; ders., Der Staat der Industriegesellschaft.

tar von Ernst Forsthoff über Wolfgang Abendroth: „Er ist ein jugendbewegter Phantast und in keinem Sinne ein Jurist."[135])

Als personelles Netzwerk tat sich die linke Fraktion vor allem dadurch hervor, daß ihre Mitglieder sich bei der Besetzung von politischen Ämtern und Lehrstühlen[136]) oder bei der Vergabe von Gutachten[137]) gegenseitig zu unterstützen versuchten. Dies zeigte sich beispielsweise im Jahr 1950, als es darum ging, die Richterposten des Bundesverfassungsgerichts erstmals zu besetzen. Abendroth und Drath sprachen sich miteinander ab, mit vereinten Kräften die eigene Wahl zum Bundesverfassungsrichter zu betreiben. Zudem wollten sich beide engagieren, Otto Suhr und Hermann Brill ebenfalls „ins Bundesverfassungsgericht zu stoßen". Nicht als „ständig überstimmter Isolationist", sondern als schlagkräftige Gruppe wollte man im Bundesverfassungsgericht in Erscheinung treten, um die Rechtsprechung entsprechend den eigenen Vorstellungen von einer sozialen Demokratie prägen zu können.[138]) Drath war dann allerdings der einzige, der es tatsächlich auch schaffte, zum Bundesverfassungsrichter gewählt zu werden.

Als sich der Eindruck verstärkte, daß man sich in der Staatsrechtslehre nur noch in der Außenseiterrolle befand und hier folglich nichts mehr bewirken konnte, reduzierte man das Engagement in der Staatsrechtslehrervereinigung immer weiter. Besuche auf den Tagungen waren in den sechziger Jahren die Ausnahme.[139]) Mit ihrer Außenseiterposition und ihrem späteren resignativen Rückzug aus dem Kreis der Staatsrechtslehrer ist es denn auch zu erklären, daß in der Staatsrechtslehre insgesamt eine breitere Hermann Heller-Rezeption bis in die sechziger Jahre hinein ausblieb und die in der linken Fraktion vorhandenen Ansätze westlichen Denkens hier keine Verbreitung fanden. Themen, bei denen die linke Gruppierung auch weiterhin versuchte, sich mit vereinten Kräften politisch zu engagieren, waren das drohende KPD-Verbot durch das Bundesverfassungsgericht Mitte der fünfziger Jahre[140]), die drohende Verabschie-

[135]) Nachlaß *Schmitt*, Nr. 3796 (Forsthoff an Schmitt vom 18. 6. 1954). Vgl. bereits Ernst *Forsthoff*, in: VVDStRL 12 (1954), S. 128.

[136]) So setzte Abendroth 1951 die Berufung von Drath als seinen Nachfolger in Wilhelmshaven durch, was dieser dann aber ablehnte. Vgl. Nachlaß *Drath*, Nr. 33 (Abendroth an Drath vom 31. 1. 1951 und Drath an Abendroth vom 24. 3. 1951).

[137]) So bot Abendroth Ridder an, ein Gutachten für die IG-Metall 1960 und ein anderes für Mitglieder der Außerparlamentarischen Opposition 1969, die eine SPD-Veranstaltung gestört und nun mit einem Prozeß zu rechnen hatten, zu verfassen. Vgl. *Abendroth*, Ein Leben in der Arbeiterbewegung, S. 213; Nachlaß *Abendroth*, Nr. 100 (Abendroth an Ridder vom 19. 2. 1969).

[138]) Nachlaß *Drath*, Nr. 33 (Abendroth an Drath vom 21. 4. 1950).

[139]) Nachlaß *Abendroth*, Nr. 82 (Ridder an Abendroth vom 4. 4. 1959: „Ich wollte Ihnen übrigens noch mitteilen, daß ich in diesem Jahre voraussichtlich doch noch einmal zur Staatsrechtslehrertagung gehe. Es kann ja sein, daß sich in Hinblick auf das Unternehmen der Festschrift Carl Schmitt noch einmal ein Wendepunkt für den ganzen Verein ergibt.").

[140]) Vgl. Nachlaß *Abendroth*, Nr. 82 (Ridder an Abendroth vom 22. 8. 1957).

dung der Notstandsverfassung durch den Bundestag im Zeitraum von 1958 bis 1968[141]) und die Initiative zum Verbot der „Vereinigung der Verfolgten des Nazi-Regimes“ im Jahre 1962, welche allgemein als kommunistisch unterwandert angesehen wurde[142]). Man versuchte, die Kollegen auf dem jeweils neuesten Stand der Debatte zu halten, agierte in enger Abstimmung miteinander und unterstützte weitgehend die politischen Initiativen der anderen.

Des weiteren gab es eine Gruppierung von konfessionell geprägten Staatsrechtslehrern, die immer dann kooperierte, wenn es galt, die Verfassungsordnung des Grundgesetzes gegenüber ungerechtfertigter Kritik zu verteidigen und zudem den Wiederaufstieg von Staatsrechtslehrern, die sich aus ihrer Sicht in der Zeit des Nationalsozialismus diskreditiert hatten, zu verhindern. Sie setzte sich zusammen aus Katholiken[143]) und Protestanten, für deren staatsrechtliches Denken auch religiöse Aspekte von Bedeutung waren. Im Rahmen der allgemeinen Naturrechtsrenaissance der ersten Nachkriegsjahre folgten die meisten von ihnen zunächst einem naturrechtlichen Ansatz, wobei das geschriebene Recht an einer überpositiven Gerechtigkeitsidee gemessen und, falls keine Übereinstimmung bestand, daran ausgerichtet werden sollte. Nachdem das Naturrecht Mitte der fünfziger Jahre an Popularität verloren hatte, griffen die Angehörigen dieser Gruppierung – in Übereinstimmung mit der Rechtsprechung des Bundesverfassungsgerichts – verstärkt auf eine objektive Wertordnung zurück, welche man speziell im Grundrechtsteil des Grundgesetzes zum Ausdruck kommen sah.[144])

Schon unmittelbar nach der Wiedergründung der Staatsrechtslehrervereinigung im Jahre 1949 engagierten sich Hans Nawiasky, Hermann von Mangoldt, der Völkerrechtler Hans-Jürgen Schlochauer und Hans Peters in enger Abstimmung gegen die Mitgliedschaft von Ernst Rudolf Huber und Otto Koellreutter.[145]) Als auf der Mitgliederversammlung im Jahre 1955 über deren Aufnahme erneut debattiert wurde, waren es Hans Peters, Adolf Schüle, Ernst Friesenhahn, Hermann Mosler (geb. 1912), Otto Bachof, Günter Dürig und Hans-Jürgen Schlochauer zusammen mit dem Österreicher Adolf Julius Merkl

[141]) Vgl. Nachlaß *Abendroth*, Nr. 91 (Abendroth an Ridder vom 9. 4. 1965) und 95 (Abendroth an Drath vom 14. 6. 1968 und Drath an Abendroth vom 5. 7. 1968).

[142]) Vgl. Nachlaß *Abendroth*, Nr. 91 (Abendroth an Ridder vom 29. 6. 1962, Ridder an Abendroth vom 2. 7. 1962, Abendroth an Ridder vom 16. 7. 1962, Ridder an Abendroth vom 6. 8. 1962, Abendroth an Ridder vom 29. 8. 1962 und vom 22. 10. 1962, Ridder an Abendroth vom 24. 10. 1962 und vom 25. 10. 1962 und Abendroth an Ridder vom 29. 4. 1963).

[143]) Vgl. zur Geschichte der Katholiken in der Staatsrechtslehre allgemein und zu ihrem Aufstieg in der Nachkriegszeit: *Maier*, Katholische Sozial- und Staatslehre und neuere deutsche Staatslehre.

[144]) Vgl. hierzu S. 193–195 dieser Arbeit.

[145]) Vgl. Nachlaß *Peters*, Nr. 70 (Nawiasky an Peters vom 26. 5. 1950), 78 (Schlochauer an Jellinek vom 3. 6. 1950) und 81 (Peters an Jellinek vom 30. 5. 1950 und von Mangoldt an Jellinek vom 14. 6. 1950).

(1890–1970), die heftigen Widerspruch erhoben.[146]) Nachdem zwischenzeitlich auch Erich Kaufmann[147]) gegen eine Würdigung und Rechtfertigung Carl Schmitts durch Ernst Forsthoff[148]) aus Anlaß von Schmitts 70. Geburtstag protestiert hatte, meldete sich erneut dieser Kreis von Staatsrechtslehrern gegen die Veröffentlichung einer Festschrift für Schmitt im Jahr 1959 zu Wort. Diese Initiative nahm ihren Ausgang, als sich der Präsident des Bundesarbeitsgerichts Hans Carl Nipperdey (1895–1968) an Hans Peters, Otto Bachof und den Zivilrechtler Hans Thieme (geb. 1906) wandte mit der Aufforderung, diese mögen sich von dem Beitrag Ernst Forsthoffs ausdrücklich distanzieren, da hier „der Ruf der Staatsrechtslehre im neuen Deutschland in Frage steht." Bei Forsthoffs Polemik gegen die Wertorientierung in der Staatsrechtslehre handele es sich um eine „Verschwörung gegen die Werte der Humanität."[149]) Adolf Schüle war es dann, der in der „Juristenzeitung" eine Glosse verfaßte, in der er sich aufgrund von Schmitts Vergangenheit als „staatsrechtliche[r] Kronjurist des Gewaltherrschers", der nicht zwischen Recht und Unrecht unterscheiden könne und indifferent sei gegenüber den substantiellen Werten des Rechts, für eine deutliche Distanzierung von der Schmitt-Festschrift aussprach.[150]) Die „Deutsche Zeitung", vermutlich angestiftet von Carl Schmitt selbst[151]), veröffent-

[146]) Vgl. Nachlaß *Schmitt*, Nr. 3838 (Forsthoff an Schmitt vom 19. 3. 1960: „Das Team der Protestanten [gegen die Festschrift von Carl Schmitt] ist in dieser Zusammensetzung bekannt, bei der Abstimmung über die Aufnahme Hubers in die Vereinigung trat es auch ziemlich in dieser Zusammensetzung auf."); *Grothe*, Eine „lautlose" Angelegenheit?, S. 990; Werner *Thieme*, in: VVDStRL 60 (2001), S. 126.

[147]) *Kaufmann*, Carl Schmitt und seine Schule. Kaufmann argumentiert hier vor allem gegen Schmitt als Zerstörer rechtlicher Ordnung.

[148]) Ernst *Forsthoff*, Der Staatsrechtler im Bürgerkrieg, in: Christ und Welt vom 17. 7. 1958, S. 14.

[149]) Nachlaß *Peters*, Nr. 70 (Nipperdey an Peters, Nipperdey an Bachof und Nipperdey an Thieme jeweils vom 29. 8. 1959).

[150]) *Schüle*, Eine Festschrift. Vgl. hierzu auch die zahlreichen zustimmenden Zuschriften an Schüle, die die befreiende Wirkung der Glosse hervorhoben, in: Nachlaß *Schüle*, Nr. 1–80 (u. a. Friesenhahn an Schüle vom 24. 11. 1959: „Bravo, bravissimo!! Ihre Glosse in der JZ zur FS Carl Schmitt ist eine befreiende Tat.", Hans Huber an Schüle vom 5. 12. 1959, Kafka an Schüle vom 1. 12. 1959: „Sie haben das, was gesagt werden mußte, mit erfrischender Deutlichkeit gesagt.", Loewenstein an Schüle vom 23. 12. 1959: „Das hätte längst gesagt werden müssen, und Sie haben es so treffend und verantwortungsbewußt gesagt, wie es sich gehörte.", Mosler an Schüle vom 24. 11. 1959, Peters an Schüle vom 30. 12. 1959: „In sachlicher und würdiger Form haben Sie niedergeschrieben, was im Interesse des Ansehens unserer Wissenschaft wie der Demokratie in Deutschland gesagt werden mußte.", Schack an Schüle vom 12. 1. 1960, Scheuner an Schüle vom 25. 11. 1959: „Ich möchte heute Ihnen meinen Dank dafür aussprechen, daß Sie den richtigen Schritt getan haben […].", Schlochauer an Schüle vom 1. 12. 1959, P. Schneider an Schüle vom 16. 12. 1959, von Simson an Schüle 29. 11. 1959). Vgl. des weiteren die Rezension des Schweizers Hans Huber zur Festschrift für Carl Schmitt.

[151]) Als Indizien hierfür können folgende Punkte gelten: Zum einen hatte Schmitt über Johannes Gross (geb. 1932) eine enge Verbindung zur „Deutschen Zeitung" (vgl. Nachlaß *Schnur*, Nr. 5 [Böckenförde an Schnur vom 29. 6. 1963] und 126 [Abschrift eines Briefes

lichte daraufhin einen Artikel[152]), in welchem sie auf einen Aufsatz Schüles aus dem Jahr 1937 verwies und darin pro-nationalsozialistische Töne entdeckte. Hieraus folgerte sie, daß Schüle zur Kritik moralisch nicht berechtigt sei:

> [A]ber man fragt sich doch auch in diesem Fall wieder einmal, woher Menschen die Unbefangenheit nehmen, als Ankläger aufzutreten, obwohl ihnen der Takt und die Klugheit Schweigen geböten.

Anschließend erschienen in der „Deutschen Zeitung" mehrere Leserbriefe. Unter anderem rief hier der Carl Schmitt-Schüler Günther Krauss (1911–1989) zu einer größeren Unbefangenheit gegenüber Schmitts Werk auf.[153]) Nachdem zuvor Rudolf Smend vergeblich zu einer Stellungnahme gedrängt worden war[154]), sahen sich nun diejenigen Staatsrechtslehrer, die sich schon gegen die Aufnahme von Huber und Schmitt in die Staatsrechtslehrervereinigung zu Wort gemeldet hatten, veranlaßt, in einem Leserbrief[155]) eindeutig für Schüle Partei zu ergreifen. Schüles Aufforderung, sich von der Ehrung Schmitts zu distanzieren, sei ein wichtiger Beitrag zur Selbstreinigung der deutschen Rechtswissenschaft. Eine Parallelisierung von Schmitt und Schüle sei eine krasse Verzerrung der Tatsachen. Man sei dankbar, „daß Schüle das sagt, was zum Erscheinen der Festschrift gesagt werden mußte." Die Redaktion der „Deutschen Zeitung" wollte dies allerdings nicht so stehenlassen und verdeutlichte – nicht ohne einen erneuten Hinweis auf Schüles Taktlosigkeit – im Anschluß an den Abdruck dieses Leserbriefes noch einmal ihren eigenen Standpunkt, daß nämlich die Reinigung der Justiz nicht auf die Universität ausgeweitet werden dürfe. Diese Kontroverse fand schließlich darin ihr Nachspiel, daß Hans-Jürgen Schlochauer einer Reihe von Kollegen, insbesondere aus nicht-öffentlichrechtlichen Fachgebieten, „eine Zusammenstellung besonders markanter Stellen aus dem Schrifttum Carl Schmitts" zusandte.[156]) Später in den sechziger Jahren wurde nochmals Hans Peters im Sinne des Netzwerkes aktiv, indem er 1961 eine Berufung Ernst Rudolf Hubers nach Münster verhinderte und

von Schmitt an Schnur vom 17. 8. 1960]), zum zweiten hatte kurz vor der Veröffentlichung des Artikels in der DZ Forsthoff Schmitt über Schüles Aufsatz aus dem Jahr 1937 informiert (Nachlaß *Schmitt*, Nr. 3832 [Forsthoff an Schmitt vom 12. 12. 1959: „Herr Schüle sollte noch einmal seinen Beitrag über Ermessen in Franks Verwaltungsrecht (1937) lesen und dann den Mund halten."]), und zum dritten freute sich Schmitt übermäßig über Schüles Blamage (Nachlaß *Schnur*, Nr. 126 [Abschrift eines Briefes von Schmitt an Schnur vom 16. 4. 1960: „Herr Schüle hat jetzt wohl keine andere Lebens-Aufgabe mehr, nach der Blamage, die in der Antwort der DZ steckt."]).

152) Schüle und Schmitt, in: DZ vom 24. 2. 1960, S. 3.

153) Günther *Krauss*, Die Rolle Carl Schmitts, in: DZ vom 22. 3. 1960, S. 2.

154) Vgl. hierzu Nachlaß *Schüle*, Nr. 6 (Abschrift eines Briefes von Smend an Bachof vom 11. 1. 1960).

155) Otto *Bachof*, Günter *Dürig*, Ernst *Friesenhahn*, Hermann *Mosler*, Hans *Peters*, Hans-Jürgen *Schlochauer*, Schüles Legitimation, in: DZ vom 23. 3. 1960, S. 2.

156) Nachlaß *Abendroth*, Nr. 566b (Schlochauer an Kollegen vom 30. 3. 1960).

1965 gegen eine Berufung des Carl Schmitt- und Ernst Forsthoff-Schülers Roman Schnur (1927–1996) nach Bochum opponierte, womit er diesmal allerdings scheiterte.[157])

Diese konfessionell geprägte Gruppierung beschränkte sich nicht darauf, sich allein gegen die Reetablierung von Staatsrechtslehrern zu wenden, sondern sie wollte auch die Verfassungsordnung des Grundgesetzes gegen ungerechtfertigt erscheinende Kritik schützen. So wandte sich Otto Bachof entrüstet an Peters, nachdem der soeben erwähnte Carl Schmitt-Schüler Günther Krauss, der beruflich als Anwalt tätig war, im Jahr 1954 in der „Öffentlichen Verwaltung“ einen Artikel[158]) publiziert hatte. Krauss vertrat hier die These, daß das Grundgesetz nicht als Resultat einer Entscheidung des Volkes zustande gekommen sei und es zudem auch in Zukunft politische Entscheidungen der Exekutive und damit „den Ausbau der Staatlichkeit“ verhindere, da es die Institution des Bundesverfassungsgerichts geschaffen habe. Es sei deshalb notwendig, das Grundgesetz von Grund auf zu überprüfen. Bachof meinte daraufhin, daß die demokratisch eingestellten Staatsrechtslehrer reagieren müßten, „um nicht von den z.T. sehr aktiv offenen und verhüllten Gegnern der Demokratie überspielt zu werden.“[159]) Gemeinsam überlegten Bachof und Peters dann, ob für einen entgegnenden Aufsatz in der Juristenzeitung eher Christian-Friedrich Menger (geb. 1915) oder Friedrich August Freiherr von der Heydte in Frage käme. Diese Initiative scheint dann aber mehr oder weniger im Sande verlaufen zu sein.[160])

Auch Ernst Friesenhahn engagierte sich in diese Richtung. Im Jahre 1957 war in der Zeitschrift „Civis“ ohne Namensnennung des Rezensenten eine Besprechung über die Habilitationsschrift „Ausnahmezustand und Norm. Eine Studie zur Rechtslehre von Carl Schmitt“ des Schweizers Peter Schneider (1920–2002) erschienen.[161]) Der Rezensent hatte mit deutlichen Worten zum Ausdruck gebracht, daß er das vorliegende Buch – trotz aller wohlgemeinten Kritik an Schmitt – sowohl inhaltlich als auch stilistisch für mißlungen hielt. Wer wie Schneider von einer Geschlossenheit von Schmitts Werk ausgehe, so das Fazit des Rezensenten, könne dieses Werk nur mißverstehen. Daraufhin

[157]) Zum Widerstand gegen Huber: Nachlaß *Schnur*, Nr. 5 (Böckenförde an Schnur vom 7. 1. 1962: „Man ist über P[eters] hier verärgert, weil Berufung Hubers wohl mit seinem Zutun endgültig gescheitert ist […].“); Nachlaß *Peters*, Nr. 86 (Peters an Wolff vom 30. 6. 1961). Zum Widerstand gegen Schnur: Nachlaß *Schnur*, Nr. 7 (Böckenförde an Schnur vom 2. 9. 1965).

[158]) *Krauss*, Die Verfassung Deutschlands 1945–1954.

[159]) Nachlaß *Peters*, Nr. 30 (Bachof an Peters vom 23. 10. 1954).

[160]) Als Entgegnung könnte allein ein Artikel von Werner Thieme über die Entwicklung des Grundsatzes der Volkssouveränität gedeutet werden, in dem er besonders die Bedeutung der Verfassungsgerichtsbarkeit für die Einhaltung von Gesetz und Recht herausstrich: *Thieme*, „Alle Staatsgewalt geht vom Volke aus“.

[161]) Rezension zu Peter Schneider, Ausnahmezustand und Norm, in: Civis 4 (1957/1958), S. 49.

wandte sich Schneiders Lehrer Friesenhahn mit einem heftigen Leserbrief an die Redaktion von „Civis".[162]) Er sah in der Rezension, die Schneiders Buch in unzulässiger Weise lächerlich mache, einen direkten Angriff gegen die „rechtsstaatliche Demokratie":

> Es hat mich jedenfalls tief erschüttert und mit großer Sorge erfüllt, daß ausgerechnet das Organ der christlich-demokratischen Studenten die Bedeutung dieses Buches nicht erfaßt hat und in dieser erbärmlichen Weise darüber berichtet, statt es den Kommilitonen dringend zum Studium zu empfehlen.

Vor allem warf Friesenhahn dem Rezensenten intellektuelle Inkompetenz vor, das „Problem Carl Schmitt" zu erfassen. Daß er mit diesem Leserbrief aber tatsächlich den traf, den er zu treffen beabsichtigte, ist kaum anzunehmen. In seiner Entgegnung auf Friesenhahns Leserbrief wies der Rezensent denn auch darauf hin[163]), daß er sich mit der rechtsstaatlichen Überzeugung Peter Schneiders durchaus identifiziere, daß dies aber noch keinen Grund darstelle, dessen Buch nicht angreifen zu dürfen. Eine wissenschaftliche Auseinandersetzung über das Werk Carl Schmitts, die hier eingefordert wurde, sollte dann ansatzweise erst im darauffolgenden Jahrzehnt als Folge eines ersten Generationswechsels in der Staatsrechtslehre möglich werden.

Gewiß wäre es übertrieben, diese konfessionell geprägte Gruppierung als Denkkollektiv im Sinne Ludwik Flecks zu bezeichnen. Es handelte sich um ein Zweckbündnis, das die Verfassungsordnung des Grundgesetzes vor ungerechtfertigter Kritik schützen und die Reaktivierung früherer Nationalsozialisten in der Staatsrechtslehre verhindern wollte. Anhand dieses Engagements wird deutlich, daß das zuvor gezeichnete Bild von den fünfziger Jahren in der Staatsrechtslehre um eine Nuance erweitert werden muß. Die fünfziger Jahre waren nicht allein eine Zeit der „gewissen Stille" hinsichtlich der jüngsten Vergangenheit, sondern es gab einen kleinen Kreis von Staatsrechtslehrern, der aus moralischen Gründen eine deutliche Tabugrenze setzte und immer dann, wenn er diese Grenze überschritten sah, aktiv wurde. Entsprechend dem geistigen Klima der fünfziger Jahre ging es diesen Staatsrechtslehrern allerdings nicht darum, sich mit den divergierenden Ansichten inhaltlich auseinanderzusetzen oder gar eine pluralistische wissenschaftliche Debatte zu führen, sondern sie grenzten aus, wenn ihnen dies geboten schien.

Im Jahre 1951 wurde das Bundesverfassungsgericht ins Leben gerufen, nachdem seine Errichtung schon vom Parlamentarischen Rat als zentrale Komponente seines umfassenden Rechtsstaatskonzeptes ins Auge gefaßt worden

[162]) In: Civis 4 (1957/58), S. 71.

[163]) In: Civis 4 (1957/58), S. 71. Vgl. auch die ganz ähnlich argumentierende Rezension Horst Ehmkes in der „Zeitschrift für die gesamte Staatswissenschaft". Vgl. des weiteren Ehmkes diesbezügliche persönliche Klarstellung gegenüber Friesenhahn und Peter Schneider, in: Depositum *Ehmke*, Nr. 210 und 502 (Ehmke an P. Schneider und Friesenhahn vom 9. 1. 1958).

war, dieser die konkrete Ausgestaltung des Gerichts aber dem einfachen Gesetzgeber überlassen hatte. Das Bundesverfassungsgericht war dazu berufen, gegenüber allen staatlichen Instanzen den Vorrang der Verfassung durchzusetzen. Bereits im Jahr 1950 hatte sich daraufhin die Staatsrechtslehrervereinigung mit dem Thema „Die Grenzen der Verfassungsgerichtsbarkeit“[164]) auseinandergesetzt und in ihrer Mehrheit eine klare Schranke verfassungsgerichtlicher Kompetenz errichtet. Das Bundesverfassungsgericht sei für rein politische Fragen nicht zuständig. Entgegen dem rechtsstaatlichen Rigorismus des Grundgesetzes, welcher die Gefahr in sich berge, den Weg in den Justizstaat zu weisen, müsse das Bundesverfassungsgericht weise Zurückhaltung üben. Die Frage war vor allem, ob die Grenzen verfassungsgerichtlicher Kompetenz im Sinne Carl Schmitts nur mit dem Begriff des Politischen hinreichend begründet seien[165]) oder ob es konkreterer Kriterien bedürfe, wie z.B. das eindeutige Fehlen rechtlicher Regelungen, das Vorhandensein einer Vielzahl von Interessengegensätzen oder das Vorliegen einer primär moralischen Frage[166]). Doch diese beiden Positionen unterschieden sich nur in Nuancen. Beiden ging es an erster Stelle darum, die Regierung und teilweise auch den Gesetzgeber als per se politische Instanzen in politischen Fragen vor der Überprüfung durch das Bundesverfassungsgericht zu bewahren. Abgesehen von Martin Drath, Hans Nawiasky und Hans Peters war es bei der breiten Mehrheit der Staatsrechtslehrer also letztlich die jeweilige Vorstellung vom Politischen, die als Grenze verfassungsgerichtlicher Kompetenz fungierte. Um diese einzuhalten, habe sich das Bundesverfassungsgericht solcher Konzeptionen wie der political question-Doktrin, der „rule of reasonableness“ oder der „judicial self restraint“ zu bedienen, die der US-amerikanische Supreme Court in seiner Rechtsprechung entwickelt hatte, um den anderen Verfassungsorganen im politischen Prozeß den Vorrang einzuräumen. Hans Schneider ging sogar soweit, gerichtsfreie Hoheitsakte aufgrund des Vergleichs mit dem Verfassungsrecht anderer Länder nicht als ein Kennzeichen autoritären Staatsdenkens anzusehen, sondern sie trotz des Wortlauts des Art. 19 IV GG für vereinbar mit dem Grundgesetz zu erklären.[167]) Damit knüpfte die Staatsrechtslehre deutlich an eine Argumentationsweise aus der Weimarer Zeit an, bei der Recht und Politik als antagonistische Begriffe aufgefaßt wurden. Diese Entgegensetzung wurde in der damaligen Zeit auf zugespitzte Weise von Carl Schmitt vertreten[168]), sie

[164]) Erich *Kaufmann* und Martin *Drath*, Die Grenzen der Verfassungsgerichtsbarkeit, in: VVDStRL 9 (1952), S. 1–133 (mit Aussprache). Vgl. hierzu allgemein von *Bülow*, Die Staatsrechtslehre der Nachkriegszeit (1945–1952), S. 62–80.

[165]) So vor allem H. *Schneider*, Gerichtsfreie Hoheitsakte, S. 27–47; *Krüger*, Der Regierungsakt vor den Gerichten.

[166]) So vor allem Wilhelm *Grewe*, in: VVDStRL 9 (1952), S. 123f.

[167]) H. *Schneider*, Gerichtsfreie Hoheitsakte, S. 47–80.

[168]) Z.B. *Schmitt*, Verfassungslehre, insbesondere: S. 1–41 und 123–359; ders., Der Begriff

findet sich aber auch bei anderen namhaften Vertretern der Weimarer Staatsrechtslehre, so beispielsweise bei Heinrich Triepel, Rudolf Smend, Hermann Heller und Ulrich Scheuner[169]). Diese Entgegensetzung war damals wie auch in den ersten Nachkriegsjahren häufig politisch motiviert. Es ging darum, im Sinne eines exekutivischen Staatsdenkens einen unantastbaren Eigenbereich der Staatsleitung vor Infragestellungen durch die beiden anderen Gewalten zu bewahren.

Nachdem das Bundesverfassungsgericht seine Arbeit aufgenommen hatte, wurde aber rasch deutlich, daß mit dem Begriff des Politischen kaum eine praktikable Kompetenzbegrenzung vorzunehmen war. Da die SPD Verfassungsklagen als legitimen Bestandteil ihrer Oppositionspolitik betrachtete, kam es immer wieder dazu, daß das Bundesverfassungsgericht Fragen, die das westdeutsche Gemeinwesen auf existentielle Weise betrafen, juristisch zu entscheiden hatte, so beispielsweise den Streit um den Beitritt zur Europäischen Verteidigungsgemeinschaft bzw. um die Wiederbewaffnung in den Jahren 1952/53, um das Saar-Statut 1954/55, um das KPD-Verbot im Zeitraum von 1951 bis 1956 und um die „Deutschland-Fernseh-GmbH" 1960/61. Hierbei zeigte sich, daß das Gericht in der Praxis eine juristische Entscheidung zu fällen hatte, auch wenn ihm eine Frage mit primär politischem Charakter vorgelegt wurde, ob es nun wollte oder nicht. Im Streit zwischen dem Bundesverfassungsgericht und der Bundesregierung im Jahr 1952, inwieweit dem Gericht der Charakter eines obersten Verfassungsorgans zukomme, beanspruchten folglich die Richter ausdrücklich, mit ihrer Rechtsprechung weitgehend in den Bereich des Politischen hinein zu wirken, auch wenn sie eine Juridizierung der Politik vermeiden wollten.[170])

Als die Staatsrechtslehre diese zwangsläufige Entwicklung in der Rechtsprechung des Bundesverfassungsgerichts erkannte, stimmte sie in der Auseinan-

des Politischen, insbesondere: S. 65–67; ders., Das Reichsgericht als Hüter der Verfassung, insbesondere: S. 177f.; ders., Der Hüter der Verfassung, insbesondere: S. 22–48.

[169]) Z.B. Heinrich *Triepel*, Wesen und Entwicklung der Staatsgerichtsbarkeit, in: VVDStRL 5 (1929), S. 2–29, insbesondere: S. 6–10; ders., Staatsrecht und Politik; *Smend*, Verfassung und Verfassungsrecht, S. 219f., 238, 256–258; *Heller*, Die Gleichheit in der Verhältniswahl nach der Weimarer Verfassung, insbesondere: S. 19 und 46; Nachlaß *Schmitt*, Nr. 12426 (Scheuner an Schmitt vom 2. 7. 1928: „Die Verfassungsgerichtsbarkeit muß wirklich politische Fragen aus ihrer Zuständigkeit bannen."). Vgl. zur Problematik allgemein *Möllers*, Staat als Argument, S. 177–186, insbesondere: S. 177f.; *Wendenburg*, Die Debatte um die Verfassungsgerichtsbarkeit und der Methodenstreit der Staatsrechtslehre in der Weimarer Republik; *Stolleis*, Staatsrechtslehre und Politik.

[170]) Der Bericht des Berichterstatters an das Plenum des Bundesverfassungsgerichts zur „Status"-Frage vom 29. 3. 1952, in: Der Status des Bundesverfassungsgerichts, S. 120–137, hier: S. 120–127; Denkschrift des Bundesverfassungsgerichts vom 27. 6. 1952, in: ebda., S. 144–148, hier: S. 144f. Vgl. hierzu auch das Gutachten von Richard Thoma, in dem dieser den mit juristischen Argumenten vorgetragenen Anspruch des Gerichts, seine Kompetenzen auszuweiten, deutlich zurückwies: *Thoma*, Rechtsgutachten betreffend die Stellung des Bundesverfassungsgerichts, in: ebda., S. 161–194.

dersetzung rasch einen weniger scharfen Ton an. Man sah ein, daß das Bundesverfassungsgericht im bundesdeutschen Gewaltenteilungssystem im Vergleich mit der deutschen Verfassungsgeschichte eine neuartige Stellung einnahm. Auch wenn an der Unterscheidung zwischen Recht und Politik weiterhin festgehalten wurde, setzte sich doch bei weiten Teilen der Staatsrechtslehre allmählich die Einsicht durch, daß mit Hilfe dieses Gegensatzes die Kompetenzen des Bundesverfassungsgerichts nicht hinreichend bestimmt werden konnten. Kennzeichnend für diesen Prozeß sind zwei Aufsätze von Ulrich Scheuner aus dem Jahre 1952.[171]) Für Scheuner war klar geworden, daß es unvermeidlich war, daß das Bundesverfassungsgericht schöpferische Arbeit am politischen Leben der Bundesrepublik leistet. Da politische Fragen auch rechtlicher Entscheidung zugänglich seien, es somit im Bereich des Verfassungsrechts keine justizlosen Hoheitsakte mehr geben könne, komme es nun vor allem darauf an, daß die politischen Instanzen bei der Anrufung des Bundesverfassungsgerichts Vorsicht walten ließen. Die einzige Grenze verfassungsgerichtlicher Tätigkeit sah er darin, daß das Gericht bei der Nachprüfung freier politischer Entscheidungen eine gewisse Zurückhaltung zeigen müsse, um weder rechtsgestaltend noch politisch gestaltend tätig zu werden. Die mittlerweile erreichte Übereinstimmung brachte im Jahr 1959 noch einmal Otto Bachof zum Ausdruck, als er die Bedeutung der umfassenden Prüfungskompetenz des Bundesverfassungsgerichts herausstrich, um damit auch die Verfassungsmäßigkeit des Gesetzgebers sicherzustellen und dessen Allmacht zu zügeln. Auch Gerichtsentscheidungen, die auf den ersten Blick als hochpolitisch erscheinen würden, besäßen einen Rechtscharakter.[172])

Zwar erkannte auch die Schmitt-Schule mit der Zeit an, daß die Unterscheidung zwischen Recht und Politik für eine Erfassung der Rechtsprechung des Bundesverfassungsgerichts nicht mehr angemessen war, daß an der Konzeption justizfreier Hoheitsakte also kaum noch festzuhalten sei. Sie machte aber diese Einsicht im Gegensatz zur Mehrheit in der Staatsrechtslehre zur Grundlage eines fundamentalen Kritikpunktes am Grundgesetz. Denn damit wich das Grundgesetz aus ihrer Sicht von einem zentralen Wesensmerkmal der bürgerlich-rechtsstaatlichen Verfassung ab, leitete eine Entwicklung hin zum Justiz-

[171]) Ulrich *Scheuner*, Der Bereich der Regierung, in: Rechtsprobleme in Staat und Kirche, S. 253–301, hier: S. 275f. und 290–301; ders., Probleme und Verantwortungen der Verfassungsgerichtsbarkeit in der Bundesrepublik. Vgl. auch die diesbezüglichen Äußerungen, in: Nachlaß *Leibholz*, Nr. 2 (Scheuner an Leibholz vom 22. 3. 1963: „Es ist klar, daß die Verfassungsgerichtsbarkeit auch den politischen Bereich umfaßt, daher auch politische Fragen judiziert, da es falsch ist, einen Gegensatz zwischen Politik und Recht zu machen, als ob sie einander ausschlössen. Was ausgeschlossen ist, ist nur die rechtsgestaltende Funktion im Sinne einer legislativen Entscheidung, die bewußte Abweichung vom geltenden Recht im Sinne der Neuschöpfung. Das ist der Vorbehalt der politischen Instanzen.").

[172]) *Bachof*, Grundgesetz und Richtermacht. In diesem Sinne auch *Smend*, Festvortrag zur Feier des zehnjährigen Bestehens des Bundesverfassungsgerichts, S. 589–592.

staat ein und stellte die bundesdeutsche Staatlichkeit in einem wesentlichen Punkt in Frage. Was der Schmitt-Schule in dieser Situation letztlich blieb, war einzig, das Bundesverfassungsgericht zu mahnen, sich bei seiner Rechtsprechung zurückzuhalten.[173])

Kurz nachdem das Bundesverfassungsgericht seine Arbeit aufgenommen hatte, gab es gleich zwei Verfahren, in deren Zusammenhang sich die Staatsrechtslehre lautstark zu Wort meldete. Dies war zunächst der Kampf um den Wehrbeitrag[174]), bei dem es um die Frage einer deutschen Beteiligung an der Europäischen Verteidigungsgemeinschaft und damit letztlich um die Wiederbewaffnung des westdeutschen Teilstaates ging. Gegen dieses Vorhaben der Bundesregierung bestanden von Anfang an, trotz Ausbruch des Korea-Krieges im Juni 1950, quer durch alle Parteien und Bevölkerungskreise schwerwiegende, zunächst vor allem pazifistisch motivierte Bedenken. Die SPD argumentierte, daß der Verteidigungsbeitrag und die damit vorangetriebene Westintegration eine Wiedervereinigung ausschlössen. Die Regierungskoalition unter der Führung Konrad Adenauers sah sich daraufhin gezwungen, ihr Vorhaben ohne Grundgesetzänderung durchzuführen, weil ihr im Bundestag die dafür notwendige Zweidrittelmehrheit fehlte. Da die SPD-Fraktion diese Vorgehensweise für verfassungswidrig hielt, kam es daraufhin in den Jahren 1952 und 1953 zu mehreren Klagen vor dem Bundesverfassungsgericht, für die sich Staatsrechtslehrer wiederholt als Gutachter zur Verfügung stellten. Es entwikkelte sich aus der Sicht von Rudolf Smend eine „unglückselige Gutachterschlacht“, die zu einem regelrechten Autoritätsverlust der Staatsrechtslehre führte.[175])

[173]) Z.B. H. *Schneider*, Betrachtungen zum Gesetz über das Bundesverfassungsgericht, S. 802; *Krauss*, Die Verfassung Deutschlands 1945–1954, S. 582f.; *Rumpf*, Regierungsakte im Rechtsstaat; ders., Verwaltung und Verwaltungsrechtsprechung, in: VVDStRL 14 (1956), S. 136–173, insbesondere: S. 170f.; *Schmitt*, Verfassungsrechtliche Aufsätze aus den Jahren 1924–1954, S. 105–109; *Forsthoff*, Lehrbuch des Verwaltungsrechts, S. 390–393; ders., Die Bindung an Gesetz und Recht, insbesondere: S. 44; ders., Die Umbildung des Verfassungsgesetzes, in: *Barion*, Festschrift für Carl Schmitt, S. 35–62, insbesondere: S. 55–58; ders., Der Staat der Industriegesellschaft, S. 126–146; Werner *Weber*, Gewaltenteilung als Gegenwartsproblem, in: *Barion*, Festschrift für Carl Schmitt, S. 253–272; ders., Das Richtertum in der deutschen Verfassungsordnung, insbesondere: S. 272f. Vgl. auch Herbert *Krüger*, Verfassungswandlung und Verfassungsgerichtsbarkeit, in: *Hesse*, Staatsverfassung und Kirchenordnung, S. 151–170; ders., Allgemeine Staatslehre, S. 689–709; ders., Die deutsche Staatlichkeit im Jahre 1971, S. 15–18.

[174]) Vgl. hierzu: Der Kampf um den Wehrbeitrag. Vgl. zudem grundsätzlich *Gosewinkel*, Adolf Arndt, S. 280–362. Vgl. des weiteren zur innenpolitischen Auseinandersetzung allgemein: *Doering-Manteuffel*, Die Bundesrepublik in der Ära Adenauer, S. 73–77; *Kleßmann*, Die doppelte Staatsgründung, S. 230–234; *Wengst*, Staatsaufbau und Regierungspraxis 1948–1953, S. 319–324.

[175]) Nachlaß *Abendroth*, Nr. 566d (Abschrift eines Briefes von Smend an Abendroth vom 22. 6. 1953).

Grob gesprochen standen sich hier in der Staatsrechtslehre zwei Grundpositionen gegenüber: Die Gutachter der Regierungsseite – so Weber, Thoma, Kaufmann, von Mangoldt und Scheuner – beriefen sich auf den „implied powers"-Grundsatz des angelsächsischen Verfassungsrechts bzw. auf ein dynamisches Verfassungsverständnis, wonach die vom Grundgesetz begrenzte Staatsgewalt an sich einen allumfassenden Charakter besitze und auch das naturgegebene Recht zur Selbstverteidigung miteinschließe, selbst wenn dieses in der Verfassung nicht ausdrücklich geregelt worden war. Die von der SPD bestellten Gutachter – so Forsthoff[176]), Menzel, Walter Schätzel, Maunz, F. Klein und Smend – verwiesen in einem streng konstitutionellen Sinne auf den Text des Grundgesetzes, durch den erst die Staatsgewalt geschaffen werde. Da das Grundgesetz einen Wehrbeitrag nicht ausdrücklich vorsehe, sei dieser ohne eine ausdrückliche Verfassungsänderung unzulässig. Hinsichtlich des Art. 24 I und II GG sei einer engen Auslegung der Vorzug zu geben. So dürfe die Übertragung von Hoheitsrechten nicht zu einer Verfassungsdurchbrechung führen.

In dieser Auseinandersetzung meldete sich auch Karl Loewenstein zu Wort[177]), um aus seinem Exil in den USA auf die bundesdeutsche Debatte im Sinne eines westlich-amerikanischen Verfassungsverständnisses Einfluß auszuüben, sah er doch durch das Vorhaben der Regierungskoalition die Legalität der bundesdeutschen Verfassungsordnung fundamental in Frage gestellt. Loewenstein war 1933 in die USA emigriert und lehrte dort zunächst in Yale und seit 1936 am Amherst College. Hier prägte ihn Franklin D. Roosevelts sozialreformerische Politik des „New Deal" nachhaltig. In den ersten Nachkriegsjahren war er als Rechtsberater der amerikanischen Militärregierung in Deutschland tätig und engagierte sich schon damals an maßgeblicher Stelle für eine politische, aber auch ideelle Reintegration der westlichen Besatzungszonen in den westlichen Kulturkreis. Zusätzlich zu seinem Posten in den USA erhielt er 1956 in München eine Professur für politische Wissenschaft und Rechtspolitik, die ihn bewog, 1956/57 noch einmal für ein ganzes Jahr nach Deutschland zurückzukehren. Hier entwickelte er sich zu einem scharfen Kritiker der autoritären und quietistischen Züge der Ära Adenauer. Bereits im Jahre 1952 hatte er sich im „Archiv des öffentlichen Rechts" zu Wort gemeldet, um auf die Schwachstellen des Grundgesetzes hinzuweisen, die es aus seiner Sicht erschwerten, die neue Verfassung im Bewußtsein der Bevölkerung zu veran-

176) Forsthoff empfand sein Gutachten zum EVG-Vertrag als persönliche Richtigstellung gegenüber denen, die ihm vorwarfen, er diskreditiere die Verfassung, da er hier gegen die „okkasionalistische" Verfassungsauslegung der Bundesregierung eindeutig Partei ergreife. Vgl. Nachlaß *Schmitt,* Nr. 3784 (Forsthoff an Schmitt vom 26. 9. 1952).

177) Gutachten von Professor Dr. *Löwenstein,* Amherst College, USA, in: Der Kampf um den Wehrbeitrag, 2. Halbband, S. 337–401. Zu Loewenstein allgemein: Peter *Badura,* Karl Loewenstein – Staat und Verfassung: Die Kontrolle politischer Macht, in: *Landau* und *Nehlsen,* Große jüdische Gelehrte an der Münchener Juristischen Fakultät, S. 32–44.

kern.[178]) Das Grundgesetz sei, so Loewenstein nun in seinem Gutachten für die SPD-Fraktion im Kampf um den Wehrbeitrag, „fundamental order" und Vollverfassung und besitze somit einen unantastbaren und unverbrüchlichen Charakter. Der „implied power"-Konzeption setzte er den rechtsstaatlichen Grundsatz des „limited government" entgegen, der es notwendig mache, Verfassungslücken, die vom Verfassungsgeber bewußt offen gelassen wurden, durch eindeutige Textergänzungen zu vervollständigen. In einem anderen Aufsatz gab Loewenstein zudem zu bedenken, daß die Bundesregierung, indem sie versuche, Druck auf das Bundesverfassungsgericht auszuüben und seine Selbständigkeit anzutasten, im Grunde den Verfassungsstaat untergrabe, auf dem ihre eigene Macht beruhe. „Wer Wind sät", so seine Warnung, „wird Sturm ernten."[179]) Doch letztlich war das Engagement Karl Loewensteins wie das der übrigen Staatsrechtslehrer vergeblich, da das Bundesverfassungsgericht eine inhaltliche Entscheidung in dieser Frage geschickt verzögerte und damit schließlich umging. Nach der Bundestagswahl im Jahre 1953 verfügte die bis dahin bestehende Regierungskoalition über eine Zweidrittelmehrheit im Bundestag und ergänzte daraufhin das Grundgesetz um Art. 79 I 2 und 142a, um auf diese Weise für ihr Vorhaben der Wiederbewaffnung die verfassungsrechtlichen Hindernisse aus dem Weg zu räumen.

Der zweite Anlaß, sich gegenüber dem Bundesverfassungsgericht mit lautstarkem Protest zu Wort zu melden, war dessen „131er"-Entscheidung vom Dezember 1953[180]). Es ging hier um die brisante Frage der Verfassungsmäßigkeit des Ausführungsgesetzes zu Art. 131 GG, welches in einem langwierigen Gesetzgebungsverfahren entstanden war und das Schicksal von Personen regelte, die nach dem 8. Mai 1945 aus dem öffentlichen Dienst ausgeschieden waren. Betroffen waren Vertriebene, Flüchtlinge und andere frühere Beschäftigte, die entweder im Rahmen von Entnazifizierungsverfahren ausgeschieden oder deren Dienststellen weggefallen waren. Der Gesetzgeber hatte – entsprechend den Forderungen der Beamten-, Verdrängten- und Vertriebenenverbände – von wenigen Ausnahmen abgesehen ihre Wiederverwendung bzw. Versorgung angeordnet und sich damit generell für die Wahrung der personellen Kontinuität des deutschen Beamtentums über den Bruch von 1945 entschieden. Trotz dieser auf Integration und sozialer Absicherung bedachten Gesetzgebung klagten einzelne mit der Begründung, daß durch die Bestimmungen

[178]) *Loewenstein*, Verfassungsrecht und Verfassungswirklichkeit, insbesondere, S. 429–435.

[179]) *Loewenstein*, Konflikte zwischen Regierung und Justiz (Zitat: S. 284).

[180]) BVerfGE 3, 58. Vgl. zum Zustandekommen des „131er"-Gesetzes bzw. zur Entscheidung des Bundesverfassungsgerichts: *Wengst*, Beamtentum zwischen Reform und Tradition, S. 152–252; Curt *Garner*, Der öffentliche Dienst in den 50er Jahren: Politische Weichenstellungen und ihre sozialgeschichtlichen Folgen, in: *Schildt* und *Sywottek*, Modernisierung im Wiederaufbau, S. 759–790, hier: S. 769–778; *Frei*, Vergangenheitspolitik, S. 69–100; Horst *Dreier*, Verfassungsstaatliche Vergangenheitsbewältigung, in: *Badura* und ders., Festschrift 50 Jahre Bundesverfassungsgericht, 1. Band, S. 159–208, insbesondere: S. 168–170.

des „131er"-Gesetzes ihre fortbestehenden Beamtenrechte nicht angemessen berücksichtigt worden seien. In seiner Entscheidung erklärte daraufhin das Bundesverfassungsgericht, daß aus verfassungsrechtlicher Sicht im Moment der deutschen Kapitulation alle bis dahin bestehenden Beamtenverhältnisse erloschen seien und folglich das Ausführungsgesetz zu Art. 131 GG die Beamtenverhältnisse für die Nachkriegszeit auf konstitutive Weise regeln konnte. Der Gesetzgeber war also bei seiner Regelung nicht verpflichtet gewesen, auf die herkömmlichen Rechte des einzelnen Beamten Rücksicht zu nehmen.

Die Staatsrechtslehre reagierte hierauf mit regelrechten Entrüstungsstürmen. Das Gericht hatte sich nicht darauf beschränkt, eine juristisch-dogmatische Argumentation zu liefern, sondern dem Urteil historisch-politische Aussagen über den ideologisch korrumpierten Charakter des Beamtentums in der Zeit des Nationalsozialismus angefügt. Nachdem der Bundesgerichtshof bereits zuvor das „geschichtliche Werturteil" des Bundesverfassungsgerichts mit deutlichen Worten als falsch kritisiert und diesem seine These vom unpolitischen Charakter des Beamtentums auch in der Zeit nach 1933 entgegengestellt hatte[181]), entschied der Vorstand der Staatsrechtslehrervereinigung, auf der Tagung von 1954 in Tübingen das Thema „Die Berufsbeamten und die Staatskrisen"[182]) zu behandeln. Die große Mehrheit machte denn auch aus ihrer Ablehnung der Entscheidung des Bundesverfassungsgerichts keinen Hehl, ging es doch hier für viele um ein Stück persönlicher Vergangenheitsbewältigung, da sie in der Zeit des Nationalsozialismus als Beamte an der Universität oder in einem anderen Bereich tätig gewesen waren. Auch wenn der Tenor des Urteils, dem allein rechtliche Verbindlichkeit zukomme, womöglich aus praktischen Erwägungen heraus zu billigen sei, habe das Gericht auf verfassungsrechtlich unzulässige Weise entschieden und seine richterlichen Kompetenzen[183]) bei weitem überschritten. Die Beamten seien in der Zeit nach 1933 genauso wie heute eine parteipolitisch unabhängige und allein staatsbezogene Instanz gewesen. Auch von dem Gegenargument Ernst Friesenhahns[184]) – selbst Richter in dem in dieser Sache unbeteiligten zweiten Senat des Bundesverfassungsgerichts –, daß das Gericht hier berechtigterweise eine historisch-soziologische Wertung vorgenommen habe, die dem Streitgegenstand allein gerecht werde, ließ sich die Mehrheit nicht umstimmen. Schützenhilfe erhielt das Bundesverfassungsgericht abgesehen von dem Österreicher Hans Spanner (1908–1991), der auf der Tagung das Korreferat hielt, noch von Hans Peters und – mit deutlich vorsichtigeren Worten – von Otto Bachof. Peters[185]) war wohl der einzige Staatsrechtslehrer, der die Entscheidung aus verfassungsrechtlicher Sicht für

181) BGHZ 13, 265.

182) Richard *Naumann* und Hans *Spanner*, Die Berufsbeamten und die Staatskrisen, in: VVDStRL 13 (1955), S. 88–194 (mit Aussprache).

183) So speziell Ernst *Forsthoff*, in: VVDStRL 13 (1955), S. 161 f.

184) Ernst *Friesenhahn*, in: VVDStRL 13 (1955), S. 162–171.

185) *Peters*, Der Streit um die 131er-Entscheidungen des Bundesverfassungsgerichtes.

zwingend ansah und sie auf der ganzen Linie guthieß. Seine Kollegen hätten vor 1945 selbst Material für die Grundthese des Bundesverfassungsgerichts einer weitgehend parteinahen und politisierten Beamtenschaft geliefert, würden nun aber im nachhinein die Augen vor dem Wesen des Nationalsozialismus verschließen. Bachof[186]) hielt zwar weite Teile der Entscheidungsbegründung für unnötig, stimmte aber zumindest mit deren Ergebnis überein.

Daß das Bundesverfassunsgsgericht nicht bereit war, sich von der vehementen Kritik aus der Staatsrechtslehre beeindrucken oder gar einschüchtern zu lassen, zeigte es in einer Entscheidung von 1957[187]), in der es sich zwar ausführlich mit der Kritik an seiner früheren Entscheidung auseinandersetzte, gleichzeitig aber seine Auffassung vom zwangsläufig nationalsozialistisch infiltrierten Beamtentum in der Zeit nach 1933 noch einmal bestätigte. Als Beispiel hierfür diente ausdrücklich die Professorenschaft, und es fehlte auch nicht ein Seitenhieb hinsichtlich personeller Kontinuitäten innerhalb der juristischen Fakultäten:

> Der an sich verständliche Wunsch einzelner Autoren, von ihren früheren, jetzt auch von ihnen selbst mißbilligten Äußerungen abzurücken, darf nicht dazu führen, diese Äußerungen auch in ihrem *damaligen* Aussagewert zu verkleinern.[188])

Trotz des offenkundig politischen Charakters dieses Konfliktes zeigt sich hier deutlich, daß das Bundesverfassungsgericht bei der Auseinandersetzung um die Deutungshoheit in Verfassungsfragen im Vergleich zur Staatsrechtslehre nunmehr am längeren Hebel saß und sich kaum aufgrund eines anders lautenden Mehrheitsvotums der Staatsrechtslehre veranlaßt sah, von seiner Rechtsprechung abzuweichen.

Vor diesem Hintergrund etablierte sich das Bundesverfassungsgericht als wirkungsmächtige Instanz der Verfassungsinterpretation, die auf die Debatten in der Staatsrechtslehre einen maßgeblichen Einfluß ausübte.[189]) Das fast einhellige Umschwenken der Staatsrechtslehrer bei der Interpretation des Rechtes auf freie Entfaltung der Persönlichkeit in Art. 2 I GG als rechtliche Gewährleistung der allgemeinen menschlichen Handlungsfreiheit oder bei der auf Heinrich Triepel und Gerhard Leibholz zurückgehenden Deutung des Gleichheitssatzes in Art. 3 I GG in Richtung eines Willkürverbotes ist nur mit den jeweils vorausgehenden Entscheidungen des Bundesverfassungsgerichts[190]) zu erklären. Zwar gab es bereits zuvor in der staatsrechtlichen Literatur einzelne

[186]) *Bachof*, Das Bundesverfassungsgericht und die Beamtenverhältnisse; ders., in: VVDStRL 13 (1955), S. 187–190.

[187]) BVerfGE 6, 132.

[188]) BVerfGE 6, 132 (176f.) – Hervorhebung im Original.

[189]) Vgl. hierzu *Korioth*, Integration und Bundesstaat, S. 245–248; *Bryde*, Verfassungsentwicklung; Thomas *Oppermann*, Das Bundesverfassungsgericht und die Staatsrechtslehre, in: *Badura* und *Dreier*, Festschrift 50 Jahre Bundesverfassungsgericht, 1. Band, S. 421–460.

[190]) BVerfGE 1, 14 (52); 6, 32 (36f.).

Stimmen, die entsprechende Interpretationsansätze, welche sich hier eng an die Rechtsprechung des US-amerikanischen Supreme Court anlehnten, propagierten, aber erst nach der Entscheidung des Bundesverfassungsgerichts bildete sich die neue Ansicht in der Staatsrechtslehre als fast einhellige Meinung heraus.[191]) Dem Gericht kam also nunmehr die Position zu, Konzepte aus der Wissenschaft, die ihm genehm waren, unmittelbare Bedeutung für die Verfassungspraxis zu verleihen und damit die Staatsrechtslehre zu veranlassen, sich hiermit grundlegend auseinanderzusetzen, wobei es diesen Konzepten allerdings häufig eine andere Richtung gab, als dies von den Autoren ursprünglich intendiert war. In diesem Zusammenhang sind beispielsweise zu nennen Rudolf Smends Konzept der Bundestreue[192]), Günter Dürigs Ansatz eines in den Grundrechten des Grundgesetzes zum Ausdruck kommenden umfassenden Wert- und Anspruchssystems[193]) oder später Peter Lerches Formel vom „schonendsten Ausgleich“[194]), welcher bei der Verfassungsinterpretation herzustellen sei. Das Bundesverfassungsgericht erlangte zudem einen kaum zu unterschätzenden Einfluß auf das Selbstverständnis der Staatsrechtslehrer, etwa im Hinblick auf deren antitotalitäre Ausrichtung während der fünfziger Jahre, und es entfaltete langfristig auch in diesem Kreis, indem es den Grundrechten eine – von der Staatsrechtslehre in dieser Weise häufig nicht gedeckte – extensive Wirksamkeit verschaffte, eine freiheitsfördernde bzw. liberalisierende Wirkung[195]).

Dennoch sollte Bernhard Schlinks These von der „Entthronung der Staatsrechtswissenschaft durch die Verfassungsgerichtsbarkeit“[196]) zumindest in bezug auf die fünfziger und auch die sechziger Jahre mit Vorsicht betrachtet wer-

[191]) Vgl. zu Art. 2 I GG: *Scholz*, Das Grundrecht der freien Entfaltung der Persönlichkeit in der Rechtsprechung des Bundesverfassungsgerichts; *Peters*, Das Recht auf freie Entfaltung der Persönlichkeit in der höchstrichterlichen Rechtsprechung. Zu Art. 3 I GG: Hans Peter *Ipsen*, Gleichheit, in: *Neumann*, Die Grundrechte, Band 2, S. 111–198.

[192]) Z.B. BVerfGE 1, 229 (315). Vgl. hierzu *Korioth*, Integration und Bundesstaat, S. 248–280.

[193]) Z.B. BVerfGE 7, 198 (205).

[194]) Z.B. BVerfGE 39, 1 (43).

[195]) In diesem Zusammenhang arbeitet Arne *Riedlinger*, Freiburg, derzeit an einer Dissertation mit dem Arbeitstitel „Der Bürger im Staat. Das Bundesverfassungsgericht im Liberalisierungs- und Demokratisierungsprozeß der Bundesrepublik, 1951–1981“.

[196]) *Schlink*, Die Entthronung der Staatsrechtswissenschaft durch die Verfassungsgerichtsbarkeit. In diesem Sinne auch *Stolleis*, Die Vereinigung der Deutschen Staatsrechtslehrer, S. 358; *Friedrich*, Geschichte der deutschen Staatsrechtswissenschaft, S. 9f.; *Hennis*, Integration durch Verfassung?, S. 356; *Badura*, Die Dogmatik des Staatsrechts im Wandel vom Bismarckreich über die Weimarer Republik zur Bundesrepublik, S. 154f.; *Alexy*, Theorie der Grundrechte, S. 17; Walter *Schmidt*, Grundrechte-Theorie und Dogmatik seit 1946 in Westdeutschland, in: *Simon*, Rechtswissenschaft in der Bonner Republik, S. 188–226, hier: S. 219; Gerd *Roellecke*, „Karlsruhe“, in: *François* und *Schulze*, Deutsche Erinnerungsorte II, S. 549–564, hier: S. 560. Kritisch: *Starck*, Das Grundgesetz nach fünfzig Jahren: bewährt und herausgefordert, S. 484f.

den. Schlink behauptet, die Staatsrechtslehre habe seit der Gründung des Bundesverfassungsgerichts einen erheblichen Bedeutungsverlust erfahren. Sie sei seitdem insbesondere von einem neuen Positivismus hinsichtlich der Rechtsprechung des Gerichts geprägt und habe sich somit zu einer Verfassungsrechtsprechungswissenschaft degradieren lassen. In der Tat erkannte die Staatsrechtslehre schnell, daß sie nunmehr – abgesehen einmal von den per se politischen Instanzen im Regierungssystem – nicht mehr der einzige Akteur für Fragen der Verfassungsinterpretation war und daß dem Bundesverfassungsgericht aufgrund seiner weitreichenden Kompetenzen im politischen Leben schlichtweg die größere Relevanz zukam. Rudolf Smend brachte diese Erkenntnis sinnfällig auf den Punkt, als er aus Anlaß des zehnjährigen Bestehens des Bundesverfassungsgerichts ausführte, daß das Gericht nunmehr zum Hüter der Verfassung geworden sei:

> Das Grundgesetz gilt nunmehr praktisch so, wie das Bundesverfassungsgericht es auslegt, und die Literatur kommentiert es in diesem Sinne.[197])

Die Staatsrechtslehre reagierte auf diese Entwicklung, indem sie versuchte, die Entscheidungen des Bundesverfassungsgerichts auf umfassende Weise zur Kenntnis zu nehmen. So gab es in der Staatsrechtslehrervereinigung wiederholt Initiativen, entsprechende Maßnahmen zu ergreifen, damit ihre Mitglieder schnellstmöglich über die aktuellen Entscheidungen informiert würden und nicht bis zur Publikation der offiziellen Entscheidungssammlung warten mußten.[198])

Der These von Schlink ist dennoch entgegenzuhalten, daß die Staatsrechtslehre – neben ihren nicht zu bestreitenden Wechselwirkungen mit dem Bundesverfassungsgericht – auch ein weitgehend autonomes Eigenleben führte. Wenn man in der Staatsrechtslehre den Eindruck gewann, das Bundesverfassungsgericht habe auf unzulässige Weise eine Entscheidung gefällt und seine Kompetenzen in einem von der Verfassung nicht mehr gedeckten Ausmaß ausgedehnt, so kam es auch in Zukunft immer wieder – wie beispielsweise anläßlich des Apothekenurteils im Jahr 1958[199]) – zu fast einhelligen Protesten. Man fühlte

[197]) *Smend*, Festvortrag zur Feier des zehnjährigen Bestehens des Bundesverfassungsgerichts, S. 582 und 584.

[198]) Vgl. z.B. Nachlaß *Abendroth*, Nr. 566e (Wolff an Ipsen und Abendroth vom 16. 12. 1952) und 566d (Wolff an Ipsen und Abendroth vom 12. 1. 1953).

[199]) BVerfGE 7, 377. Das Bundesverfassungsgericht setzte in dieser Entscheidung dem Gesetzgeber bei Eingriffen in die Berufsausübungsfreiheit gemäß Art. 12 I GG enge Grenzen und erlaubte dementsprechend einem approbierten Apotheker, in Traunreut eine Apotheke zu eröffnen. Hierzu kritisch z.B. *Scheuner*, Das Grundrecht der Berufsfreiheit; *Lerche*, Zum Apotheken-Urteil des Bundesverfassungsgerichts; *Bachof*, Zum Apothekenurteil des Bundesverfassungsgerichts; *Forsthoff*, Zur Problematik der Verfassungsauslegung, S. 20f.; Horst *Ehmke*, Prinzipien der Verfassungsinterpretation, in: VVDStRL 20 (1963), S. 53–102, hier: 93–97. Neuerdings auch: Gerd *Roellecke*, Karlsruhe hat gesprochen. Apotheken, in: FAZ vom 22. 9. 2001, S. 46.

sich unabhängig und agierte auch dementsprechend. Hiervon wird in der weiteren Darstellung noch ausgiebig die Rede sein.

5. Die Formierung der Denkkollektive

In diesem Abschnitt gilt es, die Schmitt- und die Smend-Schule als die beiden führenden Denkkollektive der Nachkriegszeit ausgiebig in den Blick zu nehmen. Es soll hier gezeigt werden, daß sich beide Schulen nicht allein durch ihre juristische Denkweise unterschieden, sondern daß die jeweilige wissenschaftliche Sozialisierung sowie die jeweilige Erfassung der außerwissenschaftlichen Wirklichkeit auf gänzlich konträre Weise erfolgte und damit – wegen der Gegensätzlichkeit der Denkstile – ein Konflikt zwischen beiden Gruppierungen vorprogrammiert war. Abschließend soll dann genauer erörtert werden, welcher Staatsrechtslehrer einem der beiden Denkkollektive unmittelbar angehörte, aber auch, wer ihrem weiteren Umfeld jeweils zuzurechnen ist.

Die Schmitt-Schule

Der Zusammenhalt der Schmitt-Schule beruhte auf einer engen persönlichen Bindung der Schüler an Carl Schmitt als ihrem charismatischen Lehrer. Das Begegnung mit Schmitt in Lehrveranstaltungen an der Universität oder durch persönliches Gespräch beschrieben seine Schüler im Rückblick immer wieder mit Bildern der Initiation. Schmitt war es, der seine Schüler mit dem juristischen Denken bekannt gemacht, der ihnen den Blick für das Wesentliche in der Rechtswissenschaft geöffnet und auf diese Weise den einzelnen in die höheren Weihen der Wissenschaft eingeführt hatte. Charakteristisch hierfür sind die Ausführungen Ernst Forsthoffs, die er Schmitt regelmäßig im Abstand von fünf Jahren zu dessen Geburtstag als Ausdruck seiner großen Dankbarkeit zusandte. Er verwendete hierbei immer wieder dieselben schicksalhaften Bilder: Er befand sich, als er im Jahr 1923 durch Zufall nach Bonn wechselte, in einer schweren persönlichen und finanziellen Krise, grübelte, ob er das Studienfach wechseln sollte, geriet dann aber in eine Lehrveranstaltung Carl Schmitts:

> Der außerordentliche Eindruck, den ich von dieser Übung empfing, ist mir in lebendiger Erinnerung geblieben, und es ist keine Übertreibung, wenn ich sage, daß ich erst mit diesem Semester den Zugang zum Wesen des Rechts und seiner Methode gefunden habe.[200)]

[200)] Nachlaß *Schmitt*, Nr. 3966 (Forsthoff an Schmitt vom 9. 7. 1973). Vgl. zudem ebda., Nr. 3784 (Forsthoff an Schmitt vom 26. 9. 1952: „Es steht mir noch in lebhaftester Erinnerung, welch tiefen Eindruck Ihre öffentlichrechtliche Übung auf mich machte. Erst mit ihr und allem, was ich noch bis zum Referendarexamen von Ihrer Lehrtätigkeit mitnehmen, oder besser in mich aufnehmen konnte, datiert mein inneres Verhältnis zur Rechtswissenschaft. Damals sind die Fundamente gelegt worden, auf denen mein wissenschaftliches Den-

Nicht anders verhielt es sich bei Ernst Rudolf Huber:

> Es sind nun fast vierzig Jahre her, daß mir als jungem Studenten in Bonn die entscheidende Begegnung mit Ihnen widerfuhr, die das aus mir gemacht hat, was ich geworden und geblieben bin.[201])

Ähnliche Wendungen finden sich auch bei Ernst Friesenhahn, Werner Weber, Roman Schnur und zudem bei Theodor Maunz.[202])

Da es Carl Schmitt, wie gesagt, nach 1945 untersagt war, als Universitätsdozent weiterhin tätig zu sein, konnte er den Kontakt zu seinen älteren Schülern nur über einen engen brieflichen Austausch fortführen und war zudem gezwungen, das Medium des Briefes zu nutzen, um mit neuen Personen in Verbindung zu treten. Als sich selbst behauptende und unbequeme Persönlichkeit und als Sinnbild einer Alternative zum öffentlich gepflegten Diskurs übte Schmitt auf Nonkonformisten und Querdenker weiterhin eine starke Anziehungskraft aus.[203]) Insbesondere nach der Lektüre der Verfassungslehre wandten sich Studenten immer wieder an ihn, woraus sich dann wiederholt ein engerer Briefkontakt entwickelte. Hinzu kamen die persönlichen Besuche in seinem Domizil in Plettenberg, deren Häufigkeit und Regelmäßigkeit allerdings auch bei den Schülern der ersten Generation stark variierten. Schmitt wußte vor allem durch einen gewandten, aphoristischen, liebenswürdigen, aber auch konfrontierenden Sprachstil seine Schüler zu faszinieren und an sich zu binden. Wiederholt war er es, der durch gezielte Hinweise gegenüber seinen Korrespondenzpartnern dafür sorgte, daß der Kontakt nicht abriß.[204]) Ganz im Gegensatz zur Smend-Schule basierte der Zusammenhalt der Schmitt-Schule somit zunächst allein auf der persönlichen Beziehung der einzelnen Schüler zu ihrem verehrten Mentor. Da Schmitt es generell ablehnte, größere Treffen der ihm

ken ruht, und was ich Ihnen seither an Anregung und Förderung verdanke, bedarf nicht der Aufzählung, die auch schwerlich möglich wäre."), 3817 und 3864 (Forsthoff an Schmitt vom 5. 7. 1958 und vom 9. 7. 1963).

201) Nachlaß *Schmitt*, Nr. 6287 (E. R. Huber an Schmitt vom 14. 7. 1963). Vgl. zudem ebda., Nr. 6290 (Huber an Schmitt vom 8. 7. 1978).

202) Nachlaß *Schmitt*, Nr. 4511 (Friesenhahn an Schmitt vom 20. 12. 1976), 17768, 17791 (Weber an Schmitt vom 9. 7. 1951 und vom 22. 2. 1968), 14346, 14376 (Schnur an Schmitt vom 16. 11. 1961 und vom 12. 8. 1963), 9230, 9239, 9240, 9241 und 18728 (Maunz an Schmitt vom 30. 10. 1948, vom 17. 12. 1961, vom 29. 12. 1962, vom 6. 8. 1963 und vom 30. 9. 1982).

203) Vgl. van *Laak*, Gespräche in der Sicherheit des Schweigens, insbesondere: S. 105–119 und 294–300.

204) Z.B. Nachlaß *Schnur*, Nr. 126 (Abschrift eines Briefes von Schmitt an Schnur vom 23. 2. 1965: „Vielen herzlichen Dank, lieber Roman Schnur, daß Sie trotz Ihrer vielen Arbeit doch an mich denken […]."); Nachlaß *Schmitt*, Nr. 6418 (Ipsen an Schmitt vom 22. 12. 1952: „Was Sie […] in Ihrem Brief sagen, beschämt mich. […] Mein Bedauern, daß ich seit langer Zeit nicht mehr von mir hören ließ, wird in diesen Tagen der Rückschau nur gesteigert."). Vgl. zu Schmitts Lebenssituation während der fünfziger Jahre: van *Laak*, Gespräche in der Sicherheit des Schweigens, S. 134–142.

nahestehenden Intellektuellen bei sich zu veranstalten[205]), hing es primär von seiner Initiative ab, daß sich unter einzelnen von ihnen Kontakte herausbildeten. Vor allem die Angehörigen der zweiten Generation der Schmitt-Schüler (Joseph H. Kaiser, Helmut Rumpf, Roman Schnur, Ernst-Wolfgang Böckenförde und Helmut Quaritsch) wußten zunächst wenig voneinander und mußten folglich von Schmitt aufeinander aufmerksam gemacht werden. Es lag in seiner Hand, gegenseitiges Interesse zu wecken.[206]) Hier ist auch zu berücksichtigen, daß sich in der Schmitt-Schule von ihrer Grundkonstitution her eher Einzelgänger, wie Ernst Forsthoff und später Ernst-Wolfgang Böckenförde, zusammenfanden, die an einer allzu engen gruppeninternen Zusammenarbeit wenig interessiert waren. Ein Zusammengehörigkeitsgefühl als Gruppe und Denkkollektiv entwickelte sich weitgehend erst als Reaktion auf Ausgrenzungsmechanismen durch die Mehrheit der Staatsrechtslehrer. Man wurde von außen als eine homogene Gruppe identifiziert, die mit Argwohn betrachtet wurde, und reagierte hierauf mit einem verstärkten gruppeninternen Zusammenhalt.

Was den ideellen Werdegang der einzelnen Angehörigen der Schmitt-Schule angeht, so stammten neben Carl Schmitt auch Ernst Forsthoff und Ernst Rudolf Huber aus dem Umfeld der „Konservativen Revolution“. Die Angehörigen dieser Richtung bejahten euphorisch einzelne Aspekte des in der Weimarer Zeit offen zutage tretenden technischen, gesellschaftlichen und kulturellen Modernisierungsprozesses, verharrten aber politisch in einem antiliberalen Nationalismus.[207]) Dementsprechend bekämpften auch Schmitt, Forsthoff und Huber die als liberalistisch verachtete Weimarer Verfassungsordnung. Ihr erster Gesinnungswandel erfolgte nach der nationalsozialistischen Machtergreifung im Jahre 1933, indem sie sich auf die Seite des neuen Regimes stellten und in dessen Sinne publizierten, obwohl sie zuvor gegenüber der nationalsozialistischen Ideologie deutliche Distanz gewahrt hatten. Auch die jüngeren Staatsrechtslehrer, die erst später zur Schmitt-Schule stießen, zeigten wenig Skrupel, sich bei den staatsrechtlichen Debatten als regimekonforme Meinungsführer zu profilieren. Teilweise schon als die Euphorie der ersten Jahre verflogen war, vor al-

[205]) Es handelte sich hierbei um einen Vorschlag von Roman Schnur, den Schmitt aber beharrlich ablehnte. Vgl. z.B. Nachlaß *Schmitt*, Nr. 14320 (Schnur an Schmitt vom 19. 9. 1960).

[206]) Z.B. ging es auf Schmitts Vermittlung zurück, daß Joseph H. Kaiser Ernst-Wolfgang Böckenfördes Habilitationsschrift vor deren Veröffentlichung kritisch durcharbeitete. (Vgl. Nachlaß *Schmitt*, Nr. 7054 [Kaiser an Schmitt vom 6. 6. 1957].) Zudem machte Schmitt Roman Schnur auf Böckenförde aufmerksam. (Vgl. Nachlaß *Schnur*, Nr. 126 [Abschrift eines Briefes von Schmitt an Schnur vom 11. 10. 1956: „Ich nehme an, daß Sie an der Staatsrechtslehrertagung teilnehmen; wenn Sie dort den Assistenten von Prof. H. J. Wolff (Münster), den Referendar Ernst-Wolfgang Böckenförde sehen, müssen Sie einmal mit ihm sprechen; er ist ein hervorragender junger Jurist, den Sie auch zu einem Aufsatz oder einer Besprechung für Ihr Archiv einsetzen könnten.“].)

[207]) Vgl. *Mohler*, Die Konservative Revolution in Deutschland 1918–1932; *Breuer*, Anatomie der Konservativen Revolution.

lem aber, als das Ende der nationalsozialistischen Herrschaft näher rückte, vergrößerte sich die Distanz der Schmitt-Schule zum Regime und verstärkte sich das Bedürfnis nach einem engeren gruppeninternen Zusammenhalt[208]). So begannen Carl Schmitt und Werner Weber sich regelmäßig Briefe zu schreiben und sich über fachliche und persönliche Dinge auszutauschen.[209]) Nach den Wirren des Kriegsendes und im Zusammenhang mit der gemeinsam erfahrenen Entnazifizierung waren dann die alten Kontakte schnell wieder hergestellt. Forsthoff, Huber, Weber, Joseph H. Kaiser und zudem Theodor Maunz und Hans Peter Ipsen wandten sich an ihren alten Mentor, um sich nach dessen Ergehen zu erkundigen und sich über das gemeinsam erlittene Schicksal auszutauschen.[210])

Wie wir bereits gesehen haben, gehörten Angehörige der Schmitt-Schule zu denen, die sich nach 1949 mit Kritik an der neuen Verfassungsordnung nicht zurückhielten, entsprach doch das Grundgesetz kaum ihren Vorstellungen von einer Verfassung, die den Erfordernissen eines zur Dezision fähigen Staates und einer modernen Massendemokratie angemessen war. Und dennoch, in der Zeit nach 1945 ist die Anpassungsleistung der Schmitt-Schule ebenfalls nicht zu unterschätzen. Auch hier wirkten spezifisch nationalsozialistische Denkweisen nicht fort. Obwohl in den ersten Jahren noch erhebliche Vorbehalte gegenüber der parlamentarischen Demokratie des Grundgesetzes geäußert wurden, trat die grundsätzliche Kritik an der Verfassungsordnung allmählich immer mehr in den Hintergrund. Statt dessen erfolgte spätestens ab Mitte der fünfziger Jahre ein Arrangement mit der neuen Verfassungsordnung, zeigte diese doch eine größere Bestandskraft, als man zunächst für möglich gehalten hatte. Auch bei Ernst Forsthoff findet sich in begrenztem Umfang ein solches Arrangement, trotz seiner Rolle als kompromißloser Provokateur. Hinsichtlich seines Gutachtens zum EVG-Vertrag schrieb er an Schmitt:

> Es soll mir niemand den Vorwurf machen, [...] daß [ich] die Verfassung durch Kritik diskreditiere. Die Verfassung bedarf heute des Schutzes gegen die okkasionalistische Zweckauslegung der Bundesregierung. Das scheint mir der einzige Verfassungsschutz, der heute geboten ist.[211])

Spätestens seit 1952 fand sich Forsthoff bereit, auf mehr oder weniger konstruktive Weise auf der Grundlage des Grundgesetzes zu argumentieren, allerdings hieß dies für ihn natürlich, die neue Verfassung im Rahmen ihrer Form-

[208]) Man nahm sich wieder stärker als eine Gruppe wahr. Vgl. hierzu z. B. Nachlaß *Schmitt*, Nr. 17742 (Weber an Schmitt vom 14. 10. 1943: „Wenigstens stimmen Huber, Forsthoff und Köttgen mit uns überein.").

[209]) Nachlaß *Schmitt*, Nr. 17740–17749 (Weber an Schmitt von 1943 bis 1945).

[210]) Nachlaß *Schmitt*, Nr. 3762 (Forsthoff an Schmitt vom 6. 7. 1948), 6274 (E. R. Huber an Schmitt vom 27. 1. 1947), 17750 (Weber an Schmitt vom 11. 7. 1947), 7012 (Kaiser an Schmitt vom 4. 5. 1946), 9230 (Maunz an Schmitt vom 30. 10. 1948) und 6394 (Ipsen an Schmitt vom 17. 11. 1947).

[211]) Nachlaß *Schmitt*, Nr. 3784 (Forsthoff an Schmitt vom 26. 9. 1952).

typik als bürgerlich-rechtsstaatliche Verfassung zu interpretieren und diesbezügliche Regelwidrigkeiten, die entweder im Text des Grundgesetzes selbst enthalten waren oder die durch die herrschende Verfassungsinterpretation geschaffen wurden, auf das schärfste zu kritisieren.[212]) Der Parlamentarische Rat hatte den bürgerlich-rechtsstaatlichen Verfassungstypus des 19. Jahrhunderts restituiert, und dies machte auf der Ebene des Verfassungsrechts eine entsprechende technisch-rechtsstaatliche Auslegungsmethode, der konsequent zu folgen war, unumgänglich.

Carl Schmitt selbst war hingegen bemüht, nachdem er sich in sein selbstgewähltes „Exil" nach Plettenberg im Sauerland zurückgezogen hatte, sich nach außen hin aus den aktuellen staatsrechtlichen Debatten herauszuhalten. Auch wenn er im Zusammenhang mit dem Streit um die Sozialisierungsbestimmung des Art. 41 der Hessischen Verfassung noch im Jahr 1952 ein Gutachten über den rechtsstaatlichen Verfassungsvollzug verfaßte[213]), beschränkten sich seine Äußerungen zu verfassungsrechtlichen Fragen auf Selbsterläuterungen und Selbstinterpretationen des eigenen Werkes, um dieses vor Mißdeutungen zu bewahren. An Horst Ehmke schrieb er im Jahre 1954, nachdem dieser ihm einen eigenen Aufsatz zugesandt hatte:

> Aber es steht mir nicht zu, mich in solche Probleme [den Provisoriumscharakter des Grundgesetzes und die rechtliche Bindungskraft von Entscheidungen des Bundesverfassungsgerichts] einzumischen, und was ich Ihnen vorhin zu dem Thema Ihres Aufsatzes kurz geäußert habe, müssen Sie sich mit dem Satz erklären: On se lasse de tout, excepté de penser.[214])

Als er sich 1959 über die Gefahren der Wertphilosophie geäußert hatte, ließ eine empörte Reaktion der Presse nicht lange auf sich warten, obwohl er seine Gedanken zunächst lediglich in einem unveröffentlichten Privatdruck zu Papier gebracht hatte.[215]) Gleichzeitig gab er selbstverständlich auf privater

[212]) Z.B. Ernst *Forsthoff*, Begriff und Wesen des sozialen Rechtsstaates (Bericht), in: VVDStRL 12 (1954), S. 8–36; ders., Die Umbildung des Verfassungsgesetzes, in: *Barion*, Festschrift für Carl Schmitt, S. 35–62; ders., Zur Problematik der Verfassungsauslegung; ders., Der introvertierte Rechtsstaat und seine Verortung; ders., Zur heutigen Situation einer Verfassungslehre, in: *Barion*, Epirrhosis, 1. Teilband, S. 185–211, hier: S. 185–196 und 207–211; ders., Der Staat der Industriegesellschaft, insbesondere: S. 61–81 und 126–157. Vgl. hierzu *Hollerbach*, Auflösung der rechtsstaatlichen Verfassung?; *Storost*, Staat und Verfassung bei Ernst Forsthoff, insbesondere: S. 100–119; *Häberle*, Lebende Verwaltung trotz überlebter Verfassung?, S. 686–688; *Mehring*, Carl Schmitt und die Verfassungslehre unserer Tage, S. 189–191; van *Laak*, Gespräche in der Sicherheit des Schweigens, S. 244; *Grebing*, Konservative gegen die Demokratie, S. 385–388; *Friedrich*, Geschichte der deutschen Staatsrechtswissenschaft, S. 408; *Korioth*, Integration und Bundesstaat, S. 293.

[213]) *Schmitt*, Rechtsstaatlicher Verfassungsvollzug (1952), in: ders., Verfassungsrechtliche Aufsätze aus den Jahren 1924–1954, S. 452–488.

[214]) Depositum *Ehmke*, Nr. 210 (Schmitt an Ehmke vom 2. 5. 1954).

[215]) Vgl. hierzu Carl *Schmitt*, Die Tyrannei der Werte, in: Säkularisation und Utopie, S. 37–62, insbesondere: S. 50f.

Ebene eindeutige Stellungnahmen zu aktuellen staatsrechtlichen Debatten ab und wirkte auf diese Weise in den Veröffentlichungen seiner Schüler weiter.

Ganz im Gegensatz zur Weimarer Zeit schieden somit Carl Schmitt und seine Schüler als Kritiker, die die Verfassungsordnung auf grundsätzliche Weise in Frage stellten und damit die Stabilität des gesamten Systems torpedierten, weitgehend aus. Gleichzeitig argumentierten sie keinesfalls auf der ideellen Ebene in einem prowestlichen Sinne. Ganz im Gegenteil, die Schmitt-Schule profilierte sich bis in die siebziger Jahre hinein als Trägerin eines Traditionsbestandes antiwestlichen Denkens. Dies gilt es sogleich anhand ihres wissenschaftlichen Denkstiles zu verdeutlichen.

Die Schmitt-Schule nahm die geistige Atmosphäre der fünfziger Jahre als äußerst beengend wahr. Man fühlte sich aus der wissenschaftlichen Debatte ungerechtfertigterweise ausgegrenzt und stilisierte sich folglich zum Opfer einer gehässigen Gesinnungsethik. Ein solches Urteil wurde möglich aufgrund von Verdrängungsmechanismen hinsichtlich der eigenen Vergangenheit. Diejenigen, die schon vor 1945 als Staatsrechtslehrer tätig gewesen waren, sahen sich im Rückblick in der Rolle des einsamen, aber aufrechten Aufhalters, der schon in der Schlußphase der Weimarer Republik den Kopf hingehalten und dann vor allem während der Zeit des Nationalsozialismus Schlimmeres verhindert hatte[216]), was, wie wir gesehen haben, vor allem bei Ernst Forsthoff nicht völlig abwegig war, aber dennoch eben nur die eine Seite der Medaille darstellte. Schmitt selbst setzte seine ganze Bildung ein, um das Vorgefallene in einen größeren Rahmen zu stellen, der ihm das Singuläre nahm, der es als etwas geschichtlich Unvermeidbares darstellte oder ihm den Charakter des Tragischen gab.[217])

Die Schmitt-Schule reagierte auf die Ausgrenzungsmechanismen in der Staatsrechtslehre einerseits mit einer „Solidarität des Schweigens“ bzw. mit einer „silence de conspiration“[218]). Dies bedeutete Rückzug aus den öffentlich geführten Debatten und gleichzeitig den Versuch, im Privaten das „echte Ge-

[216]) Z.B. Nachlaß *Schnur*, Nr. 126 (Abschrift eines Briefes von Schmitt an Schnur vom 16. 4. 1960: „Es wird sich herausstellen, daß ich in der Weimarer Zeit der Lehrer des Verfassungsrechts war, der den Kopf hingehalten hat, und dafür nachher als der große Sündenbock diffamiert wurde. In Deutschland ist wenig Sinn für das Unrecht, das den andern geschieht.“); Nachlaß *Schmitt*, Nr. 3765 (Forsthoff an Schmitt vom 30. 8. 1949: „Aber damit beweist sich einmal mehr, daß man als freier Geist nicht in diese Zeit paßt.“), 6274, 6283 (E. R. Huber an Schmitt vom 27. 1. 1947 und vom 15. 12. 1950) und 14319 (Schnur an Schmitt vom 4. 9. 1960 als Antwort auf ein Rechtfertigungsschreiben von Schmitt). Vgl. auch ebda., Nr. 9243 (Maunz an Schmitt vom 11. 3. 1965: „Eine Darlegung der Verhältnisse, unter denen damals versucht werden mußte und versucht worden ist, vom Recht zu retten, was zu retten war, wird heute gar nicht mehr vorgenommen, ja überhaupt nicht zur Kenntnis genommen.“).

[217]) Vgl. van *Laak*, Zur Soziologie der geistigen Umorientierung, S. 428.

[218]) Nachlaß *Schmitt*, Nr. 13498 (Schmitt an Schnur vom 23. 4. 1953) und 3833 (Forsthoff an Schmitt vom 29. 12. 1959).

spräch" zu suchen, um wenigstens auf diese Weise in einem konservativen Sinne bewahrend zu wirken.[219]) Andererseits führten die Ausgrenzungsmechanismen dazu, daß man keine Hemmungen hatte, im vertrauten Kreis Fundamentalkritik an den Zuständen der Zeit zu üben. Es wurde so geradezu zu einem Spezifikum des Denkstils der Schmitt-Schule, einzelne Kritikpunkte immer ins Grundsätzliche zu wenden, sie als Ausdruck für die Lage der eigenen Wissenschaftszunft, der Geisteswelt oder der Zeit überhaupt zu werten. In den Briefen ist die Sprache zur Charakterisierung der Gegenwart geprägt von Bildern des Todes, des Krieges, der Feindschaft und der Gewalt. Die gegenwärtigen Zustände stehen aus Sicht der Schmitt-Schule immer kurz vor der gewaltsamen Eskalation, dem Bürgerkrieg. So war in der Nachkriegszeit aufgrund des Wirkens von „Vergangenheitsbewältigern" – ganz im Gegensatz zu der Zeit nach 1933, die nunmehr in einem verklärten Bild erschien[220]) – eine sachliche Debatte mit wissenschaftlichem Niveau grundsätzlich nicht mehr möglich. „Dummheit" und „ideologische Korruption" prägten die Atmosphäre der Zeit.[221]) Die eigenen Gegner hatten sich allein zwischen „Totschlagen" und „Totschweigen" zu entscheiden.[222]) Im Zusammenhang mit der empörten Debatte um seine Festschrift im Jahr 1959, deren einzelne Stellungnahmen man als sinnbildhaften Ausdruck der Zeit wertete, schrieb Carl Schmitt an Roman Schnur, daß das Interesse an der Wahrheit heutzutage nun einmal minimal sei und daß die Gegner ganz bewußt die wissenschaftlichen Beiträge der Festschrift nicht zur Kenntnis nehmen würden: „So beseitigen sie."[223])

Auch die zweite Generation nahm es als großes Manko wahr, sich dem als verlogen wahrgenommenen Wissenschaftsbetrieb anpassen zu müssen und nicht das sagen zu können, was man tatsächlich für richtig hielt, um die Chancen auf eine wissenschaftliche Karriere nicht gänzlich aufs Spiel zu setzen. Diese Unzufriedenheit trug dann wesentlich dazu bei, daß Ernst-Wolfgang Böckenförde und Roman Schnur seit Ende der fünfziger Jahre Vorbereitungen für ein eigenes Zeitschriftenprojekt in die Wege leiteten, die dann im Jahr 1962 zur Gründung des „Staates" führten.

In dieser als vergiftet wahrgenommenen Atmosphäre waren die Schüler von Carl Schmitt trotz aller Widerstände bemüht, ihren Lehrer wieder zum Thema

[219]) Vgl. hierzu van *Laak*, Gespräche in der Sicherheit des Schweigens, S. 126–133.

[220]) Z.B. Nachlaß *Schmitt*, Nr. 3777, 3780 und 3868 (Forsthoff an Schmitt vom 22. 4. 1951, vom Januar 1952 und vom 12. 1. 1964).

[221]) Nachlaß *Schmitt*, Nr. 3838 (Forsthoff an Schmitt vom 19. 3. 1960).

[222]) Nachlaß *Schnur*, Nr. 126 (Abschrift eines Briefes von Schmitt an Schnur vom 4. 12. 1953).

[223]) Nachlaß *Schnur*, Nr. 126 (Abschrift eines Briefes von Schmitt an Schnur vom 20. 1. 1960). Vgl. auch Nachlaß *Schmitt*, Nr. 17782 (Weber an Schmitt vom 24. 4. 1960: „Es bestehen in der Staatsrechtswissenschaft keine erfreulichen Zustände; aber das ist ja nur ein Spiegelbild der fatalen Lage unseres Staatswesens.").

zu machen. Gewissermaßen als Alternative zum „Schweigen" galt es, Schmitts Texten erneut Öffentlichkeit zu verschaffen. Man versuchte, Neuauflagen seiner Werke aus der Weimarer Zeit, speziell der Verfassungslehre, oder ganz neue Veröffentlichungen nach Kräften zu fördern, und feierte hierbei auch den nur kleinsten Erfolg euphorisch.[224]) In diesem Zusammenhang taten sich besonders Ernst Forsthoff und Roman Schnur hervor, die in der protestantischen Zeitung „Christ und Welt" bzw. in der katholischen Zeitschrift „Wort und Wahrheit" immer wieder kurze Artikel und Rezensionen veröffentlichten, in denen sie auf das Schicksal Carl Schmitts näher eingingen, um diesen so ins rechte Licht zu rücken. In Schmitts Werk, so beispielsweise Forsthoffs Fazit, werde die Tragik des Juristen in der Situation des Bürgerkrieges deutlich, welcher für die Ordnung Partei ergreifen mußte:

> Spätere Geschlechter mögen erkennen, daß sich in seinem Werk die bedeutenden Gedanken einer dreihundertjährigen Epoche europäischer Ordnung noch einmal in großer Leuchtkraft versammeln.[225])

[224]) Nachlaß *Schmitt*, Nr. 6285 (E. R. Huber an Schmitt vom 12. 9. 1954: „Nicht nur Ihnen und allen Ihren Schülern, sondern allen, denen die Wissenschaft ein wirkliches Anliegen ist, muß es eine Genugtuung sein, daß dieses lebendig gebliebene Werk [Schmitts Verfassungslehre] wieder allgemein zugänglich geworden ist."), 6420 (Ipsen an Schmitt vom 9. 7. 1954: „Ich meine damit vor allem jene Gefühle, die der einzigartige Neudruck Ihrer Verfassungslehre hervorrufen muß, Gefühle sicher, die tiefer und nachhaltiger sind als die Freude über eine Neubearbeitung. In der Tat – ich sehe mit Ihnen darin ein Ereignis, das seinesgleichen sucht!"), 7034 (Kaiser an Schmitt vom 18. 5. 1952: „Ich habe die Gelegenheit wahrgenommen, Herrn Broermann in seinem Verlag [Duncker und Humblot] aufzusuchen. Er äußerte stärkstes Interesse an der baldigen Neuauflage der Verfassungslehre in unveränderter Form. [...] Die Konfusionen, die auf der Berliner Tagung [der ‚Vereinigung von der Wissenschaft von der Politik'] sichtbar wurden, ließen mich oft denken, daß eine Neuauflage so notwendig ist wie das erste Erscheinen."), 7041 (Kaiser an Schmitt vom 30. 5. 1954: „Das in den letzten Jahren ins Kraut geschossene Unkraut wird dem kräftigen Samen ihrer Verfassungslehre nichts anhaben können. Sie wird auch für die gegenwärtige Studentengeneration das ausschlaggebende Buch unseres Faches sein."), 9233 (Maunz an Schmitt vom 5. 1. 1954: „Aus der beiliegenden Skizze bitte ich zu entnehmen, wie stark ich unter dem Einfluß Ihrer Verfassungslehre stehe, deren Wiedererscheinen ich ganz besonders begrüßen würde."), 17776 (Weber an Schmitt vom 5. 6. 1954: „Der ‚Zeit' gegenüber habe ich es inzwischen übernommen, mich zum Wiedererscheinen Ihrer ‚Verfassungslehre' zu äußern. Die Aufgabe ist nicht leicht.") und 14399 (Schnur an Schmitt vom 20. 3. 1965: „[Die neue Auflage der Verfassungslehre] ist wohl der beste Beweis, was die dort entwikkelten Thesen wert sind, wenn gegen einen breiten Widerstand, ja Hetze, das Buch binnen 10 Jahren [...] 3 Auflagen erlebt."); Nachlaß *Schnur*, Nr. 5 (Böckenförde an Schnur vom 7. 12. 1961: „Vielleicht wird aus ‚Zur Theorie der politischen Einheit' doch noch etwas Selbständiges, unter Zugrundelegung des ‚Begriffs des Politischen'! Das wäre das Richtige zum 75. Geburtstag!").

[225]) Ernst *Forsthoff*, Der Staatsrechtler im Bürgerkrieg, in: Christ und Welt vom 17. 7. 1958, S. 14. Vgl. zudem *Schnur*, Carl Schmitt und die deutsche Staatsrechtslehre. Vgl. des weiteren Nachlaß *Schmitt*, Nr. 3773 (Forsthoff an Schmitt vom 16. 3. 1950), 3795 (Postkarte von Forsthoff an Schmitt vom 22. 5. 1954), 3817 und 3818 (Forsthoff an Schmitt vom 5. 6. 1958 und vom 20. 7. 1958).

Gleichzeitig war man bemüht, sich bei der wissenschaftlichen Karriere der anderen Angehörigen des Denkkollektivs entsprechend den eigenen Möglichkeiten behilflich zu zeigen. Hierfür finden sich zahlreiche Beispiele:

– Es bürgerte sich regelrecht ein, daß zentrale Arbeiten, meist auf Vermittlung von Schmitt, von einem älteren etablierten Angehörigen der Schmitt-Schule Korrektur gelesen wurden.[226])

– Besonders wirksam war das Netzwerk an der juristischen Fakultät der Universität Heidelberg, dessen staatsrechtliche Abteilung sich bereits in den fünfziger Jahren zu einem Zentrum der Schmitt-Schule entwickelte.[227]) Forsthoff bekleidete dort seit 1952 als erster einen Lehrstuhl und setzte sich dann sowohl im Jahre 1954 maßgeblich für die Berufung von Hans Schneider[228]) als auch seit 1962 zusammen mit Schneider für die Berufung von Ernst-Wolfgang Böckenförde[229]) (geb. 1930) ein. Die Bemühungen von 1963 an, mit Helmut Quaritsch (geb. 1930), zuvor Assistent bei Hans Peter Ipsen in Hamburg, einen anderen jüngeren Schmitt-Schüler zu gewinnen, scheiterten hingegen.[230])

– Als bei Ernst Rudolf Huber nach einer zehnjährigen Interimszeit ein Ruf nach Wilhemshaven im Jahr 1956 endlich immer näher rückte, versuchte man gemeinsam, mit allen Mitteln eine Pressekampagne gegen ihn aufgrund seiner Vergangenheit vor 1945 zu verhindern.[231])

– Als Roman Schnur, während er bei dem Verwaltungsrechtler Carl Hermann Ule in Speyer als Assistent tätig war, im Zusammenhang mit seiner Habilitation einen Betreuer für seine Arbeit über den Begriff des Gesetzes suchte, war es selbstverständlich, daß Ernst Forsthoff wiederum auf Vermittlung von Schmitt diese Aufgabe übernahm.[232]) Da nach der erfolgreichen Habilitation

[226]) So beispielsweise Hans Schneider bei der Dissertation von Kaiser (Nachlaß *Schmitt*, Nr. 7027 [Kaiser an Schmitt vom 14. 7. 1950]), Kaiser bei der Habilitationsschrift von Böckenförde (Nachlaß *Schmitt*, Nr. 7054 [Kaiser an Schmitt vom 6. 6. 1957]) und Böckenförde bei der Habilitationsschrift von Schnur (Nachlaß *Schnur*, Nr. 5 [Böckenförde an Schnur vom 9. 8. 1962]).

[227]) Vgl. hierzu van *Laak*, Gespräche in der Sicherheit des Schweigens, S. 186–189.

[228]) Vgl. Nachlaß *Schmitt*, Nr. 3798 (Forsthoff an Schmitt vom 10. 12. 1954: „Vielleicht hat Ihnen Anima [Schmitts Tochter] schon geschrieben, daß es mir gelungen ist, bei der Fakultät den unico-loco-Vorschlag Hans Schneider durchzusetzen, und zwar einstimmig. [...] Natürlich wäre mir auch Werner Weber sehr willkommen gewesen, aber die Koppelung von uns beiden hätte gewiß allerlei Kombinationen ausgelöst [...].“).

[229]) Vgl. Nachlaß *Schnur*, Nr. 5 (Böckenförde an Schnur vom 22. 6. 1962) und 7 (Böckenförde an Schnur vom 14. 4. 1964).

[230]) Vgl. z.B. Nachlaß *Schnur*, Nr. 6 (Quaritsch an Schnur vom 14. 1. 1965); Nachlaß *Krüger*, Forsthoff an Krüger vom 3. 3. 1965.

[231]) Vgl. Nachlaß *Schmitt*, Nr. 3809 und 3815 (Forsthoff an Schmitt vom 21. 7. 1956 und vom 22. 12. 1957).

[232]) Vgl. Nachlaß *Schmitt*, Nr. 14274 (Schnur an Schmitt vom 13. 10. 1956), Nr. 3813 (Forsthoff an Schmitt vom 8. 7. 1957); Nachlaß *Schnur*, Nr. 126 (Abschrift eines Briefes von Schmitt an Schnur vom 12. 8. 1957: „Mit Forsthoff habe ich über Ihre Habilitationspläne ge-

ein Ruf auf eine Professur längere Zeit auf sich warten ließ, war es zunächst Joseph H. Kaiser, der ihm als Mitglied des Vorstandes der Staatsrechtslehrervereinigung die Möglichkeit bot, auf der Tagung von 1963 seine fachliche Kompetenz mit einem Referat über die Pressefreiheit im Wettstreit mit Ulrich Scheuner unter Beweis zu stellen.[233]) Als auch dies zunächst nichts fruchtete, bemühten sich Forsthoff und Böckenförde, ihm zumindest eine Diätendozentur in Heidelberg zu verschaffen, was Schnur aber ablehnte.[234])
– Roman Schnur war es hingegen, der sich maßgeblich dafür einsetzte, Helmut Rumpf im Jahre 1966 einen Lehrauftrag und 1968 eine Honorarprofessur in Bochum zu verschaffen.[235])
– Als im Zusammenhang mit Ernst Forsthoffs Berufung zum Präsidenten des zyprischen Verfassungsgerichtes im Jahre 1960 eine Pressekampagne ins Rollen kam, versuchten der Ernst Forsthoff-Schüler Karl Zeidler (1923–1962), Joseph H. Kaiser, Hans Schneider und Carl Schmitt gemeinsam, bei den zuständigen Stellen zugunsten Forsthoffs aktiv zu werden.[236])
Überall hier zeigt sich, daß das Gerücht, das Roman Schnur auf der Staatsrechtslehrertagung von 1962 in Münster zu Ohren kam, die „sog. CS-Clique" sei ein „organisierter Lehrstuhlbesetzungsverein"[237]), zumindest einen kleinen Kern Wahrheit besaß.

Noch lange bevor die Gründung einer eigenen Zeitschrift in Erwägung gezogen wurde, entwickelte sich das „Archiv für Rechts- und Sozialphilosophie" zu einem Forum, das unübersehbar eine Nähe zur Schmitt-Schule aufwies.[238]) Roman Schnur war nach seiner Promotion und Referendarzeit hier ab 1954 für einige Jahre als Redaktionssekretär tätig. Unter der Schriftleitung des Mainzer Rechtsphilosophen Theodor Viehweg (geb. 1907) blieb ihm genug Freiraum, um Angehörige der Schmitt-Schule und andere Staatsrechtler, die den Gedanken Carl Schmitts nahe standen, zu Wort kommen zu lassen, so Helmut Rumpf, Ernst-Wolfgang Böckenförde, Helmut Quaritsch, Günther Krauss, Joseph H. Kaiser und Ernst Forsthoff, aber auch Herbert Krüger und Rolf Stödter. Aus

sprochen, und mich über sein Interesse gefreut.") und 64 (Forsthoff an Schnur vom 9. 11. 1959).

233) Vgl. Nachlaß *Schmitt*, Nr. 7080 (Kaiser an Schmitt vom 5. 6. 1963: „Ich freue mich, daß es gelungen ist, Roman Schnur mit Scheuner für die nächste Staatsrechtslehrertagung (Pressefreiheit) zusammenzuspannen. Sich außerhalb seiner bisherigen Geleise zu bewegen, wird ihm hoffentlich gut bekommen. Ich dachte ihm auch einigen Grund zur Lamentation zu nehmen.").

234) Vgl. Nachlaß *Schnur*, Nr. 7 (Böckenförde an Schnur vom 29. 1. 1965 und vom 2. 2. 1965).

235) Vgl. Nachlaß *Schnur*, Nr. 6 (Rumpf an Schnur vom 28. 11. 1965) und 9 (Schnur an Fraenkel vom 19. 6. 1967).

236) Vgl. Nachlaß *Schmitt*, Nr. 7220 (Durchschlag eines Briefes von Kaiser an Zeidler vom 19. 8. 1960).

237) Nachlaß *Schmitt*, Nr. 14357 (Schnur an Schmitt vom 10. 10. 1962).

238) Vgl. hierzu van *Laak*, Gespräche in der Sicherheit des Schweigens, S. 282f.

persönlichen Gründen wahrte Carl Schmitt nach außen Distanz, versorgte aber gleichzeitig Schnur mit wertvollen Tips und Hinweisen für dessen Redaktionsarbeit.[239]) Schnur versuchte, das internationale Profil der Zeitschrift zu stärken, betrieb zudem eine thematische Öffnung jenseits der damals etablierten Bahnen einer wissenschaftlichen Zeitschrift und ließ bewußt jüngere Wissenschaftler zu Wort kommen ließ, die wie er selbst eher als Nonkonformisten galten.[240])

Doch hiermit nicht genug. Man versuchte zudem, als Schule auf Staatsrechtslehrertagungen nach Möglichkeit geschlossen aufzutreten und taktisch zu kooperieren, um so den eigenen Ideen im Kreis der Staatsrechtslehrer eine starke Wirksamkeit zu verleihen.[241]) Aufschlußreich ist hier beispielsweise Roman Schnurs Schilderung der Staatsrechtslehrertagung von 1963, auf der er am ersten Tag nach Ulrich Scheuner das Korreferat hielt, und es im Nachhinein so empfand, als habe er vor allem von denjenigen Staatsrechtslehrern, die ihm ideell nahe standen, handfeste Schützenhilfe erhalten:

> Ich glaube aber, daß auch folgendes wichtig war: In der ersten Reihe vor dem Podium saßen u. a. Scheuner, Kaiser, Forsthoff, Weber, Schneider, Ipsen, positiv wirkten auch u. a. Ule und Klein. Das sah beinahe wie eine Mauer vor mir aus, so daß ich endlich einmal vollen Geleitschutz hatte. Da traute sich offenbar keiner der Gegner richtig heran. Selbst Ridder und Mallmann waren harmlos, Ehmke und Hesse schwiegen völlig. [...] Aufs Ganze gesehen [...] kann [man] sagen, daß „unsere“ Gruppe einen offensichtlichen Erfolg buchen konnte. Es war ein Erfolg des Juristischen im wahrsten Sinne des Wortes.[242])

Was den spezifisch wissenschaftlichen Denkstil der Schmitt-Schule angeht, so erfüllte hier vor allen Dingen die Verfassungslehre von Carl Schmitt die Funktion des von Ludwik Fleck in seiner Theorie beschriebenen Handbuchs[243]), dem für die Konstituierung eines Denkstils eine herausragende Bedeutung zukommt. Die verschiedenen, zunächst ungeordnet entstandenen, durch einzelne kleinere Arbeiten und Zeitschriftenaufsätze zusammengetragenen Komponenten eines Denkstils werden hier ausgewählt und in ein geordnetes, stilgemäßes und allgemeingültiges System gebracht:

> Der Plan, dem gemäß die Auswahl und Zusammenstellung geschieht, bildet dann die Richtungslinien späterer Forschung: er entscheidet, was als Grundbegriff zu gelten habe, welche Methoden lobenswert heißen, welche Richtungen vielversprechend erscheinen, welchen Forschern ein Rang zukomme und welche einfach der Vergessenheit anheimfallen.[244])

[239]) Z.B. Nachlaß *Schnur*, Nr. 126 (Abschrift eines Briefes von Schmitt an Schnur vom 1. 12. 1955).

[240]) Vgl. z. B. Nachlaß *Schmitt*, Nr. 14253 (Schnur an Schmitt vom 25. 5. 1955).

[241]) Einheitlich traten die versammelten Schmitt-Schüler beispielsweise auf der Staatsrechtslehrertagung im Jahre 1969 zum Thema „Gewissensfreiheit“ und im Jahre 1971 zum Thema „Grundrechte im Leistungsstaat“ in Erscheinung: VVDStRL 28 (1970), S. 3–148 und 30 (1972), S. 7–191.

[242]) Nachlaß *Schmitt*, Nr. 14380 (Schnur an Schmitt vom 22. 10. 1963).

[243]) *Fleck*, Entstehung und Entwicklung einer wissenschaftlichen Tatsache, S. 158–164.

[244]) *Fleck*, Entstehung und Entwicklung einer wissenschaftlichen Tatsache, S. 158.

Das jeweilige Wissenschaftssystem wird damit für die Angehörigen des Denkkollektivs zum Denkzwang, in den Worten Flecks wird die wissenschaftliche Tatsache „zum unmittelbar wahrnehmbaren Dinge, zur Wirklichkeit.“[245]) Nur mit dieser herausragenden Bedeutung des Handbuchs „Verfassungslehre“ ist die bereits beschriebene Euphorie der Schmitt-Schule zu erklären, mit der sie auf deren erneute Veröffentlichung im Jahr 1954 reagierte. Und nur damit erklärt es sich auch, daß das Denkkollektiv auf die im Jahre 1959 in Deutschland erschienene Verfassungslehre von Karl Loewenstein mit äußerst scharfer Kritik reagierte. Der Inhalt von Loewensteins Verfassungslehre wurde von der Schmitt-Schule kaum zur Kenntnis genommen, was allein zählte, waren die Titelwahl und die Nichterwähnung von Carl Schmitt im Text. Beides empfand man als gezielte Provokation und als Unhöflichkeit.[246]) Vernichtend war denn auch Roman Schnurs Rezension.[247]) Loewenstein hatte sich eines für die Schmitt-Schule unverzeihlichen Sakrilegs schuldig gemacht, er hatte die Grenzen zwischen juristischer Dogmatik und politikwissenschaftlicher Argumentationsweise verwischt. Der Text sei zudem generell geprägt von einer „schludrigen“ Gedankenführung und einer fehlenden Distanz des Autors zu seinen Objekten. Es könne folglich darauf verzichtet werden, so Schnur, die Vorzüge des Werkes überhaupt zu erwähnen. Es war schließlich folgerichtig, daß Ernst Forsthoff in seinem Beitrag für die Festschrift für Carl Schmitt von 1968 versuchte, den Nachweis zu führen, daß die Lehre der rechtsstaatlichen Verfassung mit Schmitts Verfassungslehre „klassisch und unüberholbar“ systematisch dargestellt worden sei, sie bisher keine Nachfolge habe finden können und auch in Zukunft eine Fortführung aufgrund der bundesdeutschen politischen Rahmenbedingungen bzw. der für ihn unbefriedigenden Situation in der Staatsrechtslehre unmöglich sei.[248])

In Schmitts Verfassungslehre fand sich all das, was dem Denkstil der Schmitt-Schule seine spezifische Prägung gab. An erster Stelle war dies der *Dezisionismus*. Die Schüler von Carl Schmitt hielten das Denken vom Ausnahmezustand her auch weiterhin für einen angemessenen Ansatz, um ihn auf das bundesdeutsche Verfassungssystem anzuwenden. Auf diese Weise grenzte sich

[245]) *Fleck*, Entstehung und Entwicklung einer wissenschaftlichen Tatsache, S. 164.

[246]) Vgl. z.B. Nachlaß *Schnur*, Nr. 1 (Böckenförde an Schnur vom 17. 6. 1959: „Die ‚Verfassungslehre‘ von Herrn Loewenstein verfolgt als ihr Ziel offenbar die Verschweigung von C[arl] S[chmitt]. [...] Der Vergleich mit der anderen Verfassungslehre wird ja geradezu herausgefordert.“), 6 (Quaritsch an Schnur vom 24. 2. 1964: „[Ü]ber die Falschspielereien mit den neuen ‚Verfassungslehren‘ habe ich mich schon lange geärgert.“) und 126 (Abschrift eines Briefes von Schmitt an Schnur vom 31. 5. 1959: „Ein Symptom unseres Fachs: daß ein amerikanisches Buch mit dem Titel: Political Power and the Governmental Process sich auf Deutsch einfach den Titel ‚Verfassungslehre‘ zulegt [...].“).

[247]) *Schnur*, Politikwissenschaft.

[248]) Ernst *Forsthoff*, Zur heutigen Situation einer Verfassungslehre, in: *Barion*, Epirrhosis, 1. Teilband, S. 185–211.

die Schmitt-Schule bewußt von der in den fünfziger Jahren eher harmoniebetonten Grundhaltung der Mehrheit der Staatsrechtslehrer, die sie insbesondere der Smend-Schule anlastete, ab. Helmut Quaritsch brachte diesen Gegensatz noch im Jahre 1963 in einem Brief an Roman Schnur mit deutlichen Worten zum Ausdruck und führte ihn auf das spezifische Geschichtsbewußtsein der Schmitt-Schule zurück:

> Ihre [Schnurs] zutreffenden Bemerkungen zu den unterschiedlichen Denkweisen betr. Ausnahme- und Normalzustand [...] darf ich vielleicht noch ergänzen: hinter dem „Normaldenken", soweit es sich mit der Unfähigkeit paart, den Ausnahmezustand zu erfassen, steht nach meiner Erfahrung die historische Denklücke, will sagen, der Mangel, „geschichtlich" denken zu können, was zugleich bedeutet, nicht das Wesen des Politischen erfassen zu können. Das gilt zum Beispiel für Scheuner: der Mann weiß entweder nichts von Geschichte oder er hat sein Wissen verdrängt. [...] [Er] zieht Frieden und Ordnung in die Staatsdefinition ein, ohne zu sagen, daß ein solches Verfahren nur den neuzeitlichen Staat zu treffen vermag. – Die Ergebnisse und Erfolge Carl Schmitts kommen auf das Konto seines Verständnisses der Geschichte und damit seines politischen Spürsinns. Leider ist ein historisches Empfinden bei Juristen verhältnismäßig selten – öffentliches Recht läßt sich aber wohl nur mit solchem Rüstzeug betreiben.[249])

Wie wir bereits gesehen haben, war der Dezisionismus in den ersten Jahren der Ausgangspunkt für eine grundsätzliche Kritik am Grundgesetz: Die neue Verfassung verhindere, daß der Staat auch in Extremsituationen – und speziell im Ausnahmezustand – in der Lage sei, Maßnahmen zu ergreifen, um die politische Einheit des Volkes zu bewahren und den Bürgerkrieg zu verhindern. Aus der Sicht der Schmitt-Schule waren Normal- und Ausnahmezustand in der pluralistisch aufgespaltenen Gesellschaft grundsätzlich permanent miteinander verschränkt, so daß der äußerliche Frieden unablässig in einen Bürgerkrieg umzuschlagen drohte. Dies machte das Denken vom Ausnahmezustand so aktuell und brisant. Aufgabe der Staatsrechtslehre mußte es folglich auch in Zukunft bleiben, die Möglichkeit zur souveränen politischen Steuerung offenzuhalten, um auf diese Weise den inneren Frieden auch gegen extreme Anfeindung zu wahren. In diesem Punkt äußerte sich allerdings ein deutlicher Generationsunterschied innerhalb der Schmitt-Schule: Für die erste Generation der Schmitt-Schüler fungierte das Grundgesetz hierbei eher als Hindernis, für die zweite Generation hingegen als Hilfsmittel.[250]) Wie schon bei Carl Schmitt

249) Nachlaß *Schnur*, Nr. 8 (Quaritsch an Schnur vom 15. 1. 1963).

250) Z.B. H. *Schneider*, Gerichtsfreie Hoheitsakte, insbesondere: S. 31f. und 42–47; *Forsthoff*, Die Bundesrepublik Deutschland, insbesondere: S. 820f.; ders., Der Staat der Industriegesellschaft, insbesondere: S. 58–74, 119–146 und 166f.; *Weber*, Weimarer Verfassung und Bonner Grundgesetz, insbesondere: S. 22f.; ders., Gewaltenteilung als Gegenwartsproblem, in: *Barion*, Festschrift für Carl Schmitt, S. 253–272, insbesondere: S. 269f. Im Gegensatz zu: Roman *Schnur*, Pressefreiheit, in: VVDStRL 22 (1965), S. 101–159, insbesondere: S. 130; Ernst-Wolfgang *Böckenförde*, Das Grundrecht der Gewissensfreiheit, in: VVDStRL 28 (1970), S. 33–88, hier: S. 79–81; ders., Der Begriff des Politischen als Schlüssel zum staatsrechtlichen Werk Carl Schmitts, in: *Quaritsch*, Complexio Oppositorum,

selbst handelte es sich beim Dezisionismus aber nicht allein um einen Grundansatz für das wissenschaftliche Arbeiten, sondern die Zuspitzung des Denkens auf Extremsituationen war fundamentale Lebenshaltung der Schmitt-Schule. Damit erklärt sich beispielsweise ihr überaus feindseliger und konfrontativer Sprachgebrauch und ihr Denken in Kategorien von Freund und Feind auch im persönlichen Umgang.

An zweiter Stelle war der Denkstil der Schmitt-Schule geprägt vom *Etatismus*. Der Staat war Ausgangspunkt und Endpunkt ihres Denkens. Es ging der Schmitt-Schule generell um die Bewahrung des Staates als einer substantiellen homogenen Einheit[251]) vor Infragestellungen durch die als bedrohlich wahrgenommenen politischen Zustände der Zeit. Der Staat war der zuverlässigste Freiheitsgarant, und er sollte auch in Zukunft zur souveränen Dezision fähig sein. Dies konnte am besten dann erreicht werden, wenn Staat und Gesellschaft im Sinne Hegels und Lorenz von Steins (1815–1890) zwei hermetisch getrennte Bereiche darstellten oder zumindest der Staat von der Gesellschaft weitgehend unbeeinflußt blieb. Zu dieser Form des Etatismus gehörte ein ausgeprägtes exekutivisches Staatsdenken: Der Staat wurde primär mit Regierung und Verwaltung gleichgesetzt, Parlament und Rechtsprechung – und verstärkt noch einmal politische Parteien und Interessenverbände – stellten hingegen als gesellschaftliche bzw. unpolitische Gebilde seine Fähigkeit zur Dezision fundamental in Frage. Beste Schüler in diesem Sinne waren zweifellos Werner Weber und Ernst Forsthoff.[252]) Beide spielten bis in die siebziger Jahre hinein kontinuierlich die Rolle des „redlichen Etatisten"[253]). Aber auch in der zweiten Schülergeneration, insbesondere bei Ernst-Wolfgang Böckenförde[254]) und

S. 283–299, insbesondere: S. 283–288. Vgl. auch Nachlaß *Schmitt*, Nr. 7081 (Kaiser an Schmitt vom 29. 11. 1963: „Mit einem Vortrag [...] habe ich bereits das Thema ‚Entscheidung' angeschnitten, wozu mir das Entscheidungsvakuum in Bonn und der allgemeine Ruf nach Entscheidung guten Anlaß gab.").

251) Vgl. hierzu *Möllers*, Staat als Argument, S. 231–235.

252) Vgl. z. B. die beiden Texte aus den siebziger Jahren, die jeweils als Vermächtnis gedeutet werden können: *Forsthoff*, Der Staat der Industriegesellschaft; *Weber*, Die Bundesrepublik und ihre Verfassung an der Schwelle des dritten Jahrzehnts. Vgl. zu Forsthoffs Staatsdenken des weiteren Matthias *Herdegen*, Ernst Forsthoffs Sicht vom Staat, in: *Blümel*, Ernst Forsthoff, S. 41–52.

253) So eine Selbstcharakterisierung Ernst Forsthoffs, in: Nachlaß *Schmitt*, Nr. 3957 (Forsthoff an Schmitt vom 1. 12. 1971).

254) Z.B. Böckenfördes Habilitationsschrift: *Böckenförde*, Die Organisationsgewalt im Bereich der Regierung. Aber auch spätere Arbeiten: ders., Die Bedeutung der Unterscheidung von Staat und Gesellschaft im demokratischen Sozialstaat der Gegenwart; ders., Der Staat als sittlicher Staat. Vgl. hierzu auch *Manterfeld*, Die Grenzen der Verfassung, S. 47–54; *Mehring*, Zu den neu gesammelten Schriften und Studien Ernst-Wolfgang Böckenfördes, S. 455–460; ders., Carl Schmitt und die Verfassungslehre unserer Tage, S. 197 f.; Christian *Geyer*, Die Ordnung und die Wirklichkeit. Staatslehrer, Verfasungsrichter und Rechtsphilosoph: Ernst-Wolfgang Böckenfördes scharfsinnige Sondierungen, in: FAZ vom 16. 9. 2000, S. IV.

Helmut Quaritsch[255]), findet sich ein solches etatistisches Denken in ausgeprägter Weise. Die Wahl des Titels „Der Staat" für die im Jahre 1962 ins Leben gerufene Zeitschrift des Denkkollektivs war kein Zufall, sondern eine bewußte programmatische Entscheidung, die vom Denkstil vorgegeben war. „Der Staat" sollte als „Stätte der Staatsbesinnung" wirken. Es galt, die politische Ordnungsform des Staates „als eine der wichtigsten Sicherungen persönlicher und politischer Freiheit zu erkennen" und zu bewahren.[256]) Natürlich wurde auch im Kreis der Schmitt-Schule diskutiert, inwieweit dieses Denken vom Staat her der aktuellen Situation des bundesdeutschen Gemeinwesens noch angemessen war[257]), aber solche Diskussionen führten nicht weit, da die herausgehobene Stellung des Staates im Denkstil so selbstverständlich war, daß von einem gewissen Punkt an nicht weiterdiskutiert werden konnte. Das Denkkollektiv hielt also am Staat als Ausgangspunkt des Denkens fest und beklagte den aus einem solchen Blickwinkel bedrohlich erscheinenden und immer offensichtlicher werdenden Verlust an Staatlichkeit mit eindringlichen Worten.

Als ein dritter Ansatz, der von Carl Schmitt in seiner Verfassungslehre auf mustergültige Weise entwickelt wurde, ist die *Repräsentationstheorie*[258]) zu nennen. Es ging hierbei nicht etwa wie im anglo-amerikanischen Denken darum, im Sinne der „responsiveness" politisches Handeln funktional auf den Souverän zurückzubeziehen, sondern der Begriff Repräsentation besaß aus diesem Blickwinkel grundsätzlich einen existentiellen Charakter. Durch Repräsentation werde das Volk als eine homogene politische Einheit bzw. als ein ideeller Wert höheren Seins im Sinne der „volonté générale" erst hervorgebracht und vergegenwärtigt. Politische Parteien und Verbände würden hingegen grundsätzlich die Herrschaft der obrigkeitlichen Staatsgewalt gefährden. Das Aufkommen des Parteienwesens führe, so Ernst Forsthoff[259]) in Anknüpfung

255) Z.B. die allerdings erst 1970 veröffentlichte Habilitationsschrift: *Quaritsch*, Staat und Souveränität.

256) Zum Geleit, in: Der Staat 1 (1962), S. 1f.

257) Vgl. z.B. *Forsthoff*, Lehrbuch des Verwaltungsrechts, S. 3; *Schmitt*, Der Begriff des Politischen, S. 10; *Schnur*, Carl Schmitt und die deutsche Staatsrechtslehre, S. 726; Nachlaß *Schmitt*, Nr. 14296 (Schnur an Schmitt vom 25. 12. 1958: „Ich meine nur, Ihr Eintreten für den allgemeinen Staat ist bürgerlich."); Nachlaß *Schnur*, Nr. 1 (Böckenförde an Schnur vom 24. 1. 1959: „Andererseits hat C[arl] S[chmitt] natürlich recht, daß man den Staat nicht zu einer ideologischen Angelegenheit machen darf; nur soll man sich bewußt sein, was mit ihm verschwindet."). Die Frage der Überlebensfähigkeit des Staates ist zudem das grundsätzliche Thema in: *Forsthoff*, Der Staat der Industriegesellschaft.

258) *Schmitt*, Verfassungslehre, S. 208–220. Vgl. hierzu allgemein *Hofmann*, Repräsentation, insbesondere: S. 15–28; Ernst-Wolfgang *Böckenförde*, Demokratische Willensbildung und Repräsentation, in: *Isensee* und *Kirchhof*, Handbuch des Staatsrechts der Bundesrepublik Deutschland, Band 2, S. 29–48, insbesondere: Rdnr. 21; *Mantl*, Repräsentation und Identität, insbesondere: S. 121–149 und 207–213.

259) *Forsthoff*, Die politischen Parteien im Verfassungsrecht; ders., Zur heutigen Funktion einer Verfassungslehre, in: *Barion*, Epirrhosis, 1. Teilband, S. 185–211, hier: S. 196–207; ders., Der Staat der Industriegesellschaft, insbesondere: S. 82–104 und 119–125.

an Carl Schmitt, zu einem Repräsentationsdefekt im Parlament, da der einzelne Abgeordnete gegenüber seiner Partei in ein Abhängigkeitsverhältnis gerate – ein Prozeß, der durch Art. 21 I 1 GG noch verfassungsrechtlich legitimiert werde. Zudem bewirke der zunehmende Einfluß von Verbänden auf die Staatswillensbildung, daß sich die bundesdeutsche Verfassungswirklichkeit immer weiter vom Repräsentationsprinzip – und damit gleichzeitig vom Staatsvolk als dem eigentlichen Souverän – entferne und sich statt dessen dem Identitätsprinzip immer weiter annähere, was wiederum zu einer verhängnisvollen Vergesellschaftung von Staat und Verfassung führe. Auch wenn die jüngere Generation versuchte, politische Parteien und Verbände positiver zu bewerten, als dies die ältere Generation getan hatte, hielt sie dennoch insofern an Carl Schmitts Repräsentationsverständnis fest, als sie in den fünfziger Jahren die neuen Akteure partiell nicht mehr dem Bereich der Gesellschaft zuordnete, sondern diese statt dessen in die Sphäre des Staates integrierte, von der aus es nach Schmitt allein möglich war, gegenüber dem Volk eine Repräsentationsfunktion wahrzunehmen.[260])

Indem sich die Schmitt-Schule Carl Schmitts Dezisionismus, Etatismus und seinem Repräsentationsverständnis anschloß, bewahrte sie sich einen Traditionsbestand staatsrechtlichen Denkens[261]), der mit einer pluralistischen Grundhaltung westlich-transatlantischer Provenienz unvereinbar war. Das Denken in der anglo-amerikanischen Welt war demgegenüber geprägt vom konkreten „government", von dessen technisch-funktionaler Zuordnung zur Wählerschaft und von der regulären Regierungspraxis, die primär an der Normallage gemessen wurde, anstatt den Staat als substantielles Gebilde und seinen Ausnahmezustand in den Mittelpunkt der Betrachtung zu rücken. Aus der Sicht der Schmitt-Schule waren die westlichen Demokratien vor dem Hintergrund eines solchen Denkens schlichtweg schwache Staaten; ihre Verfassungen besaßen grundsätzlich eine konstitutionelle Schwäche.[262]) Dieser fortbestehende ideelle Traditionsbestand der Schmitt-Schule drückte auch den anderen staatsrechtlichen Konzeptionen seinen Stempel auf und setzte gleichzeitig der Wandlungsfähigkeit ihrer Mitglieder im Rahmen des Westernisierungsprozesses, der sich vor allem in den sechziger Jahren vollzog, deutliche Grenzen. Daß sich die antiwestliche Grundhaltung zumindest bei der älteren Generation mit deutlich antiamerikanischen Ressentiments verband, wird beispielsweise daran deutlich, daß Ernst Forsthoff im Jahr 1950 das Angebot eines Stipendiums für einen Studienaufenthalt in den USA umgehend mit der Begründung zurückwies, er wolle sich nicht einkaufen lassen.[263]) Auch Roman Schnur lehnte zu Beginn der sechziger Jahre ein sol-

260) *Kaiser*, Die Repräsentation organisierter Interessen, insbesondere: S. 211–255 und 308–364; *Henke*, Die Parteien im Staat des Bonner Grundgesetzes. Vgl. auch *Krüger*, Allgemeine Staatslehre, S. 367–407.

261) Vgl. van *Laak*, Gespräche in der Sicherheit des Schweigens, S. 8.

262) So ausdrücklich *Weber*, Der deutsche Bürger und sein Staat, S. 315–317 und 325.

263) Nachlaß *Schmitt*, Nr. 3772 (Forsthoff an Schmitt vom 22. 2. 1950).

ches Stipendium ab und entschied sich statt dessen für einen Forschungsaufenthalt in Frankreich.[264]) Dem entsprechen im übrigen auch die Präferenzen der Schmitt-Schule hinsichtlich der politischen Theorie. Man setzte sich primär mit französischen Autoren, an erster Stelle natürlich mit Jean Jacques Rousseau und Jean Bodin, aber auch mit dem Juristen Maurice Hauriou (1856–1929) auseinander, wohingegen aus der angelsächsischen Welt weitgehend nur die Staatstheorie von Thomas Hobbes auf positive Weise rezipiert wurde.

Ein weiterer Ansatz aus der Verfassungslehre, der für die Schmitt-Schule eine zentrale Rolle spielte, war die Interpretation der Weimarer Reichsverfassung im Sinne des *bürgerlich-liberalen Rechtsstaates* des 19. Jahrhunderts. Wie dies hinsichtlich des Nachkriegswerks von Ernst Forsthoff bereits angedeutet wurde, übertrug die Schmitt-Schule dieses Konzept unverändert auf das Grundgesetz und die darin enthaltenen Grundrechte. In der bürgerlich-rechtsstaatlichen Verfassung waren sozialstaatliche und sog. justizstaatliche Elemente Fremdkörper. Sie verstärkten beide zudem den bereits vorhandenen unpolitischen Charakter der rechtsstaatlichen Verfassungsordnung und gefährdeten folglich noch zusätzlich die Fähigkeit des Staates zur Dezision. Was der Schmitt-Schule statt dessen sozialpolitisch vorschwebte, orientierte sich an Lorenz von Steins Konzept eines reformerischen „sozialen Königtums". Gemäß seiner Konzeption sollte weniger der Gesetzgebung bzw. der Justiz, sondern der Regierung und der Verwaltung die entscheidende sozialgestaltende Rolle zukommen, um damit außerhalb der rechtsstaatlichen Verfassung die materielle Grundlage persönlicher Freiheit zu schaffen und die bestehenden Klassengegensätze auszugleichen.[265])

Das Grundgesetz hatte die liberalen Grundrechte des 19. Jahrhunderts restituiert, was für die Staatsrechtslehre bedeutete, daß hier eine angemessene technisch-hermeneutische Methodik Anwendung finden mußte.[266]) Dies hatte zu-

[264]) Nachlaß *Schmitt*, Nr. 14341 (Schnur an Schmitt vom 23. 9. 1961). Vgl. auch Nachlaß *Schnur*, Nr. 127 (Schnur an Hennis vom 4. 10. 1977: „Ich selbst werde wohl niemals in die Neue Welt kommen…").

[265]) Z.B. *Böckenförde*, Lorenz von Stein als Theoretiker der Bewegung von Staat und Gesellschaft zum Sozialstaat; *Forsthoff*, Einleitung, in: ders., Lorenz von Stein, S. 7–20; Ernst Rudolf *Huber*, Vorsorge für das Dasein. Ein Grundbegriff der Staatslehre Hegels und Lorenz v. Steins, in: *Schnur*, Festschrift für Ernst Forsthoff zum 70. Geburtstag, S. 139–163; Nachlaß *Schnur*, Nr. 64 (Forsthoff an Schnur vom 24. 2. 1971: „Heute ist Stein Gemeinbesitz aller ernst zu nehmenden Öffentlichrechtler, Sozialgeschichtler und Soziologen."). 1964/65 überlegten Böckenförde und Schnur, ein Heft des „Staates" über Lorenz von Stein aus Anlaß von dessen 150. Geburtstag zu konzipieren, was dann allerdings mangels Beiträgen scheiterte. Vgl. hierzu Nachlaß *Schnur*, Nr. 7 (Böckenförde an Schnur vom 28. 10. 1964). Vgl. des weiteren *Schmitt*, Die Stellung Lorenz von Steins in der Geschichte des 19. Jahrhunderts; Ernst Rudolf *Huber*, Lorenz von Stein und die Grundlegung der Idee des Sozialstaates (1941/42), in: ders., Nationalstaat und Verfassungsstaat, S. 127–143.

[266]) In diesem Sinne z.B. auch *Böckenförde*, Entstehung und Wandel des Rechtsstaatsbegriffs, S. 73–75; ders., Das Grundrecht der Gewissensfreiheit, in: VVDStRL 28 (1970),

dem zur Folge, daß die Schmitt-Schule die in den fünfziger Jahren äußerst populäre Wertphilosophie, die im Kreis der Staatsrechtslehrer viel Zuspruch fand, mit überaus scharfen Worten kritisierte. Für Konzepte, bei denen – wie vom Bundesverfassungsgericht vorgegeben – die Grundrechte als eine objektive Wertordnung oder gar als ein Wertsystem interpretiert wurden, hatte man kein Verständnis.[267]) Hier würde der Rahmen exakter normativistischer Gesetzesinterpretation verlassen, da der Interpret seine individuellen wertphilosophischen Vorstellungen zur Grundlage juristischer Sinnerfassung mache und damit das Verfassungsrecht an Berechenbarkeit und Stabilität einbüße. Die geisteswissenschaftlich-werthierarchische Methode, so Ernst Forsthoff in seinem umstrittenen Beitrag für die Schmitt-Festschrift aus dem Jahre 1959 über „Die Umbildung des Verfassungsgesetzes"[268]), verunsichere das Verfassungsrecht, indem sie dieses in Kasuistik auflöse und letztlich den Weg in den Justizstaat weise. Aufgabe der Grundrechte sei es, primär einzelne, vorstaatlich gedachte individuelle Freiheitsrechte vor Eingriffen der Staatsgewalt zu sichern. Eine Ausdehnung des Grundrechtsschutzes in eine sozialstaatliche Richtung durch Rückgriff auf eine objektive Wertordnung habe hingegen einen freiheitsgefährdenden Charakter, da hier der einzelne aus seiner antipodischen Stellung zum Staat herausgerissen würde, seine Rechte sozialisiert und in das soziale Ganze einbezogen würden.

S. 33–88, insbesondere: S. 45–48; ders., in: VVDStRL 30 (1972), S. 162–165; ders., Grundrechtstheorie und Grundrechtsinterpretation, insbesondere: S. 1530–1532; ders., Der Begriff des Politischen als Schlüssel zum staatsrechtlichen Werk Carl Schmitts, in: *Quaritsch*, Complexio Oppositorum, S. 283–299, hier: S. 289–295; ders., Die Eigenart des Staatsrechts und der Staatsrechtswissenschaft, insbesondere: S. 330f.; ders., Zur Lage der Grundrechtsdogmatik nach 40 Jahren Grundgesetz. Vgl. hierzu *Mehring*, Zu den neu gesammelten Schriften und Studien Ernst-Wolfgang Böckenfördes, S. 463–467 und 472; *Manterfeld*, Die Grenzen der Verfassung, S. 60–74. Des weiteren *Schnur*, Pressefreiheit, in: VVDStRL 22 (1965), S. 101–159 und 198–201; H. *Klein*, Die Grundrechte im demokratischen Staat.

267) Z.B. Carl *Schmitt*, Die Tyrannei der Werte, in: Säkularisation und Utopie, S. 37–62; Ernst *Forsthoff*, Die Umbildung des Verfassungsgesetzes, in: *Barion*, Festschrift für Carl Schmitt, S. 35–62, insbesondere: S. 39–42; Ernst-Wolfgang *Böckenförde*, Das Grundrecht der Gewissensfreiheit, in: VVDStRL 28 (1970), S. 33–88, hier: S. 48; ders., Entstehung und Wandel des Rechtsstaatsbegriffs, S. 72–74; ders., Grundrechtstheorie und Grundrechtsinterpretation, S. 1533f.; ders., Kritik der Wertbegründung des Rechts; Nachlaß *Schnur*, Nr. 5 (Böckenförde an Schnur vom 11. 10. 1962: „Wenn er [Carl Schmitt] ‚Wert' hört, wird er allergisch..."); Nachlaß *Schmitt*, Nr. 17782 (Weber an Schmitt vom 24. 4. 1960: „[I]ch habe ihn [Schmitts Aufsatz „Die Tyrannei der Werte"] als sehr nötigen Beitrag zur Demaskierung der Sittenrichter im Gewande der Staatsrechtswissenschaft und der Verfassungspolitik höchst genossen.") und 7066 (Kaiser an Schmitt vom 1. 4. 1960: „Ich habe die Schrift [Schmitts „Tyrannei der Werte"] mit Begeisterung gelesen."). Auch Hans Peter Ipsen spricht von der „Werte-Verirrung" (ebda., Nr. 6436 [Ipsen an Schmitt vom 3. 6. 1974]) bzw. Roman Schnur von den „Wertefanatikern" (ebda., Nr. 14314 und 14360 [Schnur an Schmitt vom 30. 4. 1960 und vom 19. 11. 1962]).

268) Ernst *Forsthoff*, Die Umbildung des Verfassungsgesetzes, in: *Barion*, Festschrift für Carl Schmitt, S. 35–62.

In diesem Zusammenhang nahm man vor allem Rudolf Smend ins Visier, da dieser als Protagonist der geisteswissenschaftlichen Richtung besonders mit seiner Integrationslehre zur Abdankung der juristischen Methode maßgeblich beigetragen habe.[269]) Es ist nicht übertrieben, daß für die Schmitt-Schule die Smend-Schule immer wieder die Funktion des Sündenbocks einnahm. Die Smend-Schule fungierte als Feindbild, gegen das man sich mit allen Mitteln zur Wehr setzte. Ihr lastete man die aktuelle, überaus verhängnisvolle wissenschaftliche Entwicklung der Staatsrechtslehre an, und ihr gab man die Schuld daran, daß man aus dem Kreis der Staatsrechtslehrer systematisch ausgegrenzt wurde. Charakteristisch für diese Haltung ist ein Zitat von Roman Schnur, in dem er seiner kurzzeitigen Hoffnung auf einen Klimawechsel in der Staatsrechtslehre zu Beginn der sechziger Jahre Ausdruck verlieh, was sich allerdings bald als trügerisch erweisen sollte:

> Es nimmt, damit [mit der Feindseligkeit] gleichzeitig, der Einfluß von Smend ab, womit allmählich wieder normale Verhältnisse geschaffen werden. Unserer Disziplin kann das nur zugute kommen, denn mit „Geist" und „Anti" geht es ja nicht lange gut [...].[270])

Entsprechend gestaltete sich auch die persönliche Beziehung zwischen Schmitt und Smend bis zu Beginn der sechziger Jahre. Man wahrte nach außen die Formen, schrieb sich regelmäßig höfliche Briefe zum Geburtstag, klagte aber gleichzeitig im privaten Kreis bitter über den anderen, da man sich durch dessen Verhalten immer wieder verletzt fühlte.[271])

Die Interpretation des Grundgesetzes als bürgerlich-rechtsstaatliche Verfassung, welche, wie gesagt, per se einen unpolitischen Charakter besaß, hatte zur Folge, daß abgesehen von ihrer politischen auch ihre rechtliche Wirkkraft

[269]) Vgl. z. B. Ernst *Forsthoff*, Die Umbildung des Verfassungsgesetzes, in: *Barion*, Festschrift für Carl Schmitt, S. 35–62, hier: S. 37–39; *Böckenförde*, Grundrechtstheorie und Grundrechtsinterpretation, S. 1533 f.

[270]) Nachlaß *Schmitt*, Nr. 14376 (Schnur an Schmitt vom 12. 8. 1963). In Briefen von Angehörigen der Schmitt-Schule finden sich zahlreiche weitere Beispiele: ebda., Nr. 14314 (Schnur an Schmitt vom 30. 4. 1960: „Demgegenüber [im Vergleich zu Anschütz' Haltung] wirken Smend nebst Schüler doch reichlich ‚kleinkariert', wenn ich mir einmal diesen sehr unhöflichen Ausdruck erlauben darf.") und 14322 (Schnur an Schmitt vom 22. 10. 1960: „Ehmke soll in der Diskussion [auf der Staatsrechtslehrertagung 1960] nicht überzeugt haben. So habe er gegen Schneider ausgeführt, man solle zwischen Staatsverträgen und Verwaltungsabkommen danach unterscheiden, ob die Materie politisch sei (unter Berufung auf Smend – wie inhaltsreich!)."); Nachlaß *Schnur*, Nr. 5 (Böckenförde an Schnur vom 26. 2. 1963: „[B]ei den Smend-Leuten haben Sie ohnehin nichts zu verlieren [...]." und vom 6. 3. 1963: „[A]ber eine Vernunftehe mit den Smendleuten kann offenbar nicht gut gehen. Wert- und integrationsbezogene Wissenschaft ist eben eine Wissenschaft besonderer Art. Man muß da was von fließender Geltungsfortbildung verstehen...").

[271]) Vgl. z. B. Nachlaß *Schmitt*, Nr. 15232–15246 (Smend an Schmitt vom 9. 7. 1949–9. 7. 1961), 13715 (Schmitt an Weber vom 31. 1. 1953); Nachlaß *Schnur*, Nr. 126 (Abschrift eines Briefes von Schmitt an Schnur vom 14. 4. 1955: „[...] Smend [ist] intrigant [...]."); Nachlaß *Krüger*, Smend an Krüger vom 4. 5. 1956.

zwangsläufig als begrenzt angesehen wurde. Das Grundgesetz war in den Augen Ernst Forsthoffs nur Verfassungsgesetz bzw. in denen von Ernst-Wolfgang Böckenförde lediglich Rahmenordnung. Es gab also einen Bereich, der sich der normativen Regelung durch die Verfassung weitgehend entzog, und dies war aus Sicht der Schmitt-Schule der Bereich des Politischen bzw. der der Dezision. Der von Forsthoff gewählte Begriff des Verfassungsgesetzes war eine bewußte Provokation und eine implizite Infragestellung des Grundgesetzes, da dieses gemäß der Verfassungslehre von Carl Schmitt die politische Gesamtentscheidung als Wesensmerkmal des souveränen Staates zumindest nicht zwangsläufig enthielt[272]). Dies war denn auch die Ursache eines regelrechten Disputs zwischen Forsthoff und seinem Lehrer Carl Schmitt. Für Schmitt war die Bezeichnung Verfassungsgesetz für das Grundgesetz grundsätzlich unangemessen, da dies von seinem Verständnis her von vornherein bedeutet hätte, daß das Grundgesetz die Verfassung als politische Gesamtentscheidung keinesfalls enthalten konnte:

Für *mich* ist die Verfassung *nicht* Gesetz.[273])

Forsthoff hingegen beharrte in dieser Situation darauf, daß es für ihn zumindest eine offene Frage sei, ob das Grundgesetz als Verfassungsgesetz mit der Verfassung in Schmitts positivem Sinne identisch und damit als echte Entscheidung zu verstehen sei. Er versuchte gegenüber Schmitt klarzustellen, daß er sich hiermit aber immer noch im Rahmen von Schmitts Verfassungslehre bewege:

Daß ich Ihren Verfassungsbegriff nicht teilen soll, ist ein törichtes Mißverständnis, dem zunächst Ehmke und dann andere triumphierend zum Opfer gefallen sind. Meine Auffassung ist: natürlich ist die Verfassung primär ein politisches und existenzielles [sic!] Phaenomen. [...] Nur reduziert sich in normalen Zeiten die Verfassungsanwendung auf die Verfassungsgesetzanwendung. [...] Aus diesem Grunde kommt es heute, im Sinne der Aktualität, auf den politischen, existentiellen Verfassungsbegriff nicht an und Art. 79 Abs. 3 GG läuft gewissermaßen leer. [...] Wer konkret zu denken vermag, sollte das richtig verstehen.[274])

Gleichzeitig blieb für Forsthoff in jedem Fall ein Bereich, in dem die Staatlichkeit ihre Überlebensfähigkeit erweisen mußte und der sich der normativen Regelung entzog. Dies war der Ausnahmezustand bzw. der Bereich des Hochpolitischen. Im Extremfall mußte, aus Forsthoffs Sicht, vor allem die Regierung beweisen, daß sie in der Lage war, die Entscheidung für die politische Einheit des Volkes zu treffen, um damit die Existenz des Staates zu retten. Aufgabe des Staatsrechtslehre sei es, sich diesen Fragen zu stellen und diese nicht, wie ge-

272) *Schmitt*, Verfassungslehre, S. 11 f.

273) Nachlaß *Schnur*, Nr. 126 (Abschrift eines Briefes von Schmitt an Schnur vom 14. 8. 1963 – Hervorhebungen im Original).

274) Nachlaß *Schmitt*, Nr. 3866 (Forsthoff an Schmitt vom 14. 8. 1963). Vgl. auch *Forsthoff*, Der introvertierte Rechtsstaat und seine Verortung, S. 385.

meinhin üblich, auszublenden.[275]) Ernst-Wolfgang Böckenförde wandte sich mit seinem Begriff der Rahmenordnung gegen das von der Smend-Schule entwickelte Verständnis der Verfassung als rechtliche Grundordnung des Gemeinwesens. Die Verfassung organisiere das staatlich-politische Leben und regele das Grundverhältnis Staat-Bürger, sie sei aber nicht als Grundlegung der gesamten Rechtsordnung zu verstehen. Damit wollte Böckenförde erreichen, daß allein der demokratisch berufene Gesetzgeber und nicht etwa – wie aus seiner Sicht von der Smend-Schule impliziert – die Rechtsprechung für die Gestaltung der Rechtsordnung zuständig sei.[276])

Den eigenen methodischen Ansatz verstand die Schmitt-Schule als die juristische Verfahrensweise schlechthin. Nur das eigene Konzept einer streng technisch-normativistischen Argumentation wurde als „juristische Argumentation" akzeptiert. Andere Betrachtungsweisen wurden hingegen als wissenschaftlicher Stilbruch ausgeschlossen. Aus diesem Blickwinkel war denn auch der „gute Jurist" aufgrund seiner rechtsstaatlich-etatistischen Ausbildung dafür prädestiniert, die Rolle des Bewahrers hoheitlicher Verwaltung und des Stabilitätsgaranten moderner Staatlichkeit einzunehmen und damit den immer offensichtlicher werdenden Auflösungserscheinungen entgegenzuarbeiten.[277]) Der Vorwurf, ein anderer Staatsrechtslehrer argumentiere zu wenig juristisch, galt zudem als ein vernichtendes Urteil und ließ es als legitim erscheinen, diesen aus dem Kreis der Staatsrechtslehrer auszugrenzen. Nicht nur Wolfgang

[275]) Z.B. *Forsthoff*, Von der Staatsrechtswissenschaft zur Rechtsstaatswissenschaft; ders., Der Staat der Industriegesellschaft, insbesondere: S. 61–81 und 163–169. Vgl. hierzu *Häberle*, Retrospektive Staats(rechts)lehre oder realistische „Gesellschaftslehre"?, S. 426f. und 438f.; *Storost*, Staat und Verfassung bei Ernst Forsthoff, S. 465–550; *Hollerbach*, Auflösung der rechtsstaatlichen Verfassung?, S. 248–250; *Korioth*, Integration und Bundesstaat, S. 293; *Staff*, Die Wahrung staatlicher Ordnung, S. 154–156.

[276]) Z.B. *Böckenförde*, in: VVDStRL 30 (1972), S. 164f.; ders., Die Grundlegung der Grundrechtsdogmatik nach 40 Jahren Grundgesetz, insbesondere: S. 54–73. Vgl. hierzu *Manterfeld*, Die Grenzen der Verfassung, S. 45f.; *Mehring*, Zu den neu gesammelten Schriften und Studien Ernst-Wolfgang Böckenfördes, S. 464f.; *Korioth*, Integration und Bundesstaat, S. 292f.

[277]) Vgl. z.B. *Forsthoff*, Der lästige Jurist; ders., Der Staat der Industriegesellschaft, S. 109–114; Roman *Schnur*, Französische Juristen im konfessionellen Bürgerkrieg, in: *Barion*, Festschrift für Carl Schmitt, S. 179–219; ders., Die Ausbildung der Juristen; ders., Der Staat als Apparat; ders., Privileg der Juristen in der Verwaltung?; Werner *Weber*, in: *Beutler*, Der Staat und die Verbände, S. 48; Nachlaß *Schnur*, Nr. 1 (Böckenförde an Schnur vom 24. 1. 1959: „[A]ber es bleibt die Frage, ob der Jurist sich mit zum Promotor einer Entwicklung machen soll, die sein Werk, das er mit heraufgeführt und getragen hat, den neuzeitlichen Staat als ein Relikt relativer Vernunft und Freiheit, auflösen muß. Wäre da nicht zu überlegen, [...] ob der Jurist nicht berufen ist, in dem Rahmen, den ihm der Voluntarismus läßt, zum Sachwalter bewahrender Vernunft zu werden?"); *Quaritsch*, Staat und Souveräntität, S. 15–17; Hans *Schneider*, Der gefährdete Jurist, in: *Schnur*, Festschrift für Ernst Forsthoff zum 70. Geburtstag, S. 347–355. Vgl. hierzu auch van *Laak*, Gespräche in der Sicherheit des Schweigens, S. 246 und 286; *Mehring*, Carl Schmitt und die Verfassungslehre unserer Tage, S. 188f.

Abendroth[278]) und Karl Loewenstein[279]), sondern auch Otto Kirchheimer[280]), Konrad Hesse[281]) und Horst Ehmke wurde vorgeworfen, sich dieses Sakrilegs schuldig gemacht zu haben:

> Ehmke soll [auf der Staatsrechtslehrertagung im Jahr 1960], wie man sagte, nicht genug juristisch argumentiert haben – also ein echter Ehmke.[282])

In diesem Zusammenhang war die Stellung der Schmitt-Schule gegen die allmählich sich als Universitätsdisziplin etablierende Politikwissenschaft bereits vorprogrammiert. Man fühlte sich ihr methodisch überlegen und trennte scharf zwischen dem eigenen technisch-normativistischen Ansatz und dem eher empirischen bzw. sozialwissenschaftlichen Grundanliegen der Politikwissenschaft. Sich gegenseitig über die Fächergrenzen hinweg anzuregen oder gar als Disziplinen, die einander in bezug auf den Untersuchungsgegenstand nahestanden, zu kooperieren, war damit von vornherein ausgeschlossen.[283]) Zusätzlich ist die Stellung gegen die Politikwissenschaft Ausdruck für die antiwestliche Grundhaltung der Schmitt-Schule. Aufgrund der maßgeblichen Förderung der Politikwissenschaft von seiten der USA und des großen Anteils von Remigranten aus den westlichen Demokratien unter den Universitätsdozenten wurde sie schon formal als anglo-amerikanische Wissenschaft identifiziert, wohingegen das Öffentliche Recht aufgrund seiner dogmatischen Ausrichtung

278) Nachlaß *Schmitt*, Nr. 3796 (Forsthoff an Schmitt vom 18. 6. 1954).
279) *Schnur*, Politikwissenschaft, S. 389.
280) Nachlaß *Schnur*, Nr. 126 (Abschrift eines Briefes von Schmitt an Schnur vom 24. 10. 1953: „Interessant, daß sie [Hannah Arendt] sich von O. Kirchheimer beraten läßt, der wahrhaftig alles andere als ein Jurist ist: ein oberflächlich geläuterter Marxist, eine Art Soziologe, ein Entlarver jeder nicht-marxistischen Ideologie, aber wahrhaftig kein Jurist in irgendeinem Sinne der Europäischen Rechtswissenschaft.“).
281) *Schnur*, Die normative Kraft der Verfassung; Nachlaß *Schmitt*, Nr. 14372 (Schnur an Schmitt vom 16. 4. 1963: „Soeben schickte mir Helmut Quaritsch den Brief, den ihm Konrad Hesse auf seinen Aufsatz hin zukommen ließ: Das ist die glatte Abdankung der Jurisprudenz, teilweise sogar eine interessante Mischung aus Dummheit und Hochnäsigkeit, wobei mich besonders die Unverfrorenheit wundert, mit welcher ein Ordinarius sich gegenüber einem Assistenten decouvriert.“).
282) Nachlaß *Schmitt*, Nr. 14322 (Schnur an Schmitt vom 22. 10. 1960).
283) Vgl. z. B. *Forsthoff*, Der lästige Jurist, S. 650; Nachlaß *Abendroth*, Nr. 566d (Auszug eines Briefes von Forsthoff an Ipsen vom 5. 3. 1953); *Schnur*, Politikwissenschaft; ders., Die normative Kraft der Verfassung, S. 124 f.; ders., Politik: Ordnung und Bürgerkrieg, S. 222 f. und 230; Nachlaß *Schnur*, Nr. 8 (Quaritsch an Schnur vom 21. 2. 1963: „Wenn das die Politologen sind, kann man sie nicht ernst nehmen, und ich überlege mir ernsthaft, ob ich solche Leute überhaupt in meiner Sache zitieren oder gar widerlegen soll. Am besten man läßt es – das wird sie am meisten treffen.“) und 1 (Böckenförde an Schnur, vom 10. 11. 1957: „Gott sei Dank, daß bei uns das Staatsrecht noch nicht den ‚Politologen‘ ausgeliefert ist; hoffen wir, daß unsere Staatsrechtler genug juristische Substanz besitzen, auch künftig einen derartigen Einbruch abzuwehren.“); *Weber*, Der deutsche Bürger und sein Staat, S. 323 f.; *Henke*, Rezension zu Heinz Laufer, Verfassungsgerichtsbarkeit und politischer Prozeß.

als typisch deutsch galt.[284]) Dies allein war Grund genug, sich mit überaus deutlichen Worten von der allmählich expandierenden „Demokratiewissenschaft“ abzugrenzen.

Die schweizerischen Mitglieder der Staatsrechtslehrervereinigung bildeten eine weitere Gruppierung, mit der Spannungen von vornherein angelegt waren. Die Schmitt-Schule war bereits zu Beginn der fünfziger Jahre nicht zu Zugeständnissen bereit, um damit einzelnen schweizerischen Staatsrechtslehrern die Mitgliedschaft in der Vereinigung, welche vor allem von Ulrich Scheuner vorangetrieben wurde, zu erleichtern. Die Schweizer, die allesamt Carl Schmitt für moralisch völlig diskreditiert hielten, machten sein Fernbleiben von der Staatsrechtslehrervereinigung zur Vorbedingung für ihren eigenen Beitritt[285]), was bei der Schmitt-Schule zwangsläufig auf Mißfallen stieß. Insbesondere Werner Weber und Hans Peter Ipsen im Vorstand weigerten sich, ihnen in dieser Frage irgendwelche Garantien zu geben.[286]) Nachdem der Schweizer Hans Huber (1901–1987) im Jahre 1959 einen empörten Artikel über das Erscheinen einer Festschrift zu Ehren von Carl Schmitt publiziert hatte[287]), war die Aufregung über die Schweizer in der Schmitt-Schule groß. Die feindselige Reaktion von Joseph H. Kaiser auf den Vorschlag, Hans Huber solle 1963 als erster Vorsitzender der Staatsrechtslehrervereinigung kandidieren, verdeutlicht die bis dahin fortbestehende allgemeine Erregung auf anschauliche Weise:

> Einer, Sie werden ahnen wer [wohl Adolf Schüle], hatte die Kandidatur von Hans Huber als 1. Vorsitzenden betrieben; ich habe dem auf das entschiedenste widersprochen, und es war gar nicht schwierig, die Kandidatur von Anfang an als aussichtslos erscheinen zu lassen. Was Huber in der N[euen] Z[ürcher] Z[eitung gegen Carl Schmitt] schreibt, ist einfach dumm, er dekouvriert sich, ein pathologischer Fall. Ich habe ihn nach seiner ungehörigen Bemerkung zur Festschrift [...] gelegentlich der Kölner Staatsrechtslehrertagung [im Jahre 1959] in Anwesenheit von [Max] Imboden gestellt. H[uber] war betreten [...]; beider Verlegenheit war offensichtlich. Ich werde eine Gelegenheit finden, nun auch auf diese letzte Attacke, die ich auch als mich angehend empfinde, angemessen zu reagieren.[288])

Die Spannungen zwischen beiden Gruppierungen lagen aber nicht allein in ihren unterschiedlichen Umgangsformen hinsichtlich der jüngsten deutschen

[284]) Vgl. z. B. Nachlaß *Schnur*, Nr. 9 (Schnur an Scupin vom 19. 6. 1967: „Er [Günter Döker] ist in hohem Maße von englischen Anschauungen beeinflußt. [...] Was seine deutschen Einstellungen sind, so möchte ich eher meinen, daß er in unserem Sinne öffentlich-rechtlich ausgebildet ist.“).

[285]) Vgl. Nachlaß *Nawiasky*, H. Huber an Nawiasky vom 22. 8. 1952.

[286]) Nachlaß *Abendroth*, Nr. 566f (Scheuner an Ipsen vom 28. 3. 1952: „Herr Weber [...] meinte, eine Bindung könnten wir unsererseits nicht wohl eingehen.“ und Ipsen an Wolff und Abendroth vom 16. 4. 1952: „In der Sache bin ich endlich der Meinung, daß die Schweizer Kollegen weder vom Vorstand noch von der Vereinigung insgesamt in der fraglichen Richtung irgendwelche Garantien erwarten können und wir auch keine Veranlassung haben, sie zu geben.“).

[287]) H. *Huber*, Rezension zur Festschrift für Carl Schmitt.

[288]) Nachlaß *Schmitt*, Nr. 7083 (Kaiser an Schmitt vom 21. 12. 1963).

Vergangenheit begründet. Es stand letztlich die fundamentale Gegensätzlichkeit der Denkstile dahinter. So lag den Schweizern ein Denken in Kategorien von Staatlichkeit an sich fern, und ihre Grundhaltung war eher von einem sozialharmonischen Ideal geprägt. Hinzu kam, daß die schweizerische Staatsrechtslehre in den dreißiger Jahren die Integrationslehre Rudolf Smends partiell rezipiert hatte und damit der Smend-Schule ideell erheblich näher stand als dem Denkkollektiv um Carl Schmitt. So werden auch die grundsätzlichen Vorbehalte, die Roman Schnur der wissenschaftlichen Kompetenz seiner schweizerischen Kollegen entgegenbrachte, verständlich:

> Daß Ipsen mit [dem Schweizer Max] Imboden [auf der Staatsrechtslehrertagung im Jahre 1959] zusammengestoßen war, weil er diesem höflich vorhielt, er stecke seine Nase zu sehr in unsere Dinge, wissen Sie ja wohl. Nun, man hat geglaubt, die Schweizer umwerben zu müssen, und nun haben sie in der VDStRL das große Wort. Imbodens Vortrag über Montesquieu – nun ja, wir wollen es ja so.[289])

Was die personelle Zusammensetzung des Denkkollektivs angeht, so ist neben Carl Schmitt selbst zunächst *Ernst Forsthoff*[290]) zu nennen, von dem hier schon häufig die Rede war. Er war in der Zeit der frühen Bundesrepublik in den Worten Dirk van Laaks „zweifellos der wichtigste und einflußreichste Schüler Carl Schmitts".[291]) Forsthoff pflegte unter den Angehörigen der älteren Generation seines Denkkollektivs den engsten Kontakt zu seinem akademischen Lehrer und vertrat den Denkstil bei den wissenschaftlichen Debatten sozusagen in Reinform. Er veranstaltete ab 1957 alljährlich für einen erweiterten Schülerkreis im Steigerwald die „Ebracher Seminare"[292]), an denen neben anderen namhaften Gästen auch regelmäßig Carl Schmitt teilnahm. Für die Rekrutierung der zweiten Generation von Schmitt-Schülern erwies sich diese Veranstaltung als überaus bedeutungsvoll.

Genauso wie bei Schmitt findet sich bei Forsthoff die Tendenz, Sachverhalte überspitzt darzustellen, Widersprüche bzw. Antinomien seines Werkes um der Polemik willen in Kauf zu nehmen und sich modischen Trends in der Wissenschaft keinesfalls unterordnen zu wollen. Er stilisierte sich zum konservativen Außenseiter und Provokateur, der als „lästiger Jurist"[293]) entgegen allen Widrigkeiten der Zeit die persönliche Integrität zu wahren sucht:

289) Nachlaß *Schmitt*, Nr. 14309 (Schnur an Schmitt vom 22. 1. 1960).
290) Vgl. zur Biographie und zum Werk von Ernst Forsthoff grundsätzlich: van *Laak*, Gespräche in der Sicherheit des Schweigens, S. 240–246; Karl *Doehring*, Ernst Forsthoff, in: Juristen im Porträt, S. 341–349; *Häberle*, Retrospektive Staats(rechts)lehre oder realistische „Gesellschaftslehre"?; ders., Lebende Verwaltung trotz überlebter Verfassung?; *Storost*, Staat und Verfassung bei Ernst Forsthoff; *Muller*, The Other God That Failed, S. 391–395 und 402.
291) Van *Laak*, Gespräche in der Sicherheit des Schweigens, S. 240.
292) Vgl. hierzu van *Laak*, Gespräche in der Sicherheit des Schweigens, S. 200–208.
293) In diesem Sinne: *Forsthoff*, Der lästige Jurist.

> Jedenfalls habe ich das Gefühl, mich innerhalb des weithin so fragwürdig gewordenen, sogenannten öffentlichen Lebens so placiert zu haben, daß ich die Chance habe, mit einigem Anstand durch diese Zeit zu kommen.[294])

Sich für sein nonkonformistisches Verhalten zu rechtfertigen oder gar zu seiner Vergangenheit während des Nationalsozialismus Stellung zu beziehen, lehnte er von Grund auf ab:

> Ich halte es mit dem Aphorismus Ernst Jüngers [...]: „Wer sich selbst interpretiert, geht unter sein Niveau."[295])

Diesem Selbstbild entsprach es, daß Forsthoff, nachdem er trotz zahlreicher Anfeindungen in der bundesdeutschen Öffentlichkeit, die in vergangenheitspolitischen Fragen zunehmend sensibler wurde, im Jahre 1959 zum zyprischen Verfassungsgerichtspräsidenten berufen worden war, dieses Amt ohne Zögern wieder niederlegte, als der zyprische Staatspräsident sich 1963 weigerte, ein Urteil zugunsten der türkischen Minderheit auszuführen. Forsthoff konnte den rechtsstaatlichen Schutz der ethnischen Minderheit nicht mehr sicherstellen, und das bewog ihn zum Rücktritt:

> Denn wenn das Staatsoberhaupt ein Urteil des Verfassungsgerichts in den Wind schlägt, bleibt für den Richter nur die Möglichkeit zu gehen.[296])

Entsprechend verhielt er sich auch, als an der Universität die Angriffe gegen seine „braune" Vergangenheit zunahmen und die Studenten immer weniger Interesse an seinen Lehrveranstaltungen zeigten – er ließ sich im Jahr 1967 emeritieren, obwohl von anderer studentischer Seite noch einmal Fackelzüge für ihn organisiert wurden.

Was Forsthoffs Denken in der Nachkriegszeit seine spezifische Prägung gab, war die bereits erwähnte, während der dreißiger Jahre vollzogene Wendung zur Verwaltung und zum Verwaltungsrecht. Der Nationalsozialismus hatte die Verfassungsfrage erledigt, was Forsthoffs Interesse auf das Verwaltungsrecht gelenkt hatte. Diese Ausgangslage veränderte sich für ihn nach 1945 bzw. 1949 kaum. Das Grundgesetz restituierte, wie gesagt, den bürgerlich-liberalen Rechtsstaat, und es besaß somit hinsichtlich der politischen Handlungsfähigkeit des Staates nur eine begrenzende und damit zweitrangige Bedeutung. Politische bzw. materielle Verfassung im Sinne der Verfassungslehre von Carl Schmitt war hingegen an erster Stelle das mit der Regierung eng verknüpfte Verwaltungsrecht.[297]) Angesichts eines Trends hin zu Daseinsvorsorge, Planung und Technisierung war dies am ehesten noch der Bereich, in dem für die Existenz des Staates maßgebliche Entscheidungen getroffen und in die Tat

[294]) Nachlaß *Schmitt*, Nr. 3834 (Forsthoff an Schmitt vom 2. 1. 1960).

[295]) Zitiert nach van *Laak*, Gespräche in der Sicherheit des Schweigens, S. 245.

[296]) Nachlaß *Schmitt*, Nr. 3862 (Forsthoff an Schmitt vom 4. 6. 1963).

[297]) Vgl. hierzu *Storost*, Staat und Verfassung bei Ernst Forsthoff, S. 80–155; ders., Die Verwaltungslehre Ernst Forsthoffs als Ausdruck eines politischen Verfassungsmodells.

umgesetzt werden konnten. Die Verwaltung fungierte als Bastion gegen die pluralistische Auflösung des Staates. Der herkömmliche liberale Gesetzgebungsstaat war zum autoritären Verwaltungsstaat geworden. Diese Grundhaltung brachte Implikationen mit sich, auf die bereits hingewiesen wurde. Es ging Forsthoff darum, die Verwaltung als dynamisches und flexibles Element möglichst selbständig und unabhängig vom Gesetzgeber agieren zu lassen und sie allein der Leitung durch die Regierung zu unterstellen. Hieraus erklärt sich beispielsweise sein Standpunkt gegen die rechtliche Relevanz des Sozialstaatsprinzips auf der Ebene des Verfassungsrechts, gegen die geisteswissenschaftlich-werthierarchische Interpretationsmethode in der Staatsrechtslehre und gegen die Ausweitung der Kompetenzen der Verwaltungsgerichtsbarkeit. Alle drei Ansätze schränkten aus seiner Sicht die Handlungsfähigkeit der Verwaltung ein. Indes praktizierte Forsthoff auf der Ebene des Verwaltungsrechts – basierend auf einem institutionellen Rechtsdenken – durchaus eine wirklichkeitsorientierte und werterfüllte Interpretationsmethode, um hier ein angemessenes und flexibles Entscheiden zu ermöglichen.[298]) Insofern ist seine Behauptung, es ginge ihm angesichts einer Entformalisierung der Verfassung darum, in der Rechtswissenschaft eine einheitliche Methodik sicherzustellen[299]), nicht stichhaltig. Da er versuchte, einen möglichst wirklichkeitsnahen und entwicklungsoffenen Blickwinkel auf die Verwaltung zu richten, wirkte er im Bereich des Verwaltungsrechts überaus innovativ. Neben dem Begriff der Daseinsvorsorge geht beispielsweise auch das Konzept der öffentlich-rechtlichen Gefährdungshaftung auf ihn zurück. Sein „Lehrbuch des Verwaltungsrechts“, in dessen erster Auflage von 1950 er selbst die Kontinuität seines Denkens über das Jahr 1945 hinaus herausstrich, avancierte denn auch rasch zum unangefochtenen Klassiker. Hans Peter Ipsens Urteil über seine zweite Auflage von 1952 kann hier durchaus als repräsentativ gelten:

> Aber es ist [...] heute sicherlich das beste Buch über seinen Gegenstand.[300])

Forsthoffs Grundhaltung war geprägt von einer tiefen Skepsis.[301]) Die Entwicklung des westdeutschen Teilstaates während der sechziger Jahre verschärfte noch einmal seinen kritischen Blick auf die politischen und rechtlichen Zustände. Vor allem die Rechtsprechung des Bundesverfassungsgerichts

298) Vgl. *Hollerbach*, Auflösung der rechtsstaatlichen Verfassung?, S. 246 und 256f.; *Häberle*, Lebende Verwaltung trotz überlebter Verfassung?, S. 686.

299) Z.B. Ernst *Forsthoff*, Die Umbildung des Verfassungsgesetzes, in: *Barion*: Festschrift für Carl Schmitt, S. 35–62, hier: S. 51f.

300) Nachlaß *Schmitt*, Nr. 6416 (Ipsen an Schmitt vom 10. 1. 1952). Vgl. zudem *Ipsen*, Rezension zu Ernst Forsthoff, Lehrbuch des Verwaltungsrechts, 1. Band. Vgl. des weiteren *Häberle*, Lebende Verwaltung trotz überlebter Verfassung?, S. 688f.; Willi *Blümel*, Schlußwort, in: ders., Ernst Forsthoff, S. 115–122, hier: S. 118.

301) In diesem Sinne: Karl *Doehring*, Widmung, in: ders., Festgabe für Ernst Forsthoff zum 65. Geburtstag, S. 1–3, hier: S. 2.

nahm für ihn immer unerträglichere Züge an.[302]) Auch daß zu seinen Lehrveranstaltungen in Heidelberg, die in den fünfziger Jahren noch als Ereignis galten, immer weniger Hörer kamen, machte ihm bewußt, daß zwischen seiner eigenen Grundhaltung und dem gegenwärtigen geistigen Klima ein unüberbrückbarer Gegensatz bestand.[303]) Sein Alterswerk und Vermächtnis, „Der Staat der Industriegesellschaft“[304]), ist daher ein überaus resignatives Buch, in dem er zu Beginn der siebziger Jahre konstatieren mußte, daß sein Idealbild des Staates und die zentralen Komponenten seines Denkens immer weniger mit der aktuellen Wirklichkeit der pluralistisch strukturierten Industriegesellschaft zu vereinbaren waren. Anstelle der Daseinsvorsorge, die zwar per se einen unpolitischen Charakter besaß, für die aber immerhin überwiegend noch der Staat zuständig war, gewannen aus Forsthoffs Sicht mehr und mehr die Zwänge des technischen Prozesses an Bedeutung, welche sich der staatlichen Steuerung fast gänzlich entzogen.

Im Vergleich zu Forsthoff erwies sich *Werner Weber* gegenüber dem Zeitgeist als sehr viel anpassungsfähiger, wie wir bereits hinsichtlich seiner Haltung zum Grundgesetz gesehen haben. Zu Beginn der siebziger Jahre konstatierte er, daß es in der gegenwärtigen Lage keine Alternative zum Grundgesetz gäbe[305]) – ein Bekenntnis, das bei Forsthoff schlichtweg undenkbar gewesen wäre. Aber Webers Anpassungsfähigkeit äußerte sich auch in seinem Verhältnis zu Carl Schmitt, der Webers Dissertation über die „Parlamentarischen Unvereinbarkeiten“ aus dem Jahre 1930 betreut hatte. Weber scheint allmählich erkannt zu haben, daß eine allzu große Nähe zu seinem früheren Doktorvater für seine Nachkriegskarriere alles andere als dienlich war. Ihr Verhältnis wurde, nachdem sie im Zusammenhang mit dem Kriegsende und mit Webers Wechsel von Leipzig nach Göttingen einen engen Kontakt gepflegt hatten, seit Mitte der fünfziger Jahre von wachsender Distanz bestimmt. Die Zahl der Briefe reduzierte sich deutlich. Der Austausch beschränkte sich zunehmend auf Höflichkeiten und Formalitäten.[306]) Carl Schmitt kommentierte dementsprechend sein Verhältnis zu Weber mit den Worten:

> Von Werner Weber bekomme ich seit Jahren nur gelegentlich einen Sonderdruck mit freundlichem Gruß.[307])

[302]) Z.B. Nachlaß *Schmitt*, Nr. 3889, 3906, 3953 und 3966 (Forsthoff an Schmitt vom 23. 12. 1966, vom 12. 3. 1968, vom 24. 6. 1971 und vom 9. 7. 1973).

[303]) Vgl. Nachlaß *Schmitt*, Nr. 3905 (Forsthoff an Schmitt vom 4. 2. 1968).

[304]) *Forsthoff*, Der Staat der Industriegesellschaft, insbesondere: S. 158–169.

[305]) *Weber*, Die Bundesrepublik und ihre Verfassung an der Schwelle des dritten Jahrzehnts, S. 419.

[306]) Vgl. Nachlaß *Schmitt*, Nr. 17776–17797 (Weber an Schmitt vom 5. 6. 1954 bis zum 9. 7. 1976).

[307]) Nachlaß *Schnur*, Nr. 126 (Abschrift eines Briefes von Schmitt an Schnur ohne Datum).

Als Herausgeber des „Staates" riet Weber den beiden Redakteuren Roman Schnur und Ernst-Wolfgang Böckenförde im Jahr 1962 aus Rücksicht auf das Renommee der neuen Zeitschrift zu grundsätzlicher Vorsicht und Zurückhaltung, als diese eine von Carl Schmitt verfaßte Rezension erscheinen lassen wollten.[308]) Als deutliches Zeichen einer inneren Distanz ist es aber vor allem zu werten, daß Weber im Jahre 1968 auf Schmitts Geburtstagsfeier nicht erschien und sich auch an dessen Festschrift nicht mit einem eigenen Beitrag beteiligte, obwohl er die Mitherausgeberschaft übernommen hatte. Dies rief innerhalb der Schmitt-Schule vor allem deshalb Verärgerung hervor, weil Weber im selben Jahr immerhin Zeit gefunden hatte, einen Beitrag für die Festschrift des linken Außenseiters Wolfgang Abendroth zu verfassen.[309]) Aus Sicht des gegenüber Schmitt sehr viel anhänglicheren Ernst Forsthoff war denn auch klar, daß sich eine solche „Verleugnung seiner Vergangenheit" niemals auszahlen konnte.[310])

Werner Weber stellte genauso wie Ernst Forsthoff den Prototyp eines konservativen Etatisten dar, der trotz zahlreicher Wandlungen der politischen und gesellschaftlichen Rahmenbedingungen mit allen Mitteln versuchte, am eigenen Weltbild festzuhalten. Webers verfassungsrechtliches Werk besitzt folglich, obwohl es sich nur aus einzelnen kleineren Aufsätzen zusammensetzt, einen ausgesprochen geschlossenen Charakter.[311]) Der bundesdeutsche Staat befand sich aus seiner Sicht in einem Prozeß der Auflösung, da sich die gesellschaftlichen Kräfte immer mehr der staatlichen Autorität bemächtigten.[312]) Die von Weber bei seinem Referat auf der Staatsrechtslehrertagung im Jahre 1952[313]) und später immer wieder verwendete Formel vom „Ständestaat", vom „Verbändestaat" oder vom „gruppenbündischen System" sollte als Fanal wirken. Aufgehalten werden konnte dieser Prozeß allein von Regierung und Verwaltung als „Kristallisationskern der Staatlichkeit"[314]). Ihre Unabhängigkeit mußte vor allem gegenüber dem Parlament, das der Einflußnahme der politi-

308) Nachlaß *Schnur*, Nr. 8 (Weber an Schnur vom 23. 7. 1962).

309) Vgl. Nachlaß *Schmitt*, Nr. 3912 (Forsthoff an Schmitt vom 16. 5. 1968).

310) Nachlaß *Schmitt*, Nr. 3949 (Forsthoff an Schmitt vermutlich vom 27. 11. 1971).

311) Die wichtigsten Texte finden sich zusammengefaßt in: *Weber*, Spannungen und Kräfte im westdeutschen Verfassungssystem.

312) Z.B. *Weber*, Weimarer Verfassung und Bonner Grundgesetz, S. 15–20; ders., Der Einbruch politischer Stände in die Demokratie, in: ders., Spannungen und Kräfte im westdeutschen Verfassungssystem, 1. Aufl., S. 39–64; ders., Die Verfassung der Bundesrepublik in der Bewährung, S. 29–47; ders., Gewaltenteilung als Gegenwartsproblem, in: *Barion*, Festschrift für Carl Schmitt, S. 253–272, insbesondere: S. 260–268; ders., Die verfassungsrechtlichen Grenzen sozialstaatlicher Forderungen, S. 433–435; ders., Die Bundesrepublik und ihre Verfassung an der Schwelle des dritten Jahrzehnts, S. 415–418.

313) Werner *Weber*, Die Gegenwartslage des Staatskirchenrechts, in: VVDStRL 11 (1954), S. 153–176, hier: S. 173–175.

314) Werner *Weber*, Gewaltenteilung als Gegenwartsproblem, in: *Barion*, Festschrift für Carl Schmitt, S. 253–272, hier: S. 272.

schen Parteien und anderer „oligarchischer Machtgruppen“ schutzlos ausgeliefert war, so weit wie möglich gewahrt bleiben. Insbesondere das parteipolitisch unabhängige und auf das Gemeinwohl verpflichtete Beamtentum sei in der Lage, dem Autoritätsverlust des obrigkeitlichen Staates entgegenzuarbeiten und diesem in der Bevölkerung wieder zu Ansehen zu verhelfen.[315]) Dieser eher ideologisch einseitige Blick auf das Verfassungsrecht kontrastierte – bei allem Bemühen, an der herkömmlichen Dogmatik festzuhalten – genauso wie bei Forsthoff mit einer wirklichkeitsorientierten Betrachtungsweise im Bereich des Verwaltungsrechts, wo er auch neueste Entwicklungen erfassen wollte.[316])

Webers Weltbild war mit dem Denkstil der Smend-Schule selbstverständlich nicht zu vereinbaren. Insofern war es zwangsläufig, daß er sich in Göttingen, das in den fünfziger Jahren als Zentrum der Smend-Schule fungierte, äußerst unwohl fühlte. Er sah sich selbst hier als isolierter Außenseiter, der seit 1953 immerhin Arnold Köttgen auf seiner Seite hatte:

> Ein großes Positivum ist auch, daß ich jetzt in Köttgen einen verständigen und angenehmen Kollegen habe. Smend ist unverändert und wird wahrscheinlich 90 oder 100 Jahre alt. Aber wenn wir nur 100 m [Abstand] voneinander wahren, sieht man sich selten.[317])

Dies sollte auch in Zukunft so bleiben. 1967 bat Rudolf Smend Gerhard Leibholz mit Nachdruck, bei der Gedenkfeier für Arnold Köttgen die Rede zu übernehmen, da er Weber bei der Veranstaltung nicht das ganze Feld überlassen wollte. Bei Weber sei davon auszugehen, daß er die liberale und humane Seite von Köttgen zu sehr in den Hintergrund treten lasse. Er selbst komme für eine Rede nicht in Frage, da dies seinen „bekannten Gegensatz zu Werner Weber allzu offenkundig machen würde.“[318])

Während Weber sich nur auf der persönlichen Ebene von seinem akademischen Lehrer loszusagen versuchte, distanzierte sich *Ernst Rudolf Huber* auch ideell mehr und mehr von Carl Schmitt und seiner Schule.[319]) Das Jahr 1945 stellte für ihn einen tiefgreifenden Einschnitt dar, der es erforderlich machte, die bisherigen staatsrechtlichen Konzeptionen von Grund auf zu überdenken.[320]) Carl Schmitt warf er in einem Brief aus dem Jahre 1950, mit dem

[315]) Z.B. *Weber*, Die Verfassung der Bundesrepublik in der Bewährung, S. 43–45.

[316]) Vgl. z.B. Werner *Weber*, Die Öffentliche Sache, in: VVDStRL 21 (1964), S. 145–182.

[317]) Nachlaß *Schmitt*, Nr. 17772 (Weber an Schmitt vom 16. 6. 1953). Siehe in diesem Zusammenhang auch die Reibereien zwischen Smend und Weber wegen der Promotion von Horst Ehmke. Vgl. hierzu Nachlaß *Schmitt*, Nr. 17770 (Weber an Schmitt vom 11. 11. 1952); Depositum *Ehmke*, Nr. 211 (Ehmke an Weber vom 3. 8. 1955, Weber an Ehmke vom 8. 8. 1955 und Ehmke an Weber vom 9. 8. 1955).

[318]) Nachlaß *Leibholz*, Nr. 1 (Smend an Leibholz vom 26. 6. 1967).

[319]) Vgl. hierzu auch *Walkenhaus*, Konservatives Staatsdenken, S. 12f.

[320]) So schon Nachlaß *Schmitt*, Nr. 6274 (Huber an Schmitt vom 27. 1. 1947: „Über die Vergangenheit wäre vieles zu sagen, auch über unseren Beitrag, unsere Irrtümer, unsere Fehler. Doch war es notwendig und wichtig, daß wir damals die Schiffe hinter uns verbrannt haben.“).

er auf die Zusendung von dessen Schrift „Die Lage der europäischen Rechtswissenschaft“ reagierte, mit wenig verschlüsselten Worten vor, zu einer solchen grundsätzlichen Reflexion nicht bereit zu sein und Lehren aus der verhängnisvollen Vergangenheit nicht ziehen zu wollen. Nachdem er hier zunächst die Kontinuität von Schmitts wissenschaftlichem Denken in den höchsten Tönen gelobt hatte, wies er an späterer Stelle auf die Konsequenzen hin, die dieses Denken in der Realität haben mußte:

Die Berufung auf „konkrete Ordnung“, auf „gesundes Rechts- und Volksempfinden“, auf irrationale Energien, auf Natur oder Vernunft, auf Gerechtigkeit und Menschlichkeit, auf christliches Naturrecht und auf göttliches Rechtsgebot wird so gut wie das „Gesetz“ zu einer Waffe der planmäßigen Diskriminierung, Entrechtung, Vernichtung. So wird die Dekomposition erst vollendet, indem sich zur offenen Brutalität pseudo-legalitärer Setzungen das Gift pseudo-legitimer Beteuerungen gesellt, immer unter dem Beistand einer beflissenen Jurisprudenz. Es fragt sich, wo es in einem solchen Zustand noch ein Asyl des unverfälschten Rechtsbewußtseins [auf das sich Schmitt beruft] geben kann.[321])

Trotz aller Anfeindungen, denen Schmitt ausgesetzt sei, müsse hierüber das Gespräch aufgenommen werden. Es verwundert nicht, daß Schmitt auf diese für ihn ungerechtfertigten Vorwürfe überaus beleidigt reagierte und deutlich auf Distanz ging. So bedauerte Huber schon ein halbes Jahr später, daß „in unserer Beziehung [...] von Ihrer Seite eine gewisse Entfremdung spürbar“ sei.[322]) Man schrieb sich von nun an nur noch zum Geburtstag und sandte sich ansonsten die eigenen Publikationen zu. Huber vermied es immer wieder, mit der Begründung „zwingender Verpflichtung“[323]) auf Schmitts Geburtstagsfeiern zu erscheinen oder sich an dessen Festschriften zu beteiligen. Selbstverständlich bestand zwischen Huber und der Schmitt-Schule, vor allem da man sich von außen in ein Lager gedrängt sah, eine unausgesprochene Solidarität fort, gleichzeitig ist aber auf der persönlichen und ideellen Ebene ein Entfremdungsprozeß unübersehbar.

Dieser wird auch besonders deutlich, wenn man Hubers Nachkriegswerk betrachtet. Seit Ende der dreißiger Jahre galt sein Hauptinteresse der Verfassungsgeschichte. Ein Resultat dieses Interesses war sein siebenbändiges opus magnum, die „Deutsche Verfassungsgeschichte seit 1789“, deren Bände im Zeitraum von 1957 bis 1984 kontinuierlich erschienen. Nach Hans Boldt enthält das Werk „das Bekenntnis des Angehörigen einer Generation, die [...] sich nach 1945 fragen mußte, was von all dem [Erlebten] dennoch ‚Gültigkeit‘ hatte, da doch nicht alles ‚falsch‘ gewesen sein konnte.“[324]) Ohne dem hier

321) Nachlaß *Schmitt*, Nr. 6281 (Huber an Schmitt vom 16. 6. 1950).

322) Nachlaß *Schmitt*, Nr. 6282 (Huber an Schmitt vom 15. 11. 1950).

323) Z.B. Nachlaß *Schmitt*, Nr. 6284 (Huber an Schmitt vom 9. 7. 1953).

324) *Boldt*, Rezension zu Ernst Rudolf Huber, Deutsche Verfassungsgeschichte seit 1789, S. 270. In diesem Sinne auch *Grothe*, Geschichtsschreibung und Verfassungsgeschichte, S. 90. Vgl. in diesem Zusammenhang auch Ewald *Grothe*, Zwischen Geschichte und Recht. Deutsche Verfassungsgeschichtsschreibung 1900–1965, Habil.-Schrift, Wuppertal 2003.

weiter nachgehen zu wollen, wäre diese Frage an die Vergangenheit eine Erklärung für Hubers mit Akribie betriebene Auseinandersetzung mit der deutschen Geschichte von dem Zeitpunkt an, da diese für ihn in Frage stand. Aber seine wissenschaftliche Arbeit beschränkte sich nicht hierauf. Bereits 1953/54 erschien die aktualisierte und stark erweiterte zweite Auflage seiner Habilitationsschrift über das Wirtschaftsverwaltungsrecht[325]). Der moderne Staat war aus Hubers Sicht weiterhin trotz aller Umbrüche zu einem wesentlichen Teil Verwaltungs-, Interventions- und Wirtschaftsstaat. Ging es ihm zu Beginn der dreißiger Jahre noch darum, darauf aufmerksam zu machen, daß sich der Staat legitimerweise des Wirtschaftsprozesses bemächtigte, um von diesem nicht zur Seite gedrängt zu werden, so hatte sich diese Erkenntnis mittlerweile nach den Erfahrungen während des Zweiten Weltkriegs allgemein durchgesetzt. Es sei aber nichtsdestotrotz angesichts einer völlig veränderten Rechtslage notwendig, den zentralen Bereich der Wirtschaft mit Hilfe der allgemeinen verwaltungsrechtlichen Dogmatik zu erfassen und hier im Sinne des Konzepts der gemischten Wirtschaftsverfassung einen Ausgleich zwischen Freiheit und Bindung, zwischen den rechtsstaatlichen bzw. marktwirtschaftlichen Strukturen einerseits und den gemeinschaftsbezogenen bzw. wirtschaftsinterventionistischen Kompetenzen des Staates andererseits herzustellen.

Was sich hinsichtlich des Wirtschaftsverfassungsrechts in seiner zweiten Auflage des „Wirtschaftsverwaltungsrechts" bereits angedeutet fand, entwickelte Huber in einem umfangreichen Aufsatz[326]) aus dem Jahre 1956 weiter. So distanzierte er sich deutlich von Ernst Forsthoffs Thesen zum Sozialstaatsprinzip.[327]) Für Huber besaß dieses zweifellos den Charakter eines Rechtssatzes, welcher den Staat zur Garantie eines sozialrechtlichen Minimums und die Bürger zur sozialen Verantwortung untereinander bzw. gegenüber dem Gemeinwesen unmittelbar verpflichtete. Zwischen Rechtsstaats- und Sozialstaatsprinzip bestand zwar eine gewisse Differenz, aber keine Antinomie, wie von Forsthoff behauptet wurde. Ausgehend von Lorenz von Stein, aber gleichzeitig in deutlicher Anlehnung an Rudolf Smend[328]) beruhte der Staat für Huber vielmehr auf der sozialen Integration, und diese war aufgrund des Sozialstaatsprinzips in die Mitverantwortung und Mitgestaltungsmacht des Staates gestellt. Hier zeigt sich, daß ein solcher Denkansatz mit Schmitts Dezisionismus nicht

[325]) *Huber*, Wirtschaftsverwaltungsrecht, 2. Aufl., insbesondere: 1. Band, S. Vf. Vgl. hierzu des weiteren *Walkenhaus*, Konservatives Staatsdenken, S. 333–352.

[326]) *Huber*, Der Streit um das Wirtschaftsverfassungsrecht.

[327]) *Huber*, Der Streit um das Wirtschaftsverfassungsrecht, insbesondere: S. 200, Fn. 54. Vgl. auch ders., Rechtsstaat und Sozialstaat in der modernen Industriegesellschaft (1961), in: ders., Nationalstaat und Verfassung, S. 249–272. Vgl. des weiteren *Walkenhaus*, Konservatives Staatsdenken, S. 353–362.

[328]) Bereits angedeutet bei *Grebing*, Konservative gegen die Demokratie, S. 398f.; *Mehring*, Carl Schmitt und die Verfassungslehre unserer Tage, S. 184; *Walkenhaus*, Konservatives Staatsdenken, S. 345.

mehr viel gemein hatte und sich statt dessen einem wertbetonten und wirklichkeitsorientierten Harmonismus annäherte.

Dieses Umdenken zeigt sich auch, wenn man berücksichtigt, wie vereinnahmend hinsichtlich seines eigenen Denkens Huber Rudolf Smends Lebenswerk interpretierte.[329]) Für ihn war Smend in erster Linie konservativer Etatist, der versucht hatte, durch Rückgriff auf überpositive Rechtsgüter dem Recht Legitimität zu verschaffen, um es auf diese Weise auch gegen Krisen abzusichern. Hier äußerte sich erneut der selbstkritische Zeitzeuge, der, nachdem er die vollständige Diskreditierung des Rechts in der Zeit des Nationalsozialismus erlebt hatte, nach Stabilitätsfaktoren Ausschau hielt, die ein solches Abgleiten in die Katastrophe in Zukunft verhindern konnten. In Smends Integrationslehre fand er zumindest einen theoretischen Rahmen, der als „Wegzeichen, Warnzeichen, Mahnzeichen"[330]) dienen konnte, weit eher als die dezisionistische Komponente im Denkstil der Schmitt-Schule.

Dieser Ablösungsprozeß blieb der Schmitt-Schule natürlich nicht verborgen, und die Reaktion folgte auf dem Fuße. Bei aller fortbestehenden Sympathie und Solidarität grenzte man Huber aus, indem man seine juristischen Kompetenzen in Zweifel zog. Nachdem er im dritten Band seiner Verfassungsgeschichte die Verfassung als Wertgefüge verstanden wissen wollte und sich gleichzeitig unmißverständlich vom „normativen Positivismus" Schmittscher Provenienz distanzierte[331]), was Forsthoff als persönlichen Angriff gegen sich wertete, schrieb dieser mit deutlichen Worten an Schmitt:

> Es zeigt sich immer mehr, daß Huber bei aller bewundernswerten Gabe der zusammenfassenden Darstellung, von der sein Wirtschaftsverwaltungsrecht schon profitierte, kein genuiner Dogmatiker ist. Es gibt im öffentlichen Recht keinen Begriff und keine Theorie, die auf spezifische Weise mit seinem Namen verbunden wäre. Dazu kommt, seit 1945, eine nur zu begreifliche Timidität, über die seine Göttinger Kollegen gelegentlich klagen. (So Werner Weber.) Aber alles in allem würde ich doch sagen, daß er mit vielen anderen [...] durch seine heutige Produktion beweist, wo der wissenschaftliche Geist 1933 und später seinen Ort hatte.[332])

Die Schmitt-Schule hatte von nun an eine keine Hemmungen mehr, Differenzen gegenüber Huber unmißverständlich hervorzukehren. Im Jahr 1967 distanzierte sich auch Ernst-Wolfgang Böckenförde von Huber in einer Frage, die dessen bis dahin allseits respektiertes Spezialgebiet, die Verfassungsgeschichte, betraf: Die deutsche konstitutionelle Monarchie sei nicht, wie von Huber seit 1938 in Abgrenzung von Carl Schmitt behauptet, als ein eigener

329) *Huber*, Rudolf Smend.

330) *Huber*, Rudolf Smend, S. 120.

331) *Huber*, Deutsche Verfassungsgeschichte seit 1789, Band 3, S. 1010, Fn. 7.

332) Nachlaß *Schmitt*, Nr. 3868 (Forsthoff an Schmitt vom 16. 1. 1964). Vgl. auch ebda., Nr. 3905 (Forsthoff an Schmitt vom 4. 2. 1968: „Grundsätzlichen Widerspruch fand ich in der anschließenden Diskussion in kleinem Kreis [nach einem Vortrag in Göttingen] nur bei Huber (den ich immer weniger verstehe. [...])").

Typ der Monarchie, sondern lediglich als Übergangszustand auf dem Weg zur vollständigen Durchsetzung des demokratischen Prinzips zu verstehen.[333])

Als einer, der sich bereits nach der nationalsozialistischen Machtergreifung deutlich von Carl Schmitt distanziert hatte und folglich in der Nachkriegszeit der Schmitt-Schule gar nicht mehr zugerechnet wurde, ist *Ernst Friesenhahn*[334]) zu nennen. Dieser war ab 1925 für vier Jahre Schmitts Assistent in Bonn gewesen und hatte unter dessen Anleitung mit einer Arbeit über den politischen Eid[335]) promoviert. Nach 1933 hatte sich Schmitt aus Friesenhahns Sicht moralisch diskreditiert, indem er den zulässigen Rahmen von Wissenschaftlichkeit verlassen hatte, und dies veranlaßte ihn bereits im Jahr 1934, Schmitts Angebot abzulehnen, unter dessen Herausgeberschaft die Hauptschriftleitung der „Deutschen Juristenzeitung" zu übernehmen.[336]) Auch nach Kriegsende war aufgrund dieser Erfahrung eine erneute Kontaktaufnahme mit Schmitt für ihn ausgeschlossen. Friesenhahn gehörte, wie wir gesehen haben, in den fünfziger Jahren dem kleinen Kreis von Staatsrechtslehrern an, die die Reaktivierung früherer Nationalsozialisten in ihrer Wissenschaftsdisziplin aktiv verhindern wollten, was Schmitt nicht verborgen blieb und zu dem Kommentar veranlaßte:

> Wenn ein früherer Schüler und Assistent seinen 70jährigen Lehrer politisch in der Öffentlichkeit verfolgt und in aller Form zum „Feind des Rechtsstaates" erklärt, ist das doch ein ekliges Schauspiel, an dem ich mich auch nicht durch Richtigstellungen oder Widerspruch beteiligen kann.[337])

Nach vierzigjähriger Unterbrechung schrieb Friesenhahn im Jahre 1976 zu Weihnachten an Schmitt, nachdem dieser ihn um ein Lebenszeichen gebeten hatte:

> [Ein Zeichen zu geben] fällt mir nicht leicht. Ich habe bisher absolute Distanz zu Ihnen gehalten, angesichts des Grabens, den die Ereignisse nach 1933 zwischen uns aufgerissen haben. Sie haben mir zwar nichts unmittelbar Böses zugefügt, aber ich komme nicht darüber hinweg, daß ein Mann Ihres geistigen Ranges, der es nicht nötig hatte, in solcher Weise mit den Verbrechern paktiert hat, die über unser Land und die ganze Welt so entsetzliches Unheil gebracht haben.[338])

In Friesenhahns Nachkriegspublikationen sind Hinweise auf eine dezisionistische oder exekutivische Denkhaltung nicht zu finden. Aufgrund seiner Tätig-

[333]) *Böckenförde*, Der deutsche Typ der konstitutionellen Monarchie im 19. Jahrhundert. Vgl. hierzu des weiteren *Walkenhaus*, Konservatives Staatsdenken, S. 381–389.

[334]) Zu Friesenhahn allgemein *Knütel* und *Salzwedel*, In memoriam Ernst Friesenhahn. Zu Friesenhahns Verhältnis zu Carl Schmitt: *Dahlheimer*, Carl Schmitt und der deutsche Katholizismus, S. 522–526.

[335]) *Friesenhahn*, Der politische Eid.

[336]) Vgl. hierzu *Stolleis*, Geschichte des öffentlichen Rechts in Deutschland, 3. Band, S. 300f.; *Dahlheimer*, Carl Schmitt und der deutsche Katholizismus, S. 525f.

[337]) Nachlaß *Schnur*, Nr. 126 (Schmitt an Schnur vom 19. 8. 1957).

[338]) Nachlaß *Schmitt*, S. 4511 (Friesenhahn an Schmitt vom 29. 12. 1976).

keit als Bundesverfassungsrichter war er vielmehr an einem harmonischen Ausgleich zwischen den einzelnen Verfassungsorganen interessiert.[339]) Andererseits argumentierte er aber auch nicht auf einer naturrechtlichen bzw. wertorientierten Basis, sondern folgte weit eher einem dogmatisch-normativistischen Ansatz[340]), den er mit einer wirklichkeitsorientierten Betrachtungsweise zu verbinden suchte.[341]) Auch von seinem Denken her ist Friesenhahn also in der Nachkriegszeit nicht mehr der Schmitt-Schule zuzuordnen, ohne daß er sich statt dessen dem Denkstil der Smend-Schule angeschlossen hätte.

Hans Schneider nahm die Position eines Bindeglieds zwischen der ersten und der zweiten Generation der Schmitt-Schüler ein. Werner Weber hatte Ende der dreißiger Jahre seine Habilitation mit einer verfassungsgeschichtlichen Arbeit über den Preußischen Staatsrat[342]) betreut, Unterstützung fand er aber zudem bei Carl Schmitt, der das Thema der Arbeit ursprünglich angeregt hatte.[343]) Schneider war primär Verwaltungsrechtler. Sein Idealbild war eine starke Exekutive, die von Parlamentsgesetzen weitgehend unbeeinflußt agieren konnte.[344]) Innerhalb der Schmitt-Schule tat er sich weniger durch grundsätzliche Beiträge über zentrale Fragen des Denkstils, sondern eher durch sein pragmatisches und praxisorientiertes Denken hervor. Dies führte unter anderem dazu, daß in Heidelberg sein Verhältnis zu Ernst Forsthoff nicht ungetrübt war.[345]) So verwies Forsthoff gegenüber Carl Schmitt auf trennende Unterschiede zwischen ihren Denkweisen:

> Die Tragweite grundsätzlicher Fragen ist ihm [Schneider] nicht voll zum Bewußtsein gekommen. So meinte er, die Wertphilosophie in der Grundrechtsauslegung sei doch eigentlich nichts Neues, da es die Güterabwägung von jeher gegeben habe.[346])

Die Spannungen mit Forsthoff spitzten sich im Jahre 1961 im Zusammenhang mit dem Habilitationsverfahren von Roman Schnur zu. Forsthoff, der zu diesem Zeitpunkt am zyprischen Verfassungsgericht tätig war, konnte sich nicht vor Ort um die Habilitation kümmern und fühlte sich dann von seinen Heidel-

339) Vgl. z.B. Ernst *Friesenhahn*, Parlament und Regierung im modernen Staat, in: VVDStRL 16 (1958), S. 9–73.

340) Vgl. z.B. Nachlaß *Schnur*, Nr. 7 (Böckenförde an Schnur vom 16. 3. 1964: „Kann man es [die Rezension von René Marcics neuem Buch] Friesenhahn zumuten? Jurist genug ist er ja, um die nötige Distanz gegenüber dieser Belobigung der Verfassungsgerichtsbarkeit zu haben.").

341) Vgl. hierzu z.B. *Friesenhahns* Kritik an Horst Ehmkes Ausführungen zur Methodik der Verfassungsauslegung, in: VVDStRL 20 (1963), S. 121f.

342) *Schneider*, Der Preußische Staatsrat 1817–1918.

343) So Hans *Schneider* im Gespräch.

344) Vgl. z.B. Hans *Schneider*, Kabinettsfrage und Gesetzgebungsnotstand nach dem Bonner Grundgesetz, in: VVDStRL 8 (1950), S. 3–66; ders., Gerichtsfreie Hoheitsakte; ders., Über den Beruf unserer Zeit für Gesetzgebung.

345) Sie verband allgemein ein kollegiales Verhältnis, weniger Freundschaft, so Ernst-Wolfgang *Böckenförde* im Gespräch.

346) Nachlaß *Schmitt*, Nr. 3872 (Forsthoff an Schmitt vom 22. 12. 1964).

berger Kollegen im Stich gelassen, als diese von Schnur eine gründliche Umarbeitung seiner Habilitationsschrift verlangten.[347]) Dennoch war es vor allem Schneider, der aufgrund seines Verhältnisses zu Carl Schmitt handfeste Ausgrenzungen zu erleiden hatte. 1958 zog die Berliner Fakultät aufgrund des Gerüchts seiner Mitwirkung an der Festschrift für Carl Schmitt, die damals noch nicht einmal im Druck erschienen war, ihren Ruf zurück.[348]) Wohl aufgrund dieser bitteren Erfahrung fand er sich zehn Jahre später nicht mehr bereit, für die erneut geplante Festschrift für Carl Schmitt einen Beitrag zu liefern. Er begründete seine Absage gegenüber Forsthoff damit, daß er gerade an einem Lehrbuch des Staatsrechts arbeite und befürchte, durch seine Mitarbeit an der Festschrift eine unerwünschte Abstempelung zu erfahren.[349])

Der letzte Schmitt-Schüler, der im Jahre 1939 noch unmittelbar bei Schmitt mit einer Arbeit über die Entwicklung des Arbeitsrechts in den USA promoviert hatte und später auch dem Kreis der Staatsrechtslehrer angehörte, war *Helmut Rumpf*. Er hielt von 1948 an wieder Kontakt zu Carl Schmitt. 1950 entschied er sich für eine Laufbahn im Auswärtigen Amt, was dazu führte, daß er unter den Staatsrechtslehrern nur die Position eines Außenseiters einnahm. Da er damit allerdings weniger im Zentrum der Aufmerksamkeit stand, konnte er Dinge äußern, die für die anderen Angehörigen der Schmitt-Schule schlichtweg tabu waren. So unterstellte er noch im Jahre 1958 dem Grundgesetz eine „realpolitische Schwäche“, weil es den Individualismus überbetone und den Staat und seine Würde zu gering schätze.[350]) Im Rahmen seiner Redaktionstätigkeit griff Roman Schnur immer wieder auf Rumpf zurück, um ihn Veröffentlichungen von Carl Schmitt, Studien über dessen Werk oder andere brisante neuere Publikationen rezensieren zu lassen:

> [Rumpf] hat Mut und zudem nicht viel zu verlieren [...].[351])

[347]) Vgl. Nachlaß *Schmitt*, Nr. 3849 (Forsthoff an Schmitt vom 24. 2. 1961) und 14338 (Schnur an Schmitt vom 17. 5. 1961); Nachlaß *Schnur*, Nr. 64 (Forsthoff an Schnur vom 24. 1. 1961).

[348]) Vgl. Depositum *Ehmke*, Nr. 210 (Scheuner an Ehmke vom 16. 9. 1958). Vgl. hierzu auch die Rechtfertigung von Schneider gegenüber Adolf Schüle, in der er argumentiert, er unterhalte zwar eine persönliche und fachliche Beziehung zu Carl Schmitt, würde sich mit seinem Werk aber nicht identifizieren. In: Nachlaß *Schüle*, Nr. 62 (H. Schneider an Schüle vom 23. 2. 1960).

[349]) Vgl. Nachlaß *Schmitt*, Nr. 3892 und 3949 (Forsthoff an Schmitt vom 14. 3. 1967 und etwa vom 27. 11. 1971 [o.D.]).

[350]) *Rumpf*, Der ideologische Gehalt des Bonner Grundgesetzes, insbesondere: S. 39.

[351]) Nachlaß *Schmitt*, Nr. 14394 (Schnur an Schmitt vom 10. 1. 1965). So sollte Rumpf beispielsweise Hofmanns „Legitimität gegen Legalität“ und Schmitts „Verfassungsrechtliche Aufsätze“ besprechen. Vgl. ebda., Nr. 14394 (Schnur an Schmitt vom 10. 1. 1965); Nachlaß *Schnur*, Nr. 3 (Rumpf an Schnur vom 31. 5. 1958 und vom 11. 9. 1958) und 8 (Rumpf an Schnur vom 15. 1. 1962).

Joseph H. Kaiser pflegte als Angehöriger der jüngeren Generation der Schmitt-Schüler den wohl engsten Kontakt zu seinem akademischen Lehrer. Er hatte bei Carl Schmitt in Berlin noch kurz vor Kriegsende Veranstaltungen besucht. Nach 1945 unterhielt er weiterhin einen engen Briefkontakt und besuchte ihn regelmäßig in Plettenberg, bzw. lud ihn später alljährlich zu sich nach Freiburg ein. Anhand Kaisers Grundhaltung werden das Maß und zugleich die Grenzen der Anpassungsfähigkeit des Denkstils der Schmitt-Schule gegenüber dem Westernisierungsprozeß deutlich. Nach seiner Promotion verbrachte Kaiser 1949/50 ein Jahr in Ann Arbor und lehrte noch einmal 1953 in Columbus/Ohio. In seinen Briefen an Carl Schmitt aus diesem Zeitraum zeigt sich, wie sein an sich traditionell geprägtes Denken allmählich von anglo-amerikanischem Gedankengut infiltriert wurde. Begeistert äußerte er sich beispielsweise über die Erfolge des US-amerikanischen Bildungswesens bei der politischen Erziehung.[352]) Sein anschließendes Engagement in Kooperation mit den amerikanischen Besatzungsbehörden für die Etablierung der Politikwissenschaft als Universitätsdisziplin[353]) und für eine moderne Staatsbürgerkunde an den Schulen[354]) ist ein Resultat dieser externen Einflüsse. Aus seiner Sicht sollte es hier nicht einfach zu einer „phantasielose[n] Transplantation amerikanischer ‚Social Science'" kommen, sondern deutsche Traditionen und neue angelsächsische Ansätze sollten zumindest verbunden und zu einer neuen Synthese gebracht werden.[355])

In diesem Sinne verfaßte er 1956 auch seine Habilitationsschrift über „Die Repräsentation organisierter Interessen", die von Ulrich Scheuner in Bonn betreut wurde.[356]) Kaiser brachte bereits dadurch tendenziell ein pluralistisches Anliegen zum Ausdruck, daß er die Fragestellung der Arbeit nicht wie ursprünglich vorgesehen auf den Gesetzgebungsprozeß beschränkte[357]), sondern

[352]) Vgl. Nachlaß *Schmitt*, Nr. 7023–7025, 7037 und 7038 (Kaiser an Schmitt vom 18. 12. 1949–23. 5. 1950, vom 9. 3. 1953 und vom 31. 5. 1953).

[353]) Kaiser schrieb 1951 als Beitrag zur politischen Bildungsarbeit eine von der „Hochschule für Politische Wissenschaften" in München herausgegebene Studie: *Kaiser*, Der Landtag. Zudem nahm er 1950 an der von der US-amerikanischen Besatzungsmacht unterstützten Konferenz zur Einführung der „Wissenschaft von der Politik" in Königstein und 1952 an der ersten wissenschaftlichen Tagung der „Vereinigung für die Wissenschaft von der Politik" in Berlin teil, von denen er aber jeweils sehr enttäuscht war. Vgl. Nachlaß *Schmitt*, Nr. 7027 und 7034 (Kaiser an Schmitt vom 14. 7. 1950 und vom 18. 5. 1952).

[354]) Kaiser wandte sich mit solchen Vorschlägen im Jahre 1949 direkt an das US-amerikanische State Department. Vgl. Nachlaß *Schmitt*, Nr. 7024 (Kaiser an Schmitt vom 14. 3. 1950).

[355]) Nachlaß *Schmitt*, Nr. 7023, 7024 und 7025 (Kaiser an Schmitt vom 18. 12. 1949, vom 14. 3. 1950 und vom 23. 5. 1950).

[356]) *Kaiser*, Die Repräsentation organisierter Interessen. Vgl. auch Kaisers Beitrag, in: *Beutler*, Der Staat und die Verbände, S. 50f.; ders., Repräsentation.

[357]) Vgl. Nachlaß *Schmitt*, Nr. 7028 (Kaiser an Schmitt vom 5. 8. 1950).

– als Resultat seines USA-Aufenthaltes[358]) – auf die staatsrechtliche Stellung von Interessenverbänden als einem „Element jeder freien demokratischen Ordnung"[359]) ausweitete. Ideen aus der anglo-amerikanischen Pluralismus-Debatte wollte er auch hier nicht unhinterfragt übernehmen, sondern er strebte insgesamt eine Synthese von „atlantischen und kontinentalen" Denkansätzen an. Nach der ausführlichen Darstellung der unterschiedlichen Standpunkte zu Interessenverbänden und „pressure groups" erscheint das Ergebnis von Kaisers Studie dann allerdings eher konventionell. Auch wenn die politischen Parteien – abgesehen von den per se staatlichen Instanzen – heute nicht mehr das Monopol für die politische Willensbildung für sich beanspruchen könnten, seien allein sie in der Lage, Verantwortung für das Gemeinwesen zu tragen und somit partiell in die Sphäre des Staates bzw. in den Bereich der Repräsentation aufzusteigen. Hinsichtlich der Interessenverbände entwickelte er anschließend die Konzeption einer „représentation de fait": Sie entfalteten ihre Aktivitäten allein in einem intermediären, vorstaatlichen Bereich, der aber gleichzeitig einen öffentlichen bzw. politischen Charakter besitze.

Kaiser setzte sich mit dieser Arbeit zwischen alle Stühle. Ernst Forsthoff[360]) wies denn auch sogleich darauf hin, daß Kaiser den für ihn zulässigen Rahmen des Denkstils der Schmitt-Schule verlassen hatte. Nach Carl Schmitt seien Interessen eben gerade nicht repräsentierbar. Zudem sei es unzulässig, ohne nähere Begründung die politischen Parteien im Bereich des Staates anzusiedeln. Auch wenn Kaisers Buch insgesamt Beachtung verdiene, bleibe es doch zu sehr der Vorstellungswelt des 19. Jahrhunderts verhaftet. Aber auch der Widerspruch von seiten eines späteren Vorreiters der Westernisierung in der bundesdeutschen Staatsrechtslehre, Horst Ehmke[361]), ließ nicht lange auf sich warten. Das Buch liege ganz auf der Schmitt-Linie und entspreche deren Tendenz, einem „soziologischen Positivismus" anzuhängen und gleichzeitig „dezisionistische Formeln" zu verkünden. Die Gesellschaft in den westlichen Demokratien gliedere sich nicht nach Interessen, sondern nach Aufgaben und Funktionen, die von verschiedenen Instanzen wahrgenommen würden. Zudem ließe sich das in Angriff genommene Problem mit dem traditionellen Begriffsschema „Staat und Gesellschaft" nicht richtig erfassen. Privat äußerte Ehmke,

[358]) Vgl. Nachlaß *Schmitt*, Nr. 7024 und 7025 (Kaiser an Schmitt vom 14. 3. 1950 und vom 23. 5. 1950).

[359]) *Kaiser*, Die Repräsentation organisierter Interessen, S. 1.

[360]) *Forsthoff*, Rezension zu Joseph H. Kaiser, Die Repräsentation organisierter Interessen. Vgl. auch die überaus kritische Rezension von Herbert Krüger, der das Werk verfassungspolitisch und staatstheoretisch für unergiebig hielt: *Krüger*, Rezension zu Joseph H. Kaiser, Die Repräsentation organisierter Interessen.

[361]) *Ehmke*, Rezension zu Joseph H. Kaiser, Die Repräsentation organisierter Interessen. Vgl. auch die Rezension von Otto Kirchheimer, der immerhin Kaisers Grundanliegen positiv bewertete: *Kirchheimer*, Rezension zu Joseph H. Kaiser, Die Repräsentation organisierter Interessen.

daß an Kaisers Buch vor allem „die geistesgeschichtliche Salbaderei" und „das völlige Fehlen einer wirklichen Theorie der Interessengruppen" zu kritisieren sei.[362])

Es sollte daraufhin nicht lange dauern, bis sich Kaiser in den Denkstil der Schmitt-Schule besser hineinfand und auch mit den anderen Angehörigen des Denkkollektivs enger kooperierte. Die anfangs vorhandene prowestliche Komponente seines Denkens rückte gleichzeitig immer mehr in den Hintergrund. Die Polarisierung der beiden führenden Denkkollektive ließ keinen vermittelnden Standpunkt zu. Dementsprechend versuchte Kaiser in den sechziger Jahren, – zusätzlich zu seiner Nähe zu Carl Schmitts Dezisionismus[363]) und Repräsentationsverständnis[364]) – an dessen Großraumdenken[365]) und später noch an das auf Schmitt zurückgehende Konkrete Ordnungsdenken[366]) anzuknüpfen. Diese eindeutige Zuordnung zum Denkstil der Schmitt-Schule hatte denn auch zur Folge, daß beispielsweise Ernst Forsthoff seine Meinung zu Kaiser revidierte und im Jahre 1965 nach einem Besuch bei ihm in Staufen erklärte, seine „Wertschätzung des Kollegen Kaiser [werde] größer und größer."[367]) Als Horst Ehmke hingegen zu Beginn der sechziger Jahre nach Freiburg kam und die staatsrechtliche Abteilung der dortigen juristischen Fakultät sich daraufhin zum neuen Zentrum der Smend-Schule entwickelte, dauerte es nicht lange, bis sich handfeste Konflikte zwischen Kaiser einerseits und Konrad Hesse und Ehmke andererseits entwickelten. Hierauf wird an späterer Stelle zurückzukommen sein.

Roman Schnur[368]) war von der Lektüre von Carl Schmitts Verfassungslehre schon im Jahre 1947, als er aufgrund der Kriegsteilnahme sein Abitur nach-

362) Depositum *Ehmke*, Nr. 210 (Ehmke an Scheuner vom 23. 8. 1956) und 504 (Ehmke an Kirchheimer vom 24. 8. 1956 und Ehmke an Loewenstein vom 26. 3. 1957).

363) 1963 berichtet Kaiser Schmitt, er habe einen Vortrag über das Thema „Entscheidung" gehalten. In: Nachlaß *Schmitt*, Nr. 7081 (Kaiser an Schmitt vom 29. 11. 1963).

364) Speziell Joseph H. *Kaiser*, Die Dialektik der Repräsentation, in: *Barion*, Festschrift für Carl Schmitt, S. 71–80; ders., Repräsentation.

365) Joseph H. *Kaiser*, Europäisches Großraumdenken – Die Steigerung geschichtlicher Größen als Rechtsproblem, in: *Barion*, Epirrhosis, 2. Teilband, S. 529–540. Vgl. zudem Nachlaß *Schmitt*, Nr. 7110 und 7117 (Kaiser an Schmitt vom 3. 1. 1968 und vom 15. 12. 1968: „Ich verfolge die Großraumentwicklung weiter und denke, mich gelegentlich erneut dazu zu äußern.").

366) Joseph H. *Kaiser*, Konkretes Ordnungsdenken, in: *Quaritsch*, Complexio Oppositorum, S. 319–331.

367) Nachlaß *Schmitt*, Nr. 3877 (Forsthoff an Schmitt vom 9. 7. 1965). In diesem Sinne auch ebda., Nr. 14347 (Schnur an Schmitt vom 10. 12. 1961: „Ich hoffe, daß sich jetzt endlich die Verbindung mit Herrn Kaiser richtig entwickeln wird: Er warf mir zwar nochmals meine Rezension seines ‚Politischen Streiks' vor, doch waren wir uns in etlichen wissenschaftlichen und politischen Fragen einig.").

368) Zu Schnurs Biographie vor allem van *Laak*, Gespräche in der Sicherheit des Schweigens, S. 281–288. Vgl. auch *Schuller*, Gedenkrede auf Roman Schnur; *Ronellenfitsch*, Zum Gedenken an Professor Dr. iur. Dr. h.c. Roman Schnur (1927–1996).

holen mußte, begeistert gewesen. Dieses Erlebnis wiederholte sich nach dem Erscheinen des „Nomos der Erde", woraufhin er sich zu Beginn des Jahres 1951 direkt an den Autor wandte, um diesem für die vielen wertvollen Anregungen zu danken.[369]) Schmitt antwortete umgehend und schlug sogar ein Treffen vor. Damit war die Basis für einen kontinuierlichen Kontakt zwischen beiden gelegt. In seinen rechtshistorischen Arbeiten konnte Schnur – im Anschluß an seine Dissertation über den Rheinbund von 1658[370]) – vor allem an Schmitts Auseinandersetzung mit dem Bürgerkrieg anknüpfen. Es ging Schnur im Sinne des Dezisionismus immer wieder um die Frage, wie die für ihn weiterhin aktuelle Situation des Bürgerkrieges – bzw. zugespitzt des Weltbürgerkrieges – aus juristischer Sicht zu beurteilen und wie hier Ordnung zu schaffen sei.[371])

Schnur stilisierte sich bereits in den fünfziger Jahren zum Nonkonformisten, der sich dem harmonistischen und ausgrenzenden Grundzug der Zeit keinesfalls unterordnen wollte, bzw. zum reformorientierten Konservativen, welcher „reaktionär denkt und progressistisch handelt"[372]). Hieraus erklärt sich sein Bemühen um eine moderne Staats- und Verwaltungslehre, wobei er in einem pluralistischen Sinne Interessenverbände durchaus angemessen berücksichtigen wollte.[373]) Zudem war er bemüht – vor allem als er von 1965 bis 1968 einen Lehrstuhl für Politische Wissenschaften mit Schwerpunkt Verwaltungswissenschaften in Bochum innehatte – die Institutionalisierung der Verwaltungs- und Politikwissenschaft voranzutreiben und eine Brücke von hier zum Staatsrecht zu schlagen.[374]) Aufgrund dieses Engagements sah er den unhinterfragten Etatismus der älteren Generation der Schmitt-Schule von Anfang an mit kritischen Augen. Die aktuelle Staatsrechtslehre dürfe ihre Betrachtung nicht mehr wie Carl Schmitt allein auf den Staat richten, sondern müsse sich

[369]) Nachlaß *Schmitt*, Nr. 14189 (Schnur an Schmitt vom 17. 1. 1951).

[370]) *Schnur*, Der Rheinbund von 1658 in der deutschen Verfassungsgeschichte.

[371]) Z.B. Roman *Schnur*, Die französischen Juristen im konfessionellen Bürgerkrieg des 16. Jahrhunderts, in: *Barion*, Festschrift für Carl Schmitt, S. 179–219; ders., Politik: Ordnung und Bürgerkrieg. Vgl. zudem die Aufsatzsammlung: ders., Revolution und Bürgerkrieg.

[372]) Nachlaß *Schmitt*, Nr. 14408 (Schnur an Schmitt vom 18. 3. 1966).

[373]) Z.B. *Schnur*, Demokratie und Interessenverbände; ders., Strukturprobleme der modernen Demokratie; ders., Der Staat als Apparat.

[374]) Vgl. *Schnur*, Über vergleichende Verwaltungswissenschaft; ders., Vorschläge für die Gestaltung eines verwaltungswissenschaftlichen Studienganges in den geplanten Hochschulen der Bundeswehr, in: ders., Festschrift für Ernst Forsthoff zum 70. Geburtstag, S. 357–395. Vgl. auch Nachlaß *Schnur*, Nr. 9 (Schnur an Fraenkel vom 19. 6. 1967 und Schnur an Weber vom 3. 1. 1968: „Ich halte nach wie vor die Institutionalisierung der Politischen Wissenschaft und der Verwaltungswissenschaft aus Gründen der wissenschaftlichen Arbeitsteilung für unumgänglich. [...] Aus meiner Sicht muß ich deshalb den deutschen juristischen Fakultäten wegen ihrer Ablehnung dieser Disziplin die Schuld für die Entwicklung aussprechen [...].") und 12 (Schnur an W. Thieme vom 28. 6. 1969 und Schnur an Scheuner vom 4. 2. 1971).

statt dessen verstärkt der Gesellschaft zuwenden[375]) – eine Aussage, die Schmitt verletzen mußte[376]). Auch wüßten Forsthoff und Weber nicht, „wie der von ihnen beschworene Staat eigentlich aussehen soll."[377]) Nicht zuletzt wich er im Jahre 1959 von Schmitts Denkansatz ab, als er behauptete, dem Grundgesetz würden zwei sich überschneidende Freiheitsbegriffe – ein voluntaristischer und zudem ein sozialer – zugrunde liegen.[378])

Trotz solcher nuancierten pragmatischen Abweichungen mußte Schnur aufgrund seiner engen Verbindung mit Carl Schmitt und aufgrund seiner dennoch bestehenden ideellen Nähe zum Denkstil der Schmitt-Schule immer wieder Rückschläge in seiner Karriere hinnehmen.[379]) In den sechziger Jahren traten allmählich Spannungen zwischen ihm und Schmitt auf. Er fühlte sich wohl von dessen vorsichtigem und zurückhaltendem Verhalten gegenüber seinen Vorschlägen verletzt und sah sich insgesamt von der Schmitt-Schule bei seinem Engagement für Schmitt zu wenig geschützt[380]). Beides führte dazu, daß der Kontakt zu seinem Lehrer in den Jahren 1966 bis 1972 ganz abriß, er sich – trotz eines persönlichen Vermittlungsversuchs von Ernst-Wolfgang Böckenförde[381]) – im Jahr 1968 nicht an der neuen Festschrift beteiligte und statt dessen, gewissermaßen als Kontrapunkt hierzu, den Kontakt zu Ulrich Scheuner intensivierte[382]).

Vor allem aus „Interesse an Fragen des Staates, der staatlichen Ordnung"[383]) entschied sich *Ernst-Wolfgang Böckenförde*[384]) für das Jurastudium in Münster. Ähnlich wie Schnur stieß er im sechsten und siebten Semester dann auf Carl Schmitts Verfassungslehre, was ihn veranlaßte, sich schriftlich an Schmitt zu wenden, woraus ein enger persönlicher Kontakt erwuchs. Böckenförde war es daraufhin auch, der Schmitt dazu brachte, das „Collegium Philosophi-

375) *Schnur*, Carl Schmitt und die deutsche Staatsrechtslehre, S. 726.

376) Vgl. Schnurs Klarstellung, in: Nachlaß *Schmitt*, Nr. 14296 (Schnur an Schmitt vom 25. 12. 1958).

377) Nachlaß *Schmitt*, Nr. 14261 (Schnur an Schmitt vom 16. 11. 1955).

378) Nachlaß *Schmitt*, Nr. 14298 (Schnur an Schmitt vom 3. 6. 1959).

379) So scheiterten aus seiner Sicht aufgrund seiner Verbindung zu Schmitt Rufe 1962 nach Berlin bzw. Saarbrücken, 1963 nach Göttingen und 1964 nach Stuttgart. Vgl. hierzu Nachlaß *Schmitt*, Nr. 14183, 14351, 14358, 14371, 14390 und 14396 (Schnur an Schmitt o.D., vom 19. 5. 1962, vom 14. 10. 1962, vom 8. 4. 1963, vom 19. 12. 1964 und vom 13. 2. 1965).

380) Vgl. z.B. Nachlaß *Schmitt*, Nr. 14380 (Schnur an Schmitt vom 22. 10. 1963).

381) Nachlaß *Schnur*, Nr. 104 (Böckenförde an Schnur vom 6. 3. 1967).

382) So war es Scheuner, der Schnur intensiv vor dessen Wechsel nach Speyer und Tübingen beriet. Vgl. Nachlaß *Schnur*, Nr. 129 (Scheuner an Schnur vom 3. 8. 1968) und 12 (Scheuner an Schnur vom 20. 8. 1971).

383) Zitiert nach *Schmidtmann*, Katholische Studierende in den westlichen Besatzungszonen und in der Bundesrepublik Deutschland 1945–1973.

384) Zu Böckenfördes Werk allgemein: *Mehring*, Zu den neu gesammelten Schriften und Studien Ernst-Wolfgang Böckenfördes; *Manterfeld*, Die Grenzen der Verfassung; *Hammans*, Das politische Denken der neueren Staatslehre in der Bundesrepublik, S. 99–115.

cum“[385]), einen Gesprächskreis des Philosophie-Professors Joachim Ritter in Münster, zu besuchen, dem neben Böckenförde beispielsweise auch Martin Kriele (geb. 1931), Jürgen Seifert (geb. 1928) und Hermann Lübbe (geb. 1926) angehörten. Abgesehen vom Einfluß seines Münsteraner Lehrers Hans J. Wolff, einem „liberalen Etatisten“[386]) preußischer Prägung, der seinen Schülern bewußt einen weiten individuellen Freiraum ließ, wurde Böckenfördes Denken vor allem in diesem Kreis auf maßgebliche Weise geprägt. Seine Schmitt-Rezeption entspricht in wesentlichen Punkten der „links-schmittianischen“ Rezeption anderer Angehöriger dieses Kreises. Übereinstimmung herrschte hier vor allem in dem Bedürfnis, totalisierenden Tendenzen im Politischen vorzubeugen und sich von politischen bzw. philosophischen Theorien mit Absolutheitsanspruch loszusagen. Andererseits war man bei aller skeptischen Grundausrichtung durchaus aufgeschlossen, sich mit politisch radikaleren Theoretikern, welche jenseits des etablierten Kanons angesiedelt waren, auf tolerante und differenzierte Weise zu beschäftigen. In den Worten Hermann Lübbes[387]) wurde der Liberalismus- und Parlamentarismus-Kritiker Schmitt somit in einem liberalen Sinne gegen den Strich rezipiert. Man wählte aus seinen Schriften das aus, woran man aus einer die Moderne bejahenden Grundhaltung heraus anknüpfen wollte. Vor allem dem Staat wurde eine entscheidende Funktion zur Friedenssicherung zugesprochen. Er hatte – dem Mehrheits- und nicht dem Wahrheitsprinzip folgend – verbindlich zu entscheiden, um sich damit Legitimität zu verschaffen und um als Liberalitätsgarant in einem streitbaren Sinne seine politischen Feinde abzuwehren. Der Staat mußte folglich ein starker Staat sein, um der Zugriffsmacht organisierter gesellschaftlicher Gruppen Grenzen setzen und dem Pluralismus aktiv entgegentreten zu können. In einem solchen Staat war eine einseitig dogmatische, klassenkämpferische oder parteilinienförmige Gesinnung fehl am Platze. Statt dessen bedurfte es einer rechtsstaatlichen Grundhaltung, also primär des Respektes vor den Rechtsinstitutionenen und ihrem Verfahren.

Diese Ausführungen Lübbes sind ein Schlüssel zum staatsrechtlichen Werk Ernst-Wolfgang Böckenfördes. Bei aller historischen, philosophischen und staatstheoretischen Fundierung ist er bemüht, die Kategorien seines Denkens auf pragmatische, praxisorientierte und funktionale Weise herzuleiten.[388]) Er

[385]) Vgl. hierzu van *Laak*, Gespräche in der Sicherheit des Schweigens, S. 192–200; *Marquard*, Abschied vom Prinzipiellen, S. 7f.

[386]) So Ernst-Wolfgang *Böckenförde* im Gespräch. Vgl. auch Martin *Kriele*, Hans J. Wolff, in: Juristen im Porträt, S. 694–700.

[387]) Hermann *Lübbe*, Carl Schmitt liberal rezipiert, in: *Quaritsch*, Complexio Oppositorum, S. 427–440.

[388]) So beispielsweise Böckenfördes Argumentation zugunsten einer Ansiedlung der Organisationsgewalt im Eigenbereich der Exekutive mit der erklärten Zielsetzung, auf diese Weise eine optimale Wahrnehmung der Staatsaufgaben sicherzustellen, in: *Böckenförde*, Die Organisationsgewalt im Bereich der Regierung, insbesondere: S. 78–89.

befreit Schmitts Theoreme auf diese Weise von ihrem existentialistischen Pathos und gibt ihnen einen entschieden liberalen Anstrich.[389]) Der Denkstil der Schmitt-Schule besitzt somit – wie wir bereits bei Roman Schnur gesehen haben – einen sehr viel flexibleren und anpassungsfähigeren Charakter, als dies bei der ersten Generation der Schmitt-Schule der Fall war. Diesem pragmatischen Ansatz entspricht es im übrigen auch, daß Carl Schmitt nicht der einzige ist, dessen maßgeblicher Einfluß im Werk von Böckenförde nachzuweisen ist. Im Jahre 1961 entdeckte Böckenförde beispielsweise zudem die Staatslehre Hermann Hellers.[390]) Die von diesem übernommene Charakterisierung des Staates als organisierter Wirk-, Handlungs- und Entscheidungseinheit[391]) deutet bereits an, daß Böckenförde die Vorstellung vom Staat als einem völlig homogenen, geschlossenen Ganzen verabschiedet hat. Als Freiheits- und Friedensgarant im Inneren ist er zwar Ausgangspunkt des Denkens und liegt dem Recht und der Freiheit voraus, er bedarf aber einer ordnungsstiftenden Idee[392]) als eines einigenden ethisch-sittlichen Bandes, um auf Dauer bestehen zu können, und lebt damit von Voraussetzungen, „die er selbst nicht garantieren kann, ohne seine Freiheitlichkeit in Frage zu stellen."[393]) Gleichzeitig sieht Böckenförde den Staat aber aufgrund der aktuellen verfassungsrechtlichen und außerrechtlichen Rahmenbedingungen in Wechselbeziehung zum einzelnen und zur Gesellschaft, ohne ihn jedoch mit dem Bereich der Gesellschaft gleichzusetzen.[394])

Die soeben aufgeführten sieben Personen (ohne Ernst Rudolf Huber und Ernst Friesenhahn) bildeten in den fünfziger Jahren den Kern der Schmitt-

[389]) In diesem Sinn beispielsweise Böckenfördes „künstlich harmonisierende" (Isensee) bzw. „mit interpolierenden Retuschen" (Hofmann) vorgenommene Deutung von Schmitts Begriff des Politischen, in: Ernst-Wolfgang *Böckenförde*, Der Begriff des Politischen als Schlüssel zum staatsrechtlichen Werk Carl Schmitts, in: *Quaritsch*, Complexio Oppositorum, S. 283–318 (mit Aussprache). Vgl. hierzu auch *Hofmann*, Legitimität gegen Legalität, S. XXII–XXIV; van *Laak*, Gespräche in der Sicherheit des Schweigens, S. 213; *Mehring*, Zu den neu gesammelten Schriften und Studien Ernst-Wolfgang Böckenfördes, S. 456.

[390]) Nachlaß *Schnur*, Nr. 5 (Böckenförde an Schnur vom 31. 1. 1961: „In der Arbeit an meinem Hesse-Referat [...] bin ich auf Hellers Staatslehre gestoßen und habe sie gewissermaßen ‚entdeckt'.").

[391]) Z.B. *Böckenförde*, Gesetz und gesetzgebende Gewalt, S. 333f.; ders., Die Bedeutung der Unterscheidung von Staat und Gesellschaft im demokratischen Sozialstaat der Gegenwart, S. 16f.; ders., Demokratie und Repräsentation, S. 12–14.

[392]) Vgl. hierzu *Böckenförde*, Der Staat als sittlicher Staat. Vgl. des weiteren Christian *Geyer*, Die Ordnung und die Wirklichkeit. Staatslehrer, Verfassungsrichter und Rechtsphilosoph: Ernst-Wolfgang Böckenfördes scharfsinnige Sondierungen, in: FAZ vom 16. 9. 2000, S. IV.

[393]) Ernst-Wolfgang *Böckenförde*, Die Entstehung des Staates als Vorgang der Säkularisation, in: Säkularisation und Utopie, S. 75–94, hier: S. 93; ders., Entstehung und Wandel des Rechtsstaatsbegriffs, S. 75f.; Das Grundrecht der Gewissensfreiheit, in: VVDStRL 28 (1970), S. 33–88, hier: S. 80; ders., Der Staat als sittlicher Staat, S. 37.

[394]) Vgl. insbesondere *Böckenförde*, Lorenz von Stein als Theoretiker der Bewegung von Staat und Gesellschaft zum Sozialstaat; ders., Die Bedeutung der Unterscheidung von Staat und Gesellschaft im demokratischen Sozialstaat der Gegenwart.

Schule. Zwar gehörten Schnur und Böckenförde noch nicht dem Kreis der Staatsrechtslehrer an, aber vor allem Schnur wurde hier bereits, wenn er in Erscheinung trat, der Schmitt-Schule eindeutig zugerechnet. Zu dieser Gruppe gesellten sich noch weitere Staatsrechtslehrer, die zwar keine unmittelbaren Schüler von Carl Schmitt waren, die seinem Denkansatz aber relativ nahe standen und von den Schmitt-Schülern folglich als Gleichgesinnte angesehen wurden, auf die man im Konfliktfall setzen konnte. Hierzu zählten vor allem Hans Peter Ipsen, Theodor Maunz und Arnold Köttgen.

Hans Peter Ipsen kannte Schmitt seit 1934/35 und schickte ihm im Jahre 1937 seine Habilitationsschrift zu, die dieser daraufhin kritisch kommentierte. Im Zusammenhang mit der Entnazifizierung, von der beide betroffen waren, suchte Ipsen den engen Anschluß an Schmitt und seine Schule. Ein Brief von Ipsen an Schmitt von 1948 bringt dies deutlich zum Ausdruck:

> Das Wesentliche treffe ich wohl nur mit der Einsicht, daß persönliche und literarische Berührung das berichten, was in mir wie wohl in den meisten meiner Generation durch Sie ausgelöst wurde. Sie besitzen den Anteil darüber und werden mir nicht verargen, wenn ich mich mit meinem intellektuell, sachlich und lokal begrenzten Horizont unter diejenigen zähle, die in Ihrem Schülerkreise am Ende gehen. Aber soweit ich dazu gehören darf, möchte ich in diesen Tagen ganz klar und offen mich dazu bekennen [...].[395])

Diese Eintracht währte allerdings nicht lange. Zwar lud Ipsen zusammen mit seinem Freund Rolf Stödter Schmitt wiederholt zu einem Vortrag nach Hamburg ein und schuf auf diese Weise unter seinen Assistenten eine ausgesprochen „Schmitt-freundliche" Atmosphäre[396]), aber gleichzeitig grenzte er sich vom Beginn der fünfziger Jahre an nach außen immer mehr von Schmitt ab[397]). Er war kaum noch bereit, sich öffentlich zu Carl Schmitt zu bekennen. Als Rechtfertigung, an der Festschrift aus Anlaß von Schmitts 70. Geburtstag nicht mitgewirkt zu haben, schrieb er im Jahre 1958 an Schmitt:

> Ich gehöre ja nicht zu Ihren Schülern, wie E. R. Huber, Forsthoff oder W. Weber, nicht einmal zu Ihren „Enkeln", wie Hans Schneider. [...] Ich weiß nur zu gut, daß sehr viel mehr und anderes aus mir nicht geworden ist, so daß ich in diesem Sinne auch kein guter Schüler Ihrer Zucht geworden bin.[398])

Der Kontakt beschränkte sich daraufhin weitgehend auf die Zusendung von Geburtstagsgrüßen. Symptomatisch für das in den siebziger Jahren eingetretene Ausmaß der Entfremdung ist beispielsweise Schmitts beleidigte Reaktion

[395]) Nachlaß *Schmitt*, Nr. 6402 (Ipsen an Schmitt vom 7. 7. 1948).

[396]) So behauptet Schnur gegenüber Schmitt zu Beginn der sechziger Jahre, daß die profilierteren Hamburger Assistenten zum großen Teil „Schmitt-Leute" seien. In: Nachlaß *Schmitt*, Nr. 14335 (Schnur an Schmitt vom 1. 5. 1961).

[397]) So sah sich Ipsen bereits 1952 gezwungen, sich gegenüber Schmitt zu rechtfertigen, daß er diesem zu selten schreibe, und darauf hinweisen zu müssen, daß er sich doch deutlich von denen unterscheide, „die glauben schweigen oder verschweigen zu müssen." In: Nachlaß *Schmitt*, Nr. 6418 (Ipsen an Schmitt vom 22. 12. 1952).

[398]) Nachlaß *Schmitt*, Nr. 6423 (Ipsen an Schmitt vom 6. 7. 1958).

im Jahre 1974, als Ipsen in einem Aufsatz seinen Text „Die Tyrannei der Werte" nicht zitiert hatte. Er schickte Ipsen daraufhin seinen früher erschienenen Aufsatz mitsamt Zueignung zu, was diesen dem eigenen Bekunden nach in große Verlegenheit brachte.[399])

Tatsächlich dachte Hans Peter Ipsen zum einen streng dogmatisch-normativistisch[400]) und zum anderen betont praxisorientiert. An einer staatstheoretischen Fundierung seines Rechtsdenkens gemäß dem Denkstil der Schmitt-Schule war er folglich kaum interessiert. Dennoch stand ihm das technische[401]) und zudem exekutivische[402]) Verfassungsverständnis der Schmitt-Schule sehr viel näher als der harmonistische Denkstil der Smend-Schule. Dem entsprach es, daß auch er zu den schweizerischen Staatsrechtslehrern eher Distanz hielt und sich zudem immer wieder für seinen Kollegen Ernst Forsthoff einsetzte, wenn dieser in Bedrängnis geriet, was von der Schmitt-Schule positiv vermerkt wurde.[403])

Theodor Maunz lernte Carl Schmitt ebenfalls Mitte der dreißiger Jahre persönlich kennen. Seitdem betonte er gegenüber Schmitt immer wieder, welchen nachhaltigen Einfluß dessen Werk auf seine Arbeiten ausübte.[404]) Seiner ausgleichenden und überaus anpassungsfähigen Persönlichkeit entsprach es, daß er zudem wiederholt hervorhob, keinesfalls mit Schmitts Ansichten in Widerspruch geraten zu wollen.[405]) Zusätzlich hielt er Kontakt zu Joseph H. Kaiser und Ernst

[399]) Nachlaß *Schmitt*, Nr. 6436 (Ipsen an Schmitt vom 3. 6. 1974).

[400]) In diesem Sinne hatte Carl Schmitt Ipsen beim ersten Kennenlernen sogleich „als noch ‚rechtspositivistisch' charakterisiert". In: Nachlaß *Schmitt*, Nr. 6423 (Ipsen an Schmitt vom 6. 7. 1958).

[401]) Gegenüber Schmitt sprach er beispielsweise von der „‚Werte'-Verirrung des Bundesverfassungsgerichts". In: Nachlaß *Schmitt*, Nr. 6436 (Ipsen an Schmitt vom 3. 6. 1974). Vgl. auch Ipsens insgesamt kritische Beurteilung von Hesses Grundzügen, in: *Ipsen*, Deutsche Staatsrechtswissenschaft im Spiegel der Lehrbücher.

[402]) Vgl. z.B. Hans Peter *Ipsen*, in: VVDStRL 24 (1966), S. 267–269; ders., Verwaltung durch Subvention, in: VVDStRL 25 (1967), S. 257–307.

[403]) So war Ipsen als Mitglied des Vorstandes der Staatsrechtslehrervereinigung wenig bereit, den Schweizern entgegenzukommen, um ihnen so einen Beitritt zu erleichtern. Vgl. Nachlaß *Abendroth*, Nr. 566f (Ipsen an Wolff und Abendroth vom 16. 4. 1952). Vgl. zudem Nachlaß *Schmitt*, Nr. 14309 (Schnur an Schmitt vom 22. 1. 1960) und 3877 (Forsthoff an Schmitt vom 9. 7. 1965: „Ipsen fühlt sich durch das Verhalten der schweizerischen Kollegen [im Zusammenhang mit Forsthoffs Verzicht auf ein Referat auf der Staatsrechtslehrertagung im Jahre 1965] beleidigt und will Rechenschaft verlangen."). Zudem setzte sich Ipsen als Mitglied des Vorstands der Staatsrechtslehrervereinigung dafür ein, daß Forsthoff ein Referat angeboten wurde und er als Nachfolger im Vorstand vorgeschlagen wurde. Vgl. Nachlaß *Abendroth*, Nr. 566e (Ipsen an Wolff und Abendroth vom 10. 10. 1952, vom 11. 12. 1952, vom 16. 2. 1953 und vom 15. 8. 1953).

[404]) Nachlaß *Schmitt*, Nr. 9230, 9232, 9233, 9237, 9239, 9240, 9241, 9247 und 18728 (Maunz an Schmitt vom 30. 10. 1948, vom 10. 7. 1953, vom 5. 1. 1954, vom 24. 8. 1956, vom 17. 12. 1961, vom 29. 12. 1962, vom 6. 8. 1963, vom 10. 7. 1968 und vom 30. 9. 1982).

[405]) Nachlaß *Schmitt*, Nr. 9232, 9239, 18724 und 18725 (Maunz an Schmitt vom 10. 7. 1953, vom 17. 12. 1961, vom 3. 5. 1952 und vom 18. 8. 1952).

Forsthoff.[406]) Dennoch ist davon auszugehen, daß diese Anhänglichkeit gegenüber Schmitt weniger als ein Zeichen ideeller Nähe zwischen beiden Staatsrechtslehrern zu werten ist, auch wenn Maunz genau wie Schmitt der Infragestellung des Staates durch den gesellschaftlichen Pluralismus kritisch gegenüberstand[407]) und gewisse Bedenken hinsichtlich der Interpretation der Grundrechte als Wertsystem hatte[408]). Er ist aus einem ideellen Blickwinkel der Schmitt-Schule kaum zuzuordnen, ebensowenig wie er selbst gegenüber seinen zahlreichen Schülern, die später der Staatsrechtslehre angehörten, in einem engeren Sinne schulebildend wirkte. Maunz vollzog neue Wissenschaftstrends eher im nachhinein mit und vertrat in den Debatten, wenn er sich überhaupt zu Wort meldete[409]), grundsätzlich einen gemäßigten, vermittelnden Standpunkt[410]) – eine Grundhaltung, die mit Schmitts Dezisionismus nicht zu vereinbaren ist.

Ähnlich wie Schmitt hat Theodor Maunz mittlerweile traurige Berühmtheit erlangt als ein Jurist, der den jeweiligen Machthabern über die politischen Systembrüche hinweg auf skrupellose Weise dienstbar war, indem er „nur das geltende Recht ausgelegt hat“, und sich gleichzeitig an der Spitze seiner Wissenschaftsdisziplin halten konnte.[411]) Die Auseinandersetzung der bundesdeutschen Gesellschaft mit der jüngsten Vergangenheit während der sechziger Jahre war folglich für Maunz ein Ereignis, durch das er seine Stellung bzw. sein Renommee als bayerischer Kultusminister (1957–1964) und als Staatsrechtslehrer fundamental in Frage gestellt sah und das er in seinen Briefen an Schmitt immer wieder sorgenvoll kommentierte:

> Was sich in diesen Wochen und Monaten in bezug auf „Bewältigung der Vergangenheit“ abspielt, ist unsagbar und unfaßbar.[412])

[406]) Vgl. z.B. Nachlaß *Schmitt*, Nr. 3948 (Forsthoff an Schmitt vom 21. 12. 1970), 7098 (Kaiser an Schmitt vom 14. 9. 1965) und 29. 12. 1966 (Maunz an Schmitt vom 29. 12. 1966).

[407]) Vgl. z.B. Nachlaß *Schmitt*, Nr. 9250 (Maunz an Schmitt vom 26. 12. 1969: „Die Entwicklung im staatlichen Bereich seitdem ist freilich alles andere als ermutigend. Was bisher als Staat angesehen worden ist, löst sich anscheinend rascher auf als wir es damals befürchtet haben.“) und 9254 (Maunz an Schmitt vom 29. 12. 1972); *Maunz*, Deutsches Staatsrecht, 18. Aufl., S. 56–58.

[408]) Vgl. z.B. Nachlaß *Schmitt*, Nr. 9239 (Maunz an Schmitt vom 17. 12. 1961). Dagegen aber *Maunz*, Deutsches Staatsrecht, 18. Aufl., S. 51f. und 115.

[409]) In den Protokollen der Tagungen der Staatsrechtslehrervereinigung ist – abgesehen von seinem Referat aus dem Jahre 1955 – keine einzige Wortmeldung überliefert.

[410]) So z.B. bei seiner positivistischen Darstellung verschiedener Deutungen des Staates und seiner Verfassung, in: *Maunz*, Deutsches Staatsrecht, S. 1–3 und 34–37. Vgl. des weiteren Theodor *Maunz*, Die Finanzverfassung im Rahmen der Staatsverfassung, in: VVDStRL 14 (1956), S. 37–63.

[411]) Vgl. z.B. Michael *Stolleis*, Durch soviel Türen geschritten. Die Tapeten wechseln, das Recht gilt immer: Vor hundert Jahren wurde Theodor Maunz geboren, in: FAZ vom 1. 9. 2001, S. 45; ders., Theodor Maunz – Ein Staatsrechtslehrerleben, in: ders., Recht im Unrecht, S. 306–317.

[412]) Nachlaß *Schmitt*, Nr. 9243 (Maunz an Schmitt vom 11. 3. 1965). Vgl. auch ebda., Nr. 9244 und 9252 (Maunz an Schmitt vom 31. 12. 1965 und vom 7. 4. 1971).

Auf Schmitts Zustimmung stießen zudem Maunz' Klagen über die chaotischen Bedingungen an der Universität und über den entmutigenden Zustand des Staates[413]). Vermutlich als Reaktion auf diese Entwicklungen, durch die sein bisheriges Weltbild sowie die Sicherheit seiner Existenz ins Schwanken gerieten, engagierte sich Maunz seit Ende der sechziger Jahre als Rechtsberater der rechtsradikalen „Deutschen Volksunion" und verfaßte anonyme Artikel für die „Deutsche National-Zeitung". Insgesamt ist also davon auszugehen, daß Maunz' Schulterschluß mit der Schmitt-Schule in der Nachkriegszeit weniger mit seiner grundsätzlichen Nähe zu ihrem Denkstil, sondern weit eher mit der Übereinstimmung in den für ihn überaus bedeutungsvollen Fragen zu erklären ist, wie einerseits mit neuen liberalen Zeitströmungen und andererseits mit der individuellen Vergangenheit während der Zeit des Nationalsozialismus im nachhinein umgegangen werden sollte.

Der Verwaltungsrechtler *Arnold Köttgen* stand mit Carl Schmitt nicht unmittelbar in Verbindung, er wurde aber von seiten der Schmitt-Schule hochgeschätzt. Werner Weber betrachtete ihn in Göttingen als seinen einzigen Verbündeten[414]), Ernst Forsthoff rechnete ihn zu den wenigen Kollegen, die sich noch bewußt mit den politischen Elementen der Verfassungsordnung auseinandersetzten[415]), Ernst-Wolfgang Böckenförde und Roman Schnur überlegten, ob sie ihn bitten sollten, die Mitherausgeberschaft des „Staates" zu übernehmen[416]), und Schnur rechnete ihn sogar zu seinen Lehrern[417]), obwohl er bei Köttgen nie eine Veranstaltung besucht hatte. Köttgen war konservativer Etatist, und sein Verwaltungsverständnis entsprach weitgehend dem Denkstil der Schmitt-Schule. Er hatte in der Zeit des Nationalsozialismus in der Staatsrechtslehre zu den Protagonisten gezählt, die die Überwindung des Positivismus im Verwaltungsrecht vorangetrieben und gleichzeitig versucht hatten, die Verwaltung als Ordnungssystem gegen das sich ausbreitende Chaos zu verteidigen.[418]) Die juristisch geschulte Verwaltung war für ihn damit auch in der Nachkriegszeit die Instanz, die, wenn sie tatsächlich flexibel agieren konnte, in der Lage war, den Staat vor Auflösungserscheinungen und Chaos zu bewahren.[419]) Ähnlich wie bei Forsthoff war der moderne Staat für ihn primär Lei-

[413]) Vgl. z. B. Nachlaß *Schmitt*, Nr. 9246, 9250, 9251, 9252 und 9254 (Maunz an Schmitt vom 29. 12. 1967, vom 26. 12. 1969, vom 29. 12. 1970, vom 7. 4. 1971 und vom 29. 12. 1972).

[414]) Vgl. Nachlaß *Schmitt*, Nr. 17772 (Weber an Schmitt vom 16. 6. 1953).

[415]) *Forsthoff*, Von der Staatsrechtswissenschaft zur Rechtsstaatswissenschaft, S. 702. Forsthoff bezeichnete Köttgen sogar als einen Freund, der ihm unter den Kollegen seiner Generation am nächsten stand. In: Nachlaß *Schmitt*, Nr. 3892 (Forsthoff an Köttgen vom 14. 3. 1967).

[416]) Vgl. Nachlaß *Schnur*, Nr. 70 (Postkarte von Böckenförde an Schnur vom 30. 3. 1961).

[417]) Vgl. Nachlaß *Schnur*, Nr. 9 (Schnur an Fritz Werner vom 18. 9. 1967).

[418]) Vgl. z. B. *Köttgen*, Deutsche Verwaltung. Vgl. hierzu *Stolleis*, Geschichte des öffentlichen Rechts in Deutschland, 3. Band, S. 359f. und 374f.

[419]) Vgl. z. B. Arnold *Köttgen*, Die Organisationsgewalt, in: VVDStRL 16 (1958),

stungs-, Interventions- und Verwaltungsstaat.[420]) Auch sah er die politischen Zustände der Gegenwart zunehmend mit kritischen Augen.[421]) Bei aller theoretischen Fundierung seines Werkes galt aber sein Hauptinteresse der konkreten Verwaltungspraxis und ihrer dogmatischen Erfassung. Dezisionistische Anklänge finden sich in seinem Werk nicht. Es entsprach wohl eher seinem Wesen, die Entschärfung von Konflikten anstelle ihrer Zuspitzung anzustreben. Hier wird deutlich, daß trotz solcher partieller Differenzen vor allem hinsichtlich der Verwaltungsrechtslehre die Gemeinsamkeiten zwischen Köttgen und der Schmitt-Schule überwogen und daß sich auf dieser Grundlage eine enge Zusammenarbeit förmlich anbot.

Berücksichtigt man weiter, daß neben diesen drei überaus renommierten Staatsrechtslehrern auch die beiden früheren Ernst Forsthoff-Schüler Wilhelm Grewe[422]) und Alfred Voigt[423]) und zudem der Finanzrechtler Karl Maria Hettlage[424]) (1902–1995) dem Denkkollektiv nahestanden, so erklärt sich die außerordentliche Wirksamkeit, die der engere Kreis der Schmitt-Schule trotz seiner anfänglichen Außenseiterposition bereits in den staatsrechtlichen Debatten der fünfziger Jahre entfaltete. Man vertrat gemeinsam ein einheitliches Weltbild, und dieses schuf wiederum die Grundlage für einen Gruppenzusammenhalt, der es ermöglichte, als weitgehend homogenes Netzwerk nach außen in Erscheinung zu treten und dem harmonistischen und gleichzeitig ausgrenzenden Grundzug der Zeit, den man an erster Stelle der Smend-Schule anlastete, Paroli zu bieten.

S. 154–196 und 267–274; Depositum *Ehmke*, Nr. 504 (Köttgen an Ehmke vom 10. 11. 1964); Nachlaß *Schnur*, Nr. 9 (Köttgen an Schnur vom 4. 1. 1967).

[420]) Vgl. z. B. *Köttgen*, Subventionen als Mittel der Verwaltung; ders., Der soziale Bundesstaat.

[421]) Z.B. Nachlaß *Schnur*, Nr. 8 (Köttgen an Schnur vom 12. 5. 1963: „Damit stellt sich für mich die Frage, inwieweit dieses nur der Widerhall auf die Intoleranz ist, die über den Stichtag hinaus zur Signatur deutscher Gegenwart gehört.").

[422]) Grewe hielt Kontakt zu Forsthoff und setzte sich beispielsweise für die Aufnahme von Ernst Rudolf Huber in die Staatsrechtslehrervereinigung ein. Vgl. Nachlaß *Abendroth*, Nr. 566d (Ipsen an Wolff und Abendroth vom 14. 9. 1953). Siehe zudem die deutlichen Anklänge exekutivischen Staatsdenkens in: Wilhelm *Grewe*, Die Auswärtige Gewalt der Bundesrepublik, in: VVDStRL 12 (1954), S. 129–178 und 259–266.

[423]) Voigt hielt auch nach 1945 den Kontakt zu Forsthoff aufrecht und stand später zudem mit Roman Schnur in Verbindung. Vgl. z. B. Nachlaß *Schnur*, Nr. 6 (Voigt an Schnur vom 6. 7. 1963) und 10 (Voigt an Schnur vom 26. 10. 1969).

[424]) Hettlage war seit 1951 Ordinarius in Mainz, gehörte aber gleichzeitig neben Hans Peter Ipsen, Rolf Stödter und Helmut Quaritsch dem Hamburger Schmitt-Freundeskreis an. Vgl. van *Laak*, Gespräche in der Sicherheit des Schweigens, S. 191, Fn. 51. Siehe zudem die deutlichen Anklänge an den Denkstil der Schmitt-Schule, in: Karl Maria *Hettlage*, Die Finanzverfassung im Rahmen der Staatsverfassung, in: VVDStRL 14 (1956), S. 2–36.

Die Smend-Schule

Die spezifische Prägung der Smend-Schule beruhte nicht allein – wie bei der Schmitt-Schule – auf dem persönlichen Kontakt zu ihrem Lehrer, sondern hinzu kam „eine bestimmte Atmosphäre“ an Rudolf Smends bis 1969 bestehendem Göttinger „Staats- und Verfassungstheoretischen Seminar“[425]. Hier herrschte ein Geist von Liberalität, Toleranz und literarischer Gelehrsamkeit, der sich in den Augen der Teilnehmer deutlich abhob von dem als einseitig und beengend empfundenen Klima der Zeit und von dem sonst üblichen positivistischen Wissenschaftsbetrieb an der Universität. Bei den Diskussionen, bei denen immer wieder auch politische Gegenwartsprobleme angeschnitten wurden, ging es Smend darum, daß an erster Stelle die Überzeugungskraft des Arguments zählte. Er wollte zudem erreichen, daß sich der einzelne nicht nur von Gesetzen, Formeln und enzyklopädischem Wissen, sondern zudem vom „eigentümlich Traumhaften“ zu kreativer wissenschaftlicher Arbeit anregen ließ. Smend versuchte, seine Schüler im Geiste einer protestantischen Verantwortungsethik zu prägen, die gemäß seinem hier bereits skizzierten Denkansatz die moralische Verpflichtung mit einschloß, sich zum einen mit dem demokratischen Gemeinwesen auf konstruktive Weise auseinanderzusetzen und zum anderen die Bereitschaft zu zeigen, politische Verantwortung zu übernehmen und im Zweifelsfall für die Bewahrung der Freiheit zu kämpfen.[426]

Zentrale Komponente von Smends Denken war, wie gezeigt, der Harmonismus. Es war folglich seine ausgleichende, auf Konsens bedachte Persönlichkeit, welche die Atmosphäre seines Seminars auf entscheidende Weise prägte. Zwar ermunterte er die Teilnehmer zur Kritik, er hielt sich selbst aber in der Diskussion betont zurück und beschränkte sich darauf, am Schluß die vorgebrachten Argumente pointiert zusammenzufassen. Smend übte insgesamt weniger durch pathetische Reden, sondern vielmehr durch dezente Hinweise auf seine Schüler Einfluß aus. Hieraus erklärt sich auch, daß – trotz Smends konservativer Grundhaltung – das Seminar eine große Anziehungskraft für Personen wie Horst Ehmke (geb. 1927), Peter von Oertzen (geb. 1924), Wilhelm Hennis (geb. 1923) oder Henning Zwirner (1927–1985) besaß, die trotz aller Versuche zum undogmatischen und überparteilichen Denken damals politisch doch eher dem linken Lager zuzurechnen waren. Unabhängig von der jeweiligen politischen Grundhaltung ist denn auch für die Smend-Schüler ins-

[425]) Hierzu grundlegend: Depositum *Ehmke*, Nr. 368 (Ansprache von Ehmke aus Anlaß von Smends 70. Geburtstag am 15. 1. 1952). Abgedruckt als: Rudolf Smend zum 90. Geburtstag. Vgl. des weiteren *Friedrich*, Rudolf Smend 1882–1975, S. 21; *Zwirner*, Rudolf Smend; *Leibholz*, Rudolf Smend, S. 38–41. Hierzu des weiteren die Hinweise von Horst *Ehmke* im Gespräch.

[426]) Vgl. *Smend*, Staat und Politik. Ein Vortrag gehalten als Einführung einer historisch-politischen Vortragsreihe der Universität Göttingen im Wintersemester 1945/46, in: ders., Staatsrechtliche Abhandlungen, S. 363–379; ders., Die Göttinger Sieben.

gesamt eine ausgesprochene Reformorientierung hinsichtlich der politischen und gesellschaftlichen Zustände der Nachkriegszeit charakteristisch.

Im Seminar ging es allgemein um Fragen der Staats- und Verfassungstheorie. Erst wenn diese geklärt seien, so Smends Ansatz, könne die konkrete Lösung staatsrechtlicher Probleme in Angriff genommen werden. Man näherte sich diesen theoretischen Fragen zunächst über die deutsche Tradition. Das Seminar setzte sich mit Texten der deutschen Staats- und Verfassungslehre kritisch auseinander. Besonders die Debatten der Weimarer Zeit, an denen Smend selbst an maßgeblicher Stelle beteiligt gewesen war, spielten hierbei eine zentrale Rolle. Im Seminar wurden etwa die Arbeiten von Carl Schmitt, Erich Kaufmann und Hermann Heller sowie natürlich auch die Grundgedanken von Smends Integrationslehre ausgiebig rezipiert, jeweils unter dem Blickwinkel der Relevanz für die aktuelle politische und verfassungsrechtliche Situation.[427]) Im Grunde wurden hier zentrale Punkte von Rudolf Smends eigener intellektueller Entwicklung noch einmal nachvollzogen und zur Debatte gestellt. Entscheidend für die Smend-Schule in der Nachkriegszeit ist es nun, daß die Anworten, die hierbei gefunden wurden, teilweise andere waren als die, für die sich Smend während der Weimarer Zeit entschieden hatte. Diese bedeutungsvolle Wendung ist wiederum mit Einflüssen aus dem westlichen Ausland zu erklären, die in der Smend-Schule nach 1945 wirksam wurden.

Die schweizerische Staats- und Verfassungstheorie der dreißiger und vierziger Jahre stellte für die Smend-Schule einen ersten externen Anknüpfungspunkt dar. In der „Züricher Schule"[428]) war es, als diese die verschiedenen Ansätze der geisteswissenschaftlichen Richtung in Deutschland nachvollzog, unter anderem zu einer produktiven Auseinandersetzung mit Smends Integrationslehre gekommen, und dies machte sie für die Smend-Schule in der Nachkriegszeit interessant. Die Schweizer und die Smend-Schule trafen sich in dem Bedürfnis nach einer theoretischen Fundierung der konkreten staatsrechtlichen Arbeit, und bei beiden finden sich zumindest bis in die ersten Nachkriegsjahre hinein noch deutliche Anklänge spezifisch gemeinschaftsbezogener und sozialharmonischer Denkhaltungen. Zudem ging es beiden vor allem darum, die Staats- und Verfassungsordnung gegenüber zukünftigen totalitären Bestrebungen abzusichern. Aber im Gegensatz zu Smends dynamischem und politisiertem Verfassungsverständnis der Weimarer Zeit betonte die schweizerische Staatsrechtslehre weit stärker zum einen die statischen Momente der politischen Wirklichkeit und zum anderen den dauerhaften und normativen Aspekt des Rechts. Beides beeinflußte Rudolf Smend und seine Schule, wie wir noch

[427]) Siehe hierzu die Manuskripte zu Referaten, die in Smends Seminar gehalten wurden, in: Depositum *Ehmke*, Nr. 368.

[428]) Vgl. vor allem *Schindler*, Verfassungsrecht und soziale Struktur; *Kägi*, Die Verfassung als rechtliche Grundordnung des Staates. Mit deutlichem Rückgriff auf die Wertphilosophie: *Haug*, Die Schranken der Verfassungsrevision. Vgl. hinsichtlich der Rezeption: *Ehmke*, Grenzen der Verfassungsänderung, S. 67–79; *Smend*, Integrationslehre, S. 481.

sehen werden, auf maßgebliche Weise. Aber das Interesse an der weiteren wissenschaftlichen Entwicklung in der Schweiz bestand auch in Zukunft fort. So wurden etwa die Nachkriegspublikationen von Hans Huber, in denen er schon früh die objektivrechtliche Dimension der Grundrechte und damit deren soziale Komponente in den Mittelpunkt stellte und zudem die Bedeutung der Interessenverbände im Staatsrecht herausarbeitete[429]), mit besonderem Interesse zur Kenntnis genommen. Zudem entwickelte sich über die Grenzen hinweg ein langjähriger persönlicher Kontakt zwischen der Smend-Schule und ihren schweizerischen Kollegen. So verbrachte der Berner Richard Bäumlin (geb. 1927) 1956 im Rahmen seiner Habilitation zum Staatskirchenrecht ein Studienjahr am Lehrstuhl von Smend in Göttingen und rezipierte hierbei zentrale Aspekte von dessen Denken. Außerdem entwickelte sich von 1963 an ein regelmäßiger Austausch zwischen der „Freiburger Schule" und der schweizerischen Staatsrechtswissenschaft. Entweder reiste das Seminar von Konrad Hesse in die Schweiz, oder es wurden Gäste aus dem Nachbarland nach Freiburg eingeladen[430]).

Über diese Verbindungen mit der Schweiz wurde in der Smend-Schule eine erste direkte Brücke zur westlichen Ideenwelt geschlagen. Die Schweiz besaß eine einhundertjährige liberal-demokratische Tradition, die insbesondere dadurch gekennzeichnet war, daß hier ein spezifisches Staatsdenken nicht zu finden und damit eine Entgegensetzung von Staat und Gesellschaft grundsätzlich ausgeschlossen war. Diese Tradition eines fremden Landes mußte auf jene eine Anziehungskraft ausüben, denen Teile der eigenen deutschen Tradition aufgrund der jüngsten Vergangenheit als diskreditiert und daher für die Lösung aktueller politischer Probleme als untauglich erschienen. Eine solche Haltung findet sich bereits im Jahr 1952 ansatzweise bei Ulrich Scheuner, als er sich maßgeblich für die Mitgliedschaft von schweizerischen Staatsrechtslehrern in der Staatsrechtslehrervereinigung einsetzte. Er versprach sich davon nach Jahren der Isolation eine ideelle Öffnung der deutschen Staatsrechtslehre gegenüber der Welt und eine Belebung und Niveausteigerung ihrer Debatten:

> Daß die Anwesenheit von schweizer Kollegen für die deutsche Staatsrechtslehre eine Ermutigung und Erweiterung ihres Ausblicks bedeuten würde, der für uns in so vielem fruchtbar wäre, ist meine Überzeugung.[431])

[429]) H. *Huber*, Die Bedeutung der Grundrechte für die sozialen Beziehungen unter den Rechtsgenossen; ders., Staat und Verbände.

[430]) Vgl. z.B. Depositum *Ehmke*, Nr. 501 (Bäumlin an Ehmke vom 8. 6. 1963).

[431]) Nachlaß *Abendroth*, Nr. 566e (Abschrift eines Briefes von Scheuner an Hans Huber vom 28. 3. 1952). Vgl. zudem ebda. (Abschrift eines Briefes von Scheuner an Ipsen vom 4. 1. 1952: „Der Anschluß an die größere Weite ist für uns notwendig, gerade jetzt, wo die ersten Schritte einer europäischen Föderation doch wohl erfolgen." und vom 28. 3. 1952: „Ich bin der Ansicht, daß man den Gewinn einer Beziehung zu der Schweiz sehr hoch einschätzen sollte. Die Hebung unseres geistigen und beruflichen Niveaus wäre bedeutend. Wir haben, das weiß jeder von uns, in den Jahren der Vergangenheit ein wenig an Niveau, an

Ein weiterer externer Anknüpfungspunkt ergab sich für die Smend-Schule daraus, daß Horst Ehmke, der Rudolf Smend besonders nahe stand, 1949/50 ein Studienjahr in Princeton verbracht und sich dort im Rahmen seines Studiums der Politikwissenschaft intensiv mit der US-amerikanischen Demokratie- und Rechtstheorie auseinandergesetzt hatte.[432]) Folglich war von seiner Rückkehr an bei den staats- und verfassungstheoretischen Diskussionen in Smends Seminar der US-amerikanische Blickwinkel als eine Alternative zur deutschen Tradition präsent. Die anderen Angehörigen der Schule waren somit gezwungen, sich mit dieser Sichtweise zumindest kritisch auseinanderzusetzen.

Zusätzliche Einflüsse von transatlantischer Seite erfolgten über den fortbestehenden Kontakt der Smend-Schule zu emigrierten Verfassungsrechtlern in den USA. Rudolf Smend hatte sich bereits im Jahre 1948 dafür engagiert, den an der Columbia University lehrenden Otto Kirchheimer zurück nach Deutschland zu holen, und ihm einen Lehrstuhl in Göttingen angeboten, was dieser damals allerdings ablehnte.[433]) Kirchheimer hatte bei Smend in Berlin Mitte der zwanziger Jahre studiert und blieb ihm trotz dieser Absage auch in der Nachkriegszeit verbunden, so daß er 1962 auch an Smends Festschrift mitwirkte, was an sich nur dem engsten Schüler- und Freundeskreis vorbehalten war. Zudem baute Horst Ehmke nach seiner abgeschlossenen Promotion im Jahre 1952 zu Kirchheimer und zusätzlich noch zu Karl Loewenstein Kontakte auf. Es entwickelte sich mit Kirchheimer und Loewenstein, die beide an einer ideellen Anbindung der Bundesrepublik an den Westen maßgeblich interessiert waren, ein kontinuierlicher Austausch über die aktuelle verfassungsrechtliche und politische Lage in Deutschland.[434]) 1958 verbrachte Ehmke erneut einen längeren Zeitraum in den USA, um in Berkeley vor Ort Studien für seine Habilitationsschrift über die Rechtsprechung des Supreme Court zur Wirtschaftsregulierung zu betreiben.

Im Gegensatz zur Schmitt-Schule, die sich generell von der Politikwissenschaft als „westlicher Demokratiewissenschaft" scharf abgrenzte, entwickelte die Smend-Schule ein reges Interesse an der sich neu etablierenden Universitätsdisziplin, setzte sich für deren Institutionalisierung ein und war von Anfang an an einer engen Kooperation interessiert.[435]) Es spricht bereits für sich, daß –

Weltläufigkeit, an Ausblick in die Weite eingebüßt. Hier würde uns diese Berührung Wesentliches zu geben haben [...]."); Nachlaß *Jahrreiß*, Nr. 14 (Scheuner an Jahrreiß vom 4. 1. 1954).

432) Vgl. hierzu den Ordner, in dem Ehmkes Arbeiten während seines Aufenthalts in Princeton enthalten sind: Depositum *Ehmke*, Nr. 283.

433) Vgl. Depositum *Ehmke*, Nr. 504 (Kirchheimer an Ehmke vermutlich vom 22. 2. 1959).

434) Vgl. Depositum *Ehmke*, Nr. 504.

435) Vgl. z.B. Nachlaß *Schnur*, Nr. 70 (Scheuner an Schnur vom 19. 8. 1968: „Ich halte nach wie vor den Beitrag der Politologie für nützlich und wichtig [...]."); Depositum *Ehmke*, Nr. 211 (Ehmke an Eric Voegelin vom 7. 9. 1966: „[...] so sehr ich auch hinsichtlich der Habilitation dafür bin, zwischen Lehrstühlen des öffentlichen Rechts und der politischen Wissenschaft in möglichst weitem Umfang einen Wechsel – nach beiden Richtungen – zu

abgesehen von Gerhard Leibholz als dem Gründungsvater der neuen Disziplin in Göttingen – zwei Protagonisten der Politikwissenschaft in den sechziger Jahren, Wilhelm Hennis und Peter von Oertzen, selbst zu Beginn der fünfziger Jahre an Smends Seminar teilgenommen hatten. Insbesondere Horst Ehmke setzte sich in den fünfziger Jahren mit den Schriften des Berliner Politologen Ernst Fraenkel ausgiebig auseinander und knüpfte persönliche Kontakte zu ihm.[436]) Nach Fraenkels Rückkehr aus der Emigration in den USA im Jahre 1951 war es sein erklärtes Ziel, die Bundesrepublik auch ideell fest in der Gemeinschaft der „westlichen Demokratien" zu verankern. Mit seiner Theorie des „Neopluralismus"[437]) versuchte er, die Bedeutung von Interessenverbänden für das politische System ins allgemeine Bewußtsein zu rücken und sie in der politischen Theorie als zentrale Faktoren zu verankern. Das Gemeinwohl sollte nicht wie bei Jean Jacques Rousseau oder Carl Schmitt ein abstrakt vorgegebener Begriff sein, sondern es bildete sich aus Fraenkels Sicht erst im Prozeß der Auseinandersetzung divergierender Interessen. Auch wenn Fraenkel das staatliche Einheitsdenken nicht gänzlich verabschiedete[438]), wurde hier doch eine erste Grundlage für ein neues Staatsverständnis gelegt, das auf der Grundannahme einer engen Wechselbeziehung zwischen den beiden Bereichen Staat und Gesellschaft beruhte.

Gewiß wäre es übertrieben, zu vermuten, daß sich allein aufgrund der Existenz dieser Anknüpfungspunkte bereits ein pluralistisches Staatsverständnis westeuropäisch-atlantischer Prägung in der Smend-Schule durchgesetzt hätte. Statt dessen schufen der Kontakt zur Politikwissenschaft bzw. ins westliche Ausland und die damit verbundene Auseinandersetzung mit schweizerischen und anglo-amerikanischen Ideen ein positives Klima, in dem eine pluralistische Grundhaltung allmählich anverwandelt werden konnte. Im Hinblick auf die Smend-Schule erscheinen die fünfziger Jahre als eine Gärungsphase für den in den sechziger Jahren sich vollziehenden Umbruch in der bundesdeutschen Staatsrechtslehre. Es wird sogleich im einzelnen zu zeigen sein, wie sich der seit Ende der zwanziger Jahre bestehende Denkansatz von Rudolf Smend allmählich veränderte und sich den äußeren Rahmenbedingungen des „Experiments Bundesrepublik" mehr und mehr anpaßte. Damit wurden die Voraussetzungen dafür geschaffen, daß die Smend-Schüler, als sie in den sechziger

ermöglichen."); *Müller*, Normstruktur und Normativität, S. 198f. Konrad Hesse schlug zudem wohl vor, daß auf der Staatsrechtslehrertagung 1963 ein Referat gehalten werden solle zum Thema „Verhältnis der Staatsrechtslehre und der Staatswissenschaft zu den Politologen und ihrer Wissenschaft." Vgl. hierzu Nachlaß *Krüger*, H. Schneider an Krüger vom 8. 4. 1963.

436) Hierauf wies Horst *Ehmke* im Gespräch besonders hin.

437) Vgl. die zahlreichen Artikel in: *Fraenkel*, Deutschland und die westlichen Demokratien. Vgl. zudem *Buchstein*, „Auf der gemeinsamen Suche nach einer modernen Demokratietheorie".

438) Vgl. hierzu *Görtemaker*, Geschichte der Bundesrepublik Deutschland, S. 112.

Jahren einflußreiche Positionen in der Staatsrechtslehre erreicht hatten, als Protagonisten eines Wandlungsprozesses in Erscheinung treten konnten.

Genauso wie die Schmitt-Schule bildeten auch die Smend-Schüler ein eng kooperierendes Netzwerk. Man stellte sich zur Verfügung, um die Arbeiten der anderen in den maßgeblichen Zeitschriften wohlwollend zu rezensieren, und versuchte gleichzeitig, in den eigenen Arbeiten deren Debattenbeiträge zu zitieren bzw. inhaltlich an sie anzuknüpfen, um ihnen so eine breitere Öffentlichkeit zu verschaffen.[439]) Zudem waren die Smend-Schüler bereit, den Kollegen des Denkkollektivs bei deren Karriere auf noch handfestere Weise behilflich zu sein:

– Nachdem Ulrich Scheuner bereits zuvor in einer Rezension Horst Ehmkes Dissertation mit den überschwenglichen Worten, sie enthalte „einen wirklichen Beitrag zu einer modernen Theorie des demokratischen Staates", begrüßt hatte[440]), zeigte er im Jahre 1956 konkretes Interesse an Horst Ehmke und erklärte sich bereit, seine Habilitation zu betreuen.[441])

– 1960 und 1961 war es Konrad Hesse, der sich maßgeblich dafür einsetzte, Ehmke eine Professur bei sich in Freiburg zu verschaffen.[442]) Nachdem dies geglückt war, entwickelte sich Freiburg zum neuen Zentrum der Smend-Schule.

– Nach seinem Wechsel in die Politik setzte sich Horst Ehmke bereits im Jahre 1967 dafür ein, Konrad Hesse als Richter ins Bundesverfassungsgericht zu bringen.[443]) Nachdem Hesse dies zunächst abgelehnt hatte, hatte Ehmke dann Mitte der siebziger Jahre mit seinen Bemühungen Erfolg, und Hesse wurde 1975 endlich zum Bundesverfassungsrichter gewählt.[444])

– Nicht zuletzt favorisierte zu Beginn der siebziger Jahre Ulrich Scheuner Peter Häberle (geb. 1934) als seinen Nachfolger in Bonn, was dann allerdings wohl aufgrund einzelner Widerstände scheiterte.[445])

439) Vgl. z.B. *Ehmke*, Wirtschaft und Verfassung, S. 54f.; *Scheuner*, Rezension zu Richard Bäumlin, Staat, Recht und Geschichte; ders., Rezension zu Konrad Hesse, Grundzüge des Verfassungsrechts; ders., Die Funktion der Grundrechte im Sozialstaat, S. 507, Fn. 13; *Hesse*, Rezension zu Richard Bäumlin, Staat, Recht und Geschichte; ders., Grundzüge des Verfassungsrechts, z.B. S. 4f., 7f., 11–14, 121 und 131.

440) *Scheuner*, Rezension zu Horst Ehmke, Grenzen der Verfassungsänderung. Vgl. hierzu auch Depositum *Ehmke*, Nr. 210 (Scheuner an Ehmke vom 20. 10. 1952 und vom 9. 1. 1954).

441) Vgl. hierzu vor allem Depositum *Ehmke*, Nr. 210 (Scheuner an Ehmke vom 8. 3. 1956).

442) Depositum *Ehmke*, Nr. 503 (Ehmke an Hesse vom 10. 12. 1960: „[D]a Sie mich seinerzeit in Köln freundlicherweise gefragt haben, ob ich gegebenenfalls nach Freiburg kommen würde, fühle ich mich verpflichtet, Sie davon zu unterrichten, daß sich offenbar in Berlin ein Ruf für mich anbahnt.", Hesse an Ehmke vom 13. 12. 1960 und Ehmke an Hesse vom 17. 12. 1960).

443) Vgl. Depositum *Ehmke*, Nr. 503 (Hesse an Ehmke vom 6. 2. 1967).

444) Vgl. Depositum *Ehmke*, Nr. 503 (Hesse an Ehmke vom 14. 10. 1974).

445) Vgl. Nachlaß *Schnur*, Nr. 13 (Schnur an Quaritsch vom 25. 11. 1971: „Was die Entwicklung in der Bonner Fakultät angeht, so scheint der Fall zu zeigen, daß Herr Scheuner

Im Gegensatz zur Schmitt-Schule fehlte der Smend-Schule ein Handbuch, das dafür geeignet gewesen wäre, als eingängige Grundlage des Denkstiles zu dienen. Rudolf Smends Werk „Verfassung und Verfassungsrecht“ aus dem Jahre 1928 war aufgrund seines schwer verständlichen Inhalts und seiner komplizierten Sprache hierfür nicht zu gebrauchen. Die Smend-Schule mußte also in der Nachkriegszeit darum bemüht sein, dieses Manko zu beseitigen, wenn ihr Denkstil auch auf angehende Juristen eine Anziehungskraft ausüben und eine größere Breitenwirkung entfalten sollte. Spätestens seit Beginn der sechziger Jahre hatte sich Ulrich Scheuner vorgenommen, ein Handbuch zum Staatsrecht zu verfassen. Es wurde von der Smend-Schule sehnlich erwartet:

> Ihr Staatsrechts-Lehrbuch [...] muß erscheinen. Nicht weil Ihr Verleger drängt, das tut er immer und schon seit langem, sondern weil wir dieses Buch brauchen, dringend brauchen.446)

Dieses Vorhaben verzögerte sich jedoch über Jahre hinweg und scheiterte letztlich aufgrund von Scheuners vielfältigem politischen Engagement und seiner notorischen Arbeitsüberlastung. Konrad Hesse war es dann, dem die Aufgabe zukam, die Komponenten des Denkstils in seinem Lehrbuch „Grundzüge des Verfassungsrechts der Bundesrepublik Deutschland“ aus dem Jahre 1967 auf eingängige und zugleich systematische Weise zusammenzuführen. Er orientierte sich dabei eng an der Rechtsprechung des Bundesverfassungsgerichts und griff zugleich immer wieder auf die zentralen Arbeiten des Denkkollektivs zurück. Da das Werk in enger Kooperation mit der Freiburger Schule entstanden ist, findet sich hier Ludwik Flecks These von der Wissenschaft als einer sozialen Tätigkeit anschaulich bestätigt. Horst Ehmke übte am Manuskript vor der Drucklegung detaillierte Kritik.447) Die Grundfragen waren zudem vor der Niederschrift in Hesses staatsrechtlichem Seminar – und hier insbesondere mit den beiden Assistenten Peter Häberle und Friedrich Müller (geb. 1938) – ausführlich diskutiert worden.448) Vor diesem Hintergrund war Scheuners Aufnahme der Arbeit geradezu überschwenglich. Hiermit liege ein grundlegender Beitrag zur Verfassungstheorie vor, so Scheuner, wie er seit den Auseinandersetzungen der zwanziger Jahre nicht mehr geleistet worden sei. Den „Grundzügen“ komme das Verdienst zu, sich „in entscheidender Weise von der noch

offenbar doch erheblich älter geworden ist. Er ist früher in solchen auch hochpolitischen Dingen nicht so leichtfertig gewesen. Überdies ist nicht anzunehmen, daß mit dem Weggang von Häberle in Marburg sozusagen ein verfassungspolitisches Gegengewicht zustande kommt. Man muß sich doch über die politische Ahnungslosigkeit vieler älterer Kollegen mitunter sehr wundern.“).

446) *Ehmke*, Geburtstagsrede für Ulrich Scheuner, S. 18. Vgl. auch Depositum *Ehmke*, Nr. 210 (Scheuner an Ehmke vom 28. 12. 1961).

447) Depositum *Ehmke*, Nr. 503 (Ehmke an Hesse vom 22. 2. 1966 und Hesse an Ehmke vom 25. 2. 1966).

448) Vgl. hierzu das Vorwort zur ersten Auflage, in: *Hesse*, Grundzüge des Verfassungsrechts, S. VII.

so weitgehend in spätkonstitutionellen Begriffsprägungen gebannten herrschenden Lehre“ abgewandt zu haben.

> Es dürfte nicht übertrieben sein, diese Darstellung als eine der bedeutendsten Erscheinungen der letzten Jahre, als einen wesentlichen Schritt vorwärts in der Verfassungslehre zu bezeichnen.[449])

Aber damit sind wir schon weit in die sechziger Jahre vorgedrungen.

Entscheidend für die ideelle Entwicklung der Smend-Schule ist, daß der von Rudolf Smend in den zwanziger Jahren entwickelte Denkansatz in den fünfziger Jahren wesentliche Wandlungen im Sinne einer *normativistischen Umdeutung* erfuhr. An die Stelle eines Denkens vom Staat her trat gewissermaßen ein Denken von der Verfassung her. Damit paßte die Smend-Schule ihr Denken an die äußeren Rahmenbedingungen des bundesdeutschen Verfassungssystems an. Wie bereits Stefan Korioth herausgearbeitet hat[450]), kommt Rudolf Smends Gutachten im Kampf um den Wehrbeitrag aus dem Jahre 1952[451]) eine zentrale Bedeutung zu als einem ersten Zeugnis für die Neuausrichtung seiner Integrationslehre. Smend arbeitete heraus, daß es zur Einführung der Wehrhoheit zwingend einer Verfassungsänderung bedürfe, da diese im Grundgesetz nicht vorgesehen sei. Die Verfassung verlange von den politischen Organen unbedingte Beachtung. Sein Verfassungsverständnis war somit im Vergleich zu den zwanziger Jahren weit statischer. An die Stelle einer „fließenden Geltungsfortbildung des gesetzten Verfassungsrechts“[452]) trat die strikte Legalität als „dringendes Gebot der Verfassungsmoral“[453]). Nicht Integration, die sich notfalls gegen den Verfassungstext richtete, war nunmehr aus Smends Sicht das Ziel bei der verfassungsrechtlichen Interpretation, sondern Berechenbarkeit und Rechtssicherheit. Damit gewann die Verfassung ein eigenes Existenzrecht, sie wurde nicht mehr allein auf den Integrationsprozeß bezogen, sondern erschien als eigenständiger Integrationsfaktor. Gleichzeitig trat der Staat als übergeordnete Kategorie in den Hintergrund. Der Staat wurde nicht mehr vorausgesetzt, sondern er unterlag der Formung durch die Verfassung.

Dieser Neuausrichtung, die in Smends Gutachten zum Ausdruck kam, entsprach die normativistische Selbstdeutung seiner Integrationslehre aus den fünfziger Jahren:

449) *Scheuner*, Rezension zu Konrad Hesse, Grundzüge des Verfassungsrechts.

450) *Korioth*, Integration und Bundesstaat, S. 229–240. Vgl. auch *Hennis*, Integration durch Verfassung?, S. 364.

451) Gutachten von Professor Dr. *Smend*, Göttingen, vom 6. Juni nebst der ergänzenden Äußerungen vom 4. November und vom 18. November 1952, in: Der Kampf um den Wehrbeitrag, 2. Halbband, S. 559–580.

452) *Smend*, Verfassung und Verfassungsrecht, S. 242.

453) Gutachten von Professor Dr. *Smend*, Göttingen, vom 6. Juni nebst der ergänzenden Äußerungen vom 4. November und vom 18. November 1952, in: Der Kampf um den Wehrbeitrag, 2. Halbband, S. 559–580, hier: S. 569.

Sie [die Integrationslehre] lehnt jedes Verfassungsdenken ab, das auf eine hinter oder über der Verfassung bestehende Faktizität ausgerichtet ist, sei es im Sinne eines Vorbehalts außerkonstitutioneller „souveräner Entscheidung“, sei es im Sinne der Kontrastierung „pluralistischen“ Verfassungslebens mit einer willkürlich angenommenen statischen Einheit irgendwelcher Art [...].[454])

Allerdings mußte Smend doch zugeben, daß die Spannung zwischen Norm und Faktum und die spezifische Eigenart des Rechts in seiner Theorie aus der Weimarer Zeit zu kurz gekommen war. Er habe das staatliche Einheitsgefüge schlichtweg überschätzt. Damit näherte sich Smend dem Denken von Hermann Heller an[455]), der ihn schon in der Weimarer Zeit dafür kritisiert hatte, daß er das Recht aus dem Kreis der Integrationsfaktoren ausschlösse[456]). Dementsprechend plädierte Smend nunmehr für Hermann Hellers Verständnis des Staates als Wirkungseinheit und brachte auch auf diese Weise eine weniger etatistische, sondern eher an dem organisierten und empirisch nachvollziehbaren Verfassungsleben ausgerichtete Grundhaltung zum Ausdruck.

Smend blieb hier nicht stehen, sondern bezog in seinem Festvortrag zum zehnjährigen Bestehen des Bundesverfassungsgerichts im Jahre 1962[457]) zudem die Verfassungsgerichtsbarkeit in seine Theorie mit ein. Damit rückte er deutlich von seinen in den zwanziger Jahren gehegten Vorbehalten gegenüber dem Staatsgerichtshof ab. Damals hatte er diesem nur eine untergeordnete Integrationsfunktion zugeschrieben, welche gegenüber der Einigung und Verständigung zwischen den Konfliktparteien zurückzutreten habe.[458]) Nun, zu Beginn der sechziger Jahre, war es hingegen nicht mehr allein die Aufgabe des Verfassungstextes, sondern zusätzlich auch die Zielbestimmung der wertvermittelnden Verfassungsjustiz, den Integrationsprozeß zu verwirklichen bzw. zu aktualisieren, um so den einzelnen mit seinem Staat eins werden zu lassen. Nur das Bundesverfassungsgericht könne als zentrale Integrationsinstanz und als „Hüter der Verfassung“ für die politische Erziehung der Bürger sorgen und damit die Geltungsschwäche des Grundgesetzes überwinden.

Mit dieser Umdeutung der Integrationslehre reagierte Rudolf Smend auf die Kritik, die nicht nur schweizerische Staatsrechtslehrer, sondern auch die eigenen Schüler an seiner früheren Denkweise übten. So sprach Horst Ehmke bereits in seiner Dissertation aus dem Jahre 1953[459]) von der „Vernachlässigung

[454]) *Smend*, Integrationslehre, Zitat: S. 478f. Vgl. auch ders., Integration, insbesondere S. 485f.

[455]) Vgl. *Robbers*, Hermann Heller, S. 111.

[456]) *Heller*, Staatslehre, S. 194.

[457]) *Smend*, Festvortrag zur Feier des zehnjährigen Bestehens des Bundesverfassungsgerichts am 26. Januar 1962. Vgl. hierzu E. R. *Huber*, Rudolf Smend, S. 117–120.

[458]) *Smend*, Verfassung und Verfassungsrecht, S. 240 und 272f.

[459]) *Ehmke*, Grenzen der Verfassungsänderung, S. 55–62, folgendes Zitat: S. 58. Vgl. auch die Hinweise Ehmkes für eine Würdigung Smends in: Depositum *Ehmke*, Nr. 210 (Ehmke an Scheuner vom 13. 9. 1961: „Zur geisteswissenschaftlichen Methode würde ich meinen, daß ihre wesentliche Bedeutung eigentlich in dem – auf die Lebensphilosophie gestützten –

der relativ statischen, besonders der normativen Momente der staatlichen Wirklichkeit in der Integrationslehre Smends". Aufgabe des Verfassungsrechts sei es vielmehr, die sich wandelnde Wirklichkeit ordnend zu gestalten und damit integrierend zu wirken. Der Staat sei grundsätzlich kein eigengesetzliches Sinnsystem:

> Eine solche Auffassung führt zu einer unzulässigen Vereinseitigung der staatlichen Wirklichkeit und zu einer unzulässigen Vereinheitlichung politischer Lebensvorgänge.[460])

Der Integrationslehre komme heute also nur noch insofern Bedeutung zu, als sie als eine „dynamische Vertragstheorie" zu verstehen sei. Ihr Verdienst sei es, daß sie den einigenden Zusammenschluß der einzelnen und Gruppen eines politischen Gemeinwesens ins Bewußtsein rücke. Auch Konrad Hesse hob in seiner Freiburger Antrittsvorlesung über „Die normative Kraft der Verfassung" hervor, daß die Integrationslehre „sich um eine zu weitgehende Ineinssetzung von Norm und Faktum bemüht und darüber die notwendige Spannung zwischen beiden zu kurz kommt".[461])

Hier wird deutlich, daß die Fragen, die sich Rudolf Smend in der Zwischenkriegszeit stellte, von der Smend-Schule anders beantwortet wurden, als Smend dies ursprünglich in seiner Integrationslehre getan hatte. Nicht mehr Integration im Notfall gegen die Verfassung, sondern Integration mit und durch die Verfassung erschien als Leitbild, um die staatliche Einheit auf Dauer sicherzustellen. Als einigendes Band der bundesdeutschen Gesellschaft fungierte immer weniger das gemeinsame Idealbild eines übergeordneten Staates, das aufgrund der sich verfestigenden Zweistaatlichkeit ohnehin mehr und mehr in Frage stand, sondern weit eher der Text des Grundgesetzes, der zumindest den rechtlichen Rahmen und damit die äußeren Fundamente des Gemeinwesens vorgab. Rechtsstaatlichkeit und strikte Normativität waren für die Smend-Schule in den fünfziger Jahren folglich das Gebot der Stunde. Vor allem hiermit befaßte man sich in den ersten Arbeiten.[462]) Aus der Integrationslehre als einer Theorie des sich automatisch integrierenden Staates, so ließe sich zugespitzt formulieren, wurde eine Theorie des aufgegebenen Verfassungsstaates. Nicht mehr der Staat, sondern die Verfassung, die zur rechtlichen Grundordnung des gesamten Gemeinwesens aufgewertet wurde[463]), war jetzt Ausgangspunkt des Denkens.

Durchbruch des Verfassungsrechts zum politischen Leben gestanden hat, daß aber gerade diese methodische Grundlage auch zu der von Kägi und anderen Schweizern doch im gewissen Sinne mit Recht kritisierten Unterbewertung der normativen und der statisch-institutionellen Momente geführt hat.").

460) *Ehmke*, Grenzen der Verfassungsänderung, S. 60f.

461) *Hesse*, Die normative Kraft der Verfassung, S. 9, Fn. 7.

462) Vgl. z.B. *Hesse*, Der Gleichheitssatz im Staatsrecht; ders., Die normative Kraft der Verfassung; *Ehmke*, Grenzen der Verfassungsänderung; ders., Verfassungsänderung und Verfassungsdurchbrechung; *Scheuner*, Grundfragen des modernen Staates, S. 151–154.

463) Vgl. *Ehmke*, Grenzen der Verfassungsänderung, S. 78; ders, Wirtschaft und Verfassung, S. 24; *Hesse*, Grundzüge des Verfassungsrechts, S. 10.

Das gesamte Werk der Smend-Schule läßt sich somit als großangelegte Suche nicht mehr nach einer Staatslehre, sondern nach einer zeitgemäßen, konsensfähigen materialen Verfassungstheorie deuten.[464]) Indem auf diese Weise ein dezidiertes Staatlichkeitsdenken zurücktrat, machten sich erste Westernisierungseinflüsse bemerkbar.

Abgesehen von dieser substantiellen Umdeutung der Integrationslehre knüpfte die Smend-Schule an zahlreiche weitere Komponenten von Smends Denkansatz an und entwickelte diese entsprechend den bundesdeutschen verfassungsrechtlichen Rahmenbedingungen weiter. An erster Stelle war dies Smends Einheitsorientierung. Das Idealbild der Einheit des Gemeinwesens und der Verfassung prägte den Denkstil auch in den fünfziger Jahren. Oberstes Ziel der Verfassungsinterpretation mußte es sein, die *Einheit des Staates*, die nicht mehr gesichert erschien, zu bewahren.[465]) Hierbei unterschied sich die Haltung der Smend-Schule – dies ist noch einmal hervorzuheben – vom herkömmlichen Etatismus dadurch, daß die staatliche Einheit nicht wesenhaft vorgegeben, sondern den Menschen aufgegeben war und damit einen funktionalen, prozeßhaften und auf die Wirklichkeit bezogenen Charakter besaß. Unter Rückgriff sowohl auf Hermann Hellers Verständnis des Staates als einer Entscheidungs- und Wirkungseinheit als auch auf Smends Integrationsvorstellung war es die Bestimmung des einzelnen, die politische Einheit immer wieder von neuem aus der realen Vielheit herzustellen. Integration vollzog sich auch hier nicht mehr primär als ein individuelles geistiges Erlebnis, sondern war zum Resultat bewußten politischen Gestaltens geworden. Dieser Blickwinkel wurde auch auf die politische Führung übertragen. Nur wenn sie als Einheit agierte, so Ulrich Scheuner, erwies sie sich als handlungsfähig, um die drängenden politischen Probleme zu lösen. Die Regierung war für ihn die „zusammenfassende Leitung des Staatsganzen“, und sie erschien aufgrund ihrer homogeneren Zu-

[464]) In diesem Sinne *Korioth*, Integration und Bundesstaat, S. 293–308. Vgl. bereits *Ehmke*, Grenzen der Verfassungsänderung, insbesondere: S. 11 f.; Depositum *Ehmke*, Nr. 210 (Scheuner an Ehmke vom 9. 1. 1954); *Scheuner*, Rezension zu Horst Ehmke, Grenzen der Verfassungsänderung.

[465]) Vgl. z.B. *Ehmke*, Grenzen der Verfassungsänderung, S. 61; *Smend*, Integrationslehre, insbesondere: S. 480; Konrad *Hesse*, Die verfassungsrechtliche Stellung der politischen Parteien im modernen Staat, in: VVDStRL 17 (1959), S. 11–52, hier: S. 17–20 und 45; *Bäumlin*, Staat, Recht und Geschichte, S. 18 f. und 37 f.; Ulrich *Scheuner*, in: VVDStRL 11 (1954), S. 225–227; ders., Der Bereich der Regierung, in: Rechtsprobleme in Staat und Kirche, S. 253–301, hier: S. 270 f.; ders., Das Wesen des Staates und der Begriff des Politischen, in: *Hesse*, Staatsverfassung und Kirchenordnung, S. 225–260, insbesondere: S. 247–260; ders., Konsens und Pluralismus als verfassungsrechtliches Problem, S. 55–68. Siehe auch Herbert Krügers deutliche Einheitsorientierung, in: *Krüger*, Die Stellung der Interessenverbände in der Verfassungswirklichkeit. Vgl. zur Einheitsorientierung der Smend-Schule hinsichtlich des Staates allgemein: *Korioth*, Integration und Bundesstaat, S. 282–289; *Möllers*, Staat als Argument, S. 237–240.

sammensetzung für diesen Zweck zunächst geeigneter als das Parlament.[466]) Gleichzeitig erwies sich der Denkstil aber auch als anpassungsfähig genug, um unter dem Mantel einer solchen Einheitsorientierung bereits in den fünfziger Jahren erstmals pluralistische Elemente zu transportieren. Der kontraktuelle Zug der Integrationslehre schuf Raum, um etwa im Sinne Ernst Fraenkels gesellschaftliche Gruppen in die Theorie mit einzubinden. Bereits 1951 forderte Ulrich Scheuner dazu auf, bei der Verfassungsinterpretation den Einfluß von Parteien und Interessengruppen auf das politische Leben stärker zu berücksichtigen.[467]) Noch eindeutiger in diese Richtung ging der junge Horst Ehmke in seiner Dissertation, in der er den Pluralismus der sozialen, wirtschaftlichen und politischen Gruppen als die „Lebensbedingung unserer verfassungsmäßigen Ordnung" bezeichnete. Aufgabe von Parteien, Parlament und Regierung sei es, als politisches „Clearing-System" für den einigenden Zusammenschluß zu sorgen und auf diese Weise die politische Einheit herzustellen.[468])

Aber auch die *Verfassung* wurde *als Einheit*, als ein überwiegend widerspruchsfreies Ganzes aufgefaßt.[469]) Vor allen Dingen sollte sie eine integrierende Wirkung entfalten und Konflikte zwischen den Rechtssubjekten abbauen bzw. vermeiden helfen. Hierzu bedurfte es einer Verfassungsinterpretation, durch die Spannungen und Widersprüche zwischen einzelnen Artikeln des Grundgesetzes nicht zugespitzt, sondern entschärft und zum Ausgleich gebracht wurden. Gemäß dem Grundsatz „Einheit der Verfassung" war die einzelne Norm bewußt nicht isoliert zu betrachten, sondern in den Sinnzusammenhang der Verfassung zu stellen. Hier findet sich bereits das angedeutet, was später mit dem Begriff der praktischen Konkordanz als „Auslegungsprinzip der Harmonisierung" bezeichnet wurde.[470]) Kollidierende Verfassungsgüter

[466]) *Scheuner*, Grundfragen des modernen Staates, S. 146–148; ders., Der Bereich der Regierung, in: Rechtsprobleme in Staat und Kirche, S. 253–301, insbesondere: S. 276–290. Vgl. hierzu *Schlaich*, Von der Notwendigkeit des Staates, S. 14; *Kaiser*, Einige Umrisse des deutschen Staatsdenkens seit Weimar, S. 8.

[467]) *Scheuner*, Grundfragen des modernen Staates, S. 144–146. Vgl. auch ders., Die institutionellen Garantien des Grundgesetzes, S. 102–106; ders., Staatliche Intervention im Bereich der Wirtschaft. Rechtsformen und Rechtsschutz, in: VVDStRL 11 (1954), S. 1–74, hier: S. 49–53 und 225–227; ders., in: *Beutler*, Der Staat und die Verbände, S. 10–18 und 47f.; Depositum *Ehmke*, Nr. 210 (Scheuner an Ehmke vom 20. 10. 1952).

[468]) *Ehmke*, Grenzen der Verfassungsänderung, S. 105–118. Vgl. auch Depositum *Ehmke*, Nr. 210 (Ehmke an Scheuner vom 14. 11. 1952).

[469]) Z.B. Ulrich *Scheuner*, Staatliche Intervention im Bereich der Wirtschaft, in: VVDStRL 11 (1954), S. 1–74, hier: S. 20f.; ders., Die institutionellen Garantien des Grundgesetzes, S. 99; *Ehmke*, Grenzen der Verfassungsänderung, S. 56f. und 98f.; ders., Prinzipien der Verfassungsinterpretation, in: VVDStRL 20 (1963), S. 53–102, hier: S. 77–97; *Smend*, Integrationslehre, S. 479f.; *Hesse*, Die normative Kraft der Verfassung, insbesondere: S. 18–20; *Bäumlin*, Staat, Recht und Geschichte, S. 26–30; *Müller*, Die Einheit der Verfassung. Vgl. hierzu auch *Friedrich*, Rudolf Smend 1882–1975, S. 18.

[470]) Z.B. Ulrich *Scheuner*, in: VVDStRL 20 (1963), S. 125f.; ders., Pressefreiheit, in: VVDStRL 22 (1965), S. 1–100, insbesondere: S. 53; *Hesse*, Grundzüge des Verfassungs-

sollten auf verhältnismäßige Weise zugeordnet und beide so zu optimaler Geltung gebracht werden. Auffällig ist hierbei, daß die Smend-Schule trotz ihrer ethischen Ausrichtung und Wertorientierung dennoch bei der Verwendung des vom Bundesverfassungsgericht in seiner Lüth-Entscheidung aus dem Jahre 1958[471]) propagierten Begriffs des Wertsystems ausgesprochen zurückhaltend war, obwohl dieses Verständnis ursprünglich von Rudolf Smend selbst in „Verfassung und Verfassungsrecht" als Zuspitzung seines Einheitsdenkens entwickelt worden war. Die Grundrechte konstituierten für die Smend-Schule in der Nachkriegszeit kein lückenloses und hierarchisch gegliedertes Anspruchssystem, sondern sie waren als einzelne Freiheitsverbürgungen Elemente einer zusammenhängenden, objektiven (Wert-)Ordnung, die als ethische Grundlage dem gesamten Gemeinwesen ihren Stempel aufdrückte, ohne damit die gesetzgeberische Freiheit übermäßig einzuschränken.[472]) Mit dieser betonten Distanz zum Verständnis der Grundrechte als Wertsystem schuf die Smend-Schule bereits die Basis für ihre kritische Grundhaltung, aus der heraus sie sich in den sechziger Jahren mit der Rechtsprechung des Bundesverfassungsgerichts auseinandersetzte.

In engem Zusammenhang mit der Einheitsorientierung steht auch die von der Smend-Schule angestrebte *methodische Überwindung der Entgegensetzung von Norm und Wirklichkeit.*[473]) Die rechtliche Normierung und die kon-

rechts, insbesondere: S. 28f. und 125f.; Richard *Bäumlin*, Das Grundrecht der Gewissensfreiheit, in: VVDStRL 28 (1970), S. 3–32, hier: S. 18–20.

[471]) BVerfGE 7, 198 (205). In diesem Beschluß entschied das Bundesverfassungsgericht die Frage, inwieweit die Meinungsäußerungsfreiheit auch unter Privaten Wirksamkeit entfalte und damit ein Boykottaufruf gegen den NS-Propagandafilm „Jud Süß" von Veit Harlan zulässig sei.

[472]) Z.B. *Ehmke*, Grenzen der Verfassungsänderung, S. 95f.; *Scheuner*, Grundfragen des modernen Staates, S. 157f. Später: Horst *Ehmke*, Prinzipien der Verfassungsinterpretation, in: VVDStRL 20 (1963), S. 53–102, hier: S. 82–86 und 89; Ulrich *Scheuner*, Pressefreiheit, in: VVDStRL 22 (1965), S. 1–100, hier: S. 37–40, 51f. und 204; *Hesse*, Grundzüge des Verfassungsrechts, S. 118–121; Richard *Bäumlin*, Das Grundrecht der Gewissensfreiheit, in: VVDStRL 28 (1970), S. 3–32, hier: S. 19; *Müller*, Normstruktur und Normativität, S. 126 und 213; ders., Die Positivität der Grundrechte. Vgl. auch Smends Distanzierung von einer übertriebenen systematischen Betrachtungsweise der Grundrechte: *Smend*, Die Vereinigung der Deutschen Staatsrechtslehrer und der Richtungsstreit, S. 626f. Dementsprechend sind auch in Smends Zusammenfassungen seiner Integrationslehre die Begriffe Wertordnung und Wertsystem nicht mehr zu finden: *Smend*, Integrationslehre; ders., Integration.

[473]) Z.B. Gerhard *Leibholz*, Verfassungsrecht und Verfassungswirklichkeit (1955), in: ders., Strukturprobleme der modernen Demokratie, S. 277–281; *Scheuner*, Grundfragen des modernen Staates, S. 135f.; *Ehmke*, Grenzen der Verfassungsänderung, insbesondere: S. 54f.; *Smend*, Integrationslehre, S. 478; *Hesse*, Der Rechtsschutz durch staatliche Gerichte im kirchlichen Bereich, S. 28–35; ders., Die normative Kraft der Verfassung; ders., Die verfassungsrechtliche Stellung der politischen Parteien im modernen Staat, in: VVDStRL 17 (1959), S. 11–52, hier: S. 11–16; *Bäumlin*, Staat, Recht und Geschichte; *Hennis*, Verfassung und Verfassungswirklichkeit. Vgl. hierzu *Korioth*, Integration und Bundesstaat, S. 299–303; *Friedrich*, Rudolf Smend 1882–1975, S. 19.

krete politische Wirklichkeit sollten nicht isoliert betrachtet, sondern miteinander in Beziehung gesetzt und „in ihrem unlösbaren Zusammenhang wie in ihrer gegenseitigen Bedingtheit gesehen werden."[474]) Dies hieß beispielsweise für Konrad Hesse, einerseits die rechtliche Verfassung auf die Wirklichkeit zu beziehen, um sie bei der Interpretation den aktuellen Gegebenheiten anzupassen, und andererseits die Verfassungspraxis unablässig am Verfassungstext zu messen, um dem Grundgesetz so eine optimale normative Geltung zu verschaffen. Aus diesem Blickwinkel war das Verhältnis von beiden Komponenten grundsätzlich weniger von Dichotomie und Spannung als vielmehr von Ausgleich und gegenseitiger Zuordnung geprägt. Dies brachte es im übrigen auch mit sich, daß die herkömmliche staatsrechtliche Begrifflichkeit und Dogmatik immer wieder von neuem an der konkreten politischen Praxis zu messen war und dieser angepaßt bzw. im Extremfall ganz verabschiedet werden mußte.

Dieser methodische Ansatz führte dazu, daß sich die Smend-Schule sowohl vom Rechtspositivismus als auch vom Denkstil der Schmitt-Schule mit scharfen Worten abgrenzte. Smends Wirklichkeitsorientierung stellte in den zwanziger Jahren einen bewußten Gegenentwurf zur methodischen Ausrichtung des damals vorherrschenden Positivismus dar, der geradezu eine Isolierung des spezifisch juristischen Elements erreichen wollte. Dementsprechend polemisierte Smend bis zu seinem Lebensende gegen den Rechtspositivismus. Speziell Paul Laband – so Smend beispielsweise im Jahre 1939 – habe „eine zweite Periode der Geschichte der Disziplin im 19. Jahrhundert verhängnisvoll eingeleitet", in der die Einheit des Staatsrechts zerrissen worden sei.

> So entsteht jenes seltsame Bild eines sinnentleerten Systems von Kompetenz- und Machtparzellen, das zum Leben an sich keine Beziehung hat, wohl aber durch Nichterfüllung der dieser Wissenschaft obliegenden Aufgaben lebensschädigend wirken muß.[475])

Nicht weniger kritisch beurteilten auch seine Schüler den Rechtspositivismus. Sie sahen darin eine „erschreckend verkürzte Sicht menschlichen Lebens und Zusammenlebens"[476]) bzw. eine „bloße Rechtfertigung des Gegebenen"[477]). Von der positivistischen Richtung seien keine Probleme erörtert, sondern lediglich Begriffe entwickelt worden. Erst dann werde die Staatsrechtslehre ihrer Aufgabe als zeitgemäßer normativer Wissenschaft gerecht, wenn sie sich vollständig von dieser Tradition losgesagt habe.[478])

[474]) *Hesse*, Die normative Kraft der Verfassung, S. 6.

[475]) *Smend*, Der Einfluß der deutschen Staats- und Verwaltungsrechtslehre des 19. Jahrhunderts auf das Leben in Verfassung und Verwaltung, S. 334f. Vgl. z.B. auch ders., Integrationslehre, S. 478; ders., Integration, S. 485.

[476]) *Ehmke*, Grenzen der Verfassungsänderung, S. 27.

[477]) Von *Oertzen*, Die soziale Funktion des staatsrechtlichen Positivismus, S. 260.

[478]) Z.B. *Scheuner*, Grundfragen des modernen Staates, S. 126; ders., Der Bereich der Regierung, in: Rechtsprobleme in Staat und Kirche, S. 253–301, hier: S. 267f. und 279; ders., Rezension zu Horst Ehmke, Grenzen der Verfassungsänderung; ders., Hegel und die deutsche Staatslehre des 19. und 20. Jahrhunderts, S. 148f.; ders., Das Wesen des Staates und der

In gleicher Weise negativ beurteilte die Smend-Schule den Denkstil der Schmitt-Schule. Das zeigt sich schon allein darin, daß sie ihn als die Fortführung des Positivismus in einem soziologischen Sinne betrachtete. Aus ihrer Sicht ersetze nunmehr die „Anbetung der Fakten“ das, was man früher hinter der „Anbetung des Gesamtwortlauts“ versteckt habe.[479]) Daß Smend und Schmitt sich einmal der gleichen Fraktion in der Staatsrechtslehre zugehörig gefühlt hatten, trat völlig in den Hintergrund. Statt dessen grenzte man sich scharf ab von Schmitts Staatsverständnis, von seiner Orientierung am Ausnahmezustand und an der Dezision.[480]) Selbst Ulrich Scheuner, der sich sonst mit kritischen Äußerungen eher zurückhielt, sprach von Carl Schmitts „trickreicher Begriffsakrobatik“[481]) und kommentierte dessen Text „Die Tyrannei der Werte“ mit den Worten:

> Hier wird jede Wertvorstellung schlechthin abgelehnt. [...] Rückkehr zum Positivismus? Wohl mehr noch: Wertnihilismus und Dezisionismus, wobei dann eben die Sicherungen unserer heutigen Verfassung vorher abgebaut werden.[482])

Zu dieser inhaltlichen Differenz kam aber ebenso von seiten der Smend-Schule ein persönliches Moment hinzu. Rudolf Smend ging seinem Konkurrenten Carl Schmitt – wohl teilweise aus Verbitterung über sein reueloses Verhalten[483]) –

Begriff des Politischen in der neueren Staatslehre, in: *Hesse*, Staatsverfassung und Kirchenordnung, S. 225–260, hier: 226–235 und 247; ders., Rezension zu Richard Bäumlin, Staat, Recht und Geschichte; ders., Die Vereinigung der Deutschen Staatsrechtslehrer in der Zeit der Weimarer Republik, insbesondere: S. 349 f.; *Hesse*, Die normative Kraft der Verfassung, S. 7; *Zwirner*, Politische Treupflicht des Beamten, S. 121–136; *Ehmke*, „Staat“ und „Gesellschaft“ als verfassungstheoretisches Problem, in: *Hesse*, Staatsverfassung und Kirchenordnung, S. 23–49, hier: S. 41 f.; *Hennis*, Integration durch Verfassung?, S. 366–369.

[479]) Depositum *Ehmke*, Nr. 504 (Ehmke an Loewenstein vom 26. 3. 1957). Vgl. zudem ders., Rezension zu Peter Schneider, Ausnahmezustand und Norm, S. 189; *Hesse*, Die normative Kraft der Verfassung, S. 7. Ulrich Scheuner sprach gleichfalls vom „Positivismus neuer Art“ bzw. vom „formalen Normativismus“ der Schmitt-Schule. In: Depositum *Ehmke*, Nr. 210 (Scheuner an Ehmke vom 30. 1. 1962); *Scheuner*, Die neuere Entwicklung des Rechtsstaats in Deutschland, S. 259 f.; ders., Rudolf Smend zum 80. Geburtstag, S. 183 f.

[480]) Z. B. *Ehmke*, Grenzen der Verfassungsänderung, S. 33–53; ders., Rezension zu Peter Schneider, Ausnahmezustand und Norm; ders., Rezension zu Joseph H. Kaiser, Die Repräsentation organisierter Interessen; Depositum *Ehmke*, Nr. 210 (Ehmke an Scheuner vom 16. 5. 1960: „Nihilismus plus eine teils aber auch nur schlicht kleinbürgerliche Angst vor der Unordnung, die mit begrifflicher Kraftmeierei, Dezisionismus und Anbetung zu überwinden gesucht wird, zeichnen dieses [Schmitts] Denken aus.“); *Smend*, Integrationslehre, S. 479 f.; *Hesse*, Die normative Kraft der Verfassung, S. 7f.; *Bäumlin*, Staat, Recht und Geschichte, S. 20 und 31; *Hennis*, Verfassung und Verfassungswirklichkeit, S. 34. Vgl. hierzu auch die scharfe Kritik von *Scheuner*, *Smend* und *Leibholz* an Werner Webers Staatsverständnis, in: VVDStRL 11 (1954), S. 225–227, 239–241 und 249–251.

[481]) Depositum *Ehmke*, Nr. 210 (Scheuner an Ehmke vom 12. 4. 1959).

[482]) Depositum *Ehmke*, Nr. 210 (Scheuner an Ehmke vom 8. 5. 1960). Vgl. z. B. auch *Scheuner*, Das Wesen des Staates und der Begriff des Politischen, in: *Hesse*, Staatsverfassung und Kirchenordnung, S. 225–260, hier: S. 225 f., 242 f. und 257 f.

[483]) Vgl. hierzu Nachlaß *Krüger*, Smend an Krüger vom 4. 5. 1956.

bewußt aus dem Weg. Wie weit die persönliche Abneigung auch bei einem seiner Schüler ging, zeigt eine Passage aus einem Brief von Wilhelm Hennis an Roman Schnur aus dem Jahre 1994:

> Wir hatten sehr verschiedene Lehrer. Dank und Pietät verbindet mich nur mit meinem. Der Ihre – Sie ehren ihn zurecht [sic!] – war mir immer fremd. Ich habe ihn distanziert respektiert, gemocht nie.[484])

Wenn wir Smends Grundhaltung bereits in ihrem Kern als *harmonistisch* bezeichnet haben, so trifft diese Charakterisierung weitgehend auch für den Denkstil seiner Schüler zu. Integration und Einheit sind die Ausgangspunkte ihres Denkens. Begriffe wie Konsens, Konkordanz, Ordnung, Wert und Frieden prägen ihre Texte auf entscheidende Weise. Die Smend-Schule orientierte sich somit in bewußter Abgrenzung von der Schmitt-Schule am wohlgeordneten und friedlichen Normalzustand. Ulrich Scheuner brachte dies gegen Ende seines Lebens in einem Brief an Carl Schmitt auf die Formel:

> In der grundlegenden Sicht der politischen Grundphänomene bestehen zwischen uns gewiß tiefere Unterschiede. Ohne zu verkennen, daß das Antagonistische, der Kampf um die Macht ein Bestandteil des Politischen ist, würde ich es nicht als das eigentliche Grundmotiv ansehen, sondern die Stiftung von Frieden und Ordnung.[485])

Zwar existierten im Denken der Smend-Schule gesellschaftliche und politische Konflikte, doch man besaß die Zuversicht, daß diese sich lösen ließen, wenn einerseits das Gemeinwesen reformfähig blieb und sich andererseits in der Bevölkerung eine ethisch fundierte, gemeinschaftsbezogene und politisierte Grundhaltung durchsetzte. Die Möglichkeit politischer Systemopposition von Gruppierungen, die sich in das Gemeinwesen gerade nicht integrieren ließen, blieb hingegen weitgehend ausgeblendet. Die Smend-Schule vertraute in die Funktionsfähigkeit der Verfassungsordnung, und entsprechend skeptisch beurteilte sie die im Grundgesetz vorgesehenen Mittel des präventiven oder repressiven Verfassungsschutzes.[486]) Insgesamt bewertete sie damit das bundesdeutsche Verfassungssystem weit positiver als die Schmitt-Schule. 1949 hatte Deutschland aus ihrer Sicht eine zweite demokratisch-rechtsstaatliche Chance bekommen, und diese galt es mit allen Mitteln zu nutzen bzw. gegen Infragestellungen – am besten argumentativ – zu verteidigen.

[484]) Nachlaß *Schnur*, Nr. 127 (Hennis an Schnur vom 10. 4. 1994).

[485]) Nachlaß *Schmitt*, Nr. 12448 (Scheuner an Schmitt vom 8. 7. 1978). Vgl. auch ebda., Nr. 12446 (Scheuner an Schmitt vom 18. 12. 1972); Ulrich *Scheuner*, Der Bereich der Regierung, in: Rechtsprobleme in Staat und Kirche, S. 253–301, hier: S. 271 f.; ders., Das Wesen des Staates und der Begriff des Politischen in der neueren Staatslehre, in: *Hesse*, Staatsverfassung und Kirchenordnung, S. 225–260, hier: S. 257 f.; Peter *Häberle*, in: VVDStRL 30 (1972), S. 187.

[486]) Z. B. Ulrich *Scheuner*, Der Verfassungsschutz im Bonner Grundgesetz, in: Um Recht und Gerechtigkeit, S. 313–330, insbesondere: S. 330; *Hesse*, Grundzüge des Verfassungsrechts, insbesondere: S. 250 f.

Auch beim Vergleich der persönlichen Umgangsformen zeigt sich, daß man hier weit eher darauf achtete, höfliche bzw. harmonische Formen zu wahren, als dies in der Schmitt-Schule der Fall war. Rudolf Smend und Ulrich Scheuner, die beiden ältesten und anerkanntesten Angehörigen des Denkkollektivs, stellten zwei entschieden integrative und auf Ausgleich bedachte Persönlichkeiten dar. In der nachwachsenden Schüler-Generation war man hingegen schon weit eher bereit, Gegensätze bewußt herauszustreichen und nötigenfalls auch in einer offenen und sachlichen Auseinandersetzung deutliche Worte zu finden. Horst Ehmkes und Wilhelm Hennis' streitbarer Charakter hebt sich von der Konsensorientierung der älteren Generation deutlich ab. Und dennoch, der Denkstil besitzt auch hier im Vergleich zur Schmitt-Schule unübersehbar eine harmonistische Komponente: Man arbeitete weit weniger mit eindeutigen Feindbildern, man hielt sich auch in Briefen untereinander mit Kritik an Kollegen zurück, und der Sprachstil ist eher engagiert und bestimmt als offen aggressiv und feindselig.

Abschließend ist hier noch die Frage zu beantworten, wer dem Denkkollektiv im einzelnen angehörte. Joseph H. Kaiser hat in diesem Zusammenhang die Zugehörigkeit von *Ulrich Scheuner* grundsätzlich bestritten.[487]) Scheuner habe sich nicht, wie vielfach behauptet, bei Smend habilitiert, und ihr Verhältnis sei zeitlebens von strikter Distanz geprägt gewesen. Zudem zeige sich auf der ideellen Ebene, daß für Smend das individuelle Erlebnis die zentrale staatsbegründende Kategorie darstelle, wohingegen in Scheuners Denken dem Erlebnis grundsätzlich keine maßgebliche Bedeutung zukomme. Indessen sei für Scheuner der Staat sowohl als zeitlose menschliche Grundform als auch als konkrete historisch gewachsene Erscheinung Ausgangspunkt des Denkens, was in dieser Weise für Smend nicht zutreffe. Hier versteht Kaiser den Denkstil der Smend-Schule zu statisch und übersieht vor allem die von Smend selbst in der Nachkriegszeit vorgenommene Umdeutung seiner Integrationslehre. Aufgrund dieser Anpassungsfähigkeit war Smends Theorie auch für Scheuner attraktiv, fand er doch – neben der methodischen Übereinstimmung im Sinne der geisteswissenschaftlichen Richtung – in den konsensualen und integrativen Aspekten des Staates, welche in der Integrationslehre besonders betont wurden, eine willkommene Basis für sein auf Gemeinschaft, Ordnung, Frieden und Zustimmung aufbauendes Staatsverständnis. Zudem ist Kaiser entgegenzuhalten, daß er Ulrich Scheuners Biographie aus einem allzu formalen Blickwinkel betrachtet. Tatsächlich hatte sich dieser im Jahre 1930 nicht bei Rudolf Smend, sondern bei Heinrich Triepel und dem Zweitgutachter Wilhelm Kahl (1849–1932) mit einer Arbeit über den Rechtsstaatsgedanken in der Weimarer Verfassung habilitiert, dennoch war er in seiner Berliner Zeit Ende der zwanziger Jahre Assistent nicht nur bei Triepel, sondern eben auch bei Smend gewe-

[487]) *Kaiser*, Einige Umrisse des deutschen Staatsdenkens seit Weimar.

sen und wurde hier maßgeblich von diesem beeinflußt.[488]) So ist es zu erklären, daß Scheuner sich immer wieder besonders zu Smend und weniger zu Triepel als seinem akademischen Lehrer bekannte[489]) und ihm zeitlebens persönlich verbunden blieb. Scheuner zählte zu den Staatsrechtslehrern, die wohl den engsten Kontakt zu Smend pflegten und diesem immer wieder mit Rat zur Seite standen. Kaisers Einordnung von Scheuner erscheint somit als ein Versuch, den eigenen akademischen Lehrer im nachhinein aus dem Umfeld des konkurrierenden Denkkollektivs herauszulösen und diesen, indem er besonders die etatistische Komponente von dessen Grundhaltung hervorhob, in die Nähe des eigenen Denkstils zu rücken.

Ulrich Scheuner promovierte im Jahre 1925 mit einer Arbeit über „Die Lehre vom echten Parlamentarismus“[490]), in der er sich erstmals ausgiebig mit der angelsächsischen parlamentarischen Tradition auseinandersetzte. Hier warnte er zum einen vor einer Überschätzung des Gleichgewichtsmodells zwischen Exekutive und Legislative, das in der deutschen politischen Theorie weitverbreitet war, betonte zum zweiten den zwangsläufig parteienstaatlichen Charakter des modernen Parlamentarismus und wies zum dritten auf die Unvereinbarkeit eines selbständigen Staatsoberhauptes mit dem Wesen des Parlamentarismus hin. Mit dieser Stellungnahme, in der er an der grundsätzlichen Funktionsfähigkeit des parlamentarischen Regierungssystems, falls es sich der westlichen Tradition annäherte, keinen Zweifel ließ, vertrat Scheuner Ende der zwanziger Jahre in der Staatsrechtslehre, dies ist zu betonen, eine Mindermeinung.[491]) Doch je stärker die Staatskrise zu Beginn der dreißiger Jahre um sich griff, desto mehr befürwortete auch er eine autoritäre Lösung unter weitgehender Ausschaltung des Parlaments.[492]) 1933 übernahm er seinen ersten Lehrstuhl in Jena, sein Verhältnis zum Nationalsozialismus blieb jedoch ambivalent. Er signalisierte zwar bis 1943 grundsätzliche Zustimmung, zog sich aber zunehmend auf das Gebiet des Verwaltungs- und Völkerrechts zurück, hielt am Staat als unverzichtbarer Ordnungsinstanz fest[493]) und war

488) Zu Scheuners Biographie: Ulrich *Huber*, in: ders. und *Schlaich*, In memoriam Ulrich Scheuner, S. 7–12.

489) Z.B. Nachlaß *Schmitt*, Nr. 12434 (Scheuner an Schmitt vom 10. 7. 1938). Vgl. auch *Schlaich*, Von der Notwendigkeit des Staates, S. 7–10; Ulrich *Huber*, in: ders. und *Schlaich*, In memoriam Ulrich Scheuner, S. 7–12, hier: S. 8.

490) Abgedruckt: *Scheuner*, Über die verschiedenen Gestaltungen des parlamentarischen Regierungssystems.

491) Vgl. *Möller*, Parlamentarismus-Diskussion in der Weimarer Republik, S. 153 f.

492) Vgl. Nachlaß *Schmitt*, Nr. 12430–12433 (Scheuner an Schmitt vom 24. 11. 1931–4. 9. 1932).

493) Z.B. Nachlaß *Schmitt*, Nr. 12434 (Scheuner an Schmitt vom 10. 7. 1938). Vgl. auch Scheuners nachträgliche Deutung des Nationalsozialismus als eine Erschütterung des Staatsgedankens, in: *Scheuner*, Hegel und die deutsche Staatslehre des 19. und 20. Jahrhunderts, S. 150.

allgemein bemüht, seinem ausgleichenden Temperament folgend, pragmatische Lösungen zu finden.[494]

Als Ordinarius in Bonn ab 1950 avancierte Ulrich Scheuner zu dem wohl einflußreichsten bundesdeutschen Staatsrechtslehrer der Nachkriegszeit. Er genoß unter seinen Kollegen aufgrund seiner umfassenden historischen Bildung und seiner auf Ausgleich und Konsens bedachten Persönlichkeit ein herausragendes Ansehen. Seine zahlreichen, im Hinblick auf die Seitenzahl immer wieder ausufernden Aufsätze zeigen auf anschauliche Weise, wie er ständig um eine differenzierte und zeitgemäße Erfassung des Rechtsstoffes rang. Vor Scheuners allseits anerkannter Autorität konnte auch die Schmitt-Schule die Augen nicht verschließen. Für sie war er geradezu der Prototyp des angepaßten bundesdeutschen Staatsrechtslehrers, der die verhängnisvollen Konsequenzen seines Handelns nicht sehen wollte.[495]

Wie bereits angedeutet, war Scheuners zentrales Thema, auf das er immer wieder in seinen Abhandlungen zurückkam, der Staat[496] – und nicht etwa die Verfassung, wie sonst in der Smend-Schule. Scheuner hatte das funktionale Staatsbild der Liberalismus, das auf der Vertragstheorie beruhte, endgültig verabschiedet. Der Staat war für ihn unvergänglich, er war der einzig vorstellbare Ordnungs-, Friedens- und Gerechtigkeitsgarant, denn er allein war in der Lage, die als notwendig erachtete politische Einheit zu stiften. Die menschliche Existenz war ohne den Staat schlichtweg nicht vorstellbar. Gemäß der Integrationslehre war der Staat allerdings keine dem einzelnen übergeordnete Einheit,

[494] Vgl. z. B. *Scheuner*, Die nationale Revolution; ders., Die Rechtsstellung der Persönlichkeit in der Gemeinschaft; ders., Die deutsche Staatsführung im Kriege; ders., Das europäische Gleichgewicht und die britische Seeherrschaft. Zu Scheuner in der Zeit nach 1933 allgemein: *Stolleis*, Geschichte des öffentlichen Rechts in Deutschland, 3. Band, insbesondere: S. 278 und 322. Speziell zu seinem Artikel „Die nationale Revolution": *Becker*, „Schritte auf einer abschüssigen Bahn", S. 125–131.

[495] Z. B. Nachlaß *Schmitt*, Nr. 3751 (Forsthoff an Schmitt o.D.: „[W]enn die Rolle des Außenseiters […] traurig ist, dann geht die des Innenseiters – dessen Prototyp m.E. Scheuner ist – an die Selbstachtung."), 3810 (Forsthoff an Schmitt vom 22. 12. 1956: „Scheuner ist nachgerade zu einem Fall geworden, von dem ich nicht weiß, ob man ihn als tragisch oder tragikomisch bezeichnen soll.") und 3886 (Forsthoff an Schmitt vom 24. 7. 1966: „Denn es ist für die Themen [Staat, Technik, Recht] keineswegs von Vorteil, wenn sie vor der [Staatsrechtslehrer-]Vereinigung abgehandelt werden und damit den Scheuners ausgeliefert sind."); Nachlaß *Schnur*, Nr. 13 (Schnur an Quaritsch vom 25. 11. 1971).

[496] So auch Scheuner in der Skizzierung seines eigenen Werkes, in: Depositum *Ehmke*, Nr. 210 (Scheuner an Ehmke vom 27. 12. 1963). Vgl. des weiteren z. B. Ulrich *Scheuner*, in: VVDStRL 11 (1954), S. 225–227; ders., in: VVDStRL 13 (1955), S. 67–69; ders., Der Bereich der Regierung, in: Rechtsprobleme in Staat und Kirche, S. 253–301, hier: S. 270f.; ders., Die Parteien und die Auswahl der politischen Leitung im modernen Staat, S. 641–643; ders., Das Wesen des Staates und der Begriff des Politischen, in: *Hesse*, Staatsverfassung und Kirchenordnung, S. 225–260, insbesondere: S. 247 und 253–260; ders., Staat; Nachlaß *Schmitt*, Nr. 12447 (Scheuner an Schmitt vom 16. 4. 1974: „In der Tat würde wohl für die heutige Situation der Bundesrepublik nur die Konzeption als Staat gangbar sein […]."). Vgl. hierzu auch *Schlaich*, Von der Notwendigkeit des Staates, S. 1–7.

sondern er war auf den Menschen bezogen und insofern das konkrete Resultat menschlichen Handelns, das wiederum ethisch bestimmt sein mußte. In den Worten Scheuners war der Staat „eine geistige Wirklichkeit, [...] ein Lebensprozeß, der die Menschen zu einer Wirkungseinheit kraft einer geistigen Zuordnung zusammenschließt."[497]) Mit dieser Sichtweise ist es zu erklären, daß Scheuner bereits in der Schlußphase der Weimarer Republik die zentrale Bedeutung von Parteien für den politischen Willensbildungsprozeß erkannt hatte und zu Beginn der fünfziger Jahre erneut einerseits dezidiert pluralistische und andererseits sozialstaatliche Komponenten in sein Denken einbaute. Die ideelle Herleitung solcher Neuansätze erfolgte wie schon in seiner Dissertation unter Rückgriff auf die westlich-angelsächsische politische Theorie, mit der er sich in der Nachkriegszeit ausgiebig auseinandersetzte. So schrieb er im Jahre 1955 an Roman Schnur:

> Da meine Interessen z.Zt. mehr auf die angelsächsische Linie der modernen Staatstheorien gehen, so bin ich den französischen Ideen etwas ferner.[498])

Auf diese Weise gelangte er beispielsweise zu der Einsicht, daß sich das heutige Verständnis von demokratischer Repräsentation von der kontinentalen Tradition loslösen müsse, um den aktuellen Problemen gerecht zu werden. In einem Aufsatz von 1957 kam er dementsprechend zu dem Fazit:

> Um [die Probleme der heutigen Demokratie] richtig zu sehen, muß man freilich mit aller Entschiedenheit das englische Bild der Demokratie vor Augen haben, für das sie Führung und Staatsleitung als anvertrauter „trust" (*Locke*) und Gründung aller Macht auf die freie Wahl ist, und nicht die Formel *Rousseaus* von der Identität von Regierenden und Regierten, die entweder schwärmerischer Verkennung der Notwendigkeit politischer Überordnung oder illimitierte Rechtfertigung der Herrschaft als Übereinstimmung mit dem wahren Gemeinwillen bedeuten kann.[499])

Für Scheuner war es unabdingbar, daß sich in der Bevölkerung eine dezidierte Staatsgesinnung durchsetzte und der Staat hierbei als eine ethisch verpflichtende Aufgabe angesehen wurde.[500]) Es lag somit förmlich auf der Hand, daß er bei seinem Engagement für ein angemessenes Staatsbewußtsein immer wieder mit Werner Weber zusammenstieß, einem anderen prominenten Verfechter einer staatstreuen Gesinnung auf seiten der Schmitt-Schule. Scheuner warf

[497]) Ulrich *Scheuner*, Das Wesen des Staates und der Begriff des Politischen, in: *Hesse*, Staatsverfassung und Kirchenordnung, S. 225–260, hier: S. 249.

[498]) Nachlaß *Schnur*, Nr. 3 (Scheuner an Schnur vom 14. 5. 1955).

[499]) *Scheuner*, Das parlamentarische Regierungssystem in der Bundesrepublik, S. 634f. (Hervorhebungen im Original). In diesem Sinne bereits: ders., Grundfragen des modernen Staates, S. 126–130; ders., Die institutionellen Garantien des Grundgesetzes, S. 88–91; ders., in: VVDStRL 11 (1954), S. 225–227.

[500]) Z.B. *Scheuner*, Nationalismus und Staatsbewußtsein in Deutschland; ders., Das parlamentarische Regierungssystem in der Bundesrepublik, S. 637f.; Depositum *Ehmke*, Nr. 210 (Scheuner an Ehmke vom 27. 12. 1963).

Weber vor, dieser konstruiere den Staat als außerhalb der gesellschaftlichen Gegensätze stehende Instanz und setze ihn einfach mit der Obrigkeit gleich[501]), was eben für ihn selbst in dieser Weise nicht zu akzeptieren war.

Ulrich Scheuner haftete zum einen in der Smend-Schule der wohl nicht ganz ernstgemeinte Ruf eines bürgerlicher Reaktionärs an – eine Bezeichnung, mit der er auch sich selbst charakterisierte.[502]) Sein Habitus war konservativ. Im Gegensatz zur nachwachsenden Generation des Denkkollektivs orientierte er sich parteipolitisch nicht nach links, blieb auf den Staat fixiert und achtete auch weiterhin im persönlichen Umgang peinlich genau darauf, daß äußerliche Formen eingehalten wurden. Zum anderen wurde ihm in der Staatsrechtslehre wiederholt seine extreme ideelle Wandlungsfähigkeit vorgeworfen. Auch aufgrund seiner vielfältigen Tätigkeiten als Gutachter und Prozeßvertreter der CDU vor dem Bundesverfassungsgericht galt er vielen als Anpasser und Opportunist[503]). In den Worten von Klaus Schlaich handelte es sich bei Scheuner um einen

> Neuerer, der aber nicht selbst bewegte und erneuerte; er ging von einer Bewegung aus, versuchte sie [...] positiv zu deuten und in die Überlieferung einzureihen.[504])

Gerade dieser Aspekt seiner Persönlichkeit ist es, der ihn für die Fragestellung dieser Arbeit nach Westernisierungseinflüssen in der Staatsrechtslehre besonders interessant macht. Seine Bedeutung für die bundesdeutsche Staatsrechtslehre liegt darin, daß er trotz seiner Zugehörigkeit zu einer Generation, die ihre wissenschaftliche Karriere noch in der Weimarer Zeit begonnen hatte, sich im Gegensatz zu vielen anderen seiner Kollegen nach 1945 als flexibel genug erwies, sein Denken grundlegend neu auf die Verfassungslage des Grundgesetzes auszurichten, von nun an immer wieder neue staatsrechtliche Trends mitzuvollziehen und sogar – dies allerdings nur in begrenztem Umfang – als Vorreiter innovativer Entwicklungen in Erscheinung zu treten. Nachdem in seinem Denken etwa seit Beginn der vierziger Jahre deutliche Elemente der konserva-

501) Z.B. Depositum *Ehmke*, Nr. 210 (Scheuner an Ehmke vom 20. 10. 1952 und vom 31. 12. 1957). Vgl. auch Ulrich *Scheuner*, in: VVDStRL 11 (1954), S. 225–227; ders., in: *Beutler*, Der Staat und Die Verbände, S. 10–18 und 47f. Siehe zudem den auf S. 90, Fn. 120, geschilderten Konflikt Scheuners mit Weber im Zusammenhang mit dessen Äußerungen vor der Freiherr-vom-Stein-Gesellschaft im Jahre 1960.

502) Z.B. Depositum *Ehmke*, Nr. 210 (Scheuner an Ehmke vom 16. 9. 1954, vom 27. 12. 1963 und vom 28. 12. 1965); *Ehmke*, Geburtstagsrede für Ulrich Scheuner, S. 17.

503) So beispielsweise Ernst-Wolfgang Böckenförde, in: Nachlaß *Schnur*, Nr. 7 (Böckenförde an Schnur vom 14. 7. 1963: „Wenn Scheuner nicht so ein Opportunist wäre, könnte er es gut [eine Rezension zu Carl Schmitts ‚Theorie des Partisanen' verfassen], denn er weiß genug."). *Ehmke* spricht in diesem Zusammenhang von Scheuners „barocker Affinität zur Macht" (in: ders., Geburtstagsrede für Ulrich Scheuner, S. 16), *Schlaich* sieht in Scheuners Anpassungsfähigkeit sein wissenschaftliches und politisches Programm (in: ders., Von der Notwendigkeit des Staates, S. 12).

504) *Schlaich*, Von der Notwendigkeit des Staates, S. 12f.

tiven Abendland-Ideologie zu finden gewesen waren[505]), zeigten sich in den fünfziger Jahren vor allem im Hinblick auf Parteien und Verbände erste Anzeichen einer Verwestlichung, was ihn dann in den sechziger Jahren teilweise in die Reihen derer führte, die explizit eine Westernisierung der bundesdeutschen Staatsrechtslehre erreichen wollten.

Damit unterschied er sich grundsätzlich von *Herbert Krüger*, der sich nach 1945 eher durch die Kontinuität seines Denkens hervortat. Krüger vertrat bis in die siebziger Jahre hinein gleichsam die autoritäre Variante von Smends Denkansatz.[506]) Folglich war er bereits in den fünfziger Jahren in die Smend-Schule, in deren Denken westliche Ideen immer mehr Eingang fanden, kaum mehr zu integrieren. Die Angehörigen der Smend-Schule schätzten Krügers fachliche Kompetenz, jedoch ein und derselben Gruppierung in der Staatsrechtslehre fühlten sie sich nicht mehr zugehörig. Krüger führte zumindest in den fünfziger Jahren einen regelmäßigen Briefwechsel mit Ulrich Scheuner und Rudolf Smend, die Distanz in fachlichen Fragen ist hier aber unübersehbar.[507]) Statt dessen näherte er sich, zumindest tendenziell, der Schmitt-Schule an, ohne sich deren Denkstil aber völlig anzuschließen.[508])

Herbert Krüger war ebenso wie Scheuner in erster Linie Etatist. Als dezidierter Hegelianer war sein Idealbild allerdings der souveräne, sich nicht identifizierende Staat, welcher über den gesellschaftlichen Interessen steht und welcher das Gemeinwohl zu repräsentieren hat. Primäre Aufgabe mußte es aus Krügers Sicht daher sein, die staatliche Handlungsfähigkeit gegenüber allen Infragestellungen der Zeit zu bewahren. Gemäß Smends Integrationslehre war der Staat in Krügers Weltbild nicht von vornherein vorgegeben, sondern er wurde von der Gesellschaft, die sich dadurch zu einem Untertanenverband degradierte, erst in ständiger dialektischer Auseinandersetzung hervorgebracht.

[505]) Z.B. Nachlaß *Schmitt*, Nr. 12436, 12438 und 12439 (Scheuner an Schmitt vom 4. 12. 1940, vom 5. 7. 1948 und vom 14. 8. 1949); *Scheuner*, Das europäische Gleichgewicht und die britische Seeherrschaft. Zu Scheuners Engagement in der „Abendländischen Akademie“: *Schildt*, Zwischen Abendland und Amerika, insbesondere: S. 63–67.

[506]) Vgl. *Grebing*, Konservative gegen die Demokratie, S. 393–397; Dian *Schefold*, Geisteswissenschaften und Staatsrechtslehre zwischen Weimar und Bonn, in: *Acham*, Erkenntnisgewinne, Erkenntnisverluste, S. 567–599, hier: S. 591 f. Siehe auch die kontinuierliche Kritik an Krügers etatistisch-antipluralistischer Grundhaltung von den sechziger Jahren an, z.B. in: *Stein*, Untertanenstaat oder freiheitliche Demokratie?; von der *Gablentz*, Der Staat als Mythos und Wirklichkeit, insbesondere: S. 138–152; *Uhlenbrock*, Der Staat als juristische Person, S. 149–152.

[507]) Vgl. Nachlaß *Krüger*. Vgl. hierzu z.B. auch die Stellungnahme von *Leibholz*, in: ders., Staat und Verbände, in: VVDStRL 24 (1966), S. 5–33, hier: S. 8.

[508]) So bereits 1952, als Krüger – trotz seiner Kritik, daß Werner Weber darauf verzichte, konkrete Alternativen aufzuzeigen – Webers umstrittener Sichtweise grundsätzlich zustimmte: *Krüger*, Rezension zu Werner Weber, Spannungen und Kräfte im westdeutschen Verfassungssystem. Vgl. hierzu auch Dian *Schefold*, Geisteswissenschaften und Staatsrechtslehre zwischen Weimar und Bonn, in: *Acham*, Erkenntnisgewinne, Erkenntnisverluste, S. 567–599, hier: S. 591 f.

Mit Krügers Staatsverständnis in engem Zusammenhang stand sein Antiliberalismus, die andere Konstante in seinem Denken. So schrieb er 1963 an Carl Schmitt:

Tröstlich finde ich vor allem, daß derjenige Liberalismus, gegen den wir alle in irgendeiner Gestalt gekämpft haben, nun mit der Ära Erhardt [sic!] wohl endgültig zu Grabe getragen wird, so daß diejenigen Auffassungen letztlich doch siegen werden, die man so gerne mit dem NS identifiziert hätte, um sie dadurch ein für allemal zu erledigen.[509])

Unter Anleitung von Rudolf Smend hatte sich Krüger im Jahre 1936 in Göttingen mit einer Arbeit über „Recht und Wirklichkeit" habilitiert.[510]) Ausgehend vom Etatismus entwickelte Krüger, nachdem er zuvor dem Umfeld der „Konservativen Revolution" angehört[511]) und von daher das Weimarer System von Grund auf kritisierte hatte, nach 1933 deutliche Affinitäten zum Nationalsozialsozialismus. Der Führer als Verkörperung der höchsten Sittlichkeit besaß für ihn nunmehr die Aufgabe, Staat und Volk zu einer höheren Einheit zusammenzuführen.[512]) Dies war bereits in der Frühphase der nationalsozialistischen Herrschaft ein wirklichkeitsfremdes, auf romantischer Euphorie beruhendes Wunschbild. Nach 1945 brachte es ihn, zumal er dem Regime aufgrund eines „landserhaften Fatalismus"[513]) bis zum Schluß die Treue gehalten hatte, in Mißkredit, so daß es für ihn zunächst ausgeschlossen war, seine Universitätskarriere fortzusetzen. Rolf Stödter vermittelte ihm daraufhin in Hamburg eine Stelle als Geschäftsführer im Verband deutscher Reeder. Diese Tätigkeit führte dazu, daß er sich in der verbandskritischen Stimmung der fünfziger Jahre geradezu zu einem Fürsprecher des bundesdeutschen Verbandswesens entwickelte. Zu seiner traditionell korporativistischen Grundhaltung[514]) kam nun das Bedürfnis, seine aktuelle Tätigkeit als Verbandsfunktionär nach außen hin zu rechtfertigen. Im Jahre 1956, als er bereits wieder auf einen Lehrstuhl nach Hamburg zurückgekehrt war, wandte er sich in einem Aufsatz[515]) speziell gegen die „Empiriker der politischen Wissenschaften", die hinsichtlich der Verbände nichts anderes zu liefern wüßten als eine „chronique scandaleuse". Indem die Verbände ebenso wie die politischen Parteien zu einer Homogenisie-

[509]) Nachlaß *Schmitt*, Nr. 8483 (Krüger an Schmitt vom 16. 7. 1963). Vgl. hierzu auch *Krüger*, Grundgesetz und Kartellgesetzgebung; ders., Staatsverfassung und Wirtschaftsverfassung; ders., Allgemeine Staatslehre, z.B. S. 349, 664f. und 667f.; ders., Von der Reinen Marktwirtschaft zur Gemischten Wirtschaftsverfassung; ders., Die deutsche Staatlichkeit im Jahre 1971.

[510]) Vgl. *Lösch*, Der nackte Geist, S. 343f.

[511]) Vgl. z.B. *Krüger*, Der moderne Reichsgedanke.

[512]) Z.B. *Krüger*, Führer und Führung.

[513]) Nachlaß *Krüger*, Krüger an Smend vom 12. 5. 1956.

[514]) Vgl. hierzu *Krüger*, Der Bundeswirtschaftsrat in verfassungspolitischer Sicht.

[515]) *Krüger*, Die Stellung der Interessenverbände in der Verfassungswirklichkeit. Vgl. hierzu auch ders., in: *Beutler*, Der Staat und die Verbände, S. 35–40 und 51f.; ders., Allgemeine Staatslehre, S. 379–407.

rung der gesellschaftlichen Interessen beitrügen, würden sie Ordnung schaffen und somit die Funktion einer Verbindungsstelle zwischen dem Staat und seinen Bürgern wahrnehmen. Sie würden insgesamt eine staatsähnliche Verantwortung tragen, geradezu ein Stück Staatlichkeit verwirklichen und seien in jedem Fall zumindest dem Bereich des Öffentlichen zuzurechnen. Krügers Feststellung, daß sich der Staat durch die Bürger selbst verwirkliche und die Verbände zur staatlichen Integration beitrügen, stellte hierbei erneut eine deutliche Analogie zu Smends Integrationslehre dar.[516]) Anstatt jedoch wie die Mehrheit der Smend-Schule die Kategorie Staat in den Hintergrund treten zu lassen, besaß hier die Gesellschaft wie schon bei Smend selbst einen staatsbezogenen und politisierten Charakter, und dementsprechend wurden die Verbände zumindest teilweise in den Bereich des übergeordneten Staates eingefügt. Mit diesem Kunstgriff paßte sich Krüger in einem Punkt der bundesdeutschen Verfassungswirklichkeit an und trat damit als Vordenker bei der Aufwertung von Interessenverbänden im Verfassungssystem in Erscheinung, ohne sich gleichzeitig einem größeren Umdenkprozeß unterziehen zu müssen. Er ist ein weiteres prominentes Beispiel dafür, wie sich deutsche Denktraditionen bereits in den fünfziger Jahren partiell mit westlichem Gedankengut vermischen konnten.

Aufgrund seiner Staatsfixierung stand Krüger in der Nachkriegszeit Ernst Forsthoff sowohl in fachlicher als auch in persönlicher Hinsicht am nächsten. Was beide unterschied, war – trotz Krügers Plädoyer für ein kritisches Anknüpfen an den Rechtspositivismus[517]) und trotz seiner Vorbehalte gegenüber dem Liberalismus – die methodische Herangehensweise an staatsrechtliche Probleme. Krüger dachte weniger normativistisch, hingegen war seine Grundhaltung gemäß dem Denkstil der Smend-Schule stärker auf die außerrechtliche Wirklichkeit ausgerichtet. Er verortete sich selbst gegenüber der Schmitt-Schule mit den Worten:

> Wenn man selbst darüber urteilen darf, so glaube ich persönlich ein sehr viel näheres Verhältnis zu den Dingen selbst und ein adäquateres Organ zur Erfassung ihres Wesens zu haben, obwohl ich mit ihrem Reichtum an Geist und der Brillanz ihrer Formulierungen nicht konkurrieren kann.[518])

Was Krüger mit der Schmitt-Schule verband, war neben dem Etatismus das Denken von der Verwaltung her und dementsprechend die gemeinsame Suche nach zeitgemäßen materiellen Unterscheidungskriterien für herkömmliche Institute im Bereich des Verwaltungsrechts.[519]) Es zeigt sich also, daß Krüger ein

[516]) *Krüger*, Die Stellung der Interessenverbände in der Verfassungswirklichkeit, S. 1220.

[517]) Vgl. z. B. Herbert *Krüger*, in: VVDStRL 10 (1952), S. 62–64.

[518]) Nachlaß *Krüger*, Krüger an Scheuner vom 8. 11. 1951. Vgl. auch ebda., Krüger an Forstoff vom 12. 9. 1962.

[519]) Vgl. z. B. Herbert *Krüger*, Rechtsverordnung und Verwaltungsanweisung, in: Rechtsprobleme in Staat und Kirche, S. 211–242; ders., Das besondere Gewaltverhältnis, in:

Grenzgänger war zwischen den beiden dominierenden Denkkollektiven, ohne daß er einem von beiden wirklich zugerechnet werden könnte.

Konrad Hesse und Horst Ehmke gehörten einer jüngeren Generation als Ulrich Scheuner und Herbert Krüger an. Beide waren ebenso wie Krüger Kriegsteilnehmer, hatten aber im Gegensatz zu diesem erst nach Kriegsende die Möglichkeit, in Göttingen mit dem Studium zu beginnen. 1950 promovierte *Hesse* bei Smend mit einer Arbeit über den Gleichheitssatz im Staatsrecht, in der bereits die stark rechtsstaatliche Ausrichtung seines Denkens deutlich hervortrat.[520]) Der Gleichheitssatz vor allem in seiner materiellen Ausprägung, so Hesses zentrale These, sei die *conditio sine qua non* des Rechtsstaates. Zudem war es für ihn entscheidend, daß die Interpretation des Gleichheitssatzes auf die Verwirklichung staatlicher Einheit ziele und damit der vielfach zu beobachtenden Staatsenthaltung und der fehlenden Übereinstimmung im Rechtsbewußtsein entgegenwirke. Im Rahmen seiner Habilitation schrieb er unter Anleitung von Werner Weber und Arnold Köttgen eine Arbeit über den Rechtsschutz durch staatliche Gerichte im kirchlichen Bereich[521]) und wandte sich damit neben dem Verfassungsrecht nun auch dem Staatskirchenrecht zu. Doch obwohl Weber der Schmitt-Schule angehörte und Köttgen dieser nahestand, folgte Hesse auch hier – so beispielsweise bei seinem Konzept einer Geltungsfortbildung verfassungsrechtlicher Normen – ganz dem Denkstil der Smend-Schule. Es zeigt sich deutlich, daß es Hesse in diesen frühen Arbeiten im allgemeinen darum ging zu überprüfen, inwieweit sich Smends Integrationslehre auf die veränderten Rahmenbedingungen des bundesdeutschen Gemeinwesens übertragen ließ. Im Jahre 1955 erhielt er dann seinen ersten Lehrstuhl in Freiburg, wo er in den ersten Jahren die institutionellen Voraussetzungen dafür schuf, um in den sechziger Jahren zusammen mit Horst Ehmke als „Freiburger Schule" eine Ausstrahlungswirkung zu entfalten. Was er methodisch anstrebte, behandelte er in seiner Freiburger Antrittsvorlesung[522]): eine zwar an der Wirklichkeit orientierte, gleichzeitig aber normativ streng gebundene Interpretationstechnik, bei der primär der Wille zur Norm bzw. zur Verfassung im Mittelpunkt zu stehen hatte.

Genauso wie für Hesse waren auch für *Horst Ehmke* die fünfziger Jahre vor allem eine Zeit fachlicher und ideeller Prägung, welche dann die Voraussetzung für sein Engagement in den sechziger Jahren darstellte. Entscheidend wirkten hier seine beiden USA-Aufenthalte in Princeton (1949/50) und Berkeley (1958), seine Tätigkeit als wissenschaftlicher Assistent des SPD-Abgeordneten Adolf Arndt (1904–1974) im Bundestag im Zeitraum von 1952 bis

VVDStRL 15 (1957), S. 109–132; ders., in: VVDStRL 16 (1958), S. 253–255; ders., in: VVDStRL 21 (1964), S. 236–241.

520) *Hesse*, Der Gleichheitssatz im Staatsrecht.

521) *Hesse*, Der Rechtssschutz durch staatliche Gerichte im kirchlichen Bereich.

522) *Hesse*, Die normative Kraft der Verfassung.

1956 und seine Tätigkeit als Mitarbeiter eines Forschungsprogramms der Ford-Foundation am Institut für Internationales und Ausländisches Privatrecht in Köln, in dessen Rahmen er sich dann bei Ulrich Scheuner in Bonn mit einer Arbeit über die Verfassungsrechtsprechung des Supreme Court zur Wirtschaftsregulierung habilitierte. Was er sich hierbei aneignete, war die tiefe Überzeugung, daß die USA einen unersetzbaren Vorbildcharakter für die politische und verfassungsrechtliche Entwicklung der Bundesrepublik besäßen. Diese Grundeinstellung wird in Ehmkes Habilitationsschrift besonders deutlich:

> Der Sinn der Arbeit ist es doch, gegenüber der Vielfalt der Meinungen bei uns und dem Fehlen der politischen Mitte eines gesunden Verfassungsdenkens gerade in diesen Fragen [...] einmal eben nicht noch eine weitere Theorie, sondern die Erfahrung von 150 Jahren amerikanischer Verfassungsrechtsprechung zu stellen.[523])

Eine solche Tendenz findet sich bereits in Ehmkes Dissertation von 1952/53 über die Grenzen der Verfassungsänderung angedeutet. So griff er hier als Fundament seines pluralistischen Verfassungsverständnisses vor allem auf die anglo-amerikanische politische Theorie zurück.[524]) Diese Arbeit ist als ein erster Versuch zu verstehen, eine moderne materiale Verfassungstheorie unter westlichen Vorzeichen zu entwickeln – eine Problemstellung, die sein staatsrechtliches Werk auch weiterhin prägen sollte.[525]) Ehmkes prowestliche Grundhaltung wirkte sich zudem auf seine Vorstellung vom Sozialismus aus. Ähnlich wie Adolf Arndt[526]) vertrat er einen antimarxistisch-reformistischen Ansatz, der letztlich mit der Idee des Konsenskapitalismus in Einklang stand, welche sich in den USA während der New Deal-Ära der dreißiger Jahre herausgebildet hatte.[527]) Bereits auf dem Godesberger Parteitag von 1959 wandelte sich die SPD, vereinfacht ausgedrückt, von einer antibürgerlichen Arbeiterpartei, die in der Tradition des borussisch-kleindeutschen Obrigkeitsstaats verwurzelt war, zu einer mittelständischen Volkspartei. Mit ihrem neuen Parteiprogramm wandte sie sich von ihrer klassenkämpferischen Tradition ab und vollzog eine Entideologisierung und Verwestlichung in Ehmkes Sinne.[528])

[523]) Depositum *Ehmke*, Nr. 210 (Ehmke an Scheuner vom 13. 3. 1960).

[524]) *Ehmke*, Grenzen der Verfassungsänderung, insbesondere: S. 101–137.

[525]) In diesem Sinne auch Peter *Häberle*, Vorwort, in: *Ehmke*, Beiträge zur Verfassungstheorie und Verfassungspolitik, S. 7–18, hier: S. 9 f.

[526]) Vgl. hierzu *Gosewinkel*, Adolf Arndt, S. 509–579; Horst *Ehmke*, Und wenn ich Karlsruhe einschalten muß, in: FAZ vom 14. 8. 2001, S. 44.

[527]) In diesem Sinne auch *Ehmkes* Hinweis im Gespräch, er sei durch folgende Bücher in Richtung des sozialen Reformismus maßgeblich geprägt worden: *Plessner*, Grenzen der Gemeinschaft; *Sering*, Jenseits des Kapitalismus.

[528]) Vgl. hierzu *Angster*, Konsenskapitalismus und Sozialdemokratie; *Doering-Manteuffel*, Wie westlich sind die Deutschen?, S. 90–102; *Görtemaker*, Geschichte der Bundesrepublik Deutschland, S. 371–378.

Mit diesem prowestlichen Engagement in engem Zusammenhang steht Ehmkes Bestreben, politischen Organen einen möglichst weiten Entscheidungsspielraum zu bewahren und sie von – aus seiner Sicht – unnötigen rechtlichen Zwängen zu befreien. Aufgabe des Gesetzgebers und nicht der Gerichte sollte es sein, die soziale Wirklichkeit zu gestalten. Insbesondere das Bundesverfassungsgericht habe mit seiner Rechtsprechung seine Macht auf übertriebene Weise ausgedehnt, damit die politische Entscheidungsfähigkeit des Parlaments eingeschränkt und geradezu den Weg in den Justizstaat gewiesen.[529]) Es ist nicht zu bezweifeln, daß hier unter anderem Ehmkes Reformorientierung hinsichtlich der bestehenden politischen und sozialen Verhältnisse zum Ausdruck kommt. Das Beispiel des US-amerikanischen Supreme Court während der New Deal-Ära hatte in seinen Augen gezeigt, daß eine konservative Richtermehrheit zum Hemmschuh einer von der Regierung vorangetriebenen fortschrittlichen Sozialpolitik werden konnte.[530]) Für den Fall, daß sich in der Bundesrepublik die politischen Mehrheitsverhältnisse änderten, galt es aus Ehmkes Sicht vorzubeugen, indem das politische Gewicht des Bundesverfassungsgerichts zurückgenommen wurde. Aber auch im Bereich der Verwaltung durfte aus Ehmkes Sicht der Handlungsspielraum durch Gesetze nicht unnötig eingegrenzt werden. So verkenne ein Verständnis, das die Verwaltung nur auf den Aspekt der Gesetzanwendung reduziere, ihren für das Gemeinwesen unverzichtbaren Handlungscharakter.[531])

In Ehmkes Biographie gab es von Anfang an die beiden Optionen Politik und Staatsrecht. Er war zusammen mit Wilhelm Hennis und Peter von Oertzen schon Ende der vierziger Jahre an der Gründung des Göttinger SDS beteiligt gewesen, der damals noch in erster Linie als Aufstiegsleiter für sozialdemokratische Parteikarrieren diente. Nach seiner Tätigkeit für Adolf Arndt führte er seine wissenschaftliche Karriere fort, versuchte aber gleichzeitig, sein Amt als Wissenschaftler und später als Staatsrechtslehrer in einem entschieden politischen Sinne auszufüllen. Diese Position faßte er im Jahre 1964 mit seiner Freiburger Antrittsvorlesung über den liberalen Freiburger Rechts- und Staatswissenschaftler Karl von Rotteck[532]) zusammen, der aus der Sicht Ehmkes den Prototyp des politischen Professors darstellte und es als primäre Aufgabe sowohl der Staatsrechtslehre als auch der Politik angesehen habe, im Gemein-

529) Z.B. *Ehmke*, Wirtschaft und Verfassung, insbesondere: S. 7–83; ders., in: VVDStRL 19 (1961), S. 258f.; ders., Prinzipien der Verfassungsinterpretation, in: VVDStRL 20 (1963), S. 53–102, insbesondere: S. 66–69; ders., Grundgesetz und politisches Handeln; ders., Und wenn ich Karlsruhe einschalten muß, in: FAZ vom 14. 8. 2001, S. 44.

530) Vgl. *Ehmke*, Wirtschaft und Verfassung, insbesondere: S. 138–152, 381–402, 412–431 und 533–544.

531) *Ehmke*, „Ermessen" und „unbestimmter Rechtsbegriff" im Verwaltungsrecht, S. 49–51; ders., in: VVDStRL 23 (1966), S. 257f. und 276f.; ders., in: VVDStRL 24 (1966), S. 230–232.

532) *Ehmke*, Karl von Rotteck, der „politische Professor".

wesen eine gerechte Ordnung herzustellen. Mit diesem politisierten Staatsrechtsverständnis ist es teilweise auch zu erklären, daß ihm der Ruf einer gewissen „Unverfrorenheit" anhaftete. Er tat sich in den staatsrechtlichen Debatten immer wieder dadurch hervor, daß er seine Meinungen auf sehr entschiedene Weise vortrug[533]) und auch nicht davor zurückschreckte, Kollegen, die seine Ansichten nicht teilten, direkt anzugreifen und gegen ihre Haltung mit scharfen Worten zu polemisieren[534]). Staatsrecht und Politik waren für ihn also zwei Seiten derselben Medaille, womit er auch hier, dies ist zu betonen, einem dezidiert anglo-amerikanischen Verfassungsverständnis folgte. Ehmkes Wechsel in die aktive Politik im Jahre 1967 stellt somit keinen Bruch in seiner Biographie dar, sondern ein solcher Schritt war in Ehmkes Entwicklung seit den fünfziger Jahren stets angelegt.

Mit *Peter von Oertzen* und *Wilhelm Hennis* gehörten der Smend-Schule auch zwei Politologen an. Beide hatten zusammen mit Ehmke in Göttingen studiert und blieben ihm auch in Zukunft freundschaftlich verbunden.[535]) Mit seiner Dissertation aus dem Jahre 1953 lieferte von Oertzen die ausführliche Begründung für die ablehnende Haltung seines Denkkollektivs gegenüber dem staatsrechtlichen Positivismus.[536]) Hennis trat vor allem dadurch in Erscheinung, daß er die besondere Bedeutung des Amtsgedankens und der Gemeinwohlorientierung für die nach westlichem Vorbild gestaltete repräsentative Demokratie herausarbeitete.[537]) In den sechziger Jahren setzte er sich insofern vom Denkstil der Smend-Schule ab, als bei ihm die Auseinandersetzung mit dem anglo-amerikanischen Verfassungsrecht dazu führte, sich vom materialen Verfassungsbegriff loszusagen und statt dessen für eine formale, eher pragmatisch ausgerichtete Verfassungstheorie zu plädieren.[538]) Damit näherte er sich,

[533]) So bereits in: *Ehmke*, Verfassungsänderung und Verfassungsdurchbrechung (folgendes Zitat: S. 418). Hier ließ Ehmke keinen Zweifel daran, daß es sich bei der im Zusammenhang mit dem Streit um den Wehrbeitrag erfolgten Einfügung von Art. 79 I 2 und 142a in das Grundgesetz um „so schwerwiegende und so offensichtliche Verfassungsverletzungen [handelt], daß es sogar fraglich erscheinen kann, ob sie auch nur die Vermutung der Gültigkeit für sich haben."

[534]) So bereits Ehmkes Angriff gegen Eberhard Menzels Kommentierung von Art. 79 I GG im Bonner Kommentar, in: *Ehmke*, Noch einmal. Siehe des weiteren seine Zurückweisung von Peter Schneiders Buch über Carl Schmitts Rechtslehre, in: ders., Rezension zu Peter Schneider, Ausnahmezustand und Norm. In diesem Sinne auch Ehmkes große Polemik gegen das in der bundesdeutschen Staatsrechtslehre weitverbreitete Denken von der Gesellschaft her, in: ders., Wirtschaft und Verfassung, S. 7–83.

[535]) Vgl. van *Laak*, Gespräche in der Sicherheit des Schweigens, S. 183f.

[536]) Von *Oertzen*, Die soziale Funktion des staatsrechtlichen Positivismus. Vgl. auch ders., Die Bedeutung C. F. von Gerbers für die deutsche Staatsrechtslehre, in: *Hesse*, Staatsverfassung und Kirchenordnung, S. 183–208.

[537]) Z.B. *Hennis*, Zum Problem deutscher Staatsanschauungen; ders., Amtsgedanke und Demokratiebegriff, in: *Hesse*, Staatsverfassung und Kirchenordnung, S. 51–70.

[538]) Z.B. *Hennis*, Verfassung und Verfassungswirklichkeit. Vgl. auch die Andeutung in: Wilhelm *Hennis*, Integration durch Verfassung? Rudolf Smend und die Zugänge zum

wie Ernst-Wolfgang Böckenförde sogleich bemerkte, wiederum der Schmitt-Schule an.[539]) Da von Oertzen und Hennis sich für eine Karriere im Bereich der Politikwissenschaft entschieden, wird von beiden hier nicht mehr häufig die Rede sein. Nur Wilhelm Hennis wird noch einmal in den Vordergrund treten, da er zu Beginn der sechziger Jahre das Experiment wagte, mit Roman Schnur, einem Angehörigen der Schmitt-Schule, gemeinsam eine Schriftenreihe zur politischen Theorie herauszugeben.

Richard Bäumlin war nach seinem Studienaufenthalt bei Smend in Göttingen im Jahre 1956 nach Bern zurückgekehrt und stieg dort allmählich vom Dozenten zum Ordinarius auf. In seiner Dissertation von 1954 hatte er bereits aus einer schweizerischen Perspektive auf die enge Verflechtung und gemeinsame Wertbezogenheit von Rechtsstaat und Demokratie im modernen Verfassungsstaat hingewiesen[540]) – eine Sichtweise, die sich später allgemein in der Smend-Schule durchsetzte[541]). Bäumlin hob sich von den anderen Angehörigen der Smend-Schule vor allem dadurch ab, daß in seinem Denken der prozeßhafte, dynamische und geschichtlich offene Aspekt des Rechts besonders ausgeprägt war. Die Verfassung war für ihn zwar ein stabilisierender, gleichzeitig aber ein stets vorläufiger und der Aktualisierung bedürftiger Verhaltensentwurf.[542]) Mit entsprechend kritischen Tönen kommentierten Konrad Hesse und Horst Ehmke, trotz aller grundsätzlichen Übereinstimmung, dann auch Bäumlins Abhandlung „Staat, Recht und Geschichte" aus dem Jahre 1961.[543])

Als weiterer Angehöriger der Smend-Schule während der fünfziger Jahre ist hier zuletzt noch *Henning Zwirner* zu nennen. Dieser war von 1953 an Assistent von Rudolf Smend und veröffentlichte im Jahre 1956 seine Dissertation über die politische Treupflicht des Beamten[544]). Anknüpfend an die vorpositivistische Staatsrechtslehre und die geisteswissenschaftliche Richtung der Weimarer Zeit entwickelte er hier eine wertgebundene materiale Verfassungstheorie, deren Grundlagen von den Beamten zu akzeptieren seien. Nachdem er an-

Verfassungsproblem nach 50 Jahren unter dem Grundgesetz, in: *Vorländer*, Integration durch Verfassung, S. 267–290, hier: S. 270. Vgl. zu Hennis' politischem Denken allgemein: *Mehring*, Das politische Dasein erhellen.

[539]) Vgl. hierzu *Böckenförde*, Rezension zu Wilhelm Hennis, Verfassung und Verfassungswirklichkeit, in: Der Staat 9 (1970), S. 533–536. Vgl. auch Dian *Schefold*, Geisteswissenschaften und Staatsrechtslehre zwischen Weimar und Bonn, in: *Acham*, Erkenntnisgewinne, Erkenntnisverluste, S. 567–599, hier: S. 592f.

[540]) *Bäumlin*, Die rechtsstaatliche Demokratie.

[541]) Vgl. z.B. *Scheuner*, Die neuere Entwicklung des Rechtsstaats in Deutschland, S. 227f.; Horst *Ehmke*, „Staat" und „Gesellschaft" als verfassungstheoretisches Problem, in: *Hesse*, Staatsverfassung und Kirchenordnung, S. 23–49, insbesondere: S. 32f. und 39; Konrad *Hesse*, Der Rechtsstaat im Verfassungssystem des Grundgesetzes, in: ebda., S. 71–95.

[542]) *Bäumlin*, Staat, Recht und Geschichte, insbesondere: S. 15–26.

[543]) *Hesse*, Rezension zu Richard Bäumlin, Staat, Recht und Geschichte. Vgl. zudem Depositum *Ehmke*, Nr. 501 (Bäumlin an Ehmke vom 6. 12. 1961).

[544]) *Zwirner*, Politische Treupflicht des Beamten.

schließend an seiner Habilitationsschrift über die religiösen Freiheitsrechte des Grundgesetzes gescheitert war, entschied er sich, in Göttingen Rechtsanwalt zu werden. Erst 1975 erhielt er eine Professur in Hannover, beteiligte sich aber auch in der Zwischenzeit immer wieder durch Publikationen an aktuellen staatsrechtlichen Debatten.[545])

Betrachtet man das weitere Umfeld der Smend-Schule, so zeigt sich, daß sich dieses im Vergleich zum Umfeld der Schmitt-Schule einerseits aus erheblich mehr Personen zusammensetzte, daß es andererseits aber sehr viel schwieriger ist, diesem einzelne Namen eindeutig zuzuordnen. Dies ist damit zu erklären, daß Rudolf Smend und seine Schule im Gegensatz zur Schmitt-Schule in der bundesdeutschen Staatsrechtslehre der fünfziger Jahre äußerst populär waren.[546]) Smend zählte als Gründungsvater der geisteswissenschaftlichen Richtung und aufgrund seiner wenig exponierten Rolle nach 1933 in der Nachkriegszeit zu den anerkanntesten Autoritäten seines Fachs. Der Begriff „Integration" avancierte vor diesem Hintergrund geradezu zum Modewort[547]), so daß sich sogar von seiten der Schmitt-Schule kritische Stimmen zur Inflation dieses Begriffs zu Wort meldeten[548]). Auch das ursprünglich auf Smend zurückgehende Verständnis der Grundrechte als eines Wertsystems erfreute sich nicht zuletzt aufgrund der Rechtsprechung des Bundesverfassungsgerichts größter Beliebtheit. Insofern stand im Grunde die breite Mehrheit der Staatsrechtslehrer der Smend-Schule nahe, ohne allerdings die geistesgeschichtliche Herleitung bzw. die einzelnen Prämissen der Integrationslehre zu teilen und ohne die internen ideellen Wandlungsprozesse der Smend-Schule mitzuvollziehen. An dieser Stelle ist allein Gerhard Leibholz besonders herauszustellen, der sich in der Nachkriegszeit der Smend-Schule annäherte und dem aufgrund

[545]) Z.B. *Zwirner*, Die Rechtsprechung des Bundesverfassungsgerichts zur Parteifinanzierung; ders., Zum Grundrecht der Wissenschaftsfreiheit.

[546]) Vgl. Dian *Schefold*, Geisteswissenschaften und Staatsrechtslehre zwischen Weimar und Bonn, in: *Acham*, Erkenntnisgewinne, Erkenntnisverluste, 567–599, hier: S. 585–594; *Korioth*, Integration und Bundesstaat, S. 242–245 und 295f.; van *Laak*, Gespräche in der Sicherheit des Schweigens, S. 183, Fn. 16.

[547]) Er findet sich beispielsweise bei Werner *Weber* (in: ders., VVDStRL 11 (1954), S. 258), Ernst Rudolf *Huber* (in: ders., Der Streit um das Wirtschaftsverfassungsrecht, S. 201), Wolfgang *Abendroth* (in: ders., VVDStRL 11 (1954), S. 247), Günter *Dürig* (in: ders., Der deutsche Staat im Jahre 1945 und seither, in: VVDStRL 13 (1955), S. 27–58, hier: S. 54f.), Friedrich August Freiherr von der *Heydte* (in: ders., Freiheit der Parteien, S. 482), Joseph H. *Kaiser* (in: ders., Die Repräsentation organisierter Interessen, S. 347), Helmut *Ridder* (in: ders., Zur verfassungsrechtlichen Stellung der Gewerkschaften im Sozialstaat nach dem Grundgesetz, S. 27) und Peter *Lerche* (in: ders., Übermaß und Verfassungsrecht, S. 343).

[548]) Z.B. E. R. *Huber*, Rudolf Smend, S. 108; Nachlaß *Schnur*, Nr. 8 (Quaritsch an Schnur vom 15. 2. 1963: „An Ihrer [Schnurs] Stelle würde ich [im Vortrag auf der Staatsrechtslehrertagung 1963] [...] die Pressegeschichte Ridders mit seinen ‚Integrationen' auseinanderfetzen, mal nachbohren und zeigen, daß hinter dem geheimnisvollen und unklaren Wortgeklingel nichts oder etwas steht, das nicht Verfassungsrecht ist.").

seiner Tätigkeit als Bundesverfassungsrichter in der Staatsrechtslehre ein besonders großer Einfluß zukam.

Gerhard Leibholz war Schüler von Heinrich Triepel. Seine Dissertation über die Gleichheit vor dem Gesetz[549]) aus dem Jahre 1925, in der er für eine Bindung des Gesetzgebers an den Gleichheitssatz im Sinne eines Willkürverbotes plädierte, und seine Habilitationsschrift über das Wesen der Repräsentation[550]) von 1929, in der er sich kritisch mit dem Weimarer Parteienstaat auseinandersetzte, lassen noch deutlich seine Prägung durch den Lehrer erkennen. Zugleich hatte Leibholz bereits vor seiner Promotion zwei Jahre lang an Smends Seminar in Berlin teilgenommen.[551]) Der Einfluß von Smend zeigte sich beispielsweise darin, daß er in seiner Habilitationsschrift auf den Integrationsbegriff zurückgriff und nach Hans Kelsens vernichtender Kritik an Smends „Verfassung und Verfassungsrecht" mit deutlichen Worten für die Integrationslehre Partei ergriff[552]). Nach zehnjähriger Emigration war es dann Smend, der sich als Rektor und Dekan besonders dafür einsetzte, Leibholz nach Göttingen zurückzuholen, indem er ihm eine Professur an der juristischen Fakultät anbot. Dessen Grundhaltung zur parlamentarischen Demokratie hatte sich zwischenzeitlich von Grund auf gewandelt. Er hatte im englischen Exil erkannt, daß sich Deutschland, nachdem der Nationalsozialismus überwunden war, dem Westen politisch anschließen mußte, wollte es dem Kommunismus nicht zum Opfer fallen. Hierbei war für Leibholz auch die ideelle Verankerung Deutschlands in der westlich-angelsächsischen Welt unverzichtbar.[553]) Vor diesem Hintergrund hatte sich allerdings weniger Leibholz' staatsrechtliches Denken an sich[554]), sondern vielmehr der Blickwinkel, mit dem er die Verfassungswirklichkeit erfaßte, grundlegend gewandelt. Aus dem Kritiker der parteienstaatlichen Wirklichkeit des Weimarer Systems war ein entschiedener Fürsprecher der vom Grundgesetz konstituierten parteienstaatlich-parlamentarischen Verfassungsordnung geworden. Bereits in seiner Habilitationsschrift aus dem Jahre 1929 war zu lesen, daß die Entwicklung weg von der liberal-repräsentativen Demokratie hin zum plebiszitären Parteienstaat der Massendemokratie unvermeid-

[549]) *Leibholz*, Die Gleichheit vor dem Gesetz.

[550]) *Leibholz*, Das Wesen der Repräsentation unter besonderer Berücksichtigung des Repräsentativsystems.

[551]) Vgl. *Leibholz*, Rudolf Smend, S. 38.

[552]) *Leibholz*, Rezension zu Hans Kelsen, Der Staat als Integration.

[553]) Vgl. Leibholz an George Bell vom 13. 11. 1945, vom 4. 12. 1945 und vom 18. 2. 1951, in: *Bethge* und *Jasper*, An der Schwelle zum gespaltenen Europa, S. 243–247, 249f. und 285–289; Gerhard *Leibholz*, Germany, the West and the Possibility of a New International Order (1940), in: ders., Politics and Law, S. 154–173; ders., Germany between West and East (1942), in: ebda., S. 174–181; ders., Ideology in the Post-War Policy of Russia and the Western Powers (1944), in: ebda., S. 182–193; Education in Post-War Germany (1944), S. 194–200; Sovereignty and European Integration (1960), in: ebda., S. 214–234.

[554]) Wiegandt spricht in diesem Zusammenhang von Leibholz' wissenschaftlicher Beharrlichkeit und Sturheit. In: *Wiegandt*, Norm und Wirklichkeit, S. 305.

lich und unabänderlich sei, gleichzeitig lehnte er sie aber innerlich ab, da damit die Repräsentation der Einheit des Volksganzen verhindert werde.[555]) Nach 1945 befürwortete Leibholz hingegen genau diesen „Strukturwandel", und es galt dementsprechend, alle Elemente, die noch an den herkömmlichen repräsentativen Parlamentarismus erinnerten, aus dem gegenwärtigen Verfassungssystem der parteienstaatlichen Demokratie zu eliminieren.[556]) Zudem erachtete Leibholz es als notwendig, die im deutschen Etatismus angelegte hermetische Trennung von Staat und Gesellschaft zu überwinden und im Sinne des angelsächsischen Denkens auch den politischen Charakter des einzelnen Bürgers und der gesellschaftlichen Gruppen zu betonen.[557]) An dieser Stelle traf er sich mit der Smend-Schule, wobei auch er an der Vorstellung des Staates als einer Einheit festhielt, diese aber ganz konkret durch die Tätigkeit der Parteien, die sich an der „volonté générale" zu orientieren hatten, verwirklicht sah. Es dürfte zudem auf den maßgeblichen Einfluß von Leibholz zurückzuführen sein, daß das Bundesverfassungsgericht in seiner Rechtsprechung immer wieder den Integrationsbegriff verwendete. So vertrat das Gericht die Auffassung, daß Wahlen, andere Vorgänge der politischen Willensbildung, politische Parteien und das Gericht selbst integrierend wirkten, bzw. integrierend wirken sollten.[558])

[555]) Gerhard *Leibholz*, Das Wesen der Repräsentation unter besonderer Berücksichtigung des Repräsentativsystems, insbesondere: S. 98–123; ders., Die Wahlrechtsreform und ihre Grundlagen, in: VVDStRL 7 (1932), S. 159–190, insbesondere: S. 171–174. Zu Leibholz' Parteienstaatslehre und seinem Repräsentationsverständnis allgemein: *Stolleis*, Geschichte des öffentlichen Rechts in Deutschland, 3. Band, S. 198f.; *Hecker*, Die Parteienstaatslehre von Gerhard Leibholz in der wissenschaftlichen Diskussion, S. 288–297; *Wiegandt*, Norm und Wirklichkeit, S. 150–218; *Mantl*, Repräsentation und Identität, S. 149–188; von *Bülow*, Die Staatsrechtslehre der Nachkriegszeit (1945–1952), S. 50–59; Oliver *Lepsius*, Staatstheorie und Demokratiebegriff in der Weimarer Republik, in: *Acham*, Erkenntnisgewinne, Erkenntnisverluste, S. 366–414, hier: S. 386–390; Ulli F. H. *Rühl*, Nationale Demokratie und Parteienstaat, in: ebda., S. 469–504, hier: S. 489–498; Klaus *Helberg*, Gerhard Leibholz und die Neugründung der Demokratie in Deutschland, in: *Krohn* und *Schumacher*, Exil und Neuordnung, S. 231–241, hier: S. 239f.

[556]) Vgl. vor allem Gerhard *Leibholz*, Der Strukturwandel der modernen Demokratie, in: ders., Strukturprobleme der modernen Demokratie, S. 78–131.

[557]) *Leibholz*, Staat und Gesellschaft in England. Vgl. zudem ders., Gesellschaftsordnung, Verbände, Staatsordnung (1963), in: ders., Strukturprobleme der modernen Demokratie, S. 326–340; ders., Staat und Verbände, in: VVDStRL 24 (1966), S. 5–33. Vgl. des weiteren *Wiegandt*, Norm und Wirklichkeit, S. 200–205.

[558]) Vgl. hierzu *Korioth*, Integration und Bundesstaat, S. 267–281; *Badura*, Staat, Recht und Verfassung in der Integrationslehre, S. 305f., Fn. 3. Leibholz selbst sprach wiederholt davon, daß das Bundesverfassungsgericht mit seiner Rechtsprechung integrierend wirke: *Leibholz*, Einleitung, in: Der Status des Bundesverfassungsgerichts, S. 110–119, hier: S. 111; ders., Judicial Power and the Authority of the State in the Federal Republic of Germany, in: ders., Politics and Law, S. 324–331, hier: S. 331. Vgl. zum Einfluß von Smend auf die Rechtsprechung des Bundesverfassungsgerichts allgemein: Dian *Schefold*, Geisteswissenschaften und Staatsrechtslehre zwischen Weimar und Bonn, in: *Acham*, Erkenntnisgewinne, Erkenntnisverluste, S. 567–599, hier: S. 586–590.

Gerhard Leibholz war denn auch der Kollege in Göttingen, der zu Rudolf Smend den engsten Kontakt hielt.[559]) 1950 wollte Smend, daß Leibholz, der sich zunächst nur für eine Gastprofessur entschieden hatte, seinen Lehrstuhl übernahm.[560]) Der enge Kontakt blieb auch bestehen, nachdem Leibholz 1951 zum Bundesverfassungsrichter in Karlsruhe gewählt worden war. Zu Werner Weber hielten beide Distanz. Vor allem dessen obrigkeitliches, von den gesellschaftlichen Interessen losgelöstes Staatsverständnis lehnten sie als nicht mehr zeitgemäß ab.[561]) Leibholz zeigte zudem seine Verbundenheit mit der Smend-Schule, als er im Jahre 1956 versuchte, Horst Ehmke als seinen Hilfsarbeiter im Bundesverfassungsgericht zu gewinnen[562]), was allerdings scheiterte, da sich dieser letztlich doch für die Fortsetzung seiner wissenschaftlichen Karriere in Köln bzw. Bonn entschied. Zwischen Leibholz und der Smend-Schule herrschte also in den fünfziger Jahren weitgehende Übereinstimmung bei dem, was man erreichen wollte. Ihre Denkweisen wiesen zunächst genügend Berührungspunkte auf, so daß eine enge Zusammenarbeit auf der Hand lag. Dies sollte nicht immer so bleiben. Die Smend-Schule entwickelte sich weiter, wohingegen Leibholz an den Grundkategorien seines Denksystems festhielt. Dies führte dann in den sechziger Jahren zwangsläufig zu einer deutlichen Entzweiung zwischen ihm und den jüngeren Smend-Schülern.

Doch bevor wir hierauf eingehen, wollen wir zunächst noch einen kurzen Blick auf die allgemeine Wissenschaftsentwicklung der Staatsrechtslehre während der fünfziger Jahre werfen.

6. Rückgriff auf Weimar und erste Unsicherheiten

Das Signum der fünfziger Jahre war konservativ.[563]) Nach Jahren der „Außer-Ordentlichkeit" erfolgte die Modernisierung im Zeichen des Wiederaufbaus, der bewußt kein Neuaufbau war. Wie wir bereits gesehen haben, waren in der

559) Vgl. die Briefe von Smend an Leibholz, in: Nachlaß *Leibholz*, Nr. 7, 24, 67, 320 und 326. Ebenso die Würdigung: *Smend*, Gerhard Leibholz zum 70. Geburtstag.

560) Vgl. *Szabó*, Vertreibung, Rückkehr, Wiedergutmachung, S. 390; *Wiegandt*, Norm und Wirklichkeit, S. 63 f.

561) Vgl. Gerhard *Leibholz*, in: VVDStRL 11 (1954), S. 249–251.

562) Vgl. die Briefe zwischen Leibholz und Ehmke vom 3. 8. 1955 bis zum 18. 11. 1956, in: Depositum *Ehmke*, Nr. 504.

563) Vgl. *Kleßmann*, Ein stolzes Schiff und krächzende Möwen, S. 485; *Schildt* und *Sywottek*, „Wiederaufbau" und „Modernisierung", S. 19 und 31; *Schildt*, Konservativismus in Deutschland, insbesondere: S. 229 f.; *Hochgeschwender*, Freiheit in der Offensive?, S. 589; *Winkler*, Der lange Weg nach Westen, Band 2, S. 178 f.; Ulrich *Herbert*, Liberalisierung als Lernprozeß. Die Bundesrepublik in der deutschen Geschichte, in: ders., Wandlungsprozesse in Westdeutschland, S. 7–49, insbesondere: S. 39; Zur konservativ geprägten Ideenlandschaft der fünfziger Jahre allgemein: *Schildt*, Zwischen Abendland und Amerika; ders., Ankunft im Westen, insbesondere: S. 149–173.

Staatsrechtslehre einerseits harmonistische, andererseits autoritär-hierarchische Umgangsformen sehr ausgeprägt. Solche in der Gesellschaft weitverbreiteten, aus der Vergangenheit hergeleiteten Verhaltensweisen wurden auf der kulturell-ideellen Ebene ergänzt durch ein Anknüpfen an traditionelle Denkstrukturen und Ordnungsmuster, die größtenteils einem konservativen Weltbild entstammten. Ordnung, die aus der Vergangenheit abgeleitet wurde und sich in früheren Zeiten offensichtlich bewährt hatte, fungierte häufig geradezu als der zentrale Ausgangspunkt des Denkens. Man berief sich auf tradierte Institutionen wie Nation, Religion, Familie und Kultur, auf Begriffe wie Autorität, Stabilität, Anstand und Sittlichkeit, die Schutz und Sicherheit gegenüber den zwar begeistert begrüßten, aber doch auch verunsichernden und beängstigenden Lebensbedingungen infolge von „Wirtschaftswunder" und „Wohlstandsexplosion" bieten sollten. Zudem waren Technikskepsis, Kritik an der „Vermassung" und Entfremdungsängste zeittypische Reaktionen auf die als bedrohlich wahrgenommenen Aspekte der Moderne. In diesem Zusammenhang spielte die Abendland-Ideologie eine nicht zu unterschätzende Rolle. Zahlreiche Intellektuelle reagierten zunächst auf den beschleunigten politischen und gesellschaftlichen Wandel, indem sie die zivilisatorische und kulturelle Überlegenheit des Abendlandes sowohl gegenüber dem „Kollektivismus" aus dem Osten als auch gegenüber dem „Materialismus" und „Konsumismus" aus den USA beschworen. Eine solche Tendenz zur Propagierung dezidiert konservativer Weltbilder findet sich auch unter den Staatsrechtslehrern. Entsprechende Ideen wurden in den wissenschaftlichen Debatten meist mit Hilfe staatsrechtlicher Konzepte hergeleitet, deren ideeller Ursprung nicht in der Nachkriegszeit, sondern vielmehr in der Zwischenkriegszeit zu suchen ist.

So fand in den ersten Nachkriegsjahren das Naturrecht großen Anklang.[564]) Es ging um die Entwicklung eines allgemein gültigen, überpositiven Gerechtigkeitskonzepts, welches gegenüber dem vom Gesetzgeber erlassenen Recht Vorrang besitzen sollte. Die zunächst dominierende katholische Naturrechtslehre besaß in den ersten Nachkriegsjahren unter den Staatsrechtslehrern eine solche Ausstrahlung, daß sich ihr selbst Protestanten nicht entziehen konnten. Die Debatten unter den Naturrechtsbefürwortern drehten sich vor allem um das

[564]) Vgl. insbesondere Ernst von *Hippel* und Alfred *Voigt*, Ungeschriebenes Verfassungsrecht, in: VVDStRL 10 (1952), S. 1–73 (mit Aussprache). Vgl. des weiteren von *Bülow*, Die Staatsrechtslehre der Nachkriegszeit (1945–1952), S. 100–134 und 183–186; *Schelauske*, Philosophische Probleme der Naturrechtsdiskussion in Deutschland; Dieter *Simon*, Zäsuren im Rechtsdenken, in: *Broszat*, Zäsuren nach 1945, S. 153–167, hier: S. 153–159; *Kühl*, Rückblick auf die Renaissance des Naturrechts nach dem 2. Weltkrieg; Ulfried *Neumann*, Rechtsphilosophie in Deutschland seit 1945, in: *Simon*, Rechtswissenschaft in der Bonner Republik, S. 145–187; Joachim *Rückert*, Zu Kontinuitäten und Diskontinuitäten in der juristischen Methodendiskussion, in: *Acham*, Erkenntnisgewinne, Erkenntnisverluste, S. 113–165; Kristian *Kühl*, Kontinuitäten und Diskontinuitäten im Naturrechtsdenken des 20. Jahrhunderts, in: ebda., S. 605–658.

Problem, ob das Naturrecht im Grundrechtsteil des Grundgesetzes vollständig positiv erfaßt worden sei oder ob es statt dessen weiterhin über dem Verfassungsrecht stehe und damit im Notfall ein Widerstandsrecht begründe. Dabei kam der Naturrechtsrenaissance eine deutliche Entlastungsfunktion hinsichtlich der nationalsozialistischen Vergangenheit zu: Man lastete allein dem Rechtspositivismus die Entartung des Rechts an und ging hingegen beim Naturrecht davon aus, es könne als rechtliches Schutzschild gegen den Totalitarismus dienen. Allein die Schmitt-Schule[565]) und wenige andere Staatsrechtslehrer, die tendenziell dem Rechtspositivismus anhingen, bezogen gegen diesen Trend Stellung.

Die Naturrechtsdiskussion fand in der Staatsrechtslehre ihre Fortsetzung in der Debatte über die Interpretation der Grundrechte als eine Wertordnung bzw. als ein Wertsystem. Das zugrundeliegende Konzept beruhte auf einer ursprünglich von Max Scheler (1874–1928) und Nicolai Hartmann (1882–1950) entwickelten materialen Wertethik, bei der die einzelnen Werte als objektiv gegeben und hierarchisch strukturiert angesehen wurden.[566]) Einen entscheidenden Anstoß erhielt die Debatte durch Günter Dürigs Konzept eines Wertsystems aus dem Jahre 1956, mit welchem er die Grundrechte nach eigenen Worten in eine praktikable und „griffige Dogmatik" bringen wollte. Dürig kam vom katholischen Personalismus her. Aus der Menschenwürde in Art. 1 I GG als oberstem Konstitutionsprinzip des Rechts, aus Abs. 2 und 3 desselben Artikels, aus der freien Entfaltung der Persönlichkeit in Art. 2 I GG, die er als Hauptfreiheitsrecht bzw. als Auffanggrundrecht deutete, aus dem Gleichheitssatz in Art. 3 I GG, den er als Hauptgleichheitsrecht interpretierte, aus der Wesensgehaltssperre des Art. 19 II GG, aus Art. 19 IV GG als prozessualem Hauptgrundrecht und aus den übrigen speziellen Grundrechten leitete er ein lückenloses Wert- und Anspruchssystem ab.[567]) Dürig dachte hier allein an die sub-

[565]) Z.B. *Forsthoff*, Zur Problematik der Rechtserneuerung; Nachlaß *Schmitt*, Nr. 3773 (Forsthoff an Schmitt vom 16. 3. 1950: „Diejenigen, die heute von Naturrecht usw. zu stammeln beginnen, sind nur gescheiterte Positivisten, die jetzt ratlos sind."); Nachlaß *Schnur*, Nr. 126 (Schmitt an Schnur vom 4. 12. 1953). Siehe in diesem Zusammenhang auch die Polemik (z.B. „Homo hominem Radbruch!") der Schmitt-Schule gegen Gustav Radbruch, in: ebda., Nr. 126 (Abschrift eines Briefes von Schmitt an Schnur vom 5. 2. 1952); Werner *Weber*, in: VVDStRL 10 (1952), S. 61 f.

[566]) Die hier vorgenommene Deutung steht im Widerspruch zu Horst Dreiers Argumentation, der davon ausgeht, der Rückgriff auf die Wertordnung durch Smend und das Bundesverfassungsgericht ließe sich von der ideengeschichtlichen Herleitung dieser Debatte trennen. Er vermutet, die Wertordnungsterminologie sei gegen den „vorgeblich schrankenlosen Wertrelativismus der Weimarer Zeit verwandt worden." In: *Dreier*, Dimensionen der Grundrechte, S. 12–26 (Zitat: S. 22).

[567]) *Dürig*, Die Menschenauffassung des Grundgesetzes; ders., Der Grundrechtssatz von der Menschenwürde; ders., Grundrechte und Zivilrechtsprechung; ders., Anmerkung zu BVerfGE 6, 32; ders., Art. 1 Abs. I GG, in: *Maunz/Dürig*, Grundgesetz, insbesondere: Rdnr. 1–16 (Stand: 1958); ders., Art. 2 Abs. I, in: ebda., Rdnr. 1–11 (Stand: 1958); ders., in: VVDStRL 22 (1965), S. 195 f. Vgl. hierzu auch ders., Dankrede zum 65. Geburtstag.

jektive Dimension der Grundrechte. Sein Grundrechtssystem sollte auch für solche staatlichen Eingriffe in Freiheit und Gleichheit einschlägig sein, die in den Grundrechten an sich nicht benannt waren. Zuvor war vor allem hinsichtlich des Art. 2 I GG noch die Ansicht vertreten worden, dieser schütze als unbenanntes Hauptfreiheitsrecht allein einen unantastbaren Kern der Persönlichkeit und sei damit im Verhältnis zu den übrigen Grundrechten nicht im Sinne Dürigs lex generalis, sondern vielmehr lex specialis.[568]) Bereits in seinen Entscheidungen zum Verbot der SRP von 1952 und der KPD von 1956 hatte das Bundesverfassungsgericht von der freiheitlichen demokratischen Grundordnung als einer Wertordnung bzw. einem Wertsystem gesprochen[569]), mit der Elfes-Entscheidung aus dem Jahre 1957[570]) machte sich das Gericht dann die wertsystematische Sichtweise Dürigs zu eigen und deutete den Inhalt des Art. 2 I GG im Sinne einer allgemeinen Handlungsfreiheit um. Noch einen Schritt weiter gingen die Richter in der Lüth-Entscheidung aus dem Jahre 1958. Sie leiteten aus dem Grundrechtsabschnitt – entgegen Dürigs ursprünglicher Intention – eine objektive Wertordnung ab, die die Geltungskraft der Grundrechte grundsätzlich verstärke, so daß diese für alle Bereiche des Rechts Wirkung entfalteten.[571])

Zahlreiche Staatsrechtslehrer, die zuvor für den Naturrechtsansatz plädiert und von dort bereits überpositive Werte abgeleitet hatten, schwenkten in der zweiten Hälfte der fünfziger Jahre in die vom Bundesverfassungsgericht vorgegebene naturrechtskritische Richtung um. Die Interpretation des Grundgesetzes als einer systematisch angelegten, objektiven Wertordnung entwikkelte sich daraufhin in der Staatsrechtslehre rasch zur herrschenden Lehre.[572]) Unterschiedliche Ansichten gab es hierbei lediglich zu zwei Fragen: erstens, ob die Grundrechte tatsächlich als ein lückenloses Wertsystem zu verstehen oder

[568]) Vgl. z.B. *Peters*, Die freie Entfaltung der Persönlichkeit als Verfassungsziel; Adolf *Schüle*, Die staatliche Intervention im Bereich der Wirtschaft, in: VVDStRL 11 (1954), 75–112, hier: S. 85; Walter *Jellinek*, in: ebda., S. 124; *Bachof*, Rezension zu diversen neu erschienenen Festschriften, S. 352. Peters war einer der wenigen, der dieser Ansicht auch in Zukunft treu blieb: *Peters*, Das Recht auf freie Entfaltung der Persönlichkeit in der höchstrichterlichen Rechtsprechung.

[569]) BVerfGE 2, 1 (17f.); 5, 85 (134 und 204–207).

[570]) BVerfGE 6, 32 (40f.). In dieser Entscheidung ging es vor allem um die Frage des verfassungsrechtlichen Schutzes der Ausreisefreiheit. Vgl. hierzu *Goerlich*, Wertordnung und Grundgesetz, S. 44–49. Vgl. zur Rechtsprechung des Bundesverfassungsgerichts zu Art. 2 I GG allgemein: *Scholz*, Das Grundrecht der freien Entfaltung der Persönlichkeit.

[571]) BVerfGE 7, 198 (205). Unter direkter Bezugnahme auf von *Mangoldt/Klein*, Das Bonner Grundgesetz, Band 1, S. 86–90 und 93. Vgl. des weiteren *Goerlich*, Wertordnung und Grundgesetz, S. 50–60; *Dreier*, Dimensionen der Grundrechte, insbesondere: S. 10–12; Hans Dieter *Jarass*, Die Grundrechte: Abwehrrechte und objektive Grundsatznormen. Objektive Grundrechtsgehalte, insbes. Schutzpflichten und privatrechtsgestaltende Wirkung, in: *Badura* und *Dreier*, Festschrift 50 Jahre Bundesverfassungsgericht, 2. Band, S. 35–53.

[572]) Vgl. *Stern*, Das Staatsrecht der Bundesrepublik Deutschland, Band III/1, S. 903f.

doch vielmehr als partielle Gewährleistung bestimmter historisch garantierter Rechte zu deuten seien[573]); und zweitens, wie weit die aus dem Begriff der objektiven Wertordnung abgeleitete Ausstrahlungswirkung der Grundrechte tatsächlich ging und inwiefern diese – wie in der Lüth-Entscheidung angedeutet – auch auf dem Gebiet des Privatrechts eine Drittwirkung entfalteten[574]). Entgegen der Intention von Scheler und Hartmann standen in der Staatsrechtslehre nun nicht mehr Prinzipien im Mittelpunkt, die – wie beim Naturrechtsansatz – per se außerhalb der Rechtsordnung angesiedelt waren, sondern es ging zunächst um den Gehalt des Grundgesetzes selbst, welcher dann mit einem materiellen und – wenn man so will – wiederum extra-konstitutionellen Inhalt aufgeladen wurde. Die Wertordnung sollte also nicht allein von scheinbar überzeitlichen außerjuristischen Wertvorstellungen bestimmt sein, sondern sie besaß in den Augen ihrer Anhänger einen objektivierten Charakter, indem sie auf den konkreten Verfassungstext zurückgeführt wurde. Damit war die neue Debatte in stärkerem Maße normativistisch ausgerichtet als die vorangegangene Naturrechtsrenaissance. Dennoch leistete die Herleitung von Werten und ihrer Ordnung, die vom Verfassungsgeber ursprünglich nicht intendiert war, der weltanschaulichen Infiltrierung und Vereinnahmung des Rechtssystems Vorschub. Hiergegen polemisierte die Schmitt-Schule. Carl Schmitt selbst sprach gar von dem „Vielerlei der Wertphilosophien“ und von der „Tyrannei der Werte“, mit deren Hilfe im juristischen Gewande ein ideologisch motivierter Kampf ausgefochten werde.[575])

In engem Zusammenhang mit der Interpretation des Grundgesetzes als einer Wertordnung stand die Interpretation des Rechtsstaatsprinzips in einem materiellen Sinne.[576]) Rechtsstaatlichkeit sollte nicht mehr allein wie in der Zeit des Positivismus bedeuten, daß der Grundsatz der Gesetzmäßigkeit der Verwaltung herrschte, sondern sie war davon abhängig, daß bestimmte inhaltliche Kriterien

573) Vgl. z.B. Ulrich *Scheuner*, Pressefreiheit, in: VVDStRL 22 (1965), S. 1–100, hier: S. 37–40, 51 f. und 204.

574) Vgl. z.B. Günter *Dürig*, Art. 1 Abs. III, in: *Maunz/Dürig*, Grundgesetz, Rdnr. 127–133 (Stand: 1958); *Leisner*, Grundrechte und Privatrecht.

575) Carl *Schmitt*, Die Tyrannei der Werte, in: Säkularisation und Utopie, S. 37–62. Vgl. auch *Forsthoff*, Moderne Wertverwirklichung; *Böckenförde*, Kritik der Wertbegründung des Rechts. Siehe hierzu des weiteren S. 128 f. dieser Arbeit.

576) Vgl. z.B. Friedrich *Klein*, Tragweite der Generalklausel in Art. 19 Abs. 4 des Bonner Grundgesetzes, in: VVDStRL 8 (1950), S. 67–125, insbesondere: S. 122; ders., Bonner Grundgesetz und Rechtsstaat, insbesondere: S. 395 und 398–401; Otto *Bachof*, Begriff und Wesen des sozialen Rechtsstaates. Der soziale Rechtsstaat in verwaltungsrechtlicher Sicht, in: VVDStRL 12 (1954), S. 37–84, insbesondere: S. 38 f.; Willibald *Apelt*, in: ebda., S. 107 f.; *Menger*, Der Begriff des sozialen Rechtsstaats im Bonner Grundgesetz; Nachlaß *Abendroth*, Nr. 566e (Wolff an Abendroth vom 6. 11. 1952); *Scheuner*, Die neuere Entwicklung des Rechtsstaats in Deutschland; Konrad *Hesse*, Der Rechtsstaat im Verfassungssystem des Grundgesetzes, in: ders., Staatsverfassung und Kirchenordnung, S. 71–95, hier: S. 84–90.

erfüllt waren. Hierzu gehörte unter anderem die Gewaltenteilung, der Schutz individueller Freiheit, die feste Rechtsbindung aller staatlichen Gewalt und vor allem der Anspruch des einzelnen, daß ihm staatlicherseits Gerechtigkeit widerfuhr. Der Rechtsstaat wurde nunmehr primär als ein Gerechtigkeitsstaat verstanden. Er war an die Verwirklichung ethischer Grundsätze gebunden.

Betrachtet man nun die konkreten Prinzipien, die über die Naturrechtsrenaissance, die Wertphilosophie und die Gerechtigkeitsorientierung in die Debatten der Staatsrechtslehre Eingang fanden, so zeigt sich deutlich, daß diese ganz überwiegend einem konservativen Weltbild entstammten. Die Abendland-Ideologie, der Personalismus und Elemente eines dezidiert gemeinschaftsorientierten Denkens fanden in diesem Zusammenhang unter den Staatsrechtslehrern besonderen Anklang. Die moderne Massengesellschaft mit ihrer vermeintlichen Tendenz zur totalitären Vermassung wurde als konkrete Bedrohung wahrgenommen, gegen die der unantastbare Wert der Persönlichkeit gesetzt wurde. Auf der anderen Seite wertete man den egoistischen Individualismus als westeuropäisch-amerikanischen Import und setzte die abendländische Gemeinschaftsbezogenheit des einzelnen dagegen. So wurden die weiten immanenten Schranken des Art. 2 I GG dahingehend interpretiert, daß sie einen übertriebenen Freiheitsanspruch des Individuums verhinderten und gerade seine soziale Bindung sicherstellten.[577)]

Die staatsrechtlichen Konzepte, mit deren Hilfe eine solche Einschleusung konservativer Ordnungsvorstellungen erfolgte, waren allerdings kein Produkt der Nachkriegszeit, sondern sie waren allesamt bereits von der geisteswissenschaftlichen Richtung Ende der zwanziger Jahre entwickelt worden. Heinrich Triepel machte seinerzeit den für diese Gruppierung bezeichnenden Ausspruch:

> Ohne den Glauben an irgend etwas „Überpositives" kommen wir nicht durch.[578)]

Der Staatsrechtslehrer, der sich bereits im Jahre 1926 sehr dezidiert für die Wiedereinführung eines aristotelisch-christlichen, mit hegelscher Phänomenologie verbundenen Naturrechts aussprach, war Erich Kaufmann.[579)] An diesem

577) Vgl. z.B. Ernst von *Hippel*, Ungeschriebenes Verfassungsrecht, in: VVDStRL 10 (1952), S. 1–32; *Klein*, Bonner Grundgesetz und Rechtsstaat, insbesondere: S. 398–401; *Dürig*, Die Menschenauffassung des Grundgesetzes; Adolf *Schüle*, Demokratie als politische Form und als Lebensform, in: Rechtsprobleme in Staat und Kirche, S. 321–344; *Peters*, Die freie Entfaltung der Persönlichkeit als Verfassungsziel; *Scheuner*, Die institutionellen Garantien des Grundgesetzes, insbesondere: S. 99; von *Mangoldt/Klein*, Das Bonner Grundgesetz, Band 1, insbesondere: S. 101; *Bachof*, Grundgesetz und Richtermacht; von der *Heydte*, Vom Wesen des Naturrechts.

578) Heinrich *Triepel*, in: VVDStRL 3 (1927), S. 51.

579) *Kaufmann*, Kritik der neukantischen Rechtsphilosophie; ders., Die Gleichheit vor dem Gesetz im Sinne des Art. 103 der Reichsverfassung, in: VVDStRL 3 (1927), S. 2–24.

Ansatz hielt er auch nach 1945 bruchlos fest.[580]) Bereits in den zwanziger Jahren stand die Naturrechtsrenaissance in engem Zusammenhang mit der Orientierung an objektiven Werten. Für Kaufmann bildeten diese im Recht ein naturrechtlich-materiales Ordnungselement. Schon in „Verfassung und Verfassungsrecht" bezeichnete Rudolf Smend den Grundrechtskatalog ausdrücklich als ein „Kultur-, Güter- und Wertsystem"[581]) – eine Bezeichnung, von der er sich später allerdings angesichts von Dürigs Weiterentwicklung ausdrücklich distanzierte[582]). Auch war das Konzept des materiellen Rechtsstaates ursprünglich von Hermann Heller zu Beginn der dreißiger Jahre entwickelt worden.[583]) Aber die Kontinuitätslinien setzten sich nach 1933 fort. Es ist bereits häufig betont worden[584]), daß – entgegen dem Selbstverständnis der Nachkriegszeit – der Nationalsozialismus dem überpositiven Rechtsdenken sehr viel näher stand als dem Rechtspositivismus. Über Einbruchstellen wurden unbestimmte, weltanschauliche Begriffe und Ordnungsvorstellungen – während der nationalsozialistischen Herrschaft sogenannte „politische Aktionsbegriffe"[585]) – in das geltende Recht eingeschleust. Vor diesem Kontinuitätsstrang verschloß man nach 1945 die Augen, indem man dem Rechtspositivismus die Schuld zuschob.

Insgesamt wird hier deutlich, daß die überwiegende Mehrheit der bundesdeutschen Staatsrechtslehre entschieden antipositivistisch dachte und damit an die geisteswissenschaftliche Richtung der zwanziger Jahre anknüpfte. Eine Fortführung des Methodenstreites als einer Auseinandersetzung zwischen Positivisten und ihren Gegnern blieb insofern in der Nachkriegszeit aus. Die Zahl derer, die nach 1945 noch als dezidierte Positivisten zu bezeichnen sind – etwa Richard Thoma, Willibald Apelt, Hans Nawiasky, Friedrich Giese (1882–1958) und Walter Jellinek –, nahm zudem immer weiter ab, da sie als „alte Männer" des Fachs zunehmend in den Hintergrund traten. Nur einmal

[580]) Vgl. Erich *Kaufmann*, Die Grenzen der Verfassungsgerichtsbarkeit, in: VVDStRL 9 (1952), S. 1–16, insbesondere: S. 15 und 129 f.

[581]) *Smend*, Verfassung und Verfassungsrecht, S. 264. Vgl. auch ders., Das Recht der freien Meinungsäußerung, in: VVDStRL 4 (1928), S. 44–74, insbesondere: S. 46–48.

[582]) *Smend*, Die Vereinigung der Deutschen Staatsrechtslehrer und der Richtungsstreit, S. 626 f.

[583]) Vgl. *Heller*, Rechtsstaat oder Diktatur? Vgl. auch ders., Staatslehre, S. 221.

[584]) Vgl. *Lepsius*, Die gegensatzaufhebende Begriffsbildung; *Stolleis*, Geschichte des öffentlichen Rechts in Deutschland, 3. Band, insbesondere: S. 200; Ulfried *Neumann*, Rechtsphilosophie in Deutschland seit 1945, in: *Simon*: Rechtswissenschaft in der Bonner Republik, S. 145–187, insbesondere: S. 145–147; Michael *Walther*, Kontinuitäten und Brüche im Rechtsdenken in Deutschland 1945–1995. Überlegungen im Anschluß an Michael Kirn, in: *Schröder*, 8. Mai 1945 – Befreiung oder Kapitulation?, S. 173–207, hier: S. 194; Joachim *Rückert*, Kontinuitäten und Diskontinuitäten in der juristischen Methodendiskussion, in: *Acham*, Erkenntnisgewinne, Erkenntnisverluste, S. 113–165, insbesondere: S. 132; von *Bülow*, Die Staatsrechtslehre der Nachkriegszeit (1945–1952), S. 128–132.

[585]) *Laux*, Führung und Verwaltung in der Rechtslehre des Nationalsozialismus, S. 44; Horst *Dreier*, Die deutsche Staatsrechtslehre in der Zeit des Nationalsozialismus, in: VVDStRL 60 (2001), S. 9–72, hier: S. 60.

blitzte der Methodenstreit in der Staatsrechtslehrervereinigung zwischen den beiden Münchener Kollegen Erich Kaufmann und Hans Nawiasky auf. Kaufmann erwiderte auf eine Wortmeldung Nawiaskys:

> Mit Herrn Nawiasky werde ich mich niemals verständigen können. [...] Ich suche das a priori, das jedem Gesetz vorausgeht. Ich sehe nicht, warum nicht auch der Verfassungsgesetzgeber die ihm a priori gezogenen Grenzen sollte überschreiten können. [...] Also [...] totale Differenz mit Herrn Nawiasky.[586])

Doch dieser kurze Disput blieb Episode.

Die Staatsrechtslehre hielt während der fünfziger Jahre überwiegend an ihrem traditionellen Etatismus fest. Der Staat galt auch weiterhin als eine substanzhafte homogene Einheit, die es gegenüber dem immer bedrohlicher werdenden gesellschaftlichen Pluralismus mit allen Kräften zu bewahren galt. Nach der Erfahrung des Nationalsozialismus und angesichts der konkreten Bedrohung durch das System sozialistischer Einparteienherrschaft im Osten wurde der Staat als zuverlässigster Garant überkommener Rechts- und Ordnungsstrukturen angesehen. Er hatte vor allen Dingen dem Gemeinwohl zu dienen, das man als a priori vorhanden betrachtete und das somit von den Interessen des einzelnen und der gesellschaftlichen Gruppen nicht tangiert wurde. Entsprechend der politischen Praxis der Kanzlerdemokratie[587]) mit ihrer obrigkeitlichen Fixierung auf die Person Konrad Adenauer wurde der Staat primär von der Exekutive her gedacht. Die politische Führung des Staates mußte handlungs- und entscheidungsfähig sein, und solche Eigenschaften traute man – entsprechend den Erfahrungen aus der Schlußphase der Weimarer Republik – am ehesten der Regierung zu. Folglich war die Staatsrechtslehre allgemein bemüht, durch ihre Konzepte der Regierung einen möglichst umfassenden Eigenbereich zu sichern, der sie von Parlament und Justiz[588]) unabhängig agieren ließ:

– Die Auswärtige Gewalt galt bei manchen als alleinige Domäne der Regierung.[589])

– Ebenso wurde versucht, den Einfluß des Gesetzgebers auf die Finanzordnung möglichst gering zu halten.[590])

[586]) Erich *Kaufmann*, in: VVDStRL 9 (1952), S. 129.

[587]) Vgl. hierzu speziell *Doering-Manteuffel*, Strukturmerkmale der Kanzlerdemokratie.

[588]) Siehe hierzu die Debatte zu den Grenzen verfassungsgerichtlicher Kontrolle und zu den justizlosen Hoheitsakten auf S. 101–105 dieser Arbeit.

[589]) Wilhelm *Grewe*, Die auswärtige Gewalt der Bundesrepublik, in: VVDStRL 12 (1954), S. 129–178; *Mosler*, Die auswärtige Gewalt im Verfassungssystem der Bundesrepublik Deutschland, insbesondere: S. 269. Hingegen: ders., in: VVDStRL 12 (1954), S. 239 f.

[590]) So vor allen Dingen Karl Maria *Hettlage*, dessen Referat über „Die Finanzverfassung im Rahmen der Staatsverfassung" weite Zustimmung fand. *Maunz* versteht die Stärkung der Regierung hingegen nur als eine wünschenswerte verfassungspolitische Zielsetzung, in: VVDStRL 14 (1956), S. 2–95 (mit Aussprache).

– Bereits in der Weimarer Zeit hatte insbesondere Carl Schmitt sich gegen die neue sozialstaatliche Praxis des Parlaments gewandt, zunehmend Gesetze zu erlassen, die konkrete Einzelfälle regelten und die folglich einen nur formellen Charakter besaßen.[591]) Nach 1945 versuchte man, da man vor dieser Realität nicht mehr gänzlich die Augen verschließen konnte, dem Parlament beim Erlaß solcher auf einen konkreten Zweck zielenden „Maßnahmegesetze" (Ernst Forsthoff) zumindest enge Grenzen zu setzen, da, so wurde argumentiert, die Gefahr bestand, daß diese gegen das Rechtsstaatsprinzip – und hierbei insbesondere gegen die Gewaltenteilung bzw. gegen den Gleichheitssatz – verstießen. Besonders die Schmitt-Schule tat sich dadurch hervor, daß sie in dieser Frage eine umfassende verwaltungs- und verfassungsgerichtliche Kontrolle des Gesetzgebers einforderte, um so auf Dauer die Rechte der Exekutive zu wahren und gleichzeitig die Rechtsstellung des einzelnen zu gewährleisten.[592])
– Hingegen sollte es zulässig sein, daß das Parlament von sich aus Gesetzgebungskompetenzen weitgehend an die Exekutive delegierte, damit der Staat den wachsenden Erfordernissen des Wohlfahrtsstaates auch in Zukunft gerecht werden konnte.[593])
– Auch die Organisationsgewalt gegenüber Verwaltungsträgern und Verwaltungsorganen galt weiterhin als „Hausgut der Exekutive" und sollte vom Gesetzgeber nicht übermäßig eingeschränkt werden dürfen.[594])
– Nicht zuletzt lehnte die Mehrheit der Staatsrechtslehrer eine detaillierte gesetzliche Kodifikation des Verwaltungsverfahrens mit der Begründung ab, daß dies die Effizienz der Verwaltung in Frage stelle.[595])

Die Skepsis hinsichtlich der politischen Leistungsfähigkeit des Parlaments, die bei manchen Staatsrechtslehrern bis zum Ende der fünfziger Jahre fortbe-

[591]) *Schmitt*, Verfassungslehre, S. 142–146 und 151 f.

[592]) Vgl. insbesondere Ernst *Forsthoff*, Über Maßnahme-Gesetze, in: *Bachof*, Forschungen und Berichte aus dem Öffentlichen Recht, S. 221–236; *Schmitt*, Verfassungsrechtliche Aufsätze aus den Jahren 1924–1954, S. 347 f.; Hans *Schneider*, Über Einzelfallgesetze, in: *Barion*, Festschrift für Carl Schmitt, S. 159–178. Vgl. aber auch die diesbezüglich grundsätzlich zustimmende Meinungsbildung (mit Ausnahme vor allem von Scheuner), in: Christian-Friedrich *Menger* und Herbert *Wehrhahn*, Das Gesetz als Norm und Maßnahme, in: VVDStRL 15 (1957), S. 3–108 (mit Aussprache). Zustimmend auch *Ballerstedt*, Über wirtschaftliche Maßnahmegesetze.

[593]) So das Fazit einer Tagung des Instituts zur Förderung öffentlicher Angelegenheiten, an der Ulrich Scheuner, Helmut Ridder, Peter Schneider und Wilhelm Karl Geck teilgenommen hatten. In: Die Übertragung rechtsetzender Gewalt im Rechtsstaat.

[594]) So die überwiegende Meinung, der allein von seiten der Österreicher widersprochen wurde, in: Arnold *Köttgen* und Felix *Ermarcora*, Die Organisationsgewalt, in: VVDStRL 16 (1958), S. 154–274 (mit Aussprache). Vgl. auch *Böckenförde*, Die Organisationsgewalt im Bereich der Regierung.

[595]) So etwa Bettermann, Bachof, Forsthoff, Krüger, Ipsen und Weber im Gegensatz zu den Österreichern, in: Karl August *Bettermann* und Erwin *Melichar*, Das Verwaltungsverfahren, in: VVDStRL 17 (1959), S. 118–245 (mit Aussprache).

stand[596]), bildete die Kehrseite des hier zum Ausdruck kommenden exekutivischen Staatsdenkens. Wie wir schon bei der Schmitt-Schule gesehen haben, setzte sich in diesem Zusammenhang ein Argumentationsmuster bis weit in die Nachkriegszeit fort, das bereits die Weimarer Debatten dominiert hatte: Das Parlament hatte vor allen Dingen das Volk als eine homogene politische Einheit zu repräsentieren. Dieser Ansatz fand sich bestätigt durch Art. 38 I 2 GG, der besagt, daß der einzelne Abgeordnete Vertreter des ganzen Volkes und somit weisungsunabhängig sei. Aufgrund der in Realität bestehenden Parteiabhängigkeit der Abgeordneten besaß also das gesamte parlamentarische Regierungssystem – ungeachtet des entgegenstehenden Art. 21 GG – von vornherein ein unübersehbares Legitimitätsdefizit. Die überwiegende Mehrheit der bundesdeutschen Staatsrechtslehrer arrangierte sich mit dieser Situation allmählich auf pragmatische Weise, indem sie darauf verwies, daß das Parlament trotz der Schwächung seiner repräsentativen Grundlagen dennoch als ein zentrales Organ des bundesdeutschen politischen Systems zu akzeptieren sei.[597])

Zudem setzte sich bereits in den fünfziger Jahren immer mehr die Meinung durch, daß die im Parlament vertretenen politischen Parteien ein unverzichtbares Element der parlamentarischen Willensbildung darstellten, auch wenn diese Aussage meist mit den beiden Einschränkungen versehen wurde, daß sie sich zum einen am Gemeinwohl zu orientieren hätten und ihr Einfluß zum anderen nicht überhand nehmen dürfe.[598]) Mit ihrer grundsätzlichen Zustimmung zur Parteiendemokratie unterschieden sich die bundesdeutschen Staatsrechtslehrer auch hier deutlich von ihren Kollegen aus der Weimarer Zeit und vollzogen den durch Art. 21 GG vorgenommenen Bruch mit der deutschen Verfassungstradition mit. Die Argumentationsmuster, mit deren Hilfe die Aufwertung der Parteien im Verfassungssystem konkret vorgenommen wurde, entsprachen

[596]) Vgl. z.B. die Wortmeldungen von Ulrich *Scheuner*, Fritz *Münch* und Joseph H. *Kaiser* in: VVDStRL 16 (1958), S. 123f., 140f. und 134–136. Vgl. des weiteren von *Bülow*, Die Staatsrechtslehre der Nachkriegszeit (1945–1952), S. 80–100.

[597]) Vgl. z.B. *Scheuner*, Grundfragen des modernen Staates, S. 142f. und 145f.; Rudolf *Laun*, Mehrheitsprinzip, Fraktionszwang und Zweiparteienprinzip, in: *Bachof*, Forschungen und Berichte aus dem Öffentlichen Recht, S. 175–194; von *Mangoldt*, Das Bonner Grundgesetz, S. 144–146 und 233; Friedrich August Freiherr von der *Heydte*, Freiheit der Parteien, in: *Neumann*, Die Grundrechte, 2. Band, S. 457–506, hier: S. 457–483; *Kaiser*, Die Repräsentation organisierter Interessen, S. 255–267, 347 und 360.

[598]) Vgl. z.B. *Nawiasky*, Die Grundgedanken des Grundgesetzes für die Bundesrepublik Deutschland, S. 82f.; Wilhelm *Grewe*, Zum Begriff der politischen Partei, in: Um Recht und Gerechtigkeit, S. 65–82; *Scheuner*, Grundfragen des modernen Staates, S. 141–146; ders., Die institutionellen Garantien des Grundgesetzes, S. 102–106; *Maunz*, Deutsches Staatsrecht, S. 48–54; *Menger*, Zur verfassungsrechtlichen Stellung der deutschen politischen Parteien; von *Mangoldt*, Das Bonner Grundgesetz, S. 144–148; von *Mangoldt/Klein*, Das Bonner Grundgesetz, Band 1, S. 613–624; Rechtliche Ordnung des Parteiwesens. Vgl. des weiteren von *Bülow*, Die Staatsrechtslehre der Nachkriegszeit (1945–1952), S. 35–61; Alf *Mintzel*, Der akzeptierte Parteienstaat, in: *Broszat*, Zäsuren nach 1945, S. 75–94, hier: S. 78–80.

allerdings noch überwiegend der Gedankenwelt der zwanziger Jahre. An erster Stelle ist hier Gerhard Leibholz' Parteienstaatslehre[599]) zu nennen, welche durch die Rechtsprechung des Bundesverfassungsgerichts[600]) eine wirkungsmächtige Verbreitung fand. Wie Leibholz schon Ende der zwanziger Jahre ausgeführt hatte, war der Parteienstaat die rationale Erscheinungsform der plebiszitären Demokratie. Indem er das Kunststück vollzog, einfach den Parteienmehrheitswillen mit der „volonté générale" gleichzusetzen, schuf er die Voraussetzung, um die politischen Parteien – und nicht mehr etwa das Parlament – zu der zentralen Institution des politischen Systems zu erklären. Repräsentative Elemente, die wie das freie Mandat des Bundestagsabgeordneten weiterhin im Grundgesetz enthalten waren, galten aus seiner Sicht als Regelwidrigkeiten, die es schnellstmöglich zu beseitigen galt. Leibholz' Konstruktion hatte zur Folge, daß die Parteien ihren traditionell gesellschaftlichen Charakter verloren und statt dessen in die Sphäre des Staates eingebunden werden mußten. Ähnliche Ansichten hinsichtlich der herausgehobenen Stellung der Parteien wurden auch von Friedrich Giese[601]), Joseph H. Kaiser[602]), Herbert Krüger[603]) und dem Werner Weber-Schüler Wilhelm Henke (1926–1992)[604]) vertreten. Bei allen Fünfen wird deutlich, daß in den fünfziger Jahren noch ein traditionelles Staatsverständnis vorherrschend war, bei dem die Gesellschaft letztlich einen von Egoismen geprägten, interessegeleiteten und unpolitischen Bereich darstellte. Folglich war es schlichtweg unvermeidlich, wollte man die Stellung von Parteien im Verfassungssystem aufwerten, sie – so wie Leibholz – auf das Gemeinwohl zu verpflichten und sie zumindest partiell zu verstaatlichen.

In die gleiche Richtung wies auch die Argumentation der Staatsrechtslehre im Hinblick auf das in den fünfziger Jahren expandierende Verbandswesen. Die Debatte entzündete sich und am Kartellgesetzgebungsverfahren, das sich seit 1949 hinzog, und am Schiene-Straße-Konflikt des Jahres 1953, bei dem die Bundesregierung als Reaktion auf die Motorisierungswelle versuchte, den Wettbewerb zugunsten der Bundesbahn einzuschränken, indem sie Teile des Güterverkehrs auf die Schiene verlagerte. Da sich die Verbände in diesen Auseinandersetzungen für eine kompromißlose, scharfe Taktik entschieden, um gegenüber den staatlichen Instanzen ihre Interessen durchzusetzen, und auf

599) Insbesondere: Gerhard *Leibholz*, Der Strukturwandel der modernen Demokratie, in: ders., Strukturprobleme der modernen Demokratie, S. 78–131.

600) Vgl. z. B. BVerfGE 1, 208 (225); 2, 1 (72–74); 4, 27 (30); 5, 85 (133 f.); 8, 51 (63); 12, 276 (280).

601) *Giese*, Parteien als Staatsorgane.

602) *Kaiser*, Die Repräsentation organisierter Interessen, S. 232–255 und 347 f.

603) *Krüger*, Der Bundeswirtschaftsrat in verfassungspolitischer Sicht, S. 547; ders., Die Stellung der Interessenverbände in der Verfassungswirklichkeit, S. 1219; ders., in: VVDStRL 17 (1959), S. 106 f. und 109 f. Vgl. auch ders., Allgemeine Staatslehre, S. 367–379.

604) *Henke*, Die Parteien im Staat des Bonner Grundgesetzes.

diese Weise die Gesetzgebungsverfahren erheblich verzögerten bzw. ganz verhinderten, entzündete sich in der Öffentlichkeit eine breite Diskussion über die Gefahren einer politischen Herrschaft der Verbände.[605]) Die Staatsrechtslehrer akzeptierten hierbei einerseits, daß die Verbände eine unverzichtbare Funktion in der modernen Demokratie ausübten, indem sie als Sprachrohr der gesellschaftlichen Interessen dienten und diese politisch vorformten, andererseits sahen sie die akute Gefahr, daß die Verbände die staatliche Autorität in Frage stellten, wenn ihr Einfluß überhandnahm.[606]) Wiederum Joseph H. Kaiser[607]) und ähnlich Herbert Krüger[608]) versuchten einer solchen Skepsis entgegenzuwirken, indem sie den bereits beschriebenen Weg über das Konzept einer „besonderen Art von Repräsentation" bzw. einer „représentation de fait" gingen – einer Einbindung der Interessengruppen in den zwischen Staat und Gesellschaft gelegenen Bereich des Öffentlichen. Sie griffen damit auch hier letztlich auf ein Argumentationsmuster aus der deutschen Ideenwelt zurück, erzielten damit aber in diesem einen Punkt eine verwestlichende Wirkung, indem sie pluralistische Elemente im Verfassungssystem stärkten.

Für die Grundrechte[609]) zeigte die Staatsrechtslehre in den fünfziger Jahren eher weniger Interesse. Dies sollte sich erst in den sechziger Jahren ändern, als erstmals in der Nachkriegszeit auch einzelne Grundrechte in der Staatsrechtslehrervereinigung als Tagungsthema behandelt wurden. Nach der Erfahrung von Totalitarismus und Rechtsunsicherheit galt es in den ersten Nachkriegsjahren zunächst, den Rechtsstaat von Grund auf zu restituieren, und das bedeutete für die Grundrechte, daß sie vor allem im Sinne subjektiver Abwehrrechte in-

[605]) Zur Debatte allgemein: *Berghahn*, Unternehmer und Politik in der Bundesrepublik, S. 152–201, insbesondere: S. 197–201; *Grebing*, Konservative gegen die Demokratie, S. 129–158; *Steinberg*, Staatslehre und Interessenverbände, insbesondere: S. 145–209; J. *Schmid*, Verbände, S. 80–84.

[606]) Vgl. z.B. Werner *Weber*, Der Einbruch politischer Stände in die Demokratie, in: ders., Spannungen und Kräfte im westdeutschen Verfassungssystem, S. 39–64; *Scheuner*, Grundfragen des modernen Staates, S. 144. Vgl. auch *Beutler*, Der Staat und die Verbände; *Eschenburg*, Herrschaft der Verbände?; *Friedrich*, Der Verfassungsstaat der Neuzeit, S. 538–566; H. *Huber*, Staat und Verbände. Vgl. des weiteren *Steinberg*, Staatslehre und Interessenverbände.

[607]) *Kaiser*, Die Repräsentation organisierter Interessen, insbesondere: S. 338–364; ders., in: *Beutler*, Der Staat und die Verbände, S. 50f.

[608]) *Krüger*, Der Bundeswirtschaftsrat in verfassungspolitischer Sicht; ders., Die Stellung der Interessenverbände in der Verfassungswirklichkeit; ders., in: *Beutler*, Der Staat und die Verbände, S. 35–40 und 51 f. Vgl. auch ders., Allgemeine Staatslehre, S. 379–407.

[609]) Zur historischen Entwicklung der Grundrechtsdogmatik allgemein: Walter *Schmidt*, Grundrechte – Theorie und Dogmatik seit 1946 in Westdeutschland, in: *Simon*, Rechtswissenschaft in der Bonner Republik, S. 188–226; *Stern*, Das Staatsrecht der Bundesrepublik Deutschland, Band III/1, insbesondere: S. 619–994; *Kröger*, Grundrechtsentwicklung in Deutschland; *Bleckmann*, Staatsrecht II: Die Grundrechte, S. 243–396; *Böckenförde*, Zur Lage der Grundrechtsdogmatik nach 40 Jahren Grundgesetz; *Dreier*, Dimensionen der Grundrechte, S. 27–50.

terpretiert wurden, die vor Eingriffen der Staatsgewalt schützen sollten.[610]) Dies entsprach weitgehend dem Text des Grundgesetzes, der sicherlich primär im Sinne der bürgerlich-liberalen Grundrechtstheorie zu verstehen ist. Entsprechend der harmonistischen Grundhaltung der fünfziger Jahre wurden zudem – als Gegengewicht zum freiheitssichernden Aspekt der Grundrechte – besonders deren Grenzen gegenüber den Interessen der Gemeinschaft betont. Wie soeben bereits ausgeführt, trat dann seit Mitte der fünfziger Jahre im Zusammenhang mit der allgemeinen Konjunktur der Wertphilosophie und unterstützt durch die Lüth-Entscheidung des Bundesverfassungsgerichts die objektivrechtliche Dimension der Grundrechte mehr und mehr in den Vordergrund.[611]) Die Grundrechte des Grundgesetzes konstituierten demnach eine objektive Wertordnung, die auch im gesellschaftlichen und speziell vorpolitischen Bereich Wirkung entfaltete und gleichzeitig eine umfassende Schutzpflicht des Staates begründete. Dieser Ansatz war zunächst Ende der zwanziger Jahre von der geisteswissenschaftlichen Richtung entwickelt worden, der es darum ging, erstmals eine institutionell-gemeinschaftsbezogene Sichtweise der Grundrechte zu etablieren.[612]) Bevor das Interesse an den Grundrechten nach 1933 gänzlich schwand, erfuhr dieser Ansatz zusätzlich eine Konjunktur im Kontext der Weimarer Staatskrise und der nationalsozialistischen Machtergreifung, als die Staatsrechtslehrer bestrebt waren, anstelle des individualistischen den kollektivistischen Aspekt des Rechts in den Mittelpunkt zu rücken.[613])

610) Vgl. z.B. *Nawiasky*, Die Grundgedanken des Grundgesetzes für die Bundesrepublik Deutschland, insbesondere: S. 18–34; *Maunz*, Deutsches Staatsrecht, insbesondere: S. 72–79; von *Mangoldt*, Das Bonner Grundgesetz, insbesondere: S. 101–104; *Scheuner*, Grundfragen des modernen Staates, S. 131 und 156–160; ders., Die institutionellen Garantien des Grundgesetzes, insbesondere: S. 91–99.

611) Bereits angedeutet: *Scheuner*, Grundfragen des modernen Staates, S. 159f.; ders., Die institutionellen Garantien des Grundgesetzes, insbesondere: S. 95f. Des weiteren: *Wintrich*, Zur Problematik der Grundrechte; Helmut *Ridder*, Meinungsfreiheit, in: *Neumann*, Die Grundrechte, Band 2, S. 243–290; ders., Meinungsfreiheit, in: Staatslexikon; von *Mangoldt/Klein*, Das Bonner Grundgesetz, Band 1, S. 79 und 83–90; *Hamel*, Die Bedeutung der Grundrechte im sozialen Rechtsstaat; *Köttgen*, Das Grundrecht der deutschen Universität. Dagegen Günter Dürigs Warnung vor der Gefahr einer Fehlentwicklung bei der Lehre von den Einrichtungsgarantien, in: *Dürig*, Art. 1 Abs. III, in: *Maunz/Dürig*, Grundgesetz, Rdnr. 98 (Stand: 1958).

612) Vgl. z.B. Erich *Kaufmann*, Die Gleichheit vor dem Gesetz im Sinne des Art. 103 der Reichsverfassung, in: VVDStRL 3 (1927), S. 2–24; Rudolf *Smend*, Das Recht der freien Meinungsäußerung, in: VVDStRL 4 (1928), S. 44–74; ders., Verfassung und Verfassungsrecht, S. 260–268; *Holstein*, Elternrecht, Reichsverfassung und Schulverwaltungssystem, insbesondere: S. 199–216. Dieser Richtung nur bedingt zugehörig: *Schmitt*, Freiheitsrechte und institutionelle Garantien; ders., Grundrechte und Grundpflichten, insbesondere: S. 590–597. Vgl. hierzu des weiteren *Stolleis*, Geschichte des öffentlichen Rechts in Deutschland, 3. Band, insbesondere: S. 109–114 und 190–193.

613) Insbesondere: E. R. *Huber*, Bedeutungswandel der Grundrechte; *Leibholz*, Die Auflösung der liberalen Demokratie in Deutschland und das autoritäre Staatsbild, S. 23–28. Vgl. hierzu Herwig *Schäfer*, Die Rechtsstellung des Einzelnen. Von den Grundrechten zur

Solche Konzepte dienten wiederum seit Mitte der fünfziger Jahre vor allem denjenigen Staatsrechtslehrern als willkommener Anknüpfungspunkt, die sich von Anfang an mit der primär liberal-individualistischen Ausrichtung des bundesdeutschen Staatswesens nur schwer abgefunden hatten.[614])

Eine mehrheitlich antiliberale Ausrichtung zeigte die Staatsrechtslehre auch bei der Debatte über die Frage, welche Wirtschaftsordnung vom Grundgesetz vorgeschrieben worden war.[615]) Hier äußerte sich erneut die weitverbreitete etatistische Grundhaltung der Staatsrechtslehrer. Entsprechend ihren Erfahrungen aus der Zeit der nationalsozialistischen Herrschaft und vor allem des Krieges rechneten sie nur dann mit der Stabilität des bundesdeutschen Gemeinwesens, wenn es über einen starken Staat verfügte. Ein starker Staat war aus ihrer Sicht ein in die Gesellschaft intervenierender Staat, der den einzelnen nicht allein ließ, sondern mit Hilfe der Verwaltung für die Befriedigung seiner elementaren Lebensbedürfnisse sorgte und zudem im Bereich der Wirtschaft aktiv wurde, um auch hier die Interessen der Gemeinschaft zu wahren. So erklärt sich die Popularität des Begriffs Sozialstaat von 1949 an. Das Sozialstaatsprinzip wurde von den meisten Staatsrechtslehrern – mit Ausnahme der Schmitt-Schule – in der Weise gedeutet, daß es den Staat objektivrechtlich verpflichte, im Bereich der Gesellschaft soziale Gerechtigkeit zu gewährleisten.[616]) Dementsprechend legten die Staatsrechtslehrer in den ersten Jahren einem staatlichen Eingriff in die bestehende Eigentumsordnung relativ wenige verfassungsrechtliche Hindernisse in den Weg. Auf Art. 14 und 15 GG gestützte Enteignungen und Sozialisierungen sollten in großem Umfang möglich sein, ohne daß gleichzeitig der Rahmen staatlicher Entschädigungsverpflichtung übermäßig ausgedehnt wurde.[617]) Den Art. 41 der Hessischen Verfassung, der im

volksgenössischen Gliedstellung, in: *Böckenförde*, Staatsrecht und Staatsrechtslehre im Dritten Reich, S. 106–121.

[614]) Vgl. hierzu die Literaturhinweise in Fn. 612.

[615]) Vgl. hierzu allgemein: Friedrich *Kübler*, Wirtschaftsrecht in der Bundesrepublik. Versuch einer wissenschaftshistorischen Bestandsaufnahme, in: *Simon*, Rechtswissenschaft in der Bonner Republik, S. 364–389; *Nörr*, Die Republik der Wirtschaft; *Gotthold*, Wirtschaftliche Entwicklung und Verfassungsrecht, S. 55–114; *Scheuner*, Einführung, in: ders., Die staatliche Einwirkung auf die Wirtschaft, S. 9–84, insbesondere: S. 9–26; *Hammans*, Das politische Denken der neueren Staatslehre in der Bundesrepublik, S. 206–235.

[616]) Vgl. z.B. Ernst *Forsthoff* und Otto *Bachof*, Begriff und Wesen des soziale Rechtsstaates, in: VVDStRL 12 (1954), S. 8–128 (mit Aussprache); *Menger*, Der Begriff des sozialen Rechtsstaats im Bonner Grundgesetz; *Dürig*, Verfassung und Verwaltung im Wohlfahrtsstaat, insbesondere: S. 195f.; *Abendroth*, Zum Begriff des demokratischen und sozialen Rechtsstaates im Grundgesetz; E. R. *Huber*, Der Streit um das Wirtschaftsverfassungsrecht, S. 200–203; von *Mangoldt/Klein*, Das Bonner Grundgesetz, Band 1, S. 604–610; *Ridder*, Zur verfassungsrechtlichen Stellung der Gewerkschaften im Sozialstaat nach dem Grundgesetz, insbesondere: S. 3–11.

[617]) Vgl. z.B. Hans Peter *Ipsen* und Helmut *Ridder*, Enteignung und Sozialisierung, in: VVDStRL 10 (1952), S. 74–177 (mit Aussprache); *Dürig*, Zurück zum klassischen Enteignungsbegriff!

Kontext der weitverbreiteten Sozialisierungsforderungen der ersten Nachkriegsjahre entstanden war und dementsprechend die entschädigungslose Enteignung von Schlüsselindustrien vorsah, erklärte die Mehrheit hingegen gleich zu Beginn der fünfziger Jahre für unvereinbar mit Art. 15 S. 2 GG, da sich hier ein Bundesland seiner Entschädigungsverpflichtung gänzlich entzogen und sich damit dem sozialistischen Eigentumsverständnis gefährlich angenähert hatte.[618])

Was der Staatsrechtslehre wirtschaftspolitisch vorschwebte, war im Grunde ein Dritter Weg zwischen den beiden dominierenden Wirtschaftsblöcken. Ludwig Erhards stark marktwirtschaftlich ausgerichteter Rückgriff auf das Konzept des Ordoliberalismus, wobei er von Anfang an den „kapitalistischen" Elementen Vorrang vor den sozialen Komponenten einräumte, war hier alles andere als populär. Die These des Präsidenten des Bundesarbeitsgerichts Hans Carl Nipperdey, daß im Grundgesetz die Wirtschaftsverfassung der sozialen Marktwirtschaft im Sinne des Ordoliberalismus festgelegt worden sei[619]), stieß in der Staatsrechtslehre auf entschiedene Ablehnung. Man favorisierte im Hinblick auf das Grundgesetz statt dessen ein stark interventionistisches Wirtschaftskonzept, das sowohl Elemente des Sozialismus als auch solche des Kapitalismus in sich aufnahm. Dies war das einheitliche Votum der Staatsrechtslehrervereinigung bei der Diskussion über die staatliche Intervention im Bereich der Wirtschaft aus dem Jahre 1952.[620]) Repräsentativ hierfür war Ulrich Scheuners Stellungnahme:

> Ich grenze mich deshalb ausdrücklich von den Anschauungen der neoliberalen Schule ab [...]. Ich sehe [...] daher im staatlichen Interventionismus nicht etwa eine Mischform, die als solche schon eine Schwäche in sich trüge, sondern eine selbständige, in unserer Zeit entstandene und eigenen besonderen Grundsätzen folgende Wirtschaftsordnung.[621])

In diese Richtung wies auch Ernst Rudolf Hubers Konzept der gemischten Wirtschaftsverfassung, mit dem er anstrebte, ein Gleichgewicht aus Freiheitsverbürgungen und Sozialbindungen herzustellen.[622]) Hier treten die Kontinui-

[618]) Vgl. z.B. *Krüger*, Rechtsfragen der Sozialisierung in Hessen; *Jerusalem*, Das Bonner Grundgesetz und die hessische Sozialisierung; *Weber*, Zur Problematik von Enteignung und Sozialisierung nach neuem Verfassungsrecht; *Schmitt*, Rechtsstaatlicher Verfassungsvollzug, in: ders., Verfassungsrechtliche Aufsätze aus den Jahren 1924–1954, S. 452–488. Vgl. hierzu des weiteren *Winter*, Sozialisierung in Hessen 1946–1955.

[619]) H. C. *Nipperdey*, Die soziale Marktwirtschaft in der Verfassung der Bundesrepublik. Vgl. hierzu auch *Böhm*, Wirtschaftsordnung und Staatsverfassung.

[620]) Ulrich *Scheuner* und Adolf *Schüle*, Staatliche Intervention im Bereich der Wirtschaft, in: VVDStRL 11 (1954), S. 1–152 (mit Aussprache). Vgl. zudem *Krüger*, Staatsverfassung und Wirtschaftsverfassung; *Ballerstedt*, Staatsverfassung und Wirtschaftsfreiheit; ders., Wirtschaftsverfassungsrecht, in: *Neumann*, Die Grundrechte, Band 3/1, S. 1–90; *Hamann*, Rechtsstaat und Wirtschaftslenkung; ders., Deutsches Wirtschaftsverfassungsrecht.

[621]) Ulrich *Scheuner*, Staatliche Intervention im Bereich der Wirtschaft, in: VVDStRL 11 (1954), S. 1–74, hier: S. 8.

[622]) E. R. *Huber*, Wirtschaftsverwaltungsrecht, 2. Aufl., insbesondere: 1. Band, S. 20–46;

tätslinien seit den dreißiger Jahren offen zutage. Hubers neues Konzept unterschied sich nur um Nuancen von seiner Vision eines „deutschen Sozialismus" aus dem Jahre 1934. An die Stelle der gelenkten Wirtschaft war nunmehr die sozialverpflichtete Marktwirtschaft mit unübersehbaren Steuerungs- und Interventionsmechanismen getreten. Trotz des Trends zum Neoliberalismus in der Wirtschaftspolitik der fünfziger Jahre bestand in der Staatsrechtslehre also eine etatistisch-interventionistische Grundhaltung fort. Es galt, der Politik zumindest die verfassungsrechtliche Option offenzuhalten, in Zukunft zu einer stärker lenkenden und planenden Wirtschaftspolitik zurückzukehren. Bestätigt fühlte man sich bei diesem Anliegen vom Investitionshilfegesetz von 1952[623]) und der diesbezüglichen Entscheidung des Bundesverfassungsgerichts aus dem Jahre 1954. Zum einen war das Gesetz in enger Kooperation mit den Wirtschaftsverbänden entstanden, so daß gleich nach seinem Zustandekommen sich Stimmen erhoben, die vor dem zunehmenden Einfluß ständischer Elemente warnten, zum anderen war darin die gewerbliche Wirtschaft verpflichtet worden, den Investitionsbedarf der sanierungsbedürftigen Grundstoffindustrien aufzubringen und damit eine innerwirtschaftliche Umverteilung herbeizuführen. Die Unternehmen, die vor dem Bundesverfassungsgericht klagten, betrachteten dies im wesentlichen als einen Verstoß gegen die Wirtschafts- und Sozialordnung des Grundgesetzes. In seiner Entscheidung wies das Gericht dann diese Einwände ab, indem es die wirtschaftspolitische Neutralität des Grundgesetzes herausstrich und betonte, daß der Gesetzgeber in Zukunft durchaus die Möglichkeit habe, Maßnahmen zu treffen, die nicht als „marktkonform" galten.[624])

Auch auf dem Gebiet des Verwaltungsrechts[625]) kam es in den fünfziger Jahren zu einem Anknüpfen an Denkansätze vergangener Zeiten. Wie wir bereits bei der Schmitt-Schule gesehen haben, widmeten sich zahlreiche Staatsrechtslehrer, die sich in der Zeit der nationalsozialistischen Herrschaft dem Verwaltungsrecht zugewandt hatten, auch weiterhin schwerpunktmäßig diesem Rechtsgebiet. Die Verwaltung war ihnen vor 1945 als der zentrale Ordnungs- und Stabilitätsgarant im totalitären Staat erschienen, und diese Sichtweise setzte sich ungebrochen im System der parlamentarischen Demokratie fort. Es galt, das Verwaltungsrecht den gewandelten verfassungsrechtlichen Rahmenbedingungen anzupassen, um damit die Bürokratie als schöpferisch-gestaltendes und selbständiges Staatsorgan, das einen weiten Ermessensspielraum be-

ders., Der Streit um das Wirtschaftsverfassungsrecht, insbesondere: S. 97–102. Vgl. hierzu *Walkenhaus*, Konservatives Staatsdenken, S. 333–348; *Nörr*, Die Republik der Wirtschaft, S. 96.

623) Vgl. hierzu grundsätzlich: *Adamsen*, Investitionshilfe für die Ruhr.

624) Vgl. BVerfGE 4, 7 (17 f.).

625) Hierzu grundsätzlich Michael *Stolleis*, Verwaltungsrechtswissenschaften in der Bundesrepublik Deutschland, in: *Simon*, Rechtswissenschaft in der Bonner Republik, S. 227–258.

saß, funktionsfähig zu erhalten. Das Staatsdenken dieser Staatsrechtslehrer – an erster Stelle Ernst Forsthoff, Werner Weber, Ernst Rudolf Huber, Hans Schneider, Arnold Köttgen, Herbert Krüger und Hans Peters – war somit auch nach 1945 primär ein Denken von der Verwaltung her. Der bürgerlich-liberale Rechtsstaat war für sie unwiederbringlich zum Verwaltungsstaat mutiert.

Trotz dieser modernisierenden Herangehensweise knüpfte die Verwaltungsrechtslehre bei der Behandlung konkreter Fragen in den ersten Jahren zunächst einmal an die Weimarer Tradition an. Es galt, handfeste Probleme zu lösen, vor allem rechtsstaatliche Verfahren wieder sicherzustellen und den Anspruch des Grundgesetzes auf eine Intensivierung des gerichtlichen Rechtsschutzes im einzelnen umzusetzen. Hierbei lag es förmlich auf der Hand, in die gewohnte Spur eines primär rechtsstaatlich-technischen Grundansatzes zurückzukehren. In den Debatten tauchten wieder die alten, noch von Otto Mayer entwickelten Begriffe auf, ohne daß sie mit gänzlich neuem Inhalt gefüllt worden wären.[626]) Dieser Traditionalismus stand im Kontrast zum Versuch einzelner Autoren wie Hans Peters oder Ernst Forsthoff, den Innovationsschub, den das Fach in der Zeit nach 1933 erfahren hatten, auch für die Nachkriegszeit nutzbar zu machen. Sie versuchten, materielle Elemente in die Rechtserfassung zu integrieren und die gewandelte Wirklichkeit des modernen Interventions- und Massenverwaltungsstaates, der sich etwa auf den Gebieten des Subventionswesens, der Wirtschaftslenkung, der Planung, der Daseinsvorsorge und der Sozialversicherung zu engagieren hatte, dogmatisch zu erfassen.[627])

Aus einer Gesamtperspektive überwiegt der Eindruck, daß es in der Staatsrechtslehre der fünfziger Jahre zunächst generell zu einem Rückgriff auf Altbewährtes kam. Als Anknüpfungspunkt diente in erster Linie die Weimarer Wissenschaftstradition, aber es setzten sich auch – entgegen dem damaligen antitotalitären Selbstverständnis – einzelne Ansätze und Grundhaltungen im Denken der Nachkriegszeit fort, die in der Zeit des Nationalsozialismus entstanden waren, auch wenn sie keinen spezifisch nationalsozialistischen Charakter besaßen. Vereinzelt gewannen die aus der Vergangenheit hergeleiteten Konzepte allerdings schon damals eine liberale Färbung – etwa bei der Beurteilung der Stellung des Parlaments, der Parteien und der Verbände. Dennoch sind in der Staatsrechtslehre der fünfziger Jahre – sieht man einmal von der Smend-Schule ab – Westernisierungseinflüsse kaum zu erkennen. Entsprechend dem konser-

[626]) Vgl. z.B. *Jerusalem*, Grundriß des Verwaltungsrechts; *Giese*, Allgemeines Verwaltungsrecht; von *Turegg*, Lehrbuch des Verwaltungsrechts; *Helfritz*, Verwaltungsrecht; *Jellinek*, Verwaltungsrecht.

[627]) Vgl. z.B. *Peters*, Lehrbuch der Verwaltung; *Forsthoff*, Lehrbuch des Verwaltungsrechts; Herbert *Krüger*, Rechtsverordnung und Verwaltungsanweisung, in: Rechtsprobleme in Staat und Kirche, S. 211–242; Erich *Becker*, Verwaltung und Verwaltungsrechtsprechung, in: VVDStRL 14 (1956), S. 96–135; *Wolff*, Verwaltungsrecht I; Max *Imboden* und Klaus *Obermayer*, Der Plan als verwaltungsrechtliches Institut, in: VVDStRL 18 (1960), S. 113–215 (mit Aussprache).

vativen Grundzug der Zeit überwog zunächst das Bedürfnis, an die eigene Tradition anzuknüpfen. Der Einfluß westlicher Ideen auf die bundesdeutsche Gesellschaft hatte noch nicht ein solches Maß erreicht, um sich auch auf diejenigen Wissenschaftsdisziplinen auszuwirken, die so stark von personellen Kontinuitäten und von einem nationalen Eigenbewußtsein geprägt waren wie die Staatsrechtslehre.[628])

Eines zeigen die Debatten zu Beginn der fünfziger Jahre damit sehr deutlich: Auf dem Wissenschaftssystem, das sich während der Weimarer Zeit in der Staatsrechtslehre herausgebildet hatte, ließ sich durchaus eine funktionsfähige Demokratie aufbauen. Trotz aller inneren Distanz zu ihrer Verfassung mußte die Weimarer Staatsrechtslehre nicht zwangsläufig zu einem Belastungsfaktor der Republik werden, sondern ihre Kooperationsfähigkeit im Hinblick auf das politische System war an erster Stelle von den allgemeinen politischen Rahmenbedingungen abhängig. Als das politische System funktionierte – in Weimar wie in Bonn –, wurde es von der Staatsrechtslehre auf überwiegend konstruktive Weise gestützt. Als es hingegen zu Beginn der dreißiger Jahre kollabierte, erwies sich auch die Staatsrechtslehre zu Rettungsaktionen nicht in der Lage.

In den fünfziger Jahren kamen gleichwohl allmählich Zweifel auf, ob die traditionellen Denkansätze mit der sich wandelnden außerrechtlichen Wirklichkeit noch zu vereinbaren waren und ob nicht das Grundgesetz einen fundamentalen Umdenkprozeß erforderlich machte. Das Gebiet, in dem diese Fragen gestellt wurden, war wiederum das Verwaltungsrecht. Bereits in seinem Referat vor der Staatsrechtslehrervereinigung hatte Otto Bachof im Jahre 1953 gefordert[629]), angesichts der unaufhaltsamen Expansion des Sozialstaates, wie sie etwa im Lastenausgleichsgesetz von 1952 zum Ausdruck kam, das herkömmliche Verwaltungsrecht auf systematische Weise im Sinne einer Verrechtlichung zu durchdenken. Die zunehmende Staatsabhängigkeit des einzelnen mache es erforderlich, ihm beispielsweise auch im Bereich der Leistungsverwaltung einen umfassenden Rechtsschutz zu gewähren. An erster Stelle sei es folglich die Aufgabe des Gesetzgebers, gegenüber der Verwaltung das Primat der Verfassung durchzusetzen. Nachdem 1954 das Bundesverwaltungsgericht entschieden hatte, daß auf der Grundlage des Grundgesetzes der Bedürftige nunmehr über einen Rechtsanspruch auf staatliche Fürsorge ver-

[628]) Hier weist die Staatsrechtslehre deutliche Parallelen zur Geschichtswissenschaft auf. Vgl. Anselm *Doering-Manteuffel*, Westernisierung. Politisch-ideeller und gesellschaftlicher Wandel in der Bundesrepublik bis zum Ende der 60er Jahre, in: *Schildt*, Dynamische Zeiten, S. 311–341, hier: S. 333–339.

[629]) Otto *Bachof*, Begriff und Wesen des sozialen Rechtsstaates. Der soziale Rechtsstaat in verwaltungsrechtlicher Sicht, in: VVDStRL 12 (1954), S. 37–84. In diesem Sinne beispielsweise auch *Dürig*, Verfassung und Verwaltung im Wohlfahrtsstaat; Ulrich *Scheuner*, Staatliche Intervention im Bereich der Wirtschaft, in: VVDStRL 11 (1954), S. 1–76, insbesondere: S. 55–66.

füge[630]), und auf der Staatsrechtslehrertagung von 1955 erneut die zunehmende Bedeutung des verwaltungsgerichtlichen Rechtsschutzes ins Bewußtsein gerückt war[631]), zielte Herbert Krügers Referat auf der Staatsrechtslehrertagung von 1956[632]) in eine gänzlich andere Richtung. Ihm ging es darum, die Existenz des besonderen Gewaltverhältnisses[633]), dessen Verrechtlichung Bachof bereits 1953 eingefordert hatte, auch in das gegenwärtige Verfassungssystem zu retten. Dies konnte er aber nur erreichen, wenn er bewußt alle verfassungsrechtlichen Bedenken beiseite schob und, ausgehend von seiner etatistischen Grundhaltung, auf den „vulkanischen Charakter" der „elementaren unverfaßten Staatsgewalt" verwies, die sich eben nicht vollständig „domestizieren" lasse[634]). Diese Argumentation war im Grunde ein nicht ganz ernstgemeinter, metajuristischer Kunstgriff. Im Fazit von Krügers Vortrag überwogen denn auch die pessimistischen und ratlosen Töne. Es sei für ihn überaus fraglich, ob sich das besondere Gewaltverhältnis, das sich bewährt habe, gegenüber den Erfordernissen des Verfassungs- und Rechtsstaates würde behaupten können. Dieser Vortrag wurde bereits von Krügers Kollegen Arnold Köttgen bei dessen Referat im darauffolgenden Jahr als Ausdruck für die tiefe Verunsicherung gedeutet, die sich mittlerweile in der Disziplin mehr und mehr breitgemacht habe.[635])

Die zweite Hälfte der fünfziger Jahre erscheint damit als eine Zeit, in der sich erstmals ein Unbehagen bemerkbar machte, ob die Staatsrechtslehre den Erfordernissen der Zeit noch gerecht wurde. Es ging, wie wir gesehen haben, auf den ersten Blick um die Frage, inwieweit das Verwaltungsrecht zu verrechtlichen war: Inwieweit es von Grundrechten durchdrungen werden mußte, wo die Grenzen seiner Subjektivierung lagen, und wie weit auf diesem Gebiet der Gesetzesvorbehalt ging. Doch die Ursachen für die aufkommende Skepsis lagen tiefer. Es ging letztlich um das Problem, ob die Staatsrechtslehre überhaupt noch über ein angemessenes dogmatisches Instrumentarium zur Erfassung der außerrechtlichen Wirklichkeit verfügte und ob sie somit an ihrem herkömmlichen Wissenschaftsverständnis auf Dauer würde festhalten können. Die Staatsrechtslehrer konnten sich der Einsicht nicht länger verschließen, daß der unter dem Mantel des Wiederaufbaus in Staat und Gesellschaft allmählich sichtbar werdende modernisierende Impuls neue wissenschaftliche Perspekti-

630) BVerwGE 1, 159.

631) Erich *Becker* und Helmut *Rumpf*, Verwaltung und Verwaltungsrechtsprechung, in: VVDStRL 14 (1956), S. 96–210 (mit Aussprache).

632) Herbert *Krüger*, Das besondere Gewaltverhältnis, in: VVDStRL 15 (1957), S. 109–132.

633) Hierzu allgemein: *Wenninger*, Geschichte der Lehre vom besonderen Gewaltverhältnis.

634) Herbert *Krüger*, Das besondere Gewaltverhältnis, in: VVDStRL 15 (1957), S. 109–132, hier: S. 112.

635) Arnold *Köttgen*, Die Organisationsgewalt, in: VVDStRL 16 (1958), S. 154–190, hier: S. 159 und 161.

ven erzwang. Vor allem stand die weitverbreitete etatistische Grundeinstellung der Staatsrechtslehrer in Frage. Es bestand eine unübersehbare Diskrepanz zwischen der zunehmenden Verflechtung von Staat und Gesellschaft im modernen Interventionsstaat einerseits und einer Grundhaltung andererseits, die allein den Staat in den Mittelpunkt stellte und an seiner Überordnung über den gesellschaftlichen Bereich festhielt.[636]) Es bedurfte einer neuen Generation von Staatsrechtslehrern, die solche Unsicherheiten zum Anlaß nahm, um auf einen fundamentalen Umbruch der Disziplin hinzuarbeiten.

[636]) Diese Diskrepanz wurde in der Staatsrechtslehre auch thematisiert. Vgl. z.B. *Forsthoff*, Lehrbuch des Verwaltungsrechts, S. 3 und 37–41; Helmut *Ridder*, Enteignung und Sozialisierung, in: VVDStRL 10 (1952), S. 124–149, hier: S. 132; Ulrich *Scheuner*, Staatliche Intervention im Bereich der Wirtschaft, in: VVDStRL 11 (1954), S. 1–76, hier: S. 46f.; ders., in: ebda., S. 225–227; *Abendroth*, Zum Begriff des demokratischen und sozialen Rechtsstaates im Grundgesetz, S. 288; *Kaiser*, Die Repräsenation organisierter Interessen, insbesondere: S. 308–321; *Kirchheimer*, Rezension zu Joseph H. Kaiser, Die Repräsentation organisierter Interessen; *Schnur*, Carl Schmitt und die deutsche Staatsrechtslehre, S. 726; Werner *Weber*, Die Teilung der Gewalten als Gegenwartsproblem, in: *Barion*, Festschrift für Carl Schmitt, S. 253–272, insbesondere: S. 260–262; ders., Die Verfassung der Bundesrepublik in der Bewährung, S. 29–40.

IV. Umbruch in der ersten Hälfte der sechziger Jahre

1. „Die ‚roaring sixties' müssen endlich einmal anfangen."[1])

Waren die fünfziger Jahre – trotz ihrer modernisierenden Wirkung – auf der politisch-ideellen Ebene zunächst vor allem geprägt durch den Rückgriff auf Altbewährtes, so wurde ungefähr ab dem Jahre 1957 in der bundesdeutschen Gesellschaft allmählich ein tiefgreifender Epochenwechsel spürbar. Ein kontinuierlicher, häufig in einem traditionellen Erscheinungsbild auftretender, in seinen Folgen aber nicht abzusehender gesellschaftlicher Wandel hatte sich schon zuvor in den Jahren des Wiederaufbaus angedeutet, nun begann er auch das geistige Klima zu prägen. Eine kritische und zugleich reformorientierte Öffentlichkeit verschaffte sich zunehmend Gehör. So wurde im Kontext des Ulmer Einsatzgruppenprozesses (1958), des Eichmann-Prozesses in Jerusalem (1961) und des Frankfurter Auschwitz-Prozesses (1963–1965) die nationalsozialistische Vergangenheit und ihre personellen sowie gesellschaftlichen Kontinuitäten mehr und mehr zum Thema innenpolitischer Debatten. Das Schlagwort von der „deutschen Bildungskatastrophe" (Georg Picht) aus dem Jahre 1964 spitzte die seit Ende der fünfziger Jahre in Gang gekommene Bildungsdebatte weiter zu und zwang die Politik, allmählich an Schulen und Universitäten eine aktivere Reformpolitik zu betreiben, mit deren Hilfe der allgemeine Bildungsstand erhöht werden sollte. Es kam zudem zu einer Pluralisierung und Liberalisierung der politischen Kultur. So gab es etwa im Zusammenhang mit der „Präsidentschaftskrise" 1959 erste Anzeichen dafür, daß sich die Parteien der Regierungskoalition Adenauers autoritärem Führungsstil nicht länger unterordnen wollten, obrigkeitliche Verhaltensdispositionen fanden in der Gesellschaft immer weniger Anklang, und die Bezeichnung Pluralismus wandelte sich erstmals zu einem positiv konnotierten Begriff. Die „Spiegel-Affäre" von 1962 machte deutlich, wie weit sich in den vorangegangenen Jahren eine kritische politische Grundhaltung in der Bevölkerung ausgebreitet hatte. In diesem Kontext entwickelte sich nicht zuletzt unter Jugendlichen eine alternative, überwiegend linkssozialistisch orientierte Protestkultur, die in „68" ihren Kulminationspunkt fand. Die „Umgründung der Republik" (Manfred Görtemaker) setzte – entgegen dem Selbstverständnis der „Achtundsechziger" – schon am Ende der fünfziger Jahre langsam ein und durchzog das ganze Jahrzehnt. Diese frühen Jahre waren bereits geprägt von jenem sich beschleunigen-

[1]) Nachlaß *Schnur*, Nr. 6 (Quaritsch an Schnur vom 13. 7. 1965).

den, überaus dynamischen Wandel, welcher sich bis zum Beginn der siebziger Jahre fortsetzen sollte.[2])

Maßgeblich bestimmt wurde dieser Umbruch von einer nachwachsenden, um das Jahr 1930 herum geborenen Generation, die zunehmend an Einfluß gewann, indem sie in führende Positionen vorrückte und die „großen alten Männer", die noch das Kaiserreich erlebt, den zwanziger und dreißiger Jahren das Gepräge gegeben und den Wiederaufbau nach 1945 ins Werk gesetzt hatten, verdrängte. Es handelte sich um die Flakhelfer-Generation bzw. um die „Skeptische Generation" (Helmut Schelsky). Dirk Moses hat für diesen Generationszusammenhang auch die Bezeichnung „Die Fünfundvierziger" geprägt.[3]) Seine Angehörigen waren alt genug, um den Nationalsozialismus noch unmittelbar erlebt zu haben, und jung genug, um vom parlamenarisch-demokratischen Systemumbruch nach 1945 auf maßgebliche Weise geprägt zu werden. Eine Skepsis gegenüber Ideologien verband sich bei ihnen mit einem Grundvertrauen in die bundesdeutsche Ordnung und ihre politischen bzw. rechtlichen Institutionen. Für die „Fünfundvierziger" stellte das bundesdeutsche Gemeinwesen schlichtweg die richtige Antwort auf die deutsche Vergangenheit dar. Es handelte sich bei ihnen meist um nüchterne und leistungsbereite Individualisten, die sich in den fünfziger Jahren noch den Zwängen der „Wirtschaftswundergesellschaft" untergeordnet hatten, die in den sechziger Jahren hingegen aus einem liberalen Impetus heraus zum Motor einer Reform des bundesdeutschen Gemeinwesens wurden, das ihnen als rückständig und verkrustet erschien. Sie unterschieden sich damit auf markante Weise von der eigentlichen Kriegsgeneration der mittlerweile etwa Fünfzig- bis Sechzigjährigen. Für diese war die Desillusionierung durch den Nationalsozialismus zwar ebenfalls von zentraler Bedeutung gewesen, sie hatte sich aber in den Jahren des Wiederaufbaus gezwungen gesehen, die Fundamente ihrer Existenz gänzlich neu zu konstruieren. Die Angehörigen dieser Kriegsgeneration hatten sich zwischenzeitlich in der Bundesrepublik eingerichtet und sahen von daher weit weniger die Notwendigkeit, erneut einen bewußten Bruch mit der Vergangenheit zu vollziehen.

Die neue Generation der „Fünfundvierziger" machte seit Ende der fünfziger Jahre auch in der Staatsrechtslehre auf sich aufmerksam. Sie bezog explizit

[2]) Vgl. z. B. *Schildt*, Dynamische Zeiten; *Marwick*, The Sixties; *Doering-Manteuffel*, Die Bundesrepublik Deutschland in der Ära Adenauer, S. 223–247; ders., Strukturmerkmale der Kanzlerdemokratie, S. 14–16; *Kleßmann*, Zwei Staaten, eine Nation, insbesondere: S. 158–189; van *Laak*, Gespräche in der Sicherheit des Schweigens, S. 175–178; *Görtemaker*, Geschichte der Bundesrepublik Deutschland, insbesondere: S. 475–491; Ulrich *Herbert*, Legt die Plakate nieder, ihr Streiter für die Gerechtigkeit, in: FAZ vom 29. 1. 2001, S. 48; ders., Liberalisierung als Lernprozeß. Die Bundesrepublik in der deutschen Geschichte – eine Skizze, in: ders., Wandlungsprozesse in Westdeutschland, S. 7–49, insbesondere: S. 40–47.

[3]) *Moses*, The Forty-Fivers. Vgl. hierzu auch *Görtemaker*, Geschichte der Bundesrepublik Deutschland, S. 182–198; *Doering-Manteuffel*, Die Bundesrepublik Deutschland in der Ära Adenauer, S. 211–214.

Stellung gegen den etablierten Wissenschaftsbetrieb, wie er sich im Laufe der fünfziger Jahre herausgebildet hatte. Dieser galt ihnen einerseits als harmonistisch, andererseits als tabuistisch. Sie wollten nunmehr eine rein sachliche wissenschaftliche Debatte führen, in der jedes vorgebrachte Argument allein nach seiner Qualität und Überzeugungskraft beurteilt wurde und in der es auch möglich war, unpopuläre und provokative Äußerungen zu machen. Zu der neuen Generation zählten Angehörige der Smend- ebenso wie der Schmitt-Schule. Auch auf seiten der Schmitt-Schule, dies ist zu betonen, findet sich – trotz ihrer ausgeprägten ideellen Traditionsverhaftung – jener für die „Fünfundvierziger" charakteristische dynamische und modernisierende Impuls. Beide, die jungen Smend- wie die jungen Schmitt-Schüler, wollten auf der Grundlage ihres Denkstils zeitgemäße Antworten auf aktuelle Problemstellungen finden. Sie sahen nunmehr die Chance, einen unbelasteteren, pragmatischeren Zugang zur Vergangenheit zu finden, als dies noch bei den älteren Angehörigen ihrer Denkkollektive möglich gewesen war. Die Schriften der eigenen Lehrer betrachteten sie dementsprechend weniger dogmatisch und hielten sich auch wiederholt mit Kritik nicht zurück. Zudem sollten die persönlichen Differenzen zwischen der Schmitt- und der Smend-Schule endlich in den Hintergrund treten und der Kontakt über die Grenzen der bestehenden Schulen hinweg wieder gepflegt werden. Charakteristisch für die Angehörigen der neuen Generation war nicht zuletzt ein reges Interesse an namhaften Staatsrechtslehrern, die die Weimarer Debatten maßgeblich geprägt hatten und deren Werk seit den dreißiger Jahren weithin in Vergessenheit geraten war. Die jungen Staatsrechtler setzten sich von ihren Universitätslehrern ab, indem sie nicht mehr nur die Texte von Rudolf Smend und Carl Schmitt in den Mittelpunkt stellten, sondern auch die von Hermann Heller, Erich Kaufmann, Heinrich Triepel und Hans Kelsen rezipierten und für die eigenen Arbeiten nutzbar machten.[4])

Zu der neuen Generation, von der hier die Rede ist, gehörten als Exponenten Horst Ehmke, Roman Schnur, Ernst-Wolfgang Böckenförde, Helmut Quaritsch und Hans Heinrich Rupp (geb. 1926), der seit 1959 Assistent bei Otto Bachof in Tübingen war. Sie standen zwar nur teilweise untereinander in direkter Verbindung, sie alle waren aber in der zweiten Hälfte der zwanziger Jahre geboren

[4]) So entdeckte beispielsweise Ernst-Wolfgang Böckenförde für sich Hermann Heller (vgl. Nachlaß *Schnur*, Nr. 5 [Böckenförde an Schnur vom 31. 1. 1961]), Peter Häberle knüpfte in seiner Dissertation an Erich Kaufmanns institutionelles Grundrechtsverständnis an (vgl. *Häberle*, Die Wesensgehaltgarantie des Art. 19 Abs. 2 Grundgesetz, S. 76–80), auch Peter Lerche griff immer wieder auf Arbeiten Kaufmanns zurück (vgl. z. B. *Lerche*, Stil, Methode, Ansicht), Alexander Hollerbach setzte sich intensiv mit Heinrich Triepel auseinander (vgl. *Hollerbach*, Zu Leben und Werk Heinrich Triepels) und Roman Schnur machte sich in Heidelberg unbeliebt, als er in seiner Habilitationsschrift auf Hans Kelsens „Reine Rechtslehre" zurückgriff (vgl. Nachlaß *Schmitt*, Nr. 14332 [Schnur an Schmitt vom 18. 2. 1961: „Leider ist es mir nicht gestattet, Kelsen zu zitieren [...]."]).

und alle verband der Wille, in die Wissenschaftslandschaft des Öffentlichen Rechts neues Leben zu bringen, indem endlich Dinge beim Namen genannt und altbewährte Standpunkte kritisch hinterfragt wurden. Beispielsweise rechtfertigte Horst Ehmke seine scharfe Polemik im ersten Teil seiner Habilitationsschrift über die deutsche Problemlage gegenüber seinem Lehrer Ulrich Scheuner, welcher ihm eindringlich dazu riet[5]), den Text zu entschärfen, mit den Worten:

> Ich bin in diese Polemik nicht hineingeschliddert, sie ist vielmehr durchaus gewollt [...]. [Sie wendet sich an erster Stelle gegen] die Müdigkeit unserer Diskussion, in der [...] kaum einer auf den anderen eingeht.[6])

Angesichts von Schwierigkeiten mit seiner Habilitation wandte sich Hans Heinrich Rupp im Jahre 1962 entmutigt an Roman Schnur, um seiner Enttäuschung über den Wissenschaftsbetrieb Ausdruck zu verleihen:

> Das Schlagwort von der „Gelehrtenrepublik", monopolisiert gedacht für die Hochschulen – in Wahrheit ein Vehikel, um die Sterilisation des Denkens zu verschleiern – regt mich nur noch zu einem Schmunzeln an. Ich frage mich oft, was geschehen soll, wenn ich die Hürde der Habilitation übersprungen haben werde. [...] Ich habe, ehrlich gesagt, kein allzugroßes Interesse mehr an dieser Art „Laufbahn" und glaube auch nicht, daß ich immer an ihr festhalten werde; denn es ist doch gar zu deprimierend, die rapide geistige Verarmung und Verkümmerung aus nächster Nähe miterleben zu müssen. Was mich noch dabei hält, ist, daß ich mich mit vielen jüngeren Leuten einig weiß und deshalb hoffe, daß es vielleicht einmal besser werden wird.[7])

In seine Habilitationsschrift wolle er einen Abschnitt einbauen,

> in welchem ich nicht so sehr gegen Laband, sondern gegen die heutigen ungeschichtlichen und unwissenschaftlichen Nachbeter Labandscher Terminologien angehe. [...] Ich freue mich schon über das Gezeter, das über die „Unverfrorenheit eines Außenstehenden" losbrechen wird.[8])

Hier wird deutlich, wie unter der nachwachsenden Generation das Gefühl vorherrschend war, als Generationseinheit gemeinsam eine Interessengemeinschaft zu bilden, die mit der Zielsetzung antrat, in der Staatsrechtslehre einen pluralistischen Umbruch herbeizuführen. Äußeres Zeichen für das zunehmende Selbstvertrauen der noch nicht habilitierten Staatsrechtler war das nunmehr institutionalisierte Assistententreffen, das seit Beginn der sechziger Jahre nach dem Vorbild der Staatsrechtslehrertagungen stattfand. Auf Initiative von Roman Schnur und Helmut Quaritsch versammelten sich die Assistenten aus dem Bereich des Öffentlichen Rechts erstmals im Jahre 1961 in Hamburg zum wissenschaftlichen Austausch.[9]) Auch die ältere Generation wertete diese

[5]) Vgl. hierzu den umfangreichen Briefwechsel des Jahres 1960, in: Depositum *Ehmke*, Nr. 210 (Ehmke an Scheuner vom 13. 3. 1960 bis Scheuner an Ehmke vom 19. 10. 1960).

[6]) Depositum *Ehmke*, Nr. 210 (Ehmke an Scheuner vom 6. 5. 1960).

[7]) Nachlaß *Schnur*, Nr. 8 (Rupp an Schnur vom 4. 11. 1962).

[8]) Nachlaß *Schnur*, Nr. 8 (Rupp an Schnur vom 3. 12. 1962).

[9]) Vgl. hierzu den Austausch zwischen Quaritsch und Schnur aus den Jahren 1960 und

Treffen als deutliches Signal für einen Aufbruch in der Staatsrechtswissenschaft. So forderten Ulrich Scheuner und Ernst Friesenhahn anläßlich der Tagung im Jahre 1963 in Bonn die Assistenten auf, „mutige Aufsätze“ zu verfassen, zu denen ihre eigene Generation unfähig sei.[10]) Scheuner hatte bereits in den fünfziger Jahren die „völlige Stille“ und die „Ausfallerscheinungen“ in der bundesdeutschen Wissenschaft beklagt[11]), und er knüpfte an die Aufbruchstimmung zu Beginn der sechziger Jahre unter der jungen Generation die Hoffnung, endlich wieder den Anschluß an das wissenschaftliche Niveau der westlichen Welt zu finden.

Dieser Wille zum Umbruch verband sich für die nachwachsende Generation der Schmitt-Schule mit dem Bemühen, die Ausgrenzung Carl Schmitts endlich zu überwinden und seine Person wieder zum Thema zu machen. Eine offen geführte Auseinandersetzung mit Carl Schmitt galt hier als ein wesentlicher Schritt hin zu mehr Pluralismus.[12]) Seine Person galt für Roman Schnur, Ernst-Wolfgang Böckenförde und Helmut Quaritsch als bestes Beispiel dafür, wie schlagkräftige sachliche Argumente von der Mehrheit der Staatsrechtslehrer in der Vergangenheit mundtot gemacht worden waren:

> Im übrigen: C[arl] S[chmitt] hatte doch mehr recht, als wir meinten, wenn er immer zur Vorsicht mahnte. Nun, ich bin jetzt vorgewarnt, was mir demnächst blühen wird... Aber wenn man an der deutschen Universität nicht sagen kann, was man für richtig hält und mit Gründen versieht, dann hat das Ganze wenig Sinn. Nur um zur Zunft zu gehören? Dann kann man auch woanders sein Geld verdienen.[13])

Auch die jüngeren Schmitt-Schüler wollten sich nun endlich offen zu ihrem Lehrer bekennen und an diejenigen Theoreme aus seiner Feder anknüpfen, die sie selbst für überzeugend hielten. Es liegt auf der Hand, daß sie gleichzeitig die zunehmende Sensibilität der Öffentlichkeit hinsichtlich der Frage der persönlichen Verstrickung in das nationalsozialistische System auch als fundamentale Bedrohung ihrer eigenen wissenschaftlichen Reputation wahrnahmen. Aus ihrer Sicht sollte in den Debatten die Kraft des juristischen Arguments gelten, ohne daß man von böswilligen „Vergangenheitsbewältigern“ auf unsachliche und denunzierende Weise in Frage gestellt wurde. Bezeichnend hierfür ist ein Brief von Helmut Quaritsch an Roman Schnur aus dem Jahre 1962, in dem er von einer Tagung in München berichtete:

1961, in: Nachlaß *Schnur*, Nr. 70. Vgl. des weiteren *Ipsen*, Statistik über 25 Staatsrechtslehrer-Tagungen, S. 504.

[10]) Nachlaß *Schnur*, Nr. 8 (Quaritsch an Schnur vom 7. 5. 1963).

[11]) Nachlaß *Schnur*, Nr. 3 (Scheuner an Schnur vom 14. 5. 1955); Nachlaß *Abendroth*, Nr. 566f (Abschrift eines Briefes von Scheuner an Ipsen vom 28. 3. 1952).

[12]) Vgl. van *Laak*, Gespräche in der Sicherheit des Schweigens, S. 295.

[13]) Nachlaß *Schnur*, Nr. 5 (Böckenförde an Schnur vom 10. 4. 1963). Vgl. z. B. auch ebda., Nr. 6 und 8 (Quaritsch an Schnur vom 13. 4. 1963 und vom 20. 7. 1964); Nachlaß *Schmitt*, Nr. 14307 und 14376 (Schnur an Schmitt vom 9. 1. 1960 und vom 12. 8. 1963).

[Drei Kollegen] vertraten den Standpunkt, daß alle diejenigen Staatsrechtler, die zwischen 1930 und 1945 auf das falsche Pferd gesetzt hätten (namentlich C[arl] S[chmitt], E[rnst] R[udolf] H[uber], bis Maunz, Ipsen, Krüger usw.), das Recht verloren haben, heute öffentliches Recht der Jugend zu lehren; es wäre besser gewesen, sie durch untadelige Widerstandshelden, wenn auch ein bißchen dümmer, zu ersetzen, oder aber das öffentliche Recht 20 Jahre ausfallen zu lassen. Gegenüber dieser Spätentnazifizierung haben die Hamburger fortiter in re suaviter in modo opponiert, bekamen dafür aber die sechs Millionen Juden um die Ohren geschlagen. [...] Typisch, daß diese Auffassung von drei Nullen vertreten wird. [...] Mir war tagelang speiübel von diesem Abend [...]. Natürlich werden wir mit diesen Knaben fertig werden – wenn sie es überhaupt jemals zur VDStRL bringen –, aber es scheint mir gut zu sein, von vornherein klar zu sehen.[14])

Nachdem der Versuch, eine Festschrift für Carl Schmitt zu publizieren, fünf Jahre zuvor noch gescheitert war[15]), war die Festschrift aus dem Jahre 1959 anläßlich von Schmitts siebzigstem Geburtstag Ausdruck für den ambitionierten Versuch seiner Schüler, ihren Lehrer nach einer Interimszeit von mittlerweile gut einem Jahrzehnt in der Wissenschaftslandschaft zu reetablieren[16]). An diesem Unternehmen waren als Staatsrechtslehrer beteiligt Ernst Forsthoff und Werner Weber, die zudem beide die Mitherausgeberschaft übernommen hatten, sowie Hans Schneider, Joseph H. Kaiser und nicht zuletzt Roman Schnur als einziger noch nicht Habilitierter. Es handelte sich also größtenteils um ein Werk der älteren Generation der Schmitt-Schule, bei dem bewußt auf Beiträge jüngerer Wissenschaftler verzichtet wurde, wohl um deren Karriere nicht zu gefährden.[17])

Die bereits beschriebene[18]), von der Schmitt-Schule schon im Vorfeld erwartete[19]) aufgeregte Reaktion der alteingesessen Staatsrechtslehrer ließ denn auch nicht lange auf sich warten. Adolf Schüle schrieb eine Glosse in der Juristenzeitung, in der er zu einer deutlichen Distanzierung von der Ehrung Schmitts aufforderte; die anderen Angehörigen der konfessionell geprägten Gruppierung leisteten ihm Schützenhilfe gegen die anschließenden Angriffe der Deutschen Zeitung; Hans-Jürgen Schlochauer schickte seinen Kollegen Zi-

[14]) Nachlaß *Schnur*, Nr. 8 (Quaritsch an Schnur vom 14. 10. 1962). Vgl. des weiteren ebda., Nr. 8 (Quaritsch an Schnur vom 11. 6. 1963); *Schnur*, Politik: Ordnung und Bürgerkrieg, S. 230.

[15]) Vgl. Nachlaß *Schmitt*, Nr. 3816 (Forsthoff an Schmitt vom 5. 6. 1958: „[D]enn daß die Ihnen zum 65. Geburtstag zugedachte Festschrift nicht erschien, hat mich mehr enttäuscht, als ich je ausgesprochen habe.").

[16]) Vgl. hierzu allgemein van *Laak*, Gespräche in der Sicherheit des Schweigens, S. 237–239.

[17]) Vgl. Nachlaß *Schnur*, Nr. 64 (Forsthoff an Schnur vom 17. 12. 1957).

[18]) Siehe hierzu S. 98 f. dieser Arbeit.

[19]) Z.B. Nachlaß *Schmitt*, Nr. 3827 (Forsthoff an Schmitt vom 19. 7. 1959: „Die Reaktion [auf die Festschrift] wird wohl nicht ausbleiben, und Herr Barion meinte am Telefon ebenso witzig wie zutreffend, wir, die bisherigen Akteure, würden uns nun auf die Logenplätze begeben, um dem Agieren der anderen zuzusehen.") und 14301 (Schnur an Schmitt vom 23. 7. 1959: „Vielleicht zeigen sich ja [nach dem Erscheinen der Festschrift] die Fronten so klar wie noch nie nach dem Kriege.").

tate aus Publikationen von Carl Schmitt aus der Zeit nach 1933 zu; Ulrich Scheuner protestierte in einem Brief an Roman Schnur[20]); Hans Schneiders Berufung nach Berlin scheiterte; und Rudolf Smend wandte sich bei seinem Festvortrag aus Anlaß des zehnjährigen Bestehens des Bundesverfassungsgerichts gegen Forsthoffs Beitrag über die „Umbildung des Verfassungsgesetzes" durch die geisteswissenschaftlich-werthierarchische Interpretationsmethode vor allem mit dem Argument, es fehle diesem an einem konstruktiven Element[21]). Im übrigen war die Festschrift Anlaß für das endgültige Zerwürfnis zwischen Rudolf Smend und Carl Schmitt. Beide hatten bis dahin die Form gewahrt und sich regelmäßig zum Geburtstag geschrieben. In dem Geburtstagsbrief aus dem Jahre 1960 forderte Smend seinen Kollegen auf, dieser solle etwas dafür tun, um sich „dem ganzen Corpus [seiner] deutschen Fachgenossen" wieder anzunähern.[22]) Damit spielte Smend auf die Zwietracht an, die im Zusammenhang mit Schmitts Festschrift zwischen der Schmitt-Schule und den übrigen Staatsrechtslehrern entstanden war. Schmitt reagierte auf diese Verletzung der Spielregeln, die sich im Lauf der Zeit beim Umgang zwischen beiden herausgebildet hatten, denn auch sogleich und antwortete, er werde von Smend und seinen Fachgenossen seit eineinhalb Jahrzehnten diffamiert, ohne daß ihm Gehör verschafft werde. Folglich sei er zu einer Wiederzusammenführung mit den anderen Staatsrechtslehrern nicht bereit. In der ersten Fassung des Briefes schloß er noch die Wendung an:

> Ich fühle mich dem Abschied so nah wie Sie, und es wird mir nicht schwer fallen, das Zeitliche zu segnen. Aber das soll eine klare Sache werden und keine Verwischung.[23])

Smend schrieb Schmitt daraufhin noch ein weiteres Mal zum Geburtstag, doch dann brach der Kontakt vollständig ab. Alle diese Reaktionen atmeten noch deutlich den Geist der fünfziger Jahre. Sie erscheinen aus dem Blickwinkel der sechziger Jahre als ein Relikt bereits vergangener Zeiten. Man argumentierte moralisch und errichtete Tabugrenzen, die bei der Reetablierung von Personen, die als diskreditiert galten, nicht überschritten werden durften.

Allein die schweizerischen Mitglieder der Staatsrechtslehrervereinigung setzten in den sechziger Jahren dieses Verhaltensmuster fort. Bereits ihren Beitritt in den fünfziger Jahren hatten sie mit der Auflage verknüpft, daß Carl Schmitt der Vereinigung nicht angehören dürfe; zudem hatte Hans Huber in

[20]) Vgl. Nachlaß *Schnur*, Nr. 126 (Abschrift eines Briefes von Schmitt an Schnur vom 13. 9. 1959).

[21]) *Smend*, Festvortrag zur Feier des zehnjährigen Bestehens des Bundesverfassungsgerichts, S. 34–36. Forsthoff reagierte auf diese Kritik geradezu empört, da sie aus seiner Sicht „kein einziges Argument der Widerlegung" enthielt. In: Nachlaß *Schmitt*, Nr. 3856 (Forsthoff an Schmitt vom 17. 2. 1962).

[22]) Nachlaß *Schmitt*, Nr. 15245 (Smend an Schmitt vom 9. 7. 1960).

[23]) Nachlaß *Schmitt*, Nr. 13533 (Konzept eines Briefes von Schmitt an Smend vom 13. 8. 1960).

seinen Publikationen immer wieder die Person und das Werk Carl Schmitts mit scharfen Worten angegriffen[24]. Im Jahre 1965 sollte die erste Staatsrechtslehrertagung in der Schweiz stattfinden. Unvorsichtigerweise hatte der Vorstand hierbei Ernst Forsthoff als Referenten für das Thema „Gesetzgeber und Verwaltung“ vorgesehen. Im Vorfeld der Tagung kam es dann – auch im Zusammenhang mit einer Ehrenpromotion für Forsthoff in Wien – zu einem regelrechten Presseskandal, als ihn verschiedene Zeitungen wegen „militanter antisemitischer Äußerungen“ im „Totalen Staat“ angriffen. Forsthoff trat daraufhin von sich aus von seinem Vortrag zurück, da er es nicht nötig habe, sich „dummen Situationen auszusetzen.“ Der Vorstand entschied zudem nach einer entsprechenden Anfrage der Schweizer, den Tagungsort von Basel nach Würzburg zu verlegen.[25] Tief verletzt wegen der ausgebliebenen Rückendeckung vor allem durch den Vorstand nahm Ernst Forsthoff dies zum Anlaß, aus der Staatsrechtslehrervereinigung auszutreten.

> Sie appellieren an meine Solidarität, aber zu Unrecht. Solidarität ist notwendig zweiseitig. Ich trenne mich von der Vereinigung, weil sie mir eine Solidarität verweigert hat, die ich nach den Umständen erwarten mußte.[26]

Der Austritt eines ihrer bekanntesten Mitglieder schlug in der Staatsrechtslehrervereinigung hohe Wellen. Seine Schüler überlegten sich, in einen Sympathiestreik für Forsthoff zu treten, so daß sogar von der Gefahr einer Spaltung der Vereinigung gesprochen wurde.[27] Soweit sollte und durfte es jedoch nicht kommen. Nach zahlreichen Vermittlungsversuchen – beispielsweise von Herbert Krüger[28], Ernst Friesenhahn[29] und Ulrich Scheuner[30] – ließ sich Forsthoff aufgrund eines Beschlusses der Mitgliederversammlung im Jahre 1967

[24] Z. B. H. *Huber*, Einige Bemerkungen über die Rechts- und Staatslehre von Carl Schmitt; ders., Rezension zur Festschrift für Carl Schmitt.

[25] Vgl. hierzu vor allem Depositum *Ehmke*, Nr. 502 (Schreiben von Imboden und H. Huber vom 11. 6. 1965 [erstes Zitat]); Nachlaß *Abendroth*, Nr. 567e (Rundschreiben des Vorstands der Staatsrechtslehrervereinigung vom 31. 5. 1965 und vom 22. 9. 1965); Nachlaß *Schmitt*, Nr. 3875 und 3876 (Forsthoff an Schmitt vom 9. 5. 1965 und 25. 5. 1965 [zweites Zitat]). Vgl. zu diesem Vorgang allgemein zudem Karl *Doehring*, Ernst Forsthoff als Hochschullehrer, Kollege und Freund, in: *Blümel*, Ernst Forsthoff, S. 9–20, hier: S. 14f.

[26] Depositum *Ehmke*, Nr. 502 (Bachof an Ehmke, Bettermann und Kafka vom 22. 9. 1966 mit Zitat aus Forsthoffs Schreiben an Bachof).

[27] Vgl. Nachlaß *Schnur*, Nr. 7 (Bettermann an Schnur vom 31. 5. 1965) und 9 (Schnur an Forsthoff vom 2. 1. 1967). Vgl. des weiteren Nachlaß *Schmitt*, Nr. 3877 (Forsthoff an Schmitt vom 9. 7. 1965).

[28] Vgl. Nachlaß *Schnur*, Nr. 64 (Abschrift eines Briefes von Forsthoff an Krüger vom 27. 12. 1966).

[29] Depositum *Ehmke*, Nr. 502 (Abschrift eines Briefes von Forsthoff an Friesenhahn vom 18. 9. 1967 und Friesenhahn an Bachof, Bettermann, Ehmke und Rudolf Bernhardt vom 29. 9. 1967).

[30] Depositum *Ehmke*, Nr. 502 (Abschrift eines Briefes von Scheuner an Bachof vom 31. 8. 1967).

umstimmen. In Würdigung seiner wissenschaftlichen Leistungen bat ihn die Versammlung, seine Zugehörigkeit zur Staatsrechtslehrervereinigung zu erneuern.[31]) Doch diese ganze Angelegenheit war eine Ausnahmeerscheinung in den sechziger Jahren. Speziell Forsthoffs „Entgleisungen" in den ersten Jahren nach der nationalsozialistischen Machtergreifung waren unter den bundesdeutschen Staatsrechtslehrern mittlerweile bekannt, die Sache taugte in diesem Kreis schlichtweg nicht mehr zum Skandal. Gleichzeitig lehnte man es aber auch ab, gegenüber Forsthoff übertriebene Solidarität zu bekunden und ihn von der Verantwortung für seine früheren Publikationen freizusprechen. Man wunderte sich also über die Befindlichkeiten sowohl der Schweizer als auch Ernst Forsthoffs, sprach darüber im Ton einer Peinlichkeit und lehnte es ausdrücklich ab, dies zum Ausgangspunkt von „querelles allemandes"[32]) zu machen.

Was der nachwachsenden Generation vorschwebte, wies in eine gänzlich andere Richtung. Sie hielt die Zeit für gekommen, um in eine rein wissenschaftliche Auseinandersetzung über die Grenzen der Schulen hinweg zu treten. Als Mittel, um sich von der Schmitt-Schule abzugrenzen, wählte man nicht mehr die Ausgrenzung, sondern man arbeitete deren Spezifika im juristischen Denken heraus und nahm hierzu auf kritische Weise Stellung. Pionierarbeit in diesem Sinne ist zum einen Hasso Hofmanns (geb. 1934) Dissertation „Legitimität gegen Legalität"[33]) aus dem Jahre 1964, in der er erstmals Schmitts Gesamtwerk entwicklungsgeschichtlich deutete, und Alexander Hollerbachs (geb. 1931) kritische Auseinandersetzung mit Ernst Forsthoffs skandalträchtigem Beitrag in der Schmitt-Festschrift „Die Umbildung des Verfassungsgesetzes"[34]). Hofmann[35]) deutete Schmitts Werk als einen Versuch, die Frage nach der Rechtfertigung staatlicher Gewalt immer wieder neu zu beantworten, und arbeitete hierbei sowohl Kontinuitäten, Brüche und Widersprüche als auch die dezidiert situative und konfrontierende Komponente seines Denkens auf überzeugende Weise heraus. Wer in der Schmitt-Schule zu einem halbwegs unvoreingenommenen Urteil in der Lage war, mußte denn auch zugeben, daß es sich bei Hofmanns Buch um „das Beste [handelt], was nach 1945 über das Thema geschrieben wurde."[36])

31) Depositum *Ehmke*, Nr. 502 (Abschrift eines Briefes von Forsthoff an Bachof vom 16. 10. 1967); Nachlaß *Abendroth*, Nr. 567d (Rundschreiben des Vorstands der Staatsrechtslehrervereinigung vom 1. 12. 1967).

32) So ausdrücklich Karl August Bettermann, in: Nachlaß *Schnur*, Nr. 7 (Bettermann an Schnur vom 31. 5. 1965).

33) *Hofmann*, Legitimität gegen Legalität.

34) *Hollerbach*, Auflösung der rechtsstaatlichen Verfassung?

35) Hofmann vertrat später eine dezidiert westernisierte Grundhaltung. Vgl. hierzu z.B. seine Habilitationsschrift über die „deutsche Sonderentwicklung" beim Repräsentationsbegriff: *Hofmann*, Repräsentation.

36) Nachlaß *Schmitt*, Nr. 14394 (Schnur an Schmitt vom 10. 1. 1965). Positiv auch Forsthoffs Stellungnahme, in: ebda., Nr. 3872, 3873 und 3886 (Forsthoff an Schmitt vom 22. 12. 1964, vom 27. 4. 1965 und vom 24. 7. 1966). Ganz anders Carl Schmitts Urteil, für den das

Hollerbach setzte sich in seinem Aufsatz grundlegend mit Forsthoffs formalrechtsstaatlichem Verständnis des Verfassungsgesetzes auseinander und zeigte dessen ideelle Herleitung sowie dessen rechtliche Konsequenzen auf. Hollerbachs grundsätzlicher Einwand lautete, daß Forsthoffs Plädoyer für ein technisch-formales Verfassungsdenken und seine damit verbundene Polemik gegen die geisteswissenschaftlich-werthierarchische Methode das unvermeidlich schöpferische Element jeder richterlichen Tätigkeit nicht zur Kenntnis nehme. Die Rechtswissenschaft sei per se eine geisteswissenschaftliche und verstehende Disziplin, und sie werde nur auf dieser Basis dem Grundgesetz gerecht. Da die Verfassung ein Spannungsverhältnis von Elementen des Rechtsstaates, des Sozialstaates und des Justizstaates intendiere, sei es zudem vom Standpunkt des Grundgesetzes aus übertrieben, bereits heute von einer Verfassungsumbildung im Sinne Forsthoffs zu sprechen. Hollerbach war Schüler von Konrad Hesse in Freiburg, und sein Aufsatz war im Grunde die denkstilgemäße Entgegnung der Smend-Schule auf Forsthoffs Angriff gegen die von Smend mitbegründete geisteswissenschaftliche Richtung. Hierfür spricht bereits die Plazierung des Textes im renommierten „Archiv des öffentlichen Rechts", in den zwanziger Jahren die Zeitschrift der antipositivistischen Richtung, bei der Smend seit 1948 wieder die Mitherausgeberschaft innehatte. Die Spannung auf seiten der Smend-Schule war groß, was die Schmitt-Schule auf Hollerbachs Aufsatz erwidern würde.[37]) Doch eine direkte Antwort blieb aus. Forsthoff beschränkte sich darauf, dieselben Thesen wieder und wieder mit unterschiedlicher Pointierung zu veröffentlichen, ohne auf Hollerbachs Einwände näher einzugehen. 1962 lud Horst Ehmke Ernst Forsthoff und seine Heidelberger Schüler extra nach Freiburg ein, um über Forsthoffs Thesen zur Verfassungsauslegung im kleinen Kreis zu diskutieren. Die Skepsis, die Forsthoff von Anfang an hegte, fand er dann auch im nachhinein bestätigt:

> Natürlich kam nicht viel dabei heraus. Nur die beiderseitigen Positionen wurden klarer abgesteckt, als das bisher literarisch geschehen war. [...] Persönlich benahm man sich nobel, und die ganze Sache endete mit einem harmonischen Abendessen.[38])

Jahr 1964, in dem Hofmanns Studien erschien, „ein Jahr grauenhaftester Diffamierung war". In: Nachlaß *Schnur*, Nr. 126 (Abschrift eines Briefes von Schmitt an Schnur vom 23. 12. 1964). Vgl. zudem ebda., Nr. 126 (Abschrift eines Briefes von Schmitt an Schnur vom 12. 1. 1965: „H. Hoffmann [sic!] ist eine bienenfleißige, leider kritiklose Untermauerung einiger polemischer Eruditionen von Löwith aus dessen Emigrantenzeit [...]." und vom 23. 2. 1965: „Hasso Hoffmann ist mir rätselhaft; die Kombination Löwith – v. d. Heydte ist urbizarr.").

37) Vgl. z. B. Nachlaß *Schnur*, Nr. 127 (Hennis an Schnur vom 29. 1. 1961: „Warum antwortet denn keiner von Ihnen auf Hollerbach?"); Depositum *Ehmke*, Nr. 502 (Ehmke an Forsthoff vom 20. 1. 1964: „Leider haben Sie auch in diesem Aufsatz [„Der introvertierte Rechtsstaat und seine Verortung"] nicht zu der teilweise sehr detailliert ausgebreiteten Kritik an Ihrer Auffassung Stellung genommen.").

38) Nachlaß *Schmitt*, Nr. 3857 (Forsthoff an Schmitt vom 14. 7. 1962). Vgl. auch Depositum *Ehmke*, Nr. 502 (Ehmke an Forsthoff vom 9. 4. 1962, vom 9. 5. 1962, vom 11. 7. 1962, Forsthoff an Ehmke vom 2. 7. 1962 und vom 20. 7. 1962).

Nach einer ersten euphorischen Phase folgte rasch die Ernüchterung. Der allseitige Wille zum wissenschaftlichen Dialog hatte zwar dazu geführt, daß man sich mit der anderen Seite fundiert auseinandersetzte und daß die entgegengesetzten Standpunkte damit nachvollziehbarere Konturen gewannen, doch dabei blieb es. Zu einer wirklichen Debatte oder gar zu einer Einigung war weder die Schmitt- noch die Smend-Schule langfristig in der Lage.

Dementsprechend scheiterte auch der Versuch von Roman Schnur und Wilhelm Hennis, gemeinsam über die Grenzen der bestehenden Schulen hinweg beim Luchterhand-Verlag die Reihe „Politica" zur politischen Theorie herauszugeben.[39]) Beide standen seit Ende der fünfziger Jahre in Verbindung. Das Bewußtsein, zwei unterschiedlichen Lagern anzugehören, stärkte zunächst das Interesse aneinander. Schnur brachte Hennis auch rasch mit Ernst Forsthoff und Carl Schmitt in Kontakt, so daß dieser ungläubig bekennen mußte:

Die Entideologisierung marschiert.[40])

Die Initiative, die Schriftenreihe gemeinsam herauszugeben, ging dann von Schnur aus. Nachdem zunächst Reinhart Koselleck wegen anderer Pläne abgesagt hatte, fragte Schnur bei Hennis an, ob er zur Mitarbeit bereit sei. Mit ihrer Kooperation wollten sie nach außen dokumentieren, daß sie als Angehörige der jungen Generation in der Lage waren, die bis dahin bestehenden persönlichen Animositäten zwischen der Schmitt- und der Smend-Schule beizulegen.[41]) Bei der Auswahl von Texten sollte die Qualität den alleinigen Ausschlag geben. Man wollte ein solches wissenschaftliches Niveau erreichen, daß man mit den Neuerscheinungen den „Politologen das Lesepensum" vorgab.[42]) Zudem versuchte man, den Eindruck von politischer Einseitigkeit unbedingt zu vermeiden. Aber die Gegensätzlichkeit der Denkstile von Hennis und Schnur ließen sich nicht lange überdecken. Hennis plädierte eher für die Herausgabe von aktuellen Arbeiten von Autoren, die sich ideell am Westen orientierten, wie Hans Maier, Otto Kirchheimer, Franz L. Neumann, Heinz Laufer und Ernst Fraenkel. Er unterstützte Themen, die mit der Lage des modernen Parlamentarismus und mit der Stellung von Interessenverbänden zu tun hatten.[43]) Schnur favorisierte hingegen eher ältere Autoren aus der kontinentalen Tradition, wie Jean

[39]) Vgl. hierzu van *Laak*, Gespräche in der Sicherheit des Schweigens, S. 283; *Hennis*, Integration durch Verfassung?, S. 369.

[40]) Nachlaß *Schnur*, Nr. 1 (Postkarte von Hennis an Schnur vom 8. 1. 1958).

[41]) Nachlaß *Schmitt*, Nr. 1408 (Schnur an Schmitt vom 16. 1. 1960: „Meine Bemühungen richte ich jetzt ganz darauf, so etwas wie eine Versöhnung der verheerenden Gegensätze zu erreichen.").

[42]) Nachlaß *Schnur*, Nr. 127 (Hennis an Schnur vom 29. 11. 1959).

[43]) Vgl. Nachlaß *Schnur*, Nr. 127 (Hennis an Schnur vom 16. 1. 1960: „Wir haben in Deutschland ein Parlament und wissen doch nicht, was es ist."). Vgl. zudem ebda., Nr. 127 (Hennis an Schnur vom 8. 12. 1959, vom 24. 4. 1960, vom 24. 5. 1960, vom 26. 6. 1960, vom 24. 7. 1960, vom 27. 1. 1961, vom 22. 7. 1961, vom 25. 8. 1961, vom 8. 1. 1963 und Schnur an Hennis vom 8. 7. 1961).

Bodin, Lorenz von Stein und Carl Schmitt, aber auch John Locke, Thomas Hobbes, Bertrand de Jouvenel und Georges Burdeau.[44]) Damit stand hinter den Meinungsverschiedenheiten zwischen Hennis und Schnur letztlich der Gegensatz zwischen einer westernisierten Grundhaltung und einem aus der deutschen Tradition hergeleiteten Denkansatz. Zudem ließ sich bei der Herausgebertätigkeit das Thema Carl Schmitt auf Dauer nicht gänzlich ausblenden. Als Hennis von Schnurs ambitionierten Zeitschriftenplänen in Kooperation mit Ernst-Wolfgang Böckenförde hörte, riet er diesem deutlich ab, sich von der Schmitt-Schule hierbei „verheizen" zu lassen. Prestige sei heute nicht mehr „über die C[arl] S[chmitt]-Tour zu gewinnen".[45]) Schnur fühlte sich von solchen Ratschlägen gekränkt und verbat sich dergleichen in Zukunft.[46]) Zur endgültigen Entzweiung kam es im Jahre 1963, als Schnur für den Druck einer Aufsatzsammlung von Hans Kelsen plädierte, wofür Hennis kein Verständnis hatte und hinter diesem Vorschlag eine geheime Vorliebe der Schmitt-Schule vermutete:

> [A]ber nun jemanden, der sich vor fünfzig Jahren selbst überholt hatte, frisch aufzulegen, geht mir doch gegen den Strich. Ich überlasse Kelsen gern den Brasilianern und sonstigen -ianern.[47])

Hennis wollte hingegen einen Aufsatzband von Jürgen Habermas gedruckt haben, womit sich wiederum Schnur nicht einverstanden erklärte. Daraufhin resignierte Schnur, schied aus dem Herausgeberkreis aus und wurde von dem Münchener Politologen Hans Maier ersetzt. In seinem Fazit wies Hennis dann noch einmal darauf hin,

> daß gewisse Gegensätze zwischen uns von vornherein ausgeklammert werden mußten. Ich glaube, an diese Spielregeln habe ich mich gehalten. Daß Sie Kelsen vorschlugen, war für mich mit unserem stillschweigenden Übereinkommen nicht in Einklang zu bringen, abgesehen davon, daß ich wirklich nicht einsehen kann, was ein Kelsen-Band in einer Reihe für politische Wissenschaft zu suchen hat.[48])

Für Schnur und die anderen Angehörigen der Schmitt-Schule war dieser Bruch eine zwangsläufige Entwicklung. Symptomatisch ist hier Ernst-Wolfgang Bökkenfördes Stellungnahme:

> [E]ine Vernunftehe mit den Smendleuten kann offenbar nicht gut gehen. Wert- und integrationsbezogene Wissenschaft ist eben eine Wissenschaft besonderer Art. Man muß da was von fließender Geltungsfortbildung verstehen ...[49])

[44]) Vgl. Nachlaß *Schnur*, Nr. 127 (Hennis an Schnur vom 16. 1. 1960, vom 22. 6. 1960, vom 7. 1. 1961, vom 12. 10. 1961, Schnur an Hennis vom 28. 1. 1961, vom 4. 8. 1961 und vom 21. 5. 1962) und Nr. 64 (Schnur an Forsthoff vom 25. 1. 1963).

[45]) Nachlaß *Schnur*, Nr. 127 (Hennis an Schnur vom 29. 1. 1961).

[46]) Vgl. Nachlaß *Schnur*, Nr. 127 (Schnur an Hennis vom 2. 2. 1961).

[47]) Nachlaß *Schnur*, Nr. 127 (Hennis an Schnur vom 16. 1. 1963).

[48]) Nachlaß *Schnur*, Nr. 127 (Hennis an Schnur vom 28. 1. 1963).

[49]) Nachlaß *Schnur*, Nr. 5 (Böckenförde an Schnur vom 6. 3. 1963). Vgl. auch ebda., Nr. 64 (Forsthoff an Schnur vom 20. 1. 1963: „Daß Sie das Bündnis mit Hennis aufgeben [...],

Daß die Aufbruchstimmung zu Beginn der sechziger Jahre nicht bei der jüngeren Generation haltmachte, sondern auch ältere Staatsrechtslehrer von ihr ergriffen wurden, zeigte sich, als es galt, die Festschrift zu Ehren von Rudolf Smend aus Anlaß seines 80. Geburtstages zu konzipieren. Auch hier vertrauten die Herausgeber auf die Kraft des Arguments und setzten sich das Ziel, sich in den Beiträgen auf hohem wissenschaftlichen Niveau mit dem Denkstil der Schmitt-Schule auseinanderzusetzen, auch wenn man gleichzeitig die Festschrift nicht als bloße „Anti-Schmitt-Festschrift“ verstanden wissen wollte. Es galt aus der Sicht Konrad Hesses zu zeigen,

> daß es in Deutschland noch einen Kreis gibt, der anders denkt, der sich nicht ins Mauseloch verkriecht und der, wie ich hoffe, ernst zu nehmen ist – was man ja leider nicht von allen Gegnern Carl Schmitts sagen kann.[50]

In den Worten von Ulrich Scheuner sollte

> die Festschrift ein wenig als Manifest wirken. Es zeigt sich doch immer mehr, daß sich die Fronten stark zu scheiden beginnen: Positivismus neuer Art [im Sinne Carl Schmitts] auf der einen Seite, die neuen Richtungen auf der anderen. Vielleicht gut, daß einmal dadurch wieder mehr Wind in die Wissenschaft vom öff[entlichen] Recht kommt.[51]

Was sich an diese konzeptionellen Überlegungen anschloß, war eine Diskussion über die Frage, wie mit Beiträgen von Autoren umzugehen sei, die der Smend-Schule nicht angehörten. Horst Ehmke äußerte starke Vorbehalte gegenüber dem Beitrag von Smends Göttinger Kollegen Werner Weber, da er hinter dessen Entscheidung, ein kirchenrechtliches Spezialthema zu bearbeiten, eine Geringschätzung Smends vermutete. Ehmke mußte sich dann aber doch Scheuner beugen, der aus Takt den Beitrag nicht ablehnen wollte.[52] Wenigstens sollte Weber bei der Überreichung der Festschrift in Göttingen nicht dabei sein.[53] Zudem wurde Arnold Köttgen aufgefordert, in seinem Beitrag mit Zitaten aus der Festschrift für Carl Schmitt vorsichtiger umzugehen.[54] Aber trotz der Mitwirkung dieser beiden Außenstehenden entstand mit dem verfassungsrechtlichen Teil der neuen Festschrift eine zentrale Positionsbestimmung der Smend-Schule im Kontext der Staatsrechtslehre zu Beginn der sechziger

finde ich in der gegenwärtigen Situation gut und richtig. Vielleicht ist auch das die Folge des allgemeinen Klima-Wechsels.“ und Schnur an Forsthoff vom 15. 1. 1963: „Ich hatte, als ich ihn [Hennis] damals zur Mitherausgeberschaft einlud, geglaubt, die jüngere Generation vermöchte die verhängnisvolle Spaltung zu überwinden – offenbar irrige Vorstellungen. Umarmungen, bei denen mir der andere ein Messer zwischen die Rippen schiebt, mag ich nicht.“).

50) Depositum *Ehmke*, Nr. 503 (Hesse an Ehmke vom 19. 4. 1960). In diesem Sinne auch Ehmke, in: ebda., Nr. 503 (Ehmke an Hesse zu Ostern 1960).

51) Depositum *Ehmke*, Nr. 210 (Scheuner an Ehmke vom 30. 1. 1962).

52) Vgl. Depositum *Ehmke*, Nr. 210 (Scheuner an Ehmke vom 31. 12. 1960, vom 17. 8. 1961 [2 Briefe] und Ehmke an Scheuner vom 16. 8. 1961).

53) Vgl. Depositum *Ehmke*, Nr. 210 (Scheuner an Ehmke vom 28. 12. 1961).

54) Vgl. Depositum *Ehmke*, Nr. 210 (Scheuner an Ehmke vom 16. 9. 1961, vom 24. 9. 1961 und vom 25. 9. 1961).

Jahre, in der sich schlagkräftige Argumentationen gegen den Denkstil und das Staatsverständnis der Schmitt-Schule zusammengefaßt fanden.[55])

Die Smend-Schule verlagerte ihren örtlichen Schwerpunkt zu Beginn der sechziger Jahre von Göttingen nach Freiburg. Nachdem Konrad Hesse bereits im Jahre 1955 nach Freiburg berufen worden war, folgte ihm Horst Ehmke 1961 nach. Beide veranstalteten in Freiburg regelmäßig ihr eigenes Seminar. Vor allem dem Hesse-Seminar haftete ein Ruf von Liberalität und intellektueller Offenheit an. Entsprechend seinem eigenen Selbstverständnis versuchte Hesse seine Schüler immer wieder davon zu überzeugen, daß die individuellen Denkvoraussetzungen und der methodische Ansatz bei der wissenschaftlichen Arbeit offenzulegen waren. Im Ehmke-Seminar spielte hingegen das angloamerikanische Verfassungsdenken eine zentrale Rolle. Ehmkes lockere und humorvolle Art prägte diese Veranstaltung auf maßgebliche Weise.[56]) Hesse und Ehmke scharten mit Peter Häberle, Alexander Hollerbach und Friedrich Müller einen aufstrebenden Schülerkreis um sich, so daß man schon bald von außen als eine homogene Gruppierung wahrgenommen und mit der Bezeichnung „Freiburger Schule" versehen wurde. Hesse und Ehmke bemühten sich zudem darum, Dozenten für Freiburg zu gewinnen, die ihrem mittlerweile westernisierten Denkstil nahestanden. So erreichten sie, daß Ernst Fraenkel eine Honorarprofessur erhielt und im Wintersemester 1965/66 die Vertretung des Lehrstuhls von Arnold Bergstraesser übernahm[57]). Karl Loewenstein[58]) und Otto Kirchheimer[59]) konnten sie ebenfalls 1960 bzw. 1961 als Gastprofessoren gewinnen, und 1965 erging auf maßgebliche Initiative von Ehmke hin endlich ein Ruf an Kirchheimer[60]), allerdings zerschlug sich diese Berufung aufgrund von Kirchheimers frühzeitigem Tod. Konflikte und Streitigkeiten mit Joseph H. Kaiser, dem dritten Professor für Öffentliches Recht in Freiburg, ließen angesichts einer so offensiv betriebenen Berufungspolitik nicht lange auf sich warten. Kaiser fühlte sich wiederholt von seinen beiden Kollegen übergangen und an den Rand gedrängt. Er wandte sich energisch gegen die Honorarprofessur für Fraenkel und setzte sich statt dessen für die Berufung von Personen ein, die seinem eigenen Denkstil näher standen, wie der Forsthoff-Schüler Karl Zeidler (1923–1962), Ernst-Wolfgang Böckenförde und sein eigener Schüler Werner von Simson (1908–1996).[61]) Als Kaiser im Jahre 1965 eine Ehrenpro-

55) Vgl. *Hesse*, Staatsverfassung und Kirchenordnung.

56) So Peter *Häberle* im Gespräch.

57) Vgl. Nachlaß *Schmitt*, Nr. 7081 und 7102 (Kaiser an Schmitt vom 29. 11. 1963 und vom 15. 5. 1966).

58) Vgl. Depositum *Ehmke*, Nr. 504 (Loewenstein an Ehmke vom 22. 7. 1960).

59) Vgl. Depositum *Ehmke*, Nr. 504 (Kirchheimer an Hesse vom 26. 10. 1961) und Nachlaß *Schmitt*, Nr. 7071 (Kaiser an Schmitt vom 21. 3. 1961).

60) Vgl. Depositum *Ehmke*, Nr. 504 (Ehmke an Kirchheimer vom 21. 10. 1965).

61) Vgl. Nachlaß *Schmitt*, Nr. 7065, 7081 und 7108 (Kaiser an Schmitt vom 31. 1. 1960, vom 29. 11. 1963 und vom 5. 9. 1967).

motion für Ernst Forsthoff in Freiburg ins Gespräch brachte, um ihn für seinen Ärger im Zusammenhang mit dem geplanten Referat auf der Staatsrechtslehrertagung in Basel zu entschädigen, wiesen Ehmke und Hesse diesen Vorschlag weit von sich. Beide erklärten, sie würden diesen Vorschlag „nicht einmal für einen möglichen Gegenstand eines Gesprächs halten.“[62]) Ausdruck für die Distanz zwischen Kaiser und der Freiburger Schule ist auch seine Klage, die er gegenüber Carl Schmitt zur Sprache brachte, „die hiesige Smend-Schule [würde] immer mehr Linksdrall“ entwickeln.[63]) Martin Bullinger (geb. 1930), der seit 1963 als Verwaltungsrechtler in Freiburg lehrte, fühlte sich hingegen dort gut integriert und pries die liberale und sachbezogene Atmosphäre unter den Staastrechtslehrern:

> [W]as Sie sich vielleicht weniger vorstellen können [...], ist die freundschaftliche Atmosphäre, in der sich alle bemühen, den Standpunkt des anderen zu verstehen und die eigene Meinung zu überprüfen.[64])

Als ein weiteres Resultat der Aufbruchstimmung unter jungen Staatsrechtlern zu Beginn der sechziger Jahre ist die Gründung der Zeitschrift „Der Staat“ zu verstehen. Seit Ende der fünfziger Jahre arbeiteten Ernst-Wolfgang Böckenförde und Roman Schnur daran, eine neue Zeitschrift ins Leben zu rufen.[65]) Solche Pläne reichten bei Schnur bis in die Anfänge der fünfziger Jahre zurück, doch sie zerschlugen sich zunächst.[66]) Statt dessen wurde Schnur 1955 Redaktionssekretär des „Archivs für Rechts- und Sozialphilosophie“. Als Walter Mallmann die Redaktionsarbeit im „Archiv des öffentlichen Rechts“ immer mehr dominierte und es für Forsthoff damit wegen Mallmanns rigoroser Haltung gegenüber früheren Nationalsozialisten ausgeschlossen war, dort weiter zu publizieren, erwog die gesamte Schmitt-Schule die Gründung einer eigenen Zeitschrift.

> Tun wir nichts, dann sind wir bald dem Wohlwollen einer bestimmten Gruppe schonungslos ausgeliefert.[67])

[62]) Depositum *Ehmke*, Nr. 502 (Kaiser an Ehmke und Hesse vom 18. 6. 1965). Vgl. des weiteren Nachlaß *Schmitt*, Nr. 7100 (Kaiser an Schmitt vom 2. 1. 1966: „Hier wird mir von den drei Fachkollegen H[esse], E[hmke] und B[ullinger] [...] mein Vorschlag einer Ehrenpromotion Forsthoffs [...] immer noch nachgetragen.“).

[63]) Nachlaß *Schmitt*, Nr. 7102 (Kaiser an Schmitt vom 14. 5. 1966).

[64]) Nachlaß *Schnur*, Nr. 7 (Bullinger an Schnur vom 3. 2. 1964).

[65]) Vgl. hierzu allgemein van *Laak*, Gespräche in der Sicherheit des Schweigens, S. 283 f.; Gerd *Roellecke*, Eine Institution im Meer des Ungewissen, in: FAZ vom 5. 1. 2000, S. 9.

[66]) Vgl. Nachlaß *Schmitt*, Nr. 14213 (Schnur an Schmitt vom 25. 6. 1952); van *Laak*, Gespräche in der Sicherheit des Schweigens, S. 282.

[67]) Nachlaß *Schmitt*, Nr. 3813 (Forsthoff an Schmitt vom 8. 7. 1957). Vgl. zudem Nachlaß *Schnur*, Nr. 8 (Weber an Schnur vom 12. 1. 1961: „Insbesondere hat sich um die vorhandenen Zeitschriften ein Cliquenwesen gruppiert, das manchen Autoren, so auch mir, die Freude an der Mitarbeit an diesen Zeitschriften verdorben hat. [...] [I]ch verrate kein Geheimnis, wenn ich mitteile, daß vor Jahr und Tag ein ähnliches Projekt schon einmal in

Doch auch diese Pläne führten nicht weiter. Erst 1960 fragten Schnur und Böckenförde beim Verlag „Duncker & Humblot" an, ob dort Interesse an einer neuen Zeitschrift mit dem Schwerpunkt Staatstheorie und Verfassungsgeschichte bestünde.[68]) Beide wollten die konkrete Redaktionsarbeit übernehmen, wohingegen die Herausgeberschaft aus bekannteren Namen zusammengesetzt sein sollte. Sie hatten Werner Weber, Hans Julius Wolff und den Verfassungshistoriker Gerhard Oestreich (1910–1978) im Auge, die alle drei ähnlich wie sie selbst eine etatistische Grundhaltung mitbrachten und zudem als Vertreter des Verfassungsrechts, des Verwaltungsrechts und der Verfassungsgeschichte fachliche Vielfalt versprachen. Schnur hielt diese Zusammensetzung vor allem aus ideologischen Gründen für glücklich:

> [E]s ist weder ein Linker, ein Rechthaber noch ein Spätsieger dabei.[69])

Da Webers endgültige Zusage längere Zeit auf sich warten ließ, kam die Rede noch auf Arnold Köttgen und Herbert Krüger[70]), aber als nach vier Monaten Webers Zusage doch noch eintraf, erhielt er den Zuschlag. Zunächst waren als Titel „Zeitschrift für Verfassungstheorie und Verfassungsgeschichte"[71]) oder „Staat und Verfassung"[72]) im Gespräch. Der endgültige Titel „Der Staat" in Verbindung mit dem Untertitel „Zeitschrift für Staatslehre, Öffentliches Recht und Verfassungsgeschichte" war ein Vorschlag Webers und fand dann vor allem die Zustimmung des Verlages.[73])

Was wollten Böckenförde und Schnur mit ihrer neuen Zeitschrift im einzelnen erreichen? An erster Stelle wollten sie das Monopol des „Archivs des öffentlichen Rechts" brechen. Sie identifizierten diese Zeitschrift mit all dem, wovon sie sich abgrenzen wollten, also mit der Smend-Schule, mit den „Pluralisten" und mit dem „Wertdenken"[74]). Dagegen setzte man das Konzept einer

kollegialen Gesprächen, an denen ich beteiligt war, berührt wurde."). Forsthoff kommentierte dann den Plan einer neuen Zeitschrift für das Öffentliche Recht überaus positiv, „[d]enn der gegenwärtige Zustand mit der Monopolisierung der Kommunikationsmittel in wenigen Händen ist denkbar unerfreulich. Ich sehe mich dadurch jeder Möglichkeit der Publizierung verfassungsrechtlicher Abhandlungen in einer Fachzeitschrift beraubt." In: ebda., Nr. 70 (Forsthoff an Schnur vom 19. 1. 1961).

[68]) Vgl. Nachlaß *Schmitt*, Nr. 14304 (Schnur an Schmitt vom 7. 9. 1959); Nachlaß *Schnur*, Nr. 1 (Böckenförde an Schnur vom 24. 3. 1959 und vom 17. 6. 1959), 5 (Böckenförde an Schnur vom 29. 9. 1959 und vom 8. 4. 1960) und 70 (Böckenförde an Schnur vom 16. 5. 1960).

[69]) Nachlaß *Schmitt*, Nr. 14326 (Schnur an Schmitt vom 10. 1. 1961).

[70]) Vgl. Nachlaß *Schnur*, Nr. 1 (Böckenförde an Schnur vom 17. 6. 1959) und 70 (Postkarte von Böckenförde an Schnur vom 30. 3. 1961 und Schnur an Böckenförde vom 22. 8. 1961).

[71]) Nachlaß *Schmitt*, Nr. 14314 (Schnur an Schmitt vom 30. 4. 1960).

[72]) Nachlaß *Schnur*, Nr. 70 (Böckenförde an Schnur vom 4. 9. 1959).

[73]) Vgl. Nachlaß *Schnur*, Nr. 5 (Broermann an Schnur vom 21. 11. 1961), 8 (Wolff an Schnur vom 24. 11. 1961) und 70 (Schnur an Broermann vom 27. 11. 1961).

[74]) Vgl. z. B. Nachlaß *Schnur*, Nr. 70 (Böckenförde an Schnur vom 4. 9. 1959), 5 (Böckenförde an Schnur vom 12. 2. 1961) und 7 (Böckenförde an Schnur vom 6. 8. 1965).

„wissenschaftlichen Zeitschrift im wahrsten Sinne des Wortes“[75]). Qualität und Sachlichkeit, nicht Konformität sollten den Ausschlag dafür geben, einen Text abzudrucken.

> Also: In dieser Zeitschrift soll jeder, der etwas zu sagen hat, zu Worte kommen. Wir können uns in Deutschland bei einer solchen Sache keine Schul- oder gar Cliquenkämpfe leisten, dafür steht zu viel auf dem Spiel.[76])

Insbesondere sollten junge und ausländische Autoren Beiträge liefern. So wollte man das Öffentliche Recht aus „dem deutschen Provinzialismus“ herausführen und den Blick des Fachs auf ausländische Wissenschaftsentwicklungen richten. Nicht zuletzt ging es darum, der Schmitt-Schule ein öffentlichkeitswirksames Publikationsorgan zu verschaffen, in dem selbst Carl Schmitt zu Wort kommen durfte. Man verstand sich als überparteilich, doch dies bedeutete in der Situation zu Beginn der sechziger Jahre, da man sich allseits ausgegrenzt fühlte, für den Denkstil der Schmitt-Schule – also für den Staat, für die Person Carl Schmitt und für eine eher konservative Grundhaltung – Partei zu ergreifen. Insofern war der Anspruch, keine einseitige „Schmitt-Zeitschrift“ zu sein, aus dem Blickwinkel der Schmitt-Schule durchaus aufrichtig.

Doch diese Frage beschäftigte Redaktion und Herausgeberschaft auch weiterhin. Nachdem die erste Nummer Mitte des Jahres 1962 erschienen war, entwickelte sich ein interner Disput, inwieweit Carl Schmitt selbst in der Zeitschrift in Erscheinung treten sollte. Es zeigte sich, daß Schnur und Böckenförde in dieser Frage sehr viel weniger Vorsicht walten lassen wollten, als dies den Herausgebern ratsam erschien. Schmitt hatte von der ersten Planungsphase an das Vorhaben mit Wohlwollen begleitet und hatte den beiden angehenden Redakteuren mit Ratschlägen zur Seite gestanden.[77]) Daraufhin stellte sich die konkrete Frage, wann der erste Beitrag von Carl Schmitt erscheinen sollte. Schnur und Böckenförde hatten ihn bereits im Jahre 1962 darum gebeten, eine Rezension zu übernehmen[78]). Wolff, Weber und Oestreich setzten sich hinge-

[75]) Nachlaß *Schmitt*, Nr. 14357 (Schnur an Schmitt vom 10. 10. 1962).

[76]) Nachlaß *Schnur*, Nr. 127 (Schnur an Hennis vom 2. 2. 1961).

[77]) Vgl. z.B. Nachlaß *Schnur*, Nr. 126 (Abschrift eines Briefes von Schmitt an Schnur vom 13. 9. 1959: „Verübeln Sie mir nicht einen guten Rat, der auch für Wolfgang [sic!] Böckenförde und Roman Schnur gilt: erst sich habilitieren, dann Zeitschriften gründen!“ und vom 14. 1. 1961: „Und alle guten Wünsche für den weiteren Verlauf der Planung und Gründung! Es ist *vieles* zu beachten bei einer solchen, unvermeidlich politisch interessanten Zeitschrift. Lassen Sie mich und meinen Namen nach Möglichkeit völlig aus dem Spiel […].“), 5 (Postkarte von Böckenförde an Schnur vom 14. 3. 1963: „Er [Carl Schmitt] meinte, wir sollten überlegen, ob der [von ihm vorgeschlagene] Mann nicht etwas über Grundrechtsinterpretation, gegen Scheuner, Ehmke u. Co., schreiben könnte.“) und 7 (Böckenförde an Schnur vom 22. 7. 1963: „C[arl] S[chmitt] meinte noch, die Rezensionen bei uns hätten in der Auswahl noch etwas Zufälliges; es sei noch keine rechte Linie sichtbar.“).

[78]) Nachlaß *Schmitt*, Nr. 14355 (Schnur an Schmitt vom 11. 8. 1962); Nachlaß *Schnur*, Nr. 5 (Böckenförde an Schnur vom 26. 7. 1962 und vom 29. 12. 1962).

gen dafür ein, den Abdruck zu verzögern, um nicht von vornherein in die „Schmitt-Ecke" gestellt zu werden. Oestreich und Wolff verbanden dies mit der Forderung, eine Häufung von Mitarbeitern aus dem Carl Schmitt-Kreis zu vermeiden, um so falsche Schlüsse von einigen „Übelwollenden" zu verhindern.[79]) 1964 stand die gesamte Konzeption der Zeitschrift plötzlich in Verruf. Jetzt wurden sowohl ihr Titel als auch ihr Programm als ein Versuch der Renaissance „neoautoritären Denkens" und als ein Resultat eines „antidemokratischen Affektes restaurativer Staatsideologie" scharf angegriffen.[80]) Während sich die beiden anderen Herausgeber dafür aussprachen, solche Kritik zu ignorieren[81]), trat Oestreich mit der Forderung an die Redaktion heran, daß im „Staat" auch „mal ein Aufsatz über Demokratie und Staat von einem Anhänger der ‚progressiven' demokratischen Staatswissenschaft" erscheinen solle.[82]) Schnur und Böckenförde waren, so stellte es sich nun heraus, in der Anfangsphase – indem sie versucht hatten, „das Monopol der einseitigen Information"[83]) zu durchbrechen und Carl Schmitt und seiner Schule Öffentlichkeit zu verschaffen – zu sehr von ihrem eigenen Grundverständnis als bisherige Außenseiter ausgegangen. In den Augen von Außenstehenden, die der Schmitt-Schule nicht angehörten, hatten sie damit aber dem eigenen Anspruch auf Überparteilichkeit zuwidergehandelt. Beide Redakteure mußten in Zukunft vorsichtiger agieren.

Gleichzeitig waren jedoch junge, aufstrebende Autoren, wie Peter Badura (geb. 1934), Otto Kimminich (1932–1997), Wilhelm Henke, Hans Heinrich Rupp und Helmut Quaritsch, als Mitarbeiter für die neue Zeitschrift schnell bei

[79]) Nachlaß *Schnur*, Nr. 7 (Oestreich an Schnur vom 9. 8. 1962), 8 (Weber an Schnur vom 23. 7. 1962 und Wolff an Schnur vom 5. 11. 1962). „Der Staat" wurde von Außenstehenden von Anfang an vor allem mit der Schmitt-Schule in Verbindung gebracht. Vgl. z. B. Nachlaß *Schnur*, Nr. 127 (Hennis an Schnur vom 29. 1. 1961) und 5 (Böckenförde an Broermann vom 8. 10. 1962: „Auf der Staatsrechtslehrertagung selbst war für die Zeitschrift ein reges Interesse festzustellen; bei einigen Herren mußten wir allerdings das Vorurteil zu zerstreuen suchen, es handele sich um eine Zeitschrift der ‚Carl-Schmitt-Enkel'." und Böckenförde an Schnur vom 31. 10. 1962); Nachlaß *Schmitt*, Nr. 14351 (Schnur an Schmitt vom 19. 5. 1962).

[80]) So Christian Graf von Krockow in einem Vortrag, von dem Oestreich berichtete. In: Nachlaß *Schnur*, Nr. 6 (Oestreich an Schnur vom 9. 11. 1964). Vgl. zudem von *Krockow*, Staatsideologie oder demokratisches Bewußtsein.

[81]) Vgl. Nachlaß Schnur, Nr. 6 (Weber an Schnur vom 3. 12. 1964: „Ich halte dafür, daß man dem Weiteren mit Gelassenheit entgegensehen sollte.", Wolff an Schnur vom 15. 1. 1965: „Wir werden es uns aber sehr angelegen sein lassen müssen, auch weiterhin Autoren *aller* Art zu Wort kommen zu lassen." und Weber an Schnur vom 29. 6. 1965: „Unserer Zeitschrift sind jedenfalls [durch den Aufsatz von von Krockow] keinerlei Blessuren zugefügt worden."). Vgl. hierzu auch die Stellungnahme von Carl Schmitt, in: ebda., Nr. 126 (Abschrift eines Briefes von Schmitt an Schnur vom 28. 9. 1965: „Man sollte tatsächlich (wie ich von Barion höre, ist das eine Idee von Ernst Forsthoff) den flappigen [sic!] Aufsatz des Grafen Krockow gegen Ihre Zeitschrift in dieser Zeitschrift selber einfach abdrucken!").

[82]) Nachlaß *Schnur*, Nr. 6 (Oestreich an Schnur vom 19. 11. 1964).

[83]) Zitat von Schnur in: Nachlaß *Schnur*, Nr. 6 (Oestreich an Schnur vom 31. 12. 1964).

der Hand. Schwierigkeiten ergaben sich, als die Redaktion versuchte, Staatsrechtslehrer, die regelmäßig für das „Archiv des öffentlichen Rechts" schrieben, auch für den „Staat" zu gewinnen. Ein solcher Schritt ergab sich zwangsläufig aus dem Anspruch auf Überparteilichkeit und war auch von den Herausgebern wiederholt gefordert worden, um die Distanz zu Carl Schmitt nach außen zu demonstrieren. Renommierte Staatsrechtslehrer, die wie Hans Peter Ipsen und Herbert Krüger der Schmitt-Schule nahestanden, begrüßten zwar den „Staat" als neue Konkurrenz zum „Archiv des öffentlichen Rechts", sie wollten jedoch zunächst abwarten, wie sich die Zeitschrift weiterentwickelte, bevor sie einen eigenen Aufsatz zum Abdruck zur Verfügung stellten.[84]) Das „Archiv" war denn auch das Organ, an dem der Erfolg des „Staates" gemessen wurde. Schnur und Böckenförde verglichen ständig die Auflagenzahlen und wogen die Qualität der Beiträge gegeneinander ab.[85]) Bereits 1964 hatte man den Eindruck, eine feste Position in der Zeitschriftenlandschaft erreicht zu haben, und fühlte sich dem „AöR" weit überlegen. Wolff sprach schon selbstbewußt von der „wohl besten staatsbezogenen Zeitschrift dieses Jahrhunderts"[86]).

Das „Archiv des öffentlichen Rechts" reagierte auf die neue Konkurrenz, indem es im Jahre 1964 seinen Herausgeberkreis durch junge Leute aus der Smend-Schule erweiterte. Das „Archiv" war die „wissenschaftlich angesehenste Zeitschrift des Fachs"[87]), sie galt seit der Weimarer Zeit als das Organ der geisteswissenschaftlichen Richtung und hatte nach der nationalsozialistischen Machtergreifung ebenso wie die gesamte Staatsrechtslehre einen kontinuierlichen wissenschaftlichen Niedergang erlebt[88]). Im Jahre 1948 trat Rudolf Smend, der 1933 ausgeschieden war, dem Herausgeberkreis wieder bei. Hinzu kamen unter anderem Wilhelm Grewe, Carlo Schmid, Walter Jellinek und Erich Kaufmann. Gemeinsam setzten es sich die Herausgeber und der Verlag zum Ziel, wieder an das streng wissenschaftliche und überparteiliche Profil der Zeitschrift aus früheren Zeiten anzuknüpfen.[89]) Das „Archiv" entwickelte sich daraufhin zu einem dezidiert liberal und rechtsstaatlich ausgerichteten Publikationsforum. Wie bereits erwähnt, verhinderte Walter Mallmann von 1953 an zunächst als leitender Redakteur beim Verlag Mohr Siebeck in Tübingen und später als geschäftsführender Herausgeber, daß Beiträge von Otto Koellreutter, Carl Schmitt oder Ernst Forsthoff erschienen, da er diese drei maßgeblich für

[84]) Vgl. z. B. Nachlaß *Schnur*, Nr. 70 (Ipsen an Schnur vom 2. 3. 1961) und 7 (Böckenförde an Schnur vom 22. 1. 1964).

[85]) Vgl. z. B. Nachlaß *Schmitt*, Nr. 14357 (Schnur an Schmitt vom 10. 10. 1962); Nachlaß *Schnur*, Nr. 5 (Böckenförde an Schnur vom 29. 6. 1963).

[86]) Nachlaß *Schnur*, Nr. 6 (Wolff an Schnur vom 4. 4. 1964).

[87]) *Stolleis*, Geschichte des öffentlichen Rechts in Deutschland, 3. Band, S. 301.

[88]) Hierzu grundlegend: *Becker*, „Schritte auf einer abschüssigen Bahn".

[89]) Vgl. Herausgeber und Verlag, Zum neuen Jahrgang, in: AöR 74 (1948), S. 1 f. Vgl. hierzu des weiteren *Becker*, „Schritte auf einer abschüssigen Bahn", S. 215 und 221 f.

den Niedergang des Fachs nach 1933 verantwortlich machte. Abgesehen von Ernst Rudolf Huber erklärte sich die ältere Generation der Schmitt-Schule daraufhin mit Forsthoff solidarisch und stand für eine Mitarbeit nicht mehr zur Verfügung.

Otto Bachof, der als Herausgeber beim „AöR" seit 1957 mitarbeitete, setzte gegenüber Mallmann im Jahre 1964 die Aufnahme von Horst Ehmke und Konrad Hesse in den Herausgeberkreis durch. Anlaß hierfür war der Niveauverlust, der vor allem nach der Gründung des „Staates" immer offensichtlicher wurde. Die Auflagenzahlen stagnierten, und Mallmanns Kurs hatte dazu geführt, daß die zentralen von der Schmitt-Schule angestoßenen Debatten am „Archiv" vorbei geführt wurden.[90]) Böckenförde und Schnur werteten die Neubesetzung bei der Konkurrenz denn auch als Erfolg der eigenen Arbeit:

> [O]ffenbar glaubt man, uns etwas entgegensetzen zu sollen, sieht aber zugleich, daß ein neues Unternehmen nicht drinsteckt. Ich bin gespannt, ob und inwieweit das AöR nun ein anderes Gesicht erhält.[91])

Ehmke, der unverzüglich als geschäftsführender Mitherausgeber die Initiative übernahm, machte es sich zum Ziel, die Zeitschrift lebendiger zu gestalten und ihr ein stärker staats- und verfassungstheoretisches Profil zu geben. So trat er gleich an Ulrich Scheuner, Richard Bäumlin und Otto Kirchheimer mit der Bitte heran, eine grundlegende Arbeit über die Lage der Staats- und Verfassungstheorie in der Bundesrepublik aus ihrem jeweiligen nationalen Blickwinkel zu verfassen.[92]) Zudem provozierte er einen handfesten Konflikt mit Mallmann über die Frage des Umgangs mit der Schmitt-Schule. Ehmke hatte sich zu Beginn seiner neuen Tätigkeit auch gleich mit der Bitte an Forsthoff gewandt, dieser möge beim „Archiv" wieder mitarbeiten.[93]) Zudem hatte er einen Aufsatz von Helmut Ridder abgelehnt, in dem dieser gegen die Schmitt-Schule polemisierte. Diese Schritte machte Mallmann Ehmke zum Vorwurf. Ehmke entgegnete, daß er sich in der Rolle eines Ridder-Gegners bzw. Schmitt- und Forsthoff-Anhängers vorkomme „wie in einem Faschingskostüm" und daß zwischen ihm und Mallmann zweifellos Einigkeit bestehe hinsichtlich der Ziele der Arbeit.[94]) Es ging hier letztlich um zwei unvereinbare generationsspezifische Umgangsformen mit der jüngsten Vergangenheit und um die konkrete Frage, wie mit Personen, die als belastet angesehen wurden, verfahren werden sollte. Mallmann errichtete eine Tabugrenze und grenzte aus, Ehmke wollte eine offene Debatte führen und integrierte. Auch die Schwierigkeiten bei der redaktionellen Arbeit häuften sich, die internen Reibungen nahmen zu,

[90]) Vgl. Archiv des Verlages Mohr Siebeck, Nr. 593 (Aktennotiz betr. Besuch von Herrn Professor Bachof am 17. Januar 1964).

[91]) Nachlaß *Schnur*, Nr. 7 (Böckenförde an Schnur vom 14. 4. 1964).

[92]) Depositum *Ehmke*, Nr. 504 (Ehmke an Kirchheimer vom 18. 8. 1964).

[93]) Vgl. Depositum *Ehmke*, Nr. 502 (Forsthoff an Ehmke vom 2. 10. 1964).

[94]) Depositum *Ehmke*, Nr. 209 (Ehmke an Mallmann vom 23. 7. 1964).

so daß Bachof und Ehmke gegenüber dem Verlag darauf drangen, die Verjüngung der Herausgeberschaft weiter voranzutreiben.[95]) Sie dachten dabei zum einen an Jürgen Salzwedel (geb. 1929), einen Hans Peters-Schüler, der seit 1961 in Bonn lehrte, zum anderen an Peter Lerche (geb. 1928), einen Schüler von Theodor Maunz, seit 1960 Ordinarius in Berlin und ab 1965 in München.[96]) Mallmann schied schließlich 1966 enttäuscht und verbittert aus dem aktiven Herausgeberkreis aus und wurde durch Lerche ersetzt.[97]) Der Umgang zwischen dem „Staat“ und dem „Archiv“ gestaltete sich daraufhin immer unkomplizierter. Man hielt Kontakt miteinander, und 1967 erklärte sich sogar Böckenförde erstmals dazu bereit, eine Glosse für das „Archiv des öffentlichen Rechts“ gegen die Regelung des Konstruktiven Mißtrauensvotums im Grundgesetz zu schreiben.[98]) Im nächsten Jahr folgte gewissermaßen als Gegenleistung Konrad Hesse mit einer Rezension im „Staat“.[99]) Zumindest hier hatte also der Generationswechsel längerfristig zu einer Entspannung des Klimas beim Umgang zwischen den Staatsrechtslehrern beigetragen.

Welche weiteren institutionellen Veränderungen vollzogen sich in der bundesdeutschen Staatsrechtslehre zu Beginn der sechziger Jahre? Im Rahmen einer gezielten Reform des Bildungswesens und des damit einhergehenden Wandels von der bürgerlichen Elitenuniversität zur Massenuniversität wuchs auch das Öffentliche Recht. Die Spezialisierung innerhalb des Fachs schritt kontinuierlich voran, und die Zahl der Lehrstühle nahm immer weiter zu. Dies brachte es mit sich, daß auch die Anzahl der Mitglieder in der Staatsrechtslehrervereinigung kontinuierlich anwuchs. Anstelle von 82 verzeichneten Mitgliedern im Jahre 1949 zählte die Vereinigung 1965 bereits 149 Mitglieder. Die alljährlichen Tagungen wurden damit immer unübersichtlicher[100]), man überlegte, wie angesichts der großen Teilnehmerzahl noch lebhaft und kontrovers

[95]) Vgl. Archiv des Verlages Mohr Siebeck, Nr. 616 (Bachof an Mallmann vom 2. 2. 1966).

[96]) Vgl. Depositum *Ehmke*, Nr. 504 (Lerche an Ehmke vom 25. 6. 1965) und 209 (Ehmke an Mallmann vom 23. 7. 1964).

[97]) Vgl. Archiv des Verlages Mohr Siebeck, Nr. 616 (Mallmann an Bachof vom 7. 2. 1966, Mallmann an Hans Georg Siebeck vom 12. 2. 1966, Siebeck an Ehmke vom 16. 2. 1966, Siebeck an Mallmann vom 16. 2. 1966, Mallmann an Siebeck vom 28. 3. 1966, Siebeck an Bachof und Ehmke vom 31. 3. 1966, Siebeck an Mallmann vom 18. 4. 1966, Mallmann an Bachof vom 8. 5. 1966 und Siebeck an Mallmann vom 11. 5. 1966); Nachlaß *Ehmke*, Nr. 504 (Lerche an Ehmke vom 25. 6. 1965).

[98]) *Böckenförde*, Bonn ist nicht Weimar.

[99]) *Hesse*, Rezension zu Eberhard Schmidt-Aßmann, Der Verfassungsbegriff in der deutschen Staatslehre der Aufklärung und des Historismus. 1968 erklärte sich auch Roman Schnur bereit, beim „Archiv des öffentlichen Rechts“ mitzuarbeiten (vgl. Nachlaß *Schnur*, Nr. 10 [Schnur an Hesse vom 6. 6. 1968]). Peter Lerche hatte schon früh Interesse an der Mitarbeit im „Staat“ gezeigt (vgl. Nachlaß *Schnur*, Nr. 8 [Lerche an Schnur vom 7. 11. 1961]) und bereits für den ersten Jahrgang eine Rezension verfaßt: *Lerche*, Rezension zu Ottmar Ballweg, Zu einer Lehre von der Natur der Sache.

[100]) Vgl. z.B. die diesbezügliche Klage von Karl August Bettermann, in: Nachlaß *Schnur*, Nr. 7 (Bettermann an Schnur vom 25. 8. 1964).

diskutiert werden könnte, und die Frage von Neuaufnahmen frisch Habilitierter begann die Rundschreiben der Vereinigung zu dominieren. Zudem beschränkte sich die Staatsrechtslehrervereinigung ab 1958 nicht mehr darauf, den Staatsrechtslehrern als Forum des wissenschaftlichen Austauschs zu dienen, sondern auf der Mitgliederversammlung wurden etwa auch Fragen der allgemeinen Organisation der Lehre und der Vorlesungsgestaltung zur Sprache gebracht und diskutiert.[101]) Im Jahre 1961 einigte man sich beispielsweise darauf, an der herausgehobenen Stellung des Staatsrechts als dem zusammenfassenden grundsätzlichen Fach auch in Zukunft zu festzuhalten.[102])

Was sich während der fünfziger Jahre bereits angedeutet hatte, wurde immer mehr zur Realität. Die Politikwissenschaft expandierte als Universitätsdisziplin und machte der Staatsrechtslehre ihren bis dahin unangefochteten Rang streitig. Im Jahre 1961 erschien eine Denkschrift der Deutschen Forschungsgemeinschaft[103]), in der eine verstärkte Institutionalisierung des neuen Fachs gefordert wurde. Da politikwissenschaftliche Fragestellungen – trotz gewisser Überschneidungen – über den Rahmen der Rechtswissenschaft hinausgreifen würden, sei eine institutionelle Verselbständigung der Politikwissenschaft gegenüber dem Öffentlichen Recht anzustreben. Ausdruck des gestiegenen Selbstbewußtseins der Politologen gegenüber den Staatsrechtlehrern war auch die Antrittsvorlesung von Kurt Sontheimer in Freiburg aus dem Jahre 1961[104]). Die Politische Wissenschaft sei Wirklichkeitswissenschaft, wohingegen sich die Staatsrechtslehre ihres Charakters als Normwissenschaft bewußt bleiben müsse. Er plädierte letztendlich für eine enge Kooperation und eine gegenseitige Verschränkung der beiden Disziplinen. Angesichts einer solchen Entwicklung war es auf seiten der Staatsrechtslehre nicht mehr möglich, das neue Fach schlichtweg zu ignorieren, sondern es mußten Wege gefunden werden, sich zu arrangieren. Es galt, einerseits die jeweiligen Kompetenzen voneinander abzugrenzen und andererseits zu Kooperationsformen zu gelangen.

Zunächst einmal einigte man sich in der Staatsrechtslehrervereinigung darauf, jedenfalls die „reinen Politologen" nicht aufnehmen zu wollen. Die Frage wurde akut, als im Jahre 1962 der Antrag auf Aufnahme von Boris Meissner (geb. 1915) gestellt wurde, der sich vor allem mit osteuropäischem Staatsrecht beschäftigt hatte und der nun einen politikwissenschaftlich ausgerichteten Lehrstuhl bekleidete. Es wurde befürchtet, daß nach der Aufnahme von Meiss-

[101]) Vgl. z. B. Nachlaß *Abendroth*, Nr. 566b (Niederschrift der Mitgliederversammlung von 1958).

[102]) Vgl. Nachlaß *Abendroth*, Nr. 566a (Niederschrift der Mitgliederversammlung vom 4. und 6. 10. 1961).

[103]) M. R. *Lepsius*, Denkschrift zur Lage der Soziologie und der Politischen Wissenschaft. Vgl. des weiteren *Bleek*, Geschichte der Politikwissenschaft in Deutschland, S. 308–315; Günter C. *Behrmann*, Die Verselbständigung der Wissenschaft von der Politik, in: *Acham*, Erkenntnisgewinne, Erkenntnisverluste, S. 443–478, hier: 467–477.

[104]) *Sontheimer*, Politische Wissenschaft und Staatsrechtslehre.

ner kein schlagkräftiges Argument mehr gegen die Aufnahme von weiteren Politologen zur Verfügung stünde. Folglich einigte man sich darauf, dieses Verfahren möglichst geräuschlos abzuwickeln, um so eine unerwünschte Präjudiziendiskussion zu vermeiden.[105])

Im Jahre 1963 wurde von der Staatsrechtslehrervereinigung dann eine Kommission mit dem Auftrag eingesetzt, das Verhältnis zur „Wissenschaft von der Politik“ zu klären.[106]) Konkreter Anlaß hierfür war der Anspruch von Carl J. Friedrich, als Politikwissenschaftler in Heidelberg an der Juristischen Fakultät Promotionen durchzuführen und Habilitanden vorzuschlagen, was Hans Schneider in dieser Weise nicht akzeptieren wollte und deshalb die Einrichtung einer Enquête vorschlug.[107]) In den Empfehlungen, die die neu geschaffene Kommission daraufhin ausarbeitete, ging es im wesentlichen darum, sich als Staatsrechtslehre in Zukunft den Einfluß auf die Entwicklung der Politikwissenschaft zu sichern: Rechtswissenschaftliche Fakultäten sollten bei der Errichtung und Besetzung von politikwissenschaftlichen Lehrstühlen beteiligt werden, und sie sollten die Kompetenz erhalten, „die venia für die Wissenschaft von der Politik“ zu erteilen. Zudem sollte an jeder Juristischen Fakultät ein Lehrstuhlinhaber des Öffentlichen Rechts Politikwissenschaft unterrichten.[108]) Die Empfehlungen der Kommission der Staatsrechtslehrervereinigung drei Jahre später, die diese zusammen mit einer Kommission der „Deutschen Vereinigung für Politische Wissenschaft“ erarbeitete, unterschieden sich hiervon nur unwesentlich. Immerhin sollten Vertreter der politikwissenschaftlichen Lehrstühle nun unabhängig von ihrer Fakultätszugehörigkeit in einem gemeinsamen Institut zusammenwirken können. Die Staatsrechtslehre versuchte aber auch hier, ihren Einfluß zu sichern, indem empfohlen wurde, daß alle auf die Politikwissenschaft bezogenen Fächer – und damit auch die Juristen – bei der Errichtung und Besetzung von Lehrstühlen, bei Habilitationen und bei der Auf-

[105]) Vgl. Nachlaß *Krüger*, Friesenhahn an Krüger vom 15. 6. 1962, Forsthoff, H. Schneider und Mosler an Krüger vom 29. 6. 1962, Krüger an Friesenhahn vom 17. 6. 1962: „Ich würde daher meinen, daß man sich unqualifizierter Politologen – sie müssen im übrigen nicht notwendig unqualifiziert sein – auch dann wird erwehren können, wenn man Herrn Meißner aufgenommen hat.“, Forsthoff an Krüger vom 1. 10. 1963 und Abschrift eines Briefes von Köttgen an Krüger vom 25. 9. 1963: „Im Ergebnis bin ich nach wie vor Gegner einer Öffnung in Richtung Polit. Wiss. etc., zumal die Vereinigung der Fa. Eschenburg, diesem selbst entgegen, keine Kontakte zu uns wünscht, wie mir aus meiner Zugehörigkeit zum Vorstand genau in Erinnerung.“.

[106]) Vgl. Nachlaß *Abendroth*, Nr. 566a (Protokoll der Mitgliederversammlung vom 9. und 11. 10. 1963).

[107]) Vgl. Nachlaß *Krüger*, Schneider an Krüger vom 8. 4. 1963.

[108]) Nachlaß *Abendroth*, Nr. 567e (Empfehlungen der VDStRL zu der Frage, in welcher Form sich die Juristischen Fakultäten in Forschung und Lehre an der Pflege der Wissenschaft von der Politik beteiligen sollten als Anlage 2 der Niederschrift der Mitgliederversammlung 1964). Auch abgedruckt in: AöR 89 (1964), S. 485f.

stellung von Lehrplänen zusammenwirken sollten.[109]) Das Thema blieb auch in Zukunft von Bedeutung. In der Staatsrechtslehrervereinigung richtete man eine feste Kommission ein, um im Bedarfsfall mit den Politologen neue Gespräche zu führen.[110]) 1970 einigte sich der Vorstand der Staatsrechtslehrervereinigung mit der „Deutschen Vereinigung für Politische Wissenschaft" darauf, die Verbandsmitteilungen regelmäßig auszutauschen.[111]) Zudem nahm in der Staatsrechtslehrervereinigung die Zahl von Dozenten, die gleichzeitig Öffentliches Recht und Politikwissenschaft unterrichteten, seit Ende der sechziger Jahre kontinuierlich zu.[112])

Die neue Konkurrenzsituation brachte es auch mit sich, daß sich die Staatsrechtslehre in den sechziger Jahren generell stärker auf ihre normativen Grundlagen konzentrierte. Zudem erlitt die Allgemeine Staatslehre als wirklichkeitswissenschaftlich ausgerichtete Teildisziplin des Staatsrechts einen allgemeinen Bedeutungsverlust. Neuveröffentlichungen auf diesem Gebiet waren nunmehr eine Ausnahmeerscheinung.[113])

Doch die Expansion der Politikwissenschaft führte nicht nur zu institutionellen Veränderungen auf seiten der Staatsrechtslehre. Das Selbstverständnis des neuen Faches als westliche Demokratiewissenschaft brachte es auch mit sich, daß zahlreiche Fachvertreter zu Beginn der sechziger Jahre zum offenen Angriff gegen die weiterhin dominierende national-konservative und etatistische Grundhaltung der Staatsrechtslehre übergingen.

2. Der Angriff auf das traditionelle Staatsverständnis von seiten der Politikwissenschaft und der Smend-Schule

Der Westernisierungsprozeß war in den fünfziger Jahren bei der Mehrzahl der bundesdeutschen Staatsrechtslehrer noch nicht spürbar geworden. Das Resultat war eine zunehmende ideelle Kluft zu denjenigen, die sich als Vorreiter von Westernisierung profilierten. In deren Augen erschien die Staatsrechtslehre

[109]) Nachlaß *Abendroth*, Nr. 567d (Gemeinsame Empfehlungen einer Kommission der VDStRL und einer Kommission der Deutschen Vereinigung für Politische Wissenschaft als Anlage der Niederschrift der Mitgliederversammlung 1967). Auch abgedruckt in: AöR 92 (1967), S. 542f.

[110]) Vgl. Nachlaß *Abendroth*, Nr. 567d (Niederschrift der Mitgliederversammlung vom 2.–4. 10. 1968).

[111]) Vgl. Nachlaß *Abendroth*, Nr. 75 (Rundschreiben der Staatsrechtslehrervereinigung vom 27. 11. 1970).

[112]) Hier sind beispielsweise zu nennen Roman Schnur, Manfred Abelein, Klaus Kröger und Peter Cornelius Mayer-Tasch.

[113]) Vgl. allein *Badura*, Die Methoden der neueren allgemeinen Staatslehre; *Krüger*, Allgemeine Staatslehre. Vgl. hierzu des weiteren *Korioth*, Integration und Bundesstaat, S. 282f.; *Möllers*, Staat als Argument, insbesondere: S. 129f. und 418–422.

mehr und mehr als unzeitgemäß, rückständig oder gar reaktionär. Sie bot sich damit als negative Projektionsfläche förmlich an, von der man den eigenen, auf westeuropäisch-atlantischen Ideen beruhenden Denkansatz auf mustergültige Weise abgrenzen konnte. Insbesondere die zugespitzt etatistische Komponente des Denkstils der Schmitt-Schule geriet hierbei ins Kreuzfeuer der Kritik. Damit erscheint die Auseinandersetzung um das Staatsverständnis als ein weiteres Beispiel dafür, wie zu Beginn der sechziger Jahre neue Formen der Auseinandersetzung mit Carl Schmitt und seiner Schule gesucht wurden. An die Stelle des Verschweigens, so ließe sich überspitzt formulieren, trat das kritische und teilweise polemische Argument.

Der erste Angriff ging von der Politikwissenschaft aus.[114]) Das herkömmliche Staatsverständnis der Staatsrechtslehre erschien den Politologen als autoritär und obrigkeitlich. Sie betrachteten ein solches Denken vom Staat her als Resultat des deutschen Sonderbewußtseins und gaben ihm eine Mitschuld für die verhängnisvolle jüngste deutsche Geschichte. Von solchen Traditionen galt es, das eigene Fach als westliche Demokratiewissenschaft mit allen Kräften abzugrenzen. Als Alternative zum Etatismus plädierten sie für eine dezidiert pluralistische Grundhaltung westlich-transatlantischer Provenienz, bei der der Staat nicht außerhalb oder oberhalb der Gesellschaft stehe, sondern eng mit dieser verzahnt sei. Um die noch weitverbreitete Untertanenmentalität, die auf einem solchen Trennungsdenken beruhe, zu beseitigen, sei es unabdingbar, die Politisierung und die Demokratisierung des Gemeinwesens weiter voranzutreiben. Hierbei ist zu beachten, daß die Aufhebung des Dualismus von Staat und Gesellschaft für die Politikwissenschaft in gewisser Weise eine Lebensfrage darstellte. Denn nur wenn Staat und Gesellschaft nicht getrennt waren, blieb der Politikwissenschaft ein spezifisches Forschungsgebiet, auf dem sie sich in Abgrenzung von der Staatsrechtslehre und der Nationalökonomie profilieren konnte.[115]) Ob nun bei Otto-Heinrich von der Gablentz, Wilhelm Hennis, Hans Maier, Christian Graf von Krockow oder Karl Dietrich Bracher, immer war es also die anglo-amerikanische Verfassungstradition, die – einmal mehr, einmal weniger explizit – als Vorbild diente, und immer waren es die „Obrigkeitsideologie“ und der Formalismus Carl Schmitts und seiner Schule, von der sich die Politologen mit scharfen Worten abgrenzten.[116])

[114]) Vgl. hierzu allgemein van *Laak*, Gespräche in der Sicherheit des Schweigens, S. 214–216; *Nolte*, Die Ordnung der deutschen Gesellschaft, S. 377–390; *Metzler*, Regieren in der modernen Industriegesellschaft, S. 325–334; *Ipsen*, Die Verhandlungen von 1949 (Heidelberg) bis 1971 (Regensburg), S. 401–404.

[115]) Vgl. hierzu *Fraenkel*, Die Wissenschaft von der Politik und die Gesellschaft.

[116]) Vgl. von der *Gablentz*, Autorität und Legitimität im heutigen Staat; *Hennis*, Zum Problem der deutschen Staatsanschauungen; *Maier*, Zur Lage der politischen Wissenschaft in Deutschland; ders., Ältere deutsche Staatslehre und westliche politische Tradition; von *Krockow*, Staatsideologie oder demokratisches Bewußtsein; *Bracher*, Parteienstaat, Präsi-

Besonderes Aufsehen erregte ein Vortrag von Ernst Fraenkel, den dieser auf dem Juristentag 1964 in Karlsruhe hielt.[117]) Fraenkel führte hier einen Pauschalangriff gegen Rechtsprechung und Rechtswissenschaft:

> Die These, Pluralismus stelle ein essentielles Element einer jeden freiheitlichen rechtsstaatlichen Demokratie dar, steht mit der heutigen deutschen herrschenden Meinung im Widerspruch.[118])

Das Resultat sei eine weite Kluft zwischen der Ideologie der Verfassung und ihren Interpreten. Rechtsprechung und Rechtswissenschaft hätten die zentrale Bedeutung von politischen Parteien und Interessenverbänden für die politische Willensbildung noch nicht zur Kenntnis genommen, sie würden den Begriff Pluralismus nur mit Vorbehalt verwenden und würden damit der Identitätsideologie und dem Antipluralismus kontinentaler Prägung weiterhin anhängen. Als deren Hauptvertreter nahm er Jean Jacques Rousseau und Carl Schmitt ins Visier, deren Theorien auf einem politischen Messianismus beruhten und letztlich zum Totalitarismus führten. Gemäß seinem Konzept des Neopluralismus sei das Gemeinwohl aber nicht *a priori* vorgegeben, sondern es bilde sich erst im Prozeß der Auseinandersetzung divergierender politischer Interesssen. Fraenkels Polemik gegen die Juristenzunft verdeutlichte noch einmal die Diskrepanz, die Mitte der sechziger Jahre zwischen einem westernisierten Blickwinkel und traditionellen juristischen Denkansätzen bestand. Die Realitäten der parlamentarischen Demokratie verlangten aus Fraenkels Sicht schlichtweg andere Herangehensweisen. Aber derart pauschale Kritik war in ihrer Zuspitzung, wie Fraenkel sehr wohl wußte, ungerecht und unzutreffend. Es gab speziell in der Staatsrechtslehre mittlerweile Kräfte, die im Sinne Fraenkels pluralistisch dachten und sich auch entsprechend engagierten.

Zentrale Bedeutung hatte hier ein Vortrag Konrad Hesses über die verfassungsrechtliche Stellung der politischen Parteien auf der Staatsrechtslehrertagung 1958.[119]) Die Vorstellung vom Staat als einer dem Volk gegenüberstehenden substanzhaft verkörperten und vorgegebenen Einheit, so eine von Hesses zentralen Thesen, verfehle das Wesen der politischen Ordnung des Grundgesetzes. Staat und Gesellschaft hätten sich heute ineinander geschoben,

dialsystem, Notstand, S. 218, Fn. 10; ders., Staatsbegriff und Demokratie in Deutschland; ders., Gesellschaft und Staatsbewußtsein.

[117]) Ernst *Fraenkel*, Der Pluralismus als Strukturelement der freiheitlich-rechtsstaatlichen Demokratie, in: ders., Deutschland und die westlichen Demokratien, S. 297–325. Fraenkels Vortrag war unter den Staatsrechtslehrern Gesprächsstoff. Beispielsweise brachte Joseph H. Kaiser den Vortrag gegenüber Carl Schmitt zur Sprache und bezeichnete ihn als blamabel. In: Nachlaß *Schmitt*, Nr. 7102 (Kaiser an Schmitt vom 14. 5. 1966).

[118]) Ernst *Fraenkel*, Der Pluralismus als Strukturelement der freiheitlich-rechtsstaatlichen Demokratie, in: ders., Deutschland und die westlichen Demokratien, S. 297–325, hier: S. 297.

[119]) Konrad *Hesse*, Die verfassungsrechtliche Stellung der politischen Parteien im modernen Staat, in: VVDStRL 17 (1959), S. 11–52, insbesondere: S. 17–20, 44f. und 116.

der Staat sei zu einem Stück Selbstorganisation der modernen Industriegesellschaft geworden. Ganz im Sinne von Smends Integrationslehre müsse seine Einheit immer wieder neu hergestellt werden, und hierzu bedürfe es der Einschaltung von Zwischengliedern. Als ein Bindeglied in der Legitimationskette zwischen Volk und politischer Führung fungierten die politischen Parteien. Das Staatsverständnis, das Hesse hier vortrug, war nichts Neues, sondern war in der Smend-Schule Ende der fünfziger Jahre Allgemeingut. Horst Ehmke hatte in seiner Dissertation bereits fünf Jahre zuvor diese Sichtweise dargestellt. Was hingegen neu war, war das Diskussionsforum, das Hesse wählte, und die deutlichen Worte, mit denen er die Differenzen herausstrich, die zwischen ihm und der entgegengesetzten Grundhaltung bestanden. Hesse ging bewußt auf Konfrontationskurs. Dies wurde dadurch möglich, daß die Meinungsbildung in Richtung eines westlichen Staatsverständnisses in der Smend-Schule mittlerweile soweit abgeschlossen war, daß man in dieser Frage nunmehr die Deutungshoheit beanspruchen konnte[120]). Zudem hatte sich Hesse auf seiner Professur in Freiburg innerhalb von vier Jahren eingerichtet. Er verfügte in Freiburg und durch die Smend-Schule über das institutionelle Umfeld, das ihn absicherte und stützte, sollte er in die Defensive geraten. Auf eine solche Absicherung war Hesse auf der Staatsrechtslehrertagung allerdings gar nicht angewiesen, obwohl ihm Ulrich Scheuner bei der Diskussion noch Schützenhilfe gab[121]). Das folgende Referat des Österreichers Gustav E. Kafka, in dem dieser die soziologisch-politischen Aspekte der verfassungsrechtlichen Stellung politischer Parteien herausarbeiten wollte, stieß auf allgemeines Mißfallen, und die anschließende Diskussion mißlang aus Sicht anderer Teilnehmer gänzlich.[122]) Die Mehrheit der Staatsrechtslehrer hatte mit einem solchen Referat Hesses nicht gerechnet, und es gelang ihr nicht, Hesses Staatsverständnis etwas Gleichwertiges entgegenzusetzen:

Die Wissenden schwiegen, und die Ignoranten schwätzten munter.[123])

Es wurde daraufhin zu einem festen Argumentationsmuster in Texten der Smend-Schule, sich von einem traditionellen Staatsverständnis abzugrenzen und statt dessen für eine pluralistische Grundhaltung westlich-transatlantischer

[120]) So klagte Roman Schnur, daß die Smend-Schule das Monopol über das Denken in den USA und in England beanspruche. In: Nachlaß *Schmitt*, Nr. 14375 (Schnur an Schmitt vom 19. 5. 1963).

[121]) Ulrich *Scheuner*, in: VVDStRL 17 (1959), S. 110f.

[122]) Gustav E. *Kafka*, Die verfassungsrechtliche Stellung der politischen Parteien im modernen Staat, in: VVDStRL 17 (1959), S. 53–117 (mit Aussprache).

[123]) So der Kommentar von Arnold Köttgen, in: Nachlaß *Leibholz*, Nr. 7 (Köttgen an Leibholz vom 26. 10. 1958: „Das Referat von Hesse war sehr abgewogen, nicht frei von ungeklärten Resten, aber das liegt in der Sache und in der Natur von Smend begründet, dessen geistige Vaterschaft erkennbar war."). Auch Günter Dürig sprach von einer mißglückten Diskussion. In: *Dürig* und *Mallmann*, Staatsrechtslehrertagung 1958, S. 292.

Provenienz zu plädieren.[124]) Hier erwies sich der auf Rudolf Smend zurückgehende Denkstil wiederum als überaus anpassungsfähig. Es erfolgte ausgehend von Smends ursprünglichen Intentionen lediglich eine Schwerpunktverlagerung. In der Integrationslehre hatte ursprünglich der Staat als Einheitsgefüge im Mittelpunkt gestanden. Der Staat hatte allerdings keinen hermetischen Bereich gebildet, sondern sich aus Smends Sicht erst aus den Lebensäußerungen der Gesellschaft konstituiert. Dieser Ansatz wurde nunmehr pluralistisch und antietatistisch gewendet. Das kontraktuelle Moment der Integrationslehre entwickelte ein Eigenleben mit dem Resultat, daß der Staat fast ganz in den Hintergrund rückte und durch einen grundsätzlich politisierten Bereich ersetzt wurde, welcher neben dem Staat vor allem auch die Gesellschaft miteinschloß.

Besondere Bedeutung kommt in diesem Zusammenhang Horst Ehmkes Beitrag über das Verhältnis von Staat und Gesellschaft in der Smend-Festschrift aus dem Jahre 1962 zu.[125]) Ehmke lieferte damit die noch fehlende geschlossene Geschichtsdeutung aus dem Blickwinkel der Smend-Schule. Der Dualismus von Staat und Gesellschaft sei Resultat der Loslösung des deutschen politischen Denkens von der gemeineuropäischen Tradition, die mit Martin Luther ihren verhängnisvollen Ausgang genommen habe, vom Idealismus fortgeführt worden sei und im Rechtspositivismus ihren Höhepunkt gefunden habe. Die modernen Probleme der Staats- und Verfassungstheorie könnten aber mit diesem Denken in den Kategorien von Staat und Gesellschaft nicht bewältigt werden. Gemäß dem anglo-amerikanischen Verfassungsdenken müßten folglich die Grundbegriffe „government" und „civil society" bzw. „politisches Gemeinwesen" das bisher verwendete Begriffspaar ersetzen.

Es war in der Staatsrechtslehre nun nicht mehr möglich, diese neuen Tendenzen einfach zu ignorieren. So gab es einzelne zustimmende Äußerungen. Vor allem jüngere Staatsrechtler plädierten dafür, aus der Überwindung der Trennung von Staat und Gesellschaft die verfassungsrechtlichen Konsequen-

[124]) Vgl. z.B. *Ehmke*, Rezension zu Joseph H. Kaiser, Die Repräsentation organisierter Interessen; ders., Wirtschaft und Verfassung, insbesondere: S. 3–6 und 55f.; *Scheuner*, Gemeindeverfassung und kommunale Aufgabenverwaltung in der Gegenwart, S. 151f. und 156f.; ders., Pressefreiheit, in: VVDStRL 22 (1965), S. 1–100, hier: S. 27–33; ders., Staat, insbesondere: S. 655 und 660f.; ders., in: VVDStRL 29 (1971), S. 248; ders., Das Wesen des Staates und der Begriff des Politischen, in: *Hesse*, Staatsverfassung und Kirchenordnung, S. 225–260, hier: S. 244–252; *Hesse*, Der Rechtsstaat im Verfassungssystem des Grundgesetztes, in: ebda., S. 71–95, hier: S. 85–88; ders., Grundzüge des Verfassungsrechts, S. 5–9; Richard *Bäumlin*, Das Grundrecht der Gewissensfreiheit, in: VVDStRL 28 (1970), S. 3–32, hier: S. 7f.; *Häberle*, Unmittelbare staatliche Parteifinanzierung unter dem Grundgesetz – BVerfGE 20, 56, S. 66f.; ders., Öffentliches Interesse als juristisches Problem, insbesondere: S. 24f. und 28; *Zwirner*, Die Rechtsprechung des Bundesverfassungsgerichts zur Parteifinanzierung, insbesondere: S. 116.

[125]) Horst *Ehmke*, „Staat" und „Gesellschaft" als verfassungstheoretisches Problem, in: *Hesse*, Staatsverfassung und Kirchenordnung, S. 23–49.

zen zu ziehen.[126]) In der Schmitt-Schule gab es jedoch deutliche Abwehrtendenzen. Sie verschärfte noch einmal den Ton gegenüber der Politikwissenschaft. So kommentierte Helmut Quaritsch einen Vortrag von Hans Maier über die vorpositivistische Staatslehre:

> Der Vortrag war wie sein Name: Maier, Hans. [...] So etwas würde hier nicht einmal als Verwalter einer Assistentenstelle eingestellt werden.[127])

Carl Schmitt sah sich erneut ungerechtfertigterweise an den Pranger gestellt und schrieb daraufhin an Roman Schnur:

> Muß es mich als alten Mann nicht erbittern, daß ich heute von jedem Anfänger zur Rechenschaft gezogen werde? [...] [Ich] bitte Sie, [...] sich zu fragen, wie ich mir vorkommen muß, wenn alle die Bracher, Sontheimer und K. Hesse heute über mich herfallen![128])

Inhaltlich reagierte die Schmitt-Schule auf den Angriff der Politikwissenschaft, indem sie zwischen den jeweiligen Kompetenzbereichen einen deutlichen Trennstrich zog. Für die Rechtsdogmatik waren allein sie als Juristen zuständig. Hier hatte sich die Politikwissenschaft nicht einzumischen.[129]) Mit den Wirklichkeitswissenschaften wollte man zugleich so wenig wie nur möglich zu tun haben. So verhinderte Werner Weber im Vorwort zum ersten Heft des „Staates", daß die Begriffe Politologie oder Politische Wissenschaft überhaupt erschienen, und riet Roman Schnur, bei seinen Berufsplänen sich mit den „Politologen" nicht allzu tief einzulassen.[130])

In der Fußnote eines Aufsatzes über Lorenz von Stein[131]) verfaßte Ernst-Wolfgang Böckenförde eine erste Entgegnung auf die Geschichtsdeutung Horst Ehmkes. Staat und Gesellschaft seien zwar zwei aufeinander bezogene, aber gleichzeitig nebeneinander stehende Ordnungszusammenhänge: Auf der einen Seite befinde sich die hoheitliche Herrschafts- und Entscheidungsgewalt, auf der anderen der nicht politisch geordnete Bereich. Die Unterscheidung zwischen beiden sei durch die soziale Realität des kontinentalen Europa begründet. Ehmke reagierte in einem Brief an Böckenförde auf diese pauschale Kritik äußerst ungehalten.[132]) Böckenförde habe „zum Problem Staat und Gesell-

[126]) Z.B. *Jesch*, Gesetz und Verwaltung, insbesondere: S. 173; *Brohm*, Verwaltungsvorschriften und besonderes Gewaltverhältnis, S. 246f. Vgl. zudem *Ridder*, Zur verfassungsrechtlichen Stellung der Gewerkschaften im Sozialstaat nach dem Grundgesetz, S. 14–16; ders, Staat V: Phänomenologie des modernen Staats.

[127]) Nachlaß *Schnur*, Nr. 8 (Quaritsch an Schnur vom 21. 2. 1963).

[128]) Nachlaß *Schnur*, Nr. 126 (Abschrift eines Briefes von Schmitt an Schnur vom 16. 4. 1960).

[129]) Vgl. z.B. *Schnur*, Die normative Kraft der Verfassung; *Henke*, Rezension zu Heinz Laufer, Verfassungsgerichtsbarkeit und juristischer Prozeß.

[130]) Nachlaß *Schnur*, Nr. 8 (Weber an Schnur vom 23. 5. 1962).

[131]) *Böckenförde*, Lorenz von Stein als Theoretiker der Bewegung von Staat und Gesellschaft zum Sozialstaat, S. 254f., Fn. 24.

[132]) Depositum *Ehmke*, Nr. 501 (Ehmke an Böckenförde vom 23. 7. 1963).

schaft überhaupt nichts gesagt, geschweige denn ein Feld für eine systematische Diskussion abgesteckt".

> Was zunächst die Fußnote [...] betrifft, so ist sie ja wohl polemisch gemeint, die Polemik aber nicht recht gekonnt. Eine Auseinandersetzung mit meiner Fragestellung vermisse ich, die Einwände die Sie machen, habe ich mir in meinem Aufsatz schon selbst gemacht und zu widerlegen versucht.

Ehmke holte dann zu einer Generalabrechnung mit dem Denkstil der Schmitt-Schule aus:

> Noch weit problematischer scheint mir allerdings Ihre Ansicht, der Artikel als solcher [über Lorenz von Stein] sage etwas zum Problem von Staat und Gesellschaft. [...] Nicht daß ich den Wert solcher [Materialsammlungen] grundsätzlich bestreite, aber für die eigentliche theoretische und dogmatische Bewältigung handelt es sich m.E. lediglich um Vorarbeiten [...]. Was mich an Ihrem Aufsatz wirklich beunruhigt, ist nun Ihr Versuch, Ihr Verständnis von Lorenz v. Stein einfach für die Sache auszugeben. Bestimmte literarische Ansichten oder Zitate für das Wesen der Sache selbst auszugeben, um mit diesem Instrument dann in der Gegend herumzufuhrwerken, ist einer der Haupttricks von Carl Schmitt.

Böckenförde antwortete hierauf, daß er wegen der Niederschrift seiner Habilitationsschrift zu einer inhaltlichen Erwiderung keine Zeit habe.[133]) Es blieb also auch hier dabei, daß beide Seiten zwar den Willen bekundeten, in eine Diskussion zu treten, eine sachliche Auseinandersetzung dann aber nicht stattfand.

Als Kulminationspunkt der Auseinandersetzung um das Staatsverständnis entwickelte sich die „Spiegel-Affäre"[134]) im Jahre 1962. Ein Artikel im Nachrichtenmagazin „Der Spiegel" über die NATO hatte zu Ermittlungen der Bundesanwaltschaft wegen des Verdachts auf Landesverrat geführt. Der Herausgeber und der zuständige Redakteur des „Spiegel" wurden daraufhin verhaftet, die Spiegel-Redaktion mit erheblichem Aufwand durchsucht. Das Resultat war eine handfeste Krise der Bundesregierung unter Konrad Adenauer, der sich gezwungen sah, seinen Verteidigungsminister Franz Josef Strauß zu entlassen. Doch dabei blieb es nicht. In einem bis dahin noch nicht gekannten Ausmaß rollte eine Protestwelle durch das Land. Angesichts der unaufrichtigen und schleppenden Informationspolitik der Bundesregierung erschienen weiten Teilen der Presse und der Bevölkerung Demokratie und Pressefreiheit ernsthaft in Gefahr. In dieser Auseinandersetzung manifestierte sich ein gewandeltes Bild politischer Öffentlichkeit. Der Staat und seine Regierung wurden nicht mehr als Instanzen angesehen, denen man sich bedingungslos unterzuordnen hatte, sondern der einfache Bürger beanspruchte ein konkretes Mitspracherecht in politi-

[133]) Depositum *Ehmke*, Nr. 501 (Böckenförde an Ehmke vom 28. 7. 1963).

[134]) Vgl. hierzu *Seifert*, Die Spiegel-Affäre; *Liehr*, Von der Aktion gegen den Spiegel zur Spiegel-Affäre; *Kleßmann*, Zwei Staaten, eine Nation, S. 162–166; *Doering-Manteuffel*, Die Bundesrepublik Deutschland in der Ära Adenauer, S. 239–246; ders., Strukturmerkmale der Kanzlerdemokratie, S. 15f.; *Winkler*, Der lange Weg nach Westen, 2. Band, S. 209–213; *Görtemaker*, Geschichte der Bundesrepublik Deutschland, S. 381–386.

schen Angelegenheiten und forderte von sich aus die vorbehaltlose Durchsetzung der Rechtsstaatlichkeit. Es reichte nicht länger, daß sich die Regierung auf die Staatsräson berief, sie hatte Rechenschaft zu geben und sich dem Willen der Bevölkerung und seiner Repräsentanten im Parlament zu beugen. Die Annäherung von Staat und Gesellschaft wurde hier ein Stück Wirklichkeit.[135])

Es stellte sich somit die Frage, wie die Staatsrechtslehre auf diesen Konflikt reagieren würde. Bezeichnenderweise ging die erste Initiative von seiten der Politologen aus, die bei Horst Ehmke und Konrad Hesse anfragten, ob die Staatsrechtslehrer bereit wären, sich einer gemeinsamen Erklärung beider Disziplinen anzuschließen, mit der man an die Öffentlichkeit treten wolle. Für die Politikwissenschaft und die Smend-Schule ging es hierbei um die Umsetzung der eigenen Denkrichtung in politische Praxis. Die Freiheitlichkeit des Gemeinwesens stand in Gefahr, und dies machte es notwendig, auf die Verantwortung und Verpflichtung der Regierung gegenüber dem Volk hinzuweisen und für eine kritische Staatsbürgergesinnung bzw. gegen eine obrigkeitliche Herrschaftsgesinnung Partei zu ergreifen. Hesse und Ehmke wandten sich daraufhin an Ulrich Scheuner mit der Bitte, unter seinem Namen eine Unterschriftenliste an die Staatsrechtslehrer zu verschicken.[136]) Scheuner erschien hierfür bestens geeignet, da er über das notwendige Ansehen unter den Staatsrechtslehrern verfügte und zudem als jemand galt, der politisch der Regierung nahestand. Er lehnte seine Beteiligung jedoch ab, da

> ich Kundgebungen abhold bin, zumal dann, wenn sie nur eine bereits in Gang befindliche Auseinandersetzung fortführen und nicht wirklich selbst etwas Entscheidendes beitragen.[137])

Hesse sah sich daraufhin gezwungen, selbst die Initiative zu ergreifen und den von Arnold Bergstraesser, Theodor Eschenburg und Wilhelm Hennis verfaßten Text[138]) unter seinem Namen an die Lehrstuhlinhaber in der Staatsrechtslehrervereinigung zu verschicken. Es handelte sich um den Entwurf eines Briefes an den Bundesratspräsidenten. Die Bundesregierung habe in jedem Fall gegen „den Geist der Verfassung" verstoßen. Durch ihr Verhalten seien „Lebensnerv und innere Autorität eines freiheitlichen Staatswesens [...] schmerzlich verwundet" und „das Vertrauen des Bürgers zu Parlament und Regierung" ernstlich erschüttert worden. Die verantwortlichen Minister, womit wohl an erster Stelle Franz Josef Strauß gemeint war, müßten „die Konsequenzen aus ihrem

[135]) Vgl. hierzu die Leserbriefkontroverse zwischen Gerhard *Ritter* und Karl Dietrich *Bracher* in der FAZ im November 1962, in: *Seifert*, Die Spiegel-Affäre, Band 2, S. 401–405.

[136]) Depositum *Ehmke*, Nr. 210 (Ehmke an Scheuner vom 14. 11. 1962).

[137]) Depositum *Ehmke*, Nr. 210 (Scheuner an Hesse vom 21. 11. 1962).

[138]) Der endgültige Text des offenen Briefes an den Bundesratspräsidenten vom 22. 11. 1962 findet sich bei *Seifert*, Die Spiegel-Affäre, Band 2, S. 396f. Vgl. zur Initiative allgemein: Depositum *Ehmke*, Nr. 216. Vgl. des weiteren *Liehr*, Von der Aktion gegen den Spiegel zur Spiegel-Affäre, S. 128f.

wie immer erklärbaren Versagen ziehen." Der Rücklauf unter den Staatsrechtslehrern war dann aber mehr als bescheiden. Neben Hesse und Ehmke unterstützten lediglich Otto Bachof, Hartwig Bülck, Hans Gerber, Dietrich Jesch, Walter Mallmann, Eberhard Menzel, Karl Josef Partsch, Adolf Schüle, Rudolf Smend, Carl Hermann Ule, Herbert Wehrhahn und Wilhelm Wengler die Aktion mit ihrer Unterschrift.[139]) Andere Staatsrechtslehrer äußerten hingegen deutlich ihre Einwände. An erster Stelle kamen hier erneut Vorbehalte gegenüber der Politikwissenschaft zum Ausdruck. So bei Hans Schneider:

> Aber als Professor des Staatsrechts möchte ich meine Meinungsäußerung nicht an die Stellungnahme der Politologen anhängen. [...] Abgesehen davon ahne ich nicht, in welcher Gesellschaft ich meine Unterschrift hernach entdecken würde.[140])

In der Resolution beriefen sich die Professoren auf ihre besondere Verantwortung, die es notwendig mache, sich in dieser Angelegenheit zu äußern, wohingegen Arnold Köttgen damit argumentierte, gerade Staatsrechtslehrer müßten aus Gründen ihres Amtes schweigen. Es gehe hier allein um die staatsrechtlichen Pflichten von Verfassungsorganen, die diese untereinander zu klären hätten.[141]) Vor allem aber fühlte sich Herbert Krüger als Vorsitzender der Staatsrechtslehrervereinigung übergangen. Er war nicht gefragt worden, bevor Hesse sich schriftlich an die Mitglieder der Vereinigung gewandt hatte. Zudem habe Hesse die Öffentlichkeit gesucht und hier den Eindruck erweckt, er würde für *die* Staatsrechtslehrer sprechen. Krüger unterstellte ihm, er wolle nicht durch das Argument, sondern durch den Druck der öffentlichen Meinung wirken, und sah sich folglich gezwungen, eine Gegenerklärung abzugeben.[142])

Die „Spiegel-Affäre" erscheint somit aus dem Rückblick als ein Gradmesser, inwieweit sich in der Staatsrechtslehre ein pluralistisches und staatsbürgerliches Selbstverständnis durchgesetzt hatte und insofern der Westernisierungsprozeß vorangeschritten war. Das Resultat der sogenannten „Aktion Hesse" war ernüchternd. Nur eine Minderheit hatte sich an der Resolution der Politologen beteiligt. Damit war für alle offensichtlich, daß die Staatsrechtslehre dem gesellschaftlichen Trend hinterherhinkte. Eine pluralistische, auf die Staatsbürgergesellschaft zielende Grundhaltung war in Teilen der bundesdeutschen Öffentlichkeit zum Vorschein gekommen, in der Staatsrechtslehre dominierten

[139]) An anderen Erklärungen beteiligten sich zudem noch Helmut Ridder und Ernst-Wolfgang Böckenförde. Vgl. *Seifert*, Die Spiegel-Affäre, Band 2, S. 395f. und 400f.

[140]) Nachlaß *Krüger*, Abschrift eines Briefes von H. Schneider an Hesse vom 19. 11. 1962. Vgl. zudem ebda., Abschrift eines Briefes von Köttgen an Eschenburg vom 19. 11. 1962: „Dabei bitte ich mir den Hinweis zu gestatten, daß das Amt des Juristen mit dem eines Vertreters der Politischen Wissenschaften offenbar nicht in der Weise identisch ist, daß wir uns mit einer gemeinsamen Proklamation an die Öffentlichkeit wenden könnten."

[141]) Nachlaß *Krüger*, Abschrift eines Briefes von Köttgen an Eschenburg vom 19. 11. 1962.

[142]) Nachlaß *Krüger*, Krüger an Kaiser und Scupin vom 25. 11. 1962. Vgl. zudem Depositum *Ehmke*, Nr. 210 (Durchschlag eines Briefes von Scheuner an Hesse vom 21. 11. 1962 und Scheuner an Ehmke vom 30. 11. 1962).

hingegen die Abwehrtendenzen. Die traditionelle Denkhaltung hatte, wie auch Ernst Forsthoff erleichtert feststellte, während der „Spiegel-Affäre" noch einmal die Oberhand behalten:

> Die armen Minister in Bonn! Nichts an Staatlichkeit hinter sich und vor sich eine geschlossene Front der einmütig für den Spiegel Partei ergreifenden Massenmedien [...]. Die epidemisch ausgebrochene capitolinische Gänseschnatterei der Professoren ist ein Kapitel für sich. Sie zeigt nur, daß das Protestieren wirklich ganz gefahrlos geworden ist. Ich freue mich sehr, daß die von mir geschätzten Kollegen sich davon ferngehalten haben.[143])

3. Methodische und verfassungsrechtliche Neuansätze der Smend-Schule

Die Smend-Schule beschränkte ihr Engagement nicht darauf, in der bundesdeutschen Staatsrechtslehre ein neues Staatsverständnis durchzusetzen. Sie überlegte auch zu Beginn der sechziger Jahre, inwieweit ein pluralistisches Staatsverständnis im westlich-transatlantischen Sinne eine Umformung traditioneller staatsrechtlicher Konzeptionen notwendig machte, inwieweit es also auch auf der Ebene staatsrechtlicher Dogmatik zu einem Umdenkprozeß kommen mußte.

Seit Mitte der fünfziger Jahre kam es unter den Zivilrechtlern zu einer Auseinandersetzung mit der topischen Interpretationsmethode, die wiederum vom US-amerikanischen Rechtsrealismus der zwanziger Jahre beeinflußt war.[144]) Die herkömmliche juristische Methodenlehre erschien vor allem der jüngeren Generation immer fragwürdiger. Ihr unkritischer Anspruch auf Objektivität war aus erkenntnistheoretischen Gründen kaum noch zu vertreten. Zudem wurde ihre statische Fixierung auf einen vorgegebenen Gesetzesinhalt scheinbar zum Hemmschuh politischer und gesellschaftlicher Wandlungsprozesse. Vom traditionellen juristischen Methodenkanon unterschied sich die von dem Zivilrechtler Theodor Viehweg in die Diskussion gebrachte topische Interpretationsmethode dadurch, daß hierbei weniger vom Gesetzestext als vielmehr

[143]) Nachlaß *Schmitt*, Nr. 3859 (Forsthoff an Schmitt vom 20. 12. 1962). Vgl. zudem ebda., Nr. 14361 (Schnur an Schmitt vom 27. 11. 1962: „Wie üblich kommen Smend und Freunde dann, wenn es zu spät ist, so ja auch vor 1933. [...] Die Smend-Gruppe wollte als einzige Hüterin der Verfassung dastehen, aber der Schuß ging nach hinten los, weil man sich fragt, warum die übrigen 4/5 nicht unterschrieben haben."); Nachlaß *Schnur*, Nr. 8 (Quaritsch an Schnur vom 2. 12. 1962: „[D]ie Hilfstruppen, die sich da in der Öffentlichkeit formieren und ihr verblasenes Geschwätz produzieren, das ist [...] schon fast komisch.").

[144]) Vgl. hierzu allgemein *Oppermann*, Die Rezeption des nordamerikanischen Rechtsrealismus durch die deutsche Topikdiskussion; Ulfried *Neumann*, Rechtsphilosophie in Deutschland seit 1945, in: *Simon*, Rechtswissenschaft in der Bonner Republik, S. 145–187, hier: S. 160–163. Vgl. zudem *Viehweg*, Topik und Jurisprudenz; *Esser*, Vorverständnis und Methodenwahl in der Rechtsfindung, S. 151–159; *Kriele*, Theorie der Rechtsgewinnung, S. 114–153.

von dem zu lösenden Rechtsproblem ausgegangen wurde und dann der Interpret anhand des geschriebenen Rechts mögliche Gesichtspunkte (Topoi) zu entwickeln hatte, die zu einer Lösung des Rechtsproblems beitragen konnten. Derjenige Lösungsweg sollte dann den Vorzug bekommen, der aus einer gesamtgesellschaftlichen Perspektive als der überzeugendste erschien. Rechtsfindung war damit kein Nachvollzug von bereits eindeutig Vorgegebenem, sondern kreative Problemlösung in einem normativ gebundenen Rahmen. Der Sinn einer Rechtsnorm verwirklichte sich erst im Kontext ihrer Konkretisierung. Hierbei kam dem Vorverständnis, mit welchem der Jurist an das Rechtsproblem herantrat, eine zentrale Bedeutung zu. Die vorgenommene Problemlösung war an sich nicht objektivierbar. Um aber dennoch juristische Willkür zu vermeiden und die Entscheidungsfindung nachvollziehbar zu machen, war es notwendig, daß der Interpret die zentralen Komponenten seines juristischen Denkens offenlegte.

In der Staatsrechtslehre war es die Smend-Schule, die sich vom Beginn der sechziger Jahre an als erstes die topische Interpretationsmethode anverwandelte.[145]) Aus ihrer Sicht handelte es sich bei diesem Ansatz um die konkrete Umsetzung des pluralistischen Staatsverständnisses in juristische Methodik. So war es bei der Topik nicht mehr das subjektive Rechtsempfinden einer elitären Richterschaft, sondern letztlich der auf Vernunft beruhende gesamtgesellschaftliche Konsens – in den Worten Ehmkes „der Konsens aller Vernünftig- und Gerecht-Denkenden“[146]) –, welcher bei der Lösung eines Rechtsproblems den Ausschlag geben sollte. Die Entscheidung von Rechtsstreitigkeiten stellte keine Angelegenheit mehr dar, die vom Staat in politischer Abgeschiedenheit von gesellschaftlichen Interessenlagen vorzunehmen war, sondern der Richter hatte auf der Grundlage der politischen Meinungsbildung im Gemeinwesen zu entscheiden, um auf diese Weise die Konfliktparteien argumentativ zu überzeugen und den Rechtsstreit zu schlichten.

Die Smend-Schule verband diesen Methodenansatz mit dem Plädoyer, als Staatsrechtslehre endlich eine zeitgemäße materiale Verfassungstheorie zu entwickeln. Rechtsentscheidungen beruhten, so entsprach es der Topik, auf einem Vorverständnis, über das mit Hilfe einer Verfassungstheorie Einigkeit herzustellen war. Aus Sicht der Smend-Schule mußte eine solche Verfassungstheorie von dem Bewußtsein bestimmt sein, daß primär der Gesetzgeber und nicht die Verfassungsgerichtsbarkeit zur Fortbildung des Verfassungsrechts berufen sei.

145) Vgl. Horst *Ehmke*, Prinzipien der Verfassungsinterpretation, in: VVDStRL 20 (1963), S. 53–102; Ulrich *Scheuner*, in: ebda., S. 125 f.; ders., Rezension zu Richard Bäumlin, Staat, Recht und Geschichte; *Bäumlin*, Staat, Recht und Geschichte, S. 27–30; *Müller*, Normstruktur und Normativität; *Hesse*, Grundzüge des Verfassungsrechts, S. 27–31. Vgl. hierzu *Schlothauer*, Zur Krise der Verfassungsgerichtsbarkeit; *Korioth*, Integration und Bundesstaat, S. 303–308.

146) Horst *Ehmke*, Prinzipien der Verfassungsinterpretation, in: VVDStRL 20 (1963), S. 53–102, hier: S. 71.

Um die damit notwendige Zurückhaltung des Gerichts auf Dauer sicherzustellen, verwies Horst Ehmke[147]) einerseits auf den Grundsatz der verfassungskonformen Auslegung, andererseits aber auch auf die aus seiner Sicht vorbildhafte Rechtsprechung des US-amerikanischen Supreme Court, der durch die Grundsätze der „political question"-Doktrin und der „preferred freedoms"-Doktrin für seine Zurückhaltung gegenüber dem Gesetzgeber griffige Formeln entwickelt hatte. Zusätzlich war es für Ehmke zentral, daß die Verfassung als eine möglichst widerspruchsfreie Einheit verstanden wird. Die Interpretation habe zu versuchen, ihren einzelnen Bestimmungen jeweils optimale Geltung zu verschaffen.

Diese von der Smend-Schule eingeschlagene Richtung stieß in der Staatsrechtslehre auf erheblichen Widerstand. Besonders Horst Ehmke, der sein Plädoyer für die topische Interpretationsmethode damit verband, daß er Entscheidungsgrundsätze des Supreme Court als Modell für die bundesdeutsche Verfassungsgerichtsbarkeit vorschlug, hatte mit allgemeinem Unverständnis zu kämpfen. Dies trat zum ersten Mal offen zutage, als er im Jahre 1961 auf einer Tagung der „Gesellschaft für Rechtsvergleichung" in Trier ein Referat über Methoden der Verfassungsinterpretation übernommen hatte. Nach der Tagung fühlte er sich von einem Artikel von Walter Lewald, einem Mitherausgeber der „Neuen Juristischen Wochenschrift", ungerecht behandelt. Lewald hatte Kritik an der Unverständlichkeit von Ehmkes Ausführungen geübt:

> Aus der belebenden Atomosphäre pragmatischer Darstellungsweise führte das Referat von Prof. Ehmke – Freiburg in die dünne Luft der Abstraktion, die durch die dem Vortrag beigegebenen schriftlichen „Leitsätze" nicht bekömmlicher wurde. Von den komplizierten Gedankengängen des Referats in knappen Sätzen einen sinnvollen Extrakt zu geben, wie es die Aufgabe des Rezensenten ist, fällt schwer.[148])

Ehmke wandte sich daraufhin empört an die anderen Herausgeber der „NJW" und an den Tagungsleiter Hans Schneider, daß er sich „eine solch anmaßende Schulmeisterei durch juristisch Halb-Starke nicht gefallen lassen" wolle.[149]) Aber weder die Herausgeber noch Hans Schneider hatten Verständnis für Ehmkes Protest und stützten Lewald. Schneider stimmte dem „durchaus gemäßigten" Bericht inhaltlich zu und warf Ehmke vor, aus Gelehrteneitelkeit kein Verständnis für die Pressefreiheit zu haben.[150]) Ulrich Scheuner riet dem hierauf noch empörteren Ehmke, Schneider nicht weiter zu provozieren und die Sache auf sich beruhen zu lassen. Wie Scheuner richtig bemerkte, führten die „positivistischen Gegner" hier einen strategischen Schlag gegen Ehmkes innovativen

147) Horst *Ehmke*, Prinzipien der Verfassungsinterpretation, in: VVDStRL 20 (1963), S. 53–102, hier: S. 74–81.

148) *Lewald*, Tagung der Gesellschaft für Rechtsvergleichung 1961, S. 1713.

149) Depositum *Ehmke*, Nr. 210 (Ehmke an Scheuner vom 10. 10. 1961).

150) Vgl. Depositum *Ehmke*, Nr. 210 (Ehmke an Scheuner vom 17. 10. 1961 und vom 20. 10. 1961).

Methodenansatz, und in dieser Sache konnte Ehmke aufgrund seiner unterlegenen akademischen Stellung nur verlieren.[151]) Die Ausgrenzung von Ehmkes Ansatz setzte sich aber auch noch auf anderer Ebene fort. Als Ehmke seinen Vortrag dem „Jahrbuch des öffentlichen Rechts" zum Druck anbieten wollte, damit dieser dort zusammen mit den anderen Referaten der Tagung erscheinen konnte, deutete Hans Schneider bereits im Vorfeld an, daß der Herausgeber Gerhard Leibholz wohl „Raumschwierigkeiten" haben werde.[152]) Dies war dann nicht der Fall, aber Leibholz' Einwände waren solcher Art, daß sich Ehmke gezwungen sah, den Artikel von sich aus zurückzuziehen.[153]) So blieb ihm die Publikation seines Vortrags verwehrt.

Ehmke hatte aber dennoch die Möglichkeit, seine Gedanken einem breiteren Publikum vorzustellen, da er noch im selben Jahr zum Thema „Prinzipien der Verfassungsinterpretation" auf der Staatsrechtslehrertagung in Freiburg als Referent vorgesehen war.[154]) Sein Plädoyer für die Topik als einer zeitgemäßen Form des Problemdenkens verband er hier mit einer pointierten Kritik an der Rechtsprechung des Bundesverfassungsgerichts zu den Grundrechten. Er skizzierte die wesentlichen Kritikpunkte, die die Smend-Schule kontinuierlich in den sechziger Jahren gegen die Rechtsprechung des Bundesverfassungsgerichts vorbrachte.[155]) Die Interpretation der Grundrechte als ein Wertsystem, der Grundsatz der Grundrechtseffektivität und die isolierte Grundrechtsbetrachtung widersprächen dem Grundsatz der Einheit der Verfassung und hätten zu unrichtigen Interpretationen und Entscheidungen des Gerichts geführt. Zusammen mit dem Erstreferenten Peter Schneider, der in seinem Vortrag noch weitere „objektive" Interpretationsprinzipien entwickelte[156]), stieß Ehmke bei der anschließenden Debatte auf erstaunlich wenig Widerstand. Das Referat war aus seiner Sicht „sehr gut aufgenommen worden".[157]) Selbst die Schmitt-Schule hielt sich zurück. Entschiedener Widerspruch kam lediglich von den anwesenden drei Bundesverfassungsrichtern, die Ehmkes Ansicht kritisierten, der Richter könne den gesellschaftlichen Konsens zur Entscheidungsgrundlage machen, und sich gegen seinen Vorschlag wandten, Interpretationsgrundsätze amerikanischer Herkunft, die im Grundgesetz nicht enthalten seien, in das bun-

[151]) Depositum *Ehmke*, Nr. 210 (Scheuner an Ehmke vom 11. 10. 1961, vom 21. 10. 1961 und vom 31. 10. 1961).

[152]) Depositum *Ehmke*, Nr. 210 (H. Schneider an Ehmke vom 31. 8. 1961).

[153]) Vgl. Depositum *Ehmke*, Nr. 504 (Leibholz an Ehmke vom 14. 9. 1961 und Ehmke an Leibholz vom 27. 9. 1961).

[154]) Horst *Ehmke*, Prinzipien der Verfassungsinterpretation, in: VVDStRL 20 (1963), S. 53–102.

[155]) Vgl. z.B. Ulrich *Scheuner*, Pressefreiheit, in: VVDStRL 22 (1965), S. 1–100, hier: S. 37–45, 51 f. und 204; *Hesse*, Grundzüge des Verfassungsrechts, S. 118–121, 158–163 und 220 f.

[156]) Peter *Schneider*, Prinzipien der Verfassungsinterpretation, in: VVDStRL 20 (1963), S. 1–52.

[157]) Depositum *Ehmke*, Nr. 504 (Ehmke an Kirchheimer vom 31. 10. 1961).

desdeutsche Rechtssystem zu übernehmen.[158]) Dieser überwiegend harmonische Verlauf bedeutete aber nicht, daß die Ideen der Smend-Schule auf allgemeine Zustimmung trafen, dies hatten die Verwicklungen im Zusammenhang mit Ehmkes Trierer Referat gezeigt. Generationskonflikt und Methodenstreit wurden nicht direkt zur Sprache gebracht, aber beides prägte unterschwellig die Verhaltensweisen der Kontrahenten. Ulrich Scheuner hatte dies richtig erkannt:

> Daß gegen Ihre [Ehmkes] Haltung sowieso ein latenter Widerstand der „Altgläubigen“ besteht, ist klar, und wenn er sich in Freiburg angesichts der starken Dokumentation der beiden Berichte nicht hervorwagte, so wird er im Hintergrund wirksam bleiben. So deutet sich wohl hier ein Alters- und Richtungsgegensatz an, der an sich – richtig ausgetragen, fruchtbar sein könnte.[159])

Doch Ehmke bezog seine Kritik am herkömmlichen staatsrechtlichen Denken nicht nur auf die Methodenfrage. Zudem wandte er sich in seiner Habilitationsschrift aus dem Jahre 1961[160]) gegen den weitverbreiteten Versuch, aus dem Grundgesetz eine bestimmte Wirtschaftsverfassung abzuleiten. Dahinter stand aus seiner Sicht erneut das traditionell-deutsche Trennungsdenken gegenüber den beiden Bereichen Staat und Gesellschaft. Hans Carl Nipperdey, Ernst Rudolf Huber und Kurt Ballerstedt dächten allesamt in dieser Frage von der als unpolitisch verstandenen Gesellschaft her, indem sie ihr wirtschaftspolitisches Konzept in die Verfassung hineininterpretierten und damit die konkrete Gestaltung des Sozial- und Wirtschaftslebens der Verantwortung der freien politischen Kräfte – und hier vor allem des Gesetzgebers – entzögen. Aber auch Herbert Krügers Theorie der wirtschaftspolitischen Neutralität des Grundgesetzes und Ernst Forsthoffs Eliminierung des Problems der Wirtschaftsverfassung durch ein zugespitzt formalistisches Verfassungsdenken beruhten auf einer solchen Trennung von Staat und Gesellschaft, da auch sie das Schwergewicht auf die Gesellschaft legten und damit die politische Mitte der Verfassung als freiheitlich-demokratische Grundordnung des Gemeinwesens verfehlten. Als Alternative zu diesem aus seiner Sicht rückständigen Staatsverständnis schlug Ehmke in seiner Habilitationsschrift wiederum eine Orientierung am US-amerikanischen Verfassungsrecht und speziell an der Rechtsprechung des Supreme Court zur Wirtschaftsregulierung vor. Diese sei von einer grundsätzlichen Zurückhaltung in Wirtschaftsfragen geprägt und habe damit das Primat des politischen Gemeinwesens gegenüber der Wirtschaftsverfassung aner-

[158]) Martin *Drath*, in: VVDStRL 20 (1963), S. 106–109 und 127–130; Gerhard *Leibholz*, in: ebda., S. 117–120; Ernst *Friesenhahn*, in: ebda., S. 121 f.

[159]) Depositum *Ehmke*, Nr. 210 (Scheuner an Ehmke vom 21. 10. 1961).

[160]) *Ehmke*, Wirtschaft und Verfassung. In diese Richtung auch Ulrich *Scheuner*, Staatliche Intervention im Bereich der Wirtschaft, in: VVDStRL 11 (1954), S. 1–74, insbesondere: S. 18–22; ders., Einführung, in: ders., Staatliche Einwirkung auf die Wirtschaft, S. 9–84, hier: S. 21–26.

kannt. Bereits in der Planungsphase seiner Studie hatte sich Ehmke an Otto Kirchheimer und Karl Loewenstein in den USA gewandt, um von ihnen Ratschläge zu erhalten.[161]) 1958 hatte er ein Jahr als „Research Associate" in Berkeley verbracht, um hier vor Ort Studien durchzuführen, deren Ergebnisse er dann ausführlich vor der deutschen Leserschaft ausbreitete, um so seine These vom Vorbildcharakter des Supreme Court zu belegen. Ehmkes Habilitationsschrift setzte sich somit aus zwei Teilen zusammen. Der erste, der erst spät im Verlauf der Niederschrift hinzukam, stellte eine scharfe Polemik gegen die vorherrschende Richtung der Staatsrechtslehre im Hinblick auf die Wirtschaftsordnung und das bisherige Staatsverständnis dar, der zweite war eine groß angelegte Darstellung der historischen Entwicklung der Rechtsprechung des Supreme Court. So ist es zu erklären, daß die Wirkung der Arbeit begrenzt blieb. Den ersten Teil wertete man als eine Provokation, die die mittlerweile bekannte Gegensätzlichkeit der Denkstile zum Ausdruck brachte[162]), der zweite Teil galt hingegen außerhalb von Spezialistenkreisen[163]) als ausufernd und wurde folglich kaum zur Kenntnis genommen[164]).

Ein weiterer innovativer Ansatz, mit dem die Smend-Schule diesmal mehr Aufmerksamkeit erregte, war ihre Kritik am traditionellen Rechtsstaatsverständnis. Hier machte Ulrich Scheuner den Anfang mit einem Aufsatz aus dem Jahre 1960 über die Entwicklung des Rechtsstaats in Deutschland[165]). Er plädierte für ein materielles Rechtsstaatsverständnis und grenzte sich gleichzeitig nachdrücklich von Ernst Forsthoffs technisch-rechtsstaatlichem Verfassungsdenken ab. Dies alles war wenig neu und entsprach zu Beginn der sechziger

[161]) Vgl. Depositum *Ehmke*, Nr. 504 (Ehmke an Kichheimer vom 24. 8. 1956, Ehmke an Loewenstein vom 24. 8. 1956 und Loewenstein an Ehmke vom 8. 2. 1957).

[162]) Vgl. z.B. Nachlaß *Schnur*, Nr. 5 (Böckenförde an Schnur vom 4. 8. 1962: „Wolff schlug neulich vor [...], daß man Ehmke bitten solle, seine Gedanken über Wirtschaft und Verfassung mal in positiver Form darzulegen, nicht nur kritisch gegenüber anderen."); *Fikentscher*, Rezension zu Horst Ehmke, Wirtschaft und Verfassung, insbesondere S. 571: „Ein demokratischer Rechtsstaat, dies widersprüchliche Gebilde aus Volkssouveränität und kontrollierbarer Behördenapparatur, scheint zumindest historisch, aber wohl auch sachlich dem deutschen Bedürfnis am ehesten zu entsprechen. [...] Wahrscheinlich wird sich aber die herrschende deutsche Theorie nicht vom überkommenen Staatsbegriff lösen, um den ‚einfachen' demokratischen Weg zu gehen."

[163]) Vgl. z.B. die überschwengliche Rezension von Ernst-Joachim Mestmäcker: „Das hier besprochene Buch von Ehmke ist die bedeutendste monographische Behandlung der Frage von Wirtschaft und Verfassung in der Nachkriegszeit." In: *Mestmäcker*, Wirtschaft und Verfassung, S. 612. Auch Peter Lerche lobte Ehmkes Arbeit als „die bedeutenste staatsrechtliche Monographie der Nachkriegszeit". In: Nachlaß *Ehmke*, Nr. 504 (Lerche an Ehmke vom 10. 10. 1961).

[164]) So Ehmkes Klage, in: Depositum *Ehmke*, Nr. 502 (Ehmke an Fraenkel vom 6. 4. 1962: „Die mangelnde Kenntnis amerikanischer Dinge hierzulande hat bis jetzt dazu geführt, daß der kurze deutsche Einleitungsteil weit überschätzt wird, der amerikanische Hauptteil dagegen unterschätzt oder gar nicht verstanden wird.").

[165]) *Scheuner*, Die neuere Entwicklung des Rechtsstaats in Deutschland. Vgl. aber die bereits im Jahre 1954 erschienene Arbeit: *Bäumlin*, Die rechtsstaatliche Demokratie.

Jahre dem „common sense" in der bundesdeutschen Staatsrechtslehre. Erstmals wies Scheuner aber im Kreis der Smend-Schule auf die enge Verbindung von persönlicher und politischer Freiheit im Denken der anglo-amerikanischen Welt hin. Gemäß der „rule of law" seien beide Freiheitsaspekte aufs engste miteinander verknüpft. Die Errichtung eines freiheitlichen Gemeinwesens nach 1945 habe auch in Deutschland zu einer Abwendung vom formalistischen Verständnis des Rechtsstaates geführt. Die Freiheit sei grundsätzlich gemeinschaftsbezogen und besitze damit unweigerlich neben einem individuellen auch einen politischen Aspekt.

Diesen Gedanken baute Konrad Hesse in seinem Beitrag zur Smend-Festschrift im Jahre 1962[166]) weiter aus und spitzte ihn zu. Er grenzte jetzt den traditionellen Rechtsstaatsbegriff scharf von der „rule of law" ab. Die Entgegensetzung von individueller und politischer Freiheit sei geradezu eine zentrale Schwäche des deutschen Rechtsstaatsdenkens. Mit der Verwirklichung des sozialen Rechtsstaats im Grundgesetz sei aber die Trennung von Staat und Gesellschaft überwunden und damit trete auch zur traditionell rechtsstaatlichen „Freiheit vom Staat" die „Freiheit der politischen Gemeinschaftsordnung" hinzu. Im Rechtsstaat des Grundgesetzes seien also private und öffentliche Freiheit untrennbar miteinander verbunden. Hieraus folgerte Hesse, daß das Rechtsstaatsprinzip in enger Wechselwirkung mit dem Demokratieprinzip gesehen werden müsse. Beide beruhten auf den gleichen Grundwerten, sie ergänzten und bedingten sich gegenseitig. Diese Vorstellung prägte dann auch Hesses Lehrbuch „Die Grundzüge des Verfassungsrechts".[167]) Nach seinem Aufsatz in der Smend-Festschrift wurde sein politisiertes Rechtsstaatsverständnis im Sinne der „rule of law" und die daraus abzuleitende funktionale, auf den demokratischen Prozeß bezogene Grundrechtsdeutung zum festen Bestandteil des Denkstils der Smend-Schule[168]), welcher, wie wir gesehen haben, von jeher die Tendenz zur Politisierung des gesellschaftlichen Bereichs in sich getragen hatte. Ende der zwanziger Jahre stand hierbei die sittliche Gemeinschafts- und Staatsbezogenheit des Individuums im Mittelpunkt, mit deren Hilfe Egoismus und Pluralismus verhindert werden sollten.[169]) Zu Beginn der sechziger Jahre wurde dieser Ansatz pluralistisch umgestaltet. Nun sah man in

166) Konrad *Hesse*, Der Rechtsstaat im Verfassungssystem des Grundgesetzes, in: ders., Staatsverfassung und Kirchenordnung, S. 71–95.

167) *Hesse*, Grundzüge des Verfassungsrechts, insbesondere: S. 49–106.

168) Z.B. *Ehmke*, Wirtschaft und Verfassung, S. 25; ders., „Staat" und „Gesellschaft" als verfassungstheoretisches Problem, in: *Hesse*, Staatsverfassung und Kirchenordnung, S. 23–49, hier: S. 32f. und 39; Ulrich *Scheuner*, Pressefreiheit, in: VVDStRL 22 (1965), S. 1–100, insbesondere: S. 1–6 und 18–20; Richard *Bäumlin*, Das Grundrecht der Gewissensfreiheit, in: VVDStRL 28 (1970), S. 3–32, hier: S. 7–9. In diesem Sinne auch Friedrich Müllers Konzept einer untrennbaren Synthese von rechtsstaatlicher Form und demokratischer Politik. Vgl. z.B. den Titel: *Müller*, Rechtsstaatliche Form – demokratische Politik.

169) Vgl. vor allem *Smend*, Bürger und Bourgeois im deutschen Staatsrecht.

der Politisierung des Freiheitsverständnisses die Voraussetzung für eine plurale politische Willensbildung und machte dies zum Ausgangspunkt für die Interpretation des Rechtsstaatsprinzips, des unbestritten zentralen Verfassungsprinzips des Grundgesetzes.

In dem bereits erwähnten Referat auf der Staatsrechtslehrertagung des Jahres 1958[170]) stellte Konrad Hesse vor allem sein neues Verständnis von politischen Parteien zur Diskussion. Unmittelbar zuvor war der Abschlußbericht der Parteienrechtskommission veröffentlicht worden.[171]) Bei dieser Kommission handelte sich um ein Expertengremium, das vom Bundesinnenminister im Jahre 1955 eingesetzt worden war, um Vorarbeiten für ein in Art. 21 III GG vorgesehenes Parteiengesetz zu leisten. Neben Kollegen wie Ulrich Scheuner, Hans Peters, Wilhelm Grewe, Friedrich August Freiherr von der Heydte, Arnold Köttgen, Gerhard Leibholz, Theodor Maunz und weiteren Politologen und Historikern hatte ihr auch Hesse angehört. Wie bei einer solchen Zusammensetzung nicht anders zu erwarten, handelte es sich bei dem Abschlußbericht um einen Formelkompromiß zwischen den unterschiedlichsten Auffassungen. Dennoch wurden hier zentrale Punkte vorweggenommen, die später in Hesses Referat wieder auftauchten. So war zu lesen, daß die politischen Parteien einen rein gesellschaftlichen Grundcharakter besäßen und allein dem Bereich des Öffentlichen zuzurechnen seien. Auch wenn sie auf die staatliche Tätigkeit einen maßgeblichen Einfluß ausübten, sei es unzulässig, sie in die Staatsorganisation zu integrieren. Damit grenzte sich die Mehrheit der Parteienrechtskommission deutlich von der Tendenz der fünfziger Jahre ab, Parteien als Verfassungsorgane zu deklarieren und sie auf diese Weise in den staatlichen Bereich einzufügen. Andererseits fanden sich im Bericht auch Positionen wiedergegeben, die mit Hesses pluralistischem Staatsverständnis nicht zu vereinbaren waren. Parteien hätten sich, so war zu lesen, dem Gesamtinteresse zu unterstellen und würden sich damit grundsätzlich vom Partikularismus der Interessenverbände unterscheiden.

Hesses Referat auf der Staatsrechtslehrertagung ist als Auseinandersetzung mit den hier zum Ausdruck kommenden Positionen zu verstehen. Er berief sich auf das angelsächsische Demokratieverständnis und sah in den politischen Parteien dementsprechend unersetzliche Bindeglieder zwischen Volk und politischer Führung. Sie hätten im Sinne von Smends Integrationslehre zur politischen Einheit beizutragen. Folglich besäßen sie einen Öffentlichkeitscharakter und unterschieden sich von Interessenverbänden durch ihren singulären, in Art. 21 GG festgelegten öffentlich-rechtlichen Status, welchen Hesse später zu einem allein öffentlichen Status abschwächte[172]). Ihre Funktion sei allerdings

170) Konrad *Hesse*, Die verfassungsrechtliche Stellung der politischen Parteien im modernen Staat, in: VVDStRL 17 (1959), S. 11–52.

171) Rechtliche Ordnung des Parteiwesens.

172) Vgl. z.B. *Hesse*, Grundzüge des Verfassungsrechts, S. 71.

darauf beschränkt, bei der politischen Willensbildung mitzuwirken, anstatt hier ein Monopol auszuüben. Folglich sei die Einführung von politischen Parteien in die organisierte Staatlichkeit ausgeschlossen. Was war neu an Hesses Sichtweise? Er versuchte eine vermittelnde Haltung zwischen der von Gerhard Leibholz, Herbert Krüger, Joseph H. Kaiser und Wilhelm Henke in den fünfziger Jahren vorgenommenen Aufwertung von Parteien durch ihre partielle Verstaatlichung einerseits und der traditionellen Skepsis gegenüber einer Institutionalisierung von Parteien andererseits zu entwickeln. Hierbei ging er erheblich weiter als die Parteienrechtskommission, die weiterhin an der Unterscheidung zwischen den Bereichen Staat und Gesellschaft festgehalten hatte. Sein Blickwinkel ähnelte hingegen dem von Ulrich Scheuner, den dieser noch kurz vor Beginn der Staatsrechtslehrertagung in einem Aufsatz entwickelt hatte[173]). Auch Scheuner ordnete die Parteien dem Bereich des Öffentlichen zu, ohne sie zugleich als Staatsorgane zu charakterisieren. Er wies zudem auf die zentrale Bedeutung hin, die Parteien mit voneinander abweichender politischer Ausrichtung im politischen System der USA und Großbritanniens einnähmen. Mit der Entwicklung zur modernen Demokratie sei ihre Bedeutung für die Funktionsfähigkeit des parlamentarisch-demokratischen Systems noch gestiegen. Scheuner und Hesse antizipierten somit bereits Ende der fünfziger Jahre ein westliches Parteienverständnis, welches sich daraufhin nicht nur in der Smend-Schule rasch ausbreitete[174]), sondern auch für die bundesdeutsche Staatsrechtslehre insgesamt in den sechziger Jahren zum zentralen Anknüpfungspunkt wurde.

In der abschließenden Stellungnahme zu seinem Referat lehnte es Hesse ab, auf die Begriffe von Repräsentation und Identität im Zusammenhang mit politischen Parteien überhaupt zurückzugreifen. Vor allem der Begriff der Repräsentation würde mehr offen lassen, als daß er zu einem besseren Verständnis der Problematik beitrage:

> [E]s ist nur die Frage, ob diese Form der Demokratie [im Sinne einer Herrschaft für das Volk] noch durch den ideengeschichtlich allzu komplexen, vieldeutigen und deshalb die Dinge eher verdunkelnden Begriff der Repräsentation [...] hinreichend gekennzeichnet werden kann.[175])

In diesem einen Punkt unterschied sich Hesse von Ulrich Scheuner, der versuchte, für die Staatsrechtslehre ein neues westliches, praxisorientiertes und damit zeitgemäßes Repräsentationsverständnis zu entwickeln. Von Bedeutung

[173]) *Scheuner*, Die Parteien und die Auswahl der politischen Leitung im demokratischen Staat. Vgl. des weiteren ders., Die institutionellen Garantien des Grundgesetzes, S. 102–106; ders., in: VVDStRL 17 (1959), S. 110f.

[174]) Horst *Ehmke*, „Staat" und „Gesellschaft" als verfassungstheoretisches Problem, in: *Hesse*, Staatsverfassung und Kirchenordnung, S. 23–49, hier: S. 46–48; *Häberle*, Unmittelbare staatliche Parteifinanzierung unter dem Grundgesetz – BVerfGE 20, 56; *Zwirner*, Die Rechtsprechung des Bundesverfassungsgerichts zur Parteifinanzierung.

[175]) Konrad *Hesse*, in: VVDStRL 17 (1959), S. 116f.

ist in diesem Zusammenhang vor allem sein Beitrag in der Festschrift für Hans Huber aus dem Jahre 1961.[176]) Das repräsentative Prinzip sei auch für die moderne Massengesellschaft unverzichtbar, da es eine individuelle und verantwortliche politische Entscheidung sicherstelle. Wenn man der angelsächsischen Tradition folge, basiere Repräsentation zum einen auf der zeitgebundenen personalen Entscheidung durch das Volk, zum zweiten auf der Aufgabe des Volkvertreters, den Volkswillen verbindlich auszudrücken, und damit zum dritten letztlich auf der Unterscheidung von Regierenden und Regierten. Scheuner hatte auch hier die traditionelle Einheitsorientierung nicht ganz verabschiedet, da er es weiterhin als Aufgabe des Repräsentanten ansah, daß dieser das nationale Ganze noch im Sinne der „volonté générale" zum Ausdruck zu bringen habe, welche wiederum – gleichsam in einem rationalisierten Sinne – auf der Anerkennung gemeinsamer Grundlagen der Verfassungsordnung und des Staatsgedankens beruhe. Scheuner sagte sich aber vor allem dadurch vom traditionellen Denken los, daß er es vermied, zwischen repräsentativen und plebiszitären Elementen in der Verfassungsordnung einen unvereinbaren Gegensatz zu konstruieren, wie es für die kontinentale Theorie charakteristisch war. Seine Konzeption richtete sich folglich an erster Stelle ausdrücklich gegen die Identitätsvorstellungen von Jean Jacques Rousseau, Carl Schmitt und Gerhard Leibholz. Dies alles war – berücksichtigt man einerseits Scheuners frühere Äußerungen[177]) und andererseits die Publikationen von Politologen[178]) – zu Beginn der sechziger Jahre wenig originell. Scheuners Verdienst bestand jedoch darin, daß er im Gegensatz zur Mehrheit der Smend-Schule[179]) den Repräsentationsbegriff nicht verabschiedete, sondern diesen aus einer westernisierten Perspektive unter den Staatsrechtslehrern in der Diskussion hielt.

Die einflußreichste dogmatische Neukonzeption schuf die Smend-Schule auf dem Gebiet der Grundrechte. Entscheidende Bedeutung kommt hierbei dem institutionellen Grundrechtsverständnis von Peter Häberle zu, das dieser in seiner Dissertation aus dem Jahre 1962[180]) entwickelte. Häberle hatte zuvor

[176]) *Scheuner*, Das repräsentative Prinzip in der modernen Demokratie, in: Verfassungsrecht und Verfassungswirklichkeit, S. 222–246. Vgl. zudem ders., Politische Repräsentation und Interessenvertretung. Vgl. hierzu des weiteren *Mantl*, Repräsentation und Identität, S. 243–246.

[177]) Siehe hierzu S. 177–180 dieser Arbeit.

[178]) Vgl. z.B. *Fraenkel*, Die repräsentative und die plebiszitäre Komponente im demokratischen Verfassungsstaat; *Loewenstein*, Verfassungslehre, S. 34–39; C. J. *Friedrich*, Demokratie als Herrschafts- und Lebensform, S. 28–36 und 57–65.

[179]) So taucht in Hesses „Grundzügen" der Begriff „Repräsentation" gerade an zwei Stellen auf: *Hesse*, Grundzüge des Verfassungsrechts, S. 213 und 238. Vgl. hingegen Wilhelm *Hennis*, Amtsgedanke und Demokratiebegriff, in: *Hesse*, Staatsverfassung und Kirchenordnung, S. 51–70.

[180]) *Häberle*, Die Wesensgehaltgarantie des Art. 19 Abs. 2 Grundgesetz. Vgl. hierzu *Stern*, Das Staatsrecht der Bundesrepublik Deutschland, Band III/1, S. 770–774 und 793 f.; *Bleckmann*, Staatsrecht II: Die Grundrechte, S. 280–287.

in Tübingen, Freiburg und Bonn studiert sowie ein Auslandsjahr in Montpellier verbracht, wo er erstmals das institutionelle Rechtsdenken von Maurice Hauriou kennenlernte, das – neben dem von Erich Kaufmann – auf seine Dissertation einen zentralen Einfluß ausübte.[181]) Die Arbeit entstand unter Anleitung von Konrad Hesse in Freiburg. Ausgangspunkt von Häberles Studie war, daß er einen Gegenentwurf zu Carl Schmitts Institutionenverständnis entwickeln wollte, welches aus Häberles Sicht einen freiheitsfeindlichen Charakter besaß. Schmitt hatte bereits in der Weimarer Zeit einen Gegensatz zwischen Freiheitsrechten und institutionellen Garantien konstatiert:

> So ist mit der Gewährleistung der persönlichen Freiheit natürlich kein Rechtsinstitut gewährleistet, denn die Freiheit ist kein Institut [...].[182])

Häberle wollte hingegen aufzeigen, daß richtig verstandene Freiheitsrechte sehr wohl eine institutionelle Seite besaßen.[183]) Freiheit sei von vornherein als ein personaler und gemeinschaftsbezogener Rechtsbegriff zu verstehen, sie besitze damit im Gegensatz zu Schmitts bügerlich-liberaler Konzeption grundsätzlich keinen unbeschränkten Charakter. Aus Häberles Sicht verfügte jedes Grundrecht somit neben seinem individualrechtlichen Gehalt auch über eine institutionelle Seite, die einen freiheitlich geordneten und freiheitlich ausgestalteten Lebensbereich gewährleiste und wiederum auf die individualrechtliche Seite zurückwirke und diese stärke. Häberles Grundrechtsverständnis stand derjenigen Richtung unter den Staatsrechtslehrern nahe, die seit Mitte der fünfziger Jahre wieder verstärkt die objektivrechtliche Dimension der Grundrechte herausgearbeitet hatte. Sein neuer Blickwinkel ermöglichte es ihm zusätzlich, die Funktion des Gesetzgebers aufzuwerten, welcher seiner Meinung nach für die Entfaltung der institutionellen Seite der Grundrechte zuständig war. Häberle betrachtete die Gesetzgebung im Grundrechtsbereich damit nicht mehr wie bisher in der deutschen Grundrechtsdogmatik aus dem Blickwinkel des „Eingriffs in Freiheit und Eigentum", sondern die Aufgabe des Gesetzgebers sollte es nunmehr sein, Grundrechte als Institute erst zu schaffen, zu verwirklichen, sie zu begrenzen und ihren Inhalt im einzelnen zu bestimmen. Dabei setzte der Institutscharakter der Grundrechte dem Gesetzgeber unüberschreitbare Grenzen: Ihr Wesensgehalt durfte keinesfalls angetastet werden. Hier handelte es sich gleichsam um die Quintessenz von Häberles Studie: Art. 19 II GG faßte das in Worte, was sich aus einer institutionellen Grundrechtsdeutung zwangsläufig ergab – die Bestimmung besaß aus Häberles Sicht also nur noch eine deklaratorische Bedeutung.

181) So Häberle im Vorwort: *Häberle*, Die Wesensgehaltgarantie des Art. 19 Abs. 2 Grundgesetz, S. V.

182) *Schmitt*, Freiheitsrechte und institutionelle Garantien, S. 26.

183) So Peter *Häberle* im Gespräch. Vgl. vor allem auch *Häberle*, Die Wesensgehaltgarantie des Art. 19 Abs. 2 Grundgesetz, S. 92–95.

Konrad Hesse und Ulrich Scheuner nahmen Häberles Ansatz unmittelbar auf. Scheuner sprach nunmehr gleichfalls vom institutionellen Moment der Grundrechte, das er mit ihrer objektivrechtlichen Dimension weitgehend gleichsetzte. In seinem Referat zur Pressefreiheit auf der Staatsrechtslehrertagung im Jahre 1963[184]) führte er aus, daß insbesondere bei diesem Grundrecht das Schwergewicht nicht auf der subjektiven, sondern vielmehr auf der institutionellen Seite liege. Der Staat sei heutzutage verpflichtet, die Pluralität der Presse zu sichern und aktiv zu fördern. Hesse war hier genauso wie Horst Ehmke[185]) vorsichtiger. Die Grundrechte waren für ihn einerseits subjektive Rechte und andererseits „Elemente objektiver Ordnung", wobei er allerdings im Grundrechtsabschnitt seines Lehrbuchs – vor allem hinsichtlich der Funktion des Gesetzgebers – zu ganz ähnlichen Ergebnissen wie Häberle kam und sich immer wieder auf diesen berief.[186]) Damit übertrug die Smend-Schule ihren politisierten Freiheitsbegriff also auch auf das Gebiet der Grundrechte. Diese schützten nicht mehr allein den gesellschaftlichen Bereich vor staatlichen Eingriffen, sondern prägten das gesamte politische Gemeinwesen in einem freiheitlichen Sinne.

Die Reaktion der Schmitt-Schule auf Häberles Studie war hingegen ablehnend, da ihr die auf Schmitts Institutionenverständnis zielende Ausrichtung der Arbeit natürlich nicht verborgen blieb. Roman Schnur beklagte, Häberle habe die Klassiker mit den „dii minores" verwechselt[187]), und Carl Schmitt fühlte sich wieder einmal auf ungerechte Weise ausgegrenzt:

> In dem Buch von Peter Häberle [...] wird Erich Kaufmann als Begründer der Lehre von der institutionellen Garantie gefeiert! Toll! Volkspädagogisch wertvolle Ruf-Schöpfung![188])

Für Ernst Forsthoff war Häberles Studie Anlaß, ein weiteres Mal auf die verhängnisvolle Entwicklung der bundesdeutschen Staatsrechtslehre hinzuweisen, die sich immer weiter von ihren rechtsstaatlichen und traditionellen staatstheo-

[184]) Ulrich *Scheuner*, Pressefreiheit, in: VVDStRL 22 (1965), S. 1–100 und 201–205. Vgl. zudem ders., Die Funktion der Grundrechte im Sozialstaat.

[185]) Ehmke riet Scheuner, bei seinem Referat auf der Staatsrechtslehrertagung zur Pressefreiheit mit dem Institutionenbegriff vorsichtig umzugehen. In: Depositum *Ehmke*, Nr. 210 (Ehmke an Scheuner vom 15. 5. 1963: „M.E. sollte man daher den Institutionenbegriff nur beim Versuch verwenden, die Pressefreiheit in ihren Ausstrahlungen in alle Nebengebiete als juristische Einheit zu sehen.").

[186]) *Hesse*, Grundzüge des Verfassungsrechts, insbesondere: S. 109–142. Vgl. zudem Horst *Ehmke*, Prinzipien der Verfassungsinterpretation, in: VVDStRL 20 (1963), S. 53–102, hier: S. 85 f.; Richard *Bäumlin*, Das Grundrecht der Gewissensfreiheit, in: VVDStRL 28 (1970), S. 3–32.

[187]) *Schnur*, Rezension zu Peter Häberle, Die Wesensgehaltgarantie des Art. 19 Abs. 2 Grundgesetz, S. 490.

[188]) Nachlaß *Schnur*, Nr. 126 (Abschrift eines Briefes von Schmitt an Schnur vom 25. 3. 1965).

retischen Grundlagen entferne.[189]) In der Redaktion des „Staates" war man empört und überlegte, wer als Rezensent in Frage käme, um Häberle etwas Angemessenes entgegenzusetzen.[190]) Das in Häberles Arbeit zum Ausdruck kommende harmonistische und wertorientierte Bild des Staates, der zum Schöpfer und Gestalter der Freiheit wurde, war mit dem eigenen dezisionistischen Denkstil nicht zu vereinbaren. Zudem sah man die akute Gefahr, durch einen solchen Ansatz werde die Freiheit an sich aufs Spiel gesetzt. Ernst-Wolfgang Böckenförde brachte dies auf den Punkt, als er nach der Lektüre von Häberles Dissertation ausführte:

> Wichtige Sache, aber nicht unproblematisch. Grundrechte als Institutionen werden gegen Grundrechte als Garantien der individuellen Freiheitssphäre ausgespielt; sachlich nimmt H[äberle], ohne es zu merken, die Diskussion um die volksgenössische Rechtsstellung gegen die liberalen Grundrechte 1933ff. wieder auf. Daß dies gerade im Gefolge der Smendschule geschieht, ist ein Symptom besonderer Art, aber nicht verwunderlich, wenn man weiß, was es mit der Integrationslehre und dem Wertdenken auf sich hat.[191])

Böckenförde spitzte die Sache auf übertriebene und einseitige Weise zu, aber in einem Punkt hatte er vollkommen recht. Häberles Grundrechtsverständnis stand der wertbetonten, objektivrechtlichen Deutung, die um das Jahr 1933 besonderen Zuspruch erhielt, näher als seiner eigenen liberal-rechtsstaatlichen Auffassung. Als Alternative zu Häberle wollte die Schmitt-Schule weiterhin am bisherigen Institutionenverständnis, an der alleinigen Schutzfunktion der Grundrechte hinsichtlich der individuellen Freiheit und an der bisherigen Schrankensystematik festhalten.[192]) Aber auch andere Staatsrechtslehrer

[189]) *Forsthoff*, Der introvertierte Rechtsstaat und seine Verortung.

[190]) Vgl. Nachlaß *Schnur*, Nr. 5 (Böckenförde an Schnur vom 20. 2. 1963 und vom 26. 2. 1963) und 7 (Böckenförde an Schnur vom 14. 4. 1964); Nachlaß *Schmitt*, Nr. 14369 (Schnur an Schmitt vom 28. 3. 1963: „Häberle: Das ist die übelste, weil intelligenteste Attacke eines jungen Mannes, die mir bisher zu Gesicht gekommen ist [...]. Aber wenn ich dann die Besprechung schreibe, wird das die größte Abreibung sein, die bislang ein junger Scharfmacher (und scharf gemachter – Hesse!) bekommen hat, das ist gewiß!").

[191]) Nachlaß *Schnur*, Nr. 5 (Böckenförde an Schnur vom 20. 2. 1963). In diesem Sinne auch *Schnur*, Rezension zu Peter Häberle, Die Wesensgehaltgarantie des Art. 19 Abs. 2 Grundgesetz, S. 491.

[192]) Z.B. *Schnur*, Rezension zu Peter Häberle, Die Wesensgehaltgarantie des Art. 19 Abs. 2 Grundgesetz; ders., Pressefreiheit, in: VVDStRL 22 (1965), S. 101–159, insbesondere: S. 103, Fn. 4; Ernst *Forsthoff*, in: ebda., S. 189f.; Nachlaß *Schnur*, Nr. 72 (Kaiser an Schnur vom 21. 3. 1964: „Am erstaunlichsten an dem Buch ist wohl, daß er [Häberle] die Institution, die von Hauriou mit subjektiven Elementen reichlich gefüllt ist, als Vehikel zur Vereinnahmung des individuellen Subjekts durch ein werterfülltes Ganzes benutzt und sich dabei sogar noch auf Hauriou beruft.") und 6 (Quaritsch an Schnur vom 3. 7. 1965: „Nach einem Überblick über die Institutionen-Literatur meine ich, daß der Häberle mit seiner Abstützung auf Hauriou und Kaufmann doch recht einseitig gewesen ist, insbesondere nicht die instrumentale Verwendbarkeit der Lehre ausreichend würdigte."); Helmut *Quaritsch*, Institutionelle Garantie, in: *Kunst* und *Grundmann*, Evangelisches Staatslexikon, Sp. 800–803; H. *Klein*, Die Grundrechte im demokratischen Staat, S. 60–64; *Böckenförde*, Grundrechtstheorie und Grundrechtsinterpretation, insbesondere: S. 1532f.

äußerten starke Vorbehalte. Peter Lerche[193]) plädierte beispielsweise dafür, das Eingriffs- und Schrankendenken auch in Zukunft fortzuführen, da es sich schlichtweg als praktikabel erwiesen habe. Anstelle Häberles totaler Einheitskonzeption zu folgen, sei die Vorstellung von Gegensätzlichkeiten und Spannungsverhältnissen im Staatsrecht aufrechtzuerhalten.

Zunächst überwog also außerhalb der Smend-Schule die Skepsis gegenüber Häberles institutionellem Grundrechtsverständnis. Der längerfristige Trend wies jedoch, wie noch zu zeigen sein wird, eindeutig in Häberles Richtung. Je größer das Bedürfnis wurde, Grundrechte auch in einem sozial- und leistungsstaatlichen Sinne zu deuten, umso stärker rückte die objektiv-institutionelle Grundrechtsdimension in den Vordergrund, die bereits seit Mitte der fünfziger Jahre wieder verstärkt Anklang gefunden hatte. Mit Häberles Studie hatte die Smend-Schule deutlich zum Ausdruck gebracht, daß sie auf dem immer wichtiger werdenden Feld der Grundrechte ein entscheidendes Wort mitreden wollte.

Wie sind die methodischen und dogmatischen Neuansätze der Smend-Schule insgesamt zu bewerten? Alle Neuansätze waren in der Integrationslehre von Rudolf Smend bereits angelegt. Diese zeichnete sich bereits Ende der zwanziger Jahre dadurch aus, daß sie zum einen aufgrund ihres kontraktuellen Zuges einen gesellschaftsbezogenen Charakter besaß und zum anderen als Theorie der geisteswissenschaftlichen Richtung materiale und dezidiert politische Komponenten in die Rechtsbetrachtung einführte. Solche Aspekte des Denkstils, die aus einem westernisierten Blickwinkel verwertbar waren, erfuhren seit den fünfziger Jahren eine Zuspitzung und wurden weiterentwickelt. Hier zeigt sich erneut die extreme Anpassungsfähigkeit des Denkstils. Die Westernisierung in der Smend-Schule vollzog sich nicht als bloße Übernahme einer fremden Rechtskultur. Ausgangspunkt war vielmehr ein zum atlantischen Westen hin offenes Staatsverständnis, das dann die Umformung konkreter staatsrechtlicher Konzeptionen nach sich zog. Diese neuen Konzeptionen entstammten nicht unmittelbar dem US-amerikanischen Verfassungsrecht, sondern sie stellten denkstilgemäße Fortentwicklungen im Kontext des deutschen Rechtssystems dar. Vergleicht man den Denkstil der fünfziger mit dem der sechziger Jahre, so sind kaum markante Unterschiede zu erkennen. Vieles von dem, was in den sechziger Jahren Kontroversen provozierte, findet sich in den Texten der fünfziger bereits angedeutet und teilweise sogar ausdrücklich formuliert. Die sechziger unterschieden sich insofern von den fünfziger Jahren, als nun das Denkkollektiv den provokativen Schritt in die Öffentlichkeit suchte, wohingegen in den fünfziger Jahren noch interne Klärungsprozesse

193) *Lerche*, Rezension zu Peter Häberle, Die Wesensgehaltgarantie des Art. 19 Abs. 2 Grundgesetz. Vgl. zudem *Denninger*, Rezension zu Peter Häberle, Die Wesengehaltgarantie des Art. 19 Abs. 2 Grundgesetz; *Podlech*, Grundrechte und Staat, S. 348–354; Walter *Leisner*, in: VVDStRL 22 (1965), S. 179 und 186; Otto *Bachof*, in: ebda., S. 184f.; Klaus *Obermayer*, in: ebda., S. 185.

stattfinden mußten. Man nutzte die ersten Jahre zur gruppeninternen Homogenisierung. Das Ineinander von Wiederaufbau und schleichendem, oft ungewolltem Wandel hatte Spielräume und Leerstellen eröffnet, in denen entsprechende Neuansätze entstehen konnten. Die Wendung nach außen erfolgte dann auf der Grundlage gestiegener Reform- und Liberalisierungserwartungen, wie sie etwa während der „Spiegel-Affäre“ zum Ausdruck kamen.

Die Smend-Schule war so zu Beginn der sechziger Jahre zur Vorkämpferin einer Westernisierung der bundesdeutschen Staatsrechtslehre geworden. Erfolg bzw. Mißerfolg ihrer Mission lag aber nicht allein in ihren Händen, sondern war in gleicher Weise vom Verhalten und der Aufnahmebereitschaft der übrigen Staatsrechtslehrer abhängig. Hierauf gilt es nunmehr das Augenmerk zu richten.

4. „Die Legalitätswütigkeit zorniger junger Juristen“[194]) im Verwaltungsrecht

Ein weiterer Umdenkprozeß vollzog sich seit den sechziger Jahren auf dem Gebiet des Verwaltungsrechts. Wie wir bereits gesehen haben, war das Verwaltungsrecht dasjenige Rechtsgebiet gewesen, in dem seit der zweiten Hälfte der fünfziger Jahre erstmals Unsicherheiten hinsichtlich der traditionellen Dogmatik aufgetreten waren. Nun, zu Beginn der sechziger Jahre, tat sich eine neue Gruppierung, die sich aus jüngeren Verwaltungsrechtlern zusammensetzte und einen radikalen Bruch mit der Vergangenheit vollziehen wollte. Diesen jüngeren Verwaltungsrechtlern erschien ihr Rechtsgebiet generell als ein Residuum exekutivischen und obrigkeitlichen Staatsdenkens, das den Bruch mit der konstitutionellen Monarchie noch nicht vollzogen hatte. Aufgrund der freiheitlich-demokratischen Verfassungsstruktur des Grundgesetzes sei es nunmehr notwendig, das gesamte Verwaltungsrecht konsequent mit Parlamentsgesetzen zu durchdringen, um so von der bisherigen Gleichsetzung von Staat und Exekutive wegzukommen und die politische Entscheidungsvollmacht des Parlaments auch auf diesem Rechtsgebiet sicherzustellen.

Die neue, mit revolutionärem Anspruch auftretende Richtung hatte erstmals auf der Staatsrechtslehrertagung im Jahre 1960 auf sich aufmerksam gemacht. Walter Mallmann, selbst noch Angehöriger der älteren Generation, hatte zum Thema „Schranken nichthoheitlicher Verwaltung“[195]) referiert und einen radi-

[194]) So H. *Schneider*, Über den Beruf unserer Zeit für Gesetzgebung, S. 1275; *Ipsen*, Verwaltung durch Subventionen, in: VVDStRL 25 (1967), S. 257–307, hier: S. 265. Vgl. zum Konflikt allgemein: ders., Die Verhandlungen von 1949 (Heidelberg) bis 1971 (Regensburg), S. 409–413.

[195]) Walter *Mallmann*, Schranken nichthoheitlicher Verwaltung, in: VVDStRL 19 (1961), S. 165–207, 269–276 und 280f.

kalen Umbruch des Verwaltungsrechts gefordert. Vor allem aus demokratischen und rechtsstaatlichen Gründen sei es höchste Zeit, auch die Leistungsverwaltung dem Gesetzesvorbehalt zu unterstellen. Art. 20 III GG wende sich gegen die Vorstellung einer originären Exekutivgewalt und verlange zumindest eine minimale Orientierung der „Nichteingriffsverwaltung" am Parlamentsgesetz. Zudem sei grundsätzlich die gesamte fiskalische Verwaltung an die Rechtsschranken gebunden, die dem hoheitlichen Verwaltungshandeln gesetzt seien. Nicht zuletzt hatte er für eine generelle Intensivierung des gerichtlichen Rechtsschutzes auf dem gesamten Gebiet der sozialgestaltenden Verwaltung plädiert. Die jüngeren Verwaltungsrechtler, die die neue Richtung später maßgeblich prägen sollten, waren zum Zeitpunkt dieser Staatsrechtslehrertagung noch nicht habilitiert und folglich nicht anwesend gewesen. Insofern waren Mallmanns Ausführungen bei den versammelten deutschen Staatsrechtslehrern auf einhelligen Widerspruch gestoßen.[196]) Mallmann würde das Wesen der Verwaltung verkennen, so der Haupteinwand, wenn er diese dem Gesetzgeber vollständig unterordne.

Besonderes Aufsehen erregten bald darauf die Habilitationsschriften zweier jüngerer Verwaltungsrechtler, die beide unter Anleitung von Otto Bachof in Tübingen verfaßt worden waren. Als erstes erschien im Jahre 1961 die Arbeit von Dietrich Jesch (1924–1964) über „Gesetz und Verwaltung"[197]). Ihm ging es darum, den Gesetzesvorbehalt generell auf staatliche Leistungen und auf das besondere Gewaltverhältnis auszudehnen. Gemäß dem aus den einzelnen Bestimmungen des Grundgesetzes abgeleiteten parlamentarischen Prinzip sei heutzutage im Gegensatz zur Verfassungsstruktur der konstitutionellen Monarchie das Parlament, nicht die Exekutive, das höchste Staatsorgan. Allein ihm komme die Organsouveränität zu; allein auf seinem Willen beruhten die Kompetenzen der übrigen Staatsorgane. Aufgabe des Parlaments sei es nicht mehr, die Interessen der Gesellschaft gegenüber dem Staat zu repräsentieren, sondern die Gesellschaft in den Staat zu integrieren, da hier die Vertreter der pluralistischen Interessen des Volkes vertreten seien. Folglich müsse das Parlament überall dort, wo rechtliche Regelungen möglich seien, seine Führungsrolle auch tatsächlich wahrnehmen, indem es die Exekutive zu ihrer Tätigkeit auf spezifizierte Weise gesetzlich ermächtige.

Hans Heinrich Rupps Arbeit[198]) erschien vier Jahre später. Rupp knüpfte ausdrücklich an Jeschs Forderung nach einer Ausweitung des Gesetzesvorbehalts an, ging aber mit seiner Kritik an der „verfassungsfremden Restauration"

[196]) Z.B. Karl *Zeidler*, Schranken nichthoheitlicher Verwaltung, in: VVDStRL 19 (1961), S. 208–241, hier: S. 210 und 278f.; Hans *Peters*, in: ebda., S. 274f.; Herbert *Krüger*, in: ebda., S. 266–268; Otto *Bachof*, in: ebda., S. 269f.

[197]) *Jesch*, Gesetz und Verwaltung.

[198]) *Rupp*, Grundfragen der heutigen Verwaltungsrechtslehre. Vgl. zudem ders., Die Dogmatik des Verwaltungsrechts und die Gegenwartsaufgaben der Verwaltung; ders., in: VVDStRL 23 (1966), S. 274–276; ders., in: VVDStRL 30 (1972), S. 339f.

im Verwaltungsrecht noch weiter. Auch er war der Ansicht, daß Regierung und Verwaltung im Bereich der Leistungsverwaltung, im besonderen Gewaltverhältnis und bei der Organisationsgewalt nur auf der Grundlage von Parlamentsgesetzen tätig werden durften. Zusätzlich wollte er aber auch die subjektive Rechtsstellung und damit den gerichtlichen Rechtsschutz des einzelnen im Bereich des Verwaltungsrechts stärken. So griff er zunächst die traditionelle, noch von Paul Laband und Georg Jellinek geprägte Lehre von der Impermeabilität der juristischen Person Staat an. Heute gelte es, die Unterscheidung von staatlichem Innen- und Außenbereich kritisch zu hinterfragen. In jedem Fall dürfe es rechtsfreie Räume – wie beispielsweise in der bisherigen Lehre vom Verwaltungsermessen – nicht länger geben. Auch im Innenbereich der Verwaltung herrsche das Recht, auch hier besäßen Normen den Charakter von echten Rechtsnormen. Immer wenn allerdings die Interessen des Individuums berührt würden, handele es sich hingegen um ein Außenrechtsverhältnis. Solche Rechtsverhältnisse unterlägen in vollem Umfang dem Gesetzesvorbehalt und seien gerichtlich zu überprüfen. Verletzungen des verwaltungsrechtlichen Freiheitsstatus brächten generell subjektive Rechte zur Anwendung, auf deren Grundlage der einzelne dann die Möglichkeit zur Klage habe.

Diese von Mallmann, Jesch und Rupp vorgegebene Richtung fand unter den jüngeren Verwaltungsrechtlern rasch Anklang und setzte sich hier auf gemäßigte Weise mehrheitlich durch.[199]) Rechtsstaats- und Demokratieprinzip forderten aus ihrer Sicht die Aufwertung des Parlaments gegenüber der Exekutive. Der Trend der Zeit wies für sie in Richtung einer parlamentarischen Grundnormierung auf dem gesamten Gebiet des Verwaltungsrechts. Verfassungsrecht und Verwaltungsrecht sollten nicht mehr wie in früheren Zeiten unverbunden nebeneinander stehen, sondern aus dem Verfassungsrecht waren für das Verwaltungsrecht endlich die längst überfälligen Konsequenzen zu ziehen. Ganz neu waren diese Forderungen für die ältere Generation der Verwaltungsrechtslehrer natürlich nicht. Otto Bachofs Gedanken, die er vor der Staatsrechtslehrervereinigung bereits im Jahre 1952 vorgetragen hatte[200]), wiesen beispielsweise in dieselbe Richtung. Der Sozialstaat stellte an die traditionelle Verwaltungsrechtsdogmatik, die noch ganz vom bürgerlichen Rechtsstaat ge-

199) Vgl. z.B. *Quaritsch*, Das parlamentslose Parlamentsgesetz; F. *Mayer*, Das verfassungsrechtliche Gebot der gesetzlichen Ermächtigung; ders., Rezension zu Hans Heinrich Rupp, Grundfragen der heutigen Verwaltungsrechtslehre; *Spanner*, Organisationsgewalt und Organisationsrecht; ders., Empfiehlt es sich, den allgemeinen Teil des Verwaltungsrechts zu kodifizieren?; ders., Rezension zu Hans Heinrich Rupp, Grundfragen der heutigen Verwaltungsrechtslehre; *Menger*, Aus der Praxis der Verwaltung und der Verwaltungsgerichtsbarkeit; *Stern*, Rechtsfragen der öffentlichen Subventionierung Privater; *Schaumann*, Gleichheit und Gesetzmäßigkeitsprinzip; *Winkler*, Rezension zu Dietrich Jesch, Gesetz und Verwaltung; Klaus *Ossenbühl*, Die Erfüllung von Verwaltungsaufgaben durch Private, in: VVDStRL 29 (1971), S. 137–209, insbesondere: S. 172–174.

200) Otto *Bachof*, Begriff und Wesen des sozialen Rechtsstaates. Der soziale Rechtsstaat in verwaltungsrechtlicher Sicht, in: VVDStRL 12 (1954), S. 37–84.

prägt war, gänzlich neue Anforderungen. Was hingegen neu war, war die extreme Zuspitzung der Thesen, mit denen Mallmann, Jesch und Rupp in die Diskussion traten. In gewisser Weise forderte hier die Westernisierung ihren Tribut. Der gesellschaftliche und kulturelle Wandel brachte es mit sich, daß traditionelle und westliche Ordnungsmuster nunmehr mit großer Heftigkeit aufeinanderstießen. So manifestierte sich auch im Verwaltungsrecht der Wille jüngerer Wisssenschaftler zur radikalen Abkehr von Konstanten im Weltbild ihres Faches, deren Ursprünge bis ins 19. Jahrhundert zurückreichten[201]). Ausgangspunkt hierbei war ein neues Staatsverständnis, bei dem der Staat nicht mehr als der natürliche Wahrer des Gemeinwohls angesehen wurde, sondern das Volk die Legitimationbasis aller staatlichen Gewalt darstellte. Das Parlament, als das einzige vom Volk direkt berufene Organ, hatte auf der Grundlage eines pluralistischen Meinungsbildungsprozesses seine auf demokratischer Legitimation beruhende Verantwortung gegenüber den übrigen Gewalten wahrzunehmen und hier das öffentliche Interesse sicherzustellen. Zudem machte es die Ausrichtung des Gemeinwesens auf den einzelnen Staatsbürger erforderlich, ihn nicht länger als Objekt staatlicher Tätigkeit anzusehen, sondern statt dessen seine subjektive Rechtsstellung gegenüber der Verwaltung zu stärken.

Die Mehrheit der älteren Verwaltungsrechtler reagierte hierauf mit Unverständnis, sah sie doch ihr eigenes Verwaltungsverständnis radikal in Frage gestellt. Eine weitgehend autonom agierende Verwaltung war aus ihrer Sicht der verläßlichste Hort von rechtlicher Ordnung und funktionsfähiger Staatlichkeit, dies hatte sich seit der Weimarer Staatskrise in ihren Augen immer wieder gezeigt. Nicht zufällig fanden sich unter den Angehörigen dieser Richtung zahlreiche Staatsrechtslehrer, die – wie Hans Peters, Ernst Forsthoff, Hans Schneider, Hans Peter Ipsen, Herbert Krüger und Arnold Köttgen[202]) – schon während der Zeit des Nationalsozialismus als Juristen tätig gewesen waren und damals versucht hatten, die Verwaltung möglichst von Einflüssen der Partei freizuhalten. Die schöpferische und dynamische Gestaltungskompetenz der Verwaltung galt es nun nicht mehr gegenüber einer rechtsungebunden agierenden Führung, sondern vielmehr gegenüber pluralistischen Entscheidungsprozessen zu verteidigen, bei denen die akute Gefahr bestand, daß sich eher das Individualinteresse als das Gemeinwohl durchsetzte. So nahmen diese älteren Staats-

[201]) Vgl. hierzu *Stolleis*, Geschichte des öffentlichen Rechts in Deutschland, 2. Band, insbesondere: S. 414f. und 3. Band, insbesondere: S. 213–215.

[202]) *Forsthoff*, Lehrbuch des Verwaltungsrechts, 10. Aufl., insbesondere: S. 9–18; Hans *Peters*, Verwaltung ohne gesetzliche Ermächtigung?, in: Verfassungsrecht und Verfassungswirklichkeit, S. 206–221; Hans Peter *Ipsen*, in: VVDStRL 24 (1966), S. 221–224 und 246; ders., Verwaltung durch Subventionen, in: VVDStRL 25 (1967), S. 257–307, insbesondere: S. 264f., 289–297, 426f. und 445; *Krüger*, Allgemeine Staatslehre, S. 259; H. *Schneider*, Über den Beruf unserer Zeit für Gesetzgebung. Vgl. zudem *Thieme*, Rezension zu Dietrich Jesch, Gesetz und Verwaltung; *Werner*, Rezension zu Hans Heinrich Rupp, Grundfragen der heutigen Verwaltungsrechtslehre; *Bullinger*, Vertrag und Verwaltungsakt, S. 93–99.

rechtslehrer die Auseinandersetzung ganz richtig als einen Generationskonflikt wahr, wobei den Jüngeren aus ihrer Sicht die eigentliche Funktion der Verwaltung verborgen geblieben war. Bezeichnend ist hier ein Brief von Arnold Köttgen an Horst Ehmke, in dem Köttgen Ehmke als einen Angehörigen der jüngeren Generation überreden wollte, für die Sicht der Älteren in einem Zeitschriftenartikel Partei zu ergreifen:

> Wir Älteren sind insofern vielleicht unglaubwürdig, als man uns wahrscheinlich nachsagen wird, wir hätten lediglich nicht die Kraft, uns von tradierten Vorstellungen zu lösen, die etwa nach der Meinung von Herrn Mallmann unserer Gegenwart nicht mehr adäquat sind. Das gilt vielleicht auch für meinen persönlichen Verdacht, daß die Anwälte einer übersteigerten Vergesetzlichung des Verwaltungsablaufes oft nicht zufällig dünnleibige Formalintellektuelle sind, die zum Bereich der Administration ebenso wenig ein echtes Verhältnis zu gewinnen vermögen wie zu der Politik.[203)]

Rechtlich argumentierte man, daß es vor allem mit dem Gewaltenteilungsgrundsatz nicht zu vereinbaren sei, die Verwaltung zum bloßen Befehlsempfänger des Parlaments zu degradieren. Auch die Verwaltung sei zumindest mittelbar demokratisch legitimiert. Zudem sei der Gesetzgeber schlichtweg überfordert, für die hochkomplexen Materien des modernen Sozialstaates exakte und differenzierte Regelungen zu treffen. Die Tendenz zur unausgereiften Gesetzesinflation sei den Bedürfnissen der Verwaltungspraxis unangemessen. Das Parlament könne, solange die eigentliche Funktionsgewalt der Regierung unangetastet bleibe, theoretisch unbegrenzt tätig werden, dürfe aber zur Gesetzgebung außer bei Eingriffen in Freiheit und Eigentum nicht gezwungen werden.

Bei der Diskussion zum Thema „Verwaltung und Schule“ auf der Staatsrechtslehrertagung im Jahre 1964[204)] trat deutlich vor Augen, von welcher Heftigkeit und Emotionalität die Debatte mittlerweile geprägt war. Zunächst befürworteten die beiden Referenten, Hans-Ulrich Evers (geb. 1922) und der Hans Peter Ipsen-Schüler Ernst-Werner Fuß (1924–1982), eine Ausweitung der gesetzlichen Durchnormierung des Schulverhältnisses. Fuß führte aus, die parlamentarische Demokratie verlange, daß – auch wenn es sich hier um ein besonderes Gewaltverhältnis handele – die Schulgesetzgebung grundsätzlich von der Legislative anstatt von der Exekutive ausgehen müsse. Allein diese verwirkliche die Herrschaft des Volkes und sei folglich verpflichtet, die Rahmenordnung zu regeln. Schützenhilfe erhielten die beiden Referenten von Hans Heinrich Rupp, der auch an dieser Stelle den Gesetzgeber aufforderte, mit dem Gesetzesvorbehalt endlich Ernst zu machen. Hiergegen meldete sich erneut mit Hans Peters, Hans Peter Ipsen, Heinrich Herrfahrdt und Karl August Bettermann die ältere Generation mit dem Argument zu Wort, die Referenten

203) Depositum *Ehmke*, Nr. 504 (Köttgen an Ehmke vom 10. 11. 1964).

204) Hans-Ulrich *Evers* und Ernst-Werner *Fuß*, Verwaltung und Schule, in: VVDStRL 23 (1966), S. 147–287 (mit Aussprache).

würden im Grunde das wirkliche Wesen der Demokratie verkennen, indem sie allein das Parlament und die politischen Parteien in den Mittelpunkt stellten. Zudem seien sie allein einem formalen Rechtsstaatsbegriff verhaftet. Auf dieser Tagung kamen erstmals aber auch Redner zu Wort[205]), die in diesem Generationskonflikt vermitteln wollten, indem sie nach praktikablen Lösungen Ausschau hielten und weniger staatstheoretische als vielmehr streng dogmatisch-juristische Argumente in den Mittelpunkt stellten. In diese Richtung sollte der weitere Verlauf der Diskussion weisen.

Auf dieser Tagung sorgte zudem Horst Ehmke[206]) für Aufsehen, als er nicht, wie aufgrund seines Staatsverständnisses zu vermuten gewesen wäre, für die Haltung der jüngeren Generation Partei ergriff, sondern ausdrücklich Stellung gegen deren Verwaltungsverständnis bezog. Ganz im Sinne der älteren Generation führte er aus, daß Verwaltung mehr sei als einfacher Gesetzesvollzug. Man verkenne die Eigenständigkeit der Verwaltungsaufgaben, wenn alles nur unter dem Blickwinkel des Gesetzesvorbehaltes gesehen würde. Es bestehe nicht nur ein demokratischer Legitimationsstrang zwischen Wählerschaft und Parlament, sondern auch eine Symbiose zwischen Bürgern und Verwaltung. Die Verwaltung bedürfe der Handlungsfreiheit, sowohl um die ihr vom Gesetzgeber übertragenen Aufgaben zu erfüllen als auch um den Einzelfall gerecht regeln zu können. Der Freiheit sei ein schlechter Dienst erwiesen, wenn die Gesetzgebung künftig gezwungen sei, alles zu regeln. Mit einer solchen Aufgabe sei sie schlichtweg überfordert. Diese Wortmeldung Ehmkes führte dann prompt dazu, daß Arnold Köttgen versuchte, ihn für die Sache der älteren Generation zu vereinnahmen, indem er ihn um einen entsprechenden Artikel für das „Archiv für Kommunalwissenschaften“ bat.[207])

Wie ist es zu erklären, daß nicht nur Horst Ehmke, sondern die gesamte Smend-Schule die Handlungsfreiheit der Verwaltung verteidigte und gleichzeitig Skepsis gegenüber einer übermäßigen Ausweitung der verwaltungsgerichtlichen Kontrolle äußerte?[208]) Die Unterschiede zur Haltung der älteren Generation unter den Verwaltungsrechtslehrern treten hier deutlich zutage. Es ging der Smend-Schule um eine funktionale Betrachtung des Gesetzesbegriffs bzw. der Parlamentsfunktion und nicht um die Aufrechterhaltung einer Vorstellung von Verwaltung, die trotz Staatskrise in der Lage sein sollte, ein tradiertes Bild von Staatlichkeit zu bewahren. Eine konfrontative Entgegensetzung von Legis-

[205]) So vor allem Klaus Obermayer, zudem ansatzweise Hans-Ulrich Evers und Hans Peter Ipsen.

[206]) Horst *Ehmke*, in: VVDStRL 23 (1966), S. 257–259 und 276f. Vgl. zudem ders., „Ermessen“ und „unbestimmter Rechtsbegriff“ im Verwaltungsrecht, insbesondere: S. 49–51; ders., in: VVDStRL 24 (1966), S. 230–232.

[207]) Depositum *Ehmke*, Nr. 504 (Köttgen an Ehmke vom 10. 11. 1964).

[208]) Z.B. *Hesse*, Grundzüge des Verfassungsrechts, S. 199f.; *Scheuner*, Der Bereich der Regierung, S. 261–270; ders., in: VVDStRL 26 (1968), S. 278f.; ders., Das Gesetz als Auftrag der Verwaltung.

lative und Exekutive lehnte die Smend-Schule als wirklichkeitsfremd ab. Sowohl politische Mitgestaltung als auch die ergänzende Konkretisierung des Gesetzesinhalts stellten etwa aus der Sicht Ulrich Scheuners wesentliche Elemente der Gesetzesausführung dar, welche vom Gesetzgeber und von der Gerichtsbarkeit unbedingt zu respektieren seien:

> Es reicht nicht mehr zu, allein mit den älteren Vorstellungen vom Gesetz als Schranke und von einer Vorstellung einfacher extensiver Ausdehnung strenger Gesetzesbindung an die Probleme heranzutreten. Es muß auch die Stellung der Verwaltung im Gesamtrahmen des staatlichen Handlungsprozesses und ihre mitgestaltende Rolle bei der Erfüllung der ihr erteilten Gesetzesaufträge berücksichtigt werden.[209])

Aufgabe des Gesetzes sei es, einen politischen Interessenausgleich herbeizuführen und als Werkzeug politischer Steuerung zu fungieren. Dieser Funktion entspreche es, daß beim Umfang der Gesetzesbindung differenziert werde, da diese schon aus rein pragmatischen Gründen nicht für alle Aktivitäten der Verwaltung vom Gesetzgeber gleich zu gestalten sei.

Trotz ihrer Rolle als Vorreiterin der Westernisierung tendierte die Smend-Schule in dieser Debatte also zur Zurückhaltung und zu einem abwägenden Urteil. Unter direkter Bezugnahme auf die anglo-amerikanische Literatur nahm sie eine vermittelnde Rolle ein, als sich unter den jüngeren Verwaltungsrechtlern Westernisierungseinflüsse bemerkbar machten. Dies zeigt nochmals, daß die Westernisierung der Staatsrechtslehre erfolgte, indem diese zunächst ihr Staatsverständnis gegenüber der westeuropäisch-atlantischen Ideenwelt öffnete. Anschließend blieben Kontroversen nicht aus, da das neue westliche Staatsverständnis in die staatsrechtliche Dogmatik auf gänzlich unterschiedliche Weise umgesetzt werden konnte.

So ist es auch zu erklären, daß sich mit Helmut Quaritsch und Roman Schnur[210]) Teile der zweiten Generation der Schmitt-Schule auf die Seite der Neuerer unter den Verwaltungsrechtlern schlugen, die eine verstärkte Durchdringung des Verwaltungsrechts mit Parlamentsgesetzen erreichen wollten. Quaritsch und Schnur ging es hierbei nicht etwa um eine Verwestlichung des Staatsverständnisses, sondern um eine Verwaltungsrechtslehre, die die Verfassungsrechtsordnung des Grundgesetzes ernst nahm. Die Herleitung des neuen Staatsverständnisses erfolgte bei diesen beiden also primär auf der Grundlage von verfassungsrechtlichen anstelle von staatstheoretischen Erwägungen. Ernst-Wolfgang Böckenförde kam hingegen in seiner Habilitationsschrift zur

[209]) *Scheuner*, Das Gesetz als Auftrag der Verwaltung, S. 593.

[210]) Vgl. *Quaritsch*, Das parlamentslose Parlamentsgesetz. Zudem sind die Schwierigkeiten, in die Roman Schnur mit seiner Habilitationsschrift über den Gesetzesbegriff an der Heidelberger Fakultät geriet, wohl teilweise mit seiner darin vertretenen Ansicht zu erklären, der Gesetzesvorbehalt sei im Sinne der Reinen Rechtslehre von Hans Kelsen im Bereich des Verwaltungsrechts auszuweiten. Vgl. hierzu Nachlaß *Schmitt*, Nr. 14332 (Schnur an Schmitt vom 18. 2. 1961).

Organisationsgewalt aus dem Jahre 1964[211]) zu einem ganz anderen Ergebnis. Ihm ging es darum, eine funktionale Herleitung der auf seiten der Exekutive angesiedelten Organisationsgewalt vorzunehmen. Legislative und Exekutive seien heute nicht mehr als verschiedene politische Gewalten, sondern als selbständige Zuständigkeitskomplexe im Rahmen des Gesamtzusammenhangs der öffentlichen Gewalt zu verstehen. Beide müßten zu einer optimalen Wahrnehmung der Staatsaufgaben im Sinne der vom Volk sanktionierten Zielaufgaben beitragen. Insofern sei heute die Vorstellung vom demokratischen Vorrang des Gesetzgebers fragwürdig. Die Legislative verfüge nur über ein begrenztes Zugriffsrecht gegenüber der konkret handelnden und gestaltenden Funktion der Regierung, da sonst die Gefahr bestünde, daß die von der Verfassung vorgegebene Kompetenzverteilung unterlaufen würde. Böckenfördes Studie ist zweifellos Ausdruck seines exekutivischen Staatsdenkens. Dennoch erfolgte die Herleitung dieses Denkansatzes auf eine funktionalere Weise als bei der ersten Generation der Schmitt-Schule. Ausgangspunkt war nicht mehr ein weitgehend ideologisch bestimmtes, statisches Bild des Staates, sondern an seine Stelle traten eher pragmatische Erwägungen auf der Grundlage der vorgegebenen Verfassungsordnung und der aktuellen Staatspraxis.

Insgesamt verschoben sich also bei dieser Debatte die Fronten, die sich in den fünfziger Jahren herausgebildet hatten. Die Smend-Schule wurde zu einer Verteidigerin des traditionellen Verwaltungsverständnisses, wohingegen Teile der Schmitt-Schule die Verwaltung stärker dem Parlament unterordnen wollten. Die Debatte machte zudem deutlich, daß sich der traditionelle Etatismus in der Staatsrechtslehre auf dem Rückzug befand, ohne daß die Smend-Schule zunächst unmittelbar Einfluß genommen hatte. Das „Denken vom Staat her“ wurde teilweise durch ein dezidiert gesellschaftsorientiertes Denken ersetzt. Außerdem deutete sich auf der Staatsrechtslehrertagung von 1964 erstmals eine Grundhaltung an, bei der staatstheoretische Erwägungen gänzlich in den Hintergrund rückten und durch eine primär dogmatisch-normativistisch orientierte Argumentationsweise ersetzt wurden.

5. Die erste Generation der Schmitt-Schule im Abseits und der allmähliche Wandel der Wissenschaftslandschaft

Die erste Generation der Schmitt-Schule manövrierte sich in den sechziger Jahren mehr und mehr ins Abseits. Die Fragen, die die älteren Angehörigen der Schmitt-Schule stellten, und die Anworten, die sie gaben, galten unter der Mehrheit der jüngeren Staatsrechtslehrer als nicht mehr zeitgemäß. Aus dem Blickwinkel der älteren Generation vollzog sich in der Staatsrechtslehre hinge-

211) *Böckenförde*, Die Organisationsgewalt im Bereich der Regierung.

gen eine verhängnisvolle Entwicklung, vor deren längerfristigen Konsequenzen man nur mit Nachdruck warnen konnte. Die Existenz des Staates und seine Fähigkeit zur politischen Dezision sah man aufgrund einer sich gänzlich unpolitisch gebenden Staatsrechtslehre ernsthaft in Gefahr.

Bestes Beispiel hierfür ist die Person Ernst Forsthoff. Sein Aufsatz über „Die Umbildung des Verfassungsgesetzes“[212]) in der Festschrift für Carl Schmitt, von dem hier schon häufig die Rede war, stellte im Grunde den letzten Versuch dar, die Uhr noch einmal zurückzudrehen. Er wollte die von der geisteswissenschaftlichen Richtung in den zwanziger Jahren eingeleitete Entwicklung der Staatsrechtslehre, die den endgültigen Bruch mit dem Rechtspositivismus vollzogen hatte, mehr oder weniger rückgängig machen. Staatsrechtslehre und Rechtsprechung hätten durch ihre werthierarchische Methodik die Grenzen der Gesetzesauslegung, welche dem Grundgesetz als einer bürgerlich-rechtsstaatlichen Verfassung angemessen sei, überschritten. Dies war Forsthoffs zentrale These, die er in zahlreichen Aufsätzen aus den sechziger Jahren wieder und wieder verarbeitete.[213]) Auf die Forderung, einmal auch konstruktiv aufzuzeigen, was ihm als Alternative zur herrschenden Interpretationsmethode vorschwebe, reagierte Forsthoff mit dem Verweis auf Friedrich Carl von Savigny (1779–1861), in dessen Methodenkanon die teleologische oder gar die topische Interpretationsmethode noch nicht vorgesehen waren.[214]) Dieser Vorschlag wurde selbst von Angehörigen der Schmitt-Schule als unhaltbar verworfen.[215])

Forsthoff rechnete im voraus mit einer aufgebrachten und scharfen Reaktion auf seine provokanten Veröffentlichungen. So bereits, als er auf den Druck seines Beitrages für die Festschrift für Carl Schmitt wartete.

> Ich habe [...] eine Analyse der heutigen Verfassungsinterpretation, vor allem durch das B[undes]verf[assungs]g[ericht], beigesteuert, von der ich aus guten Gründen vermute, daß sie auf seiten der Betroffenen erbitterte Reaktionen auslösen wird, vor allem mit der These, daß die Verfassungsgerichtsbarkeit, wie wir sie haben, das Verfassungsrecht systematisch verunsichert. Das sehe ich auf mich zukommen und wappne mich mit Gelassenheit gegenüber den zu erwartenden Verunglimpfungen.[216])

Trotz solcher konkreten Befürchtungen war es für Forsthoff dennoch überaus enttäuschend, daß sich die Mehrheit der Staatsrechtslehrer von ihrem einge-

212) Ernst *Forsthoff*, Die Umbildung des Verfassungsgesetzes, in: *Barion*, Festschrift für Carl Schmitt, S. 35–62.

213) Z.B. *Forsthoff*, Zur Problematik der Verfassungsauslegung; ders., Der introvertierte Rechtsstaat und seine Verortung; ders., Von der Staatsrechtswissenschaft zur Rechtsstaatswissenschaft; ders., Der Staat der Industriegesellschaft, S. 126–157.

214) *Forsthoff*, Zur Problematik der Verfassungsauslegung, S. 39f.

215) Nachlaß *Schnur*, Nr. 127 (Schnur an Hennis vom 2. 2. 1961: „Mein Aufsatz im DVBl. dürfte dem, der lesen kann, gezeigt haben, daß ich Forsthoffs Ausgangspunkt [...] für falsch halte.“); *Böckenförde*, Die Organisationsgewalt im Bereich der Regierung, S. 16–18; ders., Die Methoden der Verfassungsinterpretation – Bestandsaufnahme und Kritik, S. 2090f.

216) Nachlaß *Schmitt*, Nr. 3816 (Forsthoff an Schmitt vom 5. 6. 1958).

schlagenen Weg nicht abbringen ließ und – wenn sie denn überhaupt reagierte – seine fundamentale Kritik mit gleichfalls pauschalen Argumenten zurückwies[217]):

> Ich habe es wahrlich nicht an Provokationen fehlen lassen, über die man gelegentlich mault, ohne sich wirklich zu stellen.[218])

So erwartete er mit Spannung, wie die Staatsrechtslehrervereinigung auf seine Thesen reagieren würde, als sie im Jahre 1961 auf einer Tagung das Thema „Prinzipien der Verfassungsinterpretation" behandelte.[219]) Daß es dann bei der Diskussion weit mehr um Horst Ehmkes Ausführungen zur topischen Interpretationsmethode als um Forsthoffs Thesen zur Auflösung der bürgerlich-rechtsstaatlichen Verfassung ging, obwohl immerhin Peter Schneider als Referent hierauf direkt Bezug genommen hatte[220]), macht deutlich, wie Forsthoff zu Beginn der sechziger Jahre hinter den neuesten Wissenschaftsentwicklungen zurückblieb, ohne mit seiner grundsätzlichen Kritik einen größeren Einfluß zu gewinnen. Hierfür machte er die politischen Rahmenbedingungen der bundesdeutschen Gesellschaft verantwortlich, die – so dachte auch Forsthoff zwischenzeitlich – das Ende der Staatlichkeit herbeigeführt hätten[221]):

> Ich habe den Eindruck einer allgemeinen Veränderung des politischen Klimas. Gegensätze akzentuieren sich deutlicher aus. Allgemeine Links-Tendenz mit erneuter Virulenz der Denkschemata der Entnazifizierungszeit usw. Die Presse ahnungsloser und niveauloser denn je – jedenfalls in politicis. Die Verwechslung von Staat und Rechtsstaatlichkeit, die Verkennung der alten Wahrheit, daß die Rechtsstaatlichkeit nur das Gewand des Staates sein kann, den sie voraussetzt, ist schon mehr als verdrießlich.[222])

Vor diesem Hintergrund setzten mittlerweile andere als Forsthoff innovative Trends in der Staatsrechtslehre. Forsthoff war in diesem Zusammenhang der Vorwurf zu machen, daß er nicht bereit war, auf die inhaltliche Kritik, die an

[217]) Vgl. z.B. *Bachof*, Grundgesetz und Richtermacht, S. 10f. und 40f.; *Scheuner*, Die neuere Entwicklung des Rechtsstaats in Deutschland, S. 231, Fn. 12 und S. 258–260; *Ridder*, Zur verfassungsrechtlichen Stellung der Gewerkschaften im Sozialstaat nach dem Grundgesetz, S. 4f., Fn. 11 und 15; *Ehmke*, Wirtschaft und Verfassung, S. 45–54; *Smend*, Festvortrag zur Feier des zehnjährigen Bestehens des Bundesverfassungsgerichts am 26. Januar 1961, S. 34–36; *Lerche*, Stil, Methode, Ansicht, S. 690f. (dort Fn. 6 mit weiteren Literaturhinweisen).

[218]) Nachlaß *Schmitt*, Nr. 3873 (Forsthoff an Schmitt vom 27. 4. 1965).

[219]) Vgl. Nachlaß *Schmitt*, Nr. 3852 und 3853 (Forsthoff an Schmitt vom 9. 10. 1961 und vom 7. 12. 1961).

[220]) Peter *Schneider*, Prinzipien der Verfassungsinterpretation, in: VVDStRL 20 (1963), S. 1–52, hier: S. 2–4.

[221]) Vgl. Nachlaß *Schmitt*, Nr. 3751 (Forsthoff an Schmitt o.D.: „Die Tatsache, daß wir seit zwanzig Jahren keinen Staat mehr haben, sondern demokratischen Nebel, hinter dem sich ein Rangierbahnhof der Interessen verbirgt, ist bei der jetzigen Studentengeneration zur vollen Wirkung gekommen."). Vgl. hierzu des weiteren *Forsthoff*, Der introvertierte Rechtsstaat und seine Verortung, S. 394–398; ders., Der Staat der Industriegesellschaft, S. 24f.

[222]) Nachlaß *Schnur*, Nr. 64 (Forsthoff an Schnur vom 30. 1. 1963).

seinen Ausführungen geübt wurde, näher einzugehen. So erwies er sich als ein unflexibler Sonderling, an dem die Zeit scheinbar vorüberging.[223]) Mit seinem Austritt aus der Staatsrechtslehrervereinigung im Zusammenhang mit der bereits erwähnten Tagung in Basel im Jahre 1965 zog er dann nur noch die Konsequenz aus seiner auch für ihn immer offensichtlicher werdenden Außenseiterposition[224]).

Auch wenn dies bei Werner Weber weniger deutlich zutage trat, verhielt es sich bei ihm im Hinblick auf seine staats- und verfassungstheoretische Grundhaltung nicht anders. Seine Aufsätze stellten Variationen eines einzigen Themas dar, das er bereits Ende der vierziger Jahre formuliert hatte. Er warnte vor der pluralistischen Auflösung des Staates, vor welcher allein die Exekutive als „Kristallisationspunkt der Staatlichkeit" schützen konnte. Daß er sich gleichzeitig der Verfassungsordnung des Grundgesetzes immer weiter annäherte, steht mit dieser Grundhaltung nicht im Widerspruch, sondern ist als Reaktion auf den Wandel des politischen Klimas zu verstehen. Die Bewahrung bundesdeutscher Staatlichkeit war seit Mitte der fünfziger Jahre mangels Alternativen nur noch im Einklang mit dem Grundgesetz zu erreichen. Webers Aufsatzsammlung „Spannungen und Kräfte im westdeutschen Verfassungssystem" wuchs an Seiten, indem in jeder neuen Auflage weitere Texte erschienen, aber inhaltlich kamen im Lauf der Zeit kaum neue Aspekte hinzu.[225]) Auch Webers konservatives Weltbild erwies sich somit ebenso wie das von Forsthoff als äußerst resistent gegenüber den neueren Tendenzen.

Größtes Aufsehen als ein Relikt längst vergangener Zeiten erregte in den sechziger Jahren die „Allgemeine Staatslehre" von Herbert Krüger[226]). Schon allein die Tatsache, daß Krüger eine Staatslehre verfaßte, war ungewöhnlich, da seit den fünfziger Jahren die Zahl von Neuveröffentlichungen auf diesem Gebiet deutlich nachgelassen hatte. Das Buch erschien im Jahre 1964 und lenkte sofort die Aufmerksamkeit der Staatsrechtslehre auf sich. Es handelte sich um ein monumentales, gut tausendseitiges Werk, unterteilt wiederum in vier Bücher, an dem Krüger spätestens seit der zweiten Hälfte der fünfziger Jahre gearbeitet hatte und in das er Bemühungen „von beinahe 35 Jahren"[227]) einfließen ließ. Krüger strebte an, „nicht nur die deutsche und gegenwärtige, sondern auch die ausländische und alte Literatur"[228]) vollständig zu erfassen. So stellen die Fußnoten ein umfangreiches Konvolut dar, in dem sowohl aktu-

[223]) Vgl. z.B. Depositum *Ehmke*, Nr. 501 (Ehmke an Ballerstedt vom 16. 8. 1960: „Ich gebe Ihnen gerne zu, daß mir Forsthoff als Person unverständlich bleibt."); *Häberle*, Lebende Verwaltung trotz überlebter Verfassung?, S. 688.

[224]) Vgl. z.B. Nachlaß *Schmitt*, Nr. 3751 und 3881 (Forsthoff an Schmitt o.D. und vom 31. 12. 1965).

[225]) *Weber*, Spannungen und Kräfte im westdeutschen Verfassungssystem.

[226]) *Krüger*, Allgemeine Staatslehre.

[227]) *Krüger*, Allgemeine Staatslehre, S. V.

[228]) *Krüger*, Allgemeine Staatslehre, S. VIII.

elle juristische und sozialwissenschaftliche Debatten aus dem angelsächsischen Raum als auch solche aus den sozialistischen Ländern Berücksichtigung fanden. Krüger setzte es sich zum Ziel, daß seine Staatslehre „*wahrhaft eine Lehre vom Staate sein*" sollte, und beabsichtigte, damit beim Leser ein „tieferes *Verständnis für den* [modernen] *Staat*"[229]) zu wecken. Obwohl er an sich nicht der Schmitt-Schule angehörte, zeigte sich hier doch, wie nahe er ihr hinsichtlich des Staatsverständnisses und der Analyse der gegenwärtigen Zustände stand. Entsprechend überschwenglich begrüßte Ernst Forsthoff dann auch das Erscheinen des Werkes:

> Krügers Allgemeine Staatslehre ist das wissenschaftliche Ereignis des Winters. Bei allen Einwendungen, insbesondere gegen das Smend-Erbe bei ihm, nötigt das Buch großen Respekt ab, und ich begrüße es besonders, daß er den Staat ernst nimmt und nicht wertspekulativ zerredet. Was dem Buch fehlt, ist das logisch-begriffliche Koordinatensystem [...].[230])

Zentral für die Arbeit war Krügers Repräsentationsverständnis, bei dem seine Prägung durch Hegel deutlich hervortrat. Der repräsentierende Staat war durch die Gesellschaft hervorzubringen. Sie schuf sich auf diese Weise als ein „besseres Ich", als eine Existenz in „gefestigter Einheit" und „gesicherter Richtigkeit", dargestellt in Ämtern und Gesetzen:

> [D]er Staat [ist] das mittels Repräsentation sich selbst darstellende und verwirklichende Richtige der politischen Gruppe [...].[231])

Sein Grundprinzip war das der Nicht-Identifikation. Der Staat mußte sich, um seine Freiheitlichkeit auf Dauer zu bewahren, von allen gesellschaftlichen Interessen lossagen. Im Mittelpunkt von Krügers Weltbild stand also eindeutig der Staat. Gemäß der Integrationslehre von Rudolf Smend war dieser Staat aber kein hermetisch von der Gesellschaft getrennter Bereich, sondern die Gesellschaft war auf ihn ausgerichtet. Sie hatte den Staat zu schaffen, sie hatte sich – wollte sie ihre Wesensbestimmung nicht verfehlen – staatstreu zu verhalten und sich am Gemeinwohl zu orientieren. Hier lag auch die spezifische Funktion von politischen Parteien und Interessenverbänden. Sie waren Faktoren der Staatshervorbringung. Krüger spitzte seinen etatistischen Blickwinkel im vierten Buch noch einmal zu. Die Staatsgewalt war aus seiner Sicht per se einzigartig, unbegrenzt und im Grunde unfehlbar. Sie besaß eine General- und Blankovollmacht. Der einzelne war ihr gegenüber Untertan und hatte sich in Gehorsam zu üben. Grundrechtliche Freiheit mußte somit von vornherein als begrenzt gedacht werden, da sie zwangsläufig eine pathologische Komponente besaß und der Staat sich folglich vor ihrem Fehlgebrauch angemessen schützen

[229]) *Krüger*, Allgemeine Staatslehre, S. V und VII (Hervorhebungen im Original).

[230]) Nachlaß *Schmitt*, Nr. 3870 (Forsthoff an Schmitt vom 20. 5. 1964). Vgl. hierzu auch das begeisterte Fazit: „Alles in allem: wir haben wieder eine Allgemeine Staatslehre." In: *Forsthoff*, Rezension zu Herbert Krüger, Allgemeine Staatslehre.

[231]) *Krüger*, Allgemeine Staatslehre, S. 238.

mußte. Aus Krügers Sicht war es zulässig und notwendig, sie in nicht näher definierten „Lagen“ vollständig aufzuheben, um so die staatliche Existenz zu bewahren.

Die Stimmen, die sich während der „Spiegel-Affäre“ aus der Staatsrechtslehre gegen das Vorgehen der Bundesregierung und gegen eine vorbehaltlose Anerkennung der Staatsautorität zu Wort gemeldet hatten, waren damals von der Mehrheit noch deutlich in ihre Schranken gewiesen worden. Doch der grundsätzliche Konflikt zwischen beiden Seiten schwelte weiter. Da sich der gesellschaftliche und kulturelle Wandel in Richtung eines pluralistisch-liberalen Gemeinwesens fortsetzte, ließ es sich – bei aller Bemühung, eine direkte Konfrontation zu umgehen – nicht vermeiden, daß die Auseinandersetzung zwischen einer etatistisch-obrigkeitlichen und einer pluralistisch-freiheitlichen Grundhaltung wiederholt aufbrach. In diesem Sinne gestaltete sich auch die Debatte über Herbert Krügers „Allgemeine Staatslehre“. Krügers Sichtweise stieß besonders bei den jüngeren Staatsrechtslehrern auf heftigen und fast einhelligen Widerspruch. Einerseits bewunderte man die Monumentalität und Gelehrsamkeit des Werkes, andererseits war es unvermeidlich, sich von seiner politischen Grundorientierung abzugrenzen. So äußerte beispielsweise Horst Ehmke gegenüber Krüger:

> Daß wir in wesentlichen Fragen übereinstimmen, war mir immer klar. Gegenüber dem letzten Kapitel Ihrer Staatslehre habe ich allerdings erhebliche Einwände.[232)]

Dementsprechend gestalteten sich auch die Rezensionen, die in den juristischen und politikwissenschaftlichen Zeitschriften erschienen. Am moderatesten fiel noch die des Alfred Voigt-Schülers Peter Badura aus, der seit 1964 als Ordinarius in Göttingen lehrte. Badura war sichtlich um eine möglichst objektive inhaltliche Analyse bemüht, kam aber nicht umhin, mit deutlichen Worten Krügers unzeitgemäßen Etatismus herauszuarbeiten:

> [Das Werk endet] bei dem aus der Gesellschaft herausgelösten Staat, der um so unfehlbarer wird, desto energischer er sich die Gesellschaft vom Leibe hält. Insofern ist Krügers Allgemeine Staatslehre in der Tat „wahrhaft eine Lehre vom Staat“.[233)]

Als Vertreter der Politikwissenschaft meldete sich Otto Heinrich von der Gablentz (1898–1972) zu Wort. Seine Rezension fiel bei der Beurteilung der ideellen Ausrichtung von Krügers Staatslehre erheblich kritischer aus als die Baduras. Krügers Ziel sei der „absolute Obrigkeitsstaat“, seine Sympathien gehörten auf allen Gebieten der „konservativen Reaktion“.[234)] Auch wenn die Staatslehre viele wertvolle Gedanken beinhalte, müsse der Leser eindringlich vor diesem Werk gewarnt werden:

232) Depositum *Ehmke*, Nr. 504 (Ehmke an Krüger vom 27. 6. 1967).
233) *Badura*, Die Tugend des Bürgers und der Gehorsam des Untertanen, hier: S. 129.
234) Von der *Gablentz*, Der Staat als Mythos und Wirklichkeit, S. 138–152, hier: S. 147.

> [A]ber wir dürfen uns seinem [Krügers] Selbstbetrug nicht anschließen: *im Kern ist seine Staatsauffassung antichristlich, antihumanistisch, mit einem Wort: ideologisch, und das heißt in letzter Konsequenz: totalitär. Der Mythos vom Staat wird zur säkularen Religion.*[235])

Am schärfsten fiel die Kritik von Erwin Stein (1903–1992), Richter am Bundesverfassungsgericht, aus.[236]) Völlig zu Recht wies er auf den antiliberalen Affekt und auf die antipluralistische Grundtendenz von Krügers Staatsverständnis hin, welches mit einer westlichen Vorstellung von Demokratie, „government" und Verfassungsstaat nicht zu vereinbaren war, sondern eher Parallelen mit dem Führungsverständnis in Krügers „Führer und Führung" aus dem Jahre 1935 aufwies. Die Staatslehre sei

> ein Nachfahr der preußischen Staatsidee im modernen Gewand, der die Entwicklung zum freiheitlich demokratischen Staat eher hindert als fördert.[237])

Dementsprechend lautete Steins Fazit:

> *Alles in allem*: Krügers Staatslehre ist eine neoabsolutistische Staatsdoktrin oder die Lehre eines Führungsstaates, als dessen Führer die Idee der Repräsentation in Verbindung mit dem kategorischen Imperativ erscheint.[238])

Vor allem bei Stein wird deutlich, wie eng die Debatte über Krügers „Allgemeine Staatslehre" mit der Frage der Westernisierung der bundesdeutschen Gesellschaft verknüpft war. Das Werk mußte denjenigen, in deren Denken sich allmählich Westernisierungstendenzen bemerkbar machten und die dementsprechend ein pluralistisches Staatsverständnis einforderten, zumindest in ideeller Hinsicht als mißlungen gelten. Aus Gründen des Respektes gegenüber der Person Herbert Krüger mieden aber vor allem jüngere Staatsrechtler die fundierte öffentliche Auseinandersetzung.[239]) Ulrich Scheuner hatte – wie sich bald herausstellen sollte – vorschnell der Redaktion des „Staates" die Zusage gemacht, die Rezension des Buches zu übernehmen, ohne dieses bis dahin vorgelegt bekommen zu haben.[240]) Scheuner kam hierfür als erster in Frage, da er sich seit langer Zeit aufgrund seiner universalen staatstheoretischen Kenntnisse mit dem Gedanken trug, selbst eine „Allgemeine Staatslehre" zu verfassen. Als

235) Von der *Gablentz*, Der Staat als Mythos und Wirklichkeit, S. 138–152, hier: S. 152 (Hervorhebungen im Original).

236) *Stein*, Untertanenstaat oder freiheitliche Demokratie?

237) *Stein*, Untertanenstaat oder freiheitliche Demokratie?, S. 2387.

238) *Stein*, Untertanenstaat oder freiheitliche Demokratie?, S. 2386 (Hervorhebung im Original).

239) So jedenfalls Peter *Lerche* und Peter *Häberle* im Gespräch. Vgl. hierzu auch *Suhr*, 14. Dezember 1985: Herbert Krüger 80 Jahre, S. 1012.

240) Vgl. Nachlaß *Schnur*, Nr. 8 (Scheuner an Schnur vom 14. 3. 1963: „Ich bin an sich mit Besprechungen sehr zurückhaltend, möchte aber Herrn Krüger natürlich nicht meine Mitwirkung versagen und will mich also bereit erklären, im Herbst die Besprechung seiner Staatslehre zu übernehmen.").

er aber die ideelle Zielrichtung des Werkes erkannte, schob er trotz zahlreicher Nachfragen der Redaktion und des Verlages die Arbeit über Jahre hinweg auf die lange Bank.[241]) Krüger hatte von Anfang an solche Befürchtungen gehabt und sah sich nun bestätigt:

Was Herrn Scheuners Besprechung meines Opus angeht, so höre ich die Botschaft wohl, allein mir fehlt der Glaube.[242])

Sage und schreibe elf Jahre nach seiner ursprünglichen Zusage erschien dann im „Staat“ Scheuners Besprechung im Rahmen einer Rezensionsabhandlung, in der er die „Allgemeine Staatslehre“ von Felix Ermacora gleich mitbehandelte.[243]) Auch sein Fazit zu Krügers Werk war ambivalent. Einerseits lobte er dessen Bemühen, den überlieferten Begriffsapparat zu überprüfen und neueste Erkenntnisse der Sozialwissenschaften in die Studie einzuarbeiten. Andererseits hob aber auch er hervor, daß Krügers Grundposition, die auf die älteren etatistischen Lehren zurückweise, für die neuere Staatslehre schlichtweg nicht annehmbar sei. Die Bedeutung des Werkes liege somit nicht in der hier zum Ausdruck kommenden Grundauffassung, sondern in den Einzeluntersuchungen.

Als die älteren Staatsrechtslehrer, die der Schmitt-Schule nahestanden, realisierten, daß ihr Denkstil angesichts der gesellschaftlichen Entwicklung zunehmend veraltete und zugleich bei den jüngeren Kollegen immer weniger Anklang fand, verschärften sie noch einmal ihre Kritik am Zustand ihrer Wissenschaftsdisziplin. So sprach beispielsweise Arnold Köttgen von der „Biederkeit des zeitgenössischen Schrifttums“[244]), Herbert Krüger vom Niveauverlust der wissenschaftlichen Literatur allgemein[245]), Werner Weber von den „wenig erfreulichen Zuständen in der deutschen Staatsrechtswissenschaft“, die „ja nur ein Spiegelbild der fatalen Lage unseres Staatswesens“ seien[246]), und Ernst Forsthoff vom „Eintrocknen des Fachs in Problemlosigkeit“:

Dabei würde es an Problemen nicht fehlen, aber es besteht offenbar keine Neigung mehr, sie aufzugreifen. [...] Auch aus dem Verw[altungs]r[echt] ist der große Zug heraus; was bleibt, ist entsetzlicher Kleinkram.[247])

[241]) Vgl. z.B. Depositum *Ehmke*, Nr. 210 (Scheuner an Ehmke vom 25. 4. 1964: „Krügers Staatslehre liegt zur Besprechung auf meinem Tisch und auf meiner Seele. Sie ist, wie ich erwartet hatte, eine Art Gesamtfassung der Arbeiten und Nachdenklichkeiten vieler Jahre, aber straffer wäre sie eindrucksvoller.“); Nachlaß *Schnur*, Nr. 9 (Schnur an Scheuner vom 16. 3. 1967).

[242]) Nachlaß *Schnur*, Nr. 6 (Krüger an Schnur vom 26. 7. 1964). Vgl. zudem ebda., Nr. 9 (Schnur an Krüger vom 30. 10. 1967).

[243]) *Scheuner*, Zwei Darstellungen zur Allgemeinen Staatslehre.

[244]) Nachlaß *Schnur*, Nr. 8 (Köttgen an Schnur vom 12. 5. 1963).

[245]) Nachlaß *Krüger*, Krüger an Forsthoff vom 12. 9. 1962.

[246]) Nachlaß *Schmitt*, Nr. 17782 (Weber an Schmitt vom 24. 4. 1960).

[247]) Nachlaß *Schmitt*, Nr. 3873 (Forsthoff an Schmitt vom 27. 4. 1965). Vgl. zudem ebda., Nr. 3877 (Forsthoff an Schmitt vom 9. 7. 1965: „Wenn man so gezwungen ist, systematisch

Ganz anders verhielt sich die zweite Generation der Schmitt-Schule. Sie erwies sich in ausreichendem Maße als anpassungsfähig, um im Wissenschaftsbetrieb weiterhin „en vogue“ zu sein. Ihr gehörten immer mehr Staatsrechtler an, die den Denkstil weitertrugen, obwohl sie mit Carl Schmitt in keiner unmittelbaren Verbindung mehr standen, sondern statt dessen Angehörige der ersten Generation als Lehrer hatten. Hier sind neben Hans H. Klein (geb. 1936) und Karl Doehring (geb. 1919) vor allem der Ernst Forsthoff-Schüler Karl Zeidler, seit 1960 Professor mit Schwerpunkt Verwaltungsrecht in Freiburg, und der Werner Weber-Schüler Wilhelm Henke, ab 1967 Ordinarius in Nürnberg-Erlangen, zu nennen. Zusammen mit Roman Schnur, Ernst-Wolfgang Böckenförde und Helmut Quaritsch und mit Rückendeckung der älteren Angehörigen des Denkkollektivs stellten sie eine selbstbewußt auftretende Gruppierung dar, die auf die Staatsrechtslehre in den sechziger Jahren einen maßgeblichen Einfluß ausübte.

In welchem Umfang die junge Generation in der Lage war, den Wandel des Meinungsklimas mitzuvollziehen, ohne gleichzeitig zentrale Komponenten des Denkstils aufzugeben, zeigt sich beispielhaft an den Veröffentlichungen von Wilhelm Henke zum Parteienrecht. In seiner Dissertation über die verfassungsgebende Gewalt des deutschen Volkes aus dem Jahre 1957[248]) hatte Henke vor allem nach Kriterien für eine deutliche Abgrenzung zwischen hoheitlicher Staatsgewalt und der verfassungsgebenden Gewalt des Volkes gesucht und hierbei die herkömmliche Vorstellung von Volkssouveränität verabschiedet. Aufgabe der Staatsgewalt sei in erster Linie Herrschaft und erst in zweiter Linie Repräsentation. Wie bereits hier deutlich wird, hatte Henke immer wieder auf zentrale Ideen von Carl Schmitt und Werner Weber zurückgegriffen, was die antipluralistische Wirkung seiner Arbeit noch verstärkte. Nach der Lektüre des Buches schreib Ulrich Scheuner dementsprechend an Horst Ehmke:

> Ich bin durch sie [Ihre Zeilen] beruhigt, daß mein negatives Urteil über die Arbeit von Henke also nicht die natürliche Bosheit des Alters ist, sondern daß Sie sie auch leicht neofaschistisch empfinden. [...] Allerdings hat mich doch dieses Erzeugnis Göttinger Luft leicht außer Atem gesetzt. Denn man muß immer so etwas meinen, daß solche Arbeiten die inneren Tendenzen des Lehrers stärker ausprägen als dieser selbst.[249])

1958 begann Henke seine Tätigkeit als Assistent bei Weber in Göttingen. In einem Aufsatz aus demselben Jahr[250]), mit welchem er die abschließende Stellungnahme der Parteienrechtskommission kommentierte, plädierte er für eine weitgehende Verstaatlichung der politischen Parteien und folgte damit noch

durchzugehen, was in den letzten fünf Jahren fachlich geschehen ist, dann wird erst recht deutlich, wie dürftig der Ertrag doch ist – nur Kleinigkeiten, nirgends eine neue Idee oder ein weiterführendes Konzept. Das ist ja auch nicht zu verwundern, denn wo kein Staat mehr ist, verliert auch das Verwaltungsrecht seine Themen.“).

248) *Henke*, Die verfassunggebende Gewalt des deutschen Volkes.

249) Depositum *Ehmke*, Nr. 210 (Scheuner an Ehmke vom 4. 12. 1957).

250) *Henke*, Die Parteien im Staat des Bonner Grundgesetzes.

ganz dem Geist der fünfziger Jahre. Art. 21 GG habe als materielle Verfassungsentscheidung die Parteien sowohl in das legale Staatsgefüge als auch in das Legitimitätssystem des Grundgesetzes integriert. Damit sei auch die Möglichkeit zu ihrer maximalen rechtlichen Disziplinierung geschaffen worden. In der gedruckten Fassung seines Referates vor der Staatsrechtslehrervereinigung[251]) bezog Konrad Hesse gleich darauf ausdrücklich Stellung gegen das bei Henke zum Ausdruck kommende Staatsverständnis, das maßgeblich auf den beiden Begriffen Homogenität und Entscheidung beruhe und in dessen Rahmen der Verfassung als einem bloß formalen Legalitätssystem eine in diesem System nicht enthaltene Legitimität entgegengesetzt werde. Aus Hesses Sicht verkannte Henke das Wesen der Parteien, wenn er einer maximalen rechtlichen Normierung der Parteien das Wort redete.

In seiner Habilitationsschrift aus dem Jahre 1964[252]) nahm Henke daraufhin auch einen ganz anderen Blickwinkel ein. Es sei heute nicht mehr angemessen, von einer Verstaatlichung der Parteien auszugehen, sondern diese besäßen vielmehr eine Zwischenstellung zwischen Staat und Gesellschaft. Hier zeigt sich, daß es Mitte der sechziger Jahre – aufgrund des von der Smend-Schule ausgehenden Meinungsumschwungs in Richtung eines primär gesellschaftlichen Verständnisses von Parteien – anders als sechs Jahre zuvor kaum mehr möglich war, die Parteien primär im Bereich des Staates anzusiedeln. Parteien und Staat waren aus der Sicht Henkes einerseits durch Amt und Status getrennt, andererseits waren sie aber auch, da die Parteien aufgrund ihrer Macht einen unmittelbaren Zugang zur staatlichen Gewalt besaßen, einander zugeordnet. Es wäre allerdings falsch anzunehmen, Henke hätte mit dieser hier zum Ausdruck kommenden Wendung auch den Rahmen des Denkstils der Schmitt-Schule verlassen – hierauf wies Helmut Ridder in einer Rezension mit scharfen Worten hin[253]). Es ging Henke vielmehr darum, wie schon in seiner Dissertation einen selbständigen Bereich des Staates jenseits von Gesellschaft und Parteien möglichst unbeschadet zu bewahren und damit eine zentrale Komponente des Denkstils für eine zeitgemäße Betrachtungsweise zu retten. Er griff hierbei allerdings auf ein anderes Bild des Staates zurück als die erste Generation der Schmitt-Schüler. Der Staat war für ihn keine unantastbare, sondern dem Menschen anvertraute und aufgegebene Ordnung, die gegenüber der Gesellschaft offen war, ohne mit ihr eins zu werden. Auf Begriffe wie Repräsentation, freies Mandat und „volonté générale" sollte aus Henkes Sicht denn auch ganz verzichtet werden:

251) Konrad *Hesse*, Die verfassungsrechtliche Stellung der politischen Parteien im modernen Staat, in: VVDStRL 17 (1959), S. 11–52, hier: S. 16, Fn. 13 und S. 20, Fn. 25.

252) *Henke*, Das Recht der politischen Parteien. Vgl. hier vor allem auch seine Klarstellung hinsichtlich seines Aufsatzes von 1958, in: ebda., S. 11, Fn. 12.

253) *Ridder*, Rezension zu Wilhelm Henke, Das Recht der politischen Parteien. Vgl. auch die Abgrenzung von Scheuner, in: *Scheuner*, Parteiengesetz und Verfassungsrecht, S. 90, Fn. 19.

Das Parlament ist Staatsorgan wie die Regierung und steht nicht durch eine staatstheoretische Konstruktion wie die Repräsentation, sondern durch Wahl und den Parteieinfluß mit dem Volk in Verbindung. Ob man von einer Repräsentation des Volkswillens durch die Parteien überhaupt sprechen kann, soll hier dahingestellt bleiben.[254])

Henke hatte also seit seiner Promotion eine fundamentale Wandlung vollzogen und sich auf diese Weise dem Meinungsklima der sechziger Jahre angepaßt, ohne gleichzeitig den traditionellen Etatismus ganz aufzugeben. Damit näherte er sich einem Denken an, wie es für die nachwachsende Generation der Schmitt-Schule insgesamt in den sechziger Jahren charakteristisch war. Wie wir bereits im Hinblick auf Ernst-Wolfgang Böckenförde und Roman Schnur gesehen haben, unterschied sie sich von Carl Schmitt und seiner ersten Schüler-Generation dadurch, daß sie die Moderne und ihre Rahmenbedingungen von Grund auf bejahte. Die Verfassungsordnung des Grundgesetzes war für sie eine Selbstverständlichkeit. Es lag für sie außerhalb der Welt des Vorstellbaren, diese grundsätzlich in Frage zu stellen oder gar nach Alternativen zu suchen. Das, was ihre Lehrer teilweise nur widerwillig und in einem längeren Anpassungsprozeß geschafft hatten, war für die jüngeren Angehörigen der Schmitt-Schule zur weitgehend unhinterfragten Grundlage des wissenschaftlichen Denkens geworden: die vollständige Integration in das Verfassungskonzept des westlichen deutschen Teilstaates.

So war für die nachwachsenden Schmitt-Schüler das Grundgesetz kein Hindernis mehr, sondern ein unverzichtbares Hilfsmittel zur politischen Dezision.[255]) Auch sie waren der Ansicht, daß das Grundgesetz an erster Stelle den bürgerlich-liberalen Rechtsstaat restituierte, nur dies führte nicht länger zu einem Legitimitätsverlust der Verfassungsordnung, sondern war Voraussetzung dafür, daß der Staat seiner Rolle als Freiheitsgarant am besten nachkommen konnte, indem hier vor allem Rechtsinstitutionen und Verfahren garantiert wurden, welche die subjektive Rechtsstellung des einzelnen gewährleisteten.[256]) Aus ihrer Sicht konstituierte das Grundgesetz aber zugleich auch einen Sozialstaat, ohne daß dieses Verfassungsprinzip die bundesdeutsche Staatlichkeit an sich gefährdete. Nach Ernst-Wolfgang Böckenförde beauftragte der soziale

[254]) *Henke*, Das Recht der politischen Parteien, S. 95.

[255]) Roman *Schnur*, Pressefreiheit, in: VVDStRL 22 (1965), S. 101–159, insbesondere: S. 130; Ernst-Wolfgang *Böckenförde*, Das Grundrecht der Gewissensfreiheit, in: VVDStRL 28 (1970), S. 33–88, hier: S. 79–81; ders., Der Begriff des Politischen als Schlüssel zum staatsrechtlichen Werk Carl Schmitts, in: *Quaritsch*, Complexio Oppositorum, S. 283–299, insbesondere: S. 283–288.

[256]) Z.B. Ernst-Wolfgang *Böckenförde*, Das Grundrecht der Gewissensfreiheit, in: VVDStRL 28 (1970), S. 33–88, insbesondere: S. 46–50 und 79–81; ders., Entstehung und Wandel des Rechtsstaatsbegriffs, insbesondere: S. 66–75; ders., Grundrechtstheorie und Grundrechtsinterpretation, insbesondere: S. 1530–1532 und 1537f.; ders., Zur Lage der Grundrechtsdogmatik nach 40 Jahren Grundgesetz; Roman *Schnur*, Pressefreiheit, in: VVDStRL 22 (1965), S. 101–159. Vgl. zudem H. *Klein*, Die Grundrechte im demokratischen Staat.

Rechtsstaat beispielsweise den Gesetzgeber und die Verwaltung, die Voraussetzungen zur Realisierung von Freiheit für alle zu schaffen, ohne daß er subjektive Rechte begründete und damit direkt einklagbar wäre.[257]) Zudem rückte der traditionelle Dezisionismus, als ein Denken vom konkreten Ausnahmezustand her, in den Hintergrund. Die Extremsituation, in der sich der Staat politisch zu bewähren hatte, war zwar weiterhin als Denkmöglichkeit in den staatsrechtlichen Arbeiten präsent, ihr Schwerpunkt lag aber eindeutig auf dem Normalfall. Dies stellte beispielsweise Ernst-Wolfgang Böckenförde in seinem Referat über die Gewissensfreiheit auf der Staatsrechtslehrertagung 1969 klar:

> Die vorgelegte Interpretation der Gewissensfreiheit i.S. des Art. 4 GG geht bewußt von der im Grundgesetz wie in jeder anderen Verfassung vorausgesetzten Normallage aus.[258])

Auch am Begriff der Repräsentation als einer weiteren zentralen Komponente des Denkstils der Schmitt-Schule hielt die nachwachsende Generation zum Teil fest. So betrachtet Ernst-Wolfgang Böckenförde es auch heute noch als Aufgabe des Parlaments, zu repräsentieren und damit die „volonté générale" zum Ausdruck zu bringen. Ausgangspunkt ist bei ihm allerdings kein pessimistisches Geschichtsbild mehr, welches in der Gegenwart zu dem Ergebnis führen muß, daß das Parlament seiner Aufgabenstellung nicht länger nachkommen kann, sondern Repräsentation ist ein ethischer Anspruch, der vom verantwortungsbewußten Abgeordneten im politischen Prozeß zu verwirklichen ist, um die Demokratie vor dem Zerfall zu bewahren.[259])

Hier wird deutlich, wie die nachwachsende Generation hinsichtlich der von Carl Schmitt vorgegebenen Theoreme stärker auswählte und mit dem Denkstil insgesamt weniger dogmatisch verfuhr. Aufsehen erregte in diesem Zusammenhang die unter Anleitung von Ernst Forsthoff entstandene Habilitationsschrift von Karl Zeidler über das Maßnahmegesetz aus dem Jahre 1961[260]), in der er zu gänzlich anderen Ergebnissen kam als sein Lehrer. Der von Carl

257) *Böckenförde*, Entstehung und Wandel des Rechtsstaatsbegriffs, S. 66–72; ders., in: VVDStRL 30 (1972), S. 162–165. Vgl. hierzu *Manterfeld*, Die Grenzen der Verfassung, S. 111–115. Siehe auch Schnurs Überlegung, daß dem Grundgesetz sowohl ein voluntaristischer als auch ein sozialer Freiheitsbegriff zugrunde liege. In: Nachlaß *Schmitt*, Nr. 14298 (Schnur an Schmitt vom 3. 6. 1959).

258) Ernst-Wolfgang *Böckenförde*, Das Grundrecht der Gewissensfreiheit, in: VVDStRL 28 (1970), S. 33–88, hier: S. 80. Vgl. zudem Nachlaß *Schnur*, Nr. 8 (Quaritsch an Schnur vom 15. 1. 1963).

259) Ernst-Wolfgang *Böckenförde*, Der Begriff des Politischen als Schlüssel zum staatsrechtlichen Werk Carl Schmitts, in: *Quaritsch*, Complexio Oppositorum, S. 283–299, hier: S. 295–298; ders., Demokratie und Repräsentation. Vgl. zudem Joseph H. *Kaiser*, Die Dialektik der Repräsentation, in: *Barion*, Festschrift für Carl Schmitt, S. 71–80; ders., Repräsentation; *Quaritsch*, Das parlamentslose Parlamentsgesetz, S. 31–38. Vgl. zu Böckenfördes Repräsentationsverständnis des weiteren *Manterfeld*, Grenzen der Verfassung, S. 120–124.

260) *Zeidler*, Maßnahmegesetz und „klassisches" Gesetz. Vgl. hierzu Karl *Doehring*, In Erinnerung an Karl Zeidler, in: ders., Festgabe für Ernst Forsthoff zum 65. Geburtstag, S. 5–7, hier: S. 6.

Schmitt vorgedachte und von Forsthoff geprägte Begriff des Maßnahmegesetzes sei kein praktikables Mittel, um die Grenzen der Gesetzgebung zu markieren. Er stelle keine vom allgemeinen Gesetzesbegriff zu trennende juristisch relevante Kategorie dar. Abhilfe gegen den Mißbrauch der Gesetzgebungsbefugnis könne also nicht, so Zeidlers Fazit, wie bei Forsthoff und Schmitt durch eine Teilung des Gesetzesbegriffs gefunden werden.

Mit dieser Anpassungsleistung sicherten sich die jüngeren Angehörigen der Schmitt-Schule den Anschluß an die allgemeine Wissenschaftsentwicklung in den sechziger Jahren. Dennoch wäre es verfehlt, dies mit dem Westernisierungsprozeß in Verbindung zu bringen. Gegenüber westlich-transatlantischen Ideen und der Art und Weise, wie sie von seiten der Smend-Schule und der Politikwissenschaft rezipiert wurden, blieb man skeptisch.[261]) Ausgangspunkt für ihr Denken war weniger ein gewandeltes Staatsverständnis, sondern vielmehr die Frage, inwieweit sich die zentralen Komponenten des Denkstils in eine primär liberal geprägte Gegenwart übertragen ließen. Der Staat blieb als zuverlässigster Garant von Ordnung, Recht und Freiheit auch weiterhin die zentrale Kategorie ihres Denkens, und ihn galt es auch in Zukunft vor Einflüssen aus dem gesellschaftlichen Bereich weitgehend zu bewahren.[262]) Den gesellschaftlichen Pluralismus bejahte man zwar grundsätzlich[263]), gegenüber seinen weiterhin unvermeidlich erscheinenden Auflösungs- und Selbstzerstörungstendenzen mußten aber staatlicherseits Sicherungsmechanismen geschaffen und erhalten werden.

[261]) Vgl. z.B. *Schnur*, Politik: Ordnung und Bürgerkrieg, S. 222f.; ders., Politikwissenschaft; Nachlaß *Schmitt*, Nr. 14375 (Schnur an Schmitt vom 19. 5. 1963: „Indem sich die Leute [der Smend-Schule] das Monopol für Berichte über gegenwärtiges Denken in USA und England aneignen wollen, möchten sie verhindern, daß die Öffentlichkeit richtig informiert wird."); Nachlaß *Schnur*, Nr. 8 (Quaritsch an Schnur vom 21. 2. 1963: „Zwei nicht diskutierte Ausgangspunkte [im Vortrag von Hans Maier]: Westen (welcher Westen, kam nicht heraus) ist gut, Naturrecht ist gut, jüngere Staatslehre (ab Gerber, natürlich) hat sich von beidem abgewandt [...], jetzt ist der Anschluß wieder da. [...] So etwas würde hier nicht einmal als Verwalter einer Assistentenstelle eingestellt werden.").

[262]) Besonders ausgeprägt in: *Quaritsch*, Staat und Souveränität, insbesondere: S. 11–19. Vgl. hierzu Nachlaß *Schnur*, Nr. 70 (Quaritsch an Schnur vom 23. 12. 1960: „Veranlaßt durch eine beiläufige Bemerkung C[arl] S[chmitt]s aus dem Jahre 1941, daß es mit dem Zeitalter der Staatlichkeit zu Ende ginge, und durch die Feststellung, daß im kath. Kirchenrecht der Verwaltungsbefehl über dem Recht steht – zwei Gegenpole –, werde ich mich den letzten vierhundert Jahren als Ausgangspunkt für die Gegenwart unter dem Stichwort ‚Wandlungen des Staatsbegriffs' widmen, vor allem jener Zangenbewegung gegen den Staat, die von innen kommt und in der *direkten, staatlich ungefilterten* Einfluß- und Machtübernahme außerstaatlicher Gruppen besteht (also nicht ‚Herrschaft der Verbände'), von außen sich als Durchgriff supranationaler Gewaltenträger (EWG etc.) darstellt und im Ergebnis die überkommene Staatlichkeit auflöst.").

[263]) Vgl. z. B. *Schnur*, Demokratie und Interessenverbände; Helmut *Quaritsch*, in: Verhandlungen des 48. Deutschen Juristentages, Band 2, S. O55.

Im herkömmlichen Kernbereich der Staatlichkeit, nämlich auf dem Gebiet des Verwaltungsrechts, erwies sich die Schmitt-Schule denn auch in den sechziger Jahren als überaus innovativ. Die Jüngeren konnten hier vor allem an Ernst Forsthoffs Vorarbeiten und an seine wirklichkeitsorientierte Sichtweise anknüpfen. Die Politik reagierte auf den sich beschleunigenden Modernisierungsprozeß, indem sie sich – ausgehend von der optimistischen Überzeugung umfassender Machbarkeit – mehr und mehr der längerfristigen Zukunftsgestaltung zuwandte und zukünftige Entwicklungen mit Hilfe einer auf moderner Wissenschaft, Technik und Planung beruhenden Reformpolitik rational zu steuern versuchte.[264]) Dieser neue Trend brachte es mit sich, daß auch im Bereich des Verwaltungsrechts Planung und Technisierung an Relevanz gewannen. Karl Zeidler hatte schon Ende der fünfziger Jahre als erster den Blick auf das Problem gerichtet, wie die zunehmende Technisierung der Verwaltung rechtlich zu bewältigen sei.[265]) Er hatte einerseits eine weitgehende Anpassungsfähigkeit des Verwaltungsrechts konstatiert, andererseits aber seine Kollegen aufgefordert, sich des Themas verstärkt anzunehmen, um „das Recht vor einer Degradierung zum Gesetz der Maschine zu bewahren“[266]). Nachdem sich die Staatsrechtslehrervereinigung bereits im Jahre 1959 mit dem Plan als neuem verwaltungsrechtlichen Institut beschäftigt und hierbei den Blickwinkel vor allem auf die Frage des Rechtsschutzes gerichtet hatte[267]), war es Joseph H. Kaiser, der aus einer einerseits etatistischen, andererseits international vergleichenden Perspektive von 1965 an durch eine Reihe von Tagungen meist im Rahmen der „Gesellschaft für Rechtsvergleichung“ versuchte, eine größere Debatte in der Staatsrechtslehre anzustoßen. Er gewann die wichtigsten deutschen und mehrere ausländische Verwaltungsrechtler für Vorträge, die anschließend in einer zusammenhängenden Reihe publiziert wurden[268]), und erreichte somit, daß im Verwaltungsrecht in der zweiten Hälfte der sechziger Jahre das Thema Planung als „der große Zug unserer Zeit“ präsent blieb und von unterschiedlicher Perspektive aus beleuchtet wurde.

In den sechziger Jahren veränderte der immer weiter expandierende Sozialstaat das Verwaltungsrecht endgültig auf unumkehrbare Weise. Nachdem die wirtschaftliche Rekonstruktionsphase weitgehend abgeschlossen worden war,

264) Hierzu grundlegend: *Metzler*, Regieren in der modernen Industriegesellschaft; dies., Am Ende aller Krisen? Vgl. zudem Michael *Ruck*, Ein kurzer Sommer der konkreten Utopie – Zur westdeutschen Planungsgeschichte der langen 60er Jahre, in: *Schildt*, Dynamische Zeiten, S. 362–401.

265) *Zeidler*, Über die Technisierung der Verwaltung; ders., „Verwaltungsfabrikat“ und Gefährdungshaftung.

266) *Zeidler*, Über die Technisierung der Verwaltung, S. 32.

267) Max *Imboden* und Klaus *Obermayer*, Der Plan als verwaltungsrechtliches Institut, in: VVDStRL 18 (1960), S. 113–215 (mit Aussprache).

268) Siehe hierzu die von 1965 an erschienenen sechs Bände: *Kaiser*, Planung (Zitat: ders., Vorwort, in: ebda., Band 1, S. 7–9, hier: S. 7).

waren mit der Rentenreform von 1957 und der Einführung der Sozialhilfe 1961 neue Wege des Wohlfahrtsstaates beschritten worden. Es ging nun nicht mehr um die Behebung von akuten Kriegsfolgen, sondern an erster Stelle um die zukunftsträchtige Fortentwicklung des Netzes der sozialen Sicherung. Die Folge war ein weiteres Abrücken von der traditionellen Dogmatik des bürgerlich-liberalen Rechtsstaates. Staat und Gesellschaft waren nicht mehr hermetisch getrennt, sondern beide Bereiche standen auf vielfältige Weise miteinander in Verbindung. Der Staat intervenierte in die Gesellschaft, um hier einerseits die Interessen des Gemeinwesens langfristig sicherzustellen und um andererseits – angesichts der wachsenden Abhängigkeit des Bürgers von staatlichen Leistungen – das individuelle und soziale Leben aktiv zu fördern. Dementsprechend wurden neue, auf moderne Rationalität ausgerichtete Konzepte entwickelt, mit deren Hilfe man diese zunehmend sozialstaatliche Verwaltungswirklichkeit zu erfassen suchte.[269]) Beispielswiese schlugen ebenfalls Ernst Forsthoff und Karl Zeidler[270]) das Konzept einer öffentlich-rechtlichen Gefährdungshaftung vor. Auf dieser Grundlage sollten unverschuldete, nicht zielgerichtete Eingriffe des Staates in die Rechtsstellung des einzelnen, die sich aus besonderen Gefahrenlagen ergaben, zu staatlichen Entschädigungsleistungen führen. Bei der daraufhin in der Staatsrechtslehre einsetzenden Debatte war unbestritten, daß es mit der Stellung des einzelnen im modernen Staat und mit dessen sozialstaatlicher Verpflichtung nicht zu vereinbaren war, dem Individuum das Risiko für vom Staat, vor allem durch den Betrieb von technischen Einrichtungen verursachte Schädigungen aufzubürden. Auf der Staatsrechtslehrertagung im Jahre 1961[271]) wurde lediglich erwogen, ob es dafür der Gefährdungshaftung bedürfe oder ob das Problem nicht bereits durch die Aufopferungs- und Enteignungsentschädigung abgedeckt sei. Insofern setzte sich Forsthoffs und Zeidlers Ansatz nicht mehrheitlich durch, er führte aber in diesem Bereich zu einem verstärkten Problembewußtsein.

Zudem befürwortete die Staatsrechtslehre auch in den sechziger Jahren eine umfangreiche Wirtschaftsintervention des Staates. Auf der Staatsrechtslehrertagung im Jahre 1963 wurde bei der Diskussion zum Thema „Staatsaufsicht in Verwaltung und Wirtschaft“[272]) deutlich, wie weit sich die Mehrheit der Staatsrechtslehrer von der klassisch liberalen Idee gesellschaftlicher Selbstver-

[269]) Vgl. z. B. *Lerche*, Rechtsprobleme der wirtschaftslenkenden Verwaltung; *Badura*, Verwaltungsrecht im liberalen und im sozialen Rechtsstaat; ders., Auftrag und Grenzen der Verwaltung im sozialen Rechtsstaat.

[270]) *Forsthoff*, Lehrbuch des Verwaltungsrechts, 10. Aufl., S. 359–367 (bereits angedeutet in: ebda., 1. Aufl., S. 259–262); *Zeidler*, „Verwaltungsfabrikat“ und Gefährdungshaftung.

[271]) Vgl. Günther *Jänicke* und Walter *Leisner*, Gefährdungshaftung im öffentlichen Recht?, in: VVDStRL 20 (1963), S. 135–278 (mit Aussprache).

[272]) Jürgen *Salzwedel* und Martin *Bullinger*, Staatsaufsicht in Verwaltung und Wirtschaft, in: VVDStRL 22 (1965), S. 206–373. Vgl. zudem *Weber*, Kommunalaufsicht als Verfassungsproblem.

waltung mittlerweile entfernt hatte. Die meisten tendierten dazu, gegenüber Selbstverwaltungskörperschaften und Wirtschaftsunternehmen – bei aller Notwendigkeit, ihnen einen gewissen Spielraum eigenverantwortlicher Entscheidung zu belassen – für eine möglichst weitgehende staatliche Aufsicht zu plädieren. Zusätzlich zur Rechtmäßigkeitskontrolle seien weitere Aufsichtsmöglichkeiten zu nutzen. Zwar konnte aus der Sicht des Verwaltungsrechtlers Martin Bullinger, der seit 1963 in Freiburg lehrte, im Bereich der Wirtschaft die Staatsaufsicht teilweise auch von Wirtschaftsverbänden wahrgenommen werden, grundsätzlich müsse aber, so Peter Badura, vor allem aus demokratischen Gründen der Staat die Herrschaft in seiner Hand konzentrieren. Als Hans Peter Ipsen in der Diskussion darauf hinwies, daß ihm dies zu weit gehe und daß die Wirtschaft wohl grundsätzlich nicht auf das Gemeinwohl zu verpflichten sei, mußte er sich von Werner Weber anhören, daß das von ihm vertretene Wirtschaftsbild heute nicht mehr zeitgemäß sei und nur einen kleinen Ausschnitt der Wirtschaft erfasse. Das Staatsverständnis, das sich hier bei der älteren Generation der Verwaltungsrechtler manifestierte, war also eher das Bild eines starken, patriarchalisch-fürsorglich agierenden Staates, der Gemeinwohlinteressen gegenüber dem gesellschaftlichen Bereich sicherstellte. In den Wortmeldungen der jüngeren Staatsrechtslehrern kam hingegen weniger ein Bild des starken Staates zum Ausdruck, sondern es ging hier eher um einen Staat, der mit dem gesellschaftlichen Bereich Verbindungen knüpfte und sich auf vielfältige Weise mit diesem verflocht. Einer solchen Grundhaltung entsprach beispielsweise das Fazit des Referenten Martin Bullinger:

> Ich glaube überhaupt [...], daß die scharfe Unterscheidung zwischen Staat und Gesellschaft, Staat und Wirtschaft sich heute nicht mehr halten läßt, daß man versuchen muß, die Dinge etwas näher aneinanderzurücken, ohne allerdings die Grenzen vollkommen zu verwischen.[273)]

Die Jüngeren waren es denn auch, die sich eher bereit fanden, in ihren Stellungnahmen die Vorteile der gesellschaftlichen Selbstverwaltung zu betonen. Aber trotz dieser generationsspezifischen Gegensätze in der Grundauffassung machte diese Diskussion auf der Staatsrechtslehrertagung ebenso wie zuvor die Debatte zur Gefährdungshaftung doch deutlich, wie das bürgerlich-liberale Bild des Staates in der Verwaltungsrechtslehre endgültig in den Hintergrund rückte.

Zahlreiche Debatten, die sich auf das Verfassungsrecht bezogen, standen seit Ende der fünfziger Jahre ganz im Zeichen einer Aufwertung des Parlaments im Regierungssystem. Bereits 1957 hatte Ernst Friesenhahn in seinem Referat vor der Staatsrechtslehrervereinigung[274)] davon gesprochen, die Staatsleitung

273) Martin *Bullinger*, in: VVDStRL 22 (1965), S. 369.

274) Ernst *Friesenhahn*, Parlament und Regierung im modernen Staat, in: VVDStRL 16 (1958), S. 9–73 und 146–153 (Zitat: S. 38). In diesem Sinne z. B. auch *Ridder*, Rezension zu Otto Bachof, Wehrpflichtgesetz und Rechtsschutz, S. 511.

stehe „Regierung und Parlament zur gesamten Hand“, und sich damit gegen die vorherrschende etatistische Sichtweise gewandt, bei der der Staat weitgehend mit der Exekutive gleichgesetzt wurde. Für die neue Richtung war hingegen auch das Parlament zur obersten politischen Führung berufen, da es als einziges Staatsorgan über eine unmittelbare Legitimation durch den Souverän verfügte, da es zudem den Interessenpluralismus zum Ausgleich bringen konnte und somit als erstes in der Lage war, im politischen Leben integrierend zu wirken. Es war folglich aus Friesenhahns Sicht unzulässig, der Regierung gegenüber dem Parlament einen Vorbehaltsbereich zu reservieren. Indessen war es nicht zu beanstanden, daß das Parlament Regierungskompetenzen über die Gesetzgebung an sich zog. Diese von Friesenhahn vorgegebene Richtung fand immer mehr Anklang, so daß sich auch Ulrich Scheuner allmählich veranlaßt sah, sich ihr anzuschließen. In den fünfziger Jahren hatte er die Staatsleitung noch weitgehend mit dem Bereich der Regierung gleichgesetzt und einen Vorbehaltsbereich der Regierung gegen Friesenhahn zu verteidigen versucht[275]), in seinem Beitrag zur Smend-Festschrift aus dem Jahre 1962 bezog er hingegen das Parlament ausdrücklich in den Bereich des Hochpolitischen mit ein:

> [Dieser] umfaßt, das möchte gegenüber eigenen früheren Ausführungen zu betonen sein, die stärker nur die Exekutive im Auge hatten, sowohl die Legislative wie die Spitze der Exekutive, Regierung und Parlament.[276])

Angesichts eines in der Realität sich abzeichnenden Bedeutungsverlustes des Parlaments gegenüber dem Handeln der Exekutive war die Staatsrechtslehre in den sechziger Jahren bemüht, institutionelle Sicherungsmechanismen zu entwickeln, die seine Aushebelung im politischen Entscheidungsprozeß verhinderten und seine Kompetenzen auch in Zukunft sicherstellten. In diesem Zusammenhang wurde die bereits ausführlich dargestellte Forderung der jüngeren Verwaltungsrechtler gestellt, daß das gesamte Verwaltungshandeln dem Gesetzesvorbehalt zu unterstellen sei. Aber auch bei den Debatten zur Planung[277]), zum Thema Verträge zwischen Bundesstaaten[278]) und zur fortschrei-

[275]) Z. B. Ulrich *Scheuner*, Der Bereich der Regierung, in: Rechtsprobleme in Staat und Kirche, S. 253–301, hier: S. 268–290; ders., Grundfragen des modernen Staates, S. 146–148; ders., in: VVDStRL 16 (1958), S. 124 f.

[276]) Ulrich *Scheuner*, Das Wesen des Staates und der Begriff des Politischen, in: *Hesse*, Staatsverfassung und Kirchenordnung, S. 225–260, hier: S. 260.

[277]) Roman *Herzog*, Gesetzgeber und Verwaltung, in: VVDStRL 24 (1966), S. 183–209, hier: S. 201–206 und 243–246; Peter *Badura*, in: ebda., S. 213 f.; Otto *Bachof*, in: ebda., S. 226 f.; Joseph H. *Kaiser*, Einleitung. Exposé einer pragmatischen Theorie der Planung, in: ders., Band 1, S. 11–34, hier: S. 25–34; *Badura*, Auftrag und Grenzen der Verwaltung im sozialen Rechtsstaat, S. 451–453.

[278]) Hans *Schneider*, Verträge zwischen Gliedstaaten im Bundesstaat, in: VVDStRL 19 (1961), S. 1–85, hier: S. 23–25 und 163; Wilfried *Schaumann*, Verträge zwischen Gliedstaa-

tenden internationalen Verflechtung[279]) zeigte sich, wie die Staatsrechtslehre darum bemüht war, die politische Entscheidungsgewalt des Parlaments gegenüber der Regierung zu bewahren, bzw. nach Kompensationen für dessen Kompetenzverlust zu suchen.

In den sechziger Jahren machten zahlreiche jüngere Staatsrechtslehrer auf sich aufmerksam, die sich weder der Schmitt- noch der Smend-Schule eindeutig zuordnen ließen und sich bewußt von den Konfliktfeldern, die noch die fünfziger Jahre geprägt hatten, abwandten. Schon im Zusammenhang mit den „zornigen jungen Verwaltungsrechtlern" haben wir gesehen, wie sich auch zwischen der Schmitt- und der Smend-Schule die bisherigen Konfliktlinien allmählich verschoben. An dieser Stelle sei beispielhaft noch auf Peter Lerche[280]) verwiesen, der in den sechziger Jahren bewußt versuchte, einen eigenen Denkansatz des Maßes und des Kompromisses als Alternative zu den beiden dominierenden staatsrechtlichen Schulen zu entwickeln.

Erstmals Aufsehen erregte er mit seiner Berliner Antrittsvorlesung aus dem Jahre 1961, in der auch er sich kritisch mit Ernst Forsthoffs Aufsatz über „Die Umbildung des Verfassungsgesetzes" auseinandersetzte[281]). Lerche schlug hier vor, die axiomatisch-methodische Frage des Staatsverständnisses als unnötigen ideologischen Ballast, der auf seiten der Schmitt- und der Smend-Schule Gegensätze künstlich forciere und die tatsächliche Übereinstimmung in Sachfragen verschleiere, in den Hintergrund treten zu lassen und sich statt dessen den Stilfragen – und damit vor allem den konkreten Sachproblemen – zuzuwenden. Lerche favorisierte ein konkretes „diszipliniertes Ansichtsdenken", das versuchte, die unterschiedlichen sachgerechten Sichtweisen einer Fragestellung zu berücksichtigen und auf einsichtige Weise zur Synthese zu bringen, bevor die dogmatische Lösung eines Rechtsproblems in Angriff genommen wurde. In seiner unter Anleitung seines Lehrers Theodor Maunz in München angefertigten Habilitationsschrift „Übermaß und Verfassungsrecht"[282]), die ebenfalls im Jahre 1961 erschien, entwickelte Lerche die zentralen Komponenten seines Denkansatzes. Die Prinzipien Verhältnismäßigkeit, Maß und Erforderlichkeit sollten die Grundrechtsinterpretation bestimmen und waren vom Gesetzgeber zu berücksichtigen, um so die Staatsgewalt berechenbar zu ma-

ten im Bundesstaat, in: ebda., S. 86–130, hier: S. 102–104; Horst *Ehmke*, in: ebda., S. 140 f.; Adolf *Schüle*, in: ebda., S. 155 f.; Werner *Weber*, in: ebda., S. 159.

279) Peter *Badura*, Bewahrung und Veränderung demokratischer und rechtsstaatlicher Verfassungsstruktur in den internationalen Gemeinschaften, in: VVDStRL 23 (1966), S. 23–104, hier: S. 70–77; Wilhelm *Wengler*, in: ebda., S. 109–111 und 114 f.; Karl Josef *Partsch*, in: ebda., S. 118 f.; Hartwig *Bülck*, in: ebda., S. 120–125; Otto *Bachof*, in: VVDStRL 21 (1964), S. 120.

280) Zu Lerche allgemein: Laudatio, in: *Badura* und *Scholz*, Wege und Verfahren des Verfassungslebens, S. V–XI.

281) *Lerche*, Stil, Methode, Ansicht.

282) *Lerche*, Übermaß und Verfassungsrecht.

chen. Es ging Lerche hier um die Etablierung eines umfassenden Kompromißdenkens, um die Herstellung des „schonendsten Ausgleichs“ bei der Abwägung der verschiedenen Verfassungsgüter. Auch in der Frage des Grundrechtsverständnisses favorisierte er bewußt einen vermittelnden Standpunkt: Zwischen einem Verständnis der Grundrechte als subjektive Rechte oder als objektive Institutionen bestehe kein unvereinbarer Gegensatz. Charakteristisch für sein Denken war es zudem, daß er bei seinem Referat vor der Staatsrechtslehrervereinigung im Jahre 1962 zum Thema Föderalismus[283]) die Bedeutung des Verfahrens für ein zeitgemäßes Verständnis von Bundesstaatlichkeit herausarbeitete. Die Homogenität des Verfahrens, so Lerches zentrale These, sei das zentrale Wesensmerkmal des heutigen Föderalismus.

Lerches frühe Arbeiten warfen mehr Fragen auf, als sie beantworteten. Das fortwährende Ringen um angemessene Problemlösungen war hier Lebenshaltung. Wohl so ist es zu erklären, daß seine Ideen zunächst in der Staatsrechtslehre überwiegend kaum zur Kenntnis genommen wurden. Zu Lerches Habilitationsschrift erschien allein im „Staat“ mit fünf Jahren Verspätung eine insgesamt positiv gehaltene Rezension von Martin Bullinger[284]), in der dieser vor allem Lerches Versuch würdigte, einen Standpunkt zwischen den etablierten Schulen zu finden. Ansonsten stieß die Habilitationsschrift eher auf Unverständnis. Ähnlich war auch die Reaktion auf Lerches Referat vor der Staatsrechtslehrervereinigung.[285]) Herbert Krüger, Günter Dürig, Ulrich Scheuner, Jürgen Salzwedel und der Schweizer Max Imboden (1915–1969) übten deutliche Kritik an der formalen Sichtweise von Lerche, mit welcher er die zentralen Komponenten der Bundesstaatlichkeit übersehe, so daß sich Lerche veranlaßt sah, in seiner abschließenden Stellungnahme von dem „fruchtbaren Irrtum“ zu sprechen, der „sich im Laufe der Diskussion über den Föderalismus ausgebreitet“ habe[286]).

Staatstheoretische Fragestellungen, so deutete es sich bei Lerche an, befanden sich auf dem Rückzug und wurden durch ein Denken ersetzt, das einerseits konkrete Sachfragen und andererseits das juristische Verfahren in den Mittelpunkt rückte. Daß Lerche im Jahre 1966 auf das Angebot von Otto Bachof und Horst Ehmke einging, die Mitherausgeberschaft des „Archivs des öffentlichen

[283]) Peter *Lerche*, Föderalismus als nationales Ordnungsprinzip, in: VVDStRL 21 (1964), S. 66–104.

[284]) *Bullinger*, Rezension zu Peter Lerche, Übermaß und Verfassungsrecht. Vgl. allerdings auch Bullingers Bemerkung, in: Nachlaß *Schnur*, Nr. 7 (Bullinger an Schnur vom 18. 12. 1963: „Die Besprechung seines [Lerches] Buches liegt mir offen gestanden wie ein Stein im Magen, weil es nicht sehr leicht lesbar geschrieben ist [...].“). Vgl. des weiteren das überschwengliche Urteil von Herbert Krüger, in: Nachlaß *Krüger*, Krüger an Lerche vom 31. 12. 1961.

[285]) Die Aussprache in: VVDStRL 21 (1964), S. 105–144. Vgl. hierzu auch die wohl von Roman Schnur verfaßte Kritik an Lerches „oft recht abstraktem Referat“, in: Staatsrechtslehrertagung in Münster, S. 856.

[286]) Peter *Lerche*, in: VVDStRL 21 (1964), S. 142.

Rechts" zu übernehmen, eröffnete ihm einerseits eine herausgehobene Stellung unter den Staatsrechtslehrern und gab ihm die Möglichkeit, von dort aus seinen Denkansatz auf wirksamere Weise zu verbreiten, als ihm dies von seinem Berliner und seit 1965 von seinem Münchener Lehrstuhl aus möglich war. Andererseits schuf das neue Amt aber auch unmittelbare Verbindungen zwischen Lerche und der Smend-Schule, hier vertreten durch Konrad Hesse und Horst Ehmke. Lerches Denkansatz erwies sich als weit kompatibler mit dem Harmonismus und der Konsensorientierung der Smend-Schule als mit dem dezisionistischen Denkstil der Schmitt-Schule.[287]) Anstelle eines Denkens vom politischen Gemeinwesen her findet sich bei Lerche eine Grundhaltung, bei der der Staat als juristisches Argument fast gänzlich in den Hintergrund tritt. Indem aber auch Lerche auf diese Weise den traditionellen Etatismus endgültig verabschiedete, vertrat er eine Richtung, die gegenüber dem Westernisierungsprozeß zumindest adaptionsfähig war.

Lerches Denkansatz war zu Beginn der sechziger Jahre noch ein Einzelphänomen. Dennoch wiesen die Zeichen der Zeit längerfristig, wie noch zu zeigen sein wird, in seine Richtung.

[287]) Vgl. hierzu auch die Würdigung Lerches durch Konrad Hesse als Nachfolger des „großen Universalisten" Ulrich Scheuner, in: *Hesse*, Peter Lerche zum 70. Geburtstag.

V. Eine gewandelte Wissenschaft

1. Gelebter Pluralismus in der Staatsrechtslehrervereinigung und die Grenzen des Wandels

Die bundesdeutsche Gesellschaft war Mitte der sechziger Jahre weithin im Westen angelangt.[1]) Das von den USA ausgehende, im Kontext des „New Deal" entstandene konsensliberale Ideologieangebot[2]) war in Intellektuellenkreisen größtenteils zum Durchbruch gekommen. An die Stelle traditioneller weltanschaulicher Gegensätze trat ein Trend zur Entideologisierung. Die optimistische Vorstellung wurde bestimmend, daß bei einer richtig betriebenen Reformpolitik im Sinne des liberalen Konsenses jede ideologische Konfrontation an ihr Ende komme.[3]) Bereitschaft und Fähigkeit zu diesem pragmatischen liberalen Konsens, zu einer von der SPD propagierten „Politik der Gemeinsamkeiten", demonstrierte seit 1966 nicht zuletzt die Bundesregierung der Großen Koalition unter Bundeskanzler Kurt Georg Kiesinger, die es schaffte, auf der Grundlage keynesianischer Wirtschaftssteuerung die Rezession zu überwinden und zahlreiche Reformprojekte gesetzlich zu verwirklichen. Diesem gesellschaftlichen und politischen Aufbruch konnte sich auch die Mehrheit der bundesdeutschen Staatsrechtslehrer nicht länger entziehen. War im Jahre 1962 die Initiative der Smend-Schule, gemeinsam mit den Politikwissenschaftlern eine Erklärung zur „Spiegel-Affäre" abzugeben, noch weitgehend gescheitert, so zeigte sich seit Mitte der sechziger Jahre, daß solche politischen Erklärungen plötzlich bei der Mehrheit der Mitglieder der Staatsrechtslehrervereinigung auf Zustimmung stießen.

Von Erfolg gekrönt war als erstes die Erklärung gegen die Verjährung von nationalsozialistischen Mordtaten vom 4. März 1965, mit der sich die Staatsrechtslehrer zusammen mit den Strafrechtslehrern an den Deutschen Bundestag wandten. Die diesbezügliche Debatte, die bereits fünf Jahre andauerte, vollzog sich im Kontext einer zunehmenden Sensibilität der bundesdeutschen Öffentlichkeit gegenüber Fragen der jüngsten Vergangenheit. Sie verschärfte sich seit Ende 1964, da die akute Gefahr bestand, daß bis dahin ungesühnte nationalsozialistische Morde nach 20 Jahren verjährten. Dies hätte bedeutet, daß die erst seit Ende der fünfziger Jahre in größerem Umfang ins Rollen gekom-

[1]) Vgl. hierzu Anselm *Doering-Manteuffel*, Westernisierung. Politisch-ideeller Wandel in der Bundesrepublik bis zum Ende der 60er Jahre, in: *Schildt*, Dynamische Zeiten, S. 311–341, hier: S. 317–327; *Görtemaker*, Geschichte der Bundesrepublik Deutschland, S. 437–474; *Kleßmann*, Zwei Staaten, eine Nation, S. 218–255.

[2]) Vgl. hierzu S. 12–14 dieser Arbeit.

[3]) Vgl. vor allem *Bell*, The End of Ideology. Vgl. hierzu des weiteren *Hochgeschwender*, Freiheit in der Offensive?, S. 466–479.

mene strafrechtliche Verfolgung nationalsozialistischer Verbrechen ein abruptes Ende gefunden hätte. Angesichts einer starken Polarisierung in der Bevölkerung zwischen der Forderung nach einem endgültigen „Schlußstrich" und einem kollektiven Schuldvorwurf an die ältere Generation sowie einer gezielten Propagandakampagne der DDR blieb die Bundesregierung in dieser Frage unschlüssig und überließ dem Bundestag die Initiative.[4]) Mit dem Ziel, trotz der zugespitzten Situation den Bundestag zu einer rückwirkenden Verlängerung der Verjährungsfrist zu bewegen, wurde in der Staatsrechtslehre wiederum Horst Ehmke aktiv. Er hatte sich zunächst an Otto Bachof, Ernst Friesenhahn, Walter Mallmann und Günter Dürig mit der Bitte gewandt, einer von ihnen möge in dieser Frage aktiv werden.[5]) Diese vier boten sich für diese Aktion insofern an, als sie bereits in den fünfziger Jahren versucht hatten zu verhindern, daß Staatsrechtslehrer, die sie als belastet ansahen, ihre früheren Positionen wiedererlangten. Zudem sollte der offizielle Initiator der Erklärung die Zeit des Nationalsozialimus als Volljähriger erlebt haben, um nicht von Kritikern mangelnde persönliche Betroffenheit vorgeworfen zu bekommen. Otto Bachof erklärte sich daraufhin bereit, die Initiative zu übernehmen, um mit den Strafrechtslehrern Kontakt aufzunehmen und unter den Mitgliedern der Staatsrechtslehrervereinigung ein Schreiben zu verschicken, in dem die Kollegen aufgefordert wurden, einen vorformulierten Text[6]) zu unterzeichnen, der anschließend an den Deutschen Bundestag geschickt werden sollte. Einerseits wurde darin klargestellt, daß einer allgemeinen Verlängerung der laufenden Verjährungsfrist keine verfassungsrechtlichen Bedenken entgegenstünden, andererseits hob man hervor, daß eine solche Verlängerung aus Gründen der Gerechtigkeit unerläßlich sei. Das Echo war diesmal ausgesprochen positiv. Trotz der kurzen zur Verfügung stehenden Zeit hatten 76 Staatsrechtslehrer – und damit fast die Hälfte aller Mitglieder der Staatsrechtslehrervereinigung – der Erklärung von Bachof zugestimmt.[7])

Geschlossene Ablehnung fand die Erklärung auf seiten der Schmitt-Schule. Aufgrund der persönlichen Verstrickung Carl Schmitts und anderer Angehöriger des Denkkollektivs empfand man hier die zunehmende Bereitschaft, sich mit der jüngsten Vergangenheit kritisch auseinanderzusetzen, und die Verweigerung eines „Schlußstrichs" als akute Bedrohung der eigenen Reputation. In diesem Sinne kommentierte Roman Schnur einen kritischen Artikel zur Erklärung der Staatsrechts- und Strafrechtslehrer in der „Frankfurter Allgemeinen Zeitung":

[4]) Vgl. zum Umgang mit der NS-Vergangenheit in den sechziger Jahren allgemein: Detlef *Siegfried*, Zwischen Aufarbeitung und Schlußstrich. Der Umgang mit der NS-Vergangenheit in den beiden deutschen Staaten 1958 bis 1969, in: *Schildt*, Dynamische Zeiten, S. 77–113; *Kleßmann*, Zwei Staaten, eine Nation, S. 179–185; *Morsey*, Die Bundesrepublik Deutschland, S. 89–91.

[5]) Vgl. Depositum *Ehmke*, Nr. 502 (Ehmke an Dürig vom 16. 2. 1965).

[6]) Nachlaß *Peters*, Nr. 30 („Zur Verjährungsfrist für Mord" vom 4. 3. 1965).

[7]) Vgl. Nachlaß *Abendroth*, Nr. 567e (Bachof an „Kollegen" vom 5. 3. 1965).

[Johann Georg] Reißmüller habe ich für seinen schönen Leitartikel in der FAZ gedankt – das war doch ein Lichtblick, während das Schauspiel der 76 eine üble Sache gewesen ist. Darüber ist kein weiteres Wort zu verlieren, in Tübingen lebt ja ein Quietismus, der nur lebhaft wird, wenn Haßgefühle geäußert werden können.[8])

Im Jahre 1968 waren es erneut die Tübinger Staatsrechtslehrer Otto Bachof, Günter Dürig und der Herber Krüger-Schüler Thomas Oppermann (geb. 1931) zusammen mit dem Erlanger Ordinarius Klaus Obermayer (geb. 1916), die gegen einen bereits vom Bundestag verabschiedeten Entwurf einer Notstandsverfassung aktiv wurden. Trotz ihrer gemäßigten Zielrichtung handelte es sich auch bei dieser Initiative um einen hochpolitischen Akt. Es ging darum, in einer Auseinandersetzung Stellung zu beziehen, die seit Ende der fünfziger Jahre die bundesdeutsche Öffentlichkeit bewegte und seit Mitte der sechziger Jahre aufgrund von großangelegten Protestaktionen, die sich teilweise dezidiert gegen das Parlament als Entscheidungsinstitution richteten, zu eskalieren drohte. Die Frage, ob eine Notstandsverfassung die Freiheitlichkeit des Gemeinwesens entweder gefährde oder aber auf Dauer sicherstelle, wurde hierbei geradezu zu einer Schlüsselfrage für den Fortbestand der Demokratie stilisiert.[9]) Um in dieser Situation ihrer Unterschriftenaktion eine möglichst starke Wirkung zu verschaffen, wählten die Initiatoren diesmal das direkte Verfahren über die Staatsrechtslehrervereinigung. Gemäß § 1 Nr. 3 ihrer Satzung bestand die Möglichkeit, daß sich die Vereinigung zu Fragen des Öffentlichen Rechts durch Eingaben an Regierung oder Volksvertretung direkt zu Wort meldete. Die Initiatoren beriefen sich gegenüber dem Vorstand auf diese Regelung und erreichten somit, daß dieser die Erklärung unter den Mitgliedern verschickte und ein schriftliches Abstimmungsverfahren einleitete. Zur Unterschrift stand ein Brief an den Bundesrat[10]), in dem dieser aufgefordert wurde, dem Gesetzesentwurf zur Notstandsverfassung die Zustimmung zu versagen, da die darin vorgesehene Beeinträchtigung der Rechtsschutzgarantie unverhältnismäßig sei:

[Die unterzeichnenden Hochschullehrer] halten es für unerträglich, daß derartig schwerwiegende Eingriffe in die Freiheitssphäre des einzelnen nur von Organen der Volksvertretung, nicht dagegen von unabhängigen Richtern überprüft werden sollen.

Auch wenn mit 66 Unterschriften die notwendige Zweidrittelmehrheit in der Staatsrechtslehrervereinigung nicht zustande kam, hatten die jüngeren Staats-

[8]) Nachlaß *Schmitt*, Nr. 14398 (Schnur an Schmitt vom 13. 3. 1965). Vgl. zudem die Absage von Joseph H. Kaiser gegenüber Ehmke, in: Depositum *Ehmke*, Nr. 504 (Kaiser an Ehmke vom 26. 2. 1965). Vgl. nicht zuletzt Carl Schmitts Kommentar zur Verjährungsdebatte, in: Nachlaß *Schnur*, Nr. 126 (Schmitt an Schnur vom 23. 12. 1964: „Dagegen muß ich Ihnen meinen Dank auch für dieses Jahr besonders lebhaft betonen, das für mich ein Jahr grauenhaftester Diffamierung war und das sich mindestens noch bis 8. Mai 1965 (Verlängerung der Verjährungsfrist) in diesem Stil fortsetzen wird.").

[9]) Vgl. hierzu z.B. *Görtemaker*, Geschichte der Bundesrepublik Deutschland, S. 453–457; *Kleßmann*, Zwei Staaten, eine Nation, S. 245–250.

[10]) Depositum *Ehmke*, Nr. 218 (Rundschreiben vom 5. 6. 1968).

rechtslehrer der Erklärung fast einhellig zugestimmt, so auch Angehörige der zweiten Generation der Schmitt-Schule, wie Roman Schnur und Helmut Quaritsch. Dies beweist erneut deren Anpassungsfähigkeit, da sie einer rechtlichen Regelung des Ausnahmezustands an sich erhebliche grundsätzliche Einwände hätten entgegenbringen müssen. Aufgrund der fehlenden Unterschriften wurde dem Bundesrat anschließend anstelle einer offiziellen Stellungnahme der Staatsrechtslehrervereinigung eine Sammelpetition zugesandt.[11]) Dennoch hatte die Initiative auf der nächsten Staatsrechtslehrerversammlung ein Nachspiel. Joseph H. Kaiser beanstandete auf der Mitgliederversammlung[12]), daß eine solche Entschließung mit dem überparteilichen Charakter der Staatsrechtslehrervereinigung grundsätzlich nicht zu vereinbaren sei. Mit der Entgegnung von Ernst Friesenhahn in seiner Funktion als Vorsitzendem der Staatsrechtslehrervereinigung, Eingaben dieser Art seien in der Satzung der Vereinigung ausdrücklich vorgesehen und damit auch zulässig, war dieser Tagesordnungspunkt dann allerdings schnell beendet.

Hier zeigte sich, wie sich die Grundhaltung der Mehrheit der Staatsrechtslehrer zu Fragen der Politik gewandelt hatte. Das Amt des Wissenschaftlers wurde mit dem des verantwortungsbewußten Staatsbürgers nicht mehr im Widerspruch gesehen, sondern beides waren Rollenzuteilungen, die in der politischen Auseinandersetzung in Einklang zu bringen waren. In Fragen der Politik, in denen staatsrechtliche Kompetenzen besonders gefordert waren, sahen es die Staatsrechtslehrer als notwendig an, unter den Kollegen einen politischen Willensbildungsprozeß einzuleiten und sich gemeinsam, nach einer entsprechenden Einigung, gegenüber den politischen Entscheidungsträgern zu Wort zu melden. Das Ideal als juristische Wissenschaftsorganisation war nicht länger das der politischen Zurückhaltung, sondern es ging um zielgerichtete politische Einflußnahme, sofern eine Einigung unter der Mehrheit der Staatsrechtslehrer zu erreichen war. Aus Wissenschaftlern, die bewußt versucht hatten, Distanz zur Politik zu wahren, waren politisierte Staatsbürger geworden.

Selbst bei älteren Angehörigen der Schmitt-Schule ist ein solcher Wandel des Rollenverständnisses festzustellen. Nachdem Hans Schneider Roman Schnur eine Erklärung der Professoren für Öffentliches Recht zur Beibehaltung staatlicher Mittelinstanzen an Universitäten des Landes Baden-Württemberg zur Unterschrift zugesandt hatte, mußte dieser im Jahre 1972 zugeben:

> Sicherlich gehört es nicht zum Tagesgeschäft der Wissenschaftler, solche Erklärungen abzugeben. Aber die gesamte verfassungspolitische Situation scheint mir so zu sein, daß man nun zu solchen ungewöhnlichen Mitteln greifen muß.[13])

[11]) Nachlaß *Abendroth*, Nr. 567d bzw. Nachlaß *Schnur*, Nr. 10 („An den Bundesrat" vom 11. 6. 1968).

[12]) Nachlaß *Abendroth*, Nr. 567d (Niederschrift der Mitgliederversammlung am 2.–4. 10. 1968).

[13]) Nachlaß *Schnur*, Nr. 13 (Schnur an Schneider vom 20. 3. 1972).

Vor dem Hintergrund einer derartigen Politisierung der Staatsrechtslehrer fand auch die linke Fraktion um Wolfgang Abendroth wieder Interesse an der Staatsrechtslehrervereinigung, nachdem sie sich während der sechziger Jahre aus diesem Kreis fast vollständig zurückgezogen hatte. Nach der Erklärung an den Bundesrat gegen den Gesetzentwurf zur Notstandsverfassung aus dem Jahre 1968 überlegte diese Gruppierung, ob es sich nicht lohnen würde, sich nun wieder stärker in die Diskussionen einzubringen und die Zusammenarbeit untereinander zu intensivieren:

Die Petition für heute – so punktuell sie war – zeigt doch, daß wir bei den jüngeren Kollegen noch einiges ausrichten können. Irgendwann sollten wir uns doch wohl wieder einmal treffen, um die Gründung einer zielbewußt koordinierenden Gruppierung innerhalb der Vereinigung vorzubereiten.[14])

Bei diesem Engagement zu allgemeinen politischen Fragen blieb es nicht. Wie wir beispielsweise im Hinblick auf das Arrangement der Staatsrechtslehrer mit der Politikwissenschaft gesehen haben, kamen seit Mitte der sechziger Jahre Erklärungen hochschulpolitischer Natur hinzu. Auf der Tagung des Jahres 1968 setzte sich die Staatsrechtslehrervereinigung erstmals einen Tag lang mit Fragen der Lehre auseinander. Damit reagierte sie auf die seit Anfang des Jahrzehnts geführte Bildungsreformdebatte[15]), bei der abgesehen von der Forderung nach einer raschen Expansion der Universitäten auch zunehmend über Fragen der Methodik des Universitätsunterrichts diskutiert wurde. Unter den Juristen fand seit Beginn der sechziger eine Auseinandersetzung um eine Reform ihrer Ausbildung statt, bei der gleichfalls die Frage nach einer zeitgemäßen Hochschuldidaktik mehr und mehr eine Rolle spielte.[16]) Nachdem solche Punkte bisher von der Staatsrechtslehrervereinigung allenfalls gestreift worden waren, entschied man sich 1968, in vier Referaten allgemeine Probleme der Vorlesungs- und Studienplangestaltung zu behandeln und konkrete Vorschläge zu entwickeln, wie eine angemessene Berücksichtigung des Öffentlichen Rechts an der Universität auch in Zukunft sicherzustellen sei. Zum Abschluß faßten die Mitglieder zwei Beschlüsse, wobei zum einen einzelne prüfungsrelevante Materien aus dem Bereich des Besonderen Verwaltungsrechts benannt wurden und zum zweiten auf die unersetzliche Bedeutung des Völkerrechts für das Rechtsstudium hingewiesen wurde.[17]) Hochschulpolitische Einflußnahme bezweckten

[14]) Nachlaß *Abendroth*, Nr. 95 (Abendroth an Drath vom 14. 6. 1968).

[15]) Vgl. hierzu allgemein Alfons *Kenkmann*, Von der bundesdeutschen „Bildungsmisere" zur Bildungsreform in den 60er Jahren, in: *Schildt*, Dynamische Zeiten, S. 402–423; von *Friedeburg*, Bildungsreform in Deutschland, S. 334–402; *Kleßmann*, Zwei Staaten, eine Nation, S. 256–264.

[16]) Vgl. z.B. Vorschläge des Fakultätentages zur Reform der Juristenausbildung (1961); Münchener Beschlüsse zur Fortführung der Studienreform vom 16./17. Februar 1968.

[17]) Vgl. hierzu Probleme des öffentlichen Rechts im Universitätsunterricht, insbesondere: S. 34–36; Nachlaß *Abendroth*, Nr. 567d (Niederschrift der Mitgliederversammlung vom 2.–4. 10. 1968).

die Staatsrechtslehrer auch mit der „Regensburger Erklärung“ aus dem Jahre 1971, mit welcher sie auf die neuen Juristenausbildungsordnungen reagierten.[18]) Nachdem sich die Mitglieder der Staatsrechtslehrervereinigung zuvor auf ihrer Jahrestagung ausführlich mit den vorgeschriebenen Veränderungen der Juristenausbildung in Referaten auseinandergesetzt hatten, einigten sie sich auf diese gemeinsame Stellungnahme. Hier betonte die Vereinigung einerseits die Notwendigkeit, gesellschaftlich-politische und geschichtliche Bezüge bei der Juristenausbildung mit einzubeziehen, und kritisierte andererseits die unpraktikablen Aspekte bei der vorgesehenen Einteilung der Wahlfachgruppen.

Ausdruck gewandelter demokratischer Umgangsformen in der Staatsrechtslehrervereinigung war auch, daß seit 1967 der Vorstand durch geheime Wahlen bestimmt wurde. Bis dahin war es üblich gewesen, daß der neue Vorstand vom vorigen vorgeschlagen und dann von der Mitgliederversammlung nur noch per Akklamation bestätigt wurde. Die neuen Mitglieder des Vorstandes, Ernst Friesenhahn, Werner Thieme und Helmut Quaritsch, erhielten bei der geheimen Abstimmung im selben Jahr dann auch nur 43 der 54 abgegebenen Stimmen[19]), nachdem jüngere Staatsrechtslehrer bereits im Vorfeld verkündet hatten, sie wünschten einen „anders gefärbten Vorstand“[20]). Von nun an war es nicht mehr selbstverständlich, daß der vorgeschlagene neue Vorstand von der Mitgliederversammlung die notwendige Mehrheit erhielt. So erwies es sich als notwendig, daß Dietrich Rauschning (geb. 1931) als Vertreter der jüngeren Generation vor der Abstimmung im Jahre 1970 ausdrücklich verkündete, die jüngeren Mitglieder der Staatsrechtslehrervereinigung würden dem neuen Vorstand ihre Unterstützung nicht versagen.[21]) Mit dieser Veränderung des Abstimmungsverfahrens reagierte die Staatsrechtslehrervereinigung auch auf die rasante Zunahme der Mitgliederzahlen. Allein im Jahre 1968 war es zu 15 Neuaufnahmen gekommen[22]), 1970 trat mit Ilse Staff (geb. 1928) die erste Frau der Vereinigung bei, 1971 gehörten der Vereinigung erstmals über 200 Staatsrechtslehrer an, und im selben Jahr nahmen an der Tagung 130 Mitglieder teil. Es war nun ein handfestes Problem, wie die Tagungen zu organisieren waren, um angesichts der immer unüberschaubarer werdenden Teilnehmerzahlen dem fachlichen Anspruch noch gerecht zu werden.[23])

[18]) Öffentliches Recht in Ausbildung und Prüfung nach den neuen Juristenausbildungsordnungen, insbesondere: S. 764f. Auch abgedruckt in: JuS 12 (1972), S. 165f.

[19]) Vgl. Nachlaß *Abendroth*, Nr. 567e (Niederschrift der Mitgliederversammlung vom 4. und 6. 10. 1967).

[20]) Dies berichtete Ernst Friesenhahn, in: Depositum *Ehmke*, Nr. 502 (Friesenhahn an Bachof, Bettermann, Ehmke und Bernhardt vom 29. 9. 1967).

[21]) Nachlaß *Abendroth*, Nr. 567b (Niederschrift der Mitgliederversammlung vom 7.–10. 10. 1970).

[22]) Vgl. Jahrestagung 1968, in: VVDStRL 27 (1969).

[23]) Vgl. Nachlaß *Abendroth*, Nr. 567a (Rundschreiben des Vorstands vom 5. 8. 1971 und vom 28. 12. 1971); Jahrestagung 1971, in: VVDStRL 30 (1972), S. 5.

Das wachsende politische Engagement der Staatsrechtslehrervereinigung ist ein deutlicher Indikator dafür, daß in der zweiten Hälfte der sechziger Jahre in der Staatsrechtslehre ein pluralistisches Bewußtsein im Sinne der liberalen Demokratie westlich-transatlantischer Prägung mehrheitlich zum Durchbruch kam. Der gesellschaftliche Umbruch[24]) hatte sich seit etwa 1964 nochmals beschleunigt. Umfassende Reformerwartungen und Forderungen nach zunehmender politischer Partizipation, nach einer liberalen, sozialen und rationalen Wende der Politik sowie nach dem endgültigen Abbau obrigkeitlich-autoritärer Strukturen prägten das politische Klima. Der neugewählte Bundeskanzler Willy Brandt verwendete demgemäß in seiner Regierungserklärung von 1969[25]) aus einer entschieden antirevolutionären, technokratischen und institutionenbezogenen Perspektive die griffige Formel „Mehr Demokratie wagen". Fortgesetzt und intensiviert wurde so eine reformorientierte, leistungsbezogene Planungs- und Steuerungspolitik, die auf neuesten technischen sowie wissenschaftlichen Erkenntnissen beruhen und den Bereichen Bildung, Verwaltung, Wirtschaft und Verkehr ein gänzlich neues Gesicht geben sollte. Solche Wandlungen im politischen Grundverständnis, die wiederum Teil einer tiefgreifenden Transformation der gesamten westlichen Welt in Richtung einer modernen, demokratisch strukturierten Industriegesellschaft waren, beeinflußten – wie wir bereits gesehen haben und wie weiterhin zu zeigen sein wird – auch das Denken und Handeln der Staatsrechtslehrer. Die Grenzen ihres Wandels sowohl in politischer als auch in ideeller Hinsicht werden hingegen deutlich, wenn wir ihre Reaktion auf die Eskalation der Studentenproteste im Zusammenhang mit dem Jahr 1968 in den Blick nehmen.

Ausgangspunkt war die Formierung einer „Neuen Linken", die zunächst den orthodoxen Marxismus aufbrechen und diesen durch eine primär antiinstitutionelle Orientierung ersetzen wollte. In der Entstehung und Ausbreitung der Studentenbewegung manifestierten sich erneut die seit Ende der fünfziger Jahre in der Gesellschaft verstärkt hervortretenden Politisierungs-, Liberalisierungs- und Pluralisierungstendenzen. Die Studentenbewegung war zugleich Teil als auch Produkt dieser Entwicklungen. Die ersten Protestaktionen der Studenten entzündeten sich am Vietnam-Krieg, am Zustand des Bildungswesens, an der Notstandsverfassung und an der Bildung der Großen Koalition. Man erstrebte die Emanzipation von den Zwängen der „spätkapitalistischen Gesellschaft", die Loslösung von den weiterwirkenden Traditionen des „Faschismus" und die Etablierung einer antiautoritären Demokratie. Aus den Auseinandersetzungen

[24]) Vgl. hierzu und zum Phänomen „68" allgemein z.B. *Kleßmann*, Zwei Staaten, eine Nation, S. 256–298; *Görtemaker*, Geschichte der Bundesrepublik Deutschland, S. 475–525; *Marwick*, The Sixties, S. 245–675; *Metzler*, Regieren in der modernen Industriegesellschaft, S. 282–463; *Gilcher-Holtey*, 1968; dies., Die 68er Bewegung; *Kraushaar*, 1968 als Mythos, Chiffre und Zäsur.

[25]) In: Verhandlungen des Deutschen Bundestages, 6. Wahlperiode, Stenographische Berichte, Band 71, S. 20–34.

entlang einzelner politischer Konfliktfelder entwickelte sich der zunehmend illiberal und dogmatisch geführte Kampf der Studenten gegen das „System“ – gegen den „imperialistischen Kapitalismus“ sowie das „Establishment“. In das Schußfeld geriet damit nicht zuletzt jener bereits erwähnte, auf Westernisierung beruhende „liberale Konsens“, dem sich an erster Stelle die Bundesregierung der Großen Koalition verschrieben hatte und der später von der sozialliberalen Koalition fortgeführt wurde. Der Protest der „Achtundsechziger“ entlud sich ab 1967 in gewaltsamen Straßenschlachten zwischen den Studenten und dem Staat, deren Bilder zu einer deutlichen gesellschaftlichen Polarisierung beitrugen. Die Staatsrechtslehre reagierte hierauf durch ein weitgehend einheitliches Abwehrverhalten. Sowohl die studentischen Mitbestimmungsforderungen als auch ihr marxistisch-radikaldemokratisches Verfassungsverständnis stießen bei den Staatsrechtslehrern auf entschiedenen Widerspruch. Ihr Ziel war generell, trotz der eskalierenden Situation an den Universitäten möglichst so weiterzumachen wie zuvor.

Die Staatsrechtslehrervereinigung selbst wurde im Jahre 1968 zur Zielscheibe studentischer Proteste.[26]) Bei ihrer Tagung in Bochum, auf der insbesondere über hochschulpolitische Fragen und über das Thema „Die Stellung der Studenten in der Universität“ diskutiert wurde, forderte die Studentenschaft, bei den Beratungen zuhören zu dürfen, was die Mitglieder der Vereinigung mit der Begründung ablehnten, es handele sich um die Fachtagung einer privaten wissenschaftlichen Vereinigung. Die Studenten verfaßten daraufhin ein Flugblatt, in dem sie noch einmal forderten, die Öffentlichkeit herzustellen, und gleichzeitig kritisierten, daß die Staatsrechtslehrer ihre Tagung in den Räumen des rechtswissenschaftlichen Seminars abhielten. Als auch dieses Mittel nicht zum Erfolg führte, drangen die Studenten in die Räumlichkeiten, in denen die Staatsrechtslehrer tagten, ein und führten ein „Go-In“ durch, worauf die Staatsrechtslehrer das rechtswissenschaftliche Seminar verließen und in das Haus der Verwaltungs- und Wirtschaftsakademie umzogen, das besser geschützt werden konnte. Einzelne Mitglieder boten sich an, nach dem Ende der Tagung mit den Studenten zu diskutieren, woran diese allerdings keinerlei Interesse zeigten.

Anhand dieser Ereignisse wird deutlich, wie weit die Erfahrungswelt der Staatsrechtslehrer von der der Studenten entfernt war. Die Denkweisen waren unvereinbar. Nicht nur die marxistisch-radikaldemokratischen Forderungen der Studenten stießen bei den Staatsrechtslehrern auf völliges Unverständnis, sondern auch die von den Studenten gewählte Form der Auseinandersetzung sprengte den für die Staatsrechtslehrer akzeptablen Rahmen. Speziell die ältere Generation der Staatsrechtslehrer reagierte hierauf, indem sie die Ereignisse –

[26]) Vgl. hierzu Nachlaß *Abendroth*, Nr. 567d (Rundschreiben vom 11. 12. 1968 und Niederschrift der Mitgliederversammlung vom 2.–4. 10. 1968); Jahrestagung 1968, in: VVDStRL 27 (1969).

so wie beispielsweise Ernst Forsthoff – in Verbindung brachte mit Bildern der akuten Bedrohung, des Chaos, der Unordnung und sogar des Bürgerkriegs:

Die Zustände an der Universität werden immer desolater. [...] Niemand ist davon überzeugt, daß unter dieser neuen Verfassung ein geordnetes Universitätsleben möglich ist. Die neue Bonner Regierung gefällt sich in einer weiteren Verunsicherung des Rechts. Hier ist es soweit gekommen, daß weder die Staatsanwaltschaft noch die Polizei Lust hat, gegen das bürgerkriegsartige Treiben der Studenten einzuschreiten.[27])

Diejenigen, die die Schlußphase der Weimarer Republik noch erlebt hatten, fühlten sich ganz konkret an die damalige Staatskrise erinnert und sahen erneut die Gefahr einer totalitären Machtergreifung:

Die Zukunft an der Schwelle des Jahres 1971 scheint ebenso dunkel zu sein wie damals am Ende des Jahres 1932.[28])

Mit ihren Demokratisierungs- und Mitbestimmungsforderungen stellte die Studentenbewegung vor allem die hierarchische Grundstruktur der Ordinarienuniversität in Frage. Nur wenn die Interessen aller an der Universität vertretenen Gruppen in gleicher Weise berücksichtigt würden, konnte aus ihrer Sicht die Freiheit von Wissenschaft und Lehre erhalten werden. Dagegen wollten die Staatsrechtslehrer an der alten Universität festhalten. Es ging ihnen darum, die Ordinarienuniversität, die ihren Status sicherte, gegen die von den Studenten

[27]) Nachlaß *Schmitt*, Nr. 3938 (Forsthoff an Schmitt vom 18. 12. 1969). Vgl. auch Nachlaß *Krüger*, Forsthoff an Krüger vom 8. 1. 1969: „Ich empfinde beinahe täglich das Glück, den Widerwärtigkeiten des heutigen akademischen Lebens entrückt zu sein. Die Zustände sind unbeschreiblich. Nachdem wir keinen Staat mehr haben, ist auch die Universität nicht mehr zu retten. Nichts regt mich mehr auf als das dumme Gerede, daß die Universität, die immer eine staatliche Institution war, sich selbst reformieren müsse." und Krüger an E. R. Huber vom 27. 7. 1969; Nachlaß *Schnur*, Nr. 10 (Krüger an Schnur vom 4. 5. 1968: „Haben Sie vielen Dank für Ihre Karte aus Italien. Sie zeigte mir zu meiner Freude, daß Sie Gelegenheit hatten, sich von den Widerwärtigkeiten etwas zu erholen, denen man an der Universität heute ausgesetzt ist."); Nachlaß *Schmitt*, Nr. 3925 (Forsthoff an Schmitt vom April 1969: „Die Universität ist nicht mehr zu retten. Was der Nationalsozialismus nicht fertig gebracht hat – unter der Bundesrepublik wird es geschehen – die endgültige Zerstörung."), 7127 (Kaiser an Schmitt vom 21. 12. 1970: „Es fällt in der Betriebsamkeit einer heutigen Universität immer schwerer, intellektuelle Maßstäbe (von wissenschaftlichen ganz zu schweigen) durchzusetzen.") und 9251 (Maunz an Schmitt vom 29. 12. 1970: „Im Hochschulbereich ist heute ein Tiefstand ohnegleichen erreicht. Zwar werden unaufhörlich neue Schulen errichtet, die unbegreiflicherweise die Bezeichnung Universität erhalten. Aber die Universität im bisherigen Verständnis lebt nicht mehr."); Depositum *Ehmke*, Nr. 503 (Hesse an Ehmke vom 9. 1. 1969: „[I]ch fürchte, es gibt überhaupt nicht mehr viel von der alten Universität zu retten [...].").

[28]) Nachlaß *Schmitt*, Nr. 9251 (Maunz an Schmitt vom 29. 12. 1970). Vgl. auch ebda., Nr. 3957 (Forsthoff an Schmitt vom 1. 12. 1971: „Die Parallelen zum Jahr 1932 sind in der Tat frappant."). Vgl. des weiteren Nachlaß *Schnur*, Nr. 10 (Schnur an H. H. Klein vom 22. 1. 1968: „Von der Professorenschaft insgesamt erwarte ich in solchen Angelegenheiten [ein studentischer Boykottaufruf gegen Schnur] kein entschlossenes Handeln. Schon 1933 hat sich die Mehrheit der deutschen Professoren als ein Haufen von Feiglingen erwiesen [...].").

geforderte Gruppenuniversität zu verteidigen. In erster Linie brachte man verfassungsrechtliche Bedenken gegen die studentischen Demokratisierungs- und Mitbestimmungsforderungen vor. Diese seien mit der Freiheit von Lehre und Forschung in Art. 5 III GG und – da die Hochschullehrer gegenüber den Studenten in einer besonderen Verantwortung stünden – mit dem Gleichheitssatz nicht zu vereinbaren. Auf der bereits erwähnten Staatsrechtslehrertagung in Bochum zeigten bei der Diskussion zum Thema „Die Stellung der Studenten in der Universität"[29]) lediglich einige jüngere Staastrechtslehrer ein gewisses Verständnis für die Anliegen der Studenten[30]), wohingegen die breite Mehrheit deutliche Vorbehalte gegenüber einer Politisierung der Universität äußerte. Beispielsweise sei der Einfluß von Studenten auf Berufungsverfahren möglichst gering zu halten. Dementsprechend beschloß die Mitgliederversammlung auf der Staatsrechtslehrertagung im Jahre 1970, in Zukunft studentischen Anfragen zu hochschulpolitischen Ansichten des Bewerbers entschieden entgegenzutreten.[31]) Zudem verschickte der Vorstand im Jahre 1971 ein Schreiben von Ernst-Wolfgang Böckenförde, in welchem dieser seine Bedenken äußerte, daß Nicht-Habilitierte an Habilitationsverfahren mitwirkten.[32]) Auch in den eigenen Reihen wollten die Mitglieder der Staatsrechtslehrervereinigung nur Habilitierte akzeptieren. So einigten sie sich zu Beginn der siebziger Jahre darauf, in Zukunft an der Habilitation als entscheidendem Kriterium für die Aufnahme in die Vereinigung festzuhalten.[33])

In den Augen der revoltierenden Studenten erschienen die Staatsrechtslehrer dagegen in einem reaktionären Licht.[34]) Sie waren scheinbar die wissenschaftliche Stütze eines spätkapitalistischen Systems, das den ideologischen Bruch mit dem „Faschismus" nicht vollzogen hatte. Zudem wurde die gesamte Juristenzunft unter den Generalverdacht gestellt, entweder in die nationalsozialistischen Verbrechen unmittelbar verstrickt gewesen zu sein oder aber zumindest diese Vergangenheit über zwanzig Jahre hinweg bewußt ausgeblendet zu haben. Studentische Störmanöver in juristischen Lehrveranstaltungen gehörten im Jahre 1968 fast überall zur Tagesordnung, ein geordneter Lehrbetrieb war

[29]) Hans Heinrich *Rupp* und Wilhelm Karl *Geck*, Die Stellung der Studenten in der Universität, in: VVDStRL 27 (1969), S. 113–244 (mit Aussprache).

[30]) Vgl. Ekkehard *Stein*, in: VVDStRL 27 (1969), S. 198; Erhard *Denninger*, in: ebda., S. 203–205; Ernst-Werner *Fuß*, in: ebda., S. 205 f.; Jochen Abr. *Frowein*, in: ebda., S. 221 f.

[31]) Vgl. Nachlaß *Abendroth*, Nr. 567b (Niederschrift der Mitgliederversammlung vom 7.–10. 10. 1970).

[32]) Nachlaß *Abendroth*, Nr. 567a (Abschrift eines Briefes von Böckenförde an H. Schneider vom 13. 12. 1971 im Rundschreiben vom 28. 12. 1971).

[33]) Vgl. Nachlaß *Abendroth*, Nr. 567b (Niederschrift der Mitgliederversammlung vom 7.–10. 10. 1970) und 567a (Niederschrift der Mitgliederversammlung vom 29. 9. 1971).

[34]) Aus der Literatur der siebziger und achtziger Jahre z.B. *Fangmann*, Die Restauration der herrschenden Staatsrechtswissenschaft nach 1945; *Perels*, Die Restauration der Rechtslehre nach 1945; I. *Müller*, Furchtbare Juristen, S. 203–299; *Wieland*, Personelle Kontinuitäten in der Staatsrechtslehre.

kaum noch aufrechtzuerhalten.[35]) Dabei handelte es sich im Grunde um ein Mißverständnis. Die Staatsrechtslehre des Jahres 1968 war mit der des Jahres 1945 bzw. 1949 sowohl personell als auch ideell kaum mehr in Verbindung zu bringen. Seit Beginn der sechziger Jahre machte sich ein fundamentaler Wandel bemerkbar, so daß es Ende der sechziger Jahre deutliche Anzeichen dafür gab, daß eine pluralistische Grundhaltung im westlich-transatlantischen Sinne auf gemäßigte Weise mehrheitlich zum Durchbruch kam und entsprechende Verhaltensweisen in der Staatsrechtslehrervereinigung immer selbstverständlicher wurden. Dieser Umbruch – selbst wenn er aus einem radikaldemokratisch-marxistischen Blickwinkel nicht ausreichend war – wurde von der Studentenbewegung schlichtweg nicht zur Kenntnis genommen.

2. Gemäßigte Neuorientierung des Denkens

Bei der Herausbildung eines entschieden politischen Selbstverständnisses unter den Staatsrechtslehrern blieb es nicht. Zugleich wurden zentrale staatsrechtliche Konzeptionen einem pluralistischen Staatsverständnis angepaßt. Dieser Prozeß vollzog sich nicht von heute auf morgen. Es handelte sich vielmehr um eine langsam voranschreitende, kontinuierliche Entwicklung, deren Anfänge bei der Smend-Schule in den fünfziger Jahren zu finden sind, die seit Beginn der sechziger Jahre allmählich einen größeren Personenkreis erfaßte und die in der zweiten Hälfte der sechziger Jahre mehrheitlich zum Durchbruch kam. An dieser Stelle sollen einige Debatten, die Anhaltspunkte über das Ausmaß dieser nun allseits zutage tretenden Neuorientierung des Denkens geben, näher beleuchtet werden.

Wie weit sich das Staatsverständnis vor allem der jüngeren Generation von den Denktraditionen der Staatsrechtslehre gelöst und in die von der Smend-Schule vorgegebene Richtung entwickelte hatte, zeigte sich etwa in der Reaktion auf die Hessen-Entscheidung des Bundesverfassungsgerichts zur Frage

35) Vgl. z.B. Nachlaß *Schmitt*, Nr. 3930 (Forsthoff an Schmitt vom 23. 6. 1969: „Die schamlose Behandlung Hans Schneiders, den man in den Vorlesungen anpöbelt und nachts durch planmäßige Anrufe um die Ruhe bringt, ist gewiß längst über Heidelberg hinaus bekannt geworden.“) und 3943 (Forsthoff an Schmitt vom 29. 6. 1970: „Die Zustände hier spotten jeder Beschreibung. [Hans] Schneider wird am heftigsten angegriffen, wegen der Ohrfeige wie wegen seiner ‚reaktionären‘ Gesinnung. Die Studenten haben beschlossen, ihn nicht mehr lesen zu lassen. Man darf abwarten, ob der Staat in der Lage ist, ihn zu schützen.“); Nachlaß *Schnur*, Nr. 9 (Scheuner an Schnur vom 5. 1. 1968: „Was die Angriffe gegen Sie anlangt, so haben sie das für diese Art leider wohl meist maßgebliche Niveau. [...] Ruhe und Zurückhaltung sind im allgemeinen wohl das beste, um diese Dinge abzuwehren.“) und 10 (Krüger an Schnur vom 4. 5. 1968: „Ich habe hier vier Monate auf der ‚Abschußliste‘ des SDS gestanden, bis mir in der vergangenen Woche mitgeteilt wurde, ich sei von ihr wieder gestrichen worden; selbstverständlich rührt mich etwas Derartiges überhaupt nicht.“).

der Parteienfinanzierung im Jahre 1966[36]). Die Landesregierung von Hessen hatte gegen die direkte Finanzierung der im Bundestag vertretenen Parteien durch Zuteilung aus dem Bundeshaushaltsplan geklagt. In Abkehr von seiner bis dahin praktizierten Rechtsprechung, die sich stark an die Parteienstaatslehre von Gerhard Leibholz angelehnt hatte, betonte das Gericht daraufhin den allein gesellschaftlichen bzw. staatsfreien Charakter politischer Parteien und erklärte dementsprechend – abgesehen von der Wahlkampfkostenerstattung – jegliche staatliche Parteienfinanzierung für unzulässig. Einstimmig war der Protest der Staatsrechtslehrer, die sich hierauf zu Wort meldeten.[37]) Das Bundesverfassungsgericht sei einem unzeitgemäßen Trennungsdenken hinsichtlich der Bereiche Staat und Gesellschaft verhaftet. Beide Bereiche stünden heute nicht mehr isoliert nebeneinander, sondern seien auf vielfältige Weise miteinander verflochten. So besäßen Parteien, wenn sie gemäß Art. 21 I 1 GG beim offenen Prozeß der politischen Willensbildung mitwirkten, einen öffentlichen Charakter und seien damit sowohl mit dem Staat als auch mit der Gesellschaft verbunden. Folglich sei eine staatliche Parteienfinanzierung nicht gänzlich ausgeschlossen. Vor dem Hintergrund dieser massiven Kritik überrascht es nicht, daß das Bundesverfassungsgericht zwei Jahre später von seinen Grundsätzen aus dem Jahre 1966 abrückte und nach Klagen verschiedener kleiner Parteien insbesondere gegen die Regelung der Wahlkampfkostenerstattung eine – allerdings stark reglementierte – staatliche Parteienfinanzierung entsprechend dem neuen Parteiengesetz wiederum für zulässig erklärte.[38])

Kurz darauf formierte sich in der Staatsrechtslehre unabhängig von der Schmitt-Schule eine einflußreiche Richtung, die gegenüber der Vorstellung einer völligen Identität von Staat und Gesellschaft deutliche Bedenken äußerte.[39]) Zwar sei es notwendig, die hermetische Trennung beider Bereiche auch in der staatsrechtlichen Dogmatik zu überwinden, dennoch sei zumindest

36) BVerfGE 20, 56 (96–119).

37) *Hesse*, Grundzüge des Verfassungsrechts, S. 73f.; *Häberle*, Unmittelbare staatliche Parteifinanzierung unter dem Grundgesetz – BVerfGE 20, 56; *Tsatsos*, Die Finanzierung politischer Parteien, insbesondere: S. 377–379 und 383; *Rauschning*, Zur Methode der Entscheidung des Bundesverfassungsgerichts über die staatliche Parteifinanzierung, insbesondere: S. 347f.; *Zwirner*, Die Rechtsprechung des Bundesverfassungsgerichts zur Parteifinanzierung, insbesondere: S. 109–132; *Scheuner*, Parteiengesetz und Verfassungsrecht, S. 90, Fn. 20; *Randelzhofer*, Probleme des Parteienrechts, S. 533–535. Vgl. hierzu des weiteren Hans-Justus *Rinck*, Die verfassungsrechtliche Stellung der politischen Parteien, in: *Bracher*, Die moderne Demokratie und ihr Recht, 2. Band, S. 305–329; *Menzel*, Staatliche Parteienfinanzierung und moderner Parteienstaat.

38) Vgl. BVerfGE 24, 300 (334–362).

39) *Badura*, Verwaltungsrecht im liberalen und im sozialen Rechtsstaat, S. 26f.; Martin *Heckel*, in: VVDStRL 26 (1968), S. 155f.; Karl Heinrich *Friauf*, Öffentlicher Haushalt und Wirtschaft, in: VVDStRL 27 (1969), S. 1–46, hier: S. 1–3; Hans Heinrich *Rupp*, in: ebda., S. 218f.; Günter *Dürig*, in: VVDStRL 29 (1971), S. 127; Fritz *Ossenbühl*, Die Erfüllung von Verwaltungsaufgaben durch Private, in: ebda., S. 137–209, hier: S. 150f. und 274f.

an einer Unterscheidung festzuhalten, da die völlige Vergesellschaftung des Staates unvermeidlich einen totalitären Charakter besitze. In diesem Sinne versuchte der Walter Leisner-Schüler Josef Isensee (geb. 1937) in seiner Dissertation aus dem Jahre 1968 den Nachweis zu führen, daß das Grundgesetz vor allem im Grundrechtsteil die Unterscheidung zwischen Staat und Gesellschaft als einer „dialektischen Einheit" voraussetze.[40]) Aber auch der Theodor Maunz-Schüler Roman Herzog (geb. 1934), der seit 1964 in Berlin lehrte und 1969 nach Speyer wechselte, beharrte darauf, daß eine funktionale Trennung aus staatsrechtlicher Sicht fruchtbar sei. Auch wenn Staat und Gesellschaft sich aus dem gleichen Personenkreis zusammensetzten, sei aus funktionalen Gründen am Staatsapparat als einem Regelungsprinzip festzuhalten, welches insbesondere durch die Phänomene der permanenten Organisation, des Amtes und der Herrschaft charakterisiert sei und welches von der Gesellschaft aus betrachtet nicht als ein Element der Selbststeuerung, sondern der Außen- und Fremdsteuerung zu verstehen sei:

> Es mag sein, daß mit dieser neo-etatistischen Staats- und Gesellschaftsauffassung die Gefahr einer erneuten Totalisierung des Staates eng verbunden ist. Richtig ist aber auch, daß ein starker, zugegebenermaßen ständig der Kontrolle gegen ein Abgleiten in den Totalitarismus bedürftiger Staat das kleinere Übel gegenüber einer *mit Sicherheit* totalitär werdenden Gesellschaft ist. Es hat den Anschein, als ob die Menschheit in der nächsten Zukunft nur zwischen diesen beiden Möglichkeiten zu wählen hätte.[41])

Hier wird deutlich, wie aufgrund der immer lauter werdenden Demokratisierungsforderungen der Studentenbewegung[42]) die Debatte in der Staatsrechtslehre über das Verhältnis von Staat und Gesellschaft Ende der sechziger Jahre gegenüber dem Zeitpunkt der Hessen-Entscheidung des Bundesverfassungsgerichts eine grundsätzlich andere Richtung erhalten hatte. Es galt nun, vor den Gefahren einer totalen Politisierung der gesellschaftlichen Lebensbereiche zu warnen. Die Unverzichtbarkeit staatlicher Herrschaftsgewalt trat plötzlich wieder vor Augen. Allerdings war das Staatsverständnis, das hier zum Ausdruck kam, mit dem traditionellen Etatismus staatsrechtlicher Provenienz nicht mehr in Einklang zu bringen. Daß der Staat keine vorgegebene substanzhafte Einheit mehr darstellte, sondern mit der Gesellschaft in enger Wechselwirkung stand, mußte nicht mehr eigens herausgestellt werden. Dementsprechend war etwa die im Jahre 1971 erschienene „Allgemeine Staatslehre" von Roman Herzog von einem funktionalen, primär auf die Wirklichkeit gerichteten Blickwinkel

[40]) *Isensee*, Subsidiarität und Verfassungsrecht, insbesondere: S. 149–158.

[41]) Roman *Herzog*, Der Mensch des technischen Zeitalters als Problem der Staatslehre, in: *Kunst* und *Grundmann*, Evangelisches Staatslexikon, S. XXI–XLVI, hier: S. XXXVII (Hervorhebung im Original). Vgl. zudem ders., in: VVDStRL 29 (1971), S. 114f. und 254; ders., Allgemeine Staatslehre, insbesondere: S. 38–40 und 145–147.

[42]) In diese Richtung: *Preuß*, Zum staatsrechtlichen Begriff des Öffentlichen.

geprägt, welcher schon durch das vorangestellte Motto aus dem „Rumpelstilzchen" sinnfällig zum Ausdruck kam:

„Nein", sagte der Zwerg, „laßt uns vom Menschen reden! Etwas Lebendiges ist mir lieber als alle Schätze der Welt."[43])

Eine ähnliche Kompromißlinie verfolgte die Mehrheit der Staatsrechtslehrer letztlich auch in der Frage, welche Stellung die Interessenverbände im Verfassungssystem einnähmen. Als die Staatsrechtslehrervereinigung im Jahre 1965 das Thema „Staat und Verbände" behandelte[44]), wurde einerseits deutlich, daß eine kategorische Unterscheidung zwischen politischen Parteien, die auf das Gemeinwohl verpflichtet waren, und Verbänden, die allein partikulare Interessen zum Ausdruck brachten, nicht mehr zu vertreten war. In diesem Sinne äußerte beispielsweise Horst Ehmke heftige Bedenken gegen die Ansicht, die Gerhard Leibholz in seinem Referat vertreten hatte:

Gerade weil man mit den herrschenden negativen gesellschaftlichen Vorstellungen brechen muß, geht es nicht an, nur die Parteien herauszunehmen, im übrigen aber die Vorbehalte der alten Lehre gegen die „Gesellschaft" auf die Verbände zu übertragen.[45])

Andererseits zeigte sich auf der Staatsrechtslehrertagung aber auch, daß es mittlerweile mehrheitlich anerkannt war, daß die Verbände im Prozeß der politischen Auseinandersetzung im Sinne des Pluralismus eine unersetzliche Rolle einnahmen. Um ihre Einflußnahme auf den Staat nicht überhandnehmen zu lassen, betonte die Staatsrechtslehre gleichzeitig die Notwendigkeit einer rechtlichen Kanalisierung ihrer Einflußnahme. Die Verbandsdiskussion ebbte nach dieser Staatsrechtslehrertagung merklich ab. Sie war aufgekommen, als die politische Öffentlichkeit Mitte der fünfziger Jahre die gewachsene Bedeutung des Verbandswesens erstmals zur Kenntnis genommen und die Politikwissenschaft die Staatsrechtslehre in Zugzwang gebracht hatte. Nun, Mitte der sechziger Jahre, verlor das Thema an Brisanz, da – abgesehen von einigen Kollegen im Emeritierungsalter – dezidiert antipluralistische Denkansätze kaum noch zu finden waren und es damit schien, als habe die Staatsrechtslehre eine mehr oder weniger einheitliche Linie gefunden.

Auch hinsichtlich der Stellung des Parlaments setzte sich die seit Ende der fünfziger Jahre eingeschlagene Richtung in der Staatsrechtslehre fort. Es gab

[43]) *Herzog*, Allgemeine Staatslehre, S. 5. Vgl. hierzu auch die aus dem Blickwinkel der Schmitt-Schule verfaßte, teilweise kritische Rezension von Wilhelm Henke: *Henke*, Die Lehre vom Staat.

[44]) Gerhard *Leibholz* und Günther *Winkler*, Staat und Verbände, in: VVDStRL 24 (1966), S. 5–124 (mit Aussprache). Vgl. zudem *Evers*, Verbände – Verwaltung – Verfassung; *Scheuner*, Politische Repräsentation und Interessenvertretung; ders., Konsens und Pluralismus als verfassungsrechtliches Problem; *Hesse*, Grundzüge des Verfassungsrechts, S. 60; *Zippelius*, Allgemeine Staatslehre, S. 103–111; *Zacher*, Pluralität der Gesellschaft als rechtspolitische Aufgabe; *Herzog*, Allgemeine Staatslehre, S. 67–75 und 342–344.

[45]) Horst *Ehmke*, in: VVDStRL 24 (1966), S. 95.

kaum mehr grundsätzliche Zweifel, daß dem Parlament im Gewaltenteilungssystem die politische Führungsaufgabe zukomme. Dementsprechend nahm die Zahl derer, die es für notwendig hielten, allein aus staatstheoretischen Erwägungen der Verwaltung einen unantastbaren Eigenbereich zu reservieren, immer weiter ab, wenngleich sich auch die jüngeren Staatsrechtslehrer darin einig waren, daß der Verwaltung ein gewisser schöpferischer Spielraum bei der Einzelfallentscheidung zustand. Da aufgrund der aktuellen Entwicklungstendenzen des Leistungs-, Planungs- und Verwaltungsstaates die akute Gefahr bestand, daß die praktische Bedeutung des Parlaments gegenüber der Exekutive schwand, suchten die Staatsrechtslehrer nach alternativen Einbindungsmöglichkeiten des Parlaments in politische Entscheidungsprozesse. Hierbei plädierten sie unter anderem erneut für eine Ausweitung des Gesetzesvorbehalts. Begründet wurde dies allerdings nicht mehr, wie von den „zornigen jungen Juristen“ in den Jahren zuvor, allein durch Bezugnahme auf ein neues gesellschaftsorientiertes Staatsverständnis, sondern in den Mittelpunkt traten einerseits stärker an der einzelnen Norm, andererseits eher pragmatisch ausgerichtete Argumentationen.[46]) Auf diese Weise erwiesen sich die jüngeren Staatsrechtslehrer als flexibler und gelangten zu differenzierteren Lösungen, als dies noch bei Hans Heinrich Rupp, Dietrich Jesch oder Walter Mallmann der Fall gewesen war.

In diese Richtung wies beispielsweise das Referat des Hans Peter Ipsen-Schülers Klaus Vogel (geb. 1930), Ordinarius in Erlangen-Nürnberg, auf der Staatsrechtslehrertagung im Jahre 1965 über das Thema „Gesetzgeber und Verwaltung“[47]). Seine zentrale These lautete, daß es heute trotz der Verfassungsentscheidung für eine Überordnung des Gesetzgebers über die Verwaltung nicht mehr möglich sei, dem Parlament einen prinzipiellen Vorbehaltsbereich zu reservieren, sondern allein von Fall zu Fall anhand des jeweils einschlägigen Grundrechtsartikels entschieden werden könne, inwieweit eine gesetzliche Grundlage erforderlich sei, damit die Verwaltung tätig werden dürfe. Hier stand die traditionelle Lehre vom Gesetzesvorbehalt grundsätzlich in Frage, und entsprechend kritisch war auch die Reaktion der übrigen Staatsrechtslehrer in der anschließenden Diskussion. Vogel verwahrte sich aber dagegen, als ein „gräßlicher Etatist“ oder als „Reaktionär“ angesehen zu werden. Was er bezweckte, war eine rein juristische Argumentation auf der Grundlage des vorgegebenen Verfassungstextes, unabhängig von verfassungstheoretischen oder philosophischen Erwägungen:

46) Vgl. z.B. *Sehner*, Der Vorbehalt des Gesetzes; *Starck*, Der Gesetzesbegriff des Grundgesetzes; *Friauf*, Grundfragen der heutigen Verwaltungsrechtslehre; ders., Öffentlicher Haushalt und Wirtschaft, in: VVDStRL 27 (1969), S. 1–46, hier: S. 21–31.

47) Klaus *Vogel* und Roman *Herzog*, Gesetzgeber und Verwaltung, in: VVDStRL 24 (1966), S. 125–253 (mit Aussprache).

> Entscheidend scheint mir zu sein, ob die Verfassung eine Regelung dem materiellen Gesetz vorbehält; tut sie das [...], dann kann eben nicht die Verwaltung diese Regelung treffen, sondern nur der Gesetzgeber.[48])

Auf diese Weise kam Vogel zu einer extremen Position. Die Art und Weise ihrer Herleitung entsprach allerdings dem allgemeinen Trend.

Beim Thema „Verwaltung durch Subvention“[49]) auf der Tagung im darauffolgenden Jahr war es einhellige Meinung, daß die Subventionsverwaltung einer gesetzlichen Ermächtigung bedurfte. Umstritten war hier allein, ob das Haushaltsgesetz ausreichte oder ob genauere gesetzliche Ermächtigungen zur Legalisierung der Verwaltungstätigkeit notwendig waren. Vor allem die jüngere Generation[50]) entwickelte hier anhand des Grundgesetzes Kriterien eines abgestuften Legalitätssystems, um so zu bestimmen, wann der Gesetzgeber zusätzlich zum Haushaltsgesetz aktiv werden mußte.

Welches Maß an Übereinstimmung in der Frage des Umfangs des Gesetzesvorbehalts zu Beginn der siebziger Jahre erreicht war, wurde bei der sehr grundsätzlich angelegten Diskussion über „Die Dogmatik des Verwaltungsrechts vor den Gegenwartsaufgaben der Verwaltung“[51]) auf der Staatsrechtslehrertagung im Jahre 1971 deutlich. Hier stellte zunächst Otto Bachof fest, daß das Verfassungsrecht im Verwaltungsrecht mittlerweile zur vollen Wirksamkeit gelangt sei und die obrigkeitsstaatlichen Relikte im Verwaltungsrecht inzwischen abgebaut seien, „und zwar gründlich und höchst effektiv“[52]). Von seiten der Jüngeren würden nur noch Nachhutgefechte geführt. Von einem Bruch mit der traditionellen Verwaltungsrechtslehre war in der anschließenden Diskussion – abgesehen von der Wortmeldung von Hans Heinrich Rupp – denn auch nicht mehr die Rede. Es ging allein um Korrekturen an der kontinuierlichen Fortentwicklung des Verwaltungsrechts. So hielt beispielsweise Winfried Brohm als Referent und Vertreter der jüngeren Generation daran fest, daß aus Art. 80 I 2 GG zu folgern sei, daß der Gesetzesvorbehalt sinngemäß auch auf die gestaltende Verwaltung auszuweiten sei. Die Volksvertretung, so sein Fazit, dürfe ihrer politischen Gesamtverantwortung nicht beraubt werden, dürfe sich ihr aber auch nicht entziehen.

[48]) Klaus *Vogel*, in: VVDStRL 24 (1966), S. 250f.

[49]) Hans Peter *Ipsen* und Hans F. *Zacher*, Verwaltung durch Subvention, in: VVDStRL 25 (1967), S. 257–445 (mit Aussprache). Vgl. hierzu auch *Friauf*, Bemerkungen zur verfassungsrechtlichen Problematik des Subventionswesens.

[50]) So Hans F. *Zacher*, Verwaltung durch Subvention, in: VVDStRL 25 (1967), S. 308–400, insbesondere: S. 395f. und 411f.; Klaus *Stern*, in: ebda., S. 418–420; Franz *Mayer*, in: ebda., S. 433f.

[51]) Otto *Bachof* und Winfried *Brohm*, Die Dogmatik des Verwaltungsrechts vor den Gegenwartsaufgaben der Verwaltung, in: VVDStRL 30 (1972), S. 193–364 (mit Aussprache).

[52]) Otto *Bachof*, Die Dogmatik des Verwaltungsrechts vor den Gegenwartsaufgaben der Verwaltung, in: VVDStRL 30 (1972), S. 193–244, hier: S. 206.

Wie sich hier und an anderer Stelle bereits andeutete, drehten sich die Debatten der Staatsrechtslehre auch weiterhin um Grundfragen des expandierenden Wohlfahrts- und Versorgungsstaates[53]). Die wirtschaftspolitischen Rahmenbedingungen hatten sich seit Mitte der sechziger Jahre noch einmal grundlegend gewandelt. An die Stelle einer primär marktwirtschaftlich orientierten Wirtschaftspolitik Erhardscher Prägung war seit dem Stabilitätsgesetz von 1967 die Globalsteuerung im Sinne des keynesianischen Wirtschaftsmodells getreten. Um den Weg aus der kurzzeitigen Rezession zu finden und die Gesamtwirtschaft wieder anzukurbeln, hatte sich die Bundesregierung der Großen Koalition entschieden, erstmals eine aktive antizyklische Konjunkturpolitik zu betreiben, die unter anderem auf einer mittelfristigen Finanzplanung und mehrjährigen Investitionsprogrammen beruhte. Es kam hier der staatsinterventionistische, sozialplanerische Aspekt von Westernisierung zum Durchbruch. Zusätzlich wurde am kontinuierlichen Ausbau sozialer Leistungen festgehalten. Der Staat nahm damit eine aktivere Rolle im Wirtschaftsgeschehen ein als zuvor. Er profilierte sich als ein starker Staat, der zwar einerseits etwa im Rahmen der „Konzertierten Aktion“ mit dem gesellschaftlichen Bereich in eine enge Wechselbeziehung trat, diesen aber andererseits auch gestalten, steuern und planen und hier die öffentlichen Interessen auf umfassende Weise gewährleisten wollte. Die Staatsrechtslehre reagierte auf diesen Wandel des staatlichen Erscheinungsbildes auf drei unterschiedliche Weisen.

Zum einen fühlten sich die traditionellen Etatisten der älteren Generation, denen die neoliberale Ausrichtung der sozialen Marktwirtschaft seit jeher ein Dorn im Auge gewesen war, in ihrer traditionellen, ursprünglich antiliberalen Grundhaltung bestätigt. Das von Ernst Rudolf Huber entwickelte Konzept der gemischten Wirtschaftsverfassung fand nun mehr und mehr Anklang. Die Wirtschaft war aus dieser Sicht grundsätzlich gemeinwohlverpflichtet, sie besaß tendenziell einen öffentlichen Charakter, und der Staat hatte sie durch Intervention in seinem Sinne zu beeinflussen. Zwischen der privaten Freiheit der Wirtschaft und der staatlichen Lenkung war so scheinbar eine Synthese hergestellt.[54])

[53]) Vgl. hierzu *Abelshauser*, Wirtschaftsgeschichte der Bundesrepublik Deutschland 1945–1980, insbesondere: S. 111–116; Gerd *Hardach*, Krise und Reform der sozialen Marktwirtschaft. Grundzüge der wirtschaftlichen Entwicklung in der Bundesrepublik der 50er und 60er Jahre, in: *Schildt*, Dynamische Zeiten, S. 197–217; *Kleßmann*, Zwei Staaten, eine Nation, S. 218–228; *Görtemaker*, Geschichte der Bundesrepublik Deutschland, S. 447–453. Vgl. hinsichtlich der konkreten Veränderungen im Verfassungsrecht des weiteren: *Gotthold*, Wirtschaftliche Entwicklung und Verfassungsrecht, S. 115–202.

[54]) Vgl. z.B. *Krüger*, Von der Reinen Marktwirtschaft zur Gemischten Wirtschaftsverfassung; ders., Allgemeine Staatslehre, S. 437 und 575–583; ders., in: VVDStRL 27 (1969), S. 86f. In diesem Sinne auch Werner *Weber*, in: VVDStRL 22 (1965), S. 340; *Maunz*, Deutsches Staatsrecht, 18. Aufl., S. 162–164.

Zum zweiten wurden nun stärker die verfassungsrechtlichen Grenzen der Umverteilung betont, die einer exzessiv betriebenen Sozialpolitik entgegenstanden. Die sozialen Leistungen hatten in der Bundesrepublik mittlerweile ein solches Maß erreicht, daß Teile der Staatsrechtslehre die bestehende Eigentumsordnung in Frage gestellt sahen. Vor allem Werner Weber und Ernst Forsthoff, die seit jeher die verfassungsrechtliche Relevanz des Sozialstaatsprinzips bestritten hatten, versuchten nun, das Grundgesetz als liberal-rechtsstaatliche Verfassung gegen den aus ihrer Sicht ausufernden Sozialstaat in Position zu bringen.[55]) Schon fast resignativ war Webers Feststellung, daß die Verfassung dem sozialstaatlichen Schwung in der Praxis kaum etwas entgegenzusetzen habe. Einzig die von Carl Schmitt vorgenommene institutionelle Deutung der Grundrechte könne noch eine freiheitssichernde Wirkung entfalten, indem damit „der ordnungsstiftende Gesamtzusammenhang des Grundrechtskodex und des Rechtsstaatsprinzips" ins Spiel gebracht würde:

> Es gälte also, [...] die Freiheitsgarantie des Art. 2 Abs. 1 GG wirklich effektiv zu handhaben und die Eigentumsgarantie auch gegen Aushöhlung durch moderne Praktiken der Umverteilung stärker wirksam zu machen.[56])

Als dritte Reaktion vollzog der weitaus größte Teil der Staatsrechtslehrer den Schwenk der Politik zur expansiven und planerischen Sozial- und Wirtschaftspolitik ideell mit und entwickelte staatsrechtliche Konzeptionen, die diesen Prozeß auf der rechtlichen Ebene förderten und absicherten. Diese Tendenz zeigte sich beispielsweise deutlich bei der Diskussion zum Thema „Öffentlicher Haushalt und Wirtschaft"[57]) auf der Staatsrechtslehrertagung im Jahre 1968. Der Referent Heinz Wagner (geb. 1926), seit 1966 Ordinarius in Saarbrücken, sorgte hier vor allem mit seiner These für Aufsehen, die Grundrechte würden der staatlichen Wirtschaftslenkung kaum Schranken setzen. Gesetzgeber und Regierung stehe ein weiter Gestaltungsspielraum zu. Trotz einzelner Proteste dominierte diese Richtung die anschließende Diskussion. Längerfristige Planung und Wachstumsvorsorge (in Anlehnung an Ernst Forsthoffs

[55]) *Weber*, Die verfassungsrechtlichen Grenzen sozialstaatlicher Forderungen; Nachlaß *Schmitt*, Nr. 3881 (Forsthoff an Schmitt vom 31. 12. 1965), 3898 (Forsthoff an Schmitt vom 9. 7. 1967: „Inzwischen habe ich mich in die Thematik, die mich nicht losläßt: die Grenzen der sozialen Umverteilung bzw. die Unzulässigkeit der direkten Umverteilung wieder hineingefunden.") und 3959 (Forsthoff an Schmitt vom 3. 3. 1972: „Das öffentliche Recht gerät immer mehr aus den Fugen. Im Mischmasch von Rechtsstaat und Sozialstaat, von demokratischem und liberalem Grundrechtsverständnis sind der Phantasie, die sich als Auslegung bezeichnet, kaum noch Schranken gesetzt. Es erfüllt mich immer wieder mit Genugtuung, in diese Richtung keinerlei Konzessionen gemacht zu haben. Inzwischen kommt alles ins Wanken. Die Reformseuche macht vor nichts mehr halt!"). In diese Richtung auch *Rüfner*, Die Eigentumsgarantie als Grenze der Besteuerung.

[56]) *Weber*, Die verfassungsrechtlichen Grenzen sozialstaatlicher Forderungen, S. 439.

[57]) Karl Heinrich *Friauf* und Heinz *Wagner*, Öffentlicher Haushalt und Wirtschaft, in: VVDStRL 27 (1969), S. 1–111 (mit Aussprache).

Konzept der Daseinsvorsorge), so das mehrheitliche Votum, prägten heute die Wirtschaftspolitik, und hiergegen seien aus der Verfassung keine übermäßigen Schranken abzuleiten. Der Theodor Maunz-Schüler Klaus Stern (geb. 1932), der von 1962 an in Berlin und ab 1966 in Köln lehrte, faßte dementsprechend die Debatte mit den Worten zusammen:

> Meine Damen und Herrren, will man unsere heutigen Referate mit denen vergleichen, die auf der Marburger Tagung [im Jahre 1952] gesprochen worden sind, dann überwiegt der Eindruck, daß s.Z. der Eingriff, die Intervention in die Wirtschaft im Vordergrund stand und die Notwendigkeit, dagegen Rechtsschranken aufzubauen, während die heutigen Referate die Kooperation in den Vordergrund gestellt und in manchen Nuancen sogar die Schwäche der Rechtsschranken betont haben.[58])

Auch bei der Diskussion zum Thema „Die Rechtsformen der sozialen Sicherung und das Allgemeine Verwaltungsrecht"[59]) auf der Staatsrechtslehrertagung im Jahre 1969 zeigte sich, wie die Umverteilungspraxis des Versorgungsstaates mittlerweile das Denken der Staatsrechtslehrer bestimmte. Die breite Mehrheit war der Ansicht, daß die Freiheit sich heute durch den Zugang zu staatlichen Leistungen verwirkliche und daß auf diese Leistungen teilweise ein einklagbarer Anspruch bestehe. Es war somit auf dieser Tagung unvermeidlich, daß der von Wilhelm Henke in seinem Referat unternommene Rettungsversuch gegenüber einer eher liberalen und formalen Grundausrichtung des Verwaltungsrechts auf entschiedenen Widerspruch stieß.

Die Staatsrechtslehre paßte sich auf diese Weise über die sechziger Jahre hinweg kontinuierlich den Realitäten des expandierenden sozialen Interventionsstaates an. Sie konnte und wollte diesem scheinbar unaufhaltsam voranschreitenden Prozeß, welcher von einem ungebrochenen Glauben in die Leistungs- und Gestaltungsfähigkeit des politischen Gemeinwesens getragen wurde, nichts entgegensetzen. Die Kehrseite dieser Entwicklung war in den Augen von Klaus Stern ein weiterer Verlust ihres Einflusses:

> [O]hne Zweifel ist [...] eine Unterbilanz in dem Sinne festzustellen, daß der Staat sich zur Lösung seiner Probleme nicht mehr [der Staatsrechtswissenschaft] verbunden fühlt, wie andererseits manche gewichtigen Bereiche der gegenwärtigen Staatswirklichkeit von der Staatsrechtslehre kaum oder zu spät aufgegriffen werden.[60])

Doch dergleichen nahm man in Kauf.

Es war nur eine Frage der Zeit, bis die Staatsrechtslehre auch auf dem Gebiet der Grundrechte Ansätze entwickelte, mit denen die sich rasant wandelnde Realität des Sozialstaates erfaßt und dogmatisch umgesetzt werden sollte.[61])

[58]) Klaus *Stern*, in: VVDStRL 27 (1969), S. 104.

[59]) Wilhelm *Henke* und Wolfgang *Rüfner*, Die Rechtsformen der sozialen Sicherung und das allgemeine Verwaltungsrecht, in: VVDStRL 28 (1970), S. 149–275 (mit Aussprache). Vgl. hierzu auch *Badura*, Wirtschaftsverfassung und Wirtschaftsverwaltung.

[60]) *Stern*, Grundfragen der globalen Wirtschaftssteuerung, S. 27.

[61]) Vgl. hierzu Walter *Schmidt*, Grundrechte-Theorie und Dogmatik seit 1946 in West-

Zunächst rückte die objektive bzw. institutionelle Dimension der Grundrechte immer weiter in den Vordergrund. Auch wenn die Grundrechte in den Augen der Mehrheit der Staatsrechtslehrer kaum subjektive Teilhaberechte begründeten, so wurden sie doch zunehmend auch als Richtlinien und Maßstäbe verstanden, welche die staatlichen Organe verpflichteten, die notwendigen sozialstaatlichen Voraussetzungen zur Realisierung von Freiheit zu schaffen. Das herkömmliche Eingriffs- und Schrankendenken stand hierbei immer mehr in Frage.[62])

Im Jahre 1971 entschied sich daraufhin der Vorstand der Staatsrechtslehrervereinigung, auf der diesjährigen Tagung das Thema „Grundrechte im Leistungsstaat"[63]) zu behandeln. Hier sorgte vor allem das groß angelegte Referat von Peter Häberle für Aufsehen, in dem er ausgehend vom Denkstil der Smend-Schule versuchte, erstmals eine Grundrechtstheorie des modernen Leistungsstaates zu entwickeln. Es ging ihm darum, die in seiner Dissertation entwickelte institutionelle Sichtweise der Grundrechte entsprechend der politischen Entwicklung stringent weiterzuentwickeln. Aufgrund der Offenheit der Verfassung sei die bisherige Grundrechtsdogmatik, die sich weitgehend darauf beschränkt habe, die individuelle und institutionelle Seite der Grundrechte herauszuarbeiten, in einer grundrechtssichernden Weise entsprechend den Erfordernissen des Leistungsstaates weiterzuentwickeln. So würden einerseits Leistungs- bzw. Teilhabeansprüche und andererseits ein „status activus processualis" an Bedeutung gewinnen. Die leistungsstaatliche Dimension der Grundrechte begründete aus Häberles Sicht also weniger subjektive Rechte, sondern sie sei vor allem im Sinne eines grundrechtlichen „due process" durch ein pluralistisches Verfahren sicherzustellen. Es war somit vor allem die Aufgabe des Staates, die „Sozialisierung der Grundrechte" offensiv umzusetzen und auf diese Weise ein Optimum an realer Freiheit zu schaffen.

Wie angesichts der Offenheit dieser Ausführungen nicht anders zu erwarten, entzündete sich an Häberles Ideen scharfer Protest. Ulrich Scheuner und Konrad Hesse sprangen denn auch gleich für Häberle in die Bresche und hoben hervor, daß es diesem nicht um eine neue Universaldeutung der Grundrechte ginge, sondern daß die klassische Funktion der Grundrechte trotz aller Neuausrichtung fortbestehe. Gegen Häberles Referat wurde erneut vorgebracht, sein

deutschland, in: *Simon*, Rechtswissenschaft in der Bonner Republik, S. 188–216, hier: S. 202–208; *Stern*, Das Staatsrecht der Bundesrepublik Deutschland, Band III/1, S. 687–750.

[62]) Vgl. z. B. Heinz *Wagner*, Öffentlicher Haushalt und Wirtschaft, in: VVDStRL 27 (1969), S. 76f. und 108; *Kloepfer*, Grundrechte als Entstehenssicherung und Bestandsschutz; Martin *Kriele*, in: VVDStRL 29 (1971), S. 130; *Friauf*, Zur Rolle der Grundrechte im Interventions- und Leistungsstaat; *Scheuner*, Die Funktion der Grundrechte im Sozialstaat; *Hesse*, Grundzüge des Verfassungsrechts, 5. Aufl., insbesondere: S. 124.

[63]) Wolfgang *Martens* und Peter *Häberle*, Grundrechte im Leistungsstaat, in: VVDStRL 30 (1972), S. 7–191 (mit Aussprache).

Blickwinkel sei zu optimistisch bzw. zu dynamisch, er verlasse die Bahnen klarer juristischer Argumentation und übersehe die konfliktträchtige Seite des Verfassungssystems. Die Diskussion machte aber dennoch deutlich, daß abgesehen von der Schmitt-Schule und dem Erstreferenten Wolfgang Martens (1934–1985), einem Hans Peter Ipsen-Schüler, der seit 1969 in Bochum lehrte, in der Staatsrechtslehre kaum mehr jemand die Grundrechte auf ihre bürgerlich-rechtsstaatliche Dimension reduzierte, sondern daß die Mehrheit von einem objektivrechtlichen Grundrechtsgehalt ausging, um die Grundrechtsdogmatik auf diese Weise mit dem expandierenden Versorgungsstaat in Einklang zu bringen.

Anhand dieser Antworten auf die sich wandelnde sozialstaatliche Praxis wird die Beharrungskraft, aber auch die Wandlungsfähigkeit der Staatsrechtslehre deutlich. Diese erwies sich über die Jahrzehnte hinweg als flexibel genug, um die aktuellen Entwicklungen der Sozial- und Wirtschaftspolitik mitzuvollziehen. In der Weimarer Zeit war die Staatsrechtslehre weitgehend noch als Verteidigerin des sozialen status quo gegen Ansätze einer egalitären Umverteilung in Erscheinung getreten.[64]) Nachdem sie in den dreißiger und vierziger Jahren die Wendung zum expansiven Interventionsstaat mitvollzogen hatte, profilierte sie sich im ersten Nachkriegsjahrzehnt aus einer etatistisch-interventionistischen Grundhaltung als dezidierte Gegnerin einer auf den Vorstellungen Ludwig Erhards beruhenden neoliberalen Wirtschaftspolitik. Als die Politik hingegen wieder stärker – gemäß dem Keynesianismus – auf ein interventionistisches und steuerndes Instrumentarium zurückgriff, fiel es ihr somit nicht schwer, sich diesem neuen Trend ideell anzuschließen. Damit paßte sich die Staatsrechtslehre aber auch – gleichsam nebenbei – dem liberalen Reformklima an, das sich während der sechziger Jahre ausbreitete und sich gegenüber linken politischen Strömungen zunehmend öffnete. So ist es zu erklären, daß kritische und abwehrende Stimmen weitgehend ausblieben, als Planung, Lenkung und Umverteilung unter der neuen Bundesregierung der sozial-liberalen Koalition zum zentralen Politikziel avancierten. Hinter dieser vordergründigen Beharrungskraft der Staatsrechtslehre verbarg sich allerdings ein tiefgreifender ideeller Wandlungsprozeß. An die Stelle des traditionellen Etatismus trat vor allem bei der jüngeren Generation eine gemäßigt pluralistische Grundhaltung westeuropäisch-atlantischer Prägung. Die herkömmliche Vorstellung vom impermeablen Staat, welcher sich patriarchalisch-fürsorglich in das Leben seiner Untertanen einmischte, wurde durch eine Vorstellung vom flexibel agierenden politischen Gemeinwesen ersetzt, die die Gesellschaft explizit miteinschloß. Gesellschaft wurde hierbei geradezu zum zentralen Feld zukunftsgestaltender Steuerungspolitik. Wenn der Staat als primärer Herrschaftsträger tätig wurde, so hatte er sich mit den gesellschaftlichen Kräften zu arrangieren, er hatte

64) Vgl. z.B. *Stolleis*, Geschichte des öffentlichen Rechts in Deutschland, 3. Band, insbesondere: S. 111.

ihnen einzelne Herrschaftsbefugnisse[65]) zu übertragen und ihre Rechtsstellung zu stärken, indem er ihnen vor allem Verfahrensrechte zugestand. An die Stelle des Glaubens an die Leistungsfähigkeit des Staates trat somit der Glaube an die umfassende Leistungsfähigkeit der Politik allgemein. Damit waren die Vorstellungen der Staatsrechtslehrer hinsichtlich der Wirtschafts- und Sozialordnung mit dem konsensliberalen Ideologieangebot kompatibel geworden. Ihr sozialstaatliches Denken erhielt ein neues, auf Westernisierungseinflüssen basierendes Fundament.[66])

Endpunkt im Prozeß der Anpassung an die Westernisierung ist die Diskussion zum Thema „Das demokratische Prinzip im Grundgesetz"[67]) auf der Staatsrechtslehrertagung im Jahre 1970. Neben dem Joseph H. Kaiser-Schüler Werner von Simson (1908–1996), der ab 1970 einen Lehrstuhl in Freiburg bekleidete, referierte dort Martin Kriele, ab 1967 Ordinarius in Köln. Kriele gehört zu den Staatsrechtslehrern, in deren Arbeiten Westernisierungseinflüsse deutlich zutage treten.[68]) Er hatte vor allem in Münster bei Hans Julius Wolff studiert, gehörte dort dem Collegium Philosophicum von Joachim Ritter an und trat später auch als Referent bei den von Ernst Forsthoff veranstalteten Ebracher Seminaren auf[69]). Zusätzlich hatte er in Yale ein Studium absolviert und die dort dominierende sozialwissenschaftliche Richtung der Rechtswissenschaft kennengelernt. Resultat dieses Auslandsaufenthaltes war Krieles Habilitationsschrift über die Theorie der Rechtsgewinnung[70]). Nachdem er bereits in seiner Dissertation das Problem der Gerechtigkeit im Rechtssystem der liberalen Demokratie behandelt hatte[71]), setzte er es sich hier zum Ziel, unter Rückgriff auf die US-amerikanischen Erfahrungen eine Methodenlehre der Verfassungsinterpretation jenseits von Ernst Forsthoff und Horst Ehmke zu entwickeln. Der Jurist habe sich primär, so Krieles Fazit, an einem präsumtiven,

[65]) Vgl. hierzu z.B. Fritz *Ossenbühl* und Hans-Ulrich *Gallwas*, Die Erfüllung von Verwaltungsaufgaben durch Private, in: VVDStRL 29 (1971), S. 137–276 (mit Aussprache).

[66]) Als allgemeine Hypothese angedeutet in Anselm *Doering-Manteuffel*, Westernisierung. Politisch-ideeller und gesellschaftlicher Wandel in der Bundesrepublik bis zum Ende der 60er Jahre, in: *Schildt*, Dynamische Zeiten, S. 311–341, hier: S. 329–331.

[67]) Werner von *Simson* und Martin *Kriele*, Das demokratische Prinzip im Grundgesetz, in: VVDStRL 29 (1971), S. 3–135 (mit Aussprache). Zur Debatte über Demokratisierung in den sechziger Jahren allgemein: Moritz *Scheibe*, Auf der Suche nach der demokratischen Gesellschaft, in: *Herbert*, Wandlungsprozesse in Westdeutschland, S. 245–277.

[68]) Vgl. hierzu vor allem *Kriele*, Einführung in die Staatslehre. Zudem als Resultat seiner Auseinandersetzung mit dem US-amerikanischen Verfassungsrecht: ders., Der Supreme Court im Verfassungssystem der USA; ders., Felix Frankfurter (1882–1965).

[69]) Vgl. hierzu van *Laak*, Gespräche in der Sicherheit des Schweigens, S. 193f., 198f. und 206.

[70]) *Kriele*, Theorie der Rechtsgewinnung entwickelt am Problem der Verfassungsinterpretation. Vgl. hierzu *Schlothauer*, Zur Krise der Verfassungsgerichtsbarkeit, S. 134–141.

[71]) *Kriele*, Kriterien der Gerechtigkeit.

vernunftrechtlich hergeleiteten und an der Praxis orientierten Präjudiziensystem zu orientieren.

In seinem Referat vor der Staatsrechtslehrervereinigung präsentierte er dann eine rationalisierte westlich-liberale Deutung des Demokratieprinzips. Diesen Ansatz leitete er historisch aus dem deutschen Sonderweg her: Deutschland habe sich in den „hundert finsteren Jahren“ von 1849 bis 1949 von der gemeineuropäischen Naturrechtstradition losgesagt und sei dadurch in den Strudel der politischen Katastrophe geraten. Da der Parlamentarische Rat als Reaktion hierauf im wesentlichen eine parlamentarische Demokratie angelsächsischer Prägung geschaffen habe, sei es notwendig, sich auch vom traditionellen deutschen Rechtsstaatsbegriff des 19. Jahrhunderts ganz zu lösen:

> Meine Ausgangsthese ist folgende: Herrschaft des Volkes im Sinne der parlamentarischen Demokratie ist identisch mit Herrschaft des Rechts (im Sinne der *rule of law*, nicht des Rechtsstaats).[72])

Also müsse auch beim Demokratieprinzip der prozessuale Aspekt im Mittelpunkt stehen. Insgesamt findet sich in Krieles Referat die Tendenz, die Vorstellung von staatlicher Neutralität und Überparteilichkeit ganz zu verabschieden und statt dessen allein eine funktionale Betrachtungsweise parlamentarisch-demokratischer Entscheidungsprozesse gelten zu lassen. Die Parallelen mit dem Denkstil der Smend-Schule, wie er dort seit nunmehr gut zehn Jahren zu finden war, treten hier deutlich zutage. Diese Übereinstimmung setzte sich in einzelnen Punkten von Krieles Referat fort, in denen er immer wieder verdeutlichte, in welchen Bereichen die fortbestehenden kontinentalen Traditionsbestände der Staatsrechtslehre mit einem westlichen Demokratieverständnis nicht in Einklang zu bringen waren. So sei am Repräsentationsbegriff allein in seiner rationalistischen Ausprägung im Sinne des ethischen Anspruchs auf sachliche und verantwortliche Meinungsbildung festzuhalten, gegenüber der Denktradition von Jean Jacques Rousseau und Carl Schmitt müsse hingegen ein deutlicher Bruch vollzogen werden. Hieraus ergebe sich dann etwa, daß die politischen Parteien eine unersetzliche Funktion im Regierungssystem erfüllten. Zudem sei aus einem westlichen Verständnis der Volksherrschaft abzuleiten, daß die Parlamente im Regierungssystem über die Prärogative verfügten, da die demokratische Legitimität der anderen Staatsorgane erst über sie vermittelt sei. In seiner Schrift aus demselben Jahr über die englische Verfassungsdiskussion im 17. Jahrhundert[73]) vervollständigte Kriele diesen Blickwinkel, indem er das Vernunftdenken und die Rechtsbindung im Sinne des neuzeitlichen Verfassungsstaates gegenüber dem Entscheidungsdenken und der Souveränitätsdoktrin im Sinne von Thomas Hobbes verteidigte.

72) Martin *Kriele*, Das demokratische Prinzip im Grundgesetz, in: VVDStRL 29 (1971), S. 46–84, hier: S. 49 (Hervorhebung im Original).
73) *Kriele*, Die Herausforderung des Verfassungsstaates.

In der Diskussion auf der Staatsrechtslehrertagung stieß das Referat von Kriele auf erstaunlich wenig Kritik. Kriele gehörte weder der Smend- noch der Schmitt-Schule an, was allen Seiten die uneingeschränkte Zustimmung erleichterte. Selbst Joseph H. Kaiser mußte zugeben:

> Der Vortrag von Martin Kriele war besonders interessant [...]. Interessant ist [in Krieles „Die Herausforderung des Verfassungsstaates"] die Wendung historischer Kontroversen in aktuelle Fragestellungen, für deren Beantwortung (namentlich an die Adresse der extremen Linken) Anleitung gesucht wird in der historischen Analyse.[74])

In Übereinstimmung mit Krieles Referat bestand in der Diskussion ein weitgehender Konsens, daß zum einen im Grundgesetz eine demokratische Ordnung westlicher Prägung geschaffen worden sei und daß zum anderen der prozessuale, auf politische Institutionen bezogene und rechtlich gebundene Aspekt des Demokratieprinzips heute im Mittelpunkt stehe. Wie ist diese überraschende Offenheit der Staatsrechtslehre gegenüber dem anglo-amerikanischen Verfassungsdenken zu erklären? Gegenüber zwei aktuellen Entwicklungen grenzten sich die Staatsrechtslehrer in der Diskussion immer wieder ab: Zum einen wiesen sie auf die Gefahren des industriell-technokratischen Entscheidungsprozesses hin, welcher die in der Verfassung vorgesehenen Verfahren zunehmend verdrängte, und zum anderen warnten sie vor Mißdeutungen des Demokratieprinzips durch die Studentenbewegung. Das Grundgesetz setze den Mitbestimmungsforderungen der linken Protestbewegung, die in eine antiinstitutionelle, plebiszitäre, identitäre und damit – aus Sicht der Staatrechtslehrer – letztlich totalitäre Richtung wiesen, deutliche Grenzen. Damit erfüllte die Studentenbewegung im Hinblick auf das Wirksamwerden des Westernisierungsprozesses in der Staatsrechtslehre eine Katalysatorenfunktion. Von dem Zeitpunkt an, da von fremder Seite die bis dahin dominierenden, aus dem Grundgesetz abgeleiteten Demokratiedeutungen als zentrale Komponente des Verfassungsdenkens massiv in Frage gestellt waren, sah sich die Staatsrechtslehre gezwungen, im eigenen Fach einen Konsens herzustellen, um so die als bedrohlich wahrgenommenen neuen Strömungen abzuwehren. Einem dezidierten Rückgriff auf traditionell deutsche Konzepte stand entgegen, daß sich die Neue Linke dieser teilweise selbst – etwa durch ein entschiedenes Anknüpfen an identitäre Demokratievorstellungen – für ihre eigenen politischen Zwecke bediente. Angesichts der Dominanz westeuropäisch-atlantischer Ideen in den bundesdeutschen politischen Debatten und angesichts der Vehemenz, mit der mittlerweile auch in der Staatsrechtslehre diese Ideen vertreten wurden, lag es am nächsten, sich diesem Trend nun anzuschließen.

Der Westernisierungsprozeß, der sich bereits in den Diskussionen zu anderen Punkten der Dogmatik und in einer zunehmend politisierten Grundhaltung der Staatsrechtslehrer angedeutet hatte, kam an dieser Stelle für alle sichtbar

[74]) Nachlaß *Schmitt*, Nr. 7126 (Kaiser an Schmitt vom 12. 10. 1970).

zum Durchbruch. Die Mehrheit der Staatsrechtslehrer vollzog eine gemäßigte Neuorientierung, indem sie die traditionellen Strömungen deutschen staatsrechtlichen Denkens in den Hauptstrom westeuropäisch-atlantischer Verfassungsvorstellungen einführte. Sie schloß sich somit im Vergleich zu anderen gesellschaftlichen Gruppierungen dem allgemeinen Trend zur Westernisierung, welcher seit Beginn der sechziger Jahre die bundesdeutsche Ideenlandschaft prägte, erst relativ spät an. Dies ist damit zu erklären, daß einerseits in der Staatsrechtslehre aufgrund eines besonders ausgeprägten nationalen Eigenbewußtseins und aufgrund starker personeller Kontinuitäten über die Epochenzäsuren von 1945 und 1949 hinweg nationalkonservative Grundhaltungen bis weit in die sechziger Jahre hinein besonders stark vertreten waren und daß andererseits von den USA kaum ein direkter Einfluß auf die Staatsrechtslehre ausging. Das Charakteristikum der Westernisierung der bundesdeutschen Staatsrechtslehre besteht folglich darin, daß sie sich weitgehend als ein reaktiver bzw. rezeptiver Vorgang vollzog. Als sich die Staatsrechtslehrer Ende der sechziger Jahre angesichts der allgemein konfrontativen Situation entscheiden mußten, welchem Staatsverständnis sie den Vorzug geben wollten, entschieden sie sich in ihrer Mehrheit für das westlich-transatlantische Ideologieangebot, für das die Smend-Schule über zehn Jahre hinweg Überzeugungsarbeit geleistet hatte.

3. Fortbestehende Animositäten zwischen der Schmitt- und der Smend-Schule unter veränderten Rahmenbedingungen

Der Denkstil der Smend-Schule entsprach dem politischen Klima der späten sechziger Jahre. Die Reformorientierung, die besonders in den Arbeiten von Horst Ehmke und Peter Häberle von Anfang an kontinuierlich zum Ausdruck gekommen war, war nunmehr gewissermaßen auf die Gesellschaft übergesprungen. Hoffnungen auf eine vom Parlament vorangetriebene soziale und liberale Reformpolitik, auf eine langfristige Zukunftsgestaltung durch die Politik und auf eine umfassende Modernisierung des gesamten politischen Systems im Sinne demokratischer Partizipation schienen jetzt realisierbar, was Horst Ehmke dazu veranlaßte, in die aktive Politik zu wechseln. Zudem stieß der von der Smend-Schule seit Jahren betriebene Westernisierungskurs unter den Staatsrechtslehrern nun allmählich auf Zustimmung. Im Jahre 1967 erschien Konrad Hesses Lehrbuch „Grundzüge des Verfassungsrechts" als Zusammenführung des Denkstils. Die Reaktionen der Staatsrechtslehre waren zustimmend bis überschwenglich[75]), so daß sich die „Grundzüge" unter den Studenten zu einem regelrechten Bestseller entwickelten.

[75]) Vgl. z.B. die Rezensionen von H. *Huber*, *Scheuner* und *Spanner* zu Konrad Hesse, Grundzüge des Verfassungsrechts. Vgl. des weiteren H. *Weber*, Literaturschau, S. 429f.

Neben seinem Referat auf der Staatsrechtslehrertagung tat sich Peter Häberle im Jahre 1970 mit seiner Habilitationsschrift über das öffentliche Interesse[76]) hervor. Er lieferte hier eine kritische Auseinandersetzung mit dem juristischen Gemeinwohlbegriff aus einer westernisierten Perspektive. Ernst Fraenkel hatte im Zusammenhang mit seiner Theorie des Neopluralismus an der unkritischen Verwendungsweise des Gemeinwohlbegriffs durch die Juristen wiederholt Kritik geübt. Mit Häberles Studie wurde das Thema nun erstmals aus den Reihen der Staatsrechtslehrer selbst zur Sprache gebracht. Aus dem Blickwinkel der Smend-Schule war dies längst überfällig, da aus ihrer Sicht mit Hilfe der Gemeinwohlformel weiterhin etatistische Ansichten zumindest mittelbar transportiert wurden.[77]) So distanzierte sich Häberle vom Gemeinwohl als metajuristisch vorausgesetzter impermeabler Größe und ersetzte den traditionellen Begriff durch den des öffentlichen Interesses. Öffentliches Interesse dürfe allein aus der konkreten Verfassung als der öffentlichen Gemeinwohlordnung der „res publica" und aus dem pluralistischen Gemeinwohlkonsens, welcher wiederum auf der Verfassung beruhe, hergeleitet werden. Auch hier maß er dem Verfahren im Sinne des „due process" eine zentrale Bedeutung bei, da es den einzelnen davor schütze, daß die öffentlichen Interessen verfehlt wurden.

Was sich an dieser Stelle bereits in Richtung einer offenen, an der pluralistischen Demokratie orientierten Sicht der Verfassungsinterpretation andeutete, entwickelte er fünf Jahre später in einem vielbeachteten Aufsatz über „Die offene Gesellschaft der Verfassungsinterpreten"[78]) weiter. Die Verfassung besaß hier kaum mehr einen bewahrenden Charakter, sondern sie wurde selbst zum zeitgebundenen dynamischen Prozeß. Eine herkömmliche, allein textbezogene juristische Interpretationstechnik wurde aus einem solchen Blickwinkel zur „Subsumptionsideologie". An ihre Stelle trat der Kompromiß als politische Konfliktlösung. Die pluralistische Verfassungsinterpretation erfolgte im politischen Prozeß durch die Kräfte der offenen Gesellschaft, durch ihre Gruppen und durch jeden einzelnen Bürger, sie wurde vom Gesetzgeber positiv umschrieben und war im Konfliktfall vom Bundesverfassungsgericht durch richterliche Entscheidung zu einem vorläufigen Abschluß zu bringen. Mit dieser Verfassungstheorie des Pluralismus, die in der Vorstellung einer „fließenden Geltungsfortbildung" des Verfassungsrechts in Smends Integrationslehre bereits angelegt war, nun aber konsequent zu Ende gedacht wurde, stand die Smend-Schule an einem Scheideweg, da Häberle den zulässigen Rahmen des Denkstils der Staatsrechtslehre als Wissenschaftsdisziplin zu verlassen und das Rechtssystem zu sprengen drohte. Dies war beispielsweise auf der Staats-

[76]) *Häberle*, Öffentliches Interesse als juristisches Problem. Vgl. hierzu *Schlothauer*, Zur Krise der Verfassungsgerichtsbarkeit, S. 150–156.

[77]) Vgl. z. B. Horst *Ehmke*, in: VVDStRL 24 (1966), S. 94.

[78]) *Häberle*, Die offene Gesellschaft der Verfassungsinterpreten.

rechtslehrertagung im Jahre 1971 der Haupteinwand gegen Häberles Referat, welcher vor allem von den Angehörigen der Schmitt-Schule vorgebracht wurde:

Grundrechte [...] sind für uns in erster Linie doch wohl ein juristisches Thema, und ich meine, man sollte die Gewährleistung der Grundrechte im Grundgesetz nicht für einen Katalog halten, aus dem man, der Bibel vergleichbar, jedes Bonmot begründen könnte.[79])

In diese Richtung ging aber auch die Stellungnahme von Roman Herzog:

[Ich würde] doch [hinsichtlich Häberles leistungsstaatlichem Grundrechtsverständnis] plädieren, sehr vorsichtig zu sein und diese relativ starre, natürlich im Kern an irgendwelchen Punkten auch wieder durchlässige Grenze zwischen Politik und geltendem Verfassungsrecht zu wahren.[80])

Konsequenterweise wurde Häberle in Zukunft zum Grenzgänger, der bewußt über die etablierten Schranken der Rechtswissenschaft hinaus dachte. So beschäftigte er sich von nun an primär mit kulturellen und verfassungsvergleichenden Themen.

In eine ganz andere Richtung wiesen die Arbeiten von Friedrich Müller. In einem Text aus dem Jahre 1966[81]) setzte auch er sich mit der juristischen Methodik auseinander und entwickelte auf der Grundlage der Topik ein hermeneutisches Verfahren, in dessen Mittelpunkt vor allem die Norm stehen sollte. Aus seiner Sicht lieferte diese als sachbestimmtes Ordnungsmodell die entscheidenden Gesichtspunkte im Verfahren der Verfassungskonkretisierung. Im einzelnen unterschied er zwischen dem konkreten Normtext und dem Normbereich. Bei der Normbereichsanalyse sei das aus dem Normtext abzuleitende Normprogramm auf die Lebensbereiche zu beziehen, die durch die Norm geregelt werden sollen. Dieser Wirklichkeitsbezug der Norm führt aus Müllers Sicht wiederum dazu, daß sie einem historischen Wandlungsprozeß ausgesetzt ist, der allerdings in Bahnen verlaufen soll, die vom Normprogramm vorgezeichnet sind. Normkonkretisierung ist also auch hier mehr als bloße Subsumption. Es handelt sich um eine schöpferische und wirklichkeitsbezogene Arbeit innerhalb von Grenzen, die vom Normtext festgeschrieben werden. Indem Müller damit aber den normativen Aspekt der Verfassung in den Mittelpunkt stellte, vertrat er ein weit statisch-positivistischeres[82]) Verfassungsverständnis als Häberle. Er knüpfte auf diese Weise eher an die normativistische Umdeutung an, die der Denkstil der Smend-Schule im ersten Nachkriegsjahrzehnt erfahren hatte.

79) Joseph H. *Kaiser*, in: VVDStRL 30 (1972), S. 157.

80) Roman *Herzog*, in: VVDStRL 30 (1972), S. 148.

81) *Müller*, Normstruktur und Normativität. Vgl. hierzu auch *Manterfeld*, Die Grenzen der Verfassung, S. 128–136; *Schlothauer*, Zur Krise der Verfassungsgerichtsbarkeit, S. 146–150.

82) In diesem Sinne z. B. auch *Müller*, Die Positivität der Grundrechte.

Während die Smend-Schule mit solchen Arbeiten im Mittelpunkt der Aufmerksamkeit stand, machten sich auf seiten der Schmitt-Schule in der zweiten Hälfte der sechziger Jahre deutliche Auflösungserscheinungen bemerkbar. Carl Schmitt hatte nunmehr ein Alter von 80 Jahren erreicht. Krankheit führte dazu, daß die Zahl und die Regelmäßigkeit seiner Briefe nachließ. Dadurch büßte er aber auch an Integrationskraft ein, die immer die wesentliche Basis für den Zusammenhalt seines Denkkollektivs gewesen war. So erlahmte der Briefwechsel mit Werner Weber, der Kontakt zu Roman Schnur und Ernst Rudolf Huber riß über Jahre hinweg völlig ab. An seiner Festschrift aus dem Jahre 1968[83]) beteiligten sich Werner Weber und Hans Schneider nicht mit eigenen Beiträgen. Ernst-Wolfgang Böckenförde versuchte erfolglos, zumindest Roman Schnur zur Mitarbeit zu überreden:

> Ich meine, Sie sollten doch – wenn eine Festschrift überhaupt veranstaltet wird – mit dabei sein [...]. Daß Sie Schüler von Carl Schmitt sind, haben Sie ja nie verleugnet, und es würden, wenn Sie fehlten, mit Sicherheit Mutmaßungen darüber angestellt, ob und warum Sie die Flagge gewechselt hätten oder welcher Krach bei den C.S.-Leuten ausgebrochen sei.[84])

Auch zu der Feier anläßlich Schmitts 80. Geburtstag in Santiago der Compostela, die eigentlich als Demonstration für Carl Schmitt geplant war[85]), kamen aus dem Kreis der Staatsrechtslehrer nur Ernst Forsthoff und Joseph H. Kaiser. Dieser nachlassende Zusammenhalt des Denkkollektivs führte zudem zu Spannungen unter den einzelnen Schülern. So hatte Ernst Forsthoff kein Verständnis dafür, daß Werner Weber von seinem früheren Lehrer mehr und mehr abrückte:

> Morgen hat Werner Weber 65. Geburtstag. Ich habe ihm gratuliert, mich aber bei der Formulierung des Glückwunsches doch etwas schwer getan, aus Gründen, die am Tage liegen.[86])

Für Ernst Forsthoff wurde es immer offensichtlicher, daß sein Denken und sein Habitus dem Trend der Zeit kaum noch entsprachen. Seit Mitte der sechziger Jahre verlor er den Kontakt zu den Studenten, die Lehre wurde ihm zur Last.[87]) Für die politischen Forderungen und die Aktionsformen der Studenten hatte er keinerlei Verständnis:

> Die Verpöbelung [an den deutschen Universitäten] hat einen Grad erreicht, der unerträglich ist. Das wird aus den Universitäten, wenn es keinen Staat mehr gibt. Die Berliner Vorgänge, die auch auf die westdeutschen Universitäten übergreifen, sind ein staatspolitisches Lehrstück ersten Ranges.[88])

[83]) Vgl. *Barion*, Epirrhosis.

[84]) Nachlaß *Schnur*, Nr. 104 (Böckenförde an Schnur vom 6. 3. 1967).

[85]) Vgl. Nachlaß *Schmitt*, Nr. 7115 (Kaiser an Schmitt: „Ich trotze den ‚Happenings‘, und man mag die Reise nach Santiago durchaus als Demonstration deuten.“).

[86]) Nachlaß *Schmitt*, Nr. 3932 (Forsthoff an Schmitt vom 31. 8. 1969). Vgl. zudem ebda., Nr. 3938 (Forsthoff an Schmitt vom 18. 12. 1969: „Webers Verhalten wird mir immer unverständlicher.“).

[87]) Vgl. Nachlaß *Schmitt*, Nr. 3881 (Forsthoff an Schmitt vom 31. 12. 1965).

[88]) Nachlaß *Schmitt*, Nr. 3898 (Forsthoff an Schmitt vom 9. 7. 1967).

Er reagierte hierauf, indem er sich, als er an die Pensionsgrenze gelangte, sogleich emeritieren ließ. Gleichzeitig ging er auf einen Vorschlag von Roman Schnur ein und erklärte sich bereit, mit diesem zusammen von 1968 an „Die Verwaltung" als neue Zeitschrift für eine realitätsbezogene, an grundsätzlichen Fragen orientierte Verwaltungswissenschaft und Verwaltungspraxis herauszugeben.[89]) Aber trotz dieses Projektes und anderer Arbeiten, die er kontinuierlich publizierte, nahm seine Popularität immer weiter ab. Für seine „Ebracher Seminare" fanden sich kaum noch Teilnehmer, so daß im Jahre 1972 das Treffen ganz ausfallen mußte.[90]) In dieser Situation blieb ihm in seinen Augen nur noch, sich wenigstens selbst treu zu bleiben und auch weiterhin die Rolle des „redlichen Etatisten" zu spielen.[91])

Nicht anders erging es Werner Weber. Er versuchte zwar stärker, sich dem neuen Zeitgeist anzupassen, indem er gegenüber der Schmitt-Schule auf Distanz ging, aber trotz solcher Bemühungen geriet auch er unaufhaltsam ins Abseits. Als sich Roman Schnur im Jahre 1971 beim Ullstein-Verlag für eine Paperback-Ausgabe von Webers „Spannungen und Kräfte im westdeutschen Verfassungssystem" einsetzte, da es sich bei diesem Buch um eine der „wesentlichen Neuerscheinungen der letzten Zeit" handele, folgte die Ablehnung des Verlages auf dem Fuße:

> Die jungen Hochschullehrer, mit denen ich diese Frage durchsprach, waren zurückhaltend, was das Interesse der Schüler an einer Verfassungsdiskussion angeht, die aus den fünfziger Jahren stammt.[92])

Hier wird deutlich, wie das Denken der älteren Generation der Schmitt-Schule mit dem politisch-ideellen Klima Ende der sechziger kaum mehr in Einklang zu bringen war. Nicht zufällig waren Ernst Forsthoff, Werner Weber und Hans Schneider die ersten, die aufgrund ihres reaktionär erscheinenden Auftretens und Denkens ins Schußfeld der Studentenbewegung gerieten.[93]) In einer Rezensionsabhandlung aus dem Jahre 1971[94]) – von Forsthoff als „verspätete Flegelei" bezeichnet[95]) – brachte Helmut Ridder den unzeitgemäßen Charakter des Denkkollektivs hellsichtig zur Sprache. Carl Schmitt entspreche dem gewandelten staatspolitischen Geist der Bundesrepublik nicht länger. Da die bis vor kurzem bestehende „Demokratieresistenz" der Deutschen nunmehr wegge-

[89]) Nachlaß *Schnur*, Nr. 70 (Forsthoff an Schnur vom 22. 4. 1966); Herausgeber und Verlag, Zum Geleit, in: Die Verwaltung 1 (1968), S. 1f.

[90]) Vgl. Nachlaß *Schmitt*, Nr. 3946, 3953 und 3962 (Forsthoff an Schmitt vom 24. 9. 1970, vom 24. 6. 1971 und vom 9. 7. 1972).

[91]) Nachlaß *Schmitt*, Nr. 3957 (Forsthoff an Schmitt vom 1. 12. 1971).

[92]) Nachlaß *Schnur*, Nr. 13 (Schnur an Wolf Jobst Siedler vom 3. 3. 1971 und Siedler an Schnur vom 17. 3. 1971).

[93]) Vgl. z.B. Nachlaß *Schmitt*, Nr. 3905, 3906, 3930, 3938 und 3943 (Forsthoff an Schmitt vom 4. 2. 1968, vom 12. 3. 1968, vom 23. 6. 1969, vom 18. 12. 1969 und vom 29. 6. 1970).

[94]) *Ridder*, Epirrhosis.

[95]) Nachlaß *Schmitt*, Nr. 3949 (Forsthoff an Schmitt vermutlich vom 27. 11. 1971).

brochen sei, müßte sich die Schmitt-Schule heute damit abfinden, gänzlich unmodern geworden zu sein. Angesichts einer „stillschweigenden Konkordanz über alle wesentlichen Gesellschaftsbereiche hinweg", angesichts einer sich überall breitmachenden „Politik der Mitte" und angesichts einer Staatsrechtslehre, in der mittlerweile eine sozialstaatliche und wertgebundene Interpretationsrichtung dominierend sei, gerate der traditionelle Dezisionismus unvermeidlich ins Abseits.

Den jüngeren Angehörigen der Schmitt-Schule blieb in dieser Situation, auf möglichst konstruktive Weise vor den verhängnisvollen Konsequenzen der aktuellen Entwicklung der Wissenschaftsdisziplin zu warnen, deren Richtung aus ihrer Sicht vor allem von der Smend-Schule bestimmt wurde.[96]) Durch die expansive wertbezogene und einseitig sozialstaatliche Verfassungsinterpretation weise die Staatsrechtslehre den Weg in den Jurisdiktionsstaat, da sie dem Richter Kompetenzen zuschreibe, die an sich allein dem demokratisch legitimierten Gesetzgeber zukämen. Es sei primär dessen Aufgabe, Verfassungsgrundsätze in anwendbares Recht umzusetzen. Die Verfassung sei hierbei lediglich liberale Rahmenordnung, die das Grundverhältnis Staat-Bürger regele, und nicht ideologisch überfrachtete Grundordnung des Gemeinwesens.

Die Differenzen zwischen der Schmitt- und der Smend-Schule wurden also auch von der jüngeren Generation fortgetragen, obwohl sich in Einzelfragen durchaus zeigte, daß man vom Ergebnis her nicht weit auseinander lag. In diesem Sinne verlief beispielsweise die Diskussion zum Thema Gewissensfreiheit auf der Staatsrechtslehrertagung im Jahre 1969[97]), auf der mit dem Schweizer Richard Bäumlin und Ernst-Wolfgang Böckenförde zwei prominente Vertreter der beiden dominierenden Denkkollektive referierten. In ihren Vorträgen traten die Gegensätze beim Grundrechtsverständnis deutlich hervor: hier der Versuch, über einen pragmatischen und fallbezogenen Abwägungsprozeß die unterschiedlichen Verfassungsgüter miteinander in eine praktische Konkordanz zu bringen, um so in Übereinstimmung mit dem Gesetzesrecht der Gewissensfreiheit optimale Wirksamkeit zu verschaffen, dort die Interpretation des Grundrechts als eines individuellen Abwehrrechtes im Sinne des bürgerlich-liberalen Rechtsstaates, das durch die Rechte der anderen und durch „die letzten Zwecke des Staates" begrenzt werde. Wie die Diskussion sogleich deutlich machte, beruhten die Differenzen auch hier letztlich auf einem entgegengesetzten Staatsverständnis. So meldete Helmut Quaritsch gegen die Verwendung importierter Begriffe wie „political society" oder „civil society" im Referat von

[96]) Vgl. z.B. Joseph H. *Kaiser*, in: VVDStRL 30 (1972), S. 156f.; Ernst-Wolfgang *Böckenförde*, in: ebda., S. 162–165; Hans H. *Klein*, in: ebda., S. 169–171; *Böckenförde*, Entstehung und Wandel des Rechtsstaatsbegriffs; ders., Grundrechtstheorie und Grundrechtsinterpretation; ders., Zur Lage der Grundrechtsdogmatik nach 40 Jahren Grundgesetz; H. *Klein*, Die Grundrechte im demokratischen Staat.

[97]) Richard *Bäumlin* und Ernst-Wolfgang *Böckenförde*, Das Grundrecht der Gewissensfreiheit, in: VVDStRL 28 (1970), S. 3–148 (mit Aussprache).

Bäumlin Bedenken an, wohingegen Konrad Hesse Böckenförde vorwarf, dieser ersetze die juristische Dogmatik durch eine in der Verfassung nicht enthaltene Staatstheorie. Aus Hesses und Bäumlins Sicht ließ sich die Gewissensfreiheit nicht auf staatstheoretischem Wege, sondern nur durch die Verfassung selbst oder über eine Begrenzung des grundrechtlichen Schutzbereiches einschränken. Böckenförde wiederum wollte solche Infragestellung seiner juristisch-dogmatischen Kompetenzen nicht auf sich sitzen lassen:

> [Die Frage von Herrn Hesse] offenbart, glaube ich, tiefergehende methodische Unterschiede, als zunächst in dem Augenblick, als sie gestellt wurde, deutlich geworden ist. [...] Ich meine, daß [das von mir gewählte] Vorgehen gerade dogmatisch sehr konsequent ist. Wir können natürlich streiten, ob die von mir angeführten elementaren letzten Zwecke des Staates die richtigen sind. Aber daß man so verfahren kann und m.E. so verfahren muß als dogmatischer Verfassungsjurist, das möchte ich mir nicht gerne abhandeln lassen.[98])

Doch trotz solcher grundsätzlicher Meinungsverschiedenheiten zeigte sich, daß die beiden Referenten in konkreten Sachfragen zu ganz ähnlichen Ergebnissen kamen. So vertraten beide in Übereinstimmung mit der Mehrheit der anwesenden Staatsrechtslehrer die Ansicht, daß Art. 4 I GG nicht nur die Freiheit, sich ein Gewissen zu bilden, schütze, sondern auch die Gewissensbetätigungsfreiheit miteinschließe. Ebenso betonten beide, daß bei der Gewissensentscheidung rationale Gründe unverzichtbar seien. Auf allgemeinen Widerspruch stieß hingegen Peter Häberle mit seinem Vorschlag, „Pluralgruppen" in den Schutzbereich des Art. 4 GG miteinzubeziehen, da ansonsten die Gefahr bestehe, daß die Gewissensfreiheit als politische Waffe mißbraucht werde. Groß war sodann das Erstaunen über die Übereinstimmung, die sich in der Diskussion über die Grenzen der Schulen hinweg bemerkbar gemacht hatte. Bäumlin selbst erklärte dies damit, daß sich letztlich doch die juristische Vernunft durchgesetzt habe:

> Die Grundkonzeptionen, von denen Herr Böckenförde und ich ausgegangen sind, bleiben – wie unsere Begründungen – sehr verschieden. Wenn wir uns im praktischen Ergebnis doch recht nahe gekommen sind, steht das der juristischen Vernunft, die nicht ideologisch, sondern praktisch rational sein soll, einigermaßen wohl an.[99])

Wo zwischen der Schmitt- und der Smend-Schule die Gegensätze weiterhin lagen, zeigte sich bei der zu Beginn der siebziger Jahre fortgesetzten Kontroverse über das Verhältnis von Staat und Gesellschaft. Vor dem Hintergrund der radikalen Demokratisierungsforderungen der Studentenbewegung, dem umfassenden Demokratisierungsprogramm, mit dem die neue Bundesregierung angetreten war, und der jüngsten Entwicklung der Rechtsprechung des Bundesverfassungsgerichts, bei der nicht mehr eindeutig zwischen öffentlichen und

98) Ernst-Wolfgang *Böckenförde*, in: VVDStRL 28 (1970), S. 144.
99) Richard *Bäumlin*, in: VVDStRL 28 (1970), S. 148.

staatlichen Aufgaben unterschieden wurde[100]), erschien auf seiten der Schmitt-Schule noch einmal – in Übereinstimmung mit einem kurzzeitigen Trend in der Staatsrechtslehre allgemein[101]) – eine Reihe von Stellungnahmen, in denen die Notwendigkeit einer prinzipiellen Scheidung von Staat und Gesellschaft für das Öffentliche Recht betont wurde.[102]) Ernst-Wolfgang Böckenförde verfaßte im Jahre 1972 zu diesem Thema einen vielbeachteten Festschriftbeitrag[103]), von dem er Auszüge zuvor in der Zeitschrift „Aus Politik und Zeitgeschichte" veröffentlicht hatte[104]). Zudem erschien ein Jahr später erneut ein inhaltlich ähnlicher Vortrag in gedruckter Form.[105]) Böckenförde hatte über die Jahre hinweg den scharfen Angriff von Horst Ehmke gegen seinen Aufsatz über Lorenz von Stein aus dem Jahre 1963 nicht vergessen und hielt nun den richtigen Zeitpunkt für gekommen, um erneut auf das Thema zurückzukommen. Horst Ehmke ließ er seine neuerlichen Ausführungen denn auch sogleich zukommen:

> Sie schrieben mir [vor zehn Jahren] dem Sinne nach, daß dies noch keine Auseinandersetzung sei, sondern eine bloße Gegenbehauptung. Ich würde heute sagen, mit Recht. Das Problem hat mich freilich nicht losgelassen.[106])

In seinen neuen Aufsätzen versuchte Böckenförde zu zeigen, daß ein Festhalten an der Unterscheidung von Staat und Gesellschaft aus verfassungsrechtlicher Sicht unverzichtbar sei. Da die Gesellschaft aus sich heraus soziale Ungleichheit hervorbringe und dazu tendiere, sich selbst zu zerstören und totalitär zu werden, sei es notwendig, die politische Entscheidungsfunktion organisatorisch zu verselbständigen. Dabei bestehe zwischen Staat und Gesellschaft keine strikte Trennung, sondern ein wirksames Beziehungsverhältnis. Der Staat sei heute zwar kein Gemeinwesen, aber doch „organisierte Wirkeinheit" im Sinne von Hermann Heller. Als solche sorge er gegenüber der Gesellschaft durch Intervention für Ordnung und Freiheit und wirke der sozialen Ungleichheit entgegen, wohingegen die Gesellschaft auf die staatlichen Entscheidungs-

[100]) BVerfGE 31, 314 (329). Vgl. hierzu *Böckenförde*, Die Bedeutung der Unterscheidung von Staat und Gesellschaft im demokratischen Sozialstaat der Gegenwart, S. 22.

[101]) Vgl. hierzu S. 296f. dieser Arbeit.

[102]) Wilhelm *Henke*, Rechtsformen der sozialen Sicherung und das Allgemeine Verwaltungsrecht, in: VVDStRL 28 (1970), S. 149–185, hier: S. 166f. und 264f.; ders., Das Recht der politischen Parteien, 2. Aufl., S. 1–21; ders., Die Lehre vom Staat, S. 225–233; Helmut *Quaritsch*, in: Verhandlungen des 48. Deutschen Juristentages, Band 2, S. O34–57 und O167f.; *Forsthoff*, Der Staat der Industriegesellschaft, insbesondere: S. 21–29; H. *Klein*, Die Grundrechte im demokratischen Staat, S. 34f.

[103]) *Böckenförde*, Die Bedeutung der Unterscheidung von Staat und Gesellschaft im demokratischen Sozialstaat der Gegenwart. Vgl. hierzu des weiteren *Mehring*, Zu den neu gesammelten Schriften und Studien Ernst-Wolfgang Böckenfördes, S. 459f.; *Manterfeld*, Die Grenzen der Verfassung, S. 45–54.

[104]) In: APuZG, B 49/71 (4. 12. 1971), S. 3–17.

[105]) *Böckenförde*, Die verfassungstheoretische Unterscheidung von Staat und Gesellschaft als Bedingung der individuellen Freiheit.

[106]) Depositum *Ehmke*, Nr. 501 (Böckenförde an Ehmke vom 17. 5. 1973).

organe beispielsweise durch Wahlen und durch die Entsendung von Amtsträgern Einfluß ausübe. Durch die Unterscheidung würden dem demokratischen Prinzip und der staatlichen Entscheidungsgewalt freiheitssichernde Grenzen gesetzt. Böckenfördes Ansicht stand zu Beginn der siebziger Jahre – wie er wohl wußte – einerseits die herrschende Meinung, andererseits die Verfassungswirklichkeit entgegen. Insofern mußte das Fazit seines Aufsatzes resignativ ausfallen. Aufgrund zunehmender Planungszusammenhänge und neuer sozialstaatlicher Aufgaben sei der Staat heute gezwungen, auf Mittel zurückzugreifen, die sich der rechtsstaatlichen Formtypik und Kontrolle entzögen und die dazu führten, daß er immer stärker mit der Wirtschaft identifiziert würde. Der Staat gerate gegenüber dem industriell-wirtschaftlichen Prozeß in eine Dienstfunktion. An die Stelle der staatlichen Funktionsreduzierung als Voraussetzung der gesellschaftlichen Freiheit trete heute die universale Verantwortung des Staates für den wirtschaftlichen Gesamtprozeß:

> [D]ie mit dem liberalen Zeitalter begonnene Trennung von staatlicher Macht und Wirtschaftsmacht ist dann an ihr Ende gekommen.[107])

Horst Ehmke schrieb hierauf sogleich zurück[108]), daß er Böckenfördes Arbeit zwar mit Interesse gelesen, sie ihn inhaltlich aber nicht überzeugt habe. Eine solche „quasi-naturrechtliche Heiligsprechung des Dualismus von Staat und Gesellschaft" sei für ihn inakzeptabel. Die Freiheit sei nicht, wie Böckenförde annehme, ein naturrechtlicher Paradieszustand, sondern eine Leistung des politischen Gemeinwesens, gerade auch indem dieses das „government" beschränke. Vor allem aber sei es unzulässig, durch die Verselbständigung des Staates gegenüber der Gesellschaft das politische Gemeinwesen seines umfassenden Verbandscharakters zu entkleiden und sich zugleich auf Hermann Heller zu berufen.

Eine erste öffentliche Entgegnung auf Böckenfördes Aufsatz verfaßte der Politikwissenschaftler Christian Graf von Krockow[109]), der erneut nachzuweisen versuchte, daß die Trennung von Staat und Gesellschaft auch in der differenzierten Spielart von Böckenförde im Kern unpolitisch sei und damit „ein Residuum antidemokratischer Potentiale" darstelle. Drei Jahre später lieferte dann Konrad Hesse, der mittlerweile zum Bundesverfassungsrichter aufgestiegen war, mit einem Aufsatz in der „Öffentlichen Verwaltung"[110]) die offizielle Entgegnung der Smend-Schule. Es war dies im Grunde ein abschließendes Plädoyer für einen Denkstil, der deutlich von der Reformeuphorie der sechziger Jahre geprägt worden war, nun aber in die Defensive geriet, als sich seit der

107) *Böckenförde*, Die Bedeutung der Unterscheidung von Staat und Gesellschaft im demokratischen Sozialstaat der Gegenwart, S. 30.

108) Depositum *Ehmke*, Nr. 501 (Ehmke an Böckenförde vom 21. 5. 1973).

109) Von *Krockow*, Staat, Gesellschaft, Freiheitswahrung (Zitat: S. 4).

110) *Hesse*, Bemerkung zur heutigen Problematik und Tragweite der Unterscheidung von Staat und Gesellschaft.

Jahreswende 1973/74 in der gesamten westlichen Welt als Folge des Ölschocks eine deutliche Krisenstimmung breitmachte und die Inkongruenz gesellschaftlicher Wandlungsprozesse und politischer Steuerungsmodelle immer deutlicher zutage trat[111]). Hesse versuchte noch einmal zu zeigen, daß der Staat heute keine außerhalb der Gesellschaft stehende substanzhafte Einheit mehr sei, sondern allein auf gesellschaftliches Handeln zurückzuführen sei und folglich als ein gesellschaftliches Handlungssystem verstanden werden müsse. Zwar führe die völlige Identität von Staat und Gesellschaft entweder zu einem totalen Staat oder einer totalen Gesellschaft, hingegen führe aber auch das andere Extrem einer zu weitgehenden Ablösung des Staates von der Gesellschaft zu einem „Staat der sich über die Gesellschaft stellenden, ihr immer mehr entfremdenden Macht“[112]). Die Lösung der Problematik von Staat und Gesellschaft war aus Hesses Sicht folglich nicht in einer vorausgesetzten fundamentalen Unterscheidung, sondern in einer konkreten und differenzierten Zuordnung zu suchen. Hier gelte es, das richtige Maß an Trennung und Verbindung zu finden. So ließen sich beispielsweise mit dem traditionellen rechtsstaatlichen Verständnis der Grundrechte als Abwehrrechte des einzelnen gegenüber dem Staat Fragen nach der Notwendigkeit und nach den Grenzen staatlicher Planung und Fürsorge kaum lösen.

Hinter dieser Auseinandersetzung zwischen Böckenförde und Hesse verbarg sich auch weiterhin die Unvereinbarkeit der Denkstile. Es war schlichtweg Glaubenssache,

- ob der Staat als eine von der Gesellschaft abgelöste Herrschaftsorganisation oder ob das politische Gemeinwesen, in dessen Rahmen der Staat lediglich als eine gesellschaftliche Funktion begriffen wurde, Ausgangspunkt bei der Lösung staatsrechtlicher Probleme sein sollte,
- ob der Staat der Verfassung voraus lag oder ob die Verfassung statt dessen eine dezidierte Staatstheorie ersetzen sollte,
- ob somit die Verfassung lediglich eine staatliche Rahmenordnung oder aber die rechtliche Grundordnung des gesamten politischen Gemeinwesens mit einer allseitig dirigierenden Funktion darstellte und
- ob Freiheit im Sinne des rechtsstaatlichen Verteilungsprinzips einen vorstaatlichen und gegen den Staat gerichteten Charakter besaß oder aber als Resultat staatlicher Gewährleistung angesehen wurde.

Jenseits dieser Grundsatzfragen kamen aber auch Böckenförde und Hesse zu ganz ähnlichen Ergebnissen.[113]) Daß im modernen Sozialstaat der Staat auf die Gesellschaft bezogen sei, daß somit von einer Unterscheidung anstatt von einer

[111]) Vgl. hierzu *Metzler*, Am Ende aller Krisen?, S. 98–102.

[112]) *Hesse*, Bemerkung zur heutigen Problematik und Tragweite der Unterscheidung von Staat und Gesellschaft, S. 439.

[113]) In diesem Sinne auch Ernst-Wolfgang *Böckenförde*, Einleitung, in: ders., Staat und Gesellschaft, S. XI–XVI, hier: S. XIVf.

Trennung bzw. einem Dualismus zu sprechen sei, wurde auch von der Schmitt-Schule kaum mehr bestritten. Gleichzeitig stimmte die Smend-Schule darin überein, daß die Unterscheidung als Alternative zur gefährlichen Vorstellung von einer Identität von Staat und Gesellschaft unverzichtbar sei. Vor allem aber in Einzelfragen herrschte mittlerweile zwischen der Schmitt- und der Smend-Schule weitgehende Einigkeit – etwa daß der moderne Sozialstaat zur Freiheitssicherung auf die Gesellschaft angewiesen war, daß hierbei Parteien und Verbände eine wertvolle Zwischenstellung einnahmen und daß die Gesellschaft des staatlichen Schutzes auch vor gesellschaftlichen Beeinträchtigungen bedurfte. Nachdem Böckenförde ihm seinen neuen Aufsatz zugeschickt hatte, erkannte Horst Ehmke denn auch gleich das hohe Maß an Übereinstimmung:

[Ihre Arbeit] unterscheidet sich von meinen Überlegungen kaum.[114]

Hiermit ist es zu erklären, daß die als theoretische Grundsatzdiskussion geführte Debatte über die Unterscheidung von Staat und Gesellschaft nach Konrad Hesses Entgegnung keine Fortsetzung fand. Sie war Mitte der siebziger Jahre zu einem Abschluß gekommen. In den Grundsatzfragen waren die Argumente ausgetauscht. Der Mehrheit der Staatsrechtslehrer erschienen in dieser Form geführte staatstheoretische Auseinandersetzungen ohnehin seit einigen Jahren, wie gleich noch abschließend zu zeigen sein wird, als wenig sachdienlicher ideologischer Ballast.[115]

[114] Depositum *Ehmke*, Nr. 501 (Ehmke an Böckenförde vom 21. 5. 1973).

[115] In diesem Sinne etwa Walter Schmidt (geb. 1934), der in einer Auseinandersetzung mit Böckenfördes Gedanken dafür plädierte, bei der Debatte um die Gegenüberstellung von Staat und Gesellschaft endlich Scheinkontroversen zu erkennen und für die Zukunft zu vermeiden: *Schmidt*, Die Entscheidungsfreiheit des einzelnen zwischen staatlicher Herrschaft und gesellschaftlicher Macht, insbesondere: S. 45.

VI. Ausblick: Staatsrechtslehre ohne Staat

Der Staat trat als Denkkategorie zu Beginn der siebziger Jahre bei der Mehrheit der Staatsrechtslehrer gänzlich in den Hintergrund. Was sich im Denken Peter Lerches bereits zu Beginn der sechziger Jahre angedeutet hatte, setzte sich damit mehrheitlich durch. Staatstheoretische Erwägungen wurden nunmehr für die juristische Problemlösung als wenig sachdienlich angesehen. Hierfür spricht beispielsweise der Bedeutungsverlust der Allgemeinen Staatslehre als der traditionell wirklichkeitsorientierten juristischen Teildisziplin, die sich insbesondere mit dem Begriff und Wesen des Staates auseinandersetzt. Sie verlor immer mehr ihren spezifisch juristischen Charakter und näherte sich statt dessen der Politikwissenschaft an.[1]) Auch brachen die letzten Nachhutgefechte über die Frage, inwieweit an der Unterscheidung von Staat und Gesellschaft festzuhalten sei, wie wir soeben gesehen haben, Mitte der siebziger Jahre plötzlich ab, da offensichtlich kein Interesse mehr an solchen staatstheoretischen Debatten bestand.[2]) Statt dessen wurde nun ein stärker formal ausgerichteter, streng juristisch-normativistischer Denkansatz angewendet, mit dem man für staatsrechtliche Einzelfragen und konkrete Sachprobleme bestens gerüstet schien und der der Emotionalisierung, von der die Debatten während der vergangenen 20 Jahre immer wieder geprägt gewesen waren, entgegenwirkte.

Damit hatte sich der Westernisierungsprozeß bei der breiten Mehrheit der Staatsrechtslehrer endgültig durchgesetzt. Das Denken vom Staat her als Grundlage für die historische Entwicklung der deutschen Wissenschaft vom Öffentlichen Recht war nach etwa einhundert Jahren an ein Ende gekommen. Die deutsche Linie des Staatsverständnisses floß mit der westeuropäisch-atlantischen zusammen, und es kam so zu einer Mischung aus deutschen und westlichen Traditionen. Zudem ging ein Zeitabschnitt der Staatsrechtslehre von etwa 50 Jahren zu Ende, in dem intensiv über die theoretischen Grundlagen des Faches – und hierbei vor allem über den Staat – nachgedacht und debattiert worden war. In diesem Kontext waren die Denkansätze von Carl Schmitt und Rudolf Smend entstanden, und vor diesem Hintergrund hatte sich in der Nachkriegszeit die Auseinandersetzung um ein zeitgemäßes Staatsverständnis zwischen den beiden dominierenden Denkkollektiven fortgesetzt.

[1]) Vgl. z.B. *Zippelius*, Allgemeine Staatslehre; *Herzog*, Allgemeine Staatslehre, insbesondere: S. 16–34; Thomas *Oppermann*, in: Öffentliches Recht in Ausbildung und Prüfung nach den neuen Juristenausbildungsordnungen, S. 766; *Henke*, Die Lehre vom Staat, S. 235f. Vgl. hierzu des weiteren *Korioth*, Integration und Bundesstaat, S. 282f.; *Möllers*, Staat als Argument, S. 129f., 141f. und 418–422.

[2]) Vgl. Hans Heinrich *Rupp*, Die Unterscheidung von Staat und Gesellschaft, in: *Isensee* und *Kirchhof*, Handbuch des Staatsrechts der Bundesrepublik Deutschland, Band 1, S. 1187–1223, hier: Rdnr. 1.

Der tiefgreifende Umdenkprozeß der Staatsrechtslehre hatte sich seit den späten fünfziger und in den sechziger Jahren, wenn auch für viele unbemerkt, kontinuierlich und unaufhaltsam vollzogen. Am Ende dieser Entwicklung stand der Durchbruch einer gemäßigt pluralistischen Grundhaltung. Zum einen war es zwischen den einzelnen Konzeptionen der Mehrheit der Staatsrechtslehrer und den Ansätzen der Smend-Schule, zu denen diese auf der Grundlage einer dezidiert pluralistischen Grundhaltung westlich-transatlantischer Prägung gelangt war, zu einer Annäherung gekommen, ohne daß die Mehrheit die theoretischen Prämissen der Smend-Schule im einzelnen teilte. Es hatte sich letztlich nicht das, was der Smend-Schule vorgeschwebt hatte, nämlich die Ersetzung des traditionellen Etatismus durch ein dezidiertes Denken vom politischen Gemeinwesen her, durchgesetzt, sondern der von der Gesellschaft losgelöste Staat hatte immer mehr an praktischer Relevanz eingebüßt und war dann in methodisch-theoretischer Hinsicht ganz in den Hintergrund getreten, ohne durch eine vergleichbare Kategorie ersetzt zu werden. Zum anderen wurden in der Staatsrechtslehrervereinigung zunehmend auf einem politisierten Selbstverständnis beruhende pluralistische Verhaltensweisen praktiziert, was in den Jahren zuvor schlichtweg unvorstellbar gewesen wäre.

Groß war das Erstaunen und auch das Erschrecken besonders der Schmitt-Schule, als sie erkannte, an welchem Punkt die Staatsrechtslehre somit angelangt war. Es kam hier zu einem regelrecht resignativen Nachruf auf den Staat. In der Schmitt-Schule war es seit einigen Jahren ein weitverbreitetes Argumentationsmuster, die zunehmende Entstaatlichung und Herrschaftslosigkeit des bundesdeutschen Gemeinwesens zu beklagen.[3]) In diesem Sinne schrieb auch Theodor Maunz im Jahre 1972 an Carl Schmitt:

> Der Staat, nicht nur Gegenstand unseres Wissenschaftszweiges, sondern Grundlage unseres Lebens und Wirkens, droht sich aufzulösen.[4])

Damit bestand die akute Gefahr, daß mit dem Verlust an Staatlichkeit auch eine zuverlässige Friedens- und Freiheitswahrung nicht länger möglich war. Daß nun aber auch die Juristenzunft, in die bis dahin alle Hoffnung gesetzt worden war, den Prozeß der Entstaatlichung am ehesten aufhalten zu können, am Staatsbegriff kaum mehr Interesse zeigte, ließ die Krise des Staatsbewußtseins

[3]) Vgl. z. B. *Weber*, Der deutsche Bürger und sein Staat; ders., Die Bundesrepublik und ihre Verfassung an der Schwelle des dritten Jahrzehnts; *Forsthoff*, Der Staat der Industriegesellschaft; *Quaritsch*, Staat und Souveränität, S. 14f.; *Böckenförde*, Die Bedeutung der Unterscheidung von Staat und Gesellschaft im demokratischen Sozialstaat der Gegenwart, S. 26–30; *Henke*, Die Lehre vom Staat, S. 219; E. R. *Huber*, Rudolf Smend, S. 120f. Vgl. auch *Krüger*, Die deutsche Staatlichkeit im Jahre 1971. Vgl. hierzu des weiteren *Möllers*, Staat als Argument, S. 141–147.

[4]) Nachlaß *Schmitt*, Nr. 9254 (Maunz an Schmitt vom 29. 12. 1972). Vgl. zudem ebda., Nr. 9250 (Maunz an Schmitt vom 26. 12. 1969: „Die Entwicklung im staatlichen Bereich seitdem ist freilich alles andere als ermutigend. Was bisher als Staat angesehen worden ist, löst sich anscheinend rascher auf, als wir es damals befürchtet haben.").

und der gegenwärtigen Situation überhaupt um so brisanter erscheinen. Ernst-Wolfgang Böckenfördes Klage über den gerade erschienenen ersten Band von Klaus Sterns „Staatsrecht der Bundesrepublik Deutschland" als einem zeittypischen „Staatsrecht ohne Staat"[5]) war demnach ein Eingeständnis, daß die staatstheoretischen Bemühungen des eigenen Denkkollektivs während der vergangenen 30 Jahre in der Staatsrechtslehre ohne Wirkung geblieben waren. In dieselbe Richtung ging sieben Jahre zuvor Wilhelm Henkes Klage über das Fehlen einer spezifisch juristischen Staatslehre, in der auch das Sein des Staates angemessene Berücksichtigung fand.[6]) Für Böckenförde war es in dieser Situation konsequent, sich auf die ideellen Ursprünge des eigenen Staatsverständnisses zu besinnen und dafür zu plädieren, zu einer Vorstellung vom „sittlichen Staat" im Sinne von Georg Wilhelm Friedrich Hegel zurückzukehren.[7])

Welche Faktoren hatten das auf der Grundlage des Westernisierungsprozesses erfolgte Zurücktreten des Staates in der Staatsrechtslehre befördert? Zunächst führte die erdrückende Bedeutung der Rechtsprechung des Bundesverfassungsgerichts dazu, daß die Auseinandersetzung hiermit Vorrang gewann vor dem Ringen um ein zeitgemäßes Staatsverständnis. Je weiter die „Entthronung der Staatsrechtswissenschaft durch die Verfassungsgerichtsbarkeit" (Bernhard Schlink) voranschritt, desto mehr büßten offensichtlich staatstheoretische Grundsatzfragen an Relevanz ein. Zudem führte die Spezialisierung der Rechtsmaterien dazu, daß sich auch in der Staatsrechtslehre die Spezialisierung und Differenzierung der Teilgebiete fortsetzte und damit der Blick für übergreifende Fragestellungen verlorenging.[8]) Der Staat war seit jeher ein Reflexionsgegenstand von Universalisten gewesen, denen es darum ging, juristische Spezialfälle ins Grundsätzliche zu wenden, um ihnen damit letztlich eine politische Dimension zu geben. Da es aber kaum mehr möglich war, das gesamte Rechtsgebiet des Öffentlichen Rechts zu überschauen, und somit einem Dialog über die Grenzen der Teildisziplinen hinweg immer größere Hindernisse entgegenstanden, rückte auch die alles umfassende Kategorie, der Staat, aus dem Blickfeld. Von nicht zu überschätzender Bedeutung ist nicht zuletzt auch die voranschreitende europäische und internationale Verflechtung, die der Vorstellung vom Staat als einer nach außen – genauso wie nach innen – geschlossenen

[5]) *Böckenförde*, Der Staat als sittlicher Staat, S. 9f., Fn. 2.

[6]) *Henke*, Die Lehre vom Staat.

[7]) *Böckenförde*, Der Staat als sittlicher Staat.

[8]) In diese Richtung vor allem die Kritik von Ulrich Scheuner, in: Nachlaß *Schnur*, Nr. 80 (Scheuner an Schnur vom 20. 3. 1971: „Vor allem ist eine Umstellung unserer jüngeren Kollegen notwendig, die sich so ganz einseitig nur gewissen engen Teilgebieten des öffentl[ichen] Rechtes [...] zuwenden, und daneben allen Gebieten, die wirklich der praktischen Verwaltung naheliegen, fernbleiben."). In der Staatsrechtslehrervereinigung war die voranschreitende Spezialisierung spätestens seit 1961 ein Thema. Vgl. hierzu Nachlaß *Abendroth*, Nr. 566a (Niederschrift der Mitgliederversammlung vom 4. und 6. 10. 1961).

und souveränen Einheit die Grundlage entzog.[9]) Aufgaben wie die Friedens- und die Freiheitssicherung, die bisher allein mit dem Staat in Verbindung gebracht worden waren, wurden zunehmend der internationalen Gemeinschaft übertragen, was auch aus der Sicht des Historikers Wolfgang Reinhard Einfluß auf das Staatsverständnis haben mußte:

Doch den Ausschlag gibt, daß [...] der Mythos der Einheitlichkeit der Staatsgewalt verlorengeht, der konstitutiv für die Moderne gewesen ist. Der Staat in seiner bisherigen Gestalt wird nicht mehr „geglaubt" [...].[10])

Daß gewisse Indizien dafür sprechen, daß seit Ende der achtziger Jahre der Etatismus wiederum eine Renaissance erfährt[11]), steht mit diesen Entwicklungen nicht im Widerspruch, sondern hat diese zur Voraussetzung. Es ist zu vermuten, daß die Wiederentdeckung des Staatsbegriffs, wie sie etwa in dem von Josef Isensee und Paul Kirchhof herausgegebenen „Handbuch des Staatsrechts der Bundesrepublik Deutschland" zum Ausdruck kommt, geradezu auf dem hier dargestellten Entwicklungsprozeß der Staatsrechtslehre während der sechziger Jahre aufbaut und damit eine spezifische Prägung besitzt, die unter anderem den Westernisierungsprozeß als Basis hat.

Eine Staatsrechtslehre, in der staatstheoretische Erwägungen kaum mehr eine Rolle spielten, erschien der älteren Generation der Staatsrechtslehrer, die die Entwicklung der fünfziger und sechziger Jahre maßgeblich geprägt hatte und Ende der sechziger Jahre ins Emeritierungsalter kam, als befremdlich. Sie mußte erkennen, daß dies nicht mehr ihre Wissenschaft war und sich auf den Staatsrechtslehrertagungen ein neuer Geist breitmachte. In diesem Sinne schrieb Ernst Forsthoff im Jahre 1972 an Carl Schmitt:

Der Ausfall von Ebrach ermöglicht es mir, seit zehn Jahren einmal wieder an einer Staatsrechtslehrer-Tagung teilzunehmen [...]. Ich erwarte dort eine völlig veränderte und mir fremd gewordene Szenerie, in der ich mich wohl nur in der Rolle des Zaungasts bewegen werde.[12])

[9]) Vgl. hierzu Joseph H. *Kaiser* und Peter *Badura*, Bewahrung und Veränderung demokratischer und rechtsstaatlicher Strukturen in den internationalen Gemeinschaften, in: VVDStRL 23 (1966), S. 1–146 (mit Aussprache); von *Simson*, Der Staat als Erlebnis, insbesondere: S. 53: „Der Staat verliert viel von seiner Gottähnlichkeit. [...] Die auf sich selbst gestellte Macht und Größe hat sich überlebt. [...] So ist der Staat, der sich den Bedingungen unserer Zeit fügt, nicht mehr die Verkörperung einer Idee, sondern der Bundesgenosse einer Lebensweise, die er mit anderen teilt und nur zusammen mit ihnen erhalten und vervollkommnen kann."

[10]) *Reinhard*, Geschichte der Staatsgewalt, S. 26.

[11]) Vgl. *Schulze-Fielitz*, Grundsatzkontroversen in der deutschen Staatsrechtslehre nach 50 Jahren Grundgesetz, insbesondere: S. 248–256; *Möllers*, Staat als Argument, S. 147–149.

[12]) Nachlaß *Schmitt*, Nr. 3962 (Forsthoff an Schmitt vom 9. 7. 1972). Vgl. hierzu auch ebda., Nr. 3959 (Forsthoff an Schmitt vom 3. 3. 1972: „Das öffentliche Recht gerät immer mehr aus den Fugen."); Nachlaß *Leibholz*, Nr. 6 (Friesenhahn an Leibholz vom 13. 11. 1974: „Auf der Staatsrechtslehrertagung ist mir sehr bewußt geworden, daß wir Alten doch nicht mehr so ganz in den neuesten Entwicklungen unserer Wissenschaft mitkommen [sic!].").

Aber auch Ulrich Scheuner sah die jüngsten Entwicklungen in der Staatsrechtslehre mit zunehmend kritischen Augen:

Ich gestehe Ihnen, daß ich nun am Ende meiner Laufbahn die Entwicklung [des Öffentlichen Rechts] mit einer gewissen Resignation sehe. [...] Hieran ist freilich auch die Staatsrechtslehre nicht unschuldig. Die Mehrzahl gerade der Jüngeren in ihr haben sich in den letzten 20 Jahren einer positiven Darstellung des geltenden Rechts im Stile bürgerlich-rechtlichter Kodifikationsjurisprudenz verschrieben – am deutlichsten in der Grundrechtsinterpretation – haben die organisatorisch-politischen Fragen des Grundgesetzes weitgehend vernachlässigt und haben eine enge, rein juristische Interpretation betrieben. Der Hintergrund der juristischen Normen, ihre Weiterentwicklung, haben sehr im Hintergrund gestanden. Ich besorge fast [sic!], daß das hier aufgegebene Terrain nur schwer wird teilweise zurückzugewinnen sein.[13)]

Untereinander tendierten die Angehörigen der älteren Generation über die Grenzen der Schulen hinweg hingegen nunmehr zu einer wohlwollenderen und nachsichtigeren Haltung als in früheren Zeiten. Im persönlichen Umgang zeigte sich die Milde des Alters. Zum Geburtstag und zu anderen Jubiläen schrieb man sich wieder und betonte eher die Gemeinsamkeiten als die Gegensätzlichkeiten der Denkstile. Dementsprechend mußte auch Ernst Forsthoff bekennen:

Über die Mitarbeit von [Ulrich] Scheuner [an meiner Festschrift] habe ich mich gefreut. Im Alter rückt man einander näher. [...] [Auch Rudolf] Smend schrieb mir zum Geburtstag. Er brachte unser Verhältnis auf die Formel, daß wir selten in den Fragen des Alltags unserer Wissenschaft, wohl aber in den letzten Fragen einer Meinung gewesen seien. Das kann ich akzeptieren.[14)]

Manche ließen zudem den Kontakt zu dem mittlerweile fünfundachtzigjährigen Carl Schmitt wieder aufleben. So kam es 1976 nach gut 40 Jahren zu einem Briefwechsel zwischen Ernst Friesenhahn und seinem früheren Lehrer.[15)] Auch Ulrich Scheuner schrieb Schmitt nun wiederholt zum Geburtstag. Er erinnerte an gemeinsam Erlebtes und versuchte, hinsichtlich Schmitts Lebenswerk ein positives Resümee zu ziehen:

Ihr Weg durch die erste Hälfte dieses Jahrhunderts hat die Probleme und Risiken einer der Zeit zugewandten politischen Theorie durchmessen. [...] Was mich beeindruckt hat und was ich für eine richtige und angemessene Haltung gehalten habe, war Ihre Stellung nach 1945. Sie haben diese Risiken und Folgen auf sich genommen, ohne sich zu verleugnen, Sie haben fortgearbeitet. [...] Ihr Bild und das Bild Ihres Werkes bleibt damit in seinem Grundzuge erhalten.[16)]

13) Nachlaß *Schnur*, Nr. 80 (Scheuner an Schnur vom 20. 3. 1971).

14) Nachlaß *Schmitt*, Nr. 3964 (Forsthoff an Schmitt vom 26. 9. 1972).

15) Vgl. Nachlaß *Schmitt*, Nr. 4511–4514 (Friesenhahn an Schmitt vom 20. 12. 1976–7. 10. 1983).

16) Nachlaß *Schmitt*, Nr. 12448 (Scheuner an Schmitt vom 8. 7. 1978).

Schmitt antwortete hierauf:

> [M]eine Antwort auf Ihr inhaltreiches Schreiben [...] kommt spät und ist nicht mehr als ein Wort des Dankes für die vornehme Art, mit der Sie einiges aus meinem Lebenswerk gelten lassen, ohne mich gleichzeitig zu demütigen. [...] *Mein* Lebensabend ist zu Ende; *Ihr* Lebensabend beginnt. Ich wünsche Ihnen von Herzen eine ungestört gute Ernte.[17)]

Was Schmitt hier aussprach, ließ sich auf die gesamte ältere Generation der Staatsrechtslehrer übertragen. Nach der Emeritierung wurden die siebziger und teilweise auch die achtziger Jahre zum Lebensabend der älteren Generation, während dessen sie sich aus den aktuellen staatsrechtlichen Debatten mehr und mehr zurückzog. Damit war der Konflikt zwischen der Schmitt- und der Smend-Schule, die Auseinandersetzung um Dezision oder Integration, welche die Staatsrechtslehre über zwei Jahrzehnte hinweg maßgeblich geprägt hatte, zumindest auf dieser Ebene beigelegt.

17) Nachlaß *Schmitt*, Nr. 12448 (Notiz von Schmitt vom 30. 9. 1978 als Anhang des Briefes von Scheuner an Schmitt vom 8. 7. 1978 – Hervorhebungen im Original).

Dank

Diese Arbeit, die im Februar 2003 von der Fakultät für Philosophie und Geschichte der Universität Tübingen als Dissertation angenommen wurde, handelt davon, daß Wissenschaft nur als eine soziale Tätigkeit zu verstehen ist. Dementsprechend entstand auch diese Arbeit nicht im stillen Kämmerlein, sondern im kontinuierlichen Dialog mit anderen. Hier habe ich an erster Stelle meinem Doktorvater, Professor Dr. Anselm Doering-Manteuffel, zu danken, der das Thema der Arbeit angeregt hat, der mir wenn nötig mit Rat und Tat zur Seite stand und mir zugleich den notwendigen Freiraum ließ, das Thema entsprechend meinen Vorstellungen zu bearbeiten. Dem kontinuierlichen Diskussionszusammenhang seines am Seminar für Zeitgeschichte der Universität Tübingen angesiedelten Oberseminars verdanke ich wesentliche Anregungen.

Zu danken habe ich ferner: Professor Dr. Hans von Mangoldt (Tübingen), der von Anfang an mich und meine Arbeit unterstützt und mir ein erstes Verständnis der Staatsrechtslehre vermittelt hat. Dr. Thomas Etzemüller (Tübingen) versorgte mich zum richtigen Zeitpunkt mit Tips und Lektürehinweisen, mit denen sich die theoretischen Probleme meines Projektes lösen ließen. Er hat – genauso wie Bernd Hans Göhrig (Frankfurt am Main), Sabine Hillers (Tübingen), Arne Riedlinger (Freiburg im Breisgau) und Christian Schmidtmann (Bochum) – das Manuskript gelesen und kritisch kommentiert. Dr. Julia Angster (Tübingen), Dr. Lothar Becker (Köln), Dr. Ewald Grothe (Wuppertal), Dr. Michael Hochgeschwender (Tübingen), Dr. Gabriele Metzler (Tübingen) und Gernot Unseld (Heilbronn) gaben mir bei der Recherche und bei der Niederschrift weitere wertvolle Ratschläge. Bei Anja Barker (Bonn), Michael Fischer (damals Düsseldorf, heute Stuttgart), Desirée Fredrich (München), Christian Pöpperl (Augsburg) und Friederike Schammann (damals Köln, heute Stuttgart) durfte ich während meiner Archivreisen übernachten. Zahlreiche Staatsrechtslehrer nahmen sich Zeit, sich mit mir über mein Thema und ihre eigene Geschichte zu unterhalten. Professor Dr. Wolfgang Graf Vitzthum (Tübingen) hat im Rahmen des Promotionsverfahrens das Zweitgutachten verfaßt. Aufgrund der Vorschläge von Professor Dr. Lutz Raphael (Trier) wurde das Manuskript vor der Drucklegung an mancher Stelle verbessert. Professor Dr. Michael Stolleis (Frankfurt am Main) förderte mich nach Fertigstellung der Arbeit auf vielfältige Weise. Das Cusanuswerk unterstützte mich drei Jahre lang finanziell. Von dieser Institution in diesem Zeitraum auch in ideeller und religiöser Hinsicht gefördert worden zu sein, erscheint mir als ein Glücksfall. Die ZEIT-Stiftung Ebelin und Gerd Bucerius gab für den Druck der Arbeit einen großzügigen Zuschuß.

Nicht zuletzt erfuhr ich von meiner Familie die notwendige kontinuierliche Unterstützung, ohne die diese Studie nicht entstanden wäre. Gewidmet ist diese Arbeit Chunjie Zhang.

Stuttgart, im September 2003 Frieder Günther

Abkürzungen

AfK	Archiv für Kommunalwissenschaften
AöR	Archiv des öffentlichen Rechts
APuZG	Aus Politik und Zeitgeschichte
ARSP	Archiv für Rechts- und Sozialphilosophie
DÖV	Die Öffentliche Verwaltung
DR	Deutsches Recht
DRZ	Deutsche Rechts-Zeitschrift
DNVP	Deutschnationale Volkspartei
DVBl	Deutsches Verwaltungsblatt
DZ	Deutsche Zeitung
EA	Erste Auflage
EVG	Europäische Verteidigungsgemeinschaft
FAZ	Frankfurter Allgemeine Zeitung
GG	Grundgesetz für die Bundesrepublik Deutschland vom 23. Mai 1949
GM	Gewerkschaftliche Monatshefte
GuG	Geschichte und Gesellschaft
HZ	Historische Zeitschrift
JöR	Jahrbuch des öffentlichen Rechts der Gegenwart
JR	Juristische Rundschau
JuS	Juristische Schulung
JW	Juristische Wochenschrift
JZ	Juristenzeitung
KJ	Kritische Justiz
KritVj	Kritische Vierteljahresschrift für Gesetzgebung und Rechtswissenschaft
NJW	Neue Juristische Wochenschrift
NPL	Neue Politische Literatur
PVS	Politische Vierteljahresschrift
SDS	Sozialistischer Deutscher Studentenbund
SJZ	Süddeutsche Juristenzeitung
SRP	Sozialistische Reichspartei
VerwArch	Verwaltungsarchiv
VfZ	Vierteljahreshefte für Zeitgeschichte
VVDStRL	Veröffentlichungen der Vereinigung der Deutschen Staatsrechtslehrer
WRV	Weimarer Reichsverfassung vom 11. August 1919
WuW	Wort und Wahrheit
ZaöRVR	Zeitschrift für ausländisches öffentliches Recht und Völkerrecht

ZevKR	Zeitschrift für evangelisches Kirchenrecht
ZfG	Zeitschrift für Geschichtswissenschaft
ZfP	Zeitschrift für Politik
ZgS	Zeitschrift für die gesamte Staatswissenschaft
ZHR	Zeitschrift für das gesamte Handelsrecht und Wirtschaftsrecht
ZNR	Zeitschrift für Neuere Rechtsgeschichte
ZRP	Zeitschrift für Rechtspolitik

Quellen- und Literaturverzeichnis

1. Gespräche

Prof. Dr. Otto Bachof am 25. August 1999 in Tübingen
Prof. Dr. Ernst-Wolfgang Böckenförde am 25. Mai 2001 in Freiburg im Breisgau
Prof. Dr. Brun-Otto Bryde am 6. April 2001 in Karlsruhe
Prof. Dr. Horst Ehmke am 18. Oktober 2000 in Bonn
Dr. Martin Forsthoff am 19. Januar 2000 in Stuttgart
Prof. Dr. Peter Häberle am 19. Juni 2001 in Bayreuth
Prof. Dr. Peter Lerche am 22. Februar 2001 in Gauting
Prof. Dr. Hans Schneider am 31. Januar 2001 in Heidelberg

2. Ungedruckte Quellen

Archiv des Verlages Mohr Siebeck in Tübingen
Nachlaß Wolfgang *Abendroth* im Internationaal Instituut voor Sociale Geschiedenis in Amsterdam
Nachlaß Martin *Drath* im Bundesarchiv Koblenz (N1341)
Depositum Horst *Ehmke* im Archiv der sozialen Demokratie der Friedrich-Ebert-Stiftung in Bonn
Nachlaß Friedrich *Giese* im Bundesarchiv Koblenz (N1117)
Nachlaß Friedrich *Glum* im Bundesarchiv Koblenz (N1457)
Nachlaß Hermann *Jahrreiß* im Bundesarchiv Koblenz (N1420)
Nachlaß Walter *Jellinek* im Bundesarchiv Koblenz (N1242)
Nachlaß Herbert *Krüger* in der Universitätsbibliothek Gießen
Nachlaß Gerhard *Leibholz* im Bundesarchiv Koblenz (N1334)
Nachlaß Hermann von *Mangoldt* im Bundesarchiv Koblenz (N1156)
Nachlaß Hans *Nawiasky* am Institut für Politik und Öffentliches Recht der Universität München
Nachlaß Hans *Peters* im Bundesarchiv Koblenz (N1220)
Nachlaß Carl *Schmitt* im Nordrhein-Westfälischen Hauptstaatsarchiv Düsseldorf (RW 265)
Nachlaß Roman *Schnur* im Bundesarchiv Koblenz (N1472)
Nachlaß Adolf *Schüle* im Universitätsarchiv Tübingen (652)

3. Gedruckte Quellen und Literatur

(Zitierte Zeitungsartikel werden nur in den Fußnoten aufgeführt. Autoren werden in den Fußnoten grundsätzlich nur mit Nachnamen genannt. Hingegen werden Autoren von Beiträgen, die hier im Literaturverzeichnis nicht einzeln aufgeführt werden, da sie aus häufiger zitierten Sammelbänden oder Reihen stammen, in den Fußnoten mit Vor- und Nachnamen bezeichnet.)

Abelshauser, Werner, Wirtschaftsgeschichte der Bundesrepublik Deutschland 1945–1980, Frankfurt am Main 1983.
Abendroth, Wolfgang, Die deutschen Gewerkschaften. Weg demokratischer Integration, 2. Aufl., Heidelberg 1955 (EA 1954).

Abendroth, Wolfgang, Das Grundgesetz. Eine Einführung in seine politischen Probleme, Pfullingen 1966.

Abendroth, Wolfgang, Ein Leben in der Arbeiterbewegung. Gespräche aufgezeichnet und hrsg. von Barbara *Dietrich* und Joachim *Perels*, Frankfurt am Main 1976.

Abendroth, Wolfgang, Zum Begriff des demokratischen und sozialen Rechtsstaates im Grundgesetz der Bundesrepublik Deutschland, in: Alfred *Herrmann* (Hrsg.), Aus Geschichte und Politik. Festschrift zum 70. Geburtstag von Ludwig Bergstraesser, Düsseldorf 1954, S. 279–300.

Acham, Karl u. a. (Hrsg.), Erkenntnisgewinne, Erkenntnisverluste. Kontinuitäten und Diskontinuitäten in den Wirtschafts-, Rechts- und Sozialwissenschaften zwischen den 20er und 50er Jahren, Stuttgart 1998.

Adamsen, Heiner R., Investitionshilfe für die Ruhr. Wiederaufbau, Verbände und Soziale Marktwirtschaft 1948–1952, Wuppertal 1981.

Albrecht, Stephan, Hermann Hellers Staats- und Demokratieauffassung, Frankfurt am Main und New York 1983.

Alexy, Robert, Theorie der Grundrechte, Baden-Baden 1985.

Anderbrügge, Klaus, Völkisches Rechtsdenken. Zur Rechtslehre in der Zeit des Nationalsozialismus, Berlin 1978.

Angster, Julia, Konsenskapitalismus und Sozialdemokratie. Die Westernisierung von SPD und DGB, München 2003.

Angster, Julia, Vom Klassenkampf zur Tarifpartnerschaft. Westernisierung in SPD und DGB 1940–1970, in: „Vorgänge 154" 40 (2001), S. 41–50.

Apelt, Willibald, Die Gesetzgebungstechnik, München 1950.

Apelt, Willibald, Jurist im Wandel der Staatsformen. Lebenserinnerungen, Tübingen 1965.

Bachof, Otto, Das Bundesverfassungsgericht und die Beamtenverhältnisse, in: DÖV 7 (1954), S. 33–38.

Bachof, Otto u. a. (Hrsg.), Forschungen und Berichte aus dem Öffentlichen Recht. Gedächtnisschrift für Walter Jellinek (12. Juli 1885–9. Juni 1955), München 1955.

Bachof, Otto, Grundgesetz und Richtermacht, Tübingen 1959.

Bachof, Otto, Rezension zu diversen neu erschienenen Festschriften, in: DÖV 7 (1954), S. 351 f.

Bachof, Otto, Walter Mallmann, in: AöR 108 (1983), S. 1–4.

Bachof, Otto, Zum Apothekenurteil des Bundesverfassungsgerichts, in: JZ 13 (1958), S. 468–471.

Badura, Peter, Auftrag und Grenzen der Verwaltung im sozialen Rechtsstaat, in: DÖV 21 (1968), S. 446–455.

Badura, Peter, Die Dogmatik des Staatsrechts im Wandel vom Bismarckreich über die Weimarer Republik zur Bundesrepublik, in: Entstehen und Wandel verfassungsrechtlichen Denkens. Tagung der Vereinigung für Verfassungsgeschichte in Hofgeismar vom 15. 3.–17. 3. 1993, Berlin 1996, S. 133–157.

Badura, Peter und Horst *Dreier* (Hrsg.), Festschrift 50 Jahre Bundesverfassungsgericht, 2 Bände, Tübingen 2001.

Badura, Peter, Die Methoden der neueren allgemeinen Staatslehre, Erlangen 1959.

Badura, Peter, Staat, Recht und Verfassung in der Integrationslehre. Zum Tode von Rudolf Smend (15. Januar 1882–5. Juli 1975), in: Der Staat 16 (1977), S. 305–325.

Badura, Peter, Die Tugend des Bürgers und der Gehorsam des Untertanen. Besprechung von: Herbert Krüger, Allgemeine Staatslehre, 1964, in: JZ 21 (1966), S. 123–129.

Badura, Peter, Verwaltungsrecht im liberalen und sozialen Rechtsstaat, Tübingen 1966.

Badura, Peter und Rupert *Scholz* (Hrsg.), Wege und Verfahren des Verfassungslebens. Festschrift für Peter Lerche zum 65. Geburtstag, München 1993.

Badura, Peter, Wirtschaftsverfassung und Wirtschaftsverwaltung. Ein exemplarischer Leitfaden, Frankfurt am Main 1971.

Bäumlin, Richard, Die rechtsstaatliche Demokratie. Eine Untersuchung der gegenseitigen Beziehungen von Demokratie und Rechtsstaat, Zürich 1954.

Bäumlin, Richard, Staat, Recht und Geschichte, Zürich 1961.

Ballerstedt, Kurt, Staatsverfassung und Wirtschaftsfreiheit, in: DÖV 4 (1951), S. 159–161.

Ballerstedt, Kurt, Über wirtschaftliche Maßnahmegesetze, in: Festschrift zum 70. Geburtstag von Walter Schmidt-Rimpler, Karlsruhe 1957, S. 368–402.

Balzer, Friedrich-Martin u.a. (Hrsg.), Wolfgang Abendroth – Wissenschaftlicher Politiker. Bio-bibliographische Beiträge, Opladen 2001.

Barion, Hans u.a. (Hrsg.), Epirrhosis. Festgabe für Carl Schmitt, 2 Teilbände, Berlin 1968.

Barion, Hans u.a. (Hrsg.), Festschrift für Carl Schmitt zum 70. Geburtstag, Berlin 1959.

Baßler, Moritz u.a., Historismus und literarische Moderne, Tübingen 1996.

Becker, Lothar, „Schritte auf einer abschüssigen Bahn“. Das Archiv des öffentlichen Rechts (AöR) und die deutsche Staatsrechtswissenschaft im Dritten Reich, Tübingen 1999.

Bell, Daniel, The End of Ideology. On the Exhaustion of Political Ideas in the Fifties, Glencoe 1960.

Berger, Peter L. und Thomas *Luckmann*, Die gesellschaftliche Konstruktion der Wirklichkeit. Eine Theorie der Wissenssoziologie, 16. Aufl., Frankfurt am Main 1999 (EA 1969).

Berghahn, Volker, Unternehmer und Politik in der Bundesrepublik, Frankfurt am Main 1985.

Berthold, Lutz, Carl Schmitt und der Staatsnotstandsplan am Ende der Weimarer Republik, Berlin 1999.

Bethge, Eberhard und Ronald C. D. *Jasper* (Hrsg.), An der Schwelle zum gespaltenen Europa. Der Briefwechsel zwischen George Bell und Gerhard Leibholz 1939–1941, Stuttgart 1974.

Beutler, Wilhelm u.a. (Hrsg.), Der Staat und die Verbände. Gespräch veranstaltet vom Bundesverband der Deutschen Industrie in Köln am 27. März 1957, Heidelberg 1957.

Beyme, Klaus von, Vorbild Amerika? Der Einfluß der amerikanischen Demokratie in der Welt, München 1986.

Bleckmann, Albert, Staatsrecht II: Die Grundrechte, 4. Aufl., Köln u.a. 1997 (EA 1979).

Bleek, Wilhelm, Geschichte der Politikwissenschaft in Deutschland, München 2001.

Blümel, Willi, Ernst Forsthoff. Kolloquium aus Anlaß des 100. Geburtstages von Prof. Dr. Dr. h.c. Ernst Forsthoff, Berlin 2003.

Böckenförde, Ernst-Wolfgang, Die Bedeutung der Unterscheidung von Staat und Gesellschaft im demokratischen Sozialstaat der Gegenwart, in: Rechtsfragen der Gegenwart. Festgabe für Wolfgang Hefermehl zum 65. Geburtstag, Stuttgart u.a. 1972, S. 11–36.

Böckenförde, Ernst-Wolfgang, Bonn ist nicht Weimar, in: AöR 92 (1967), S. 253f.

Böckenförde, Ernst-Wolfgang, Demokratie und Repräsentation. Zur Kritik der heutigen Demokratiediskussion, Hannover 1983.

Böckenförde, Ernst-Wolfgang, Der deutsche Typ der konstitutionellen Monarchie im 19. Jahrhundert, in: Werner *Conze* (Hrsg.), Beiträge zur deutschen und belgischen Verfassungsgeschichte im 19. Jahrhundert, Stuttgart 1967, S. 70–92.

Böckenförde, Ernst-Wolfgang, Die Eigenart des Staatsrechts und der Staatsrechtsdogmatik, in: Norbert *Achterberg* u.a. (Hrsg.), Recht und Staat im sozialen Wandel. Festschrift für Hans Ulrich Scupin zum 80. Geburtstag, Berlin 1983, S. 317–331.

Böckenförde, Ernst-Wolfgang, Entstehung und Wandel des Rechtsstaatsbegriffs, in: Festschrift für Adolf Arndt zum 65. Geburtstag, Frankfurt am Main 1969, S. 53–76.

Böckenförde, Ernst-Wolfgang, Gesetz und gesetzgebende Gewalt. Von den Anfängen der deutschen Staatsrechtslehre bis zur Höhe des staatsrechtlichen Positivismus, Berlin 1958.

Böckenförde, Ernst-Wolfgang, Grundrechtstheorie und Grundrechtsinterpretation, in: NJW 27 (1974), S. 1529–1538.

Böckenförde, Ernst-Wolfgang, Kritik der Wertbegründung des Rechts. Überlegungen zu einem Kapitel „Rechtsphilosophie“, in: Reinhard *Löhr* (Hrsg.), Oikeiosis. Festschrift für Robert Spaemann, Weinheim 1987, S. 1–21.

Böckenförde, Ernst-Wolfgang, Lorenz von Stein als Theoretiker der Bewegung von Staat und Gesellschaft zum Sozialstaat, in: Alteuropa und die moderne Gesellschaft. Festschrift für Otto Brunner, Göttingen 1963, S. 248–277.

Böckenförde, Ernst-Wolfgang, Die Methoden der Verfassungsinterpretation – Bestandsaufnahme und Kritik, in: NJW 29 (1976), S. 2089–2099.

Böckenförde, Ernst-Wolfgang, Der Organisationsgewalt im Bereich der Regierung. Eine Untersuchung zum Staatsrecht der Bundesrepublik Deutschland, Berlin 1964.

Böckenförde, Ernst-Wolfgang, Rezension zu Wilhelm Hennis, Verfassung und Verfassungswirklichkeit, in: Der Staat 9 (1970), S. 533–536.

Böckenförde, Ernst-Wolfgang, Der Staat als sittlicher Staat, Berlin 1978.

Böckenförde, Ernst-Wolfgang (Hrsg.), Staat und Gesellschaft, Darmstadt 1976.

Böckenförde, Ernst-Wolfgang, Die verfassungstheoretische Unterscheidung von Staat und Gesellschaft als Bedingung der individuellen Freiheit, Opladen 1973.

Böckenförde, Ernst-Wolfgang, Zur Lage der Grundrechtsdogmatik nach 40 Jahren Grundgesetz, München 1990.

Böhm, Franz, Wirtschaftsordnung und Staatsverfassung, Tübingen 1950.

Boldt, Hans, Deutsche Verfassungsgeschichte. Politische Strukturen und ihr Wandel, Band 2: Von 1806 bis zur Gegenwart, 2. Aufl., München 1993 (EA 1990).

Boldt, Hans, Rezension zu Ernst Rudolf Huber, Deutsche Verfassungsgeschichte seit 1789, in: GuG 11 (1985), S. 252–271.

Bourdieu, Pierre, Die feinen Unterschiede. Kritik der gesellschaftlichen Urteilskraft, 11. Aufl., Frankfurt am Main 1999 (EA 1982).

Bourdieu, Pierre, Homo academicus, Frankfurt am Main 1988.

Bracher, Karl Dietrich, Die Auflösung der Weimarer Republik. Eine Studie zum Thema des Machtzerfalls in der Demokratie, 3. Aufl., Villingen/Scharzwald 1960 (EA 1955).

Bracher, Karl Dietrich, Gesellschaft und Staatsbewußtsein, in: Liberal 11 (1969), S. 491–499.

Bracher, Karl Dietrich u. a. (Hrsg.), Die moderne Demokratie und ihr Recht. Festschrift für Gerhard Leibholz zum 65. Geburtstag, 2 Bände, Tübingen 1966.

Bracher, Karl Dietrich, Parteienstaat, Präsidialsystem, Notstand. Zum Problem der Weimarer Staatskrise, in: PVS 3 (1962), S. 212–224.

Bracher, Karl Dietrich, Staatsbegriff und Demokratie in Deutschland, PVS 9 (1968), S. 2–27.

Breuer, Stefan, Anatomie der Konservativen Revolution, Darmstadt 1993.

Breunung, Leonie, Rechtswissenschaft, in: Claus-Dieter *Krohn* u. a. (Hrsg.), Handbuch der deutschsprachigen Emigration 1933–1945, Darmstadt 1998, Sp. 869–883.

Breunung, Leonie, Wissenschaftsgeschichte auf dem statistischen Prüfstand. Erkenntnismöglichkeiten am Beispiel rechtswissenschaftlicher Amtsvertreibung und Emigration nach 1933, in: KritVj 80 (1997), S. 359–377.

Brohm, Winfried, Verwaltungsvorschriften und besonderes Gewaltverhältnis, in: DÖV 17 (1964), S. 238–251.

Broszat, Martin (Hrsg.), Zäsuren nach 1945. Essays zur Periodisierung der deutschen Nachkriegsgeschichte, München 1990.

Brünneck, Alexander von, Verfassungsgerichtsbarkeit in den westlichen Demokratien. Ein systematischer Verfassungsvergleich, Baden-Baden 1992.

Brugger, Winfried, Der moderne Verfassungsstaat aus der Sicht der amerikanischen Verfassung und des Grundgesetzes, in: AöR 126 (2001), S. 337–402.

Bryde, Brun-Otto, Verfassungsentwicklung. Stabilität und Dynamik im Verfassungsrecht der Bundesrepublik Deutschland, Baden-Baden 1982.

Buchstein, Hubertus, „Auf der gemeinsamen Suche nach einer modernen Demokratietheorie“: Otto Suhr, Franz L. Neumann und Ernst Fraenkel, in: Gerhard *Göhler* und Bodo *Zeuner* (Hrsg.), Kontinuitäten und Brüche in der deutschen Politikwissenschaft, Baden-Baden 1991, S. 171–194.

Bude, Heinz und Bernd *Greiner* (Hrsg.), Westbindungen. Amerika in der Bundesrepublik, Hamburg 1999.

Bülow, Birgit von, Die Staatsrechtslehre der Nachkriegszeit (1945–1952), Berlin 1996.

Bullinger, Martin, Rezension zu Peter Lerche, Übermaß und Verfassungsrecht, in: Der Staat 5 (1966), S. 379–381.

Bullinger, Martin, Vertrag und Verwaltungsakt. Zu Handlungsformen und Handlungsprinzipien der öffentlichen Verwaltung nach deutschem und englischem Recht, Stuttgart 1962.

Caldwell, Peter C., Popular Sovereignty and the Crisis of German Constitutional Law. The Theory and Practice of Weimar Constitutionalism, Durham und London 1997.

Campenhausen, Axel Freiherr von, Zum Tode von Rudolf Smend, in: JZ 30 (1975), S. 621–625.

Dahlheimer, Manfred, Carl Schmitt und der deutsche Katholizismus 1888–1936, Paderborn u.a. 1998.

Daniel, Ute, Kompendium Kulturgeschichte. Theorien, Praxis, Schlüsselwörter, Frankfurt am Main 2001.

Diefendorf, Jeffrey M. (Hrsg.), American Policy and the Reconstruction of West Germany, 1945–1955, Washington und Cambridge 1993.

Diehl-Thiele, Peter, Partei und Staat im Dritten Reich. Untersuchungen zum Verhältnis von NSDAP und allgemeiner innerer Staatsverwaltung, München 1969.

Diestelkamp, Bernhard, Kontinuität und Wandel in der Rechtsordnung, 1945 bis 1955, in: Ludolf *Herbst* (Hrsg.), Westdeutschland 1945–1955. Unterwerfung, Kontrolle, Integration, München 1986, S. 85–105.

Doehring, Karl (Hrsg.), Festgabe für Ernst Forsthoff zum 65. Geburtstag, München 1967.

Doering-Manteuffel, Anselm, Die Bundesrepublik Deutschland in der Ära Adenauer. Außenpolitik und innere Entwicklung 1949–1963, 2. Aufl., Darmstadt 1988 (EA 1983).

Doering-Manteuffel, Anselm, Strukturmerkmale der Kanzlerdemokratie, in: Der Staat 30 (1991), S. 1–18.

Doering-Manteuffel, Anselm, Wie westlich sind die Deutschen? Amerikanisierung und Westernisierung im 20. Jahrhundert, Göttingen 1999.

Drath, Martin, Der Staat der Industriegesellschaft. Entwurf einer sozialwissenschaftlichen Staatstheorie, in: Der Staat 5 (1968), S. 273–284.

Dreier, Horst, Dimensionen der Grundrechte. Von der Wertordnungsjudikatur zu den objektiv-rechtlichen Grundrechtsgehalten, Hannover 1993.

Dreier, Horst, Kontexte des Grundgesetzes, in: DVBl 114 (1999), S. 667–679.

Dürig, Günter, Anmerkung zu BVerfGE 6, 32, in: JZ 12 (1957), S. 169–173.

Dürig, Günter, Dankrede zum 65. Geburtstag, in: JöR 36 (1987), S. 91–103.

Dürig, Günter, Grundrechte und Zivilrechtsprechung, in: Theodor *Maunz* (Hrsg.), Vom Bonner Grundgesetz zur gesamtdeutschen Verfassung. Festschrift zum 75. Geburtstag von Hans Nawiasky, München 1956, S. 157–190.

Dürig, Günter, Der Grundrechtssatz der Menschenwürde. Entwurf eines praktikablen Wertsystems der Grundrechte aus Art. 1 Abs. I in Verbindung mit Art. 19 Abs. II des Grundgesetzes, in: AöR 81 (1956), S. 117–157.

Dürig, Günter, Die Menschenauffassung des Grundgesetzes, in: JR 1952, S. 259–263.

Dürig, Günter und Walter *Mallmann*, Staatsrechtslehrertagung 1958, in: JZ 14 (1958), S. 291–293.

Dürig, Günter, Verfassung und Verwaltung im Wohlfahrtsstaat, in: JZ 8 (1953), S. 193–199.

Dürig, Günter, Zurück zum klassischen Enteignungsbegriff!, in: JZ 7 (1954), S. 4–12.

Duignan, Peter und L. H. *Gann*, The Rebirth of the West. The Americanization of the Democratic World, 1945–1958, Cambridge/Mass. 1992.

Dyzenhaus, David, Legality and Legitimacy. Carl Schmitt, Hans Kelsen und Hermann Heller in Weimar, Oxford 1997.

Ehmke, Horst, Beiträge zur Verfassungstheorie und Verfassungspolitik, hrsg. von Peter *Häberle*, Königstein/Ts. 1981.
Ehmke, Horst, „Ermessen“ und „unbestimmter Rechtsbegriff“ im Verwaltungsrecht, Tübingen 1960.
Ehmke, Horst, Geburtstagsrede für Ulrich Scheuner. 10 Januar 1964, Redoute, in: ders. u. a. (Hrsg.), Festschrift für Ulrich Scheuner zum 70. Geburtstag, Berlin 1973, S. 11–18.
Ehmke, Horst, Grenzen der Verfassungsänderung, Berlin 1953.
Ehmke, Horst, Grundgesetz und politisches Handeln, in: Der Monat 229 (1967), S. 25–35.
Ehmke, Horst, Karl von Rotteck, der „politische Professor“, Karlsruhe 1964.
Ehmke, Horst, Noch einmal: Die Verfassungsnovelle vom 26. März 1954, in: DÖV 9 (1956), S. 449–456.
Ehmke, Horst, Rezension zu Joseph H. Kaiser, Die Repräsentation organisierter Interessen, in: ZgS 114 (1958), S. 176–179.
Ehmke, Horst, Rezension zu Peter Schneider, Ausnahmezustand und Norm, in: ZgS 115 (1959), S. 187–192.
Ehmke, Horst, Verfassungsänderung und Verfassungsdurchbrechung, in: AöR 79 (1954/55), S. 385–418.
Ehmke, Horst, Wirtschaft und Verfassung. Die Verfassungsrechtsprechung des Supreme Court zur Wirtschaftsregulierung, Karlsruhe 1961.
Entscheidungen des Bundesgerichtshofes in Zivilsachen, hrsg. von den Mitgliedern des Bundesgerichtshofes und der Bundesanwaltschaft, Band 13, Berlin und Köln 1954 (Abkürzung: BGHZ).
Entscheidungen des Bundesverfassungsgerichts, hrsg. von den Mitgliedern des Bundesverfassungsgerichts, Band 1–31, Tübingen 1952–1972 (Abkürzung: BVerfGE).
Entscheidungen des Bundesverwaltungsgerichts, hrsg. von den Mitgliedern des Gerichts, Band 1, Berlin 1955 (Abkürzung: BVerwGE).
Eschenburg, Theodor, Herrschaft der Verbände?, Stuttgart 1956.
Esser, Josef, Vorverständnis und Methodenwahl in der Rechtsfindung. Rationalitätsgarantien der richterlichen Entscheidungspraxis, Frankfurt am Main 1970.
Etzemüller, Thomas, Sozialgeschichte als politische Geschichte. Werner Conze und die Neuordnung der westdeutschen Geschichtswissenschaft nach 1945, München 2001.
Evers, Hans-Ulrich, Verbände – Verwaltung – Verfassung, in: Der Staat 3 (1964), S. 41–60.

Fangmann, Helmut, Die Restauration der herrschenden Staatsrechtswissenschaft nach 1945, in: Udo *Reifner* (Hrsg.), Das Recht des Unrechtsstaates. Arbeitsrecht und Staatsrechtswissenschaften im Faschismus, Frankfurt am Main und New York 1981, S. 211–247.
Feldkamp, Michael F., Der Parlamentarische Rat 1948–1949. Die Entstehung des Grundgesetzes, Göttingen 1998.
Fiedler, Wilfried, Das Bild Hermann Hellers in der deutschen Staatsrechtswissenschaft, Leipzig 1994.
Fikentscher, Wolfgang, Rezension zu Horst Ehmke, Wirtschaft und Verfassung, in: ZgS 118 (1962), S. 567–571.
Fleck, Ludwik, Entstehung und Entwicklung einer wissenschaftlichen Tatsache. Einführung in die Lehre vom Denkstil und Denkkollektiv, hrsg. von Lothar *Schäfer* und Thomas *Schnelle*, 4. Aufl., Frankfurt am Main 1999 (EA 1935).
Forsthoff, Ernst, Die Bindung an Gesetz und Recht (Art. 20 Abs. 3 GG): Strukturanalytische Bemerkung zum Übergang vom Rechtsstaat zum Justizstaat, in: DÖV 12 (1959), S. 41–44.
Forsthoff, Ernst, Die Bundesrepublik Deutschland. Umrisse einer Realanalyse, in: Der Merkur 14 (1960), S. 807–821.
Forsthoff, Ernst, Der introvertierte Rechtsstaat und seine Verortung, in: Der Staat 2 (1963), S. 385–398.
Forsthoff, Ernst, Der lästige Jurist, in: DÖV (1955), S. 648–650.

Forsthoff, Ernst, Lehrbuch des Verwaltungsrechts, 1. Band: Allgemeiner Teil, 1. und 10. Aufl., München (und Berlin) 1950/1973.

Forsthoff, Ernst, Lorenz von Stein. Gesellschaft – Staat – Recht, Frankfurt am Main u. a. 1972.

Forsthoff, Ernst, Moderne Wertverwirklichung, in: DÖV 18 (1965), S. 619f.

Forsthoff, Ernst, Das neue Gesicht der Verwaltung und die Verwaltungswissenschaft, in: DR 5 (1935), S. 331–333.

Forsthoff, Ernst u. a., Die politischen Parteien im Verfassungsrecht, Tübingen 1950.

Forsthoff, Ernst, Rezension zu Herbert Krüger, Allgemeine Staatslehre, in: DÖV 17 (1964), S. 645.

Forsthoff, Ernst, Rezension zu Joseph H. Kaiser, Die Repräsentation organisierter Interessen, in: DVBl 73 (1958), S. 295.

Forsthoff, Ernst, Der Staat der Industriegesellschaft. Dargestellt am Beispiel der Bundesrepublik Deutschland, München 1971.

Forsthoff, Ernst, Der totale Staat, Hamburg 1933.

Forsthoff, Ernst, Die Verwaltung als Leistungsträger, Stuttgart und Berlin 1938.

Forsthoff, Ernst, Von den Aufgaben der Verwaltungsrechtswissenschaft, in: DR 5 (1935), S. 398–400.

Forsthoff, Ernst, Von der Staatsrechtswissenschaft zur Rechtsstaatswissenschaft, in: Studium Generale 21 (1968), S. 692–704.

Forsthoff, Ernst, Zur Problematik der Rechtserneuerung, in: Zeitwende 19 (1947/48), S. 679–690.

Forsthoff, Ernst, Zur Problematik der Verfassungsauslegung, Stuttgart 1961.

Fraenkel, Ernst, Deutschland und die westlichen Demokratien, hrsg. von Alexander von *Brünneck*, erweiterte 1. Aufl., Frankfurt am Main 1990 (EA 1964).

Fraenkel, Ernst, Die repräsentative und die plebiszitäre Komponente im demokratischen Verfassungsstaat, Tübingen 1958.

Fraenkel, Ernst, „Rule of Law" in einer sich wandelnden Welt (1943/44), in: ders., Reformismus und Pluralismus. Materialien zu einer ungeschriebenen politischen Autobiographie, hrsg. von Falk *Esche* und Frank *Grube*, Hamburg 1973, S. 258–274.

Fraenkel, Ernst, Die Wissenschaft von der Politik und die Gesellschaft, in: Gesellschaft, Staat, Erziehung 8 (1963), S. 273–285.

François, Etienne und Hagen *Schulze* (Hrsg.), Deutsche Erinnerungsorte II, München 2001.

Frei, Norbert, Vergangenheitspolitik. Die Anfänge der Bundesrepublik und die NS-Vergangenheit, München 1999 (EA 1996).

Friauf, Bemerkungen zur verfassungsrechtlichen Problematik des Subventionswesens, in: DVBl 81 (1966), S. 729–738.

Friauf, Karl Heinrich, Grundfragen der heutigen Verwaltungsrechtslehre, in: Der Staat 9 (1970), S. 223–240.

Friauf, Karl Heinrich, Zur Rolle der Grundrechte im Interventions- und Leistungsstaat, in: DVBl 86 (1971), S. 674–682.

Friedeburg, Ludwig von, Bildungsreform in Deutschland. Geschichte und gesellschaftlicher Widerspruch, Frankfurt am Main 1989.

Friedrich, Carl J., Demokratie als Herrschafts- und Lebensform, Stuttgart 1959.

Friedrich, Carl J., Der Verfassungsstaat der Neuzeit, Berlin u. a. 1953.

Friedrich, Manfred, Geschichte der deutschen Staatsrechtswissenschaft, Berlin 1997.

Friedrich, Manfred, Der Methoden- und Richtungsstreit. Zur Grundlagendiskussion der Weimarer Staatsrechtslehre, in: AöR 102 (1977), S. 161–209.

Friedrich, Manfred, Rudolf Smend 1882–1975, in: AöR 112 (1987), S. 1–26.

Friesenhahn, Ernst, Der politische Eid, Bonn 1928.

Friesenhahn, Ernst, Staatsrechtslehrer und Verfassung. Rektoratsrede vom 5. November 1950, Krefeld 1950.

Gablentz, Otto-Heinrich von der, Autorität und Legitimität im heutigen Staat, in: ZfP 5 (1958), S. 5–27.

Gablentz, Otto-Heinrich von der, Der Staat als Mythos und Wirklichkeit, in: PVS 7 (1966), S. 138–163.

Gadamer, Hans Georg, Wahrheit und Methode. Grundzüge einer philosophischen Hermeneutik, 2. Aufl., Tübingen 1965 (EA 1960).

Gamm, Gerhard, Der Deutsche Idealismus. Eine Einführung in die Philosophie von Fichte, Hegel und Schelling, Stuttgart 1997.

Gassert, Philipp, Die Bundesrepublik, Europa und der Westen. Zu Verwestlichung, Demokratisierung und einigen komparatistischen Defiziten der zeithistorischen Forschung, in: Jörg *Baberowski* u. a., Geschichte ist immer Gegenwart. Vier Thesen zur Zeitgeschichte, Stuttgart und München 2001, S. 67–89.

Gassner, Ulrich M., Heinrich Triepel. Leben und Werk, Berlin 1999.

Gerber, Carl Friedrich von, Grundzüge eines Systems des deutschen Staatsrechts, 2. Aufl., Leipzig 1869 (EA 1865).

Giese, Friedrich, Allgemeines Verwaltungsrecht, Tübingen 1948.

Giese, Friedrich, Grundgesetz für die Bundesrepublik Deutschland vom 23. Mai 1949, Frankfurt am Main 1949.

Giese, Friedrich, Parteien als Staatsorgane. Bemerkungen zum Plenarbeschluß des Bundesverfassungsgerichts vom 20. Juli 1954, in: AöR 80 (1955/56), S. 377–379.

Gilcher-Holtey, Ingrid, Die 68er Bewegung. Deutschland – Westeuropa – USA, München 2001.

Gilcher-Holtey, Ingrid (Hrsg.), 1968. Vom Ereignis zum Gegenstand der Geschichtswissenschaft, Göttingen 1998.

Glum, Friedrich, Krise der Demokratie, München 1951.

Glum, Friedrich, Zwischen Wissenschaft, Wirtschaft und Politik. Erlebtes und Erdachtes in vier Reichen, Bonn 1964.

Goerlich, Helmut, Wertordnung und Grundgesetz. Kritik einer Argumentationsfigur des Bundesverfassungsgerichts, Baden-Baden 1973.

Görtemaker, Manfred, Geschichte der Bundesrepublik Deutschland. Von der Gründung bis zur Gegenwart, München 1999.

Gosewinkel, Dieter, Adolf Arndt. Der Wiederbegründer des Rechtsstaats aus dem Geist der Sozialdemokratie (1945–1961), Bonn 1991.

Gotthold, Jürgen, Wirtschaftliche Entwicklung und Verfassungsrecht, Köln 1975.

Graner, Renate, Die Staatsrechtslehre in der politischen Auseinandersetzung der Weimarer Republik, Freiburg im Breisgau 1980.

Grebing, Helga, Konservative gegen die Demokratie. Konservative Kritik an der Demokratie in der Bundesrepublik nach 1945, Frankfurt am Main 1971.

Gross, Raphael, Carl Schmitt und die Juden. Eine deutsche Rechtslehre, Frankfurt am Main 2000.

Grothe, Ewald, Geschichtsschreibung und Verfassungsgeschichte, in: NPL 46 (2001), S. 79–95.

Grothe, Ewald, Eine „lautlose" Angelegenheit? Zur Rückkehr des Verfassungshistorikers Ernst Rudolf Huber in die universitäre Wissenschaft nach 1945, in: ZfG 47 (1999), S. 980–1001.

Gusy, Christoph (Hrsg.), Demokratisches Denken in der Weimarer Republik, Baden-Baden 2000.

Gusy, Christoph, Die Lehre vom Parteienstaat in der Weimarer Republik, Baden-Baden 1993.

Gusy, Christoph, Die Weimarer Reichsverfassung, Tübingen 1997.

Häberle, Peter, Lebende Verwaltung trotz überlebter Verfassung? Zum wissenschaftlichen Werk von Ernst Forsthoff, in: JZ 30 (1975), S. 685–689.

Häberle, Peter, Öffentliches Interesse als juristisches Problem. Eine Analyse von Gesetzgebung und Rechtsprechung, Bad Homburg 1970.

Häberle, Peter, Die offene Gesellschaft der Verfassungsinterpreten. Ein Beitrag zur pluralistischen und „prozessualen" Verfassungsinterpretation, in: JZ 30 (1975), S. 297–305.

Häberle, Peter, Retrospektive Staats(rechts)lehre oder realistische „Gesellschaftslehre"? Zu Ernst Forsthoff: Der Staat der Industriegesellschaft, in: ZHR 136 (1972), S. 425–446.

Häberle, Peter, Unmittelbare staatliche Parteifinanzierung unter dem Grundgesetz – BVerfGE 20, 56, in: JuS 7 (1967), S. 64–74.

Häberle, Peter, Die Wesensgehaltgarantie des Art. 19 Abs. 2 Grundgesetz. Zugleich ein Beitrag zum institutionellen Verständnis der Grundrechte und zur Lehre vom Gesetzesvorbehalt, Karlsruhe 1962.

Hättich, Manfred (Hrsg.), Zum Staatsverständnis der Gegenwart, München 1987.

Hallstein, Walter, Juristische Fakultäten und amerikanische Militärregierung. Bericht über eine Konferenz in Wiesbaden, in: SJZ 3 (1948), Sp. 215–217.

Hamann, Andreas, Deutsches Wirtschaftsverfassungsrecht, Neuwied u. a. 1958.

Hamann, Andreas, Rechtsstaat und Wirtschaftslenkung, Heidelberg 1953.

Hamel, Walter, Die Bedeutung der Grundrechte im sozialen Rechtsstaat. Eine Kritik an Gesetzgebung und Rechtsprechung, Berlin 1957.

Hammans, Peter, Das politische Denken der neueren Staatslehre in der Bundesrepublik. Eine Studie zum politischen Konservativismus juristischer Gesellschaftstheorie, Opladen 1987.

Haug, Hans, Die Schranken der Verfassungsrevision, Zürich 1946.

Hecker, Jan, Die Parteienstaatslehre von Gerhard Leibholz in der wissenschaftlichen Diskussion, in: Der Staat 34 (1995), S. 287–311.

Hegel, Georg Wilhelm Friedrich, Grundlinien der Philosophie des Rechts, hrsg. von Johannes *Hoffmeister*, 4. Aufl., Hamburg 1955.

Hehl, Ulrich von, Nationalsozialistische Herrschaft, München 1996.

Helfritz, Hans, Verwaltungsrecht, Hannover 1949.

Heller, Hermann, Die Gleichheit in der Verhältniswahl nach der Weimarer Verfassung. Ein Rechtsgutachten, Berlin und Leipzig 1929.

Heller, Hermann, Rechtsstaat oder Diktatur?, Tübingen 1930.

Heller, Hermann, Staatslehre, hrsg. von Gerhart *Niemeyer*, 2. Aufl., Leiden 1961 (EA 1934).

Henke, Wilhelm, Die Lehre vom Staat. Zu Roman Herzogs Allgemeiner Staatslehre, in: Der Staat 12 (1973), S. 219–236.

Henke, Wilhelm, Die Parteien im Staat des Bonner Grundgesetzes. Art. 21 und der Bericht der Parteienrechtskommission, in: DÖV 11 (1958), S. 646–651.

Henke, Wilhelm, Das Recht der politischen Parteien, 1. und 2. Aufl., Göttingen 1964/1972.

Henke, Wilhelm, Rezension zu Heinz Laufer, Verfassungsgerichtsbarkeit und politischer Prozeß, in: Der Staat 8 (1969), S. 395–399.

Henke, Wilhelm, Die verfassunggebende Gewalt des deutschen Volkes, Stuttgart 1957.

Hennis, Wilhelm, Integration durch Verfassung? Rudolf Smend und die Zugänge zum Verfassungsproblem nach 50 Jahren Grundgesetz, in: ders., Regieren im modernen Staat. Politikwissenschaftliche Abhandlungen, 1. Band, Tübingen 1999, S. 353–380.

Hennis, Wilhelm, Verfassung und Verfassungswirklichkeit. Ein deutsches Problem, Tübingen 1968.

Hennis, Wilhelm, Zum Problem deutscher Staatsanschauungen, in: VfZ 7 (1959), S. 1–23.

Hentschke, Felicitas, Demokratisierung als Ziel der amerikanischen Besatzungspolitik in Deutschland und Japan, 1943–1947, Hamburg 2001.

Herbert, Ulrich, Wandlungsprozesse in Westdeutschland. Belastung, Integration, Liberalisierung 1945–1980, Göttingen 2002.

Herrfahrdt, Heinrich, Werden und Gestalt des Dritten Reiches, Berlin 1933.

Herzog, Roman, Allgemeine Staatslehre, Frankfurt am Main 1971.

Hesse, Konrad, Bemerkung zur heutigen Problematik und Tragweite der Unterscheidung von Staat und Gesellschaft, in: DÖV 28 (1975), S. 437–443.

Hesse, Konrad, Der Gleichheitssatz im Staatsrecht, in: AöR 77 (1951/52), S. 167–224.

Hesse, Konrad, Grundzüge des Verfassungsrechts der Bundesrepublik Deutschland, 1. und 5. Aufl., Karlsruhe 1967/1972.

Hesse, Konrad, In memoriam Rudolf Smend, in: ZevKR 20 (1975), S. 337–347.

Hesse, Konrad, Die normative Kraft der Verfassung. Freiburger Antrittsvorlesung, Tübingen 1959.

Hesse, Konrad, Peter Lerche zum 70. Geburtstag, in: AöR 123 (1998), S. 169–172.

Hesse, Konrad, Der Rechtsschutz durch staatliche Gerichte im kirchlichen Bereich. Zugleich ein Beitrag zur Frage des rechtlichen Verhältnisses von Staat und Kirche, Göttingen 1956.

Hesse, Konrad, Rezension zu Eberhard Schmidt-Aßmann, Der Verfassungsbegriff in der deutschen Staatslehre der Aufklärung und des Historismus, in: Der Staat 7 (1968), S. 390–393.

Hesse, Konrad, Rezension zu Richard Bäumlin, Staat, Recht und Geschichte, in: JZ 18 (1963), S. 485–487.

Hesse, Konrad u. a. (Hrsg.), Staatsverfassung und Kirchenordnung. Festgabe für Rudolf Smend zum 80. Geburtstag am 15. Januar 1962, Tübingen 1962.

Heun, Werner, Der staatsrechtliche Positivismus in der Weimarer Republik, in: Der Staat 28 (1989), S. 377–403.

Heydte, Friedrich August Freiherr von der, Vom Wesen des Naturrechts, in: ARSP 43 (1957), S. 211–233.

Hilger, Christian, Rechtsstaatsbegriffe im Dritten Reich. Eine Strukturanalyse, Tübingen 2003.

Hochgeschwender, Michael, Freiheit in der Offensive? Der Kongreß für kulturelle Freiheit und die Deutschen, München 1998.

Hofmann, Hasso, Legitimität gegen Legalität. Der Weg der politischen Philosophie Carl Schmitts, 2. Aufl., Berlin 1992 (EA 1964).

Hofmann, Hasso, Repräsentation. Studien zur Wort- und Begriffsgeschichte von der Antike bis ins 19. Jahrhundert, Berlin 1974.

Hollerbach, Alexander, Auflösung der rechtsstaatlichen Verfassung? Zu Ernst Forsthoffs Abhandlung „Die Umbildung des Verfassungsgesetzes" in der Festschrift für Carl Schmitt, in: AöR 85 (1960), S. 241–270.

Hollerbach, Alexander, Zu Leben und Werk Heinrich Triepels, in: AöR 91 (1966), S. 417–441.

Holstein, Günther, Elternrecht, Reichsverfassung und Schulsystem, in: AöR 5 (1927), S. 187–254.

Howe, Marcus, Karl Polak. Parteijurist unter Ulbricht, Frankfurt am Main 2002.

Huber, Ernst Rudolf, Bedeutungswandel der Grundrechte, in: AöR 62 (1933), S. 1–98.

Huber, Ernst Rudolf, Das Deutsche Reich als Wirtschaftsstaat, Tübingen 1931.

Huber, Ernst Rudolf, Deutsche Verfassungsgeschichte nach 1789, 7 Bände, Stuttgart 1957–1984.

Huber, Ernst Rudolf, Die Gestalt des deutschen Sozialismus, Hamburg 1934.

Huber, Ernst Rudolf, Nationalstaat und Verfassungsstaat. Studien zur Geschichte der modernen Verfassungsidee, Stuttgart 1965.

Huber, Ernst Rudolf, Rudolf Smend. 15. Januar 1882–5. Juli 1975, in: Jahrbuch der Akademie der Wissenschaften in Göttingen für das Jahr 1976, Göttingen 1977, S. 105–121.

Huber, Ernst Rudolf, Der Streit um das Wirtschaftsverfassungsrecht, in: DÖV 9 (1956), S. 97–102, 135–143, 172–175 und 200–207.

Huber, Ernst Rudolf, Verfassungsrecht des Großdeutschen Reiches, Hamburg 1939 (EA 1937 unter dem Titel „Verfassung").

Huber, Ernst Rudolf, Wesen und Inhalt der politischen Verfassung, Hamburg 1935.

Huber, Ernst Rudolf, Wirtschaftsverwaltungsrecht, Tübingen 1932, 2. Aufl.: 2 Bände, Tübingen 1953/1954.

Huber, Hans, Die Bedeutung der Grundrechte für die sozialen Beziehungen unter den Rechtsgenossen, in: Zeitschrift für Schweizerisches Recht 74 (1955), S. 173–207.

Huber, Hans, Einige Bemerkungen über die Rechts- und Staatslehre von Carl Schmitt. Zu Peter Schneiders Buch „Ausnahmezustand und Norm“, in: JZ 13 (1958), S. 341–343.

Huber, Hans, Rezension zur Festschrift für Carl Schmitt, in: Zeitschrift für Schweizerisches Recht 78 (1959), S. 431 f.

Huber, Hans, Rezension zu Konrad Hesse, Grundzüge des Verfassungsrechts der Bundesrepublik Deutschland, in: AöR 92 (1967), S. 550–553.

Huber, Hans, Staat und Verbände, Tübingen 1958.

Huber, Ulrich und Klaus *Schlaich*, In memoriam Ulrich Scheuner. Reden gehalten am 24. Oktober 1981 bei der Gedenkfeier der Rheinischen Friedrich-Wilhelms-Universität Bonn, Bonn 1982.

Ipsen, Hans Peter, Deutsche Staatsrechtswissenschaft im Spiegel der Lehrbücher, in: AöR 106 (1981), S. 161–204.

Ipsen, Hans Peter, Rezension zu Ernst Forsthoff, Lehrbuch des Vewaltungsrechts, 1. Band: Allgemeiner Teil, in: AöR 76 (1950/51), S. 377–380.

Ipsen, Hans Peter, Rezension zu Werner Weber, Weimarer Verfassung und Bonner Grundgesetz, in: AöR 75 (1949), S. 374–376.

Ipsen, Hans Peter, Statistik über 25 Staatsrechtslehrer-Tagungen, in: AöR 90 (1965), S. 503–505.

Ipsen, Hans Peter, Über das Grundgesetz, Hamburg 1950.

Ipsen, Hans Peter, Die Verhandlungen von 1949 (Heidelberg) bis 1971 (Regensburg), in: AöR 97 (1972), S. 375–417.

Isay, Hermann, Die Isolierung des deutschen Rechtsdenkens. Ein Vortrag gehalten in der Juristischen Gesellschaft zu Berlin am 8. Dezember 1923, Berlin 1924.

Isensee, Josef und Paul *Kirchhof* (Hrsg.), Handbuch des Staatsrechts der Bundesrepublik Deutschland, Band 1–7, Heidelberg 1987–1992.

Isensee, Josef, Subsidiarität und Verfassungsrecht. Eine Studie über das Regulativ des Verhältnisses von Staat und Gesellschaft, Berlin 1968.

Jarausch, Konrad und Hannes *Siegrist* (Hrsg.), Amerikanisierung und Sowjetisierung in Deutschland 1945–1970, Frankfurt am Main und New York 1997.

Jellinek, Walter, Verwaltungsrecht, Neudruck der 3. Aufl. mit einem Nachtrag von 1950, Bad Homburg vor der Höhe u. a. 1966 (EA 1928).

Jerusalem, Franz W., Das Bonner Grundgesetz und die hessische Sozialisierung, insbesondere der Eisenbahnbetriebe, in: NJW 3 (1950), S. 210–212.

Jerusalem, Franz W., Grundriß des Verwaltungsrechts, Frankfurt am Main 1947.

Jesch, Dietrich, Gesetz und Verwaltung. Eine Problemstudie zum Wandel des Gesetzmäßigkeitsprinzips, Tübingen 1961.

Juristen im Porträt. Verlag und Autoren in 4 Jahrzehnten. Festschrift zum 225jährigen Jubiläum des Verlages C. H. Beck, München 1988.

Kägi, Werner, Die Verfassung als rechtliche Grundordnung des Staates. Untersuchungen über die Entwicklungstendenzen im modernen Verfassungsrecht, Zürich 1945.

Kaiser, Joseph H., Einige Umrisse des deutschen Staatsdenkens seit Weimar. Ulrich Scheuner zum Gedenken, in: AöR 108 (1983), S. 5–25.

Kaiser, Joseph H., Der Landtag, München 1951.

Kaiser, Joseph H., Planung, 6 Bände, Baden-Baden 1965–1972.

Kaiser, Joseph H., Repräsentation, in: Staatslexikon, 6. Aufl., 6. Band, Freiburg im Breisgau 1961, Sp. 865–869.

Kaiser, Joseph H., Die Repräsentation organisierter Interessen, Berlin 1956.

Der Kampf um den Wehrbeitrag, Zwei Halbbände: Die Feststellungsklage/Das Gutachterverfahren (30.7.–15. 12. 1952) und Ergänzungsband, München 1952–1958.

Kastendiek, Hans, Die Entwicklung der westdeutschen Politikwissenschaft, Frankfurt am Main und New York 1977.

Kaufmann, Erich, Carl Schmitt und seine Schule. Offener Brief an Ernst Forsthoff, in: Deutsche Rundschau 84 (1958), S. 1013–1015.

Kaufmann, Erich, Grundtatsachen und Grundbegriffe der Demokratie, München 1950.

Kaufmann, Erich, Kritik der neukantischen Rechtsphilosophie. Eine Betrachtung über die Beziehungen zwischen Philosophie und Rechtswissenschaft, Tübingen 1921.

Kellermann, Henry J., Cultural Relations as an Instrument of U.S. Foreign Policy. The Educational Exchange Program Between the United States and Germany 1945–54, Washington, D.C. 1978.

Kellermann, Henry, Von Re-education zu Re-orientation. Das amerikanische Re-orientierungsprogramm im Nachkriegsdeutschland, in: Manfred *Heinemann* (Hrsg.), Umerziehung und Wiederaufbau. Bildungspolitik der Besatzungsmächte in Deutschland und Österreich, Stuttgart 1981, S. 86–102.

Kelsen, Hans, Hauptprobleme der Staatsrechtslehre. Entwickelt aus der Lehre vom Rechtssatze, Tübingen 1911.

Kelsen, Hans, Der Staat als Integration. Eine prinzipielle Auseinandersetzung, Wien 1930.

Kempter, Klaus, Die Jellineks 1820–1955. Eine familienbiographische Studie zum deutschjüdischen Bildungsbürgertum, Düsseldorf 1998.

Kirchheimer, Otto, Rezension zu Joseph H. Kaiser, Die Repräsentation organisierter Interessen, in: AöR 81 (1956), S. 254–257.

Kirsch, Martin, Monarch und Parlament im 19. Jahrhundert. Der monarchische Konstitutionalismus als europäischer Verfassungstyp – Frankreich im Vergleich, Göttingen 1999.

Klein, Friedrich, Bonner Grundgesetz und Rechtsstaat, in: ZgS 106 (1950), S. 390–411.

Klein, Hans H., Die Grundrechte im demokratischen Staat. Kritische Bemerkungen zur Auslegung der Grundrechte in der deutschen Staatsrechtslehre der Gegenwart, Stuttgart u.a. 1972.

Klein, Hans H., Zum Gedenken an Ernst Rudolf Huber (1903 bis 1990), in: AöR 116 (1991), S. 112–119.

Kleßmann, Christoph, Die doppelte Staatsgründung. Deutsche Geschichte 1945–1955, 5. Aufl., Bonn 1991 (EA 1982).

Kleßmann, Christoph, Ein stolzes Schiff und krächzende Möwen, in: GuG 11 (1985), S. 476–494.

Kleßmann, Christoph, Zwei Staaten, eine Nation. Deutsche Geschichte 1955–1970, 2. Aufl., Bonn 1997 (EA 1988).

Kloepfer, Michael, Grundrechte als Entstehenssicherung und Bestandsschutz, München 1970.

Knütel, Rolf und Jürgen *Salzwedel*, In memoriam Ernst Friesenhahn. Reden gehalten am 8. Juni 1985 bei der Gedenkfeier der Rheinischen Friedrich-Wilhelms-Universität Bonn, Bonn 1986.

Köttgen, Arnold, Deutsche Verwaltung, 2. Aufl., Berlin 1937 (EA 1936).

Köttgen, Arnold, Das Grundrecht der deutschen Universität. Gedanken über die institutionelle Garantie wissenschaftlicher Hochschulen, Göttingen 1959.

Köttgen, Arnold, Der soziale Bundesstaat, in: Hans *Achinger* u.a. (Hrsg.), Neue Wege der Fürsorge. Rechtsgrundlagen, Arbeitsformen und Lebensbilder. Festgabe für Hans Muthesius zum 75. Geburtstag, Köln u.a. 1960, S. 19–45.

Köttgen, Arnold, Subventionen als Mittel der Verwaltung, in: DVBl 68 (1953), S. 485–491.

Korioth, Stefan, Integration und Bundesstaat. Ein Beitrag zur Staats- und Verfassungslehre Rudolf Smends, Berlin 1990.

Kraushaar, Wolfgang, 1968 als Mythos, Chiffre und Zäsur, Hamburg 2000.

Krauss, Günther, Die Verfassung Deutschlands 1945–1954, in: DÖV 7 (1954), S. 579–583.

Kriele, Martin, Einführung in die Staatslehre. Die geschichtlichen Legitimationsgrundlagen des demokratischen Verfassungsstaates, Hamburg 1975.

Kriele, Martin, Felix Frankfurter (1882–1965), in: JZ 20 (1965), S. 242–244.

Kriele, Martin, Die Herausforderung des Verfassungsstaates. Hobbes und englische Juristen, Neuwied und Berlin 1970.

Kriele, Martin, Kriterien der Gerechtigkeit. Zum Problem des rechtsphilosophischen und politischen Relativismus, Berlin 1963.

Kriele, Martin, Der Supreme Court im Verfassungssystem der USA. Ein kritischer Bericht über neuere amerikanische Literatur, in: Der Staat 4 (1965), S. 195–214.

Kriele, Martin, Theorie der Rechtsgewinnung entwickelt am Problem der Verfassungsinterpretation, Berlin 1967.

Krockow, Christian Graf von, Staat, Gesellschaft, Freiheitswahrung, in: APuZG B 7/72 (12. 2. 1972), S. 3–30.

Krockow, Christian Graf von, Staatsideologie oder demokratisches Bewußtsein. Die deutsche Alternative, in: PVS 6 (1965), S. 118–131.

Kröger, Klaus, Grundrechtsentwicklung in Deutschland. Von ihren Anfängen bis zur Gegenwart, Tübingen 1998.

Krohn, Claus-Dieter und Martin *Schumacher* (Hrsg.), Exil und Neuordnung. Beiträge zur verfassungspolitischen Entwicklung in Deutschland nach 1945, Düsseldorf 2000.

Krohn, Claus-Dieter und Patrik von zur *Mühlen* (Hrsg.), Rückkehr und Aufbau nach 1945. Deutsche Remigranten im öffentlichen Leben Nachkriegsdeutschlands, Marburg 1997.

Krüger, Herbert, Allgemeine Staatslehre, Stuttgart 1964.

Krüger, Herbert, Der Bundeswirtschaftsrat in verfassungspolitischer Sicht, in: DÖV 5 (1952), S. 545–556.

Krüger, Herbert, Die deutsche Staatlichkeit im Jahre 1971, in: Der Staat 10 (1971), S. 1–31.

Krüger, Herbert, Führer und Führung, Breslau 1935.

Krüger, Herbert, Grundgesetz und Kartellgesetzgebung, Göttingen 1950.

Krüger, Herbert, Der moderne Reichsgedanke, in: Die Tat 35 (1933/34), S. 703–715 und 795–804.

Krüger, Herbert, Rechtsfragen der Sozialisierung in Hessen, in: AöR 77 (1951/52), S. 46–66.

Krüger, Herbert, Der Regierungsakt vor den Gerichten, in: DÖV 3 (1950), S. 536–541.

Krüger, Herbert, Rezension zu Joseph H. Kaiser, Die Repräsentation organisierter Interessen, in: DÖV 9 (1956), S. 447.

Krüger, Herbert, Rezension zu Werner Weber, Spannungen und Kräfte im westdeutschen Verfassungssystem, in: DVBl 67 (1952), S. 322f.

Krüger, Herbert, Staastverfassung und Wirtschaftsverfassung, in: DVBl 66 (1951), S. 361–368.

Krüger, Herbert, Die Stellung der Interessenverbände in der Verfassungswirklichkeit, in: NJW 9 (1956), S. 1217–1221.

Krüger, Herbert, Von der Reinen Marktwirtschaft zur Gemischten Wirtschaftsverfassung, Hamburg 1966.

Kruip, Gudrun, Das „Welt“-„Bild“ des Axel Springer Verlags. Journalismus zwischen westlichen Werten und deutschen Denktraditionen, München 1999.

Kühl, Kristian, Rückblick auf die Renaissance des Naturrechts nach dem 2. Weltkrieg, in: Gerhard *Köbler* u. a. (Hrsg.), Geschichtliche Rechtswissenschaft. Ars Tradendo Innovandoque Aequitatem Sectandi. Freundesgabe für Alfred Söllner zum 60. Geburtstag am 5. 2. 1990, Gießen 1990, S. 331–357.

Kuhn, Thomas S., Die Struktur wissenschaftlicher Revolutionen, Frankfurt am Main 1967.

Kunst, Hermann und Siegfried *Grundmann* (Hrsg.), Evangelisches Staatslexikon, Stuttgart 1966.

Laak, Dirk van, Gespräche in der Sicherheit des Schweigens. Carl Schmitt in der politischen Geistesgeschichte der frühen Bundesrepublik, Berlin 1993.

Laak, Dirk van, Zur Soziologie der geistigen Umorientierung. Neuere Literatur zur intellektuellen Verarbeitung zeitgeschichtlicher Zäsuren, in: NPL 47 (2002), S. 422–440.

Laband, Paul, Staatsrecht, in: Paul *Hinneberg* (Hrsg.), Die Kultur der Gegenwart. Ihre Entwicklung und ihre Ziele, Teil II, Abteilung VII: Rudolf *Stammler* u. a., Systematische Rechtswissenschaft, Berlin und Leipzig 1906, S. 293–335.

Landau, Peter und Hermann *Nehlsen* (Hrsg.), Große jüdische Gelehrte an der Münchener Juristischen Fakultät, Ebelsbach am Main 2001.

Laux, Eberhard, Führung und Verwaltung in der Rechtslehre des Nationalsozialismus, in: Dieter *Rebentisch* und Karl *Teppe* (Hrsg.), Verwaltung contra Menschenführung im Staat Hitlers. Studien zum politisch-administrativen System, Göttingen 1986, S. 33–64.

Leibholz, Gerhard, Die Auflösung der liberalen Demokratie und das autoritäre Staatsbild, München 1933.

Leibholz, Gerhard, Die Gleichheit vor dem Gesetz. Eine Studie auf rechtsvergleichender und rechtsphilosophischer Grundlage.

Leibholz, Gerhard, Politics and Law, Leyden 1965.

Leibholz, Gerhard, Rezension zu Hans Kelsen, Der Staat als Integration, in: JW 6 (1932), S. 3754 f.

Leibholz, Gerhard, Rudolf Smend. Gedenkrede, gehalten am 17. Januar 1976 in der Aula der Georg-August-Universität in Göttingen, in: In memoriam Rudolf Smend. Gedenkfeier am 17. Januar 1976 in der Aula der Universität Göttingen, Göttingen 1976, S. 15–43.

Leibholz, Gerhard, Staat und Gesellschaft in England, in: Festschrift Richard Thoma zum 75. Geburtstag am 19. Dezember 1949, Tübingen 1950, S. 109–128.

Leibholz, Gerhard, Strukturprobleme der modernen Demokratie, 3. Aufl., Karlsruhe 1967 (EA 1958).

Leibholz, Gerhard, Das Wesen der Repräsentation unter besonderer Berücksichtigung des Repräsentativsystems. Ein Beitrag zur allgemeinen Staats- und Verfassungslehre, Berlin und Leipzig 1929.

Leisner, Walter, Grundrechte und Privatrecht, München 1960.

Lepsius, M. Rainer, Denkschrift zur Lage der Soziologie und der Politischen Wissenschaft, Wiesbaden 1961.

Lepsius, Oliver, Die gegensatzaufhebende Begriffsbildung. Methodenentwicklungen in der Weimarer Republik und ihr Verhältnis zur Ideologisierung der Rechtswissenschaft unter dem Nationalsozialismus, München 1994.

Lerche, Peter, Rechtsprobleme der wirtschaftslenkenden Verwaltung, in: DÖV 14 (1961), S. 486–492.

Lerche, Peter, Rezension zu Ottmar Ballweg, Zu einer Lehre von der Natur der Sache, in: Der Staat 1 (1962), S. 117–120.

Lerche, Peter, Rezension zu Peter Häberle, Die Wesensgehaltgarantie des Art. 19 Abs. 2 Grundgesetz, in: DÖV 18 (1965), S. 212–214.

Lerche, Peter, Stil, Methode, Ansicht. Polemische Bemerkungen zum Methodenproblem, in: DVBl 76 (1961), S. 690–701.

Lerche, Peter, Übermaß und Verfassungsrecht. Zur Bindung des Gesetzgebers an die Grundsätze der Verhältnismäßigkeit und Erforderlichkeit, Köln u. a. 1961.

Lerche, Peter, Zum Apotheken-Urteil des Bundesverfassungsgerichts, in: Bayerische Verwaltungsblätter 4 (1958), S. 231–235.

Lewald, Walter, Tagung der Gesellschaft für Rechtsvergleichung 1961, in: NJW 14 (1961), S. 1712 f.

Liehr, Dorothee, Von der Aktion gegen den Spiegel zur Spiegel-Affäre. Zur gesellschaftspolitischen Rolle der Intellektuellen, Frankfurt am Main u. a. 2002.

Lietzmann, Hans J., Politikwissenschaft in der Bundesrepublik Deutschland. Entwicklung, Stand und Perspektiven, in: ders. und Wilhelm *Bleek* (Hrsg.), Politikwissenschaft. Geschichte und Entwicklung in Deutschland und Europa, München und Wien 1996, S. 38–76.

Loewenstein, Karl, Konflikte zwischen Regierung und Justiz, in: AöR 78 (1952/53), S. 260–284.

Loewenstein, Karl, Reconstruction of the Administration of Justice in American-Occupied Germany, in: Harvard Law Review 61 (1947–1948), S. 419–467.

Loewenstein, Karl, Über den Stand der politischen Wissenschaften in den USA, in: ZgS 106 (1950), S. 349–391.

Loewenstein, Karl, Verfassungslehre, Tübingen 1959.

Loewenstein, Karl, Verfassungsrecht und Verfassungswirklichkeit. Beiträge zur Ontologie der Verfassungen, in: AöR 77 (1951/52), S. 387–435.

Lübbe, Hermann, Der Nationalsozialismus im deutschen Nachkriegsbewußtsein, in: HZ 236 (1983), S. 579–599.

Lüdtke, Alf, Amerikanisierung. Traum und Alptraum im Deutschland des 20. Jahrhunderts, Stuttgart 1996.

Luhmann, Niklas, Legitimation durch Verfahren, 3. Aufl., Frankfurt am Main 1993 (EA 1969).

Luhmann, Niklas, Das Recht der Gesellschaft, Frankfurt am Main 1995.

Luhmann, Niklas, Die Wissenschaft der Gesellschaft, 2. Aufl., Frankfurt am Main 1994 (EA 1990).

Lutter, Marcus u. a. (Hrsg.), Der Einfluß deutscher Emigranten auf die Rechtsentwicklung in den USA und in Deutschland. Vorträge und Referate des Bonner Symposions im September 1991, Tübingen 1993.

Maase, Kaspar, BRAVO Amerika. Erkundungen zur Jugendkultur in der Bundesrepublik in den fünfziger Jahren, Hamburg 1992.

Maier, Hans, Ältere deutsche Staatslehre und westliche politische Tradition. Münchener Antrittsvorlesung, Tübingen 1966.

Maier, Hans, Katholische Sozial- und Staatslehre und neuere deutsche Staatslehre, in: AöR 93 (1968), S. 1–36.

Maier, Hans, Zur Lage der Politischen Wissenschaft in Deutschland, in: VfZ 10 (1962), S. 225–249.

Majer, Dietmut, Grundlagen des nationalsozialistischen Rechtssystems. Führerprinzip, Sonderrecht, Einheitspartei, Stuttgart u. a. 1987.

Mangoldt, Hermann von, Das Bonner Grundgesetz, Berlin und Frankfurt am Main 1953.

Mangoldt, Hermann von und Friedrich *Klein*, Das Bonner Grundgesetz, 2. Aufl., 3 Bände, Berlin und Frankfurt am Main 1957–1974.

Manterfeld, Norbert, Die Grenzen der Verfassung. Möglichkeiten limitierender Verfassungstheorie des Grundgesetzes am Beispiel E.-W. Böckenfördes, Berlin 2000.

Mantl, Wolfgang, Repräsentation und Identität. Demokratie im Konflikt. Ein Beitrag zur modernen Staatsformenlehre, Wien und New York 1975.

Marquard, Odo, Abschied vom Prinzipiellen. Philosophische Studien, Stuttgart 1981.

Marsen, Thies, Zwischen *Reeducation* und politischer Philosophie. Der Aufbau der Politischen Wissenschaft in München nach 1945, München 2001.

Marwick, Arthur, The Sixties. Cultural Revolution in Britain, France, Italy, and the United States, c.1958–c.1974, Oxford 1999.

Maunz, Theodor, Deutsches Staatsrecht. Ein Studienbuch, 1. und 18. Aufl., München (und Berlin) 1951/1971.

Maunz, Theodor und Günter *Dürig*, Grundgesetz. Kommentar, München 1958ff. (Loseblattsammlung).

Maurer, Hartmut, Staatsrecht. Grundlagen, Verfassungsorgane, Staatsfunktionen, München 1999.

Maus, Ingeborg, Die Rezeption Hermann Hellers in der Bundesrepublik Deutschland, in: ZRP 26 (1993), S. 337–339.

Mayer, Franz, Rezension zu Hans Heinrich Rupp, Grundfragen der heutigen Verwaltungsrechtlslehre, in: DÖV 19 (1966), S. 733f.

Mayer, Franz, Das verfassungsrechtliche Gebot der gesetzlichen Ermächtigung, in: Paul *Mikat* (Hrsg.), Festschrift für Hermann Nottarp, Karlsruhe 1961, S. 187–196.

Mayer, Hanns, Die Krisis der deutschen Staatslehre und die Staatsauffassung Rudolf Smends, jur. Diss., Köln 1931.

Mayer, Otto, Deutsches Verwaltungsrecht, 2 Bände, Leipzig 1895/96.

Mehring, Reinhard, Carl Schmitt und die Verfassungslehre unserer Tage, in: AöR 120 (1995), S. 177–204.

Mehring, Reinhard, Pathetisches Denken. Carl Schmitts Denkweg am Leitfaden Hegels: Katholische Grundstellung und antimarxistische Hegelstrategie, Berlin 1989.

Mehring, Reinhard, Das politische Dasein erhellen. Zum Politikbegriff von Wilhelm Hennis, in: Politisches Denken, Jahrbuch 1991, S. 147–155.

Mehring, Reinhard, Zu den neu gesammelten Schriften und Studien Ernst-Wolfgang Böckenfördes, in: AöR 117 (1992), S. 449–473.

Meinck, Jürgen, Weimarer Staatsrechtslehre und Nationalsozialismus. Eine Studie zum Problem der Kontinuität im staatsrechtlichen Denken in Deutschland 1928 bis 1936, Frankfurt am Main und New York 1978.

Menger, Christian-Friedrich, Aus der Praxis der Verwaltung und der Verwaltungsgerichtsbarkeit. Höchstrichterliche Rechtsprechung und Verwaltungsrecht, in: VerwArch 52 (1961), S. 196–211.

Menger, Christian-Friedrich, Der Begriff des sozialen Rechtsstaats im Bonner Grundgesetz, Tübingen 1953.

Menger, Christian-Friedrich, Zur verfassungsrechtlichen Stellung der deutschen politischen Parteien, in: AöR 78 (1952/53), S. 149–162.

Menzel, Eberhard, Grundlagen des neuen Staatsdenkens, Eisenach 1934.

Menzel, Eberhard, Staatliche Parteienfinanzierung und moderner Parteienstaat, in: DÖV 19 (1966), S. 585–608.

Mestmäcker, Ernst-Joachim, Wirtschaft und Verfassung. Zu dem Buch von Horst Ehmke mit demselben Titel, in: DÖV 17 (1964), S. 606–612.

Metzler, Gabriele, Am Ende aller Krisen? Politisches Denken und Handeln in der Bundesrepublik der sechziger Jahre, in: HZ 275 (2002), S. 57–103.

Metzler, Gabriele, Regieren in der modernen Industriegesellschaft. Konzeptionen politischen Handelns in der Bundesrepublik von den fünfziger bis zu den siebziger Jahren, Habilitationsschrift, Tübingen 2002.

Meyer-Hesemann, Wolfgang, Modernisierungstendenzen in der nationalsozialistischen Verwaltungsrechtswissenschaft, in: Hubert *Rottleuthner* (Hrsg.), Recht, Rechtsphilosophie und Nationalsozialismus. Vorträge aus der Tagung der deutschen Sektion der Internationalen Vereinigung für Rechts- und Sozialphilosophie (IVR) in der Bundesrepublik Deutschland vom 11. und 12. Oktober 1982 in Berlin (West), Wiesbaden 1983, S. 140–151.

Möller, Horst, Parlamentarismus-Diskussion in der Weimarer Republik. Die Frage des „besonderen“ Weges zum parlamentarischen Regierungssystem, in: Manfred *Funke* u. a. (Hrsg.), Demokratie und Diktatur. Geist und Gestalt politischer Herrschaft in Deutschland und Europa. Festschrift für Karl Dietrich Bracher, Düsseldorf 1987, S. 140–157.

Möllers, Christoph, Staat als Argument, München 2000.

Mohler, Armin, Die Konservative Revolution in Deutschland 1918–1932. Ein Handbuch, 5. Aufl., Graz und Stuttgart 1999 (EA 1950).

Mohr, Arno, Die Durchsetzung der Politikwissenschaft an deutschen Hochschulen und die Entwicklung der Deutschen Vereinigung für Politische Wissenschaft, in: Klaus *Beyme* (Hrsg.), Politikwissenschaft in der Bundesrepublik Deutschland. Entwicklungsprobleme einer Disziplin, Opladen 1986, S. 62–77.

Mohr, Arno, Politikwissenschaft als Alternative. Stationen einer wissenschaftlichen Disziplin auf dem Wege zu ihrer Selbständigkeit in der Bundesrepublik Deutschland 1945–1965, Bochum 1988.

Mols, Manfred Heinrich, Allgemeine Staatslehre oder politische Theorie? Interpretationen zu ihrem Verhältnis am Beispiel Rudolf Smends, Berlin 1969.

Mommsen, Hans, Der lange Schatten der untergehenden Republik. Zur Kontinuität politischer Denkhaltungen von der späten Weimarer zur frühen Bundesrepublik, in: Karl Dietrich *Bracher* u. a. (Hrsg.), Die Weimarer Republik 1918–1933. Politik – Wirtschaft – Gesellschaft, 3. Aufl., Bonn 1998 (EA 1987), S. 552–586.

Morsey, Rudolf, Die Bundesrepublik Deutschland. Entstehung und Entwicklung bis 1969, 3. Aufl., München 1995 (EA 1986).

Moses, A. D., The Forty-Fivers. A Generation Between Fascism and Democracy, in: German Politics and Society 17 (1999), S. 95–127.

Mosler, Hermann, Die auswärtige Gewalt im Verfassungssystem der Bundesrepublik Deutschland, in: Völkerrechtliche und staatsrechtliche Abhandlungen. Carl Bilfinger zum 75. Geburtstag am 21. Januar 1954, gewidmet von Mitgliedern und Freunden des Instituts, Köln und Berlin 1954, S. 243–299.

Müller, Christoph und Ilse *Staff* (Hrsg.), Staatslehre in der Weimarer Republik. Hermann Heller zu Ehren, Frankfurt am Main 1985.

Müller, Friedrich, Demokratie in der Defensive. Funktionelle Abnutzung – soziale Exklusion – Globalisierung, hrsg. von Ralph *Christensen*, Berlin 2001.

Müller, Friedrich, Die Einheit der Verfassung. Elemente einer Verfassungstheorie III, Berlin 1979.

Müller, Friedrich, Normstruktur und Normativität. Zum Verständnis von Norm und Wirklichkeit in der juristischen Hermeneutik, entwickelt an Fragen der Verfassungsentwicklung, Berlin 1966.

Müller, Friedrich, Rechtsstaatliche Form – demokratische Politik. Beiträge zu Öffentlichem Recht, Methodik, Rechts- und Staatstheorie, Berlin 1977.

Müller, Ingo, Furchtbare Juristen. Die unbewältigte Vergangenheit unserer Justiz, München 1987.

Münch, Ingo von (Hrsg.), Dokumente des geteilten Deutschland. Quellentexte zur Rechtslage des Deutschen Reiches, der Bundesrepublik Deutschland und der Deutschen Demokratischen Republik, 2. Aufl., Stuttgart 1976.

Münch, Richard, Die Kultur der Moderne, 2 Bände, Frankfurt am Main 1986.

Münchener Beschlüsse zur Fortführung der Studienreform vom 16./17. Februar 1968, in: JZ 23 (1968), S. 223–225.

Muller, Jerry Z., The Other God That Failed. Hans Freyer and the Deradicalization of German Conservatism, Princeton 1987.

Nawiasky, Hans, Die Demokratie in der Schweiz, München 1951.

Nawiasky, Hans, Die Grundgedanken des Grundgesetzes für die Bundesrepublik Deutschland. Systematische Darstellung und kritische Würdigung, Stuttgart und Köln 1950.

Neumann, Franz L., The Concept of Political Freedom, in: Columbia Law Review 53 (1953), S. 901–935.

Neumann, Franz L., Karl August *Bettermann* u. a. (Hrsg.), Die Grundrechte. Handbuch der Theorie und Praxis der Grundrechte, 4 Bände, Berlin 1954–1972.

Niclauß, Karlheinz, Der Weg zum Grundgesetz. Demokratiegründung in Westdeutschland 1945–1949, Paderborn u. a. 1998.

Niethammer, Lutz, Kollektive Identität. Heimliche Quellen einer unheimlichen Konjunktur, Hamburg 2000.

Nipperdey, Hans Carl, Die soziale Marktwirtschaft in der Verfassung der Bundesrepublik, Karlsruhe 1954.

Nipperdey, Thomas, Deutsche Geschichte 1866–1918, Band 1: Arbeitswelt und Bürgergeist, München 1990.

Nörr, Knut Wolfgang, Die Republik der Wirtschaft. Recht, Wirtschaft und Staat in der Geschichte Westdeutschlands, Teil I: Von der Besatzungszeit bis zur Großen Koalition, Tübingen 1999.

Nolte, Paul, Die Ordnung der deutschen Gesellschaft. Selbstentwurf und Selbstbeschreibung im 20. Jahrhundert, München 2000.

Öffentliches Recht in Ausbildung und Prüfung nach den neuen Juristenausbildungsordnungen, in: DÖV 24 (1971), S. 764–771.

Oertzen, Peter von, Die soziale Funktion des staatsrechtlichen Positivismus. Eine wissenssoziologische Studie über die Entstehung des formalistischen Positivismus in der deutschen Staatsrechtswissenschaft, hrsg. von Dieter *Sterzel*, Frankfurt am Main 1974.

Oppermann, Bernd H., Die Rezeption des nordamerikanischen Rechtsrealismus durch die deutsche Topikdiskussion, jur. Diss., Frankfurt am Main 1985.

Paulmann, Johannes, Internationaler Vergleich und interkultureller Transfer. Zwei Forschungsansätze zur europäischen Geschichte des 18. bis 20. Jahrhunderts, in: HZ 267 (1998), S. 649–685.

Payk, Marcus M., Hermann v. Mangoldt im Parlamentarischen Rat 1948/49. Das Verfassungsverständnis eines konservativen Staatsrechtslehrers, unveröffentlichte Magisterarbeit, Bochum 1999.

Pells, Richard, Not Like Us. How Europeans Have Loved, Hated, and Transformed American Culture Since World War II, New York 1997.

Perels, Joachim, Die Restauration der Rechtslehre nach 1945, in: KJ 17 (1984), S. 359–379.

Peters, Hans, Die freie Entfaltung der Persönlichkeit als Verfassungsziel, in: D. S. *Constantopoulos* und Hans *Wehberg* (Hrsg.), Gegenwartsprobleme des internationalen Rechts und der Rechtsphilosophie. Festschrift für Rudolf Laun zu seinem siebzigsten Geburtstag, Hamburg 1953, S. 669–678.

Peters, Hans, Lehrbuch der Verwaltung, Berlin u. a. 1949.

Peters, Hans, Das Recht auf freie Entfaltung der Persönlichkeit in der höchstrichterlichen Rechtsprechung, Köln und Opladen 1963.

Peters, Hans, Der Streit um die 131er-Entscheidungen des Bundesverfassungsgerichts, in: JZ 9 (1954), S. 589–597.

Pieroth, Bodo, Amerikanischer Verfassungsexport nach Deutschland, in: NJW 42 (1989), S. 1333–1337.

Pilch, Martin, System des transzendentalen Etatismus. Staat und Verfassung bei Carl Schmitt, Wien und Leipzig 1994.

Pilgert, Henry P., The Exchange of Persons Program in Western Germany, 1951.

Plessner, Helmuth, Grenzen der Gemeinschaft. Eine Kritik des sozialen Radikalismus, Bonn 1924.

Plichta, Vanessa, Reich – Europa – Abendland. Zur Pluralität deutscher Europaideeen im 20. Jahrhundert, in: „Vorgänge 154“ 40 (2001), S. 60–69.

Podlech, Adalbert, Grundrechte und Staat, in: Der Staat 6 (1967), S. 341–354.

Preuß, Ulrich K., Zum staatsrechtlichen Begriff des Öffentlichen – untersucht am Beispiel des verfassungsrechtlichen Status kultureller Organisationen, Stuttgart 1969.

Probleme des öffentlichen Rechts im Universitätsunterricht. Referate von Werner *Thieme*, Jürgen *Salzwedel*, Günter *Dürig*, Hans *Schneider* gehalten auf der Staatsrechtslehrertagung am 2. Oktober 1968, hrsg. von der Vereinigung der Deutschen Staatsrechtslehrer, Hamburg 1969.

Pünder, Hermann, Der Weg zum Rechtsstaat, in: DÖV 1 (1948), S. 2f.

Pyta, Wolfram und Gabriel *Seiberth*, Die Staatskrise der Weimarer Republik im Spiegel des Tagebuchs von Carl Schmitt, in: Der Staat 38 (1999), S. 423–448 und 594–610.

Quaritsch, Helmut (Hrsg.), Complexio Oppositorum. Über Carl Schmitt. Vorträge und Diskussionsbeiträge des 28. Sonderseminars 1986 der Hochschule für Verwaltungswissenschaften Speyer, Berlin 1988.

Quaritsch, Helmut, Das parlamentslose Parlamentsgesetz. Rang und Geltung der Rechtssätze im demokratischen Staat untersucht am hamburgischen Planungsrecht, Hamburg 1961.

Quaritsch, Helmut, Positionen und Begriffe Carl Schmitts, Berlin 1989.

Quaritsch, Helmut, Staat und Souveränität, Band 1: Die Grundlagen, Frankfurt am Main 1970.

Randelzhofer, Albrecht, Probleme des Parteienrechts. Zum Urteil des Bundesverfassungsgerichts über Vorschriften des Parteiengesetzes, in: JZ 24 (1969), S. 533–541.

Raphael, Lutz, Die Erben von Bloch und Febvre. *Annales*-Geschichtsschreibung und *nouvelle histoire* in Frankreich 1945–1980, Stuttgart 1994.

Rath, Hans Dieter, Positivismus und Demokratie. Richard Thoma 1874–1957, Berlin 1981.

Rauschning, Dietrich, Zur Methode der Entscheidung des Bundesverfassungsgerichts über die staatliche Parteifinanzierung, in: JZ 22 (1967), S. 346–351.

Rebentisch, Dieter, Führerstaat und Verwaltung im Zweiten Weltkrieg. Verfassungsentwicklung und Verwaltungspolitik 1939–1945, Stuttgart 1989.

Rechtliche Ordnung des Parteiwesens. Probleme des Parteiengesetzes. Bericht der vom Bundesminister des Innern eingesetzten Parteienrechtskommission, 2. Aufl., Frankfurt am Main 1958 (EA 1957).

Rechtsprobleme in Staat und Kirche. Festschrift für Rudolf Smend zum 70. Geburtstag, 15. Januar 1952, Göttingen 1952.

Reinhard, Wolfgang, Geschichte der Staatsgewalt. Eine vergleichende Verfassungsgeschichte Europas von den Anfängen bis zur Gegenwart, München 1999.

Rennert, Klaus, Die „geisteswissenschaftliche Richtung" in der Staatsrechtslehre der Weimarer Republik. Untersuchungen zu Erich Kaufmann, Günther Holstein und Rudolf Smend, Berlin 1987.

Ridder, Helmut, Epirrhosis. Carl Schmitt und ein Ende, in: NPL 16 (1971), S. 317–339.

Ridder, Helmut, Meinungsfreiheit, in: Staatslexikon, 6. Aufl., 5. Band, Freiburg im Breisgau 1960, Sp. 647–653.

Ridder, Helmut, Rezension zu Otto Bachof, Wehrpflichtgesetz und Rechtsschutz, in: DÖV 10 (1957), S. 511 f.

Ridder, Helmut, Rezension zu Wilhelm Henke, Das Recht der politischen Parteien, in: JZ 21 (1966), S. 78–80.

Ridder, Helmut, Staat V: Phänomenologie des modernen Staats; staatstheoretische und staatspolitische Probleme, in: Staatslexikon, 6. Aufl., 7. Band, Freiburg im Breisgau 1962, Sp. 540–552.

Ridder, Helmut, Zur Verfassungsdoktrin des NS-Staates, in: KJ 2 (1969), S. 221–243.

Ridder, Helmut, Zur verfassungsrechtlichen Stellung der Gewerkschaften im Sozialstaat nach dem Grundgesetz für die Bundesrepublik Deutschland. Rechtsgutachten zur Frage der Verfassungsmäßigkeit des Urteils des Bundesarbeitsgerichts vom 31. Oktober 1958, Stuttgart 1960.

Robbers, Gerhard, Hermann Heller: Staat und Kultur, Baden-Baden 1983.

Rohlfs, Angelo O., Hermann von Mangoldt (1895–1953). Das Leben des Staatsrechtlers vom Kaiserreich bis zur Bonner Republik, Berlin 1997.

Ronellenfitsch, Michael u. a., Zum Gedenken an Professor Dr. iur. Dr. h.c. Roman Schnur (1927–1996), Tübingen 1999.

Ruck, Michael, Korpsgeist und Staatsbewußtsein. Beamte im Südwesten 1928 bis 1972, München 1996.

Rudolf Smend zum 90. Geburtstag, in: AöR 97 (1972), S. 146 f.

Rückert, Joachim, Abbau und Aufbau der Rechtswissenschaft nach 1945, in: NJW 48 (1995), S. 1251–1259.

Rüfner, Wolfgang, Die Eigentumsgarantie als Grenze der Besteuerung, in: DVBl 85 (1970), S. 881–887.

Rumpf, Helmut, Der ideologische Gehalt des Bonner Grundgesetzes. Vortrag gehalten vor der Juristischen Studiengesellschaft in Karlsruhe am 17. Januar 1958, Karlsruhe 1958.

Rumpf, Helmut, Regierungsakte im Rechtsstaat. Rechtsvergleichende Beiträge zu einer Untersuchung des Verhältnisses von Recht und Politik, Bonn 1955.

Rupieper, Hermann-Josef, Die Wurzeln der westdeutschen Nachkriegsdemokratie. Der amerikanische Beitrag 1945–1952, Opladen 1993.

Rupp, Hans Heinrich, Die Dogmatik des Verwaltungsrechts und die Gegenwartsaufgaben der Verwaltung, in: DVBl 86 (1971), S. 669–674.

Rupp, Hans Heinrich, Grundfragen der heutigen Verwaltungsrechtslehre. Verwaltungsnorm und Verwaltungsrechtsverhältnis, Tübingen 1965.

Säcker, Franz Jürgen, Recht und Rechtslehre im Nationalsozialismus. Ringvorlesung der Rechtswissenschaftlichen Fakultät der Christian-Albrechts-Universität zu Kiel, Baden-Baden 1992.

Säkularisation und Utopie. Ebracher Studien. Ernst Forsthoff zum 65. Geburtstag, Stuttgart u.a. 1967.

Safran, William, The Influence of American Constitutionalism in Postwar Europe. The Bonn Republic Basic Law and the Constitution of the Fifth French Republic, in: George Athan *Billias* (Hrsg.), American Constitutionalism, New York u.a. 1990, S. 91–111.

Sauer, Thomas, Westorientierung im deutschen Protestantismus? Vorstellungen und Tätigkeit des Kronberger Kreises, München 1999.

Schaumann, Wilfried, Gleichheit und Gesetzmäßigkeitsprinzip, in: JZ 21 (1966), S. 721–727.

Schelauske, Hans Dieter, Philosophische Probleme der Naturrechtsdiskussion in Deutschland. Ein Überblick über zwei Jahrzehnte, 1945–1965, Köln 1968.

Scheuner, Ulrich, Die deutsche Staatsführung im Kriege, in: Deutsche Rechtswissenschaft 5 (1940), S. 1–43.

Scheuner, Ulrich, Das europäische Gleichgewicht und die britische Seeherrschaft, Hamburg 1943.

Scheuner, Ulrich, Die Funktion der Grundrechte im Sozialstaat. Die Grundrechte als Richtlinie und Rahmen der Staatstätigkeit, in: DÖV 24 (1971), S. 505–513.

Scheuner, Ulrich, Gemeindeverfassung und kommunale Aufgabenstellung in der Gegenwart, in: AfK 1 (1962), S. 149–178.

Scheuner, Ulrich, Das Gesetz als Auftrag der Verwaltung, in: DÖV 22 (1969), S. 585–593.

Scheuner, Ulrich, Grundfragen des modernen Staates, in: Hermann *Wandersleb* (Hrsg.), Recht – Staat – Wirtschaft, Band 3, Düsseldorf 1951, S. 126–165.

Scheuner, Ulrich, Das Grundrecht der Berufsfreiheit, in: DVBl 73 (1958), S. 845–849.

Scheuner, Ulrich, Hegel und die deutsche Staatslehre des 19. und 20. Jahrhunderts, in: Hans *Leussink* (Hrsg.), Studium Berolinense. Aufsätze und Beiträge zu Problemen der Wissenschaft und zur Geschichte der Friedrich-Wilhelms-Universität zu Berlin, Berlin 1960, S. 129–151.

Scheuner, Ulrich, Die institutionellen Garantien des Grundgesetzes, in: Hermann *Wandersleb* (Hrsg.), Recht – Staat – Wirtschaft, Band 4, Düsseldorf 1953, S. 88–119.

Scheuner, Ulrich, Konsens und Pluralismus als verfassungsrechtliches Problem, in: Günther *Jakobs* (Hrsg.), Rechtsgeltung und Konsens, Berlin 1976, S. 33–68.

Scheuner, Ulrich, Die nationale Revolution. Eine staatsrechtliche Untersuchung, in: AöR 63 (1934), S. 166–220 und 261–344.

Scheuner, Ulrich, Nationalismus und Staatsbewußtsein in Deutschland, in: Hermann *Wandersleb* (Hrsg.), Recht – Staat – Wirtschaft, Band 4, Düsseldorf 1953, S. 341–352.

Scheuner, Ulrich, Die neuere Entwicklung des Rechtsstaats in Deutschland, in: Ernst von *Caemmerer* u.a. (Hrsg.), Hundert Jahre deutsches Rechtsleben. Festschrift zum hundertjährigen Bestehen des deutschen Juristentages 1860–1960, Karlsruhe 1960, Band II, S. 229–262.

Scheuner, Ulrich, Das parlamentarische Regierungssystem in der Bundesrepublik. Probleme und Entwicklungslinien, in: DÖV 10 (1957), S. 633–638.

Scheuner, Ulrich, Die Parteien und die Auswahl der politischen Leitung im demokratischen Staat. Zur verfassungsrechtlichen Stellung der Parteien, in: DÖV 11 (1958), S. 641–645.

Scheuner, Ulrich, Parteiengesetz und Verfassungsrecht, in: DÖV 21 (1968), S. 88–94.

Scheuner, Ulrich, Politische Repräsentation und Interessenvertretung, in: DÖV 18 (1965), S. 577–581.

Scheuner, Ulrich, Probleme und Verantwortungen der Verfassungsgerichtsbarkeit in der Bundesrepublik, in: DVBl 67 (1952), S. 293–298.

Scheuner, Ulrich, Die Rechtsstellung der Persönlichkeit in der Gemeinschaft, in: Hans *Frank* (Hrsg.), Deutsches Verwaltungsrecht, München 1937, S. 82–98.

Scheuner, Ulrich, Rezension zu Horst Ehmke, Grenzen der Verfassungsänderung, in: DÖV 7 (1954), S. 255f.

Scheuner, Ulrich, Rezension zu Konrad Hesse, Grundzüge des Verfassungsrechts der Bundesrepublik Deutschland, in: DÖV 20 (1967), S. 283f.

Scheuner, Ulrich, Rezension zu Richard Bäumlin, Staat, Recht und Geschichte, in: AöR 88 (1963), S. 114–116.

Scheuner, Ulrich, Rudolf Smend zum 80. Geburtstag, in: JZ 17 (1962), S. 183–185.

Scheuner, Ulrich, Staat, in: Erwin von *Beckerath* u.a. (Hrsg.), Handwörterbuch der Sozialwissenschaften, 12. Band, Tübingen und Göttingen 1965, S. 653–664.

Scheuner, Ulrich (Hrsg.), Die staatliche Einwirkung auf die Wirtschaft. Wirtschaftsrechtliche Aufsätze 1946–1970, Frankfurt am Main 1970.

Scheuner, Ulrich, Über die verschiedenen Gestaltungen des parlamentarischen Regierungssystems. Zugleich eine Kritik der Lehre vom echten Parlamentarismus, in: AöR 52 (1927), S. 209–233 und 337–380.

Scheuner, Ulrich, Die Vereinigung der Deutschen Staatsrechtslehrer in der Zeit der Weimarer Republik, in: AöR 97 (1972), S. 349–374.

Scheuner, Ulrich, Zwei Darstellungen zur Allgemeinen Staatslehre, in: Der Staat 13 (1974), S. 527–535.

Schildt, Axel, Ankunft im Westen. Ein Essay zur Erfolgsgeschichte der Bundesrepublik, Frankfurt am Main 1999.

Schildt, Axel u.a. (Hrsg.), Dynamische Zeiten. Die 60er Jahre in den beiden deutschen Gesellschaften, Hamburg 2000.

Schildt, Axel, Konservativismus in Deutschland. Von den Anfängen im 18. Jahrhundert bis zur Gegenwart, München 1998.

Schildt, Axel und Arnold *Sywottek* (Hrsg.), Modernisierung im Wiederaufbau. Die westdeutsche Gesellschaft der 50er Jahre, Bonn 1993.

Schildt, Axel, Reise zurück aus der Zukunft. Beiträge von intellektuellen USA-Remigranten zur atlantischen Allianz, zum westlichen Amerikabild und zur „Amerikanisierung“ in den fünfziger Jahren, in: Claus-Dieter *Krohn* u.a. (Hrsg.), Exilforschung. Ein internationales Jahrbuch, Band 9 (1991): Exil und Remigration, S. 25–45.

Schildt, Axel und Arnold *Sywottek*, „Wiederaufbau“ und „Modernisierung“. Zur westdeutschen Gesellschaftsgeschichte in den fünfziger Jahren, in: APuZG B 6–7/89 (3. 2. 1989), S. 18–32.

Schildt, Axel, Zwischen Abendland und Amerika. Studien zur westdeutschen Ideenlandschaft der 50er Jahre, München 1999.

Schindler, Dietrich, Verfassungsrecht und soziale Struktur, Zürich 1932.

Schlaich, Klaus, Von der Notwendigkeit des Staates. Das wissenschaftliche Werk Ulrich Scheuners, in: Der Staat 21 (1982), S. 1–24.

Schlemmer, Thomas, Grenzen der Integration. Die CSU und der Umgang mit der nationalsozialistischen Vergangenheit – der Fall Dr. Max Frauendorfer, in: VfZ 48 (2000), S. 675–742.

Schlink, Bernhard, Die Entthronung der Staatsrechtswissenschaft durch die Verfassungsgerichtsbarkeit, in: Der Staat 28 (1989), S. 161–172.

Schlink, Bernhard, Die Unfähigkeit der Staatsrechtswissenschaft zu trauern, in: ders., Vergangenheitsschuld und gegenwärtiges Recht, Frankfurt am Main 2002, S. 124–144.

Schlothauer, Reinhold, Zur Krise der Verfassungsgerichtsbarkeit. Neuere Ansätze zur Methodik der Verfassungsinterpretation. Untersucht am Beispiel Horst Ehmke, Peter Häberle, Konrad Hesse, Martin Kriele und Friedrich Müller, Köln und Frankfurt am Main 1979.

Schluchter, Wolfgang, Entscheidung für den sozialen Rechtsstaat. Hermann Heller und die Diskussion in der Weimarer Republik, Köln und Berlin 1968.

Schmid, Josef, Verbände. Interessenvermittlung und Interessenorganisationen. Lehr- und Arbeitsbuch, München und Wien 1998.

Schmid, Karl (Carlo), Unteilbarkeit der Rechtsordnung. Aus einer Ansprache auf dem Juristentag in Konstanz am 2. Juni 1947, in: DRZ 2 (1947), S. 205–208.

Schmidt, Walter, Die Entscheidungsfreiheit des einzelnen zwischen staatlicher Herrschaft und gesellschaftlicher Macht, in: AöR 101 (1976), S. 24–45.

Schmidtmann, Christian, Katholische Studierende in den westlichen Besatzungszonen und in der Bundesrepublik Deutschland 1945–1973. Kollektive Konstruktion und konstruierte Kollektive, theol. Diss., Bochum 2003.

Schmitt, Carl, Der Begriff des Politischen, 6. Aufl., Berlin 1996 (EA 1932).

Schmitt, Carl, Freiheitsrechte und institutionelle Garantien der Reichsverfassung, in: Rechtswissenschaftliche Beiträge zum 25jährigen Bestehen der Handels-Hochschule Berlin, Berlin 1931, S. 1–31.

Schmitt, Carl, Die geistesgeschichtliche Lage des heutigen Parlamentarismus, 2. Aufl., Berlin 1926 (EA 1923).

Schmitt, Carl, Grundrechte und Grundpflichten, in: Gerhard *Anschütz* und Richard *Thoma* (Hrsg.), Handbuch des Deutschen Staatsrechts, Band 2, Tübingen 1932, S. 572–606.

Schmitt, Carl, Der Hüter der Verfassung, Tübingen 1931.

Schmitt, Carl, Legalität und Legitimität, München und Leipzig 1932.

Schmitt, Carl, Das Reichsgericht als Hüter der Verfassung, in: Die Reichsgerichtspraxis im deutschen Rechtsleben. Festgabe der juristischen Fakultät zum 50jährigen Bestehen des Reichsgerichts (1. Oktober 1929), Berlin und Leipzig 1929, S. 154–178.

Schmitt, Carl, Die Stellung Lorenz von Steins in der Geschichte des 19. Jahrhunderts, in: Schmollers Jahrbuch für Gesetzgebung, Verwaltung und Volkswirtschaft im Deutschen Reiche 64 (1940), S. 641–646.

Schmitt, Carl, Verfassungslehre, 8. Aufl., Berlin 1993 (EA 1928).

Schmitt, Carl, Verfassungsrechtliche Aufsätze aus den Jahren 1924–1954. Materialien aus einer Verfassungslehre, Berlin 1958.

Schmitt, Carl, Der Wert des Staates und die Bedeutung des Einzelnen, Tübingen 1914.

Schneider, Hans, Betrachtungen zum Gesetz über das Bundesverfassungsgericht, in: NJW 6 (1953), S. 802–806.

Schneider, Hans, Gerichtsfreie Hoheitsakte. Ein rechtsvergleichender Bericht über die richterliche Nachprüfbarkeit von Hoheitsakten, Tübingen 1951.

Schneider, Hans, Der Preußische Staatsrat 1817–1918. Ein Beitrag zur Verfassungs- und Rechtsgeschichte Preußens, München und Berlin 1952.

Schneider, Hans, Über den Beruf unserer Zeit für Gesetzgebung. Bemerkungen über Kunst und Technik der heutigen Gesetzgebung, in: NJW 15 (1962), S. 1273–1279.

Schnur, Roman, Die Ausbildung der Juristen, in: WuW 15 (1960), S. 724–727.

Schnur, Roman, Carl Schmitt und die deutsche Staatsrechtslehre, in: WuW 13 (1958), S. 725–727.

Schnur, Roman, Demokratie und Interessenverbände, in: WuW 14 (1959), S. 78f.

Schnur, Roman (Hrsg.), Festschrift für Ernst Forsthoff zum 70. Geburtstag, München 1972.

Schnur, Roman, Die normative Kraft der Verfassung, in: DVBl 75 (1960), S. 123–127.

Schnur, Roman, Politik: Ordnung und Bürgerkrieg. Beitrag zu drei neuen englischen Büchern, in: Der Staat 4 (1965), S. 222–230.

Schnur, Roman, Politikwissenschaft, in: WuW 15 (1960), S. 389f.

Schnur, Roman, Privileg der Juristen in der Verwaltung? Bemerkungen zu einer falsch gestellten Frage, in: Die Verwaltung 10 (1977), S. 141–159.

Schnur, Roman, Revolution und Bürgerkrieg. Studien zur Ouvertüre nach 1789, Berlin 1983.

Schnur, Roman, Rezension zu Peter Häberle, Die Wesensgehaltgarantie des Art. 19 Abs. 2 Grundgesetz, in: DVBl 80 (1965), S. 489–491.

Schnur, Roman, Der Rheinbund von 1658 in der deutschen Verfassungsgeschichte, Bonn 1955.

Schnur, Roman, Der Staat als Apparat. Entwicklungstendenzen von Bürokratisierung und Bürokratie, in: WuW 18 (1963), S. 351–366.

Schnur, Roman, Strukturprobleme der modernen Demokratie, in: WuW 14 (1959), S. 720f.

Schnur, Roman, Über vergleichende Verwaltungswissenschaft, in: VerwArch 52 (1961), S. 1–24.

Schönberger, Christoph, Das Parlament im Anstaltsstaat. Zur Theorie parlamentarischer Repräsentation in der Staatsrechtslehre des Kaiserreichs (1871–1918), Frankfurt am Main 1997.

Scholz, Rupert, Das Grundrecht der freien Entfaltung der Persönlichkeit in der Rechtsprechung des Bundesverfassungsgerichts, in: AöR 100 (1975), S. 80–130 und 265–290.

Schröder, Rainer (Hrsg.), 8. Mai 1945 – Befreiung oder Kapitulation?, Berlin 1997.

Schüle, Adolf, Eine Festschrift, in: JZ 14 (1959), S. 729–731.

Schuller, Wolfgang, Gedenkrede auf Roman Schnur an seinem 70. Geburtstag am 20. Oktober 1997 vor der Juristischen Fakultät der Universität Tübingen, in: Der Staat 37 (1998), S. 411–416.

Schultes, Karl, Staatslehre und Politik in Deutschland, in: GM 6 (1955), S. 236–242.

Schultze-Fielitz, Helmuth, Grundsatzkontroversen in der deutschen Staatsrechtslehre nach 50 Jahren Grundgesetz – in der Beleuchtung des Handbuchs des Staatsrechts –, in: Die Verwaltung 32 (1999), S. 241–282.

Schwarz, Hans-Peter, Die Ära Adenauer. Die Gründerjahre der Republik, 1949–1957, Stuttgart 1981.

Sehner, Peter, Der Vorbehalt des Gesetzes, in: JuS 8 (1968), S. 489–499.

Seiberth, Gabriel, Anwalt des Reiches. Carl Schmitt und der Prozeß „Preußen contra Reich" vor dem Staatsgerichtshof, Berlin 2001.

Seifert, Jürgen (Hrsg.), Die Spiegel-Affäre, 2 Bände, Olten und Freiburg im Breisgau 1966.

Sering, Paul, Jenseits des Kapitalismus. Ein Beitrag zur sozialistischen Neuorientierung, Regensburg 1947.

Simon, Dieter (Hrsg.), Rechtswissenschaft in der Bonner Republik. Studien zur Wissenschaftsgeschichte der Jurisprudenz, Frankfurt am Main 1994.

Simson, Werner von, Der Staat als Erlebnis, in: JöR 32 (1983), S. 31–53.

Smend, Rudolf, Bürger und Bourgeois im deutschen Staatsrecht. Rede gehalten bei der Reichsgründungsfeier der Friedrich-Wilhelms-Universität zu Berlin am 18. Januar 1933, Berlin 1933.

Smend, Rudolf, Der Einfluß der deutschen Staats- und Verwaltungsrechtslehre des 19. Jahrhunderts auf das Leben in Verfassung und Verwaltung, in: Deutsche Rechtswissenschaft 4 (1939), S. 25–39.

Smend, Rudolf, Festvortrag zur Feier des zehnjährigen Bestehens des Bundesverfassungsgerichts am 26. Januar 1961, in: Das Bundesverfassungsgericht (Festschrift), Karlsruhe 1963, S. 23–37.

Smend, Rudolf, Gerhard Leibholz zum 70. Geburtstag, in: AöR 96 (1971), S. 568–572.

Smend, Rudolf, Die Göttinger Sieben. Rede zur Immatrikulationsfeier der Georgia Augusta zu Göttingen am 24. Mai 1950, Göttingen u. a. 1951.

Smend, Rudolf, Integration, in: Hermann *Kunst* und Siegfried *Grundmann* (Hrsg.), Evangelisches Staatslexikon, Stuttgart 1966, Sp. 803–805.

Smend, Rudolf, Integrationslehre, in: Erwin von *Beckerath* u. a. (Hrsg.), Handwörterbuch der Sozialwissenschaften, 5. Band, Tübingen und Göttingen 1956, S. 299–302.

Smend, Rudolf, Das Problem der Institutionen und der Staat. Staat als Beruf. Vortrag in der Institutionenkommission der evangelischen Studiengemeinschaft (Christophorusstift) 1956, in: Zeitschrift für evangelische Ethik 6 (1962), S. 55–77.

Smend, Rudolf, Staatsrechtliche Abhandlungen und andere Aufsätze, 3. Aufl., Berlin 1994 (EA 1955, die in den Fußnoten enthaltenen Seitenangaben zu Smends Texten beziehen sich jeweils auf die Textfassungen in dieser Sammlung, Smends Festvortrag zur Feier des zehnjährigen Bestehens des Bundesverfassungsgerichts ist hier unter dem Titel „Das Bundesverfassungsgericht" abgedruckt).

Smend, Rudolf, Ungeschriebenes Verfassungsrecht im monarchischen Bundesstaat, in: Festgabe für Otto Mayer zum 70. Geburtstag, Tübingen 1916, S. 245–270.

Smend, Rudolf, Die Vereinigung der Deutschen Staatsrechtslehrer und der Richtungsstreit, in: Horst *Ehmke* u. a. (Hrsg.), Festschrift für Ulrich Scheuner zum 70. Geburtstag, Berlin 1973, S. 575–589.

Smend, Rudolf, Verfassung und Verfassungsrecht, München und Leipzig 1928.

Sontheimer, Kurt, Antidemokratisches Denken in der Weimarer Republik. Die politischen Ideen des deutschen Nationalismus zwischen 1918 und 1932, 3. Aufl., München 1992 (EA 1962).

Sontheimer, Kurt, Politische Wissenschaft und Staatsrechtslehre, Freiburg 1963.

Spanner, Hans, Empfiehlt es sich den allgemeinen Teil des Verwaltungsrechts zu kodifizieren? Gutachten für den 43. Deutschen Juristentag, Tübingen 1960.

Spanner, Hans, Organisationsgewalt und Organisationsrecht, in: DÖV 10 (1957), S. 640–643.

Spanner, Hans, Rezension zu Hans Heinrich Rupp, Grundfragen der heutigen Verwaltungsrechtslehre, in: VerwArch 67 (1966), S. 192f.

Spanner, Hans, Rezension zu Konrad Hesse, Grundzüge des Verfassungsrechts der Bundesrepublik Deutschland, in: DVBl 82 (1967), S. 497.

Spevack, Edmund, Allied Control and German Freedom. American Political and Ideological Influences on the Framing of the West German Basic Law (Grundgesetz), Münster u.a. 2001.

Staatsrechtslehrertagung in Münster, in: DÖV 15 (1962), S. 856–858.

Staff, Ilse, Die Wahrung staatlicher Ordnung. Ein Beitrag zum technologischen Staat und seinen rechten Propheten Carl Schmitt und Ernst Forsthoff, in: Leviathan 15 (1987), S. 141–162.

Starck, Christian, Der Gesetzesbegriff des Grundgesetzes. Ein Beitrag zum juristischen Gesetzesbegriff, Baden-Baden 1970.

Starck, Christian, Das Grundgesetz nach fünfzig Jahren: bewährt und herausgefordert, in: JZ 54 (1999), S. 473–485.

Starck, Christian, Hermann von Mangoldt (1895–1953). Mitglied des Parlamentarischen Rates und Kommentator des Grundgesetzes, in: AöR 121 (1996), S. 438–447.

Der Status des Bundesverfassungsgerichts. Material – Gutachten, Denkschriften und Stellungnahmen mit einer Einleitung von Gerhard *Leibholz*, in: JöR 6 (1957), S. 109–221.

Stein, Ekkehart und Heiko *Faber*, Zueignung, in: Dies. (Hrsg.), Auf einem Dritten Weg. Festschrift für Helmut Ridder zum siebzigsten Geburtstag, Neuwied und Frankfurt am Main 1989, S. IX-XI.

Stein, Erwin, Untertanenstaat oder freiheitliche Demokratie? Eine Auseinandersetzung mit Herbert Krügers Staatslehre, in: NJW 18 (1965), S. 2384–2388.

Steinberg, Rudolf, Staatslehre und Interessenverbände. Interessenverbände im Spiegel amerikanischer und deutscher Literatur und Rechtsprechung – eine kritische Gegenüberstellung, jur. Diss., Freiburg im Breisgau 1971.

Steinberger, Helmut, 200 Jahre amerikanische Bundesverfassung. Zu Einflüssen des amerikanischen Verfassungsrechts auf die deutsche Verfassungsentwicklung, Berlin und New York 1987.

Stern, Klaus, Grundfragen der globalen Wirtschaftssteuerung. Vortrag gehalten vor der Berliner Juristischen Gesellschaft am 10. Januar 1969, Berlin 1969.

Stern, Klaus, Rechtsfragen der öffentlichen Subventionierung Privater, in: JZ 15 (1960), S. 518–525 und 557–562.

Stern, Klaus, Das Staatsrecht der Bundesrepublik Deutschland, Band I–III/2, 1. oder 2. Aufl., München 1980–1994.

Stichweh, Rudolf, Zur Soziologie wissenschaftlicher Schulen, in: Wilhelm *Bleek* und Hans J. *Lietzmann* (Hrsg.), Schulen der deutschen Politikwissenschaft, Opladen 1999, S. 19–32.

Stiefel, Ernst C. und Frank *Mecklenburg*, Deutsche Juristen im amerikanischen Exil (1933–1950), Tübingen 1991.

Stiefel, Ernst C., Die deutsche juristische Emigration in den USA, in: Walter *Jagenburg* u. a. (Hrsg.), Festschrift für Walter Oppenhoff zum 80. Geburtstag, München 1985, S. 433–449.

Stödter, Rolf, Ansprache auf Herbert Krüger, in: Ingo von *Münch* u. a. (Hrsg.), Finis Germaniae? Zur Lage Deutschlands nach den Ostverträgen und Helsinki. Symposium aus Anlaß des 70. Geburtstages von Herbert Krüger vom 11.–13. Dezember 1975 in Kassel, Frankfurt am Main 1977, S. 164f.

Stolleis, Michael, Die Entstehung des Interventionsstaates und das öffentliche Recht, in: ZNR 11 (1989), S. 129–147.

Stolleis, Michael, Geschichte des öffentlichen Rechts in Deutschland, 2. und 3. Band, München 1992/1999.

Stolleis, Michael, Der Methodenstreit der Weimarer Staatsrechtslehre – ein abgeschlossenes Kapitel der Wissenschaftsgeschichte?, Stuttgart 2001.

Stolleis, Michael, Recht im Unrecht. Studien zur Rechtsgeschichte des Nationalsozialismus, Frankfurt am Main 1994.

Stolleis, Michael, Staatsrechtslehre und Politik, Heidelberg 1996.

Stolleis, Michael, Die Vereinigung der Deutschen Staatsrechtslehrer. Bemerkungen zu ihrer Geschichte, in: KritVj 80 (1997), S. 339–358.

Storost, Ulrich, Staat und Verfassung bei Ernst Forsthoff, Frankfurt am Main u. a. 1978.

Storost, Ulrich, Die Verwaltungslehre Ernst Forsthoffs als Ausdruck eines politischen Verfassungsmodells, in: Erk Volkmar *Heyen* (Hrsg.), Wissenschaft und Recht der Verwaltung seit dem Ancien Régime, Frankfurt am Main 1984, S. 163–188.

Stürner, Rolf, Die Rezeption U.S.-amerikanischen Rechts in der Bundesrepublik Deutschland, in: Heinz *Eyrich* u. a. (Hrsg.), Festschrift für Kurt Rebmann zum 65. Geburtstag, München 1989, S. 839–860.

Suhr, Dieter, 14. Dezember 1985: Herbert Krüger 80 Jahre, in: DÖV 38 (1985), S. 1012f.

Szabó, Anikó, Vertreibung, Rückkehr, Wiedergutmachung. Göttinger Hochschullehrer im Schatten des Nationalsozialismus, Göttingen 2000.

Tatarin-Tarnheyden, Edgar, Werdendes Staatsrecht. Gedanken zu einem organischen und deutschen Verfassungsneubau, Berlin 1934.

Thieme, Werner, „Alle Staatsgewalt geht vom Volke aus“, in: JZ 10 (1955), S. 657–659.

Thieme, Werner, Rezension zu Dietrich Jesch, Gesetz und Verwaltung, in: DÖV 15 (1962), S. 77f.

Thoma, Richard, Über Wesen und Erscheinungsformen der modernen Demokratie, Bonn 1948.

Triepel, Heinrich, Goldbilanzverordnung und Vorzugsaktien. Zur Frage der Rechtsgültigkeit der über sogenannte schuldverschreibungsähnliche Aktien in den Durchführungsbestimmungen zur Goldbilanzen-Verordnung enthaltenen Vorschriften, Berlin 1924.

Triepel, Heinrich, Staatsrecht und Politik. Rede beim Antritt des Rektorats der Friedrich-Wilhelms-Universität zu Berlin am 15. Oktober 1926, Berlin und Leipzig 1927.

Triepel, Heinrich, Die Staatsverfassung und die politischen Parteien, Berlin 1928.

Tsatsos, Dimitris, Die Finanzierung politischer Parteien, in: ZaöRVR 26 (1966), S. 371–389.

Turegg, Kurt Egon von, Lehrbuch des Verwaltungsrechts, Berlin 1950.

Die Übertragung rechtsetzender Gewalt im Rechtsstaat, Frankfurt am Main 1952.

Uhlenbrock, Henning, Der Staat als juristische Person. Dogmengeschichtliche Untersuchung zu einem Grundbegriff der deutschen Staatsrechtslehre, Berlin 2000.

Um Recht und Gerechtigkeit. Festgabe für Erich Kaufmann zu seinem 70. Geburtstag, 21. September 1950, Stuttgart und Köln 1950.

Unruh, Georg Christoph von, Nordamerikanische Einflüsse auf die deutsche Verfassungsentwicklung, in: DVBl 91 (1976), S. 455–464.

Verfassungsrecht und Verfassungswirklichkeit. Festschrift für Hans Huber, Bern 1961.

Verhandlungen des Deutschen Bundestages, 6. Wahlperiode, Stenographische Berichte, Band 71, Bonn 1969/1970.

Verhandlungen des 40. und 48. Deutschen Juristentages, Hamburg 1953/Mainz 1970, hrsg. von der Ständigen Deputation des Deutschen Juristentages, jeweils 2 Bände, Tübingen 1953/54 bzw. München 1970.

Veröffentlichungen der Vereinigung der Deutschen Staatsrechtslehrer 1–30 und 60 (1925–1972 und 2001).

Viehweg, Theodor, Topik und Jurisprudenz, München 1953.

Vorländer, Hans (Hrsg.), Integration durch Verfassung, Wiesbaden 2002.

Vorschläge des Fakultätentages zur Reform der Juristenausbildung, in: JuS 1 (1961), S. 370–372.

Waibel, Dieter, Von der wohlwollenden Despotie zur Herrschaft des Rechts. Entwicklungsstufen der amerikanischen Besatzung Deutschlands 1944–1949, Tübingen 1996.

Walkenhaus, Ralf, Konservatives Staatsdenken. Eine wissenssoziologische Studie zu Ernst Rudolf Huber, Berlin 1997.

Weber, Hermann, Literaturschau: Öffentliches Recht – Allgemeine Staatslehre und Staatsrecht (Neuerscheinungen und Neuauflagen), in: JuS 7 (1967), S. 428–432.

Weber, Werner, Die Bundesrepublik und ihre Verfassung an der Schwelle des dritten Jahrzehnts, in: DVBl 84 (1969), S. 413–419.

Weber, Werner, Der deutsche Bürger und sein Staat, in: Franz *Mayer* (Hrsg.), Staat und Gesellschaft. Festgabe für Günther Küchenhoff zum 60. Geburtstag am 21. August 1967, Göttingen 1967, S. 313–325.

Weber, Werner, Kommunalaufsicht als Verfassungsproblem, in: Aktuelle Probleme der Kommunalaufsicht. Vorträge und Diskussionsbeiträge des 31. Staatswissenschaftlichen Fortbildungskurses der Hochschule für Verwaltungswissenschaften Speyer, Berlin 1963, S. 17–36.

Weber, Werner, Das Richtertum in der deutschen Verfassungsordnung, in: Festschrift für Hans Niedermeyer zum 70. Geburtstag, 30. November 1953, Göttingen 1953, S. 261–277.

Weber, Werner, Spannungen und Kräfte im westdeutschen Verfassungssystem, 1. und 3. Aufl., Stuttgart 1951/Berlin 1970.

Weber, Werner, Die Verfassung der Bundesrepublik in der Bewährung, Göttingen u.a. 1957.

Weber, Werner, Die verfassungsrechtlichen Grenzen sozialstaatlicher Forderungen, in: Der Staat 4 (1965), S. 409–439.

Weber, Werner, Die Verkündung von Rechtsvorschriften, Stuttgart und Berlin 1942.

Weber, Werner, Weimarer Verfassung und Bonner Grundgesetz, Göttingen 1949.

Weber, Werner, Zur Problematik von Enteignung und Sozialisierung nach neuem Verfassungsrecht, in: NJW 3 (1950), S. 401–405.

Wendenburg, Helge, Die Debatte um die Verfassungsgerichtsbarkeit und der Methodenstreit der Staatsrechtslehre in der Weimarer Republik, Göttingen 1984.

Wengst, Udo, Beamtentum zwischen Reform und Tradition. Beamtengesetzgebung in der Gründungsphase der Bundesrepublik Deutschland 1948–1953, Düsseldorf 1988.

Wengst, Udo, Staatsaufbau und Regierungspraxis 1948–1953. Zur Geschichte der Verfassungsorgane der Bundesrepublik Deutschland, Düsseldorf 1984.

Wenninger, Ludwig, Geschichte der Lehre vom besonderen Gewaltverhältnis, Köln u.a. 1982.

Werner, Fritz, Rezension zu Hans Heinrich Rupp, Grundfragen der heutigen Verwaltungsrechtslehre, in: JZ 21 (1966), S. 813f.

Wiegandt, Manfred H., Norm und Wirklichkeit. Gerhard Leibholz (1901–1982) – Leben, Werk und Richteramt, Baden-Baden 1995.

Wieland, Claus-Dietrich, Personelle Kontinuitäten in der Staatsrechtslehre, in: Bärbel *Eichhoff* u.a., Restauration im Recht, Opladen 1988, S. 129–154.

Wiggershaus, Rolf, Die Frankfurter Schule. Geschichte – Theoretische Entwicklung – Politische Bedeutung, 5. Aufl., München 1997 (EA 1988).

Willett, Ralph, The Americanization of Germany, 1945–1949, London und New York 1989.

Willoweit, Dietmar, Deutsche Verfassungsgeschichte. Vom Frankenreich bis zur Wiedervereinigung. Ein Studienbuch, 3. Aufl., München 1997 (EA 1990).

Wilms, Heinrich, Ausländische Einwirkungen auf die Entstehung des Grundgesetzes, Stuttgart 1999.

Winkler, Günther, Rezension zu Dietrich Jesch, Gesetz und Verwaltung, in: DVBl 78 (1963), S. 377.

Winkler, Heinrich August, Der lange Weg nach Westen, 2 Bände, München 2000.

Winter, Gerd, Sozialisierung in Hessen 1946–1955, in: KJ 7 (1974), S. 157–175.

Wintrich, Josef, Zur Problematik der Grundrechte, Köln und Opladen 1957.

Wirsching, Andreas, Die Weimarer Republik. Politik und Gesellschaft, München 2000.

Wolff, Hans Julius, Die neue Regierungsform des Deutschen Reiches, Tübingen 1933.

Wolff, Hans Julius, Verwaltungsrecht I. Ein Studienbuch, München und Berlin 1956.

Zacher, Hans F., Pluralität der Gesellschaft als rechtspolitische Aufgabe, in: Der Staat 9 (1970), S. 161–186.

Zeidler, Karl, Maßnahmegesetz und „klassisches" Gesetz, Karlsruhe 1961.

Zeidler, Karl, Über die Technisierung der Verwaltung. Eine Einführung in die juristische Beurteilung der modernen Verwaltung, Karlsruhe 1959.

Zeidler, Karl, „Verwaltungsfabrikat" und Gefährdungshaftung, in: DVBl 74 (1959), S. 681–687.

Zippelius, Reinhold, Allgemeine Staatslehre. Ein Studienbuch, München 1969.

Zwirner, Henning, Politische Treupflicht des Beamten. Unveränderter Druck der Dissertation von 1956 mit drei neueren Deutungen von Henning Zwirner, hrsg. von Alexander von *Brünneck*, Baden-Baden 1987.

Zwirner, Henning, Die Rechtsprechung des Bundesverfassungsgerichts zur Parteifinanzierung, in: AöR 93 (1968), S. 81–135.

Zwirner, Henning, Rudolf Smend, in: DÖV 29 (1976), S. 48.

Zwirner, Henning, Zum Grundrecht der Wissenschaftsfreiheit, in: AöR 98 (1973), S. 313–339.

Register

Sachregister

Personenregister

Kursive Seitenzahlen verweisen auf die Fußnoten. Abschnitte, in denen primär eine einzelne Person behandelt wird, sind mit Fettdruck gekennzeichnet.

Ordnungssysteme. Studien zur Ideengeschichte der Neuzeit

Herausgegeben von Dietrich Beyrau, Anselm Doering-Manteuffel und Lutz Raphael

---

Die Reihe **Ordnungssysteme** nimmt Impulse auf, die sich seit zwei Jahrzehnten aus der Revision politik- und sozialgeschichtlicher Forschungsansätze entwickelt haben. Als Forum einer methodisch erneuerten Ideengeschichte wird sie der Wirksamkeit politisch-kultureller Traditionen Europas seit dem Zeitalter der Aufklärung Rechnung tragen. Die besondere Aufmerksamkeit gilt dem konkreten Wechselspiel ideeller, politischer und sozialer Prozesse.

Die Reihe **Ordnungssysteme** hat insbesondere das Ziel:

- vergleichende Studien zu den nationalen Idiomen und unterschiedlichen Traditionen in der europäischen Ideengeschichte zu fördern,
- gemeineuropäische Dimensionen seit der Aufklärung zu untersuchen,
- den Weg von neuen Ideen zu ihrer breitenwirksamen Durchsetzung zu erforschen.

Die Reihe **Ordnungssysteme** verfolgt einige Themen mit besonderem Interesse:

- den Ideenverkehr zwischen Europa und Nordamerika,
- die Beziehungen zwischen politischen und religiösen Weltbildern,
- die Umformung der politischen Leitideen von Liberalismus, Nationalismus und Sozialismus im 20. Jahrhundert
- die Herausbildung traditionsstiftender, regionenbezogener Gegensatzpaare in der europäischen Ideenwelt, wie zum Beispiel den Ost-West-Gegensatz.

Die Reihe **Ordnungssysteme** bemüht sich um eine methodische Erneuerung der Ideengeschichte:

- Sie verknüpft die Analyse von Werken und Ideen mit ihren sozialen, kulturellen und politischen Kontexten.
- Sie untersucht die Bedeutung von Wissenssystemen in der Entwicklung der europäischen Gesellschaften.
- Sie ersetzt die traditionelle Ideengeschichte der großen Werke und großen Autoren durch eine Ideengeschichte, die Soziabilität und Kommunikation als tragende Gestaltungskräfte kultureller Produktion besonders beachtet.
- Sie bezieht Institutionen und Medien der Kulturproduktion systematisch in die Untersuchung ein.

Band 1:
Michael Hochgeschwender
Freiheit in der Offensive?
Der Kongreß für kulturelle Freiheit und die Deutschen
1998. 677 S. ISBN 3-486-56341-6

Band 2:
Thomas Sauer
Westorientierung im deutschen Protestantismus?
Vorstellungen und Tätigkeit des Kronberger Kreises
1999. VII, 326 S. ISBN 3-486-56342-4

Band 3:
Gudrun Kruip
Das „Welt"-„Bild" des Axel Springer Verlags
Journalismus zwischen westlichen Werten und deutschen Denktraditionen
1999. 311 S. ISBN 3-486-56343-2

Band 4:
Axel Schildt
Zwischen Abendland und Amerika
Studien zur westdeutschen Ideenlandschaft der 50er Jahre
1999. VIII, 242 S. ISBN 3-486-56344-0

Band 5:
Rainer Lindner
Historiker und Herrschaft
Nationsbildung und Geschichtspolitik in Weißrußland im 19. und 20. Jahrhundert
1999. 536 S. ISBN 3-486-56455-2

Band 6:
Jin-Sung Chun
Das Bild der Moderne in der Nachkriegszeit
Die westdeutsche „Strukturgeschichte" im Spannungsfeld von Modernitätskritik und wissenschaftlicher Innovation 1948–1962
2000. 277 S. ISBN 3-486-56484-6

Band 7:
Frank Becker
Bilder von Krieg und Nation
Die Einigungskriege in der bürgerlichen Öffentlichkeit Deutschlands 1864–1913
2001. 601 S. und 32 S. Bildteil ISBN 3-486-56545-1

Band 8:
Martin Sabrow
Die Diktatur des Konsenses
Geschichtswissenschaft in der DDR 1949–1969
2001. 488 S. ISBN 3-486-56559-1

Band 9:
Thomas Etzemüller
Sozialgeschichte als politische Geschichte
Werner Conze und die Neuorientierung der westdeutschen Geschichtswissenschaft nach 1945
2001. VIII, 445 S. ISBN 3-486-56581-8

Band 10:
Martina Winkler
Karel Kramář (1860–1937)
Selbstbild, Fremdwahrnehmungen und Modernisierungsverständnis eines tschechischen Politikers
2002. 414 S. ISBN 3-486-56620-2

Band 11:
Susanne Schattenberg
Stalins Ingenieure
Lebenswelten zwischen Technik und Terror in den 1930er Jahren
2002. 457 S. ISBN 3-486-56678-4

Band 12:
Torsten Rüting
Pavlov und der Neue Mensch
Diskurse über Disziplinierung in Sowjetrussland
2002. 337 S. ISBN 3-486-56679-2

Band 13:
Julia Angster
Konsenskapitalismus und Sozialdemokratie.
Die Westernisierung von SPD und DGB
2003. 538 S. ISBN 3-486-56676-8

Band 14:
Christoph Weischer
Das Unternehmen ‚Empirische Sozialforschung'
Strukturen, Praktiken und Leitbilder der Sozialforschung in der Bundesrepublik Deutschland
2004. Ca. 510 S. ISBN 3-486-56814-0

Band 15:
Frieder Günther
Denken vom Staat her
Die bundesdeutsche Staatsrechtslehre zwischen Dezision und Integration 1949–1970
2004. 364 S. ISBN 3-486-56818-3

www.ingramcontent.com/pod-product-compliance
Lightning Source LLC
LaVergne TN
LVHW010535300926
849162LV00002B/150
9783486568189